LES

GRANDS ÉCRIVAINS

DE LA FRANCE

NOUVELLES ÉDITIONS

PUBLIÉES SOUS LA DIRECTION

DE M. AD. REGNIER

Membre de l'Institut

ŒUVRES

DE

P. CORNEILLE

TOME VI

PARIS. — IMPRIMERIE DE CH. LAHURE ET Cⁱᵉ
Rue de Fleurus, 9

OEUVRES

DE

P. CORNEILLE

NOUVELLE ÉDITION

REVUE SUR LES PLUS ANCIENNES IMPRESSIONS
ET LES AUTOGRAPHES

ET AUGMENTÉE

de morceaux inédits, des variantes, de notices, de notes, d'un lexique des mots
et locutions remarquables, d'un portrait, d'un fac-simile, etc.

PAR M. CH. MARTY-LAVEAUX

TOME SIXIÈME

PARIS

LIBRAIRIE DE L. HACHETTE ET Cie

BOULEVARD SAINT-GERMAIN

1862

PERTHARITE

ROI DES LOMBARDS

TRAGÉDIE

1652

NOTICE.

Par suite d'une erreur bien surprenante, Voltaire donne cette pièce comme jouée en 1659[1], quoique l'Achevé d'imprimer de l'édition originale soit du 30 avril 1653 et le privilége du 24 décembre 1651[2], quoique Voltaire lui-même, au titre de l'avis *Au lecteur*, ajoute ces mots : « imprimé en 1653, » et que les premières lignes de cet avis nous apprennent que la représentation a précédé l'impression. Les frères Parfait, qui analysent huit ouvrages représentés en cette même année 1653, placent *Pertharite* à l'avant-dernier rang. La date de l'Achevé d'imprimer et l'avis *Au lecteur* suffisaient encore à prouver que ce classement était défectueux, car ces deux pièces établissaient que *Pertharite* ne pouvait appartenir qu'au premier quart de l'année. Quoi qu'il en soit, cette date de 1653, adoptée par tous les historiens de notre théâtre[3], pa-

1. Ce n'est pas là une faute d'impression qui se serait glissée dans le titre de l'édition de Voltaire. Il nous dit à la fin de sa *Préface* : « L'excellent Racine donna son *Andromaque* en 1668 (*plus exactement* : à la fin de 1667), neuf ans après *Pertharite*. »
2. Voici la teneur de ce privilége : « Il est permis au Sieur Corneille, Aduocat en nostre Cour de Parlement de Roüen, de faire imprimer par tel Imprimeur qu'il voudra choisir, trois Pieces de Theatre, intitulées, *Pertharite, Roy des Lombards, D. Bertran de Cigarral* et *l'Amour à la mode*, pendant le temps et espace de neuf ans, à compter du iour qu'elles seront acheuées d'imprimer. » Ces deux dernières pièces sont des comédies en cinq actes et en vers, composées par Thomas Corneille et représentées, la première en 1650, la deuxième en 1651.
3. *Histoire du Théâtre françois*, tome VII, p. 413; *Dictionnaire portatif des théâtres*, p. 257; *Journal du Théâtre françois*, tome II,

raissait vraisemblable, et nous avions même pensé qu'elle se trouvait confirmée par un témoignage de Chapelain, qu'on ne connaît malheureusement que d'une manière incomplète et détournée[1] ; mais toutes les hypothèses disparaissent devant un passage formel de Tallemant des Réaux, dont on n'avait pas encore tiré parti pour l'histoire des ouvrages de Corneille, et qui recule de plus d'un an la date de la première représentation de *Pertharite*.

« *Au carnaval de* 1652, dit Tallemant[2], Mme de Montglas fit une plaisante extravagance chez la présidente de Pommereuil. On y devoit jouer *Pertharite, roi des Lombards*, pièce de Corneille, qui n'a pas réussi. Mlle de Rambouillet dit à Segrais, garçon d'esprit qui est à cette heure à Mademoiselle, qu'elle n'avoit point vu *l'Amour à la mode*, et qu'elle l'aimeroit bien mieux : « Dites-le à la comtesse de Fiesque. » La comtesse le dit à Hippolyte : c'est le fils du président de Pommereuil du premier lit, un benêt qu'on appeloit ainsi parce qu'on lui faisoit la guerre qu'il étoit amoureux de sa belle-mère. Hippolyte, qui étoit épris de la comtesse, alla dire aux comédiens que, quoi qu'il en coûtât, il falloit absolument jouer *l'Amour à la mode*[3], et les envoya changer d'habits. » L'*Historiette*, qui ne contient plus rien d'intéressant pour nous, se termine par le récit des réclamations et de la brusque retraite de Mme de Montglas.

Malgré le peu de succès de *Pertharite*, il y avait, on le voit, des personnes curieuses d'assister à des représentations particulières de cet ouvrage, qui avait si vite disparu de la scène de l'hôtel de Bourgogne[4] : il ne s'y était montré

fol. 1003 recto; *Bibliothèque du Théâtre françois*, tome III, p. 3; *Histoire de la vie et des ouvrages de P. Corneille*, par M. J. Taschereau, seconde édition, p. 148.

1. Voyez tome IV, p. 277 et 278.
2. Tome V, p. 370 et 371.
3. Voyez ci-dessus, p. 3, note 2.
4. Tout porte à croire que ce fut à ce théâtre que *Pertharite* fut représenté ; du reste les historiens du théâtre ne se prononcent pas, à l'exception toutefois de l'auteur du *Journal du Théâtre françois*, qui dit : « La troupe royale de l'hôtel de Bourgogne donna une tragédie nouvelle intitulée *Pertharite*. » (Folio 1003 recto.)

qu'une fois d'après Voltaire[1], que deux suivant la plus commune opinion.

Cette pièce forme un volume in-12 de 6 feuillets et 71 pages, qui a pour titre : PERTHARITE, ROY DES LOMBARDS, tragédie. *A Rouen, chez Laurens Maurry, près le Palais.* Auec priuilege du Roy. M.DC.LIII. *Et se vend à Paris, chez Guillaume de Luyne, au Palais.*

Dans l'avis *Au lecteur*, Corneille se montre tout prêt à renoncer au théâtre ; nous verrons dans la *Notice* d'*Œdipe* quelles furent les circonstances qui changèrent ses dispositions.

AU LECTEUR[2].

La mauvaise réception que le public a faite à cet ouvrage m'avertit qu'il est temps que je sonne la retraite, et que des préceptes de mon Horace je ne songe plus à pratiquer que celui-ci :

Solve senescentem mature sanus equum, ne
Peccet ad extremum ridendus et ilia ducat[3].

Il vaut mieux que je prenne congé de moi-même que d'attendre qu'on me le donne tout à fait; et il est juste qu'après vingt années de travail, je commence à m'apercevoir que je deviens trop vieux pour être encore à la mode. J'en remporte cette satisfaction, que je laisse le théâtre françois en meilleur état que je ne l'ai trouvé, et du côté de l'art et du côté des mœurs : les grands génies qui lui ont prêté leurs veilles de mon temps y ont

---

1. Voyez le commencement de sa préface de *Pertharite*.
2. Cet avis *Au lecteur*, ainsi que les deux extraits qui le suivent, n'est que dans les éditions antérieures à 1660.
3. *Épîtres*, livre I, épître 1, vers 8 et 9. — « Sois sage et détèle à temps ton coursier qui vieillit, de peur qu'à la fin il ne fasse une chute ridicule et ne batte piteusement du flanc. »

beaucoup contribué; et je me flatte jusqu'à penser que mes soins n'y ont pas nui : il en viendra de plus heureux après nous qui le mettront à sa perfection, et achèveront de l'épurer; je le souhaite de tout mon cœur. Cependant agréez que je joigne ce malheureux poëme aux vingt et un qui l'ont précédé avec plus d'éclat; ce sera la dernière importunité que je vous ferai de cette nature : non que j'en fasse une résolution si forte qu'elle ne se puisse rompre; mais il y a grande apparence que j'en demeurerai là. Je ne vous dirai rien pour la justification de *Pertharite* : ce n'est pas ma coutume de m'opposer au jugement du public; mais vous ne serez pas fâché que je vous fasse voir à mon ordinaire les originaux dont j'ai tiré cet événement, afin que vous puissiez séparer le faux d'avec le vrai, et les embellissements de nos feintes d'avec la pureté de l'histoire. Celui qui l'a écrite[1] le premier a été Paul Diacre[2], à la fin de son quatrième livre, et au commencement du cinquième, des *Gestes des Lombards;* et pour n'y mêler rien du mien, je vous en donne la traduction fidèle[3] qu'en a faite Antoine du Verdier dans ses *Diverses leçons*[4]; j'y ajoute un mot d'Erycus Puteanus[5], pour quelques circonstances en quoi ils diffèrent, et je le laisse en latin de peur de corrompre la beauté de son langage par la foiblesse de mes expressions. Flavius Blon-

---

1. Dans le recueil de 1656, il y a *écrit*, sans accord.
2. Paul, diacre de l'Église d'Aquilée, notaire ou chancelier de Didier, roi des Lombards, naquit, dit-on, vers 740 et mourut vers 790. Son histoire des Lombards, dont parle ici Corneille (*de Gestis Longobardorum libri sex*), commence à leur sortie de la Scandinavie et finit à la mort de Luitprand en 744.
3. Il serait plus juste de dire : « la traduction très-libre, » mais au temps de Corneille on ne se faisait pas la même idée qu'aujourd'hui de la fidélité d'une traduction.
4. Voyez ci-après, p. 8, note 1.
5. Voyez p. 14, note 1.

AU LECTEUR.

dus, dans son *Histoire de la décadence de l'empire romain*[1], parle encore de Pertharite; mais comme il le fait chasser de son royaume étant encore enfant, sans nommer Rodelinde[2] qu'à la fin de sa vie, je n'ai pas cru qu'il fût à propos de vous produire un témoin qui ne dit rien de ce que je traite[3].

1. Flavio Biondo, né en 1388, mourut à Rome en 1463, laissant plusieurs savants ouvrages qui ont été publiés ensemble à Bâle en 1531. L'ouvrage ici mentionné a pour titre : *Historiarum ab inclinatione romani imperii ad annum 1440, decades III, libri XXXI*. Il devait embrasser l'histoire générale depuis la chute de l'empire romain jusqu'au temps de l'auteur; mais quand il mourut, il n'en avait écrit que trois décades et le premier livre de la quatrième. C'est au livre ix de la Iʳᵉ décade qu'il est parlé de Pertharite.

2. Ce nom est écrit ainsi dans toutes les impressions antérieures à 1668. Les éditions de 1668, 1682 et 1692 ont de même *Rodelinde* dans l'*Examen;* mais dans le texte de la pièce, elles donnent généralement, là où le nom n'est pas imprimé en capitales, *Rodélinde*, avec un accent*.

3. Voici le passage que Corneille a ici en vue :
« Ariperthus moriens duos filios Pertharitum et Gundibertum
« reliquit successores. Quorum temporibus Longobardi pacem
« cum Romanis Ravennatibusque et aliis Italiæ populis imperio
« subjectis ubique servaverunt. Sed variis ipsi inter se motibus
« agitati sunt. Grimoaldus namque beneventanus, Longobardorum
« dux, ipsos fratres in regni administratione discordes esse intel-
« ligens, Romoaldum filium Beneventi ducem instituit, et magnas
« ducens copias, Papiam venit; qua ex urbe ipse Pertharitum
« puerum regem fugasset, Gundibertum fratrem expulit Mediolano,
« apud quam urbem ipse a fratre divisus se cœperat continere. »
(Blondi Flavii Forliviensis *Historiarum ab inclinatione Romanorum imperii* decas I, liber IX; édition de Venise, 1483, folio I, III v°.)

* Dans l'examen d'*Horace*, les éditions de 1668 et de 1862 portent *Rodélinde*, comme dans le texte de *Pertharite*.

ANTOINE DU VERDIER[1],

Livre IV de ses *Diverses leçons*, chapitre XII.

Pertharite fut fils d'Aripert[2], roy des Lombards, lequel, apres la mort du pere, regna à Milan; et Gondebert, son frere, à Pauie; et estant suruenuë quelque noise et querelle entre les deux freres, Gondebert enuoya Garibalde, duc de Thurin, par deuers Grimoald, comte[3] de Beneuent, capitaine genereux, le priant de le vouloir secourir contre Pertharite, auec promesses de luy donner vne sienne sœur en mariage. Mais Garibalde, vsant de trahison enuers son seigneur, persuada à Grimoald d'y venir pour occuper le royaume, qui par la discorde des freres estoit en fort mauuais estat, et prochain de sa ruïne. Ce qu'entendant Grimoald se despoüilla[4] de sa comté de Beneuent, de laquelle il fit comte son fils, et auec le plus de forces qu'il peust assembler, se mit en che-

---

1. Antoine du Verdier, seigneur de Vauprivas, né à Montbrison en 1544, mort en 1600. Celui de ses ouvrages dont Corneille a tiré ce morceau d'histoire traduit de Paul Diacre, parut d'abord à Lyon en 1576, sous ce titre : *les Diverses leçons d'Antoine Duverdier suivant celles de P. Messie;* puis il fut réimprimé avec des additions successives en 1584, 1592, 1605. Il contient le fruit des lectures de l'auteur et les extraits qu'il a faits des divers historiens grecs, latins et italiens, à l'imitation de Pierre Mexia, écrivain espagnol, qui avait publié en 1542 une compilation du même genre, traduite en français par Cl. Gruget, sous le même titre de *Diverses leçons*.
2. L'édition de 1580 des *Diverses leçons* de du Verdier donne *Partharite* et *Albert*, pour *Pertharite* et *Aripert*.
3. Corneille, ayant employé dans ses vers le titre de *comte*, au lieu de celui de *duc*, pour Grimoald, a changé dans le texte de du Verdier les mots *duc*, et plus loin *duché*, en ceux de *comte* et *comté*.
4. Var. (recueil de 1656) : Ce qu'entendant Grimoald, il se despoüilla. — Ici, comme aux autres variantes de ce morceau, le texte de l'édition originale, que nous avons suivie, est conforme à celui de du Verdier.

min pour aller à Pauie; et par toutes les citez où il passa s'acquit plusieurs amis, pour s'en aider à prendre le royaume. Estant arriué à Pauie, et parlé qu'il eut à Gondebert, il le tua par l'intelligence et moyen de Garibalde, et occupa le royaume. Pertharite entendant ces nouuelles, abandonna Rodelinde sa femme et vn sien petit fils, lesquels Grimoald confina à Beneuent, et s'enfuit et retira vers Cacan, roi des Auariens ou Huns. Grimoald ayant confirmé et establi son royaume à Pauie, entendant que Pertharite s'estoit sauué vers Cacan, luy enuoya ambassadeurs pour luy faire entendre que s'il gardoit Pertharite en son royaume, il ne iouïroit plus de la paix qu'il auoit eue auec les Lombards, et qu'il auroit vn roy pour ennemi. Suiuant laquelle ambassade, le roy des Auariens appela en secret Pertharite, luy disant qu'il allast la part où il voudroit, afin que par luy les Auariens ne tombassent en l'inimitié des Lombards : ce qu'ayant entendu Pertharite, s'en retournant en Italie, vint trouuer Grimoald, soy fiant en sa clemence, et comme il fut pres de la ville de Lodi, il enuoya deuant vn sien gentil homme nommé Vnulphe, auquel il se fioit grandement, pour aduertir Grimoald de sa venuë. Vnulphe se presentant au nouueau roy, luy donna aduis comme Pertharite auoit recours à sa bonté, à laquelle il se venoit librement soumettre, s'il lui plaisoit l'accepter. Quoy entendant Grimoald, luy promit et iura de ne faire aucun desplaisir à son maistre, lequel pouuoit venir seurement, quand il voudroit, sur sa foy. Vnulphe ayant rapporté telle response à son seigneur Pertharite, iceluy vint se presenter deuant Grimoald, et se prosterner à ses pieds, lequel le[1] receut gracieusement et le baisa. Quoy fait, Pertharite luy dit : « Ie vous suis seruiteur; et sçachant que vous

---

1. *Le* est omis dans le recueil de 1656.

estes tres-chrestien et ami de pieté, bien que je peusse viure entre les payens, neantmoins, me confiant en vostre douceur et debonnaireté, me suis venu rendre à vos pieds. » Lors Grimoald, vsant de ses sermens accoustumez, luy promit, disant : « Par celuy qui m'a fait naistre, puis que vous auez recours à ma foy, vous ne souffrirez mal aucun en chose qui soit, et donneray ordre que vous pourrez honnestement viure. » Ce dit, luy ayant fait donner vn bon logis, commanda qu'il fust entretenu selon sa qualité, et que toutes choses à luy necessaires lui fussent abondamment baillées. Or comme Pertharite eut prins congé du Roy, et se fut retiré en son logis, aduint que soudain les citoyens de Pauie à grandes trouppes accoururent pour le voir et saluer, comme l'ayans auparauant cognu et honoré. Mais voicy de combien peut nuire vne mauuaise langue. Quelques flateurs et malins, ayans prins garde aux caresses faites par le peuple à Pertharite, vindrent trouuer Grimoald, et luy firent entendre que si bien-tost il ne faisoit tuer Pertharite, il estoit en bransle de perdre le royaume et la vie, luy asseurans qu'à cette fin tous ceux de la ville luy faisoyent la cour. Grimoald, homme facile à croire, et bien souuent trop de leger[1], s'estonna aucunement, et atteint de deffiance, ayant mis en oubly sa promesse, s'enflamma[2] subitement de colere, et deslors iura la mort de l'innocent Pertharite, commençant à prendre aduis en soy par quel moyen et en quelle sorte il luy pourroit le lendemain oster la vie, pource que lors estoit trop tard ; et à ce soir luy enuoya diuerses sortes de viandes et vins des plus friands en grande abondance pour le faire enyurer, afin que par trop boire et manger, et

1. *De léger*, légèrement, facilement.
2. Il y a *s'enflamba* dans du Verdier (1580).

EXTRAIT DE DU VERDIER.

estant enseueli en vin et à dormir, il ne peust penser aucunement à son salut. Mais vn gentil homme qui auoit iadis esté seruiteur du pere de Pertharite, qui luy portoit de la viande de la part du Roy, baissant la teste sous la table, comme s'il luy eust voulu faire la reuerence et embrasser le genoüil, luy fit sçauoir secrettement que Grimoald auoit deliberé de le faire mourir : dont Pertharite commanda à l'instant à son eschanson qu'il ne luy versast autre breuuage durant le repas qu'vn peu d'eau dans sa couppe d'argent. Tellement qu'estant Pertharite inuité par les courtisans, qui luy presentoient les viandes[1] de diuerses sortes, de faire brindes[2], et ne laisser rien dans sa couppe pour l'amour du Roy; luy, pour l'honneur et reuerence de Grimoald, promettoit de la vuider du tout, et toutesfois ce n'estoit qu'eau qu'il beuuoit. Les gentils hommes et seruiteurs rapporterent à Grimoald comme Pertharite haussoit le gobelet, et beuuoit à sa bonne grace desmesurement; de quoy se resiouyssant Grimoald, dit en riant : « Cet yurongne boiue son saoul seulement, car demain il rendra le vin meslé auec son sang. » Le soir mesme il enuoya ses gardes entourner la maison de Pertharite, afin qu'il ne s'en peust fuyr : lequel, apres qu'il eut souppé, et que tous furent sortis de la chambre, luy demeuré seul auec Vnulphe et le page qui auoit accoustumé le vestir[3], lesquels estoient les deux plus fideles seruiteurs qu'il eust, leur[4] descouurit comme Grimoald auoit entrepris de le faire mourir : pour à quoy obuier, Vnulphe luy chargea[5] sur les espaules les cou-

1. Var. (recueil de 1656) : des viandes.
2. « *Brinde*, terme bachique qui veut dire *santé*. » (*Dictionnaire de Richelet*, 1680.)
3. Var. (recueil de 1656) : qui auoit accoustumé de le vestir.
4. *Lors*, au lieu de *leur*, dans du Verdier.
5. Var. (recueil de 1656) : luy charge.

uertes d'vn lit, vne coutre[1], et vne peau d'ours qui luy couuroit le dos et le visage; et comme si c'eust esté quelque rustique ou faquin[2], commença de grande affection à le chasser à grands coups de baston hors de la chambre, et à luy faire plusieurs outrages et vilenies, tellement que chassé et ainsi battu il se laissoit choir souuent en terre : ce que voyant les gardes de Grimoald qui estoient en sentinelle à l'entour de la maison, demanderent à Vnulphe que c'estoit : « C'est, respondit-il, vn maraud de valet que i'ay, qui, outre mon commandement, m'auoit dressé mon lit en la chambre de cet yurongne Pertharite, lequel est tellement remply de vin qu'il dort comme mort; et partant ie le frappe. » Eux entendans ces paroles, les croyant veritables, se résioüirent tous, et pensans que Pertharite fust vn valet, luy firent place et à Vnulphe, et les laisserent aller. La mesme nuict Pertharite arriua en la ville d'Ast, et de là passa les monts, et vint en France. Or comme il fut sorty, et Vnulphe apres, le fidele page auoit diligemment fermé la porte apres luy, et demeura seul dedans la chambre, là où le lendemain les messagers du Roy vindrent pour mener Pertharite au palais; et ayans frappé à l'huis, le page prioit d'attendre[3], disant : « Pour Dieu ayez pitié de luy, et laissez-le acheuer de dormir; car estant encores lassé du chemin, il dort de profond sommeil. » Ce que luy ayans accordé, le rapporterent à Grimoald, lequel dit que tant mieux, et commanda que quoy que ce fust, on y retournast, et qu'ils l'amenassent : auquel commandement les soldats revindrent heurter de plus fort à l'huis de la chambre, et le page les pria de per-

1. Ce mot traduit le latin *culcitra;* voyez le *Dictionnaire* de Roquefort, aux articles *Couete, Coute* et *Coulte, Coultre.*
2. Var. (recueil de 1656) : quelque rustique ou quelque faquin.
3. Dans du Verdier : « le page les prioit d'attendre. »

EXTRAIT DE DU VERDIER. 13

mettre qu'il reposast encores un peu ; mais ils crioyent
et tempestoyent de tant plus, disans : « N'aura meshuy
dormi assez cet yurongne ? » et en vn mesme temps rom-
pirent à coups de pied la porte, et entrez dedans cher-
cherent Pertharite dans le lict ; mais ne le trouuans point,
demanderent au page où il estoit, lequel leur dit qu'il s'en
estoit fuï. Lors ils prindrent le page par les cheueux, et le
menerent en grande furie au palais ; et comme ils furent
deuant le Roy, dirent que Pertharite auoit fait vie[1], à quoy
le page auoit tenu la main, dont il meritoit la mort. Grimoald demanda par ordre par quel moyen Pertharite s'estoit sauué ; et le page luy conta le faict de la sorte qu'il estoit aduenu. Grimoald cognoissant la fidelité de ce ieune
homme, voulut qu'il fust[2] vn de ses pages, l'exhortant à
luy garder celle foy qu'il auoit à Pertharite, luy promettant en outre de luy faire beaucoup de bien. Il fit venir en
apres Vnulphe deuant luy, auquel il pardonna de mesme,
luy recommandant sa foy et sa prudence. Quelques iours
apres, il luy demanda s'il ne vouloit pas estre bien-tost
auec Pertharite : à quoy Vnulphe auec serment respondit
que plustost il auroit voulu mourir auec Pertharite que
viure en tout autre lieu en tout plaisir et delices. Le Roy
fit pareille demande au page, à sçauoir-mon[3] s'il trou-
uoit meilleur de demeurer auec soy au palais que de viure
auec Pertharite en exil ; mais le page luy ayant respondu
comme Vnulphe auoit fait, le Roy prenant en bonne

---

1. *Vie* comme *voie*, de *via* chemin. *Faire vie*, faire du chemin, partir.

2. Dans du Verdier : « qu'il fusse ; » et deux lignes plus loin : « beaucoup du bien. »

3. Nous avons vu un emploi analogue de *mon* dans le texte même de Corneille : voyez *la Galerie du Palais*, tome II, p. 92, note 4. Voyez aussi les Dictionnaires de Nicot et de Furetière, et notre *Lexique* à l'article *Mon*.

part leurs paroles, et loüant la foy de tous deux, commanda à Vnulphe demander tout ce qu'il voudroit de sa maison, et qu'il s'en allast en toute seureté trouuer Pertharite. Il licentia et donna congé de mesme au page, lequel auec Vnulphe, portans auec eux, par la courtoisie et liberalité du Roy, ce qui leur estoit de besoin pour leur voyage, s'en allerent en France trouuer leur desiré seigneur Pertharite.

ERYCUS PUTEANUS[1],

Historiæ barbaricæ, libro II, numero 15.

TAM[2] tragico nuncio obstupefactus Pertharitus, ampliusque tyrannum quam fratrem timens, fugam ad Cacanum, Hunnorum regem, arripuit, Rodelinda uxore et filio Cuniperto Mediolani relictis. Sed jam magna sui parte miser, et in carissimis pignoribus captus, quum a rege

---

1. Henri Dupuis, professeur de belles-lettres à Louvain, plus connu sous le nom d'*Erycius Puteanus* que sous son nom flamand *Van de Putte*, naquit à Venlo, dans la Gueldre, en 1574, et mourut à Louvain, en 1646. Le titre exact de celui de ses nombreux ouvrages d'où est tiré l'extrait que donne ici Corneille est : ERYCI PUTEANI *Historiæ insubricæ, ab origine gentis ad Othonem magnum imperatorem, libri VI, qui irruptiones Barbarorum in Italiam continent (ab anno CLVII ad annum DCCCCLXXIII). Fax barbarici temporis.* — Corneille écrit *Eryeus*, au lieu d'*Erycius;* c'est sans doute qu'il a pris pour un *i* simple l'I majuscule qui, dans plusieurs éditions, dans celle de 1630, par exemple, dont nous venons de copier le titre, termine le génitif ERYCI (pour *Erycii*). On voit que la fin de ce titre contient aussi l'adjectif *barbaricus*, qui a été substitué par Corneille à *insubricus*.

2. Épouvanté d'une nouvelle si tragique, Pertharite, craignant plus le tyran que son frère, s'enfuit à la hâte chez Cacan, roi des Huns, laissant à Milan sa femme Rodelinde et Cunipert son fils. Mais, malheureux dans une grande partie de lui-même, prisonnier dans la personne de ce qu'il avait de plus cher, repoussé d'ailleurs par le roi dont il était l'hôte, il résolut de retourner vers son ennemi, et

nospite rejiceretur, ad hostem redire statuit, et cujus sævitiam timuerat, clementiam experiri. Quid votis obesset? non regnum, sed incolumitas quærebatur. Etenim Pertharitus, quasi pati jam fortunæ contumeliam posset, fratre occiso, supplex esse sustinuit; et quia amplius putavit Grimoaldus reddere vitam quam regnum eripere, facilis fuit. Longe tamen aliud fata ordiebantur : ut nec securus esset, qui parcere voluit; neo liber a discrimine, qui salutem duntaxat pactus erat. Atque interea rex novus, destinatis nuptiis potentiam firmaturus, desponsam[1] sibi virginem tori sceptrique sociam assumit. Et sic in familia Ariperti regium permanere nomen videbatur; quippe post filios gener diadema sumpserat. Venit igitur Ticinum Pertharitus, et suæ oblitus appellationis, sororem reginam salutavit. Plenus mutuæ benevolentiæ hic congressus fuit, ac plane redire ad felicitatem profugus

d'éprouver la clémence de celui dont il avait redouté la cruauté. Rien pouvait-il s'opposer à ses vœux, quand ce n'était plus un royaume, mais la vie qu'il demandait? En effet, croyant pouvoir désormais, après le meurtre de son frère, subir les outrages de la fortune, Pertharite ne rougit pas de se rendre suppliant, et Grimoald se montra facile, jugeant qu'il lui donnait plus en lui accordant la vie, qu'il ne lui avait ôté en lui arrachant son royaume. Toutefois les destins disposaient les choses bien autrement : il ne devait y avoir ni sécurité pour celui qui voulait faire grâce, ni salut pour celui qui ne stipulait d'autre condition que d'avoir la vie sauve. Cependant le nouveau roi, voulant consolider sa puissance par le mariage projeté, prend pour compagne de son lit et de son trône la jeune princesse qui lui était fiancée*, de manière que la dignité royale semblait demeurer dans la famille d'Aripert, le diadème ayant passé de la tête de ses fils sur celle de son gendre. Pertharite s'en vint donc à Pavie, et, oubliant le nom qu'il avait porté, salua reine sa sœur. Une bienveillance mutuelle régna dans cette entrevue, et, au commandement

1. VAR. (recueil de 1656) : *desponsatam*. Le texte de Puteanus est *desponsam*.

* La fille d'Aripert, sœur de Pertharite et de Gondebert : voyez plus haut, p. 8. Corneille la nomme *Édüige*.

videbatur, nisi quod non imperaret. Domus et familia quasi proximam nupero splendori vitam acturo datur. Quid fit? visendi et salutandi causa quum frequentes confluerent, partim Longobardi, partim Insubres, humanitatis Regem pœnituit. Sic officia nocuere; et quia in exemplum benignitas miserantis valuit, exstincta est. A populo coli, et regnum moliri, juxta habitum. Itaque ut Rex metu solveretur, secundum parricidium non exhorruit. Nuper manu, nunc imperio cruentus, morti Pertharitum destinat. Sed nihil insidiæ, nihil percussores immissi potuere : elapsus est. Amica et ingeniosa Unulphi fraude beneficium salutis stetit, qui inclusum et obsessum ursina pelle circumtegens, et tanquam pro mancipio pellens, cubiculo ejecit. Dolum ingesta quoque verbera vestiebant; et quia nox erat, falli satellites potuere. Facinus quemadmodum regi displicuit, ita fidei exemplum laudatum est.

près, le proscrit semblait retrouver son ancienne prospérité. On lui donne une maison et des gens, pour que sa vie ne s'éloigne pas trop de sa récente splendeur. Mais qu'arrive-t-il ? Lombards et Insubres accourent en foule pour le visiter et lui faire leur cour. Le Roi se repentit de son humanité; ces hommes devinrent funestes à Pertharite, et la bonté de Grimoald, qui n'était que pitié, s'éteignit quand il vit qu'on s'autorisait de son exemple : être honoré du peuple, c'était aspirer au trône. En conséquence, pour s'affranchir de ses craintes, le Roi ne recula pas devant un second parricide. Naguère c'était sa main qui avait frappé; cette fois un ordre lui suffit, et il voua Pertharite à la mort. Mais les piéges, les assassins furent mis en défaut; il leur échappa; il dut son salut à l'ingénieux stratagème d'Unulphe, son ami. Celui-ci le revêtit d'une peau d'ours, et, le chassant comme un esclave, le fit sortir de la chambre où il était enfermé et gardé : il alla même jusqu'à le frapper pour mieux colorer sa ruse, et, comme il était nuit, les soldats se laissèrent tromper. Le fait déplut au Roi, mais il loua cet exemple de fidélité.

EXAMEN[1].

Le succès de cette tragédie a été si malheureux, que pour m'épargner le chagrin de m'en souvenir, je n'en dirai presque rien. Le sujet est écrit par Paul Diacre, au 4. et 5. livre des *Gestes des Lombards*[2], et depuis lui par Erycus Puteanus, au second livre de son *Histoire des invasions de l'Italie par les Barbares*[3]. Ce qui l'a fait ayorter au théâtre a été l'événement extraordinaire qui me l'avoit fait choisir. On n'y a pu supporter qu'un roi dépouillé de son royaume, après avoir fait tout son possible pour y rentrer, se voyant sans forces et sans amis, en cède à son vainqueur les droits inutiles, afin de retirer sa femme prisonnière de ses mains : tant les vertus de bon mari sont peu à la mode ! On n'y a pas aimé la surprise avec laquelle Pertharite se présente au troisième acte, quoique le bruit de son retour soit épandu dès le premier, ni que Grimoald reporte toutes ses affections à Édüige, sitôt qu'il a reconnu que la vie de Pertharite, qu'il avoit cru mort jusque-là, le mettoit dans l'impossibilité de réussir auprès de Rodelinde. J'ai parlé ailleurs de l'inégalité de l'emploi des personnages, qui donne à Rodelinde le premier rang dans les trois premiers actes, et la réduit au second ou au troisième dans les deux derniers[4]. J'ajoute ici, malgré sa

---

1. C'est en 1663 que fut imprimé pour la première fois l'Examen de *Pertharite*, et non en 1660, comme Voltaire le dit par erreur dans le titre de cet examen.
2. Voyez ci-dessus, p. 8-14, la traduction du récit de Paul Diacre par Antoine du Verdier.
3. Voyez ci-dessus, p. 14-16, le texte latin et la traduction de l'extrait de Puteanus.
4. Ce défaut en Rodelinde a été une des principales causes du mauvais succès de *Pertharite*, et je n'ai point encore vu sur nos théâ-

disgrâce, que les sentiments en sont assez vifs et nobles, les vers assez bien tournés, et que la façon dont le sujet s'explique dans la première scène ne manque pas d'artifice.

très cette inégalité de rang en un même acteur, qui n'ait produit un très-méchant effet. (*Examen d'Horace*; voyez tome III, p. 276.)

LISTE DES ÉDITIONS QUI ONT ÉTÉ COLLATIONNÉES
POUR LES VARIANTES DE *PERTHARITE*.

ÉDITIONS SÉPARÉES.

1653 in-12 ;   1656 in-12.

RECUEILS.

1654 in-12[1] ;   1664 in-8° ;
1656 in-12 ;   1668 in-12 ;
1660 in-8° ;   1682 in-12.
1663 in-fol. ;

1. Dans ce recueil, l'Achevé d'imprimer de *Pertharite* porte la date du 30 avril 1653. — Au tome V, p. 417, note 1, il faut lire : « l'Achevé d'imprimer de *Don Sanche* porte la date du 14 mai (*et non du 13 août*) 1650. »

ACTEURS.

PERTHARITE, roi des Lombards[1].
GRIMOALD, comte de Bénévent, ayant conquis le royaume des Lombards sur Pertharite.
GARIBALDE, duc de Turin[2].
UNULPHE, seigneur lombard.
RODELINDE, femme de Pertharite.
ÉDÜIGE, sœur de Pertharite.
SOLDATS.

La scène est à Milan.

---

1. Pertharite ou Bertaride succéda en 661, conjointement avec son frère Gondebert ou Godebert, à son père Aribert, roi des Lombards, qui avait donné Milan pour capitale au premier, et Pavie au second. On peut voir dans les extraits historiques cités par Corneille à la suite de l'avis *Au lecteur*, que le nom de Grimoald, comte, ou plutôt duc, de Bénévent (voyez p. 8, note 3), et ceux des autres personnages, excepté peut-être celui d'*Édüige* ou d'*Edvige*, sont également empruntés à l'histoire.

2. L'orthographe de ce nom est *Thurin* dans toutes les anciennes éditions, y compris celle de 1692.

PERTHARITE.

TRAGÉDIE.

ACTE I.

SCÈNE PREMIÈRE.
RODELINDE, UNULPHE.

RODELINDE.

Oui, l'honneur qu'il me rend ne fait que m'outrager ;
Je vous le dis encor, rien ne peut me changer[1] :
Ses conquêtes pour moi sont des objets de haine ;
L'hommage qu'il m'en fait renouvelle ma peine,
Et comme son amour redouble mon tourment,   5
Si je le hais vainqueur, je le déteste amant.
    Voilà quelle je suis, et quelle je veux être[2],
Et ce que vous direz au comte votre maître.

UNULPHE.

Dites au Roi, Madame[3].

RODELINDE.

               Ah ! je ne pense pas
Que de moi Grimoald exige un cœur si bas :   10
S'il m'aime, il doit aimer cette digne arrogance

---

1. *Var.* Je vous le dis encor, rien ne me peut changer. (1653-56)
2. *Var.* Voilà quelle je suis, et quelle je dois être. (1653-56 et 63)
3. *Var.* Nommez-le roi, Madame. (1653-56)

Qui brave ma fortune et remplit ma naissance.
  Si d'un roi malheureux et la fuite et la mort
L'assurent dans son trône à titre du plus fort,
Ce n'est point à sa veuve à traiter de monarque 15
Un prince qui ne l'est qu'à cette triste marque.
Qu'il ne se flatte point d'un espoir décevant :
Il est toujours pour moi comte de Bénévent,
Toujours l'usurpateur du sceptre de nos pères,
Et toujours, en un mot, l'auteur de mes misères. 20

UNULPHE.

C'est ne connoître pas la source de vos maux,
Que de les imputer à ses nobles travaux.
Laissez à sa vertu le prix qu'elle mérite,
Et n'en accusez plus que votre Pertharite :
Son ambition seule....

RODELINDE.

Unulphe, oubliez-vous 25
Que vous parlez à moi, qu'il étoit mon époux?

UNULPHE.

Non; mais vous oubliez que bien que la naissance
Donnât à son aîné la suprême puissance,
Il osa toutefois partager avec lui
Un sceptre dont son bras devoit être l'appui ; 30
Qu'on vit alors deux rois en votre Lombardie,
Pertharite à Milan, Gundebert à Pavie,
Dont[1] ce dernier, piqué par un tel attentat,
Voulut entre ses mains réunir son État,
Et ne put voir longtemps en celles de son frère.... 35

RODELINDE.

Dites qu'il fut rebelle aux ordres de son père.
Le Roi, qui connoissoit ce qu'ils valoient tous deux,

---

1. *Dont*, « par suite de quoi, » dans le sens du latin *unde*. Voyez le *Lexique*. Il y a un emploi semblable de *dont* dans l'extrait de du Verdier : voyez plus haut, p. 11.

Mourant entre leurs bras, fit ce partage entre eux :
Il vit en Pertharite une âme trop royale
Pour ne lui pas laisser une fortune égale ; 40
Et vit en Gundebert un cœur assez abjet[1]
Pour ne mériter pas son frère pour sujet.
Ce n'est pas attenter aux droits d'une couronne
Qu'en conserver la part qu'un père nous en donne ;
De son dernier vouloir c'est se faire des lois, 45
Honorer sa mémoire, et défendre son choix.

UNULPHE.

Puisque vous le voulez, j'excuse son courage ;
Mais condamnez du moins l'auteur de ce partage,
Dont l'amour indiscret pour des fils généreux,
Les faisant tous deux rois, les a perdus tous deux. 50
Ce mauvais politique avoit dû reconnoître
Que le plus grand État ne peut souffrir qu'un maître,
Que les rois n'ont qu'un trône et qu'une majesté,
Que leurs enfants entre eux n'ont point d'égalité,
Et qu'enfin la naissance a son ordre infaillible 55
Qui fait de leur couronne un point indivisible.

RODELINDE.

Et toutefois le ciel par les événements
Fit voir qu'il approuvoit ses justes sentiments.
Du jaloux Gundebert l'ambitieuse haine
Fondant sur Pertharite, y trouva tôt sa peine. 60
Une bataille entre eux vidoit leur différend ;
Il en sortit défait, il en sortit mourant :
Son trépas nous laissoit toute la Lombardie,
Dont il nous envioit une foible partie ;
Et j'ai versé des pleurs qui n'auroient pas coulé, 65
Si votre Grimoald ne s'en fût point mêlé.
Il lui promit vengeance, et sa main plus vaillante

1. Voyez tome I, p. 169, note 1.

Rendit après sa mort sa haine triomphante :
Quand nous croyions le sceptre en la nôtre affermi,
Nous changeâmes de sort en changeant d'ennemi ; 70
Et le voyant régner où régnoient les deux frères,
Jugez à qui je puis imputer nos misères.

UNULPHE.

Excusez un amour que vos yeux ont éteint :
Son cœur pour Édüige en étoit lors atteint;
Et pour gagner la sœur à ses desirs trop chère, 75
Il fallut épouser les passions du frère.
Il arma ses sujets, plus pour la conquérir
Qu'à dessein de vous nuire ou de le secourir.
    Alors qu'il arriva, Gundebert rendoit l'âme,
Et sut en ce moment abuser de sa flamme. 80
« Bien, dit-il, que je touche à la fin de mes jours,
Vous n'avez pas en vain amené du secours ;
Ma mort vous va laisser ma sœur et ma querelle :
Si vous l'osez aimer, vous combattrez pour elle. »
Il la proclame reine ; et sans retardement 85
Les chefs et les soldats ayant prêté serment,
Il en prend d'elle un autre, et de mon prince même :
« Pour montrer à tous deux à quel point je vous aime,
Je vous donne, dit-il, Grimoald pour époux,
Mais à condition qu'il soit digne de vous ; 90
Et vous ne croirez point, ma sœur, qu'il vous mérite,
Qu'il n'ait vengé ma mort et détruit Pertharite,
Qu'il n'ait conquis Milan, qu'il n'y donne la loi.
A la main d'une reine il faut celle d'un roi. »
    Voilà ce qu'il voulut, voilà ce qu'ils jurèrent, 95
Voilà sur quoi tous deux contre vous s'animèrent.
Non que souvent mon prince, impatient amant,
N'ait voulu prévenir l'effet de son serment ;
Mais contre son amour la Princesse obstinée
A toujours opposé la parole donnée ; 100

Si bien que ne voyant autre espoir de guérir,
Il a fallu sans cesse et vaincre et conquérir.
 Enfin, après deux ans, Milan par sa conquête
Lui donnoit Édüige en couronnant sa tête,
Si ce même Milan dont elle étoit le prix   105
N'eût fait perdre à ses yeux ce qu'ils avoient conquis.
Avec un autre sort il prit un cœur tout autre.
Vous fûtes sa captive, et le fîtes le vôtre ;
Et la princesse alors par un bizarre effet,
Pour l'avoir voulu roi, le perdit tout à fait.   110
Nous le vîmes quitter ses premières pensées,
N'avoir plus pour l'hymen ces ardeurs empressées,
Éviter Édüige, à peine lui parler,
Et sous divers prétexte à son tour reculer.
Ce n'est pas que longtemps il n'ait tâché d'éteindre   115
Un feu dont vos vertus avoient lieu de se plaindre ;
Et tant que dans sa fuite a vécu votre époux,
N'étant plus à sa sœur, il n'osoit être à vous ;
Mais sitôt que sa mort eut rendu légitime
Cette ardeur qui n'étoit jusque-là qu'un doux crime.... 120

SCÈNE II.

RODELINDE, ÉDÜIGE, UNULPHE

ÉDÜIGE.

Madame, si j'étois d'un naturel jaloux,
Je m'inquiéterois de le voir avec vous,
Je m'imaginerois, ce qui pourroit bien être,
Que ce fidèle agent vous parle pour son maître ;
Mais comme mon esprit n'est pas si peu discret   125
Qu'il vous veuille envier la douceur du secret,
De cette opinion j'aime mieux me défendre,
Pour mettre en votre choix celle que je dois prendre,

La régler par votre ordre, et croire avec respect
Tout ce qu'il vous plaira d'un entretien suspect. 130
RODELINDE.
Le secret n'est pas grand qu'aisément on devine,
Et l'on peut croire alors tout ce qu'on s'imagine.
Oui, Madame, son maître a de fort mauvais yeux;
Et s'il m'en pouvoit croire, il en useroit mieux.
ÉDÜIGE.
Il a beau s'éblouir alors qu'il vous regarde, 135
Il vous échappera si vous n'y prenez garde.
Il lui faut obéir, tout amoureux qu'il est,
Et vouloir ce qu'il veut, quand et comme il lui plaît.
RODELINDE.
Avez-vous reconnu par votre expérience
Qu'il faille déférer à son impatience? 140
ÉDÜIGE.
Vous ne savez que trop ce que c'est que sa foi.
RODELINDE.
Autre est celle d'un comte, autre celle d'un roi;
Et comme un nouveau rang forme une âme nouvelle,
D'un comte déloyal il fait un roi fidèle.
ÉDÜIGE.
Mais quelquefois, Madame, avec facilité 145
On croit des maris morts qui sont pleins de santé;
Et lorsqu'on se prépare aux seconds hyménées,
On voit par leur retour des veuves étonnées.
RODELINDE.
Qu'avez-vous vu, Madame, ou que vous a-t-on dit?
ÉDÜIGE.
Ce mot un peu trop tôt vous alarme l'esprit. 150
Je ne vous parle pas de votre Pertharite;
Mais il se pourra faire enfin qu'il ressuscite,
Qu'il rende à vos desirs leur juste possesseur;
Et c'est dont je vous donne avis en bonne sœur.

RODELINDE.
N'abusez point d'un nom que votre orgueil rejette. 155
Si vous étiez ma sœur, vous seriez ma sujette ;
Mais un sceptre vaut mieux que les titres du sang,
Et la nature cède à la splendeur du rang.
ÉDÜIGE.
La nouvelle vous fâche, et du moins importune
L'espoir déjà formé d'une bonne fortune. 160
Consolez-vous, Madame : il peut n'en être rien ;
Et souvent on nous dit ce qu'on ne sait pas bien.
RODELINDE.
Il sait mal ce qu'il dit, quiconque vous fait croire
Qu'aux feux de Grimoald je trouve quelque gloire.
Il est vaillant, il règne, et comme il faut régner ; 165
Mais toutes ses vertus me le font dédaigner.
Je hais dans sa valeur l'effort qui le couronne ;
Je hais dans sa bonté les cœurs qu'elle lui donne ;
Je hais dans sa prudence un grand peuple charmé ;
Je hais dans sa justice un tyran trop aimé ; 170
Je hais ce grand secret d'assurer sa conquête,
D'attacher fortement ma couronne à sa tête ;
Et le hais d'autant plus que je vois moins de jour
A détruire un vainqueur qui règne avec amour.
ÉDÜIGE.
Cette haine qu'en vous sa vertu même excite 175
Est fort ingénieuse à voir tout son mérite ;
Et qui nous parle ainsi d'un objet odieux
En diroit bien du mal s'il plaisoit à ses yeux.
RODELINDE.
Qui hait brutalement permet tout à sa haine :
Il s'emporte, il se jette où sa fureur l'entraîne, 180
Il ne veut avoir d'yeux que pour ses faux portraits ;
Mais qui hait par devoir ne s'aveugle jamais :
C'est sa raison qui hait, qui toujours équitable,

Voit en l'objet haï ce qu'il a d'estimable,
Et verroit en l'aimé ce qu'il y faut blâmer, 185
Si ce même devoir lui commandoit d'aimer.
                    ÉDÜIGE.
Vous en savez beaucoup.
                    RODELINDE.
                           Je sais comme il faut vivre.
                    ÉDÜIGE.
Vous êtes donc, Madame, un grand exemple à suivre.
                    RODELINDE.
Pour vivre l'âme saine, on n'a qu'à m'imiter¹.
                    ÉDÜIGE.
Et qui veut vivre aimé n'a qu'à vous en conter ? 190
                    RODELINDE.
J'aime en vous un soupçon qui vous sert de supplice :
S'il me fait quelque outrage, il m'en fait bien justice.
                    ÉDÜIGE.
Quoi? vous refuseriez Grimoald pour époux?
                    RODELINDE.
Si je veux l'accepter, m'en empêcherez-vous?
Ce qui jusqu'à présent vous donne tant d'alarmes, 195
Sitôt qu'il me plaira, vous coûtera des larmes;
Et quelque grand pouvoir que vous preniez sur moi,
Je n'ai qu'à dire un mot pour vous faire la loi.
N'aspirez point, Madame, où je voudrai prétendre :
Tout son cœur est à moi, si je daigne le prendre. 200
Consolez-vous pourtant : il m'en fait l'offre en vain ;
Je veux bien sa couronne, et ne veut point sa main.
Faites, si vous pouvez, revivre Pertharite,
Pour l'opposer aux feux dont votre amour s'irrite.
Produisez un fantôme, ou semez un faux bruit, 205
Pour remettre en vos fers un prince qui vous fuit;

1. *Var.* Qui veut vivre en repos, il n'a qu'à m'imiter. (1653-56).

J'aiderai votre feinte, et ferai mon possible
Pour tromper avec vous ce monarque invincible,
Pour renvoyer chez vous les vœux qu'on vient m'offrir,
Et n'avoir plus chez moi d'importuns à souffrir. 210
         ÉDÜIGE.
Qui croit déjà ce bruit un tour de mon adresse,
De son effet sans doute auroit peu d'allégresse,
Et loin d'aider la feinte avec sincérité,
Pourroit fermer les yeux même à la vérité.
         RODELINDE.
Après m'avoir fait perdre époux et diadème, 215
C'est trop que d'attenter jusqu'à ma gloire même,
Qu'ajouter l'infamie à de si rudes coups.
Connoissez-moi, Madame, et désabusez-vous.
Je ne vous cèle point qu'ayant l'âme royale,
L'amour du sceptre encor me fait votre rivale, 220
Et que je ne puis voir d'un cœur lâche et soumis
La sœur de mon époux déshériter mon fils;
Mais que dans mes malheurs jamais je me dispose
A les vouloir finir m'unissant à leur cause,
A remonter au trône, où vont tous mes desirs, 225
En épousant l'auteur de tous mes déplaisirs!
Non, non, vous présumez en vain que je m'apprête
A faire de ma main sa dernière conquête:
Unulphe peut vous dire en fidèle témoin
Combien à me gagner il perd d'art et de soin. 230
Si malgré la parole et donnée et reçue,
Il cessa d'être à vous au moment qu'il m'eut vue,
Aux cendres d'un mari tous mes feux réservés
Lui rendent les mépris que vous en recevez.

SCÈNE III.

GRIMOALD, RODELINDE, ÉDÜIGE, GARIBALDE, UNULPHE.

RODELINDE.

Approche, Grimoald, et dis à ta jalouse, 235
A qui du moins ta foi doit le titre d'épouse,
Si depuis que pour moi je t'ai vu soupirer,
Jamais d'un seul coup d'œil je t'ai fait espérer;
Ou si tu veux laisser pour éternelle gêne
A cette ambitieuse une frayeur si vaine, 240
Dis-moi de mon époux le déplorable sort :
Il vit, il vit encor, si j'en crois son rapport;
De ses derniers honneurs les magnifiques pompes[1]
Ne sont qu'illusions avec quoi tu me trompes;
Et ce riche tombeau que lui fait son vainqueur 245
N'est qu'un appas[2] superbe à surprendre mon cœur.

GRIMOALD.

Madame, vous savez ce qu'on m'est venu dire,
Qu'allant de ville en ville et d'empire en empire
Contre Edüige et moi mendier du secours,
Auprès du roi des Huns il a fini ses jours; 250
Et si depuis sa mort j'ai tâché de vous rendre....

RODELINDE.

Qu'elle soit vraie ou non, tu n'en dois rien attendre.
Je dois à sa mémoire, à moi-même, à son fils,
Ce que je dus aux nœuds qui nous avoient unis.
Ce n'est qu'à le venger que tout mon cœur s'applique; 255
Et puisqu'il faut enfin que tout ce cœur s'explique,
Si je puis une fois échapper de tes mains,

---

1. *Var.* De ces derniers devoirs les magnifiques pompes. (1653-56)
2. Voyez tome I, p. 148, note 3.

J'irai porter partout de si justes desseins :
J'irai dessus ses pas aux deux bouts de la terre
Chercher des ennemis à te faire la guerre ;
Ou s'il me faut languir prisonnière en ces lieux,
Mes vœux demanderont cette vengeance aux cieux,
Et ne cesseront point jusqu'à ce que leur foudre
Sur mon trône usurpé brise ta tête en poudre.
 Madame, vous voyez avec quels sentiments
Je mets ce grand obstacle à vos contentements.
Adieu : si vous pouvez, conservez ma couronne,
Et regagnez un cœur que je vous abandonne.

SCÈNE IV.

GRIMOALD, ÉDÜIGE, GARIBALDE, UNULPHE.

GRIMOALD.
Qu'avez-vous dit, Madame, et que supposez-vous
Pour la faire douter du sort de son époux ?
Depuis quand et de qui savez-vous qu'il respire ?
ÉDÜIGE.
Ce confident si cher pourra vous le redire.
GRIMOALD.
M'auriez-vous accusé d'avoir feint son trépas ?
ÉDÜIGE.
Ne vous alarmez point, elle ne m'en croit pas.
Son destin est plus doux veuve que mariée,
Et de croire sa mort vous l'avez trop priée[1].
GRIMOALD.
Mais enfin ?
ÉDÜIGE.
 Mais enfin, chacun sait ce qu'il sait ;

---

1. *Var.* Et de le croire mort vous l'avez trop priée. (1653-56)

Et quand il sera temps nous en verrons l'effet.
Épouse-la, parjure, et fais-en une infâme :
Qui ravit un État peut ravir une femme ; 280
L'adultère et le rapt sont du droit des tyrans.
GRIMOALD.
Vous me donniez jadis des titres différents.
Quand pour vous acquérir je gagnois des batailles,
Que mon bras de Milan foudroyoit les murailles,
Que je semois partout la terreur et l'effroi, 285
J'étois un grand héros, j'étais un digne roi ;
Mais depuis que je règne en prince magnanime,
Qui chérit la vertu, qui sait punir le crime,
Que le peuple sous moi voit ses destins meilleurs,
Je ne suis qu'un tyran, parce que j'aime ailleurs. 290
Ce n'est plus la valeur, ce n'est plus la naissance
Qui donne quelque droit à la toute-puissance :
C'est votre amour lui seul qui fait des conquérants,
Suivant qu'ils sont à vous, des rois ou des tyrans.
Si ce titre odieux s'acquiert à vous déplaire, 295
Je n'ai qu'à vous aimer, si je veux m'en défaire ;
Et ce même moment, de lâche usurpateur,
Me fera vrai monarque en vous rendant mon cœur.
ÉDÜIGE
Ne prétends plus au mien après ta perfidie.
J'ai mis entre tes mains toute la Lombardie ; 300
Mais ne t'aveugle point dans ton nouveau souci[1] :
Ce n'est que sous mon nom que tu règnes ici,
Et le peuple bientôt montrera par sa haine
Qu'il n'adoroit en toi que l'amant de sa reine,
Qu'il ne respectoit qu'elle, et ne veut point d'un roi 305
Qui commence par elle à violer sa foi.

1. *Var.* Mais ne t'aveugle point dans ton ambition :
Si tu règnes ici, ce n'est que sous mon nom. (1653-56)

GRIMOALD.

Si vous étiez, Madame, au milieu de Pavie,
Dont vous fit reine un frère en sortant de la vie,
Ce discours, quoique même un peu hors de saison,
Pourroit avoir du moins quelque ombre de raison. 310
Mais ici, dans Milan, dont j'ai fait ma conquête,
Où ma seule valeur a couronné ma tête,
Au milieu d'un État où tout le peuple à moi
Ne sauroit craindre en vous que l'amour de son roi,
La menace impuissante est de mauvaise grâce : 315
Avec tant de foiblesse il faut la voix plus basse.
J'y règne, et régnerai malgré votre courroux;
J'y fais à tous justice, et commence par vous.

ÉDÜIGE.

Par moi?

GRIMOALD.

Par vous, Madame.

ÉDÜIGE.

Après la foi reçue!
Après deux ans d'amour si lâchement déçue! 320

GRIMOALD.

Dites après deux ans de haine et de mépris,
Qui de toute ma flamme ont été le seul prix.

ÉDÜIGE.

Appelles-tu mépris une amitié sincère?

GRIMOALD.

Une amitié fidèle à la haine d'un frère,
Un long orgueil armé d'un frivole serment, 325
Pour s'opposer sans cesse au bonheur d'un amant.
Si vous m'aviez aimé, vous n'auriez pas eu honte
D'attacher votre sort à la valeur d'un comte.
Jusqu'à ce qu'il fût roi vous plaire à le gêner,
C'étoit vouloir vous vendre, et non pas vous donner. 330
Je me suis donc fait roi pour plaire à votre envie :

J'ai conquis votre cœur au péril de ma vie;
Mais alors qu'il m'est dû, je suis en liberté
De vous laisser un bien que j'ai trop acheté,
Et votre ambition est justement punie 335
Quand j'affranchis un roi de votre tyrannie.
　Un roi doit pouvoir tout; et je ne suis pas roi,
S'il ne m'est pas permis de disposer de moi.
C'est quitter, c'est trahir les droits du diadème,
Que sur le haut d'un trône être esclave moi-même; 340
Et dans ce même trône où vous m'avez voulu,
Sur moi comme sur tous je dois être absolu :
C'est le prix de mon sang; souffrez que j'en dispose,
Et n'accusez que vous du mal que je vous cause.

ÉDÜIGE.

Pour un grand conquérant que tu te défends mal! 345
Et quel étrange roi tu fais de Grimoald!
　Ne dis plus que ce rang veut que tu m'abandonnes,
Et que la trahison est un droit des couronnes;
Mais si tu veux trahir, trouve du moins, ingrat,
De plus belles couleurs dans les raisons d'État. 350
Dis qu'un usurpateur doit amuser la haine
Des peuples mal domptés, en épousant leur reine;
Leur faire présumer qu'il veut rendre à son fils
Un sceptre sur le père injustement conquis;
Qu'il ne veut gouverner que durant son enfance, 355
Qu'il ne veut qu'en dépôt la suprême puissance,
Qu'il ne veut autre titre en leur donnant la loi,
Que d'époux de la Reine et de tuteur du Roi;
Dis que sans cet hymen ta puissance t'échappe,
Qu'un vieil amour des rois la détruit et la sape; 360
Dis qu'un tyran qui règne en pays ennemi
N'y sauroit voir son trône autrement affermi.
De cette illusion l'apparence plausible
Rendroit ta lâcheté peut-être moins visible;

Et l'on pourroit donner à la nécessité 365
Ce qui n'est qu'un effet de ta légèreté.
GRIMOALD.
J'embrasse un bon avis, de quelque part qu'il vienne.
Unulphe, allez trouver la Reine, de la mienne,
Et tâchez par cette offre à vaincre sa rigueur.
Madame, c'est à vous que je devrai son cœur; 370
Et pour m'en revancher, je prendrai soin moi-même
De faire choix pour vous d'un mari qui vous aime,
Qui soit digne de vous, et puisse mériter
L'amour que, malgré moi, vous voulez me porter.
ÉDÜIGE.
Traître, je n'en veux point que ta mort ne me donne, 375
Point qui n'ait par ton sang affermi ma couronne.
GRIMOALD.
Vous pourrez à ce prix en trouver aisément.
Remettez la Princesse à son appartement,
Duc; et tâchez à rompre un dessein sur ma vie
Qui me feroit trembler si j'étois à Pavie, 380
ÉDÜIGE.
Crains-moi, crains-moi partout : et Pavie, et Milan,
Tout lieu, tout bras est propre à punir un tyran;
Et tu n'as point de forts où vivre en assurance,
Si de ton sang versé je suis la récompense.
GRIMOALD.
Dissimulez du moins ce violent courroux : 385
Je deviendrois tyran, mais ce seroit pour vous.
ÉDÜIGE.
Va, je n'ai point le cœur assez lâche pour feindre.
GRIMOALD.
Allez donc; et craignez, si vous me faites craindre.

FIN DU PREMIER ACTE.

ACTE II.

SCÈNE PREMIÈRE[1].
ÉDÜIGE, GARIBALDE.

ÉDÜIGE.

Je l'ai dit à mon maître, et je vous le redis :

> 1. « Il me paraît prouvé que Racine a puisé toute l'ordonnance de sa tragédie d'*Andromaque* dans ce second acte de *Pertharite*. Dès la première scène, vous voyez Édüige, qui est avec son Garibalde précisément dans la même situation qu'Hermione avec Oreste. Elle est abandonnée par un Grimoald, comme Hermione par Pyrrhus; et si Grimoald aime sa prisonnière Rodelinde, Pyrrhus aime Andromaque, sa captive. Vous voyez qu'Édüige dit à Garibalde les mêmes choses qu'Hermione dit à Oreste : elle a des ardents souhaits de voir punir le change de Grimoald, elle assure sa conquête à son vengeur, il faut servir sa haine pour venger son amour. C'est ainsi qu'Hermione dit à Oreste (*Andromaque*, acte IV, scène III) :
>
>> Vengez-moi, je crois tout....
>> Qu'Hermione est le prix d'un tyran opprimé,
>> Que je le hais; enfin.... que je l'aimai?
>
> Oreste, en un autre endroit, dit à Hermione tout ce que dit ici Garibalde à Édüige (acte II, scène II) :
>
>> Le cœur est pour Pyrrhus, et les vœux pour Oreste....
>> Et vous le haïssez! Avouez-le, Madame,
>> L'amour n'est pas un feu qu'on renferme en son âme (*a*);
>> Tout nous trahit, la voix, le silence, les yeux ;
>> Et les feux mal couverts n'en éclatent que mieux.
>
> Hermione parle absolument comme Édüige, quand elle dit (acte II, scène II) :
>
>> Mais cependant, ce jour, il épouse Andromaque (*b*)....
>> Seigneur, je le vois bien, votre âme prévenue
>> Répand sur mes discours le poison qui la tue (*c*).
>
> Enfin l'intention d'Édüige est que Garibalde la serve en détachant le par-

(*a*) Le texte de Racine est : « en une âme. »
(*b*) Dans la scène II de l'acte II, il y a :

> Mais, Seigneur, cependant, s'il épouse Andromaque.

Le vers cité par Voltaire est dans la scène III de l'acte IV.
(*c*) Dans Racine : « le venin qui la tue. »

ACTE II, SCÈNE I.

Je me dois cette joie après de tels mépris ; 390
Et mes ardents souhaits de voir punir son change
Assurent ma conquête à quiconque me venge[1].
Suivez le mouvement d'un si juste courroux,
Et sans perdre de vœux obtenez-moi de vous.
Pour gagner mon amour il faut servir ma haine : 395
A ce prix est le sceptre, à ce prix une reine ;
Et Grimoald puni rendra digne de moi
Quiconque ose m'aimer, ou se veut faire roi.

GARIBALDE.

Mettre à ce prix vos feux et votre diadème,
C'est ne connoître pas votre haine et vous-même ; 400
Et qui, sous cet espoir, voudroit vous obéir,
Chercheroit les moyens de se faire haïr.
Grimoald inconstant n'a plus pour vous de charmes,
Mais Grimoald puni vous coûteroit des larmes.
A cet objet sanglant, l'effort de la pitié 405
Reprendroit tous les droits d'une vieille amitié
Et son crime en son sang éteint avec sa vie
Passeroit en celui qui vous auroit servie.
Quels que soient ses mépris, peignez-vous bien sa mort,
Madame, et votre cœur n'en sera pas d'accord. 410
Quoi qu'un amant volage excite de colère,
Son change est odieux, mais sa personne est chère ;
Et ce qu'a joint l'amour a beau se désunir,
Pour le rejoindre mieux il ne faut qu'un soupir.
Ainsi n'espérez pas que jamais on s'assure 415

jure Grimoald de sa rivale Rodelinde ; et Hermione veut qu'Oreste, en demandant Astyanax, dégage Pyrrhus de son amour pour Andromaque. Voyez avec attention la scène cinquième du second acte, vous trouverez une ressemblance non moins marquée entre Andromaque et Rodelinde. » (*Voltaire*, 1764.)

1. *Var.* Je n'en fais point secret après tant de mépris,
    Je l'ai dit à ce traître, et je vous le redis :
    Je ne suis plus à moi, je suis à qui me venge,
    Et ma conquête est libre au bras le plus étrange. (1653-56)

38   PERTHARITE.

Sur les bouillants transports qu'arrache son parjure.
Si le ressentiment de sa légèreté
Aspire à la vengeance avec sincérité,
En quelques dignes mains qu'il veuille la remettre,
Il vous faut vous donner, et non pas vous promettre,   420
Attacher votre sort, avec le nom d'époux,
A la valeur du bras qui s'armera pour vous.
Tant qu'on verra ce prix en quelque incertitude,
L'oseroit-on punir de son ingratitude?
Votre haine tremblante est un mauvais appui   425
A quiconque pour vous entreprendroit sur lui;
Et quelque doux espoir qu'offre cette colère[1],
Une plus forte haine en seroit le salaire.
Donnez-vous donc, Madame, et faites qu'un vengeur
N'ait plus à redouter le désaveu du cœur.   430

ÉDÜIGE.

Que vous m'êtes cruel en faveur d'un infâme,
De vouloir, malgré moi, lire au fond de mon âme,
Où mon amour trahi, que j'éteins à regret,
Lui fait contre ma haine un partisan secret!
Quelques justes arrêts que ma bouche prononce,   435
Ce sont de vains efforts où tout mon cœur renonce.
Ce lâche malgré moi l'ose encor protéger[2],
Et veut mourir du coup qui m'en pourroit venger.
Vengez-moi toutefois, mais d'une autre manière :
Pour conserver mes jours, laissez-lui la lumière.   440
Quelque mort que je doive à son manque de foi,
Otez-lui Rodelinde, et c'est assez pour moi;
Faites qu'elle aime ailleurs, et punissez son crime[3]

1. *Var.* Et cet espoir douteux qu'offre votre conquête
   A vos feux rallumés exposeroit sa tête. (1653-56)
2. *Var.* Ce lâche en ses périls s'obstine à s'engager. (1653-56 recueil)
   Var. Ce lâche en ces périls s'obstine à s'engager. (1656 édition séparée
3. *Var.* Faites qu'elle aime un autre, et qu'un rival me venge,
   Qu'il tombe au désespoir que me donne son change. (1653-56)

Par ce désespoir même où son change m'abîme.
Faites plus : s'il est vrai que je puis tout sur vous, 445
Ramenez cet ingrat tremblant à mes genoux,
Le repentir au cœur, les pleurs sur le visage,
De tant de lâchetés me faire un plein hommage,
Implorer le pardon qu'il ne mérite pas,
Et remettre en mes mains sa vie et son trépas. 450

GARIBALDE.

Ajoutez-y, Madame, encor qu'à vos yeux même
Cette odieuse main perce un cœur qui vous aime,
Et que l'amant fidèle, au volage immolé,
Expie au lieu de lui ce qu'il a violé.
L'ordre en sera moins rude, et moindre le supplice, 455
Que celui qu'à mes feux prescrit votre injustice :
Et le trépas en soi n'a rien de rigoureux
A l'égal de vous rendre un rival plus heureux.

ÉDÜIGE.

Duc, vous vous alarmez faute de me connoître :
Mon cœur n'est pas si bas qu'il puisse aimer un traître.
Je veux qu'il se repente, et se repente en vain,
Rendre haine pour haine, et dédain pour dédain ;
Je veux qu'en vain son âme, esclave de la mienne,
Me demande sa grâce, et jamais ne l'obtienne,
Qu'il soupire sans fruit ; et pour le punir mieux, 465
Je veux même à mon tour vous aimer à ses yeux.

GARIBALDE.

Le pourrez-vous, Madame, et savez-vous vos forces?
Savez-vous de l'amour quelles sont les amorces?
Savez-vous ce qu'il peut, et qu'un visage aimé
Est toujours trop aimable à ce qu'il a charmé? 470
Si vous ne m'abusez, votre cœur vous abuse.
L'iconstance jamais n'a de mauvaise excuse ;
Et comme l'amour seul fait le ressentiment,
Le moindre repentir obtient grâce à l'amant.

ÉDÜIGE.

Quoi qu'il puisse arriver, donnez-vous cette gloire 475
D'avoir sur cet ingrat rétabli ma victoire ;
Sans songer qu'à me plaire exécutez mes lois,
Et pour l'événement laissez tout à mon choix :
Souffrez qu'en liberté je l'aime ou le néglige.
L'amant est trop payé quand son service oblige ; 480
Et quiconque en aimant aspire à d'autres prix
N'a qu'un amour servile et digne de mépris.
Le véritable amour jamais n'est mercenaire,
Il n'est jamais souillé de l'espoir du salaire,
Il ne veut que servir, et n'a point d'intérêt 485
Qu'il n'immole à celui de l'objet qui lui plaît.

Voyez donc Grimoald, tâchez à le réduire :
Faites-moi triompher au hasard de vous nuire ;
Et si je prends pour lui des sentiments plus doux,
Vous m'aurez faite heureuse, et c'est assez pour vous. 490
Je verrai par l'effort de votre obéissance
Où doit aller celui de ma reconnoissance.
Cependant, s'il est vrai que j'ai pu vous charmer,
Aimez-moi plus que vous, ou cessez de m'aimer :
C'est par là seulement qu'on mérite Édüige. 495
Je veux bien qu'on espère, et non pas qu'on exige.
Je ne veux rien devoir ; mais lorsqu'on me sert bien,
On peut attendre tout de qui ne promet rien.

SCÈNE II.

GARIBALDE.

Quelle confusion ! et quelle tyrannie
M'ordonne d'espérer ce qu'elle me dénie ! 500
Et de quelle façon est-ce écouter des vœux,
Qu'obliger un amant à travailler contre eux ?

ACTE II, SCÈNE II.

Simple, ne prétends pas, sur cet espoir frivole,
Que je tâche à te rendre un cœur que je te vole.
Je t'aime, mais enfin je m'aime plus que toi.   505
C'est moi seul qui le porte à ce manque de foi;
Auprès d'un autre objet c'est moi seul qui l'engage :
Je ne détruirai pas moi-même mon ouvrage.
Il m'a choisi pour toi, de peur qu'un autre époux
Avec trop de chaleur n'embrasse ton courroux;   510
Mais lui-même il se trompe en l'amant qu'il te donne.
Je t'aime, et puissamment, mais moins que la couronne;
Et mon ambition, qui tâche à te gagner,
Ne cherche en ton hymen que le droit de régner.
De tes ressentiments s'il faut que je l'obtienne,   515
Je saurai joindre encor cent haines à la tienne,
L'ériger en tyran par mes propres conseils,
De sa perte par lui dresser les appareils,
Mêler si bien l'adresse avec un peu d'audace,
Qu'il ne faille qu'oser pour me mettre en sa place;   520
Et comme en t'épousant j'en aurai droit de toi,
Je t'épouserai, lors, mais pour me faire roi.
Mais voici Grimoald.

SCÈNE III.

GRIMOALD, GARIBALDE.

GRIMOALD.
Eh bien ! quelle espérance,
Duc? et qu'obtiendrons-nous de ta persévérance?
GARIBALDE.
Ne me commandez plus, Seigneur, de l'adorer,   525
Ou ne lui laissez plus aucun lieu d'espérer.
GRIMOALD.
Quoi? de tout mon pouvoir je l'avois irritée

Pour faire que ta flamme en fût mieux écoutée,
Qu'un dépit redoublé, la pressant contre moi,
La rendît plus facile à recevoir ta foi, 530
Et fît tomber ainsi par ses ardeurs nouvelles
Le dépôt de sa haine en des mains si fidèles[1]:
Cependant son espoir à mon trône attaché
Par aucun de nos soins n'en peut être arraché.
Mais as-tu bien promis ma tête à sa vengeance? 535
Ne l'as-tu point offerte avecque négligence,
Avec quelque froideur qui l'ait fait soupçonner
Que tu la promettois sans la vouloir donner?

GARIBALDE.

Je n'ai rien oublié de ce qui peut séduire
Un vrai ressentiment qui voudroit vous détruire; 540
Mais son feu mal éteint ne se peut déguiser :
Son plus ardent courroux brûle de s'apaiser;
Et je n'obtiendrai point, Seigneur, qu'elle m'écoute,
Jusqu'à ce qu'elle ait vu votre hymen hors de doute,
Et que de Rodelinde étant l'illustre époux, 545
Vous chassiez de son cœur tout espoir d'être à vous.

GRIMOALD.

Hélas! je mets en vain toute chose en usage :
Ni prières ni vœux n'ébranlent son courage.
Malgré tous mes respects, je vois de jour en jour
Croître sa résistance autant que mon amour; 550
Et si l'offre d'Unulphe à présent ne la touche,
Si l'intérêt d'un fils ne la rend moins farouche,
Désormais je renonce à l'espoir d'amollir
Un cœur que tant d'efforts ne font qu'enorgueillir.

GARIBALDE.

Non, non, Seigneur, il faut que cet orgueil vous cède; 555
Mais un mal violent veut un pareil remède.
Montrez-vous tout ensemble amant et souverain,

1. *Var.* Le dépôt de sa haine entre des mains fidèles. (1653-56)

ACTE II, SCÈNE III.

Et sachez commander, si vous priez en vain.
Que sert ce grand pouvoir qui suit le diadème,
Si l'amant couronné n'en use pour soi-même? 560
Un roi n'est pas moins roi pour se laisser charmer,
Et doit faire obéir qui ne veut pas aimer.

GRIMOALD.

Porte, porte aux tyrans tes damnables maximes :
Je hais l'art de régner qui se permet des crimes.
De quel front donnerois-je un exemple aujourd'hui 565
Que mes lois dès demain puniroient en autrui?
Le pouvoir absolu n'a rien de redoutable
Dont à sa conscience un roi ne soit comptable.
L'amour l'excuse mal, s'il règne injustement,
Et l'amant couronné doit n'agir qu'en amant. 570

GARIBALDE.

Si vous n'osez forcer, du moins faites-vous craindre :
Daignez, pour être heureux, un moment vous contraindre ;
Et si l'offre d'Unulphe en reçoit des mépris,
Menacez hautement de la mort de son fils[1].

GRIMOALD.

Que par ces lâchetés j'ose me satisfaire! 575

GARIBALDE.

Si vous n'osez parler, du moins laissez-nous faire :
Nous saurons vous servir, Seigneur, et malgré vous.
Prêtez-nous seulement un moment de courroux,
Et permettez après qu'on l'explique et qu'on feigne
Ce que vous n'osez dire, et qu'il faut qu'elle craigne. 580
Vous désavouerez tout. Après de tels projets,
Les rois impunément dédisent leurs sujets.

GRIMOALD.

Sachons ce qu'il a fait avant que de résoudre[2]
Si je dois en tes mains laisser gronder ce foudre.

---

1. *Var.* Menacez-la, Seigneur, de la mort de son fils. (1653-56)
2. *Var.* Sachons qu'a fait Unulphe, avant que de résoudre. (1653-56)

SCÈNE IV.

GRIMOALD, GARIBALDE, UNULPHE.

GRIMOALD.

Que faut-il faire, Unulphe? est-il temps de mourir[1]? 585
N'as-tu vu pour ton roi nul espoir de guérir?

UNULPHE.

Rodelinde, Seigneur, enfin plus raisonnable,
Semble avoir dépouillé cet orgueil indomptable :
Elle a reçu votre offre avec tant de douceur....

GRIMOALD.

Mais l'a-t-elle acceptée? as-tu touché son cœur? 590
A-t-elle montré joie? en paroît-elle émue?
Peut-elle s'abaisser jusqu'à souffrir ma vue?
Qu'a-t-elle dit enfin?

UNULPHE.

Beaucoup, sans dire rien :
Elle a paisiblement souffert mon entretien;
Son âme à mes discours surprise, mais tranquille.... 595

GRIMOALD.

Ah! c'est m'assassiner d'un discours inutile :
Je ne veux rien savoir de sa tranquillité;
Dis seulement un mot de sa facilité.
Quand veut-elle à son fils donner mon diadème?

UNULPHE.

Elle en veut apporter la réponse elle-même. 600

GRIMOALD.

Quoi? tu n'as su pour moi plus avant l'engager?

UNULPHE.

Seigneur, c'est assez dire à qui veut bien juger :

---

1. *Var.* Eh bien! que faut-il faire? est-il temps de mourir?
Ou si tu vois pour moi quelque espoir de guérir? (1653-56)

ACTE II, SCÈNE IV.

Vous n'en sauriez avoir une preuve plus claire.
Qui demande à vous voir ne veut pas vous déplaire;
Ses refus se seroient expliqués avec moi, 605
Sans chercher la présence et le courroux d'un roi.

GRIMOALD.

Mais touchant cette époux qu'Édüige ranime?...

UNULPHE.

De ce discours en l'air elle fait peu d'estime :
L'artifice est si lourd, qu'il ne peut l'émouvoir,
Et d'une main suspecte il n'a point de pouvoir. 610

GARIBALDE.

Édüige elle-même est mal persuadée
D'un retour dont elle aime à vous donner l'idée;
Et ce n'est qu'un faux jour qu'elle a voulu jeter
Pour lui troubler la vue et vous inquiéter.
Mais déjà Rodelinde apporte sa réponse. 615

GRIMOALD.

Ah! j'entends mon arrêt sans qu'on me le prononce :
Je vais mourir, Unulphe, et ton zèle pour moi
T'abuse le premier, et m'abuse après toi.

UNULPHE.

Espérez mieux, Seigneur.

GRIMOALD.

Tu le veux, et j'espère.
Mais que cette douceur va devenir amère! 620
Et que ce peu d'espoir où tu me viens forcer
Rendra rudes les coups dont on va me percer[1]!

1. *Var.* Rendra rudes les coups dont on me va percer! (1653-56).

SCÈNE V[1].

GRIMOALD, RODELINDE, GARIBALDE, UNULPHE.

GRIMOALD.

Madame, il est donc vrai que votre âme sensible[2]
A la compassion s'est rendue accessible ;
Qu'elle fait succéder dans ce cœur plus humain   625
La douceur à la haine et l'estime au dédain,
Et que laissant agir une bonté cachée,
A de si longs mépris elle s'est arrachée[3] ?

RODELINDE.

Ce cœur dont tu te plains, de ta plainte est surpris :
Comte, je n'eus pour toi jamais aucun mépris ;   630
Et ma haine elle-même auroit cru faire un crime
De t'avoir dérobé ce qu'on te doit d'estime.
Quand je vois ta conduite en mes propres États
Achever sur les cœurs l'ouvrage de ton bras,
Avec ces mêmes cœurs qu'un si grand art te donne   635
Je dis que la vertu règne dans ta personne ;
Avec eux je te loue, et je doute avec eux
Si sous leur vrai monarque ils seroient plus heureux :
Tant ces hautes vertus qui fondent ta puissance
Réparent ce qui manque à l'heur de ta naissance !   640
Mais quoi qu'on en ait vu d'admirable et de grand,
Ce que m'en dit Unulphe aujourd'hui me surprend.
　　Un vainqueur dans le trône, un conquérant qu'on aime,
Faisant justice à tous, se la fait à soi-même !

---

1. Voyez ci-dessus la fin de la note 1 de la p. 36.
2. *Var.* Madame, est-il donc vrai que votre âme sensible. (1653-56)
3. L'édition de 1682 donne *attachée*, pour *arrachée* ; c'est une faute évidente, et nous ne la mentionnons que parce qu'elle a été reproduite dans l'impression de 1692.

Se croit usurpateur sur ce trône conquis! 645
Et ce qu'il ôte au père, il veut le rendre au fils[1]!
Comte, c'est un effort à dissiper la gloire
Des noms les plus fameux dont se pare l'histoire,
Et que le grand Auguste ayant osé tenter[2],
N'osa prendre du cœur jusqu'à l'exécuter. 650
Je viens donc y répondre, et de toute mon âme
Te rendre pour mon fils....

GRIMOALD.

Ah! c'en est trop, Madame;
Ne vous abaissez point à des remercîments :
C'est moi qui vous dois tout; et si mes sentiments....

RODELINDE.

Souffre les miens, de grâce, et permets que je mette 655
Cet effort merveilleux en sa gloire parfaite[3],
Et que ma propre main tâche d'en arracher
Tout ce mélange impur dont tu le veux tacher;
Car enfin cet effort est de telle nature,
Que la source en doit être à nos yeux toute pure : 660
La vertu doit régner dans un si grand projet[4],
En être seule cause, et l'honneur seul objet;

1. *Var.* Et ce qu'il ôte au père, il veut le rendre au fils! (1653-64)
2. *Var.* Et que le seul Auguste ayant osé tenter. (1653-56)
3. *Var.* Cet effort sans exemple en sa gloire parfaite. (1653-63)
4. « Andromaque dit à Pyrrhus (acte I, scène IV) :

Seigneur, que faites-vous? et que dira la Grèce?
Faut-il qu'un si grand cœur montre tant de foiblesse,
Et qu'un dessein si beau, si grand, si généreux (*a*),
Passe pour le transport d'un esprit amoureux?...
Non, non; d'un ennemi respecter la misère,
Sauver des malheureux, rendre un fils à sa mère,
De cent peuples pour lui combattre la rigueur,
Sans me faire payer son salut de mon cœur;
Malgré moi, s'il le faut, lui donner un asile :
Seigneur, voilà des soins dignes du fils d'Achille.

On reconnaît dans Racine la même idée, les mêmes nuances que dans Cor-

(*a*) Le texte de Racine est :

Voulez-vous qu'un dessein si beau, si généreux.

48 PERTHARITE.

Et depuis qu'on le souille ou d'espoir de salaire,
Ou de chagrin d'amour, ou de souci de plaire,
Il part indignement d'un courage abattu 665
Où la passion règne, et non pas la vertu.
　Comte, penses-y bien ; et pour m'avoir aimée,
N'imprime point de tache à tant de renommée ;
Ne crois que ta vertu : laisse-la seule agir,
De peur qu'un tel effort ne te donne à rougir[1]. 670
On publieroit de toi que les yeux d'une femme
Plus que ta propre gloire auroient touché ton âme,
On diroit qu'un héros si grand, si renommé,
Ne seroit qu'un tyran s'il n'avoit point aimé.

GRIMOALD.

Donnez-moi cette honte, et je la tiens à gloire : 675
Faites de vos mépris ma dernière victoire,
Et souffrez qu'on impute à ce bras trop heureux
Que votre seul amour l'a rendu généreux.
Souffrez que cet amour, par un effort si juste,
Ternisse le grand nom et les hauts faits d'Auguste, 680
Qu'il ait plus de pouvoir que ses vertus n'ont eu.
Qui n'adore que vous n'aime que la vertu.

---

neille ; mais avec cette douceur, cette mollesse, cette sensibilité, et cet heureux choix de mots qui porte l'attendrissement dans l'âme.
　Grimoald dit à Rodelinde (vers 740) :
　　　Vous la craindrez peut-être en quelque autre personne.

Grimoald entend par là le fils de Rodelinde, et il veut punir par la mort du fils les mépris de la mère ; c'est ce qui se développe au troisième acte. Ainsi Pyrrhus menace toujours Andromaque d'immoler Astyanax, si elle ne se rend à ses désirs (acte I, scène IV) :
　　　Songez-y bien : il faut désormais que mon cœur,
　　　S'il n'aime avec transport, haïsse avec fureur ;
　　　Je n'épargnerai rien dans ma juste colère :
　　　Le fils me répondra du mépris (a) de la mère. » (*Voltaire.*)

1. *Var.* Que cet illustre effort ne te fasse rougir. (1653-56)
　Var. Que cet illustre effort ne te donne à rougir. (1660-64)

(a) Dans Racine : « des mépris. »

Cet effort merveilleux est de telle nature[1],
Qu'il ne sauroit partir d'une source plus pure;
Et la plus noble enfin des belles passions   685
Ne peut faire de tache aux grandes actions.

RODELINDE.

Comte, ce qu'elle jette à tes yeux de poussière
Pour voir ce que tu fais les laisse sans lumière.
A ces conditions rendre un sceptre conquis,
C'est asservir la mère en couronnant le fils;   690
Et pour en bien parler, ce n'est pas tant le rendre,
Qu'au prix de mon honneur indignement le vendre.
Ta gloire en pourroit croître, et tu le veux ainsi;
Mais l'éclat de la mienne en seroit obscurci.

Quel que soit ton amour, quel que soit ton mérite,   695
La défaite et la mort de mon cher Pertharite,
D'un sanglant caractère ébauchant tes hauts faits,
Les peignent à mes yeux comme autant de forfaits;
Et ne pouvant les voir que d'un œil d'ennemie,
Je n'y puis prendre part sans entière infamie.   700
Ce sont des sentiments que je ne puis trahir:
Je te dois estimer, mais je te dois haïr;
Je dois agir en veuve autant qu'en magnanime,
Et porter cette haine aussi loin que l'estime.

GRIMOALD.

Ah! forcez-vous, de grâce, à des termes plus doux   705
Pour des crimes qui seuls m'ont fait digne de vous:
Par eux seuls ma valeur en tête d'une armée
A des plus grands héros atteint la renommée;
Par eux seuls j'ai vaincu, par eux seuls j'ai régné,
Par eux seuls ma justice a tant de cœurs gagné[2],   710

---

1. *Var.* Cet effort sans exemple est de telle nature. (1660-63)
2. D'ordinaire, avec cette inversion, Corneille fait accorder le participe. Ainsi dans *le Cid*, acte III, scène III, vers 797 et 798:

> Mon père est mort, Elvire, et la première épée
> Dont s'est armé Rodrigue a sa trame coupée.

Par eux seuls j'ai paru digne du diadème,
Par eux seuls je vous vois, par eux seuls je vous aime,
Et par eux seuls enfin mon amour tout parfait
Ose faire pour vous ce qu'on n'a jamais fait.

RODELINDE.

Tu ne fais que pour toi, s'il t'en faut récompense; 715
Et je te dis encor que toute ta vaillance,
T'ayant fait vers moi seule à jamais criminel,
A mis entre nous deux un obstacle éternel.

Garde donc ta conquête, et me laisse ma gloire;
Respecte d'un époux et l'ombre et la mémoire : 720
Tu l'as chassé du trône et non pas de mon cœur.

GRIMOALD.

Unulphe, c'est donc là toute cette douceur!
C'est là comme son âme, enfin plus raisonnable,
Semble avoir dépouillé cet orgueil indomptable!

GARIBALDE.

Seigneur, souvenez-vous qu'il est temps de parler. 725

GRIMOALD.

Oui, l'affront est trop grand pour le dissimuler :
Elle en sera punie, et puisqu'on me méprise,
Je deviendrai tyran de qui me tyrannise,
Et ne souffrirai plus qu'une indigne fierté
Se joue impunément de mon trop de bonté. 730

RODELINDE.

Eh bien ! deviens tyran : renonce à ton estime;
Renonce au nom de juste, au nom de magnanime....

GRIMOALD.

La vengeance est plus douce enfin que ces vains noms;
S'ils me font malheureux, à quoi me sont-ils bons?
Je me ferai justice en domptant qui me brave. 735
Qui ne veut point régner mérite d'être esclave.
Allez, sans irriter plus longtemps mon courroux[1],

---

1. *Var.* Allez, sans davantage irriter mon courroux. (1653-56)

Attendre ce qu'un maître ordonnera de vous.
RODELINDE.
Qui ne craint point la mort craint peu quoi qu'il ordonne.
GRIMOALD.
Vous la craindrez peut-être en quelque autre personne. 740
RODELINDE.
Quoi? tu voudrois....
GRIMOALD.
Allez, et ne me pressez point;
On vous pourra trop tôt éclaircir sur ce point;
(Rodelinde rentre[1].)
Voilà tous les efforts qu'enfin j'ai pu me faire[2].
Toute ingrate qu'elle est, je tremble à lui déplaire[3];
Et ce peu que j'ai fait, suivi d'un désaveu, 745
Gêne autant ma vertu comme il trahit mon feu.
Achève, Garibalde : Unulphe est trop crédule,
Il prend trop aisément un espoir ridicule;
Menace, puisqu'enfin c'est perdre temps qu'offrir.
Toi qui m'as trop flatté, viens m'aider à souffrir. 750

1. Ce jeu de scène manque dans les éditions de 1653-60 et de 1664.
2. *Var.* Voilà tous les efforts que je me suis pu faire. (1653-56)
3. Corneille a répété ce vers dans *Tite et Bérénice* (acte I, scène III).

FIN DU SECOND ACTE.

ACTE III.

SCÈNE PREMIÈRE.

GARIBALDE, RODELINDE.

GARIBALDE.

Ce n'est plus seulement l'offre d'un diadème
Que vous fait pour un fils un prince qui vous aime,
Et de qui le refus ne puisse être imputé
Qu'à fermeté de haine ou magnanimité :
Il y va de sa vie, et la juste colère 755
Où jettent cet amant les mépris de la mère,
Veut punir sur le sang de ce fils innocent
La dureté d'un cœur si peu reconnoissant.
C'est à vous d'y penser : tout le choix qu'on vous donne,
C'est d'accepter pour lui la mort ou la couronne. 760
Son sort est en vos mains : aimer ou dédaigner
Le va faire périr ou le faire régner[1].

RODELINDE.

S'il me faut faire un choix d'une telle importance,
On me donnera bien le loisir que j'y pense.

GARIBALDE.

Pour en délibérer vous n'avez qu'un moment : 765
J'en ai l'ordre pressant; et sans retardement,
Madame, il faut résoudre, et s'expliquer sur l'heure :
Un mot est bientôt dit. Si vous voulez qu'il meure,

---

1. « Ces vers forment absolument la même situation que celle d'Andromaque. » (*Voltaire.*)

Prononcez-en l'arrêt, et j'en prendrai la loi
Pour faire exécuter les volontés du Roi. 770
RODELINDE.
Un mot est bientôt dit; mais dans un tel martyre
On n'a pas bientôt vu quel mot c'est qu'il faut dire;
Et le choix qu'on m'ordonne est pour moi si fatal,
Qu'à mes yeux des deux parts le supplice est égal.
Puisqu'il faut obéir, fais-moi venir ton maître[1]. 775
GARIBALDE.
Quel choix avez-vous fait?
RODELINDE.
     Je lui ferai connoître
Que si....
GARIBALDE.
   C'est avec moi qu'il vous faut achever :
Il est las désormais de s'entendre braver;
Et si je ne lui porte une entière assurance
Que vos desirs enfin suivent son espérance, 780
Sa vue est un honneur qui vous est défendu.
RODELINDE.
Que me dis-tu, perfide? ai-je bien entendu?
Tu crains donc qu'une femme, à force de se plaindre,
Ne sauve une vertu que tu tâches d'éteindre,
Ne remette un héros au rang de ses pareils, 785
Dont tu veux l'arracher par tes lâches conseils?
 Oui, je l'épouserai, ce trop aveugle maître,
Tout cruel, tout tyran que tu le forces d'être :
Va, cours l'en assurer; mais penses-y deux fois.
Crains-moi, crains son amour, s'il accepte mon choix. 790
Je puis beaucoup sur lui; j'y pourrai davantage,
Et régnerai peut-être après cet esclavage.

1. *Var.* Mais il faut obéir; fais-moi venir ton maître. (1653-56)

GARIBALDE.

Vous régnerez, Madame, et je serai ravi
De mourir glorieux pour l'avoir bien servi.

RODELINDE.

Va, je lui ferai voir que de pareils services 795
Sont dignes seulement des plus cruels supplices,
Et que de tous les maux dont les rois sont auteurs,
Ils s'en doivent venger sur de tels serviteurs.
 Tu peux en attendant lui donner cette joie,
Que pour gagner mon cœur il a trouvé la voie, 800
Que ton zèle insolent et ton mauvais destin
A son amour barbare en ouvrent le chemin.
Dis-lui, puisqu'il le faut, qu'à l'hymen je m'apprête;
Mais fuis-nous, s'il s'achève, et tremble pour ta tête.

GARIBALDE.

Je veux bien à ce prix vous donner un grand roi. 805

RODELINDE.

Qu'à ce prix donc il vienne, et m'apporte sa foi.

SCÈNE II.
RODELINDE, ÉDÜIGE.

ÉDÜIGE.

Votre félicité sera mal assurée
Dessus un fondement de si peu de durée.
Vous avez toutefois de si puissants appas....

RODELINDE.

Je sais quelques secrets que vous ne savez pas; 810
Et si j'ai moins que vous d'attraits et de mérite,
J'ai des moyens plus sûrs d'empêcher qu'on me quitte.

ÉDÜIGE.

Mon exemple....

ACTE III, SCÈNE II.

RODELINDE.

Souffrez que je n'en craigne rien,
Et par votre malheur ne jugez pas du mien.
Chacun à ses périls peut suivre sa fortune¹,   815
Et j'ai quelques soucis que l'exemple importune.

ÉDÜIGE.

Ce n'est pas mon dessein de vous importuner.

RODELINDE.

Ce n'est pas mon dessein aussi de vous gêner;
Mais votre jalousie un peu trop inquiète
Se donne malgré moi cette gêne secrète.   820

ÉDÜIGE.

Je ne suis point jalouse, et l'infidélité....

RODELINDE.

Eh bien! soit jalousie ou curiosité,
Depuis quand sommes-nous en telle intelligence
Que tout mon cœur vous doive entière confiance?

ÉDÜIGE.

Je n'en prétends aucune, et c'est assez pour moi   825
D'avoir bien entendu comme il accepte un roi.

RODELINDE.

On n'entend pas toujours ce qu'on croit bien entendre.

ÉDÜIGE.

De vrai, dans un discours difficile à comprendre,
Je ne devine point, et n'en ai pas l'esprit;
Mais l'esprit n'a que faire où l'oreille suffit.   830

RODELINDE.

Il faudroit que l'oreille entendît la pensée².

ÉDÜIGE.

J'entends assez la vôtre : on vous aura forcée;

---

1. *Var.* Chacun à ses périls peut croire sa fortune. (1653-56)
2. *La pensée* est la leçon des éditions de 1653-63. Celles de 1663-92 donnent *sa*, au lieu de *la*, ce qui pourrait bien être une faute typographique. Voltaire est revenu à la leçon primitive : *la pensée*.

56 PERTHARITE.

On vous aura fait peur, ou de la mort d'un fils,
Ou de ce qu'un tyran se croit être permis,
Et l'on fera courir quelque mauvaise excuse   835
Dont la cour s'éblouisse et le peuple s'abuse.
Mais cependant ce cœur que vous m'abandonniez....
     RODELINDE.
Il n'est pas temps encor que vous vous en plaigniez :
Comme il m'a fait des lois, j'ai des lois à lui faire.
     ÉDÜIGE.
Il les acceptera pour ne vous pas déplaire ;   840
Prenez-en sa parole, il sait bien la garder[1].
     RODELINDE.
Pour remonter au trône on peut tout hasarder.
Laissez-m'en, quoi qu'il fasse, ou la gloire ou la honte,
Puisque ce n'est qu'à moi que j'en dois rendre conte[2].
Si votre cœur souffroit ce que souffre le mien,   845
Vous ne vous plairiez pas en un tel entretien ;
Et votre âme à ce prix voyant un diadème,
Voudroit en liberté se consulter soi-même.
     ÉDÜIGE.
Je demande pardon si je vous fais souffrir,
Et vais me retirer pour ne vous plus aigrir.   850
     RODELINDE.
Allez, et demeurez dans cette erreur confuse :
Vous ne méritez pas que je vous désabuse.
     ÉDÜIGE.
Ce cher amant sans moi vous entretiendra mieux,
Et je n'ai plus besoin de[3] rapport de mes yeux.

---

1. *Var.* Prenez-en sa parole, il la garde fort bien,
 Et vous promettra tout pour ne vous tenir rien.
ROD. Laissez-m'en, quoi qu'il fasse, ou la gloire ou la honte.] (1653-56)
2. Voyez tome I, p. 150, note 1.
3. Tel est le texte de toutes les éditions publiées du vivant de l'auteur. Thomas Corneille, et après lui Voltaire, ont substitué *du* à *de*.

SCÈNE III.

GRIMOALD, RODELINDE, GARIBALDE[1].

RODELINDE.

Je me rends, Grimoald, mais non pas à la force : 855
Le titre que tu prends m'est une douce amorce,
Et s'empare si bien de mon affection,
Qu'elle ne veut de toi qu'une condition :
Si je n'ai pu t'aimer et juste et magnanime,
Quand tu deviens tyran je t'aime dans le crime ; 860
Et pour moi ton hymen est un souverain bien,
S'il rend ton nom infâme aussi bien que le mien.

GRIMOALD.

Que j'aimerai, Madame, une telle infamie
Qui vous fera cesser d'être mon ennemie !
Achevez, achevez, et sachons à quel prix 865
Je puis mettre une borne à de si longs mépris :
Je ne veux qu'une grâce, et disposez du reste.
Je crains pour Garibalde une haine funeste,
Je la crains pour Unulphe : à cela près, parlez.

RODELINDE.

Va, porte cette crainte à des cœurs ravalés ; 870
Je ne m'abaisse point aux foiblesses des femmes
Jusques à me venger de ces petites âmes.
Si leurs mauvais conseils me forcent de régner,
Je les en dois haïr, et sais les dédaigner.
Le ciel, qui punit tout, choisira pour leur peine 875
Quelques moyens plus bas que cette illustre haine.
Qu'ils vivent cependant, et que leur lâcheté
A l'ombre d'un tyran trouve sa sûreté.

---

1. Les éditions de 1653-56 mettent de plus UNULPHE au nombre des personnages de cette scène.

58 PERTHARITE.

Ce que je veux de toi porte le caractère
D'une vertu plus haute et digne de te plaire. 880
　　Tes offres n'ont point eu d'exemples jusqu'ici[1],
Et ce que je demande est sans exemple aussi;
Mais je veux qu'il te donne une marque infaillible
Que l'intérêt d'un fils ne me rend point sensible,
Que je veux être à toi sans le considérer, 885
Sans regarder en lui que craindre ou qu'espérer.

GRIMOALD.

Madame, achevez donc de m'accabler de joie.
Par quels heureux moyens faut-il que je vous croie?
Expliquez-vous, de grâce, et j'atteste les cieux
Que tout suivra sur l'heure un bien si précieux. 890

RODELINDE.

Après un tel serment j'obéis et m'explique.
Je veux donc d'un tyran un acte tyrannique :
Puisqu'il en veut le nom, qu'il le soit tout à fait;
Que toute sa vertu meure en un grand forfait,
Qu'il renonce à jamais aux glorieuses marques 895
Qui le mettoient au rang des plus dignes monarques;
Et pour le voir méchant, lâche, impie, inhumain,
Je veux voir ce fils même immolé de sa main.

GRIMOALD.

Juste ciel!

RODELINDE.

　　　　Que veux-tu pour marque plus certaine
Que l'intérêt d'un fils n'amollit point ma haine, 900
Que je me donne à toi sans le considérer,
Sans regarder en lui que craindre ou qu'espérer?
　　Tu trembles, tu pâlis, il semble que tu n'oses
Toi-même exécuter ce que tu me proposes!
S'il te faut du secours, je n'y recule pas, 905

---

1. *Var.* Tes offres n'ont point eu d'exemple jusqu'ici. (1653-63)

Et veux bien te prêter l'exemple de mon bras.
Fais, fais venir ce fils, qu'avec toi je l'immole.
Dégage ton serment, je tiendrai ma parole.
Il faut bien que le crime unisse à l'avenir
Ce que trop de vertus empêchoit de s'unir. 910
Qui tranche du tyran[1] doit se résoudre à l'être.
Pour remplir ce grand nom as-tu besoin d'un maître,
Et faut-il qu'une mère, aux dépens de son sang,
T'apprenne à mériter cet effroyable rang?
N'en souffre pas la honte, et prends toute la gloire 915
Que cet illustre effort attache à ta mémoire.
Fais voir à tes flatteurs, qui te font trop oser,
Que tu sais mieux que moi l'art de tyranniser;
Et par une action aux seuls tyrans permise,
Deviens le vrai tyran de qui te tyrannise. 920
A ce prix je me donne, à ce prix je me rends;
Ou si tu l'aimes mieux, à ce prix je me vends,
Et consens à ce prix que ton amour m'obtienne,
Puisqu'il souille ta gloire aussi bien que la mienne.

GRIMOALD.

Garibalde, est-ce là ce que tu m'avois dit? 925

GARIBALDE.

Avec votre jalouse elle a changé d'esprit;
Et je l'avois laissée à l'hymen toute prête,
Sans que son déplaisir menaçât que ma tête.
Mais ces fureurs enfin ne sont qu'illusion,
Pour vous donner, Seigneur, quelque confusion; 930
Ne vous étonnez point, vous l'en verrez dédire.

GRIMOALD.

Vous l'ordonnez, Madame, et je dois y souscrire:
J'en ferai ma victime, et ne suis point jaloux
De vous voir sur ce fils porter les premiers coups.

---

1. L'édition de 1632 porte seule : « Qui tranche *de* tyran. »

Quelque honneur qui par là s'attache à ma mémoire, 935
Je veux bien avec vous en partager la gloire,
Et que tout l'avenir ait de quoi m'accuser
D'avoir appris de vous l'art de tyranniser.
  Vous devriez pourtant régler mieux ce courage,
N'en pousser point l'effort jusqu'aux bords de la rage,
Ne lui permettre rien qui sentît la fureur,
Et le faire admirer sans en donner d'horreur.
Faire la furieuse et la désespérée,
Paroître avec éclat mère dénaturée,
Sortir hors de vous-même, et montrer à grand bruit 945
A quelle extrémité mon amour vous réduit,
C'est mettre avec trop d'art la douleur en parade ;
Qui fait le plus de bruit n'est pas le plus malade :
Les plus grands déplaisirs sont les moins éclatants ;
Et l'on sait qu'un grand cœur se possède en tout temps.
Vous le savez, Madame, et que les grandes âmes
Ne s'abaissent jamais aux foiblesses des femmes,
Ne s'aveuglent jamais ainsi hors de saison ;
Que leur désespoir même agit avec raison,
Et que....

RODELINDE.

          C'en est assez : sois-moi juge équitable[1], 955
Et dis-moi si le mien agit en raisonnable,
Si je parle en aveugle, ou si j'ai de bons yeux.
  Tu veux rendre à mon fils le bien de ses aïeux,
Et toute ta vertu jusque-là t'abandonne,
Que tu mets en mon choix sa mort ou ta couronne ! 960
Quand j'aurai satisfait tes vœux désespérés[2],
Dois-je croire ses jours beaucoup plus assurés ?

---

1. *Var.*   C'est assez dit : sois-moi juge équitable,
  Et me dis si le mien agit en raisonnable. (1653-56)
2. *Var.* Quand j'aurai satisfait tes feux désespérés. (1653-56)

Cet offre[1], ou, si tu veux, ce don du diadème
N'est, à le bien nommer, qu'un foible stratagème.
Faire un roi d'un enfant pour être son tuteur,　　　965
C'est quitter pour ce nom celui d'usurpateur;
C'est choisir pour régner un favorable titre;
C'est du sceptre et de lui te faire seul arbitre,
Et mettre sur le trône un fantôme pour roi
Jusques au premier fils qui te naîtra de moi,　　　970
Jusqu'à ce qu'on nous craigne, et que le temps arrive
De remettre en ses mains la puissance effective.
Qui veut bien l'immoler à son affection[2]
L'immoleroit sans peine à son ambition.
On se lasse bientôt de l'amour d'une femme;　　　975
Mais la soif de régner règne toujours sur l'âme;
Et comme la grandeur a d'éternels appas,
L'Italie est sujette à de soudains trépas.
Il est des moyens sourds pour lever un obstacle,
Et faire un nouveau roi sans bruit et sans miracle;　980
Quitte pour te forcer à deux ou trois soupirs,
Et peindre alors ton front d'un peu de déplaisirs.
La porte à ma vengeance en seroit moins ouverte:
Je perdrois avec lui tout le fruit de sa perte.
Puisqu'il faut qu'il périsse, il vaut mieux tôt que tard;
Que sa mort soit un crime, et non pas un hasard;
Que cette ombre innocente à toute heure m'anime,
Me demande à toute heure une grande victime;
Que ce jeune monarque, immolé de ta main,
Te rende abominable à tout le genre humain;　　　990
Qu'il t'excite partout des haines immortelles;
Que de tous tes sujets il fasse des rebelles.

1. Toutes les éditions données du vivant de Corneille portent : « Cet offre, » au masculin. Thomas Corneille, dans l'édition de 1692, et Voltaire donnent le féminin. Nous avons vu plus haut, aux vers 369, 539 et 590, et nous retrouverons plus loin, au vers 1555, ce même mot au féminin.
2. *Var.* Qui le veut immoler à son affection. (1653-56)

Je t'épouserai lors, et m'y viens d'obliger,
Pour mieux servir ma haine, et pour mieux me venger,
Pour moins perdre de vœux contre ta barbarie, 995
Pour être à tous moments maîtresse de ta vie,
Pour avoir l'accès libre à pousser ma fureur,
Et mieux choisir la place à te percer le cœur[1].
  Voilà mon désespoir, voilà ses justes causes :
A ces conditions prends ma main, si tu l'oses. 1000
GRIMOALD.
Oui, je la prends, Madame, et veux auparavant....

SCÈNE IV.

PERTHARITE, GRIMOALD, RODELINDE,
GARIBALDE, UNULPHE.

UNULPHE.
Que faites-vous, Seigneur? Pertharite est vivant[2] :
Ce n'est plus un bruit sourd, le voilà qu'on amène ;
Des chasseurs l'ont surpris dans la forêt prochaine,
Où, caché dans un fort, il attendoit la nuit. 1005
GRIMOALD.
Je vois trop clairement quelle main le produit.
RODELINDE.
Est-ce donc vous, Seigneur? et les bruits infidèles
N'ont-ils semé de vous que de fausses nouvelles?
PERTHARITE.
Oui, cet époux si cher à vos chastes desirs,
Qui vous a tant coûté de pleurs et de soupirs.... 1010

---

1. Voyez ci-après *Sertorius*, vers 1784, et la note de Voltaire.
2. *Var.* PERTH. Arrête, Grimoald, Pertharite est vivant.
   Ce te doit être assez de porter ma couronne,
   Sans me ravir encor ce que l'hymen me donne ;
   A quoi que ton amour te puisse disposer,
   Commence par ma mort, si tu veux l'épouser.
   [ROD. Est-ce donc vous, Seigneur? et les bruits infidèles.] (1653-56)

ACTE III, SCÈNE IV.

GRIMOALD.

Va, fantôme insolent, retrouver qui t'envoie,
Et ne te mêle point d'attenter à ma joie[1].
Il est encore ici des supplices pour toi,
Si tu viens y montrer la vaine ombre d'un roi.
Pertharite n'est plus.

PERTHARITE.

     Pertharite respire,
Il te parle, il te voit régner dans son empire.
Que ton ambition ne s'effarouche pas
Jusqu'à me supposer toi-même un faux trépas[2] :

---

1. *Var.* Et ne te mêle pas d'attenter à ma joie. (1653-56)
2. *Var.* Et ne t'obstine pas à croire mon trépas.
Je ne viens point ici, jaloux de ma couronne,
Soulever mes sujets, me prendre à ta personne,
Me ressaisir d'un sceptre acquis à ta valeur,
Et me venger sur toi de mon trop de malheur.
J'ai cherché vainement dans toutes les provinces
L'appui des potentats et la pitié des princes,
Et dans toutes leurs cours je me suis vu surpris
De n'avoir rencontré qu'un indigne mépris.
Enfin, las de traîner partout mon impuissance,
Sans trouver que foiblesse ou que méconnoissance,
Alarmé d'un amour qu'un faux bruit t'a permis,
Je rentre en mes États, que le ciel t'a soumis;
Mais j'y rencontre encor des malheurs plus étranges :
Je n'y trouve pour toi qu'estime et que louanges,
Et d'une voix commune on y bénit un roi
Qui fait voir sous mon dais plus de vertu que moi.
Oui, d'un commun accord ces courages infâmes
Me laissent détrôner jusqu'au fond de leurs âmes,
S'imputent à bonheur de vivre sous tes lois,
Et dédaignent pour toi tout le sang de leurs rois.
Je cède à leurs desirs, garde mon diadème,
Comme digne rançon de cette autre moi-même;
Laisse-moi racheter Rodelinde à ce prix,
Et je vivrai content malgré tant de mépris.
Tu sais qu'elle n'est pas du droit de ta conquête;
Qu'il faut, pour être à toi, qu'il m'en coûte la tête :
Garde donc de mêler la fureur des tyrans
Aux brillantes vertus des plus grands conquérants;
Fais voir que ce grand bruit n'est point un artifice,

Il est honteux de feindre où l'on peut toutes choses.
Je suis mort, si tu veux; je suis mort, si tu l'oses, 1020
Si toute ta vertu peut demeurer d'accord
Que le droit de régner me rend digne de mort.
　Je ne viens point ici par de noirs artifices
De mon cruel destin forcer les injustices,
Pousser des assassins contre tant de valeur, 1025
Et t'immoler en lâche à mon trop de malheur.
Puisque le sort trahit ce droit de ma naissance,
Jusqu'à te faire un don de ma toute-puissance,
Règne sur mes États que le ciel t'a soumis;
Peut-être un autre temps me rendra des amis. 1030
Use mieux cependant de la faveur céleste :
Ne me dérobe pas le seul bien qui me reste,
Un bien où je te suis un obstacle éternel,
Et dont le seul desir est pour toi criminel.
Rodelinde n'est pas du droit de ta conquête : 1035
Il faut, pour être à toi, qu'il m'en coûte la tête;
Puisqu'on m'a découvert, elle dépend de toi;
Prends-la comme tyran, ou l'attaque en vrai roi.
J'en garde hors du trône encor les caractères,
Et ton bras t'a saisi de celui de mes pères. 1040
Je veux bien qu'il supplée au défaut de ton sang,
Pour mettre entre nous deux égalité de rang.
Si Rodelinde enfin tient ton âme charmée,
Pour voir qui la mérite il ne faut point d'armée.
Je suis roi, je suis seul, j'en suis maître, et tu peux 1045
Par un illustre effort faire place à tes vœux.

　　　　　　　GRIMOALD.
L'artifice grossier n'a rien qui m'épouvante.

　　　Que ce n'est point à faux qu'on vante ta justice,
　　　Et donne-moi sujet de ne plus m'indigner
　　　Que mon peuple en ma place aime à te voir régner.
　　　[GRIM. L'artifice grossier n'a rien qui m'épouvante.] 1653-56)

ACTE III, SCÈNE IV.

Édüige à fourber n'est pas assez savante;
Quelque adresse qu'elle aye, elle t'a mal instruit,
Et d'un si haut dessein elle a fait trop de bruit.   1050
Elle en fait avorter l'effet par la menace,
Et ne te produit plus que de mauvaise grâce.

PERTHARITE.

Quoi? je passe à tes yeux pour un homme attitré[1]?

GRIMOALD.

Tu l'avoueras toi-même ou de force ou de gré.
Il faut plus de secret alors qu'on veut surprendre,   1055
Et l'on ne surprend point quand on se fait attendre.

PERTHARITE.

Parlez, parlez, Madame, et faites voir à tous
Que vous avez des yeux pour connoître un époux.

GRIMOALD.

Tu veux qu'en ta faveur j'écoute ta complice!
Eh bien! parlez, Madame; achevez l'artifice: 1060
Est-ce là votre époux?

RODELINDE.

Toi qui veux en douter[2],

---

1. *Var.* Quoi? vous me prenez donc pour un homme attitré? (1653-56)
2. *Var.*   Non, c'est un imposteur,
   Il en a tous les traits, et n'en a pas le cœur;
   Et du moins si c'est lui quand je vois son visage,
   Soudain ce n'est plus lui quand j'entends son langage.
   Mon époux n'eut jamais le courage abattu
   Jusqu'à céder son trône à ta fausse vertu.
   S'il avoit approché si près de ta personne,
   Il eût déjà repris son sceptre et sa couronne;
   Il se fût fait connoître au bras plus qu'à la voix,
   Et t'eût percé le cœur déjà plus d'une fois.
   Ses discours à son rang font une perfidie....
   GRIM. Mais dites-nous enfin.... ROD. [Que veux-tu que je die?]
   C'est lui, ce n'est pas lui : c'est ce que tu voudras;
   J'en croirai plus que moi ce que tu résoudras.
   Imposteur ou monarque, il est en ta puissance;
   Et puisqu'à mes yeux même il trahit sa naissance,
   Sa vie et son trépas me sont indifférents.
   [Achève de te mettre au rang des vrais tyrans.] (1653-56)

Par quelle illusion m'oses-tu consulter?
Si tu démens tes yeux, croiras-tu mon suffrage?
Et ne peux-tu sans moi connoître son visage?
Tu l'as vu tant de fois, au milieu des combats, 1065
Montrer, à tes périls, ce que pesoit son bras,
Et l'épée à la main, disputer en personne,
Contre tout ton bonheur, sa vie et sa couronne.
 Si tu cherches une aide¹ à traiter d'imposteur
Un roi qui t'a fermé la porte de mon cœur, 1070
Consulte Garibalde, il tremble à voir son maître :
Qui l'osa bien trahir l'osera méconnoître ;
Et tu peux recevoir de son mortel effroi
L'assurance qu'enfin tu n'attends pas de moi.
Un service si haut veut une âme plus basse ; 1075
Et tu sais....

GRIMOALD.

 Oui, je sais jusqu'où va votre audace.
Sous l'espoir de jouir de ma perplexité,
Vous cherchez à me voir l'esprit inquiété ;
Et ces discours en l'air que l'orgueil vous inspire
Veulent persuader ce que vous n'osez dire, 1080
Brouiller la populace, et lui faire après vous
En un fourbe impudent respecter votre époux.
Poussez donc jusqu'au bout, devenez plus hardie :
Dites-nous hautement....

RODELINDE.

 Que veux-tu que je die?
Il ne peut être ici que ce que tu voudras : 1085
Tes flatteurs en croiront ce que tu résoudras.
Je n'ai pas pour t'instruire assez de complaisance ;
Et puisque son malheur l'a mis en ta puissance,

---

1. Les anciennes éditions, de 1660-1692, donnent *une aide*, au féminin. Celle de Voltaire (1764) porte *un aide*.

ACTE III, SCÈNE IV.

Je sais ce que je dois, si tu ne me le rends.
Achève de te mettre au rang des vrais tyrans. 1090

SCÈNE V.
GRIMOALD, PERTHARITE, GARIBALDE, UNULPHE.

GRIMOALD.
Que cet événement de nouveau m'embarrasse!
GARIBALDE.
Pour un fourbe chez vous la pitié trouve place[1]!
GRIMOALD.
Non, l'échafaud bientôt m'en fera la raison.
Que ton appartement lui serve de prison;
Je te le donne en garde, Unulphe.
PERTHARITE.
                              Prince, écoute: 1095
Mille et mille témoins te mettront hors de doute;
Tout Milan, tout Pavie....
GRIMOALD.
                    Allez, sans contester:
Vous aurez tout loisir de vous faire écouter.
(A Garibalde.)
Toi, va voir Édüige, et jette dans son âme[2]
Un si flatteur espoir du retour de ma flamme, 1100
Qu'elle-même, déjà s'assurant de ma foi[3],
Te nomme l'imposteur qu'elle déguise en roi.

---

1. *Var.* Ne pensez plus, Seigneur, qu'à punir tant d'audace.
   GRIM. Oui, l'échafaud bientôt m'en fera la raison. (1653-56)
2. *Var.* Toi, va voir Édüige, et tâche à tirer d'elle
   Dans ces obscurités quelque clarté fidèle. (1653-64)
3. *Var.* Et juge par l'espoir qu'elle aura d'être à moi,
   Si c'est un imposteur qu'elle déguise en roi. (1653-56)
   Var. Et tire de l'espoir qu'elle aura d'être à moi
   Si c'est un imposteur qu'elle déguise en roi. (1660-64)

SCÈNE VI.

GARIBALDE.

Quel revers imprévu! quel éclat de tonnerre
Jette en moins d'un moment tout mon espoir par terre!
Ce funeste retour, malgré tout mon projet,   1105
Va rendre Grimoald à son premier objet;
Et s'il traite ce prince en héros magnanime,
N'ayant plus de tyran, je n'ai plus de victime :
Je n'ai rien à venger, et ne puis le trahir[1],
S'il m'ôte les moyens de le faire haïr.   1110
　N'importe toutefois, ne perdons pas courage;
Forçons notre fortune à changer de visage;
Obstinons Grimoald, par maxime d'État,
A le croire imposteur, ou craindre un attentat;
Accablons son esprit de terreurs chimériques,   1115
Pour lui faire embrasser des conseils tyranniques;
De son trop de vertu sachons le dégager,
Et perdons Pertharite afin de le venger.
Peut-être qu'Édüige, à regret plus sévère,
N'osera l'accepter teint du sang de son frère,   1120
Et que l'effet suivra notre prétention
Du côté de l'amour et de l'ambition.
Tâchons, quoi qu'il en soit, d'en achever l'ouvrage;
Et pour régner un jour mettons tout en usage.

1. *Var.* Je n'ai rien à venger, et ne le puis trahir. (1653-56)

FIN DU TROISIÈME ACTE.

ACTE IV.

SCÈNE PREMIÈRE.
GRIMOALD, GARIBALDE.

GARIBALDE.
Je ne m'en dédis point, Seigneur, ce prompt retour[1]
N'est qu'une illusion qu'on fait à votre amour.
Je ne l'ai vu que trop aux discours d'Édüige :
Comme sensiblement votre change l'afflige,
Et qu'avec le feu roi ce fourbe a du rapport, 1130
Sa flamme au désespoir fait ce dernier effort
Rodelinde, comme elle, aime à vous mettre en peine.
L'une sert son amour et l'autre sert sa haine;
Ce que l'une produit, l'autre ose l'avouer,
Et leur inimitié s'accorde à vous jouer[2].

---

1. *Var.* Seigneur, ou je m'abuse en cette occasion,
Ou ce retour soudain n'est qu'une illusion. (1653-56)
2. *Var.* [Et leur inimitié s'accorde à vous jouer.]
GRIM. Duc, je n'en doute plus; mais je ne puis comprendre
De quel front l'imposteur en mes mains se vient rendre.
Si sous la ressemblance et le nom de son roi
Il avoit soulevé le peuple contre moi,
Et qu'il eût ménagé si bien ses artifices
Qu'il eût pu par la fuite éviter les supplices,
Qu'il fût en mon pouvoir par un coup de malheur,
Son espoir auroit eu du moins quelque couleur;
Mais se livrer lui-même et sans rien entreprendre !
Duc, encore une fois, je ne le puis comprendre :
C'est être bien stupide ou bien désespéré,
Que de chercher soi-même un trépas assuré.
GARIB. Édüige, Seigneur, n'a pris soin de l'instruire

L'imposteur cependant, quoi qu'on lui donne à feindre,
Le soutient d'autant mieux qu'il ne voit rien à craindre ;
Car soit que ses discours puissent vous émouvoir
Jusqu'à rendre Édüige à son premier pouvoir ;
Soit que malgré sa fourbe et vaine et languissante,
Rodelinde sur vous reste toute-puissante, 1140
A l'une ou l'autre enfin votre âme à l'abandon
Ne lui pourra jamais refuser ce pardon.

GRIMOALD.

Tu dis vrai, Garibalde, et déjà je le donne
A qui voudra des deux partager ma couronne :
Non que j'espère encore amollir ce rocher, 1145
Que ni respects ni vœux n'ont jamais su toucher.
Si j'aimai Rodelinde, et si pour n'aimer qu'elle,
Mon âme à qui m'aimoit s'est rendue infidèle ;
Si d'éternels dédains, si d'éternels ennuis,
Les bravades, la haine et le trouble où je suis, 1150
Ont été jusqu'ici toute la récompense
De cet amour parjure où mon cœur se dispense[1],
Il est temps désormais que par un juste effort
J'affranchisse mon cœur de cet indigne sort.
Prenons l'occasion que nous fait Édüige : 1155
Aimons cette imposture où son amour l'oblige.
Elle plaint un ingrat de tant de maux soufferts,
Et lui prête la main pour le tirer des fers[2].
Aimons, encore un coup, aimons son artifice,
Aimons-en le secours, et rendons-lui justice. 1160

Que pour vous dégager, et non pour vous détruire ;
C'est son ambition qui vous veut pour époux,
Et ne vous veut que roi pour régner avec vous.
Il lui suffit qu'il parle, et qu'il vous embarrasse ;
Et quant à lui, Seigneur, il est sûr de sa grâce ;
[Car soit que ses discours puissent vous émouvoir.] (1653-56)

1. Où mon cœur se laisse aller, que mon cœur se permet. Voyez le *Lexique*, et tome I, p. 208, note 2.

2. *Var.* Et lui prête la main pour se tirer des fers. (1653-56)

Soit qu'elle en veuille au trône ou n'en veuille qu'à moi,
Qu'elle aime Grimoald ou qu'elle aime le Roi,
Qu'elle ait beaucoup d'amour ou beaucoup de courage,
Je dois tout à la main qui rompt mon esclavage.
 Toi qui ne la servois qu'afin de m'obéir, 1165
Qui tâchois par mon ordre à m'en faire haïr,
Duc, ne t'y force plus, et rends-moi ma parole¹ :
Que je rende à ses feux tout ce que je leur vole,
Et que je puisse ainsi d'une même action
Récompenser sa flamme ou son ambition. 1170
    GARIBALDE.
Je vous la rends, Seigneur; mais enfin prenez garde
A quels nouveaux périls cet effort vous hasarde,
Et si ce n'est point croire un peu trop promptement
L'impétueux transport d'un premier mouvement.
 L'imposteur impuni passera pour monarque : 1175
Tout le peuple en prendra votre bonté pour marque;
Et comme il est ardent après la nouveauté,
Il s'imaginera son rang seul respecté.
Je sais bien qu'aussitôt votre haute vaillance
De ce peuple mutin domptera l'insolence; 1180
Mais tenez-vous fort sûr ce que vous prétendez
Du côté d'Édüige, à qui vous vous rendez?
J'ai pénétré, Seigneur, jusqu'au fond de son âme,
Où je n'ai vu pour vous aucun reste de flamme :
Sa haine seule agit, et cherche à vous ôter 1185
Ce que tous vos desirs s'efforcent d'emporter.
Elle veut, il est vrai, vous rappeler vers elle;
Mais pour faire à son tour l'ingrate et la cruelle,
Pour vous traiter de lâche, et vous rendre soudain
Parjure pour parjure et dédain pour dédain. 1190
Elle veut que votre âme, esclave de la sienne,

---

1. *Var.* Duc, ne t'y force plus, et me rends ma parole. (1653-56)

Lui demande sa grâce, et jamais ne l'obtienne :
Ce sont ses mots exprès; et pour vous punir mieux,
Elle me veut aimer, et m'aimer à vos yeux :
Elle me l'a promis.

SCÈNE II.

GRIMOALD, GARIBALDE, ÉDÜIGE.

ÉDÜIGE.

Je te l'ai promis, traître! 1195
Oui, je te l'ai promis, et l'aurois fait peut-être,
Si ton âme, attachée à mes commandements,
Eût pu dans ton amour suivre mes sentiments[1].
J'avois mis mes secrets en bonne confidence!
 Vois par là, Grimoald, quelle est ton imprudence,
Et juge, par les miens lâchement déclarés,
Comme les tiens sur lui peuvent être assurés.
Qui trahit sa maîtresse aisément fait connoître
Que sans aucun scrupule il trahiroit son maître,
Et que des deux côtés laissant flotter sa foi, 1205
Son cœur n'aime en effet ni son maître ni moi.
Il a son but à part, Grimoald, prends-y garde :
Quelque dessein qu'il ait, c'est toi seul qu'il regarde.
Examine ce cœur, juges-en comme il faut.
Qui m'aime et me trahit aspire encor plus haut. 1210

GARIBALDE.

Vous le voyez, Seigneur, avec quelle injustice
On me fait criminel quand je vous rends service.
Mais de quoi n'est capable un malheureux amant
Que la peur de vous perdre agite incessamment,
Madame? Vous voulez que le Roi vous adore, 1215
Et pour l'en empêcher je ferois plus encore :

---

1. *Var.* Eût pu dans son amour suivre mes sentiments. (1653-56)

Je ne m'en défends point, et mon esprit jaloux
Cherche tous les moyens de l'éloigner de vous.
Je ne vous saurois voir entre les bras d'un autre;
Mon amour, si c'est crime, a l'exemple du vôtre. 1220
Que ne faites-vous point pour obliger le Roi
A quitter Rodelinde, et vous rendre sa foi?
Est-il rien en ces lieux que n'ait mis en usage
L'excès de votre ardeur ou de votre courage?
Pour être tout à vous, j'ai fait tous mes efforts; 1225
Mais je n'ai point encor fait revivre les morts.
J'ai dit des vérités dont votre cœur murmure;
Mais je n'ai point été jusques à l'imposture,
Et je n'ai point poussé des sentiments si beaux
Jusqu'à faire sortir les ombres des tombeaux¹. 1230
Ce n'est point mon amour qui produit Pertharite :
Ma flamme ignore encor cet art qui ressuscite;
Et je ne vois en elle enfin rien à blâmer,
Sinon que je trahis, si c'est trahir qu'aimer.

ÉDÜIGE.

De quel front et de quoi cet insolent m'accuse? 1235

GRIMOALD.

D'un mauvais artifice et d'une foible ruse.
Votre dessein, Madame, étoit mal concerté :
On ne m'a point surpris quand on s'est présenté².
Vous m'aviez préparé vous-même à m'en défendre,
Et me l'ayant promis, j'avois lieu de l'attendre. 1240
Consolez-vous pourtant, il a fait son effet :
Je suis à vous, Madame, et j'y suis tout à fait.
    Si je vous ai trahie, et si mon cœur volage
Vous a volé longtemps un légitime hommage,
Si pour un autre objet le vôtre en fut banni, 1245
Les maux que j'ai soufferts m'en ont assez puni.

1. *Var.* Jusqu'à faire sortir des ombres des tombeaux. (1653-56)
2. *Var.* Il ne m'a point surpris quand il s'est présenté. (1653-56)

Je recouvre la vue, et reconnois mon crime :
A mes feux rallumés ce cœur s'offre en victime ;
Oui, Princesse, et pour être à vous jusqu'au trépas,
Il demande un pardon qu'il ne mérite pas. 1250
Votre propre bonté qui vous en sollicite
Obtient déjà celui de ce faux Pertharite.
Un si grand attentat blesse la majesté ;
Mais s'il est criminel, je l'ai moi-même été.
Faites grâce, et j'en fais ; oubliez, et j'oublie. 1255
Il reste seulement que lui-même il publie,
Par un aveu sincère, et sans rien déguiser,
Que pour me rendre à vous il vouloit m'abuser,
Qu'il n'empruntoit ce nom que par votre ordre même.
Madame, assurez-vous par là mon diadème, 1260
Et ne permettez pas que cette illusion
Aux mutins contre nous prête d'occasion.
Faites donc qu'il l'avoue, et que ma grâce offerte,
Tout imposteur qu'il est, le dérobe à sa perte ;
Et délivrez par là de ces troubles soudains 1265
Le sceptre qu'avec moi je remets en vos mains.

ÉDÜIGE.

J'avois eu jusqu'ici ce respect pour ta gloire,
Qu'en te nommant tyran, j'avois peine à me croire :
Je me tenois suspecte, et sentois que mon feu
Faisoit de ce reproche un secret désaveu ; 1270
Mais tu lèves le masque, et m'ôtes de scrupule.
Je ne puis plus garder ce respect ridicule ;
Et je vois clairement, le masque étant levé,
Que jamais on n'a vu tyran plus achevé.

 Tu fais adroitement le doux et le sévère, 1275
Afin que la sœur t'aide à massacrer le frère :
Tu fais plus, et tu veux qu'en trahissant son sort,
Lui-même il se condamne et se livre à la mort,
Comme s'il pouvoit être amoureux de la vie

Jusqu'à la racheter par une ignominie, 1280
Ou qu'un frivole espoir de te revoir à moi
Me pût rendre perfide et lâche comme toi,
 Aime-moi, si tu veux, déloyal; mais n'espère
Aucun secours de moi pour t'immoler mon frère.
Si je te menaçois tantôt de son retour, 1285
Si j'en donnois l'alarme à ton nouvel amour,
C'étoient discours en l'air inventés par ma flamme,
Pour brouiller ton esprit et celui de sa femme.
J'avois peine à te perdre, et parlois au hasard,
Pour te perdre du moins quelques moments plus tard;
Et quand par ce retour il a su nous surprendre,
Le ciel m'a plus rendu que je n'osois attendre.

GRIMOALD.

Madame....

ÉDÜIGE.

 Tu perds temps; je n'écoute plus rien,
Et j'attends ton arrêt pour résoudre le mien.
Agis, si tu le veux, en vainqueur magnanime; 1295
Agis comme tyran[1], et prends cette victime :
Je suivrai ton exemple, et sur tes actions
Je réglerai ma haine ou mes affections.
Il suffit à présent que je te désabuse,
Pour payer ton amour ou pour punir ta ruse.
Adieu. 1300

SCÈNE III.

GRIMOALD, GARIBALDE, UNULPHE.

GRIMOALD.

 Que veut Unulphe?

---

1. Thomas Corneille (1692) et Voltaire ont ajouté *un* : « Agis comme un tyran. »

UNULPHE.

Il est de mon devoir
De vous dire, Seigneur, que chacun le vient voir.
J'ai permis à fort peu de lui rendre visite;
Mais tous l'ont reconnu pour le vrai Pertharite.
Le peuple même parle, et déjà sourdement 1305
On entend des discours semés confusément....

GARIBALDE.

Voyez en quels périls vous jette l'imposture :
Le peuple déjà parle, et sourdement murmure.
Le feu va s'allumer, si vous ne l'éteignez.
Pour perdre un imposteur, qu'est-ce que vous craignez?
La haine d'Édüige, elle qui ne prépare
A vos submissions qu'une fierté barbare?
Elle que vos mépris ayant mise en fureur,
Rendent opiniâtre à vous mettre en erreur?
Elle qui n'a plus soif que de votre ruine? 1315
Elle dont la main seule en conduit la machine?
De semblables malheurs se doivent dédaigner,
Et la vertu timide est mal propre à régner.
    Épousez Rodelinde, et malgré son fantôme,
Assurez-vous l'État, et calmez le royaume; 1320
Et livrant l'imposteur à ses mauvais destins,
Otez dès aujourd'hui tout prétexte aux mutins

GRIMOALD.

Oui, je te croirai, duc; et dès demain sa tête,
Abattue à mes pieds, calmera la tempête.
Qu'on le fasse venir, et qu'on mande avec lui 1325
Celle qui de sa fourbe est le second appui,
La reine qui me brave et qui par grandeur d'âme[1]
Semble avoir quelque gêne à se nommer sa femme.

---

1. *Var.* La reine qui s'en joue et qui par grandeur d'âme
   Veut être tout ensemble et n'être pas sa femme. (1653-56)

GARIBALDE.
Ses pleurs vous toucheront.
GRIMOALD.
Je suis armé contre eux.
GARIBALDE.
L'amour vous séduira.
GRIMOALD.
Je n'en crains point les feux[1] ;
Ils ont peu de pouvoir quand l'âme est résolue.
GARIBALDE.
Agissez donc, Seigneur, de puissance absolue :
Soutenez votre sceptre avec l'autorité
Qu'imprime au front des rois leur propre majesté.
Un roi doit pouvoir tout, et ne sait pas bien l'être 1335
Quand au fond de son cœur il souffre un autre maître.

SCENE IV.

GRIMOALD, PERTHARITE, RODELINDE, GARIBALDE, UNULPHE.

GRIMOALD.
Viens, fourbe, viens, méchant, éprouver ma bonté,
Et ne la réduis pas à la sévérité.
Je veux te faire grâce : avoue et me confesse[2]
D'un si hardi dessein qui t'a fourni l'adresse, 1340
Qui des deux l'a formé, qui t'a le mieux instruit :
Tu m'entends ; et surtout fais cesser ce faux bruit ;
Détrompe mes sujets, ta prison est ouverte ;
Sinon, prépare-toi dès demain à ta perte ;
N'y force pas ton prince ; et sans plus t'obstiner, 1345
Mérite le pardon qu'il cherche à te donner.

1 *Var.* Je n'en crains plus les feux. (1653-56)
2 *Var.* Je te veux faire grâce : avoue et me confesse. (1653-56)

PERTHARITE.

Que tu perds lâchement de ruse et d'artifice,
Pour trouver à me perdre une ombre de justice,
Et sauver les dehors d'une adroite vertu[1]
Dont aux yeux éblouis tu parois revêtu !   1350
Le ciel te livre exprès une grande victime,
Pour voir si tu peux être et juste et magnanime ;
Mais il ne t'abandonne après tout que son sang :
Tu ne lui peux ôter ni son nom ni son rang :
Je mourrai comme roi né pour le diadème ;   1355
Et bientôt mes sujets, détrompés par toi-même,
Connoîtront par ma mort qu'ils n'adorent en toi[2]
Que de fausses couleurs qui te peignent en roi.
Hâte donc cette mort, elle t'est nécessaire ;
Car puisqu'enfin tu veux la vérité sincère[3],   1360
Tout ce qu'entre tes mains je forme de souhaits,
C'est d'affranchir bientôt ces malheureux sujets.
Crains-moi, si je t'échappe ; et sois sûr de ta perte,
Si par ton mauvais sort la prison m'est ouverte.
Mon peuple aura des yeux pour connoître son roi,   1365
Et mettra différence entre un tyran et moi :
Il n'a point de fureur que soudain je n'excite.
   Voilà, dedans tes fers, l'espoir de Pertharite ;

---

1. *Var.* Le bruit de tes vertus est ce qui m'a séduit,
Et je ne connois point ici d'autre faux bruit.
Partout on te publie et juste, et magnanime,
Et cet abus t'amène une grande victime. (1653-56)
2. *Var.* Connoîtront par ma mort qu'ils n'adoroient en toi
Que de fausses couleurs qui te peignoient en roi. (1653-56)
3. *Var.* [Car puisqu'enfin tu veux la vérité sincère,]
Mon cœur désabusé n'est plus ce qu'il étoit ;
Il ne voit plus en toi ce qu'il y respectoit :
Au lieu d'un grand héros qu'il crut voir en ma place,
Il n'y voit qu'un tyran plein de rage et d'audace,
Qui ne laisse à ce cœur former d'autres souhaits
Que d'en pouvoir bientôt délivrer mes sujets.
[Crains-moi, si je t'échappe ; et sois sûr de ta perte.] (1653-56)

ACTE IV, SCÈNE IV.

Voilà des vérités qu'il ne peut déguiser,
Et l'aveu qu'il te faut pour te désabuser. 1370

RODELINDE.

Veux-tu pour t'éclaircir de plus illustres marques[1]?
Veux-tu mieux voir le sang de nos premiers monarques?
Ce grand cœur....

GRIMOALD.

Oui, Madame, il est fort bien instruit
A montrer de l'orgueil et fourber à grand bruit.
Mais si par son aveu la fourbe reconnue 1375
Ne détrompe aujourd'hui la populace émue,
Qu'il prépare sa tête, et vous-même en ce lieu
Ne pensez qu'à lui dire un éternel adieu.

1. *Var.* Je connois mon époux à ces illustres marques :
C'est lui, c'est le vrai sang de nos premiers monarques ;
C'est.... GRIM. C'est à présent lui, quand il est mieux instruit
A montrer plus d'orgueil et faire plus de bruit !
Dans l'inégalité qui sort de votre bouche,
Quel de vos sentiments voulez-vous qui me touche ?
Ce n'est pas lui, c'est lui, c'est ce que vous voudrez,
Mais je n'en croirai pas ce que vous résoudrez,
Si par son propre aveu la fourbe reconnue
Ne détrompe à mes yeux la populace émue :
Pensez-y bien, Madame, et dans ce même lieu
Dites-lui, s'il n'avoue, un éternel adieu.
    [Laissons-les seuls, Unulphe, et demeure à la porte;]
Qu'aucun sans mon congé n'entre ici, ni n'en sorte.

SCÈNE V.

PERTHARITE, RODELINDE.

ROD. Le coup qui te menace est sensible pour moi ;
Mais n'attends point de pleurs, puisque tu meurs en roi.
Mon amour généreux hait ces molles bassesses
[Où d'un sexe craintif descendent les foiblesses.]
Dedans ce cœur de femme il a su s'affermir :
Je la suis pour t'aimer, et non pas pour gémir ;
Et ma douleur, pressée avecque violence,
[Se résout toute entière en ardeur de vengeance,]
Et n'arrête mes yeux sur ton funeste sort
Que pour sauver ta vie, ou pour venger ta mort. (1653-56)

Laissons-les seuls, Unulphe, et demeure à la porte ;
Qu'avant que je l'ordonne aucun n'entre ni sorte. 1380

SCÈNE V.

PERTHARITE, RODELINDE.

PERTHARITE.

Madame, vous voyez où l'amour m'a conduit.
J'ai su que de ma mort il couroit un faux bruit,
Des desirs du tyran j'ai su la violence ;
J'en ai craint sur ce bruit la dernière insolence,
Et n'ai pu faire moins que de tout exposer, 1385
Pour vous revoir encore et vous désabuser.
J'ai laissé hasarder à cette digne envie
Les restes languissants d'une importune vie,
A qui l'ennui mortel d'être éloigné de vous
Sembloit à tous moments porter les derniers coups ;
Car, je vous l'avouerai, dans l'état déplorable
Où m'abîme du sort la haine impitoyable,
Où tous mes alliés me refusent leurs bras[1],
Mon plus cuisant chagrin est de ne vous voir pas.
Je bénis mon destin, quelques maux qu'il m'envoie,
Puisqu'il peut consentir à ce moment de joie ;
Et bien qu'il ose encor de nouveau me trahir,
En un moment si doux je ne puis le haïr.

RODELINDE.

C'étoit donc peu, Seigneur, pour mon âme affligée,
De toute la misère où je me vois plongée ; 1400
C'étoit peu des rigueurs de ma captivité,
Sans celle où votre amour vous a précipité ;
Et pour dernier outrage où son excès m'expose,

---

1. *Var.* Où tous mes alliés me refusent leur bras. (1660-64)

ACTE IV, SCÈNE V.

Il faut vous voir mourir et m'en savoir la cause!
　Je ne vous dirai point que ce moment m'est doux.
Il met à trop haut prix ce qu'il me rend de vous;
Et votre souvenir m'auroit bien su défendre
De tout ce qu'un tyran auroit osé prétendre.
N'attendez point de moi de soupirs ni de pleurs :
Ce sont amusements de légères douleurs.　　　1410
L'amour que j'ai pour vous hait ces molles bassesses
Où d'un sexe craintif descendent les foiblesses;
Et contre vos malheurs j'ai trop su m'affermir,
Pour ne dédaigner pas l'usage de gémir.
D'un déplaisir si grand la noble violence　　　1415
Se résout toute entière en ardeur de vengeance,
Et méprisant l'éclat, porte tout son effort
A sauver votre vie, ou venger votre mort.
Je ferai l'un ou l'autre, ou périrai moi-même.

PERTHARITE.

Aimez plutôt, Madame, un vainqueur qui vous aime.
Vous avez assez fait pour moi, pour votre honneur;
Il est temps de tourner du côté du bonheur,
De ne plus embrasser des destins trop sévères,
Et de laisser finir mes jours et vos misères.
Le ciel, qui vous destine à régner en ces lieux,　　　1425
M'accorde au moins le bien de mourir à vos yeux.
J'aime à lui voir briser une importune chaîne
De qui les nœuds rompus vous font heureuse reine;
Et sous votre destin je veux bien succomber,
Pour remettre en vos mains ce que j'en fis tomber.　1430

RODELINDE.

Est-ce là donc, Seigneur, la digne récompense[1]
De ce que pour votre ombre on m'a vu de constance?

---

1. *Var.* Est-ce là donc le prix de cette résistance
　Que pour ton ombre seule a rendu ma constance?
　Quand je t'ai cru sans vie, et qu'un si grand vainqueur. (1653-56)

CORNEILLE. VI

Quand je vous ai cru mort, et qu'un si grand vainqueur,
Sa conquête à mes pieds, m'a demandé mon cœur,
Quand toute autre en ma place eût peut-être fait gloire
De cet hommage entier de toute sa victoire....

PERTHARITE.

Je sais que vous avez dignement combattu :
Le ciel va couronner aussi votre vertu ;
Il va vous affranchir de cette inquiétude
Que pouvoit de ma mort former l'incertitude,   1440
Et vous mettre sans trouble en pleine liberté
De monter au plus haut de la félicité[1].

1. *Var.* [De monter au plus haut de la félicité.]
Je le vois sans regret, et j'y cours sans murmure.
Vous m'avez la première accusé d'imposture :
Votre amant vous en croit, et ce n'est qu'après vous
Qu'il prononce l'arrêt d'un malheureux époux.
ROD. Quoi? j'aurois pu t'aimer, j'aurois pu te connoître,
Te voyant accepter mon tyran pour ton maître !
Qui peut céder un trône à son usurpateur,
S'il se dit encor roi, n'est qu'un lâche imposteur ;
Et j'en désavouerois mille fois ton visage,
Si tu n'avois changé de cœur et de langage.
Mais puisqu'enfin le ciel daigne t'inspirer mieux,
Que d'autres sentiments me donnent d'autres yeux....
PERTH. Vous me reconnoissez quand j'achève de vivre,
Et que de mes malheurs ce tyran vous délivre.
ROD. Ah ! Seigneur. PERTH. Ah ! Madame, étoit-ce lâcheté
De lui céder pour vous un droit qui m'est resté?
J'aurois plus fait encore, et vous voyant captive,
J'aurois même cédé la puissance effective,
Et pour vous racheter je serois descendu
D'un trône encor plus haut que celui qui m'est dû.
Ne vous figurez plus qu'un mari qui vous aime,
Vous voyant dans les fers, soit maître de soi-même,
Ce généreux vainqueur, à vos pieds abattu,
Renonce bien pour vous à toute sa vertu.
[D'un conquérant si grand et d'un héros si rare]
Vous en faites vous seule un tyran, un barbare ;
[Il l'est, mais seulement pour vaincre vos refus.
Soyez à lui, Madame, il ne le sera plus ;]
Vous lui rendrez sa gloire, et vous verrez finie
Avecque vos mépris toute sa tyrannie.
Ainsi de votre amour le souverain bonheur

RODELINDE.

Que dis-tu, cher époux?

PERTHARITE.

Que je vois sans murmure
Naître votre bonheur de ma triste aventure.
L'amour me ramenoit, sans pouvoir rien pour vous,
Que vous envelopper dans l'exil d'un époux,
Vous dérober sans bruit à cette ardeur infâme
Où s'opposent ma vie et le nom de ma femme.
Pour changer avec gloire, il vous faut mon trépas[1];
Et s'il vous faut régner, je ne le perdrai pas.   1450
Après tant de malheurs que mon amour vous cause,
Il est temps que ma mort vous serve à quelque chose,
Et qu'un victorieux à vos pieds abattu
Cesse de renoncer à toute sa vertu.
D'un conquérant si grand et d'un héros si rare   1455
Vous faites trop longtemps un tyran, un barbare;
Il l'est, mais seulement pour vaincre vos refus.
Soyez à lui, Madame, il ne le sera plus;
Et je tiendrai ma vie heureusement perdue,
Puisque....

RODELINDE.

N'achève point un discours qui me tue[2],
Et ne me force point à mourir de douleur[3],
Avant qu'avoir pu rompre ou venger ton malheur.
Moi qui l'ai dédaigné dans son char de victoire,
Couronné de vertus encor plus que de gloire,
Magnanime, vaillant, juste, bon, généreux,   1465
Pour m'attacher à l'ombre, au nom d'un malheureux,

 Coûte au vaincu la vie, au conquérant l'honneur;
 Mais je tiens cette vie heureusement perdue,
 Puisque.... (1653-56)

1. *Var.* Pour briller avec gloire, il lui faut mon trépas. (1660-64)
2. *Var.* N'achève pas un discours qui me tue. (1653-63)
3. *Var.* Et ne me force pas à mourir de douleur. (1653-60)

Je pourrois à ta vue, aux dépens de ta vie,
Épouser d'un tyran l'horreur et l'infamie,
Et trahir mon honneur, ma naissance, mon rang,
Pour baiser une main fumante de ton sang[1] :   1470
Ah! tu me connois mieux, cher époux.

PERTHARITE.

Non, Madame,
Il ne faut point souffrir ce scrupule en votre âme.
Quand ces devoirs communs ont d'importunes lois,
La majesté du trône en dispense les rois :
Leur gloire est au-dessus des règles ordinaires,   1475
Et cet honneur n'est beau que pour les cœurs vulgaires.
Sitôt qu'un roi vaincu tombe aux mains du vainqueur,
Il a trop mérité la dernière rigueur.
Ma mort pour Grimoald ne peut avoir de crime :
Le soin de s'affermir lui rend tout légitime.   1480
Quand j'aurai dans ses fers cessé de respirer,
Donnez-lui votre main, sans rien considérer :
Épargnez les efforts d'une impuissante haine,
Et permettez au ciel de vous faire encor reine.

RODELINDE.

Épargnez-moi, Seigneur, ce cruel sentiment.   1485
Vous qui savez....

1. *Var.* Jusqu'à baiser la main fumante de ton sang!
Ah! tu me connois mieux, cher époux, ou peut-être,
Pour t'avoir méconnu, tu me veux méconnoître.
Mais c'est trop te venger d'un premier mouvement
Que ma gloire (*a*).... (1653-56)

(*a*) La scène finit là dans les éditions indiquées.

SCÈNE VI.

PERTHARITE, RODELINDE, UNULPHE.

UNULPHE.
Madame, achevez promptement :
Le Roi, de plus en plus se rendant intraitable,
Mande vers lui ce prince, ou faux, ou véritable.
PERTHARITE.
Adieu, puisqu'il le faut; et croyez qu'un époux
A tous les sentiments qu'il doit avoir de vous[1].   1490
Il voit tout votre amour et tout votre mérite;
Et mourant sans regret, à regret il vous quitte.
RODELINDE.
Adieu, puisqu'on m'y force; et recevez ma foi
Que l'on me verra digne et de vous et de moi.
PERTHARITE.
Ne vous exposez point au même précipice.   1495
RODELINDE.
Le ciel hait les tyrans, et nous fera justice.
PERTHARITE.
Hélas! s'il étoit juste, il vous auroit donné
Un plus puissant monarque, ou moins infortuné.

---

1. *Var.* N'a que les sentiments qu'il doit avoir de vous. (1653-56)

FIN DU QUATRIÈME ACTE.

ACTE V.

SCÈNE PREMIÈRE.
UNULPHE, EDÜIGE.

ÉDÜIGE.

Quoi? Grimoald s'obstine à perdre ainsi mon frère!
D'imposture et de fourbe il traite sa misère[1]! 1500
Et feignant de me rendre et son cœur et sa foi,
Il n'a point d'yeux pour lui ni d'oreilles pour moi!

UNULPHE.

Madame, n'accusez que le duc qui l'obsède :
Le mal, s'il en est cru, deviendra sans remède ;
Et si le Roi suivoit ses conseils violents, 1505
Vous n'en verriez déjà que des effets sanglants.

ÉDÜIGE.

Jadis pour Grimoald il quitta Pertharite ;
Et s'il le laisse vivre, il craint ce qu'il mérite.

UNULPHE.

Ajoutez qu'il vous aime, et veut par tous moyens
Rattacher ce vainqueur à ses derniers liens ; 1510
Que Rodelinde à lui, par amour ou par force,
Assure entre vous deux un éternel divorce ;
Et s'il peut une fois jusque-là l'irriter,
Par force ou par amour il croit vous emporter.
Mais vous n'avez, Madame, aucun sujet de crainte ; 1515
Ce héros est à vous sans réserve et sans feinte,
Et....

---

1. *Var.* D'imposteur et de fourbe il traite sa misère! (1653-56)

ÉDÜIGE.

S'il quitte sans feinte un objet si chéri,
Sans doute au fond de l'âme il connoît son mari.
Mais s'il le connoissoit, en dépit de ce traître,
Qui pourroit l'empêcher de le faire paroître ? 1520
UNULPHE.
Sur le trône conquis il craint quelque attentat,
Et ne le méconnoît que par raison d'État.
C'est un aveuglement qu'il a cru nécessaire ;
Et comme Garibalde animoit sa colère,
De ses mauvais conseils sans cesse combattu, 1525
Il donnoit lieu de craindre enfin pour sa vertu.
Mais, Madame, il n'est plus en état de le croire.
Je n'ai pu voir longtemps ce péril pour sa gloire.
Quelque fruit que le duc espère en recueillir,
Je viens d'ôter au Roi les moyens de faillir. 1530
Pertharite, en un mot, n'est plus en sa puissance.
Mais ne présumez pas que j'aye eu l'imprudence
De laisser à sa fuite un libre et plein pouvoir
De se montrer au peuple et d'oser l'émouvoir.
Pour fuir en sûreté, je lui prête main-forte, 1435
Ou plutôt je lui donne une fidèle escorte,
Qui sous cette couleur de lui servir d'appui,
Le met hors du royaume, et me répond de lui.
J'empêche ainsi le duc d'achever son ouvrage,
Et j'en donne à mon roi ma tête pour otage. 1540
Votre bonté, Madame, en prendra quelque soin.
ÉDÜIGE.
Oui, je serai pour toi criminelle au besoin :
Je prendrai, s'il le faut, sur moi toute la faute[1].
UNULPHE.
Ou je connois fort mal une vertu si haute,

1. *Var.* [Je prendrai, s'il le faut, sur moi toute la faute :]
Dis-lui.... UNULPHE. Je connois mal une vertu si haute. (1653-56)

Ou s'il revient à soi, lui-même tout ravi 1545
M'avouera le premier que je l'ai bien servi.

SCENE II.

GRIMOALD, ÉDÜIGE, UNULPHE.

GRIMOALD.

Que voulez-vous enfin, Madame, que j'espère?
Qu'ordonnez-vous de moi?

ÉDÜIGE.

Que fais-tu de mon frère?
Qu'ordonnes-tu de lui? prononce ton arrêt.

GRIMOALD.

Toujours d'un imposteur prendrez-vous l'intérêt? 1550

ÉDÜIGE.

Veux-tu suivre toujours le conseil tyrannique
D'un traître qui te livre à la haine publique?

GRIMOALD.

Qu'en faveur de ce fourbe à tort vous m'accusez!
Je vous offre sa grâce, et vous la refusez.

ÉDÜIGE.

Cette offre est un supplice aux princes qu'on opprime :
Il ne faut point de grâce à qui se voit sans crime;
Et tes yeux, malgré toi, ne te font que trop voir
Que c'est à lui d'en faire, et non d'en recevoir.
Ne t'obstine donc plus à t'aveugler toi-même :
Sois tel que je t'aimois, si tu veux que je t'aime; 1560
Sois tel que tu parus quand tu conquis Milan :
J'aime encor son vainqueur, mais non pas son tyran.
Rends-toi cette vertu pleine, haute, sincère,
Qui t'affermit si bien au trône de mon frère;
Rends-lui du moins son nom, si tu me rends ton cœur.

Qui peut feindre pour lui peut feindre pour la sœur;
Et tu ne vois en moi qu'une amante incrédule,
Quand je vois qu'avec lui ton âme dissimule.
Quitte, quitte en vrai roi les vertus des tyrans,
Et ne me cache plus un cœur que tu me rends.   1570
GRIMOALD.
Lisez-y donc vous-même : il est à vous, Madame;
Vous en voyez le trouble aussi bien que la flamme.
Sans plus me demander ce que vous connoissez,
De grâce, croyez-en tout ce que vous pensez.
C'est redoubler ensemble et mes maux et ma honte   1575
Que de forcer ma bouche à vous en rendre conte.
Quand je n'aurois point d'yeux, chacun en a pour moi.
Garibalde lui seul a méconnu son roi;
Et par un intérêt qu'aisément je devine,
Ce lâche, tant qu'il peut, par ma main l'assassine.   1580
Mais que plutôt le ciel me foudroie à vos yeux,
Que je songe à répandre un sang si précieux!
 Madame, cependant mettez-vous en ma place :
Si je le reconnois, que faut-il que j'en fasse?
Le tenir dans les fers avec le nom de roi,   1585
C'est soulever pour lui ses peuples contre moi.
Le mettre en liberté, c'est le mettre à leur tête,
Et moi-même hâter l'orage qui s'apprête.
Puis-je m'assurer d'eux et souffrir son retour[1]?
Puis-je occuper son trône et le voir dans ma cour?   1590
Un roi, quoique vaincu, garde son caractère :
Aux fidèles sujets sa vue est toujours chère;
Au moment qu'il paroît, les plus grands conquérants,
Pour vertueux qu'ils soient, ne sont que des tyrans;
Et dans le fond des cœurs sa présence fait naître   1595
Un mouvement secret qui les rend à leur maître.

1. *Var.* De quels yeux puis-je voir un prince de retour,
  Qui me voit en son trône, et veut vivre en ma cour? (1653-56)

Ainsi mon mauvais sort a de quoi me punir
Et de le délivrer et de le retenir.
Je vois dans mes prisons sa personne enfermée
Plus à craindre pour moi qu'en tête d'une armée. 1600
Là mon bras animé de toute ma valeur
Chercheroit avec gloire à lui percer le cœur ;
Mais ici, sans défense, hélas ! qu'en puis-je faire ?
Si je pense régner, sa mort m'est nécessaire ;
Mais soudain ma vertu s'arme si bien pour lui, 1605
Qu'en mille bataillons il auroit moins d'appui.
Pour conserver sa vie et m'assurer l'empire,
Je fais ce que je puis à le faire dédire :
Des plus cruels tyrans j'emprunte le courroux,
Pour tirer cet aveu de la Reine ou de vous ; 1610
Mais partout je perds temps, partout même constance
Rend à tous mes efforts pareille résistance.
Encor s'il ne falloit qu'éteindre ou dédaigner
En des troubles si grands la douceur de régner,
Et que pour vous aimer et ne vous point déplaire 1615
Ce grand titre de roi ne fût pas nécessaire,
Je me vaincrois moi-même, et lui rendant l'État,
Je mettrois ma vertu dans son plus haut éclat.
Mais je vous perds, Madame, en quittant la couronne ;
Puisqu'il vous faut un roi, c'est vous que j'abandonne ;
Et dans ce cœur à vous par vos yeux combattu
Tout mon amour s'oppose à toute ma vertu.
Vous pour qui je m'aveugle avec tant de lumières,
Si vous êtes sensible encore à mes prières,
Daignez servir de guide à mon aveuglement, 1625
Et faites le destin d'un frère et d'un amant.
Mon amour de tous deux vous fait la souveraine :
Ordonnez-en vous-même, et prononcez en reine.
Je périrai content, et tout me sera doux,
Pourvu que vous croyiez que je suis tout à vous. 1630

ÉDÜIGE.

Que tu me connois mal, si tu connois mon frère!
Tu crois donc qu'à ce point la couronne m'est chère,
Que j'ose mépriser un comte généreux
Pour m'attacher au sort d'un tyran trop heureux?
Aime-moi si tu veux, mais crois-moi magnanime : 1635
Avec tout cet amour garde-moi ton estime[1];
Crois-moi quelque tendresse encor pour mon vrai sang,
Qu'une haute vertu me plaît mieux qu'un haut rang,
Et que vers Gundebert je crois ton serment quitte,
Quand tu n'aurois qu'un jour régné pour Pertharite. 1640
Milan, qui l'a vu fuir, et t'a nommé son roi,
De la haine d'un mort a dégagé ma foi.
A présent je suis libre, et comme vraie amante
Je secours malgré toi ta vertu chancelante,
Et dérobe mon frère à ta soif de régner, 1645
Avant que tout ton cœur s'en soit laissé gagner.
Oui, j'ai brisé ses fers, j'ai corrompu ses gardes,
J'ai mis en sûreté tout ce que tu hasardes.
Il fuit, et tu n'as plus à traiter d'imposteur
De tes troubles secrets le redoutable auteur. 1650
Il fuit, et tu n'as plus à craindre de tempête[2].
Secourant ta vertu, j'assure ta conquête;
Et les soins que j'ai pris.... Mais la Reine survient.

SCÈNE III.

GRIMOALD, RODELINDE, ÉDÜIGE, UNULPHE.

GRIMOALD, à Rodelinde.

Que tardez-vous, Madame, et quel soin vous retient?

1. *Var.* Avec tout cet amour conserve un peu d'estime. (1653-56)
2. *Var.* Il fuit, et tu n'as point à craindre de tempête. (1653-56)

Suivez de votre époux le nom, l'image, ou l'ombre;
De ceux qui m'ont trahi croissez l'indigne nombre,
Et délivrez mes yeux, trop aisés à charmer,
Du péril de vous voir et de vous trop aimer.
Suivez : votre captif ne vous tient plus captive.
RODELINDE.
Rends-le-moi donc, tyran, afin que je le suive. 1660
A quelle indigne feinte oses-tu recourir,
De m'ouvrir sa prison quand tu l'as fait mourir!
Lâche, présumes-tu qu'un faux bruit de sa fuite
Cache de tes fureurs la barbare conduite?
Crois-tu qu'on n'ait point d'yeux pour voir ce que tu fais,
Et jusque dans ton cœur découvrir tes forfaits?
ÉDÜIGE.
Madame....
RODELINDE.
Eh bien! Madame, êtes-vous sa complice?
Vous chargez-vous pour lui de toute l'injustice?
Et sa main qu'il vous tend vous plaît-elle à ce prix[1]?
ÉDÜIGE.
Vous la vouliez tantôt teinte du sang d'un fils, 1670
Et je puis l'accepter teinte du sang d'un frère,
Si je veux être sœur comme vous étiez mère.
RODELINDE.
Ne me reprochez point une juste fureur
Où des feux d'un tyran me réduisoit l'horreur;
Et puisque de sa foi vous êtes ressaisie, 1675
Faites cesser l'aigreur de votre jalousie.
ÉDÜIGE.
Ne me reprochez point des sentiments jaloux,
Quand je hais les tyrans autant ou plus que vous.

---

1. *Var.* Et la main qu'il vous rend vous plaît-elle à ce prix? (1653-56 rec.)
Var. Et la main qu'il vous tend vous plaît-elle à ce prix?(1656 édit. sép.)

ACTE V, SCÈNE III.

RODELINDE.
Vous pouvez les haïr quand Grimoald vous aime !
ÉDÜIGE.
J'aime en lui sa vertu plus que son diadème ; 1680
Et voyant quels motifs le font encore agir,
Je ne vois rien en lui qui me fasse rougir.
RODELINDE, à Grimoald.
Rougis-en donc toi seul, toi qui caches ton crime,
Qui t'immolant un roi, dérobes ta victime,
Et d'un grand ennemi déguisant tout le sort, 1685
Le fais fourbe en sa vie et fuir après sa mort.
De tes fausses vertus les brillantes pratiques
N'élevoient que pour toi ces tombeaux magnifiques :
C'étoient de vains éclats de générosité,
Pour rehausser ta gloire avec impunité. 1690
Tu n'accablois son nom de tant d'honneurs funèbres
Que pour ensevelir sa mort dans les ténèbres,
Et lui tendre avec pompe un piége illustre et beau,
Pour le priver un jour des honneurs du tombeau.
Soûle-toi de son sang ; mais rends-moi ce qui reste,
Attendant ma vengeance, ou le courroux céleste,
Que je puisse....
GRIMOALD, à Édüige.
Ah ! Madame, où me réduisez-vous
Pour un fourbe qu'elle aime à nommer son époux ?
Votre pitié ne sert qu'à me couvrir de honte,
Si quand vous me l'ôtez, il m'en faut rendre conte, 1700
Et si la cruauté de mon triste destin
De ce que vous sauvez me nomme l'assassin.
UNULPHE
Seigneur, je crois savoir la route qu'il a prise ;
Et si Sa Majesté veut que je l'y conduise,
Au péril de ma tête en moins d'une heure ou deux,
Je m'offre de la rendre à l'objet de ses vœux.
Allons, allons, Madame, et souffrez que je tâche....

94   PERTHARITE.

                        RODELINDE, à Unulphe.
O d'un lâche tyran ministre encor plus lâche,
Qui sous un faux semblant d'un peu d'humanité
Penses contre mes pleurs faire sa sûreté !   1710
Que ne dis-tu plutôt que ses justes alarmes
Aux yeux des bons sujets veulent cacher mes larmes,
Qu'il lui faut me bannir, de crainte que mes cris
Du peuple et de la cour émeuvent les esprits?
Traître, si tu n'étois de son intelligence,   1715
Pourroit-il refuser ta tête à sa vengeance?
    Que devient, Grimoald, que devient ton courroux?
Tes ordres en sa garde avoient mis mon époux.
Il a brisé ses fers, il sait où va sa fuite ;
Si je le veux rejoindre, il s'offre à ma conduite ; 1720
Et quand son sang devroit te répondre du sien,
Il te voit, il te parle, et n'appréhende rien !
                        GRIMOALD, à Rodelinde.
Quand ce qu'il fait pour vous hasarderoit ma vie,
Je ne puis le punir de vous avoir servie.
Si j'avois cependant quelque peur que vos cris   1725
De la cour et du peuple émussent les esprits,
Sans vous prier de fuir pour finir mes alarmes,
J'aurois trop de moyens de leur cacher vos larmes.
Mais vous êtes, Madame, en pleine liberté ;
Vous pouvez faire agir toute votre fierté[1],   1730
Porter dans tous les cœurs ce qui règne en votre âme :
Le vainqueur du mari ne peut craindre la femme.
Mais que veut ce soldat[2]?

1. *Var.* Vous pourrez faire agir toute votre fierté. (1656 rec.)
2. *Var.* Mais que vois-je?

                        SCÈNE IV (*a*).
GRIMOALD, PERTHARITE, RODELINDE, ÉDÜIGE, UNULPHE ;
            SOLDATS, *conduisants Pertharite prisonnier.*
SOLDAT, *à Grimoald.* Seigneur.... PERTH., *au soldat.* Je suis encor ton roi,

(*a*) Cette scène est la dernière de l'acte dans les éditions de 1653-56.

SCÈNE IV.

GRIMOALD, RODELINDE, ÉDÜIGE,
UNULPHE, Soldat[1].

SOLDAT.
                    Vous avertir, Seigneur,
D'un grand malheur ensemble et d'un rare bonheur.
Garibalde n'est plus, et l'imposteur infâme   1735
Qui tranche ici du roi lui vient d'arracher l'âme;
Mais ce même imposteur est en votre pouvoir.
          GRIMOALD.
Que dis-tu, malheureux?
          SOLDAT.
                    Ce que vous allez voir.
          GRIMOALD.
O ciel! en quel état ma fortune est réduite,
S'il ne m'est pas permis de jouir de sa fuite!   1740
Faut-il que de nouveau mon cœur embarrassé
Ne puisse.... Mais dis-nous comment tout s'est passé.
          SOLDAT.
Le duc, ayant appris quelles intelligences
Déroboient un tel fourbe à vos justes vengeances,
L'attendoit à main-forte, et lui fermant le pas :   1745
« A lui seul, nous dit-il; mais ne le blessons pas.
Réservons tout son sang aux rigueurs des supplices,
Et laissons par pitié fuir ses lâches complices. »
Ceux qui le conduisoient, du grand nombre étonnés,

Traître, et je te défends de parler devant moi.
[GRIM. O ciel! en quel état ma fortune est réduite,
S'il ne m'est pas permis de jouir de sa fuite!]
SOLDAT. Seigneur.... PERTH., *au soldat.* Tais-toi, te dis-je une seconde fois.
A Grimoald. [Tu me revois, tyran qui méconnois les rois.] (1653-56)

1. Voltaire a mis ici : UN SOLDAT, et dans le courant de la scène : LE SOLDAT.

Et par mes compagnons soudain environnés, 1750
Acceptent la plupart ce qu'on leur facilite,
Et s'écartent sans bruit de ce faux Pertharite.
Lui, que l'ordre reçu nous forçoit d'épargner
Jusqu'à baisser l'épée et le trop dédaigner,
S'ouvre en son désespoir parmi nous un passage, 1755
Jusque sur notre chef pousse toute sa rage,
Et lui plonge trois fois un poignard dans le sein,
Avant qu'aucun de nous ait pu voir son dessein.
Nos bras étoient levés pour l'en punir sur l'heure;
Mais le duc par nos mains ne consent pas qu'il meure,
Et son dernier soupir est un ordre nouveau
De garder tout son sang à celle d'un bourreau.
Ainsi ce fugitif retombe dans sa chaîne,
Et vous pouvez, Seigneur, ordonner de sa peine :
Le voici.

GRIMOALD.

Quel combat pour la seconde fois! 1765

SCÈNE V.

PERTHARITE, GRIMOALD, RODELINDE,
ÉDÜIGE, UNULPHE, Soldats.

PERTHARITE.

Tu me revois, tyran qui méconnois les rois;
Et j'ai payé pour toi d'un si rare service
Celui qui rend ma tête à ta fausse justice.
Pleure, pleure ce bras qui t'a si bien servi;
Pleure ce bon sujet que le mien t'a ravi[1]. 1770

---

1. *Var.* [Pleure ce bon sujet que le mien t'a ravi.]
Garibalde n'est plus, et j'ai vu cet infâme
Aux pieds de son vrai roi vomir le sang et l'âme.
GRIM. Garibalde n'est plus! ah, justice des cieux!

Hâte-toi de venger ce ministre fidèle :
C'est toi qu'à sa vengeance en mourant il appelle.
Signale ton amour, et parois aujourd'hui,
S'il fut digne de toi, plus digne encor de lui.
Mais cesse désormais de traiter d'imposture   1775
Les traits que sur mon front imprime la nature.
Milan m'a vu passer, et partout en passant
J'ai vu couler ses pleurs pour son prince impuissant ;
Tu lui déguiserois en vain ta tyrannie :
Pousses-en jusqu'au bout l'insolente manie ;   1780
Et quoi que ta fureur te prescrive pour moi,
Ordonne de mes jours comme de ceux d'un roi.

      GRIMOALD.

Oui, tu l'es en effet, et j'ai su te connoître,
Dès le premier moment que je t'ai vu paroître.
 Si j'ai fermé les yeux, si j'ai voulu gauchir,   1785
Des maximes d'État j'ai voulu t'affranchir,
Et ne voir pas ma gloire indignement trahie

> PERTH. Si tu peux en douter, qu'on l'apporte à tes yeux ;
> Tu verras de quel coup j'ai tranché cette vie
> Si brillante de gloire et si digne d'envie.
> Je ne te dirai point qui m'a facilité
> Pour un moment ou deux ce peu de liberté :
> Il suffit que le duc, instruit par un perfide,
> Que mon libérateur m'avoit donné pour guide,
> M'attendoit à main-forte ; et me fermant le pas :
> « A lui seul, à lui seul, mais ne le blessons pas,
> Dit-il, et réservons tout son sang aux supplices. »
> Soudain environné de ses lâches complices,
> Que cet ordre reçu forçoit à m'épargner
> Jusqu'à baisser l'épée et me trop dédaigner,
> A travers ces méchants je m'ouvre le passage ;
> Et portant jusqu'à lui l'effort de mon courage,
> Je lui plonge trois fois un poignard dans le sein,
> Avant qu'on puisse voir ou rompre mon dessein.
> Ses gens en vouloient prendre une prompte vengeance
> Mais lui-même, en tombant, leur en fait la défense,
> [Et son dernier soupir est un ordre nouveau]
> De garder tout mon sang à la main d'un bourreau.
> C'est à toi de venger ce ministre fidèle. 1653-56)

Par la nécessité de m'immoler ta vie.
De cet aveuglement les soins mystérieux
Empruntoient les dehors d'un tyran furieux, 1790
Et forçoient ma vertu d'en souffrir l'artifice,
Pour t'arracher ton nom par l'effroi du supplice.
Mais mon dessein n'étoit que de t'intimider,
Ou d'obliger quelqu'un à te faire évader.
Unulphe a bien compris, en serviteur fidèle, 1795
Ce que ma violence attendoit de son zèle ;
Mais un traître pressé par d'autres intérêts
A rompu tout l'effet de mes desirs secrets.
Ta main, grâces au ciel, nous en a fait justice.
Cependant ton retour m'est un nouveau supplice ; 1800
Car enfin que veux-tu que je fasse de toi ?
Puis-je porter ton sceptre et te traiter de roi[1] ?
Ton peuple qui t'aimoit pourra-t-il te connoître,
Et souffrir à tes yeux les lois d'un autre maître ?
Toi-même pourras-tu, sans entreprendre rien, 1805
Me voir jusqu'au trépas possesseur de ton bien ?
Pourras-tu négliger l'occasion offerte,
Et refuser ta main ou ton ordre à ma perte[2] ?

Si tu n'étois qu'un lâche, on auroit quelque espoir
Qu'enfin tu pourrois vivre, et ne rien émouvoir ; 1810
Mais qui me croit tyran, et hautement me brave,
Quelque foible qu'il soit, n'a point le cœur d'esclave,
Et montre une grande âme au-dessus du malheur,
Qui manque de fortune, et non pas de valeur.

---

1. *Var.* Puis-je occuper ton trône et te traiter en roi ? (1653-56)
2. *Var.* Et refuser ton ordre et ta main à ma perte ?
   Ton rang, ton rang illustre auroit dû t'enseigner
   Qu'un roi dans ses États doit périr ou régner,
   Et qu'après sa défaite y montrer son visage,
   C'est donner au vainqueur un prompt et juste ombrage.
      Si tu n'étois qu'un lâche, on se pourroit flatter
   Que tu pourrois y vivre, et ne rien attenter. (1653-56)

Je vois donc malgré moi ma victoire asservie 1815
A te rendre le sceptre, ou prendre encor ta vie ;
Et plus l'ambition trouble ce grand effort,
Plus ceux de ma vertu me refusent ta mort.
Mais c'est trop retenir ma vertu prisonnière :
Je lui dois comme à toi liberté toute entière ; 1820
Et mon ambition a beau s'en indigner,
Cette vertu triomphe, et tu t'en vas régner.
 Milan, revois ton prince, et reprends ton vrai maître,
Qu'en vain pour t'aveugler j'ai voulu méconnoître ;
Et vous que d'imposteur à regret j'ai traité.... 1825

PERTHARITE.

Ah ! c'est porter trop loin la générosité.
Rendez-moi Rodelinde, et gardez ma couronne,
Que pour sa liberté sans regret j'abandonne :
Avec ce cher objet tout destin m'est trop doux.

GRIMOALD.

Rodelinde et Milan et mon cœur sont à vous ; 1830
Et je vous remettrois toute la Lombardie,
Si comme dans Milan je régnois dans Pavie.
Mais vous n'ignorez pas, Seigneur, que le feu Roi
En fit reine Édüige ; et lui donnant ma foi,
Je promis....

ÉDÜIGE, à Grimoald.

 Si ta foi t'oblige à la défendre, 1835
Ton exemple m'oblige encor plus à la rendre ;
Et je mériterois un nouveau changement,
Si mon cœur n'égaloit celui de mon amant.

PERTHARITE, à Édüige.

Son exemple, ma sœur, en vain vous y convie.
Avec ce grand héros je vous laisse Pavie, 1840
Et me croirois moi-même aujourd'hui malheureux,
Si je voyois sans sceptre un bras si généreux.

RODELINDE, à Grimoald.
Pardonnez si ma haine a trop cru l'apparence :
Je présumois beaucoup de votre violence ;
Mais je n'aurois osé, Seigneur, en présumer
Que vous m'eussiez forcée enfin à vous aimer.
GRIMOALD, à Rodelinde.
Vous m'avez outragé sans me faire injustice.
RODELINDE.
Qu'une amitié si ferme aujourd'hui nous unisse,
Que l'un et l'autre État en admire les nœuds,
Et doute avec raison qui règne de vous deux.
PERTHARITE.
Pour en faire admirer la chaîne fortunée,
Allons mettre en éclat cette grande journée,
Et montrer à ce peuple, heureusement surpris,
Que des hautes vertus la gloire est le seul prix.

FIN DU CINQUIÈME ET DERNIER ACTE.

OEDIPE

TRAGÉDIE

1659

NOTICE.

Ce fut en 1653, dans l'année qui suivit la chute de *Pertharite*, que Pellisson publia sa *Relation contenant l'histoire de l'Académie françoise*, où il racontait les difficultés que Corneille avait éprouvées pour être admis dans cette compagnie. Il paraît que ce récit déplut à notre poëte, car le 21 octobre Guy Patin écrivait à Falconet : « M. Pellisson, tout habile homme qu'il est, s'est fait bien des ennemis par son *Histoire de l'Académie*. M. Corneille, illustre faiseur de comédies, écrit contre lui[1]. » Il est probable que Corneille ne donna aucune suite à ce projet d'écrire contre Pellisson, et que celui-ci l'apaisa en lui promettant de supprimer le passage qui l'avait choqué. En effet, à partir de la seconde édition, ce morceau disparaît jusqu'au moment où il est rétabli par d'Olivet. La déférence de Pellisson gagna si bien le cœur de Corneille qu'ils devinrent amis intimes. Il était dès lors tout naturel que Pellisson, qui était en grand crédit auprès de Foucquet, lui présentât Corneille. M. Chéruel a pensé que ce fut vers 1657 que notre poëte fréquenta la maison du surintendant[2], et cette conjecture se trouve confirmée par une épître de Scarron écrite peu après la prise d'Hesdin, c'est-à-dire en cette année même, et où il exprime la crainte de se voir supplanté auprès du « moderne Mécène » par « le Boisrobert » et « les Corneilles[3]. »

---

1. *Lettres de Guy Patin*, édition de M. Reveillé-Parise, tome III, p. 13 et 14.
2. *Mémoires sur la vie publique et privée de Fouquet*, tome I, p. 428.
3. *OEuvres de Scarron*, 1786, in-8°, tome I, p. 327 et 238. C'est M. Édouard Fournier qui a le premier fixé cette date importante, à l'aide de l'épître de Scarron.

On sait comment les poëtes réglaient leurs comptes avec Foucquet. C'est en vers que la Fontaine donnait quittance de chacun des trimestres de sa pension; ce fut en vers également que Corneille remercia le surintendant des premiers bienfaits qu'il en reçut. Dans la pièce qu'il fit à cette occasion, et qui est imprimée en tête d'*Œdipe*, il sollicite ainsi de Foucquet l'ordre de travailler de nouveau pour la scène[1] :

> Choisis-moi seulement quelque nom dans l'histoire
> Pour qui tu veuilles place au temple de la Gloire,
> Quelque nom favori qu'il te plaise arracher
> A la nuit de la tombe, aux cendres du bûcher.

Corneille, parlant dans son avis *Au lecteur* de ces vers présentés à Foucquet, ajoute : « Il me fit cette nouvelle grâce d'accepter les offres qu'ils lui faisoient de ma part, et de me proposer trois sujets pour le théâtre, dont il me laissa le choix. »

Le premier de ces sujets était *Œdipe*, le second *Camma*, que traita Thomas Corneille et qu'il fit représenter en 1661; on ignore quel était le troisième[2].

Corneille nous apprend que son *Œdipe* fut « un ouvrage de deux mois[3], » ce qui fait dire à Voltaire : « Il semble que Foucquet ait commandé à Corneille une tragédie pour lui être rendue dans deux mois, comme on commande un habit à un tailleur, ou une table à un menuisier[4]. » Il est probable au contraire que les ordres de Foucquet n'avaient rien de fort pressant, et que si Corneille s'est tellement hâté, c'est parce qu'il a voulu reparaître au théâtre dans les circonstances les plus favorables. Ce qui le préoccupait le plus, c'était de terminer son *Œdipe* « assez tôt pour le faire représenter dans le carnaval[5]. » C'était alors le moment de l'année où le théâtre, même tragique, était fréquenté le plus assidûment. Corneille avait eu d'abord l'intention d'abréger son travail

---

1. Voyez ci-après, p. 122, vers 37 et suivants.
2. *Vie de M. Corneille. Œuvres de Fontenelle*..... édition de 1742, tome III, p. 110.
3. Voyez ci-après l'avis *Au lecteur*, p. 127.
4. *Remarques* sur l'avis *Au lecteur*, édition de 1764, p. 16.
5. Voyez ci-après l'avis *Au lecteur*, p. 126.

par une heureuse imitation de l'*OEdipe roi* de Sophocle, et de la pièce que Sénèque a faite sur le même sujet; par malheur, changeant d'avis, il crut devoir mêler une intrigue amoureuse à cette terrible catastrophe, et il ne fut que trop fondé à dire : « Comme j'ai pris une autre route que la leur, il ne m'a pas été possible de me rencontrer avec eux[1]. »

OEdipe fut joué le vendredi 24 janvier 1659, et voici le compte rendu que Loret en donnait le lendemain dans sa *Muse historique :*

> Monsieur de Corneille l'aîné
> Depuis peu de temps a donné
> A ceux de l'hôtel de Bourgogne
> Son dernier ouvrage ou besogne :
> Ouvrage grand et signalé,
> Qui l'*OEdipe* est intitulé;
> Ouvrage, dis-je, dramatique,
> Mais si tendre et si pathétique,
> Que sans se sentir émouvoir
> On ne peut l'entendre ou le voir.
> Jamais pièce de cette sorte
> N'eut d'élocution si forte;
> Jamais, dit-on, dans l'univers,
> On n'entendit de si beaux vers.
> Hier donc, la troupe royale,
> Qui tels sujets point ne ravale,
> Mais qui les met en leur beau jour,
> Soit qu'ils soient de guerre ou d'amour,
> En donna le premier spectacle,
> Qui fit cent fois crier miracle.
> Je n'y fus point; mais on m'a dit
> Qu'incessamment on entendit
> Exalter cette tragédie
> Si merveilleuse et si hardie,
> Et que les gens d'entendement
> Lui donnoient, par un jugement

---

[1]. Voyez ci-après l'avis *Au lecteur*, p. 127. Voyez aussi, en tête de l'*OEdipe* de Voltaire, les *Lettres à M. de Genonville, contenant la critiq e de l'OEdipe de Sophocle, de celui de Corneille, et de celui de l'auteur.* — Jean Prevost, en 1605, et Nicolas de Sainte-Marthe, en 1614, avaient écrit chacun un *OEdipe* en vers français. Suivant toute apparence, Corneille n'a pas même jeté les yeux sur ces deux pièces.

> Fort sincère et fort véritable,
> Le beau titre d'inimitable.
> Mais cela ne me surprend pas
> Qu'elle ait d'admirables appas,
> Ni qu'elle soit rare et parfaite :
> Le divin Corneille l'a faite.

La pièce eut un si grand succès que tout Paris y courut. La femme du lieutenant criminel Tardieu, dont Boileau, dans sa dixième satire[1], nous peint si énergiquement « la honteuse lésine, » se montra désireuse, elle aussi, d'aller voir l'ouvrage nouveau, à la condition toutefois que ce fût sans bourse délier. C'est Tallemant qui nous apprend de quelle manière elle en trouva l'occasion. « M. l'évêque de Rennes, frère aîné du maréchal de la Mothe, alla en 1659, au mois de janvier, pour parler au lieutenant criminel. Sa femme vint ouvrir, qui lui dit que le lieutenant criminel n'y étoit pas, mais que s'il vouloit faire plaisir à Madame, il la mèneroit jusqu'à l'hôtel de Bourgogne, où elle vouloit voir l'*OEdipe* de Corneille. Il n'osa refuser, et la prenant pour une servante, il lui dit : « Bien; allez donc avertir Madame. » Elle s'ajusta un peu, et puis revint. Lui, lui disoit : « Mais Madame ne veut-elle point venir? » Enfin elle fut contrainte de lui dire que c'étoit elle. Il la mena, mais en enrageant. Elle vouloit qu'il entrât avec elle; il s'en excusa, et lui renvoya le carrosse du premier qu'il rencontra pour la ramener[2]. »

Moins impatient que Mme Tardieu, le Roi n'alla voir *OEdipe* que le 8 février. Dans son numéro du 9, le scrupuleux Loret parle déjà en ces termes de cette représentation aux lecteurs de la *Muse historique :*

> Durant qu'auprès de mes tisons
> Ma muse se fonde en raisons,
> Etant le jour où je besogne,
> On joue à l'hôtel de Bourgogne
> Ce poëme rare et nouveau
> Que tout Paris trouve si beau,
> Et que tout bon esprit admire,
> Devant le Roi, notre cher Sire,

---

1. Vers 249-340. — 2. *Historiettes*, tome III, p. 485.

NOTICE.

>Attiré par le bruit que fait
>Cet ouvrage grand et parfait
>Et d'excellence sans pareille,
>Le dernier de Monsieur Corneille.

Dans la *Gazette* du 15, Renaudot nous donne à ce sujet des détails beaucoup plus complets : « Ce jour-là 8, Leurs Majestés, avec lesquelles étoient Monsieur, Mademoiselle, la princesse Palatine et grand nombre d'autres personnes de qualité, se trouvèrent à la représentation qui se fit à l'hôtel de Bourgogne, par la troupe royale, de l'*OEdipe* du sieur Corneille, le dernier ouvrage de ce célèbre auteur, et dans lequel, après en avoir fait tant d'autres d'une force merveilleuse, il a néanmoins si parfaitement réussi, que s'y étant surpassé lui-même, il a aussi mérité un surcroît de louange de tous ceux qui se sont trouvés à ce chef-d'œuvre, et même, pour comble de gloire, d'un monarque dont le sentiment ne doit pas être moins souverain de tous les autres qu'il l'est du plus florissant État de l'Europe. Cette troupe, qui soutient si bien son titre par la réputation qu'elle donne à tout ce qu'elle représente, y réussit pareillement d'une si belle manière, qu'elle en fut admirée de toute la cour, et le sieur Floridor complimenta le Roi sur l'honneur qu'il avoit fait à sa compagnie, avec tant de grâce, qu'il en eut aussi un applaudissement universel. »

Loret, du reste, dans sa *Muse historique* du 15, complète sa première relation, et, après avoir parlé d'une représentation donnée au Petit-Bourbon, en présence du frère du Roi, et où

>Le premier acteur de ce lieu,
>L'honorant comme un demi-Dieu,
>Lui fit une harangue expresse,

il ajoute :

>Le successeur de Bellerose,
>Floridor, fit la même chose
>A notre grand Roi, l'autre jour,
>A l'aspect de toute sa cour,
>Y compris l'auguste Philippe,
>Ayant récité leur *OEdipe*,
>Qui des Majestés fut trouvé
>Si beau, si fort, si relevé,
>Et si plein de grandes paroles,

Qu'il en eut très-bien des pistoles.
Pour Floridor, on l'applaudit :
Il dit fort bien tout ce qu'il dit ;
Un orateur n'eût su mieux faire,
Mais ce n'est que son ordinaire.

Corneille, dans son avis *Au lecteur*[1], remercie le Roi en ces termes de la libéralité dont il avait fait preuve en cette occasion : « Cette tragédie a plu assez au Roi pour me faire recevoir de véritables et solides marques de son approbation : je veux dire ses libéralités, que j'ose nommer des ordres tacites, mais pressants, de consacrer aux divertissements de Sa Majesté ce que l'âge et les vieux travaux m'ont laissé d'esprit et de vigueur. »

Nous avons encore à recueillir ici, comme pour *le Cid* et pour *Nicomède*[2], un témoignage contemporain qui constate des changements importants exécutés par l'auteur avant l'impression de l'ouvrage. « Dans les premières représentations, dit l'abbé d'Aubignac, M. Corneille s'étoit chargé de deux narrations longues, ennuyeuses et mal placées, et je les avois condamnées ; mais je ne suis pas si mal content de celles qu'il a mises dans l'impression[3]. »

Loret, rendant compte dans la *Muse historique* du 6 décembre 1659 de la première représentation des *Précieuses ridicules* de Molière, et rappelant à cette occasion les derniers grands succès obtenus au théâtre, s'exprime ainsi :

> Jamais l'*OEdipe* de Corneille,
> Que l'on tient être une merveille,
> La *Cassandre* de Boisrobert,
> Le *Néron* de monsieur Gilbert
> . . . .
> . . . .
> N'eurent une vogue si grande,
> Tant la pièce sembla friande.

La pièce de Boisrobert remontait déjà un peu haut ; elle est

1. Voyez ci-après, p. 125.
2. Voyez tome III, p. 18, et tome V, p. 508 et 509.
3. *Troisième dissertation. Recueil....* publié par l'abbé Granet, tome II, p. 53 et 54. — Sur ces *Dissertations* de d'Aubignac, voyez ci-après la notice de *Sophonisbe*.

intitulée : *Cassandre, comtesse de Barcelone*, et fut jouée le vendredi 31 octobre 1653. Quant à la tragédie de Gilbert[1], elle est postérieure à *OEdipe*; son véritable titre est *Arie et Pétus, ou les amours de Néron*, et elle fut représentée le lundi 22 septembre 1659. Rien n'est plus propre à prémunir contre l'éclat de certains succès que de voir l'oubli où sont tombés ces rivaux, jadis redoutables, de Corneille et de Molière.

Sa pièce jouée, Corneille se hâte de terminer les affaires les plus indispensables qu'il avait à Paris, fait quelques visites, une entre autres à l'abbé d'Aubignac[2], et repart au plus vite pour Rouen. C'est de là qu'il écrit, le 12 mars 1659, à l'abbé de Pure, afin de le remercier d'une lettre qui lui racontait le succès que Mlle de Beauchâteau avait obtenu en remplissant le rôle de Jocaste à la place de l'actrice, alors malade, qui l'avait joué d'original. Nous ne savons du reste ni quelle était cette actrice malade, ni comment les autres rôles avaient été distribués primitivement. En 1663 seulement, l'*Impromptu de Versailles*, qui nous a déjà fourni tant d'utiles renseignements, nous apprend que Villiers jouait le rôle d'Iphicrate[3]. Il est probable que Floridor s'était réservé celui d'OEdipe; Baron le remplit plus tard avec un grand éclat[4]; c'était lui assurément qui en était chargé en 1676, lorsque Corneille écrivait à Louis XIV :

> On voit *Sertorius*, *OEdipe* et *Rodogune*
> Rétablis par ton choix dans toute leur fortune.

Le 13 mai 1718, Champvallon débuta dans ce rôle[5]; mais le succès de l'*OEdipe* de Voltaire, qui fut joué le 18 novembre de la même année, éloigna de la scène l'ouvrage de Corneille. C'est Voltaire lui-même qui, en 1764, proclame sa propre tragédie « le seul *OEdipe* qui soit resté au théâtre[6]. » Celui de

---

1. Voyez sur Gilbert, tome IV, p. 399, note 1.
2. Voyez la Notice d'*Horace*, tome III, p. 254.
3. Scène 1.
4. Lemazurier, *Galerie historique des acteurs du Théâtre français*, tome I, p. 86.
5. *Ibidem*, p. 185.
6. *Remarques sur l'OEdipe* de Corneille, acte V, scène VII (de l'édition de Voltaire, scène V de la nôtre). — On a représenté avec un certain succès, le 18 mars 1726, l'*OEdipe* de la Motte, qui

Corneille fut cependant représenté encore quelquefois. Lemazurier remarque que Sarrasin « débuta, le 3 mars 1729, par le rôle d'Œdipe, dans la tragédie de ce nom de P. Corneille, que l'on n'avait pas jouée depuis fort longtemps, et qui fut reprise pour la dernière fois à l'occasion de son début[1]. »

L'édition originale de la pièce qui nous occupe a pour titre : ŒDIPE, TRAGEDIE. Par P. Corneille, *Imprimée à Rouen, et se vend à Paris, chez Augustin Courbé.... et Guillaume de Luyne.... M.DC.LIX*[2]. *Auec priuilege du Roy*. Elle forme un volume in-12 de 6 feuillets et 89 pages. Certains exemplaires commencent par une *Épitaphe sur la mort de damoiselle Élisabeth Ranquet*, qu'on trouvera dans les *Poésies diverses*. Le privilége est du 10 février 1659, l'Achevé d'imprimer du 26 mars. L'abbé de Pure dut recevoir un des premiers exemplaires de

fut ensuite mis en prose par son auteur. Quand à l'*Œdipe* du P. Follard, il n'a pas paru sur le théâtre, non plus que les quatre tragédies d'*Œdipe* que la Tournelle a fait paraître dans un même volume en 1731. En voici les titres : *Œdipe et toute sa famille; Œdipe, ou les trois fils de Jocaste; Œdipe et Polybe; Œdipe, ou l'ombre de Laius*. L'auteur, qui affectionnait ce sujet, promet encore trois autres tragédies sur Œdipe. Il n'a pas tenu parole.

1. Tome I, p. 537. — « Cette remise, disent les frères Parfait*, donna occasion à feu M. l'abbé Pellegrin de composer une espèce de parallèle de cette tragédie avec celle de M. de Voltaire. Une partie de cet ouvrage parut dans le *Mercure de France* 1729, mois de juin, second volume, p. 1315-1345, et la suite dans le mois d'août suivant, p. 1700-1731, sous le titre qui suit : *Dissertation sur l'Œdipe de Corneille, et sur celui de M. de Voltaire, par M. le Chevalier de.... à Madame la Comtesse de....* Dans cette dissertation, M. l'abbé Pellegrin, sous le nom de M. le chevalier de...., prend le parti de Pierre Corneille **. »

2. Voltaire, dans la première édition de son commentaire (1764), dit par erreur que l'impression originale d'*Œdipe* est de 1657 : voyez sa première note sur les vers à Foucquet.

* *Histoire du Théâtre françois*, tome XV, p. 315.
** Une *Dissertation critique sur l'Œdipe de Corneille*, par Mlle Barbier, avait déjà paru dans le *Nouveau Mercure* de février et mars 1709, p. 92 et suivantes. Enfin la *Jocaste* de M. le comte de Lauraguais, depuis duc de Brancas, publiée en 1781 chez Debure l'aîné, est précédée d'une *Dissertation sur les Œdipes de Sophocle, de Corneille, de Voltaire, de la Motte, et sur Jocaste*.

la pièce, car Thomas lui écrit en post-scriptum au bas d'une lettre du 4 avril : « Mon frère vous assure de ses services et a donné charge à M. Courbé de vous donner son *OEdipe*. »

C'est dans l'*OEdipe* qu'on a cherché des autorités et des exemples pour établir que le grand Corneille écrivait en style précieux. Dans son *Grand Dictionnaire des Précieuses, historique, poétique, géographique...*, publié en 1661, et dont le privilége est du 15 février, Somaize introduit deux précieuses, Émilie et Léosthène, c'est-à-dire Mlles Espagny et Lanquets, à peu près aussi inconnues sous leur nom réel que sous leur nom imaginaire, qui défendent leur langage contre Félix, pseudonyme d'un M. Foucaut, sur lequel on n'a guère de renseignements non plus, mais qui, d'après les recherches de M. Livet, paraît avoir été conseiller au Parlement[1]. Le seul procédé des deux précieuses pour amener leur adversaire à partager leur avis est de prouver que Cléocrite l'aîné[2], c'est-à-dire Pierre Corneille, emploie continuellement leur langage dans son *OEdipe*, qu'elles intitulent *le Criminel innocent*. Ce morceau, fort médiocre, se rattache trop étroitement à l'étude de la langue de Corneille pour qu'on s'étonne de nous le voir reproduire à la suite de cette notice.

D'Aubignac n'avait garde d'oublier aucun des reproches adressés à Corneille; dans sa *troisième dissertation*, publiée en 1663, il ne parle pas, il est vrai, de la critique de Somaize; mais, sans le citer, il met à profit une de ses observations[3], et à l'occasion de ce vers :

Contre une ombre chérie avec tant de fureur[4],

il s'écrie : « Voilà bien aimer à la mode des précieuses, *furieusement*. Est-il possible que M. Corneille renonce maintenant aux expressions nobles, et qu'il s'abandonne par négli-

1. *Le Dictionnaire des Précieuses*, tome II, p. 234.
2. *Cléocrite* n'est pas le seul surnom romanesque qu'ait reçu Corneille; on lui a donné aussi celui de *Clitandre*, qu'il avait choisi lui-même pour titre de sa seconde pièce. Dans sa *Carte de la cour*, Gabriel Guéret recommande de « visiter la ville de Comédie où règne l'illustre *Clitandre*. »
3. Voyez ci-après, p. 116.
4. Acte I, scène 1, vers 56, p. 137.

gence ou par déréglement à celles que les honnêtes gens et la scène du Palais-Royal ont traitées de ridicules[1] ? »

Il est impossible de ne pas trouver de telles critiques fort exagérées, mais il n'est peut-être pas inutile de les signaler et d'en faire ressortir le caractère. Ce qu'on reproche à notre poëte, ce ne sont plus, comme au temps du *Cid*, les hardiesses de son génie indépendant, mais, au contraire, les concessions nombreuses qu'il fait au goût du jour, auquel il avait jusqu'alors si peu sacrifié. Ces critiques, c'est l'envie qui les fait avec son exagération ordinaire ; mais elle a touché juste, et, à partir de ce moment, ce n'est plus que par intervalles que nous retrouverons le noble et pur langage du grand Corneille[2].

1. *Recueil de Dissertations....* publié par l'abbé Granet, tome II, p. 56.
2. Ces reproches de *préciosité* adressés à Corneille par Somaize et d'Aubignac n'ont été recueillis par personne, pas même par l'auteur d'un article intitulé *Corneille précieux* *, où il semblait naturel de les retrouver.

* *Le Chasseur bibliographique*, n° 11, novembre 1862, p. 8-10. Cet article est signé V. G.

APPENDICE.

EXTRAIT

DU GRAND DICTIONNAIRE DES PRÉCIEUSES,

ARTICLE *ÉMILIE*[1].

ÉMILIE et Léosthène sont deux des plus illustres précieuses dont j'aye encore parlé; je les joins dans cette histoire, qui leur est commune, et que je ne mets ici que pour faire voir que ce n'est pas une fable de dire qu'il y a des précieuses. En effet, il est bien aisé de juger qu'elles le sont autant que l'on peut l'être par ce qui suit :

Un jour Félix, qui les voit souvent, étant chez Émilie, où Léosthène se trouva, et voyant qu'elle lui parloit d'une façon extraordinaire, il se mit à les railler dessus leur langage comme il avoit coutume. Elles se défendirent d'autant mieux qu'elles ont beaucoup d'esprit, et de celui qui est vif et propre à soutenir la conversation. La dispute fut si loin qu'il fut dit que le lendemain elles se défendroient par l'exemple des auteurs qui parloient aussi extraordinairement qu'elles, et qu'il n'auroit qu'à les attaquer de même. Félix y consentit, et les quitta là-dessus, parce qu'il se faisoit tard. Nos deux précieuses demeurèrent aussi embarrassées que vous pouvez vous l'imaginer; néanmoins il fallut faire de nécessité vertu, et à ce dessein, elles résolurent de coucher cette nuit ensemble afin de lire quelque livre pour en tirer de quoi se défendre et justifier leur langage. *Le Criminel innocent*, qui est le dernier ouvrage de Cléocrite l'aîné[2], fut le livre qu'elles choisirent pour cet effet, à cause de sa nouveauté et de la grande réputation de son auteur. Elles le lurent et en tirèrent les remarques que vous

---

1. Voyez ci-dessus, p. 111 et 112.
2. Pierre Corneille. *Le Criminel innocent* est l'*OEdipe*. Voyez ci-dessus, p. 111.

verrez dans la suite, et qui firent le sujet de la dispute qui continua le lendemain entre ces trois personnes. Je ne parlerai point de tout ce qu'elles dirent en lisant cette pièce ; et pour passer tout d'un coup à ce qui se fit le lendemain, je dirai que Félix s'étant rendu à l'issue du dîner chez Émilie, il fut question de parler tout de bon de ce qu'ils avoient déjà agité entre eux. Chacun de son côté se tenoit le plus fort : nos deux précieuses avoient de leur part les remarques qu'elles avoient écrites, et Félix, de son côté, avoit ce Dictionnaire où sont contenus les mots des précieuses[1].

Il commença le premier à les attaquer, et à l'ouverture du livre, il leur fit voir toutes les façons de parler bizarres que vous pouvez lire dans le Dictionnaire des mots, qui se vend où tout le monde sait. Elles avouèrent qu'elles parloient ainsi, et pour lui montrer qu'elles avoient raison, elles lui firent voir ce qui les avoit occupées tout le soir précédent. Leurs remarques commençoient par ces vers :

> Mais aujourd'hui qu'on voit un héros magnanime
> Témoigner pour ton nom une toute autre estime,
> Et répandre l'éclat de sa propre bonté
> Sur l'endurcissement de ton oisiveté[2].

Félix n'eut pas lu ces quatre lignes, qu'il connut qu'elles étoient du remercîment que Cléocrite fait à l'illustre Mécène, à la tête de son *Criminel innocent;* si bien qu'il s'écria : « Quoi ? vous vous attaquez à ce grand homme ! Ah ! vous deviez mieux choisir. — Nous ne pouvions, interrompit Léosthène; et plus la réputation de cet auteur est grande, et mieux nous pourrons faire voir que nous avons raison d'enrichir la langue de façons de parler grandes et nouvelles, et surtout de ces nobles expressions qui sont inconnues au peuple, comme vous en pouvez remarquer dans ce que vous venez de lire au second vers. *Témoigner une toute autre estime,* pour dire *une estime toute différente,* ou, si vous voulez, *une plus grande estime ;* et comme vous pouvez voir encore aux vers trois et quatre, où il y a : *répandre l'éclat de sa bonté sur l'endurcissement de l'oisiveté.* Il prend en cet endroit *l'éclat de sa bonté* pour dire *les présents et les faveurs,* et *l'endurcissement de son oisiveté*

---

1. *Le Grand Dictionnaire des Précieuses, ou la clef de la langue des ruelles,* entièrement différent de celui d'où ce morceau est tiré, bien que du même auteur, a eu deux éditions en 1660 ; l'Achevé d'imprimer de la première est du 12 avril, celui de la seconde du 20 octobre. La première édition se vendait « chez Jean Ribou, sur le quai des Augustins, à l'image Saint-Louis. » Pour la seconde édition, Jean Ribou avait associé à son privilége Estienne Loyson.

2. *Vers à Foucquet,* ci-après, p. 122, vers 17-20.

pour dire *un homme qui ne travaille plus;* si bien que l'on peut dire avec l'autorité de ce grand et fameux auteur, en parlant notre vrai langage : « Cette personne me fait de grands présents afin « que je quitte la paresse qui m'empêche de travailler. Cette « personne répand l'éclat de sa bonté sur l'endurcissement de « mon oisiveté. » Et ensuite ce même auteur ajoute, s'écria-elle :

> Il te seroit honteux d'affermir ton silence[1],

pour dire *garder plus longtemps le silence.* » Félix voulut parler à cet endroit; mais Émilie le pria de différer et de l'écouter encore quelque temps, disant qu'elle lui montreroit des façons de parler bien plus extraordinaires, comme par exemple dans les vers suivants :

> Ce seroit présumer que d'une seule vue
> J'aurois vu de ton cœur la plus vaste étendue[2].

« Il est aisé de voir, poursuivit Émilie, que par ces mots : *d'une seule vue*, il prétend dire *au premier aspect je te connoîtrois entier;* car il ne faut pas douter qu'en cet endroit il n'ait pris *vu* pour *connu;* ce que je dis, ajouta-elle, se montre par deux vers qui sont plus bas :

> Mais pour te voir entier, il faudroit un loisir
> Que tes délassements daignassent me choisir[3].

Il explique par cette pensée qu'il faudroit pour le connoître entier qu'il lui donnât plus de temps à le considérer, et il faut que vous m'avouiez qu'elle ne reçoit d'éclat que de son expression extraordinaire : *Un loisir que tes délassements daignassent choisir.* » Ici Félix rendit justice au mérite de Cléocrite, et après avoir dit que les grands hommes pouvoient hasarder des choses que l'on condamneroit en d'autres, il avoua que ce qu'elles avoient remarqué étoit assurément extraordinaire; mais il dit que dans la prose il n'auroit pas tant donné à l'expression, et se seroit rendu plus facile à entendre que dans cette petite pièce dont elles avoient tiré ce qu'elles alléguoient. Léosthène répondit à ce que lui objectoit Félix, que dans la prose elles ne trouvoient pas moins lieu de se défendre que dans ces vers; puis elle poursuivit ainsi : « C'est ce que je vous montre dans l'endroit de la préface de cet illustre, dont je n'allègue les façons de parler extraordinaires et délicates que pour nous justifier de vos accusations, et non pour les condamner, et vous le pouvez lire vous-même. »

---

1. *Vers à Foucquet*, ci-après, p. 122, vers 21.
2. *Ibidem*, p. 123, vers 53 et 54.
3. *Ididem*, p. 123, vers 63 et 64.

Félix prit le papier et lut ce qui suit : « Et qui n'ait rendu les hommages que nous devons à ce concert éclatant et merveilleux de rares qualités et de vertus extraordinaires, etc.[1]. » Émilie prit la parole en cet endroit et dit : « Eh bien! brave Félix, qu'en dites-vous ? *Un concert éclatant de rares qualités et de vertus extraordinaires*, pour dire : *un homme grand* ou *un homme parfait*. En faisons-nous de plus nouvelles ? et n'avons-nous pas pour guides les grands hommes quand nous faisons des mots nouveaux ? Mais si nous lisons la même préface, ne trouverons-nous pas encore qu'il ajoute : *le sang feroit soulever la délicatesse de nos dames*[2], pour dire : *le sang feroit horreur à nos dames ?* Félix, qui, quelques raisons qu'elles lui alléguassent, ne pouvoit digérer que le grand Cléocrite parlât précieux, voulut lire lui-même les endroits dont elles avoient tiré ces exemples; mais Léosthène l'arrêta et lui dit qu'elles n'avoient pas encore fait, et que lorsqu'elles auroient tout dit, elles lui feroient voir ce qu'elles lui disoient, et comme elles ne lui imposoient point en cette rencontre. Puis poursuivant, elle ajouta : « Vous pouvez lire les remarques que nous avons faites dans la pièce, ensuite de celles de la préface, qui ne font pas moins pour nous que les précédentes. » Félix y consentit, et trouva ensuite ces deux vers :

> Et par toute la Grèce animer trop d'horreur
> Contre une ombre chérie avec tant de fureur[3].

Il n'eut pas fini ces deux vers qu'Émilie prit la parole, et lui dit : « Pourquoi voulez-vous que nous ne disions pas *terriblement beau*, pour dire *extraordinairement*, puisqu'il met bien *une ombre chérie avec fureur*, pour dire *avec tendresse*, ou, si vous voulez, *avec emportement ?* Et plus bas nous trouvons encore :

> J'ai pris l'occasion que m'ont faite les Dieux[4],

pour dire : *que m'ont présentée les Dieux*. Il se sert encore plusieurs fois de cette façon de s'énoncer; mais avant de vous en donner d'autres exemples, je vous en veux montrer un autre, que je trouve d'autant plus beau qu'il est plus extraordinaire :

> A ce terrible aspect la Reine s'est troublée,
> La frayeur a couru dans toute l'assemblée[5].

---

1. Voyez ci-après l'avis *Au lecteur*, p. 125. Le texte exact est : « et ne luy ayent rendu les hommages que nous devons tous.... »
2. Voyez ci-après, p. 126. Ici encore le commencement de la phrase a été modifié.
3. Acte I, scène I, vers 55 et 56, p. 137.
4. Acte II, scène I, vers 427, p. 153.
5. Acte II, scène III, vers 601 et 602, p. 160.

N'est-il pas vrai que cette manière n'a rien de commun, et qu'il est nouveau de s'exprimer comme il fait par ce dernier vers : *La frayeur a couru*, etc., pour dire : *La frayeur a saisi tous les cœurs de ceux qui étoient présents ?* Il ne fait pas encore difficulté de prendre *dans* pour *parmi*. Celle qui suit est comme je vous en ai déjà cité, et il se sert encore du mot *faire* pour dire *causer*, comme il a déjà fait ci-devant pour dire *donner* :

> Et j'aurois cette honte, en ce funeste sort,
> D'avoir prêté mon crime à faire votre mort[1],

pour dire : *à causer votre mort.* » Félix dit alors qu'elles ne dévoient pas s'étonner qu'il se servît d'une façon de parler commune à plusieurs nations, et que c'étoit ce que l'on devoit admirer en ce grand homme, de ce qu'il rendoit si naturellement toutes les pensées des étrangers. Léosthène lui repartit aussitôt : « Aussi voulons-nous nous défendre par son exemple, non pas l'attaquer ; et plus nous irons avant, et plus il nous sera facile de vous prouver que nous parlons comme les grands auteurs, et je vous donnerai encore plusieurs preuves de cette vérité par les exemples qui suivent :

> Je n'ose demander si de pareils avis
> Portent des sentiments que vous ayez suivis[2].

Vous voyez qu'il dit *portent* pour dire *marquent*, et qu'avec cela il ne fait pas difficulté, pour s'exprimer d'une façon peu commune, de mettre *avis*, comme s'il pouvoit servir de nominatif au verbe *portent*. Mais, sans m'arrêter à cela, je passe plus outre, pour vous lire ce vers, où j'ai trouvé :

> Qu'un frère a pour des sœurs une ardeur plus remise[3].

Il dit que les ardeurs d'un frère sont remises, pour dire qu'un frère aime avec moins de chaleur, ou, pour l'expliquer autrement, pour dire qu'un frère n'aime pas une sœur avec tant de force ni de violence. Celui que voici n'est pas moins extraordinaire que les autres, et, pour vous parler comme vous nous faites souvent, n'est pas moins précieux :

> Vous n'êtes point *mon* fils, si vous n'êtes méchant :
> Le ciel sur sa naissance imprima ce penchant[4].

---

1. Acte II, scène IV, vers 749 et 750, p. 166.
2. Acte III, scène II, vers 871 et 872, p. 171.
3. Acte III, scène V, vers 1109, p. 182.
4. *Ibidem*, vers 1127 et 1128, p. 182.

Et selon ma pensée, nous ne faillons pas quand nous disons, pour dire *elle s'est mariée* : *elle a donné dans l'amour permis*, puisqu'il ne fait pas de difficulté de dire : *imprimer un penchant sur une naissance*, ou : *être incliné par l'astre qui préside à sa naissance*. Mais voyez encore par ce qui suit qu'il nous imite ou que nous suivons de bien près ses sentiments, puisqu'après avoir mis : *C'est d'amour qu'il gémit*[1], etc., il ajoute plus bas dans le même sens :

> De mes plus chers desirs ce partisan sincère[2].

Par cette phrase, il entend l'amour, comme nous faisons quand nous disons, pour appeler un laquais, *un nécessaire;* l'amour, *le partisan des desirs*. » Émilie, qui ne vouloit pas que Léosthène eût toute la gloire de cette conversation, prit alors la parole et dit qu'elle ne trouvoit pas cette façon de parler moins nouvelle ni moins belle que les autres : *transmettre son sang*, pour dire : *faire des enfants*. « C'est ce que Cléocrite fait quand il dit :

> Et s'il faut, après tout, qu'un grand crime s'efface
> Par le sang que Laïus a transmis à sa race[3],

pour dire : *par les enfants de Laïus*. Plus bas, ajouta la même, nous trouvons encore un exemple de la raison qu'il y a de se servir en vers et en prose de ces grandes et hardies expressions, quelque étranges qu'elles paroissent :

> Osez me désunir
> De la nécessité d'aimer et de punir[4],

pour dire : *Otez-moi la nécessité d'aimer et de punir;* et néanmoins ne m'avouerez-vous pas que, sans cette hardie façon de parler, il n'eût jamais achevé ce premier vers : *Osez me désunir ?* » — « Pour moi, dit Léosthène, je ne me suis point étonnée de voir Cléocrite s'énoncer par des paroles semblables à celles qui nous sont ordinaires; mais celles-ci m'ont donné de la surprise :

> Et leur antipathie inspire à leur colère
> Des préludes secrets de ce qu'il vous faut faire[5].

Ce n'est pas que par ces mots de *préludes secrets*, etc., je ne présume qu'il entende quelque chose de fort énergique, et que je ne sache par

---

1. Acte IV, scène 1, vers 1238, p. 187.
2. *Ibidem*, vers 1241, p. 187.
3. Actte IV, scène IV, vers 1501 et 1502, p. 197.
4. Acte IV, scène v, vers 1575 et 1576, p. 200.
5. *Ibidem*, vers 1593 et 1594, p. 200.

moi-même que nous disons quelquefois des mots qui expliquent assez obscurément ce que nous pensons, et qu'il n'y a que nous qui les entendons : c'est ce qu'il fait en cet endroit. Il n'en va pas de même de la pensée qu'il met dans ces deux vers :

> Vous, Seigneur, si Dircé garde encor sur votre âme
> L'empire que lui fit une si belle flamme[1];

car j'entends bien que par ces mots : *l'empire que lui fit*, etc., il veut dire *que lui donna*. » A peine Léosthène avoit-elle achevé de parler qu'Émilie s'écria : « Il est temps de donner trêve à Félix; et quand je lui aurai montré la dernière de nos remarques, je lui donnerai toute la liberté de nous dire que nous parlons un langage que l'on n'entend point, et tout ce qu'il nous reproche d'ordinaire :

> La surprenante horreur de cet accablement
> Ne coûte à sa grande âme aucun égarement[2].

Il faudroit être bien obstiné, poursuivit-elle, pour dire que nous faisons des façons de parler bizarres et inouïes, après ces deux vers, qui ne signifient rien, sinon que celui dont Cléocrite parle en cet endroit ne s'effrayoit point à la vue d'un malheur : *L'horreur de l'accablement ne lui coûte aucun égarement*, l'horreur de ce malheur ne l'étonne point. » Alors Félix avoua que de la façon qu'elles le prenoient, elles avoient raison, et que sans doute il n'y avoit point d'auteur qui n'eût ces façons de parler particulières et extraordinaires, soit qu'il écrivit en prose ou en vers. Ils s'étendirent quelque temps sur cette matière, et ensuite la conversation prit un autre tour, et l'on changea de sujet. Mais enfin l'on en revint sur les louanges de Cléocrite, et chacun d'une même voix dit que c'étoit le plus grand homme qui ait jamais écrit des jeux du cirque. Enfin il fut question de se séparer, et Félix ayant dit adieu à Émilie, et Léosthène en ayant fait autant, elle sortit avec lui, qui la ramena chez elle. Ainsi finit la conversation où je finis mon histoire.

A la fin de chacune des lettres du *Grand Dictionnaire des Précieuses historique*, etc., on trouve une petite série d'expressions, toutes suivies du nom de leur auteur. Plusieurs sont attribuées à Cléocrite l'aîné (Pierre Corneille); elles sont tirées du *Criminel innocent* (*OEdipe*),

1. Acte V, scène VI, vers 1873 et 1874, p. 213.
2. Acte V, scène VII, vers 1883 et 1884, p. 214.

et ne sont que des répétitions des exemples contenus dans le morceau qui précède; mais comme parfois les explications diffèrent et que les passages allégués sont très-peu nombreux, nous allons les réunir ici.

E. — Un homme qui a infiniment de l'*esprit* : « Un concert éclatant de rares qualités et de vertus extraordinaires. » (Voyez p. 115.)
Ce malheur ne l'*étonne* point : « La surprenante horreur de cet accablement ne coûte à sa grande âme aucun égarement. » (Voyez p. 119.)

F. — Il daigne me *faire des présents* et me regarder de bon œil encore que je ne travaille plus : « Il répand l'éclat de sa propre bonté sur l'endurcissement de mon oisiveté. » (Voyez p. 114.)

H. — Le sang feroit *horreur* à nos dames : « Le sang feroit soulever la délicatesse de nos dames. » (Voyez p. 116.)

L. — Il a bien *laissé* des enfants : « Il a bien transmis du sang à sa race. » (Voyez p. 118.)
L'amour : « Le partisan des desirs. » (Voyez p. 118.)

M. — Mon crime est cause de votre *mort* : « J'ai prêté mon crime à faire votre mort. » (Voyez p. 117.)

S. — La frayeur a *saisi* toute l'assemblée : « La frayeur a couru dans toute l'assemblée. » (Voyez p. 116.)
Un silence obstiné : « Un silence affermi. » (Voyez p. 115.)

VERS[1]

PRÉSENTÉS A MONSEIGNEUR LE PROCUREUR GÉNÉRAL FOUCQUET[2],
SURINTENDANT DES FINANCES.

Laisse aller ton essor jusqu'à ce grand génie
Qui te rappelle au jour dont les ans t'ont bannie,
Muse, et n'oppose plus un silence obstiné
A l'ordre surprenant que sa main t'a donné[3].
De ton âge importun la timide foiblesse[4] 5
A trop et trop longtemps déguisé ta paresse,
Et fourni de couleurs[5] à la raison d'État
Qui mutine ton cœur contre le siècle ingrat.
L'ennui de voir toujours ses louanges frivoles
Rendre à tes longs travaux paroles pour paroles, 10
Et le stérile honneur d'un éloge impuissant
Terminer son accueil le plus reconnoissant[6];
Ce légitime ennui qu'au fond de l'âme excite

---

1. Ces vers et l'avis *Au lecteur* ne se trouvent que dans l'édition de 1659.

. Nicolas Foucquet, né en 1615, procureur général au parlement de Paris à trente-cinq ans, surintendant des finances en 1652, disgracié en 1661, mort en 1680.

3. Voyez plus haut, la Notice d'*OEdipe*, p. 104, et ci-après, l'avis *Au lecteur*, p. 124.

4. Voltaire se trompe quand il dit, dans une note sur ces vers, que Corneille avait cinquante-six ans. Il était dans sa cinquante-troisième année (*dix lustres et plus*, dit-il lui-même un peu bas, au vers 47) lorsqu'il publia *OEdipe*.

5. Voyez le *Lexique* au mot *Fournir*.

6. Corneille a exprimé la même idée dans sa dédicace de *Cinna*, à *Monsieur de Montoron*. Voyez tome III, p. 372.

L'excusable fierté d'un peu de vrai mérite,
Par un juste dégoût ou par ressentiment, 15
Lui pouvoit de tes vers envier l'agrément ;
Mais aujourd'hui qu'on voit un héros magnanime
Témoigner pour ton nom une toute autre estime,
Et répandre l'éclat de sa propre bonté
Sur l'endurcissement de ton oisiveté, 20
Il te seroit honteux d'affermir ton silence
Contre une si pressante et douce violence ;
Et tu ferois un crime à lui dissimuler
Que ce qu'il fait pour toi te condamne à parler.

Oui, généreux appui de tout notre Parnasse, 25
Tu me rends ma vigueur lorsque tu me fais grâce ;
Et je veux bien apprendre à tout notre avenir
Que tes regards bénins ont su me rajeunir.
Je m'élève sans crainte avec de si bons guides :
Depuis que je t'ai vu, je ne vois plus mes rides ; 30
Et plein d'une plus claire et noble vision,
Je prends mes cheveux gris pour cette illusion.
Je sens le même feu, je sens la même audace,
Qui fit plaindre le Cid, qui fit combattre Horace ;
Et je me trouve encor la main qui crayonna 35
L'âme du grand Pompée et l'esprit de Cinna.
Choisis-moi seulement quelque nom dans l'histoire
Pour qui tu veuilles place au temple de la Gloire,
Quelque nom favori qu'il te plaise arracher
A la nuit de la tombe, aux cendres du bûcher. 40
Soit qu'il faille ternir ceux d'Enée et d'Achille
Par un noble attentat sur Homère et Virgile,
Soit qu'il faille obscurcir par un dernier effort
Ceux que j'ai sur la scène affranchis de la mort :
Tu me verras le même, et je te ferai dire, 45
Si jamais pleinement ta grande âme m'inspire,
Que dix lustres et plus n'ont pas tout emporté

Cet assemblage heureux de force et de clarté,
Ces prestiges secrets de l'aimable imposture
Qu'à l'envi m'ont prêtée et l'art et la nature.
    N'attends pas toutefois que j'ose m'enhardir
Ou jusqu'à te dépeindre, ou jusqu'à t'applaudir :
Ce seroit présumer que d'une seule vue
J'aurois vu de ton cœur la plus vaste étendue ;
Qu'un moment suffiroit à mes débiles yeux
Pour démêler en toi ces dons brillants des cieux
De qui l'inépuisable et perçante lumière,
Sitôt que tu parois, fait baisser la paupière.
J'ai déjà vu beaucoup en ce moment heureux :
Je t'ai vu magnanime, affable, généreux ;
Et ce qu'on voit à peine après dix ans d'excuses,
Je t'ai vu tout d'un coup libéral pour les muses.
Mais pour te voir entier, il faudroit un loisir
Que tes délassements daignassent me choisir :
C'est lors que je verrois la saine politique
Soutenir par tes soins la fortune publique,
Ton zèle infatigable à servir ton grand roi,
Ta force et ta prudence à régir ton emploi ;
C'est lors que je verrois ton courage intrépide
Unir la vigilance à la vertu solide ;
Je verrois cet illustre et haut discernement
Qui te met au-dessus de tant d'accablement ;
Et tout ce dont l'aspect d'un astre salutaire
Pour le bonheur des lis t'a fait dépositaire.
Jusque-là ne crains pas que je gâte un portrait
Dont je ne puis encor tracer qu'un premier trait ;
Je dois être témoin de toutes ces merveilles
Avant que d'en permettre une ébauche à mes veilles ;
Et ce flatteur espoir fera tous mes plaisirs,
Jusqu'à ce que l'effet succède à mes desirs.
Hâte-toi cependant de rendre un vol sublime

Au génie amorti que ta bonté ranime,
Et dont l'impatience attend pour se borner
Tout ce que tes faveurs lui voudront ORDONNER.

AU LECTEUR.

Ce n'est pas sans raison que je fais marcher ces vers à la tête de l'*Œdipe*, puisqu'ils sont cause que je vous donne l'*Œdipe*. Ce fut par eux que je tâchai de témoigner à M.[1] le procureur général quelque sentiment de reconnoissance pour une faveur signalée que j'en venois de recevoir; et bien qu'ils fussent remplis de cette présomption si naturelle à ceux de notre métier, qui manquent rarement d'amour-propre, il me fit cette nouvelle grâce d'accepter les offres qu'ils lui faisoient de ma part, et de me proposer trois sujets pour le théâtre, dont il me laissa le choix[2]. Chacun sait que ce grand ministre n'est pas moins le surintendant des belles-lettres que des finances; que sa maison est aussi ouverte aux gens d'esprit qu'aux gens d'affaires; et que soit à Paris, soit à la campagne, c'est dans les bibliothèques qu'on attend ces précieux moments qu'il dérobe aux occupations qui l'accablent[3], pour en gratifier ceux qui ont

---

1. L'édition originale (1659), la seule, nous l'avons dit, qui contienne cet avis *Au lecteur*, n'a ici que l'initiale M. En tête des vers (voyez p. 121) Corneille traite le procureur général surintendant de *Monseigneur*.
2. Voyez ci-dessus, p. 104.
3. Dans l'année même où Corneille écrivait cet avis *Au lecteur*, la Fontaine donnait la description suivante du curieux musée de Saint-Mandé, où probablement il rencontrait parfois notre poëte :

> Si je vois qu'on vous entretienne,
> J'attendrai fort paisiblement

quelque talent d'écrire avec succès. Ces vérités sont connues de tout le monde; mais tout le monde ne sait pas que sa bonté s'est étendue jusqu'à ressusciter les muses ensevelies dans un long silence, et qui étoient comme mortes au monde, puisque le monde les avoit oubliées. C'est donc à moi à le publier après qu'il a daigné m'y faire revivre si avantageusement. Non que de là j'ose prendre l'occasion de faire ses éloges : nos dernières années ont produit peu de livres considérables, ou pour la profondeur de la doctrine, ou pour la pompe et la netteté de l'expression, ou pour les agréments et la justesse de l'art, dont les auteurs ne se soient mis sous une protection si glorieuse[1], et ne lui ayent rendu les hommages que nous devons tous à ce concert éclatant et merveilleux de rares qualités et de vertus extraordinaires qui laissent une admiration continuelle à ceux qui ont le bonheur de l'approcher. Les téméraires efforts que j'y pourrois faire après eux ne serviroient qu'à montrer combien je suis au-dessous d'eux : la matière est inépuisable, mais nos esprits sont bornés; et au lieu de travailler à la gloire de mon protecteur, je ne travaillerois qu'à ma

> En ce superbe appartement,
> Où l'on a fait d'étrange terre,
> Depuis peu, venir à grand'erre
> (Non sans travail et quelques frais)
> Des rois Céphrim et Kiopès
> Le cercueil, la tombe ou la bière;
> Pour les rois, ils sont en poussière,
> C'est là que j'en voulois venir.
> Il me fallut entretenir
> Avec ces monuments antiques,
> Pendant qu'aux affaires publiques
> Vous donniez tout votre loisir.
>
> (*Épître à Foucquet*, vers 74 et suivants.)

1. On ne se rappelle guère aujourd'hui, parmi les livres offerts à Foucquet, que le magnifique manuscrit sur vélin du poëme d'*Adonis* que la Fontaine lui dédia en 1658.

honte. Je me contenterai de vous dire simplement que si le public a reçu quelque satisfaction de ce poëme, et s'il en reçoit encore de ceux de cette nature et de ma façon qui pourront le suivre, c'est à lui qu'il en doit imputer le tout, puisque sans ses commandements je n'aurois jamais fait l'*Œdipe*, et que cette tragédie a plu assez au Roi pour me faire recevoir de véritables et solides marques de son approbation : je veux dire ses libéralités, que j'ose nommer des ordres tacites, mais pressants, de consacrer aux divertissements de Sa Majesté ce que l'âge et les vieux travaux m'ont laissé d'esprit et de vigueur[1].

Au reste, je ne vous dissimulerai point qu'après avoir arrêté mon choix sur ce sujet, dans la confiance que j'aurois pour moi les suffrages de tous les savants, qui l'ont regardé comme le chef-d'œuvre de l'antiquité, et que les pensées de ces grands génies qui l'ont traité en grec et en latin me faciliteront les moyens d'en venir à bout assez tôt pour le faire représenter dans le carnaval[2], je n'ai pas laissé de trembler quand je l'ai envisagé de près et un peu plus à loisir que je n'avois fait en le choisissant. J'ai reconnu que ce qui avoit passé pour miraculeux dans ces siècles éloignés pourroit sembler horrible au nôtre, et que cette éloquente et curieuse description de la manière dont ce malheureux prince se crève les yeux, et le spectacle de ces mêmes yeux crevés, dont le sang lui distille sur le visage, qui occupe tout le cinquième acte chez ces incomparables originaux, feroit soulever la délicatesse de nos dames, qui composent la plus belle partie de notre auditoire, et dont le dégoût attire aisément la censure de ceux qui les accompagnent[3]; et qu'enfin, l'a-

1. Voyez ci-dessus, p. 107 et 108.
2. Voyez ci-dessus, p. 104.
3. Dacier, traducteur d'*Œdipe roi*, répond au scrupule de Cor-

AU LECTEUR.

mour n'ayant point de part dans ce sujet, ni les femmes d'emploi, il étoit dénué des principaux ornements qui nous gagnent d'ordinaire la voix publique. J'ai tâché de remédier à ces désordres au moins mal que j'ai pu, en épargnant d'un côté à mes auditeurs ce dangereux spectacle, et y ajoutant de l'autre l'heureux épisode des amours de Thésée et de Dircé, que je fais fille de Laïus, et seule héritière de sa couronne, supposé que son frère, qu'on avoit exposé aux bêtes sauvages, en eût été dévoré comme on le croyoit; j'ai retranché le nombre des oracles[1], qui pouvoit être importun, et donner trop de jour à Œdipe pour se connoître; j'ai rendu la réponse de Laïus[2], évoqué par Tirésie, assez obscure dans sa clarté pour faire un nouveau nœud, et qui peut-être n'est pas moins beau que celui de nos anciens; j'ai cherché même des raisons pour justifier ce qu'Aristote y trouve sans raison[3], et qu'il excuse en ce qu'il arrive au commencement de la fable;

neille par le début du troisième chant de l'*Art poétique* de Boileau :

> Il n'est point de serpent, ni de monstre odieux,
> Qui par l'art imité ne puisse plaire aux yeux.
> D'un pinceau délicat l'artifice agréable
> Du plus affreux objet fait un objet aimable.
> Ainsi, pour nous charmer, la tragédie en pleurs
> D'OEdipe tout sanglant fit parler les douleurs.

1. Les oracles, les réponses fatidiques abondent dans l'*OEdipe roi* de Sophocle et dans l'*OEdipe* de Sénèque. Chez Sophocle, Créon revient de Delphes, annonçant qu'il faut bannir le meurtrier de Laïus; ensuite Tirésias, consulté par OEdipe, finit, après un long silence, par l'accuser d'être le coupable; puis Jocaste, croyant rassurer OEdipe, lui raconte qu'un des ministres d'Apollon avait prédit à Laïus qu'il périrait de la main de son fils; alors OEdipe, effrayé, lui rapporte à son tour un oracle de Delphes, qui le menace de devenir le meurtrier de son père, et l'époux de sa mère.

2. Voyez ci-après, acte II, scène III, vers 605-610.

3. Ἄλογον δὲ μηδὲν εἶναι ἐν τοῖς πράγμασιν. εἰ δὲ μὴ, ἔξω τῆς τραγῳδίας, οἷον τὰ ἐν τῷ Οἰδίποδι τοῦ Σοφοκλέους. (*Poétique*, chapitre xv.)

et j'ai fait en sorte qu'Œdipe, encore qu'il se souvienne d'aboir combattu trois hommes au lieu même où fut tué Laïus, et dans le même temps de sa mort, bien loin de s'en croire l'auteur, la croit avoir vengée sur trois brigands à qui le bruit commun l'attribue. Cela m'a fait perdre l'avantage que je m'étois promis de n'être souvent que le traducteur de ces grands hommes qui m'ont précédé. Comme j'ai pris une autre route que la leur, il m'a été impossible de me rencontrer avec eux ; mais en récompense, j'ai eu le bonheur de faire avouer à la plupart de mes auditeurs que je n'ai fait aucune pièce de théâtre où il se trouve tant d'art qu'en celle-ci, bien que ce ne soit qu'un ouvrage de deux mois, que l'impatience françoise m'a fait précipiter, par un juste empressement d'exécuter les ordres favorables que j'avois reçus.

EXAMEN[1].

La mauvaise fortune de *Pertharite* m'avoit assez dégoûté du théâtre pour m'obliger à faire retraite, et à m'imposer un silence que je garderois encore, si M. le procureur général Foucquet[2] me l'eût permis. Comme il n'étoit pas moins surintendant des belles-lettres que des finances, je ne pus me défendre[3] des ordres qu'il daigna

1. Cet *Examen*, jusqu'à la troisième phrase du dernier paragraphe, ne fait guère que reproduire, mais avec de très-nombreuses variantes dans le style, l'avis *Au lecteur* qui précède.
2. Le mot *Foucquet* est omis dans les éditions de 1660 et de 1663.
3. Var. (édit. de 1660 et de 1663) : Comme il n'est pas moins.... je n'ai pu me défendre des ordres qu'il a daigné me donner. — On peut s'étonner que ce soit encore là le texte de l'édition de 1663, puisque la disgrâce de Foucquet est de 1661 : il avait été arrêté à Nantes le 5 septembre de cette année. C'est bien probablement

EXAMEN.

me donner de mettre sur notre scène[1] un des trois sujets[2] qu'il me proposa[3]. Il m'en laissa le choix, et je m'arrêtai à celui-ci, dont le bonheur me vengea bien de la déroute de l'autre, puisque le Roi s'en satisfit assez pour me faire recevoir des marques solides de son approbation par ses libéralités, que je pris pour des commandements tacites de consacrer aux divertissements de Sa Majesté ce que l'âge et les vieux travaux m'avoient laissé d'esprit et de vigueur[4].

Je ne déguiserai point qu'après avoir fait le choix de ce sujet, sur cette confiance que j'aurois pour moi les suffrages de tous les savants, qui le regardent encore comme le chef-d'œuvre de l'antiquité, et que les pensées de Sophocle et de Sénèque, qui l'ont traité en leurs langues, me faciliteroient les moyens d'en venir à bout, je tremblai quand je l'envisageai de près : je reconnus[5] que ce qui avoit passé pour merveilleux en leurs siècles pourroit sembler horrible au nôtre ; que cette éloquente et curieuse description de la manière dont ce malheureux prince se crève les yeux, qui occupe tout leur cinquième acte,

une simple inadvertance ; car on ne peut pas dire que le poëte ait voulu attendre le jugement du surintendant : l'Achevé d'imprimer de l'édition de 1664, la première où Corneille ait modifié ce passage, est du 14 août, et le jugement est des mois de novembre et décembre suivants.

1. Var. (édit. de 1660-1664) :.... me donner de le rompre (le silence), pour mettre sur notre scène.
2. Var. (édit. de 1660-1668) : un de trois sujets.
3. Var. (édit. 1660 et de 1663) : qu'il lui a plu me proposer ; — (édit. de 1664) : qu'il lui plut me proposer.
4. Var. (édit. de 1660 et de 1663) : Il m'en a laissé le choix, et je me suis arrêté à celui-ci, dont le bonheur m'a bien vengé..., puisque le Roi s'en est assez satisfait.... que j'ai prises.... m'ont laissé d'esprit et de vigueur.
5. Var. (édit. de 1660 et de 1663) : j'ai tremblé quand je l'ai envisagé de près : j'ai reconnu....

Corneille. vi

feroit soulever la délicatesse de nos dames, dont le dégoût attire aisément celui du reste de l'auditoire[1]; et qu'enfin, l'amour n'ayant point de part en cette tragédie, elle étoit dénuée des principaux agréments qui sont en possession de gagner la voix publique.

Ces considérations m'ont fait cacher aux yeux un si dangereux spectacle, et introduire l'heureux épisode de Thésée et de Dircé. J'ai retranché le nombre des oracles[2] qui pouvoit être importun, et donner à Œdipe trop de soupçon de sa naissance. J'ai rendu la réponse de Laïus, évoqué par Tirésie, assez obscure dans sa clarté apparente pour en faire une fausse application à cette princesse[3]; j'ai rectifié ce qu'Aristote y trouve sans raison[4], et qu'il n'excuse que parce qu'il arrive avant le commencement de la pièce; et j'ai fait en sorte qu'Œdipe, loin de se croire l'auteur de la mort du Roi son prédécesseur, s'imagine l'avoir vengée sur trois brigands, à qui le bruit commun l'attribue; et ce n'est pas un petit artifice qu'il s'en convainque lui-même lorsqu'il en veut convaincre Phorbas.

Ces changements m'ont fait perdre l'avantage que je m'étois promis, de n'être souvent que le traducteur de ces grands génies qui m'ont précédé. La différente route que j'ai prise m'a empêché de me rencontrer avec eux, et de me parer de leur travail; mais en récompense, j'a eu le bonheur de faire avouer qu'il n'est point sorti de pièce de ma main où il se trouve tant d'art qu'en celle-ci. On m'y a fait deux objections : l'une, que Dircé, au troisième acte[5], manque de respect envers sa mère[6],

---

1. Voyez ci-dessus, p. 126, note 3.
2. Voyez ci-dessus, p. 127, note 1.
3. Dircé. — 4. Voyez ci-dessus, p. 127, note 3.
5. Dans la scène II du IIIe acte.
6. Var. (édit. de 1660 et de 1663) : manque de respect a sa mère.

ce qui ne peut être une faute de théâtre, puisque nous ne sommes pas obligés de rendre parfaits ceux que nous y faisons voir; outre que cette princesse considère encore tellement ces devoirs de la nature, que bien qu'elle aye lieu de regarder cette mère comme une personne[1] qui s'est emparée d'un trône qui lui appartient, elle lui demande pardon de cette échappée, et la condamne aussi bien que les plus rigoureux de mes juges. L'autre objection regarde la guérison publique, sitôt qu'Œdipe s'est puni. La narration s'en fait par Cléante et par Dymas[2]; et l'on veut qu'il eût pu suffire de l'un des deux pour la faire : à quoi je réponds que ce miracle s'étant fait tout d'un coup, un seul homme n'en pouvoit savoir assez tôt tout l'effet, et qu'il a fallu donner à l'un le récit de ce qui s'étoit passé dans la ville, et à l'autre, de ce qu'il avoit vu dans le palais. Je trouve plus à dire à Dircé qui les écoute, et devroit avoir couru auprès de sa mère, sitôt qu'on lui en a dit la mort; mais on peut répondre que si les devoirs de la nature nous appellent auprès de nos parents quand ils meurent, nous nous retirons d'ordinaire d'auprès d'eux quand ils sont morts, afin de nous épargner ce funeste spectacle, et qu'ainsi Dircé a pu n'avoir aucun empressement de voir sa mère, à qui son secours ne pouvoit plus être utile, puisqu'elle étoit morte; outre que si elle y eût couru[3], Thésée l'auroit suivie, et il ne me seroit demeuré personne pour entendre ces récits. C'est une incommodité de la représentation qui doit faire souffrir quelque manquement à l'exacte vraisemblance. Les an-

1. Var. (édit. de 1660-1668) : de la regarder comme une personne.
2. Dans la dernière scène du V⁰ acte.
3. Ce passage, depuis : « on peut répondre, » jusqu'à : « si elle y eût couru » inclusivement, manque dans les éditions de 1660 et de 1663.

ciens avoient leurs chœurs qui ne sortoient point du théâtre, et étoient toujours prêts d'écouter tout ce qu'on leur vouloit apprendre ; mais cette facilité étoit compensée par tant d'autres importunités de leur part, que nous ne devons point nous repentir du retranchement que nous en avons fait.

ÉDITIONS COLLATIONNÉES, ETC.

LISTES DES ÉDITIONS QUI ONT ÉTÉ COLLATIONNÉES
POUR LES VARIANTES D'*OEDIPE*.

ÉDITION SÉPARÉE.

1659 in-12.

RECUEILS.

1660 in-8°[1] ; 1668 in-12 ;
1663 in-fol. ; 1682 in-12.
1664 in-8° ;

1. La dernière pièce contenue dans les recueils de 1654 et 1656 est *Pertharite*.

ACTEURS[1].

ŒDIPE, roi de Thèbes, fils et mari de Jocaste.
THÉSÉE, prince d'Athènes, et amant de Dircé.
JOCASTE, reine de Thèbes, femme et mère d'Œdipe.
DIRCÉ, princesse de Thèbes, fille de Laïus et de Jocaste, sœur d'Œdipe, et amante de Thésée.
CLÉANTE,
DYMAS, } confidents d'Œdipe.
PHORBAS, vieillard thébain.
IPHICRATE, vieillard de Corinthe.
NÉRINE, dame d'honneur de la Reine[2].
MÉGARE, fille d'honneur de Dircé.
PAGE.

La scène est à Thèbes.

---

1. De ces divers personnages, OEdipe et Jocaste seuls sont empruntés à l'*OEdipe roi* de Sophocle; Thésée figure dans l'*OEdipe à Colone*; Phorbas, dans l'*OEdipe* de Sénèque; Dircé est un nom thébain, celui d'une ancienne reine de Thèbes, mentionnée par Plutarque, et dont l'époux, d'après Apollodore, s'appelait *Lycus*, autre nom que Corneille a employé dans sa pièce, au vers 1411.

2. VAR. (édit. de 1659-1664) : suivante de la Reine; et ci-après : suivante de Dircé. — Ces deux derniers changements paraissent être une concession faite par Corneille à l'abbé d'Aubignac, qui a dit dans sa *Seconde dissertation* (*Recueil* de Granet, tome I, p. 288 et 289) : « Comment M. Corneille nomme-t-il.... Nérine...? *La suivante de Jocaste*, où l'on voit Nérine suivante des princesses de M. Corneille en titre d'office. Dircé, selon l'invention de M. Corneille..., étoit fille de Laïus ; et comment nomme-t-il Mégare qu'il lui donne pour compagnie? *La suivante de Dircé*.... Je ne doute point que ce petit avis ne le réveille et ne l'oblige à qualifier les femmes de sa Sophonisbe dans la liste des acteurs qu'il fera mettre à l'impression, du titre de *dames d'honneur* ou de *confidentes*, comme il a fait en quelques pièces. » — *Médée* est la seule pièce où Corneille se soit servi du mot *suivante*, et l'ait gardé dans toutes ses éditions.

OEDIPE.

TRAGÉDIE.

ACTE I.

SCÈNE PREMIÈRE.

THÉSÉE, DIRCÉ.

THÉSÉE.

N'écoutez plus, Madame, une pitié cruelle,
Qui d'un fidèle amant vous feroit un rebelle :
La gloire d'obéir n'a rien qui me soit doux,
Lorsque vous m'ordonnez de m'éloigner de vous.
Quelque ravage affreux qu'étale ici la peste, 5
L'absence aux vrais amants est encor plus funeste ;
Et d'un si grand péril l'image s'offre en vain,
Quand ce péril douteux épargne un mal certain.

DIRCÉ.

Le trouvez-vous douteux quand toute votre suite
Par cet affreux ravage à Phædime est réduite, 10
De qui même le front, déjà pâle et glacé,
Porte empreint le trépas dont il est menacé ?
Seigneur, toutes ces morts dont il vous environne
Sont des avis pressants que de grâce il vous donne,
Et tant lever le bras avant que de frapper, 15
C'est vous dire assez haut qu'il est tant d'échapper.

THÉSÉE.

Je le vois comme vous ; mais alors qu'il m'assiége,
Vous laisse-t-il, Madame, un plus grand privilége ?
Ce palais par la peste est-il plus respecté ?
Et l'air auprès du trône est-il moins infecté ? 20

DIRCÉ.

Ah ! Seigneur, quand l'amour tient une âme alarmée,
Il l'attache aux périls de la personne aimée.
Je vois aux pieds du Roi chaque jour des mourants ;
J'y vois tomber du ciel les oiseaux expirants[1] ;
Je me vois exposée à ces vastes misères ; 25
J'y vois mes sœurs, la Reine, et les princes mes frères :
Je sais qu'en ce moment je puis les perdre tous ;
Et mon cœur toutefois ne tremble que pour vous,
Tant de cette frayeur les profondes atteintes
Repoussent fortement toutes les autres craintes ! 30

THÉSÉE.

Souffrez donc que l'amour me fasse même loi,
Que je tremble pour vous quand vous tremblez pour moi,
Et ne m'imposez pas cette indigne foiblesse
De craindre autres périls que ceux de ma princesse :
J'aurois en ma faveur le courage bien bas, 35
Si je fuyois des maux que vous ne fuyez pas.
Votre exemple est pour moi la seule règle à suivre ;
Éviter vos périls, c'est vouloir vous survivre :
Je n'ai que cette honte à craindre sous les cieux.
Ici je puis mourir, mais mourir à vos yeux ; 40
Et si malgré la mort de tous côtés errante,
Le destin me réserve à vous y voir mourante,

---

1. Ceci paraît être un souvenir de Virgile, qui a dit dans la description de la peste des animaux :

Ipsis est aer avibus non æquus, et illæ
Præcipites alta vitam sub nube relinquunt.
(*Géorgiques*, livre III, vers 546 et 547.)

ACTE I, SCÈNE I.

Mon bras sur moi du moins enfoncera les coups
Qu'aura son insolence élevés jusqu'à vous,
Et saura me soustraire à cette ignominie 45
De souffrir après vous quelques moments de vie,
Qui dans le triste état où le ciel nous réduit,
Seroient de mon départ l'infâme et le seul fruit.

DIRCÉ.

Quoi? Dircé par sa mort deviendroit criminelle
Jusqu'à forcer Thésée à mourir après elle, 50
Et ce cœur, intrépide au milieu du danger,
Se défendroit si mal d'un malheur si léger!
M'immoler une vie à tous si précieuse,
Ce seroit rendre à tous ma mémoire odieuse,
Et par toute la Grèce animer trop d'horreur 55
Contre une ombre chérie avec tant de fureur.
Ces infâmes brigands dont vous l'avez purgée,
Ces ennemis publics dont vous l'avez vengée,
Après votre trépas à l'envi renaissants,
Pilleroient sans frayeur les peuples impuissants; 60
Et chacun maudiroit, en les voyant paroître,
La cause d'une mort qui les feroit renaître.
   Oserai-je, Seigneur, vous dire hautement
Qu'un tel excès d'amour n'est pas d'un tel amant?
S'il est vertu pour nous, que le ciel n'a formées 65
Que pour le doux emploi d'aimer et d'être aimées,
Il faut qu'en vos pareils les belles passions
Ne soient que l'ornement des grandes actions.
Ces hauts emportements qu'un beau feu leur inspire
Doivent les élever, et non pas les détruire; 70
Et quelque désespoir que leur cause un trépas,
Leur vertu seule a droit de faire agir leurs bras.
Ces bras, que craint le crime à l'égal du tonnerre,
Sont des dons que le ciel fait à toute la terre;
Et l'univers en eux perd un trop grand secours, 75

Pour souffrir que l'amour soit maître de leurs jours.
   Faites voir, si je meurs, une entière tendresse ;
Mais vivez après moi pour toute notre Grèce,
Et laissez à l'amour conserver par pitié
De ce tout désuni la plus digne moitié. 80
Vivez pour faire vivre en tous lieux ma mémoire,
Pour porter en tous lieux vos soupirs et ma gloire,
Et faire partout dire : « Un si vaillant héros
Au malheur de Dircé donne encor des sanglots ;
Il en garde en son âme encor toute l'image, 85
Et rend à sa chère ombre encor ce triste hommage. »
Cet espoir est le seul dont j'aime à me flatter,
Et l'unique douceur que je veux emporter.

THÉSÉE.

Ah ! Madame, vos yeux combattent vos maximes :
Si j'en crois leur pouvoir, vos conseils sont des crimes.
Je ne vous ferai point ce reproche odieux,
Que si vous aimiez bien, vous conseilleriez mieux :
Je dirai seulement qu'auprès de ma princesse
Aux seuls devoirs d'amant un héros s'intéresse,
Et que de l'univers fût-il le seul appui, 95
Aimant un tel objet, il ne doit rien qu'à lui.
Mais ne contestons point et sauvons l'un et l'autre :
L'hymen justifiera ma retraite et la vôtre.
Le Roi me pourroit-il en refuser l'aveu,
Si vous en avouez l'audace de mon feu ? 100
Pourroit-il s'opposer à cette illustre envie
D'assurer sur un trône une si belle vie,
Et ne point consentir que des destins meilleurs
Vous exilent d'ici pour commander ailleurs ?

DIRCÉ.

Le Roi, tout roi qu'il est, Seigneur, n'est pas mon maître ;
Et le sang de Laïus, dont j'eus l'honneur de naître,
Dispense trop mon cœur de recevoir la loi

D'un trône que sa mort n'a dû laisser qu'à moi.
Mais comme enfin le peuple et l'hymen de ma mère
Ont mis entre ses mains le sceptre de mon père, 110
Et qu'en ayant ici toute l'autorité,
Je ne puis rien pour vous contre sa volonté,
Pourra-t-il trouver bon qu'on parle d'hyménée
Au milieu d'une ville à périr condamnée,
Où le courroux du ciel, changeant l'air en poison, 115
Donne lieu de trembler pour toute sa maison?

MÉGARE.

Madame.

(Elle lui parle à l'oreille.)

DIRCÉ.

Adieu, Seigneur : la Reine, qui m'appelle,
M'oblige à vous quitter pour me rendre auprès d'elle;
Et d'ailleurs le Roi vient.

THÉSÉE.

Que ferai-je?

DIRCÉ.

Parlez.
Je ne puis plus vouloir que ce que vous voulez. 120

SCÈNE II.

ŒDIPE, THÉSÉE, CLÉANTE.

OEDIPE.

Au milieu des malheurs que le ciel nous envoie,
Prince, nous croiriez-vous capables d'une joie,
Et que nous voyant tous sur les bords du tombeau,
Nous pussions d'un hymen allumer le flambeau?
C'est choquer la raison peut-être et la nature; 125
Mais mon âme en secret s'en forme un doux augure
Que Delphes, dont j'attends réponse en ce moment,

M'envoira de nos maux le plein soulagement.
THÉSÉE.
Seigneur, si j'avois cru que parmi tant de larmes
La douceur d'un hymen pût avoir quelques charmes,
Que vous en eussiez pu supporter le dessein,
Je vous aurois fait voir un beau feu dans mon sein,
Et tâché d'obtenir cet aveu favorable
Qui peut faire un heureux d'un amant misérable.
OEDIPE.
Je l'avois bien jugé, qu'un intérêt d'amour 135
Fermoit ici vos yeux aux périls de ma cour;
Mais je croirois me faire à moi-même un outrage
Si je vous obligeois d'y tarder davantage,
Et si trop de lenteur à seconder vos feux
Hasardoit plus longtemps un cœur si généreux. 140
Le mien sera ravi que de si nobles chaînes
Unissent les États de Thèbes et d'Athènes.
Vous n'avez qu'à parler, vos vœux sont exaucés :
Nommez ce cher objet, grand prince, et c'est assez.
Un gendre tel que vous m'est plus qu'un nouveau trône,
Et vous pouvez choisir d'Ismène ou d'Antigone;
Car je nose penser que le fils d'un grand roi,
Un si fameux héros, aime ailleurs que chez moi,
Et qu'il veuille en ma cour, au mépris de mes filles,
Honorer de sa main de communes familles. 150
THÉSÉE.
Seigneur, il est tout vrai : j'aime en votre palais;
Chez vous est la beauté qui fait tous mes souhaits.
Vous l'aimez à l'égal d'Antigone et d'Ismène;
Elle tient même rang chez vous et chez la Reine;
En un mot, c'est leur sœur, la princesse Dircé, 155
Dont les yeux....
OEDIPE.
Quoi? ses yeux, Prince, vous ont blessé?

Je suis fâché pour vous que la Reine sa mère
Ait su vous prévenir pour un fils de son frère[1].
Ma parole est donnée, et je n'y puis plus rien ;
Mais je crois qu'après tout ses sœurs la valent bien. 160
THÉSÉE.
Antigone est parfaite, Ismène est admirable ;
Dircé, si vous voulez, n'a rien de comparable :
Elles sont l'une et l'autre un chef-d'œuvre des cieux ;
Mais où le cœur est pris on charme en vain les yeux.
Si vous avez aimé, vous avez su connoître 165
Que l'amour de son choix veut être le seul maître ;
Que s'il ne choisit pas toujours le plus parfait,
Il attache du moins les cœurs au choix qu'il fait ;
Et qu'entre cent beautés dignes de notre hommage,
Celle qu'il nous choisit plaît toujours davantage. 170
 Ce n'est pas offenser deux si charmantes sœurs,
Que voir en leur aînée aussi quelques douceurs.
J'avouerai, s'il le faut, que c'est un pur caprice,
Un pur aveuglement qui leur fait injustice ;
Mais ce seroit trahir tout ce que je leur doi, 175
Que leur promettre un cœur quand il n'est plus à moi.
OEDIPE.
Mais c'est m'offenser, moi, Prince, que de prétendre
A des honneurs plus hauts que le nom de mon gendre.
Je veux toutefois être encor de vos amis ;
Mais ne demandez plus un bien que j'ai promis. 180
Je vous l'ai déjà dit que pour cet hyménée
Aux vœux du prince Æmon ma parole est donnée.
Vous avez attendu trop tard à m'en parler,
Et je vous offre assez de quoi vous consoler.
La parole des rois doit être inviolable[2]. 185

---

1. Æmon, fils de Créon : voyez plus bas, vers 182. C'est l'un des personnages de l'*Antigone* de Sophocle.

2. Ce vers se trouve déjà, en 1641, dans l'*Andromire* de Scudéry (acte IV,

THÉSÉE.

Elle est toujours sacrée et toujours adorable ;
Mais ils ne sont jamais esclaves de leur voix[1],
Et le plus puissant roi doit quelque chose aux rois.
Retirer sa parole à leur juste prière,
C'est honorer en eux son propre caractère ;   190
Et si le prince Æmon ose encor vous parler,
Vous lui pouvez offrir de quoi se consoler.

OEDIPE.

Quoi ? Prince, quand les Dieux tiennent en main leur foudre,
Qu'ils ont le bras levé pour nous réduire en poudre,
J'oserai violer un serment solennel,   195
Dont j'ai pris à témoin leur pouvoir éternel ?

THÉSÉE.

C'est pour un grand monarque un peu bien du scrupule[2].

OEDIPE.

C'est en votre faveur être un peu bien crédule
De présumer qu'un roi, pour contenter vos yeux,
Veuille pour ennemis les hommes et les Dieux.   200

THÉSÉE.

Je n'ai qu'un mot à dire après un si grand zèle :
Quand vous donnez Dircé, Dircé se donne-t-elle ?

OEDIPE.

Elle sait son devoir.

THÉSÉE.
                    Savez-vous quel il est ?

OEDIPE

L'auroit-elle réglé suivant votre intérêt ?
A me désobéir l'auriez-vous résolue ?   205

---

scène IV, vers 48), et en 1643, dans son *Ibrahim* (acte V, scène II, vers 68). Ferrier, en 1678, l'a placé dans son *Anne de Bretagne* (acte II, scène II, vers 94). C'est à M. Ravenel, conservateur sous-directeur de la Bibliothèque nationale, que je dois ces curieux rapprochements.

1. Les éditions de 1668 et de 1682 portent seules *leurs voix*, au pluriel.
2. *Var.* C'est pour un grand monarque avoir bien du scrupule. (1659-64)

THÉSÉE.
Non, je respecte trop la puissance absolue;
Mais lorsque vous voudrez sans elle en disposer,
N'aura-t-elle aucun droit, Seigneur, de s'excuser?
OEDIPE.
Le temps vous fera voir ce que c'est qu'une excuse.
THÉSÉE.
Le temps me fera voir jusques où je m'abuse;   210
Et ce sera lui seul qui saura m'éclaircir
De ce que pour Æmon vous ferez réussir.
Je porte peu d'envie à sa bonne fortune;
Mais je commence à voir que je vous importune.
Adieu : faites, Seigneur, de grâce un juste choix;   215
Et si vous êtes roi, considérez les rois.

SCÈNE III.

ŒDIPE, CLÉANTE.

OEDIPE.
Si je suis roi, Cléante! et que me croit-il être?
Cet amant de Dircé déjà me parle en maître!
Vois, vois ce qu'il feroit s'il étoit son époux.
CLÉANTE.
Seigneur, vous avez lieu d'en être un peu jaloux.   220
Cette princesse est fière; et comme sa naissance
Croit avoir quelque droit à la toute-puissance,
Tout est au-dessous d'elle, à moins que de régner,
Et sans doute qu'Æmon s'en verra dédaigner.
OEDIPE.
Le sang a peu de droits dans le sexe imbécile[1];   225

1. Dans le sens où Tacite a dit : *imbecillum.... sexum*, « le sexe faible, » *et imparem laboribus*, « et incapable de fatigues. » (*Annales*, livre III, chapitre XXXIII.) La suite de ce passage des *Annales* exprime une idée ana-

Mais c'est un grand prétexte à troubler une ville;
Et lorsqu'un tel orgueil se fait un fort appui,
Le roi le plus puissant doit tout craindre de lui.
Toi qui, né dans Argos et nourri dans Mycènes,
Peux être mal instruit de nos secrètes haines,   230
Vois-les jusqu'en leur source, et juge entre elle et moi
Si je règne sans titre, et si j'agis en roi.
  On t'a parlé du Sphinx[1], dont l'énigme funeste
Ouvrit plus de tombeaux que n'en ouvre la peste,
Ce monstre à voix humaine, aigle, femme et lion[2],   235
Se campoit fièrement sur le mont Cythéron.
D'où chaque jour ici devoit fondre sa rage[3],

---

logue à celle que vient de rendre Cléante : *sed, si licentia adsit, sævum, ambitiosum, potestatis avidum,* « mais, quand on le laisse faire, cruel, ambitieux, avide de pouvoir. »

1. Voyez l'*OEdipe roi* de Sophocle, vers 35 et suivants (édit. Boissonade), et l'*OEdipe* de Sénèque, acte I, vers 92 et suivants.

2. « J'oubliais de dire que j'ai pris deux vers dans l'*OEdipe* de Corneille. L'un est au premier acte :

Ce monstre à voix humaine, aigle, femme et lion.

L'autre est au dernier acte (*scène dernière, vers* 1934); c'est une traduction de Sénèque :

Nec vivis mixtus, nec sepultis (*a*);
  (Et le sort qui l'accable)
Des morts et des vivants semble le séparer.

Je n'ai point fait scrupule de voler ces deux vers, parce qu'ayant précisément la même chose à dire que Corneille, il m'était impossible de l'exprimer mieux; et j'ai mieux aimé donner deux bons vers de lui, que d'en donner deux mauvais de moi. » (*Voltaire,* Lettres à M. de Genonville sur *OEdipe,* lettre V.)

3.   *Quumque e superba rupe, jam prædæ imminens,*
   Aptaret alas verbere, et caudam movens,
   Sævi leonis more, conciperet minas....
         (Sénèque, *OEdipe,* acte I, vers 95-97.)

(*a*) Voici la copie exacte du passage de Sénèque :

. . . . *Quæratur via*
Qua nec sepultis mixtus, et vivis tamen
Exemtus erres.
         (Acte V, vers 949-951.)

ACTE I, SCÈNE III.

A moins qu'on éclaircît un si sombre nuage.
Ne porter qu'un faux jour dans son obscurité,
C'étoit de ce prodige enfler la cruauté ; 240
Et les membres épars des mauvais interprètes
Ne laissoient dans ces murs que des bouches muettes.
Mais comme aux grands périls le salaire enhardit,
Le peuple offre le sceptre, et la Reine son lit ;
De cent cruelles morts cette offre est tôt suivie : 245
J'arrive, je l'apprends, j'y hasarde ma vie.
Au pied du roc affreux semé d'os blanchissants[1],
Je demande l'énigme et j'en cherche le sens ;
Et ce qu'aucun mortel n'avoit encor pu faire,
J'en dévoile l'image et perce le mystère[2]. 250
Le monstre, furieux de se voir entendu,
Venge aussitôt sur lui tant de sang répandu,
Du roc s'élance en bas, et s'écrase lui-même.
La Reine tint parole, et j'eus le diadème.
Dircé fournissoit lors à peine un lustre entier, 255
Et me vit sur le trône avec un œil altier.
J'en vis frémir son cœur, j'en vis couler ses larmes ;
J'en pris pour l'avenir dès lors quelques alarmes ;
Et si l'âge en secret a pu la révolter,
Vois ce que mon départ n'en doit point redouter. 260
La mort du roi mon père[3] à Corinthe m'appelle ;
J'en attends aujourd'hui la funeste nouvelle,
Et je hasarde tout à quitter les Thébains,
Sans mettre ce dépôt en de fidèles mains.
Æmon seroit pour moi digne de la Princesse : 265

---

1. .... *Et albens ossibus sparsis solum.*
(Sénèque, *OEdipe*, acte I, vers 94.)
2. *Nodosa sortis verba, et implexos dolos,*
Ac triste carmen alitis solvi feræ.
(*Ibidem*, acte I, vers 101 et 102.)
3. De Polybe, roi de Corinthe. Voyez l'*OEdipe roi* de Sophocle, vers 924 et suivants ; et l'*OEdipe* de Sénèque, acte IV, vers 784 et suivants.

S'il a de la naissance, il a quelque foiblesse ;
Et le peuple du moins pourroit se partager,
Si dans quelque attentat il osoit l'engager ;
Mais un prince voisin, tel que tu vois Thésée,
Feroit de ma couronne une conquête aisée, 270
Si d'un pareil hymen le dangereux lien
Armoit pour lui son peuple et soulevoit le mien.
Athènes est trop proche, et durant une abscence
L'occasion qui flatte anime l'espérance ;
Et quand tous mes sujets me garderoient leur foi, 275
Désolés comme ils sont, que pourroient-ils pour moi ?
La Reine a pris le soin d'en parler à sa fille.
Æmon est de son sang, et chef de sa famille ;
Et l'amour d'une mère a souvent plus d'effet
Que n'ont.... Mais la voici ; sachons ce qu'elle a fait. 280

SCÈNE IV.

ŒDIPE, JOCASTE, CLÉANTE, NÉRINE.

JOCASTE.

J'ai perdu temps, Seigneur ; et cette âme embrasée
Met trop de différence entre Æmon et Thésée.
Aussi je l'avouerai, bien que l'un soit mon sang,
Leur mérite diffère encor plus que leur rang ;
Et l'on a peu d'éclat auprès d'une personne 285
Qui joint à de hauts faits celui d'une couronne.

OEDIPE.

Thésée est donc, Madame, un dangereux rival ?

JOCASTE.

Æmon est fort à plaindre, ou je devine mal.
J'ai tout mis en usage auprès de la Princesse :
Conseil, autorité, reproche, amour, tendresse ; 290
J'en ai tiré des pleurs, arraché des soupirs,

ACTE I, SCÈNE IV.

Et n'ai pu de son cœur ébranler les desirs.
J'ai poussé le dépit de m'en voir séparée
Jusques à la nommer fille dénaturée.
« Le sang royal n'a point ces bas attachements   295
Qui font les déplaisirs de ces éloignements,
Et les âmes, dit-elle, au trône destinées
Ne doivent aux parents que les jeunes années. »

OEDIPE.

Et ces mots ont soudain calmé votre courroux ?

JOCASTE.

Pour les justifier elle ne veut que vous :   300
Votre exemple lui prête une preuve assez claire
Que le trône est plus doux que le sein d'une mère.
Pour régner en ces lieux vous avez tout quitté.

OEDIPE.

Mon exemple et sa faute ont peu d'égalité.
C'est loin de ses parents qu'un homme apprend à vivre.   305
Hercule m'a donné ce grand exemple à suivre,
Et c'est pour l'imiter que par tous nos climats
J'ai cherché comme lui la gloire et les combats.
Mais bien que la pudeur par des ordres contraires
Attache de plus près les filles à leurs mères,   310
La vôtre aime une audace où vous la soutenez.

JOCASTE.

Je la condamnerai, si vous la condamnez ;
Mais à parler sans fard, si j'étois en sa place,
J'en userois comme elle et j'aurois même audace ;
Et vous-même, Seigneur, après tout, dites-moi,   315
La condamneriez-vous si vous n'étiez son roi ?

OEDIPE.

Si je condamne en roi son amour ou sa haine,
Vous devez comme moi les condamner en reine.

JOCASTE.

Je suis reine, Seigneur, mais je suis mère aussi :

Aux miens, comme à l'État, je dois quelque souci. 320
Je sépare Dircé de la cause publique ;
Je vois qu'ainsi que vous elle a sa politique :
Comme vous agissez en monarque prudent,
Elle agit de sa part en cœur indépendant,
En amante à bon titre, en princesse avisée, 325
Qui mérite ce trône où l'appelle Thésée.
Je ne puis vous flatter, et croirois vous trahir,
Si je vous promettois qu'elle pût obéir.

OEDIPE.

Pourroit-on mieux défendre un esprit si rebelle?

JOCASTE.

Parlons-en comme il faut : nous nous aimons plus qu'elle ;
Et c'est trop nous aimer que voir d'un œil jaloux
Qu'elle nous rend le change, et s'aime plus que nous.
Un peu trop de lumière à nos desirs s'oppose.
Peut-être avec le temps nous pourrions quelque chose ;
Mais n'espérons jamais qu'on change en moins d'un jour,
Quand la raison soutient le parti de l'amour.

OEDIPE.

Souscrivons donc, Madame, à tout ce qu'elle ordonne :
Couronnons cet amour de ma propre couronne ;
Cédons de bonne grâce, et d'un esprit content [1]
Remettons à Dircé tout ce qu'elle prétend. 340
A mon ambition Corinthe peut suffire,
Et pour les plus grands cœurs c'est assez d'un empire.
Mais vous souvenez-vous que vous avez deux fils [2]
Que le courroux du ciel a fait naître ennemis,
Et qu'il vous en faut craindre un exemple barbare, 345
A moins que pour régner leur destin les sépare?

---

1. *Var.* Cédons de bonne grâce, et n'embrassons plus tant ;
Mon trône héréditaire à Corinthe m'attend :
A mon ambition ce trône peut suffire. (1659)
2. Étéocle et Polynice : voyez ci-après, vers 575, p. 159.

ACTE I, SCÈNE IV.

JOCASTE.

Je ne vois rien encor fort à craindre pour eux :
Dircé les aime en sœur, Thésée est généreux ;
Et si pour un grand cœur c'est assez d'un empire,
A son ambition Athènes doit suffire. 350

OEDIPE.

Vous mettez une borne à cette ambition !

JOCASTE.

J'en prends, quoi qu'il en soit, peu d'appréhension ;
Et Thèbes et Corinthe ont des bras comme Athènes.
Mais nous touchons peut-être à la fin de nos peines :
Dymas est de retour, et Delphes a parlé. 355

OEDIPE.

Que son visage montre un esprit désolé !

SCÈNE V.

ŒDIPE, JOCASTE, DYMAS, CLÉANTE, NÉRINE.

OEDIPE.

Eh bien ! quand verrons-nous finir notre infortune ?
Qu'apportez-vous, Dymas ? quelle réponse ?

DYMAS.

Aucune.

OEDIPE.

Quoi ? les Dieux sont muets ?

DYMAS.

Ils sont muets et sourds.
Nous avons par trois fois imploré leur secours, 360
Par trois fois redoublé nos vœux et nos offrandes :
Ils n'ont pas daigné même écouter nos demandes.
A peine parlions-nous, qu'un murmure confus
Sortant du fond de l'antre expliquoit leur refus ;

Et cent voix tout à coup, sans être articulées, 365
Dans une nuit subite à nos soupirs mêlées,
Faisoient avec horreur soudain connoître à tous
Qu'ils n'avoient plus ni d'yeux ni d'oreilles pour nous.

OEDIPE.

Ah! Madame.

JOCASTE.

Ah! Seigneur, que marque un tel silence?

OEDIPE.

Que pourroit-il marquer qu'une juste vengeance? 370
Les Dieux, qui tôt ou tard savent se ressentir,
Dédaignent de répondre à qui les fait mentir.
Ce fils dont ils avoient prédit les aventures,
Exposé par votre ordre, a trompé leurs augures[1],
Et ce sang innocent, et ces Dieux irrités, 375
Se vengent maintenant de vos impiétés.

JOCASTE.

Devions-nous l'exposer à son destin funeste,
Pour le voir parricide et pour le voir inceste?
Et des crimes si noirs étouffés au berceau
Auroient-ils su pour moi faire un crime nouveau? 380
Non, non : de tant de maux Thèbes n'est assiégée
Que pour la mort du Roi, que l'on n'a pas vengée;
Son ombre incessamment me frappe encor les yeux;
Je l'entends murmurer à toute heure, en tous lieux,
Et se plaindre en mon cœur de cette ignominie 385
Qu'imprime à son grand nom cette mort impunie.

OEDIPE.

Pourrions-nous en punir des brigands inconnus,
Que peut-être jamais en ces lieux on n'a vus?
Si vous m'avez dit vrai, peut-être ai-je moi-même
Sur trois de ces brigands vengé le diadème; 390

---

1. Voyez l'*OEdipe roi* de Sophocle, vers 699 et suivants.

Au lieu même, au temps même, attaqué seul par trois,
J'en laissai deux sans vie, et mis l'autre aux abois.
Mais ne négligeons rien, et du royaume sombre
Faisons par Tirésie évoquer sa grande ombre.
Puisque le ciel se tait, consultons les enfers :   395
Sachons à qui de nous sont dus les maux soufferts ;
Sachons-en, s'il se peut, la cause et le remède :
Allons tout de ce pas réclamer tous son aide.
J'irai revoir Corinthe avec moins de souci,
Si je laisse plein calme et pleine joie ici.   400

FIN DU PREMIER ACTE.

ACTE II.

SCÈNE PREMIÈRE.
ŒDIPE, DIRCÉ, CLÉANTE, MÉGARE.

ŒDIPE.
Je ne le cèle point, cette hauteur m'étonne.
Æmon a du mérite, on chérit sa personne ;
Il est prince, et de plus étant offert par moi....
DIRCÉ.
Je vous ai déjà dit, Seigneur, qu'il n'est pas roi.
ŒDIPE.
Son hymen toutefois ne vous fait point descendre : 405
S'il n'est pas dans le trône, il a droit d'y prétendre ;
Et comme il est sorti de même sang que vous,
Je crois vous faire honneur d'en faire votre époux.
DIRCÉ.
Vous pouvez donc sans honte en faire votre gendre :
Mes sœurs en l'épousant n'auront point à descendre ; 410
Mais pour moi, vous savez qu'il est ailleurs des rois,
Et même en votre cour, dont je puis faire choix.
ŒDIPE.
Vous le pouvez, Madame, et n'en voudrez pas faire
Sans en prendre mon ordre et celui d'une mère.
DIRCÉ.
Pour la Reine, il est vrai qu'en cette qualité 415
Le sang peut lui devoir quelque civilité :
Je m'en suis acquittée, et ne puis bien comprendre,
Étant ce que je suis, quel ordre je dois prendre.

ACTE II, SCÈNE II.

OEDIPE.

Celui qu'un vrai devoir prend des fronts couronnés,
Lorsqu'on tient auprès d'eux le rang que vous tenez. 420
Je pense être ici roi.

DIRCÉ.

Je sais ce que vous êtes;
Mais si vous me comptez au rang de vos sujettes,
Je ne sais si celui qu'on vous a pu donner
Vous asservit un front qu'on a dû couronner.
Seigneur, quoi qu'il en soit, j'ai fait choix de Thésée;
Je me suis à ce choix moi-même autorisée.
J'ai pris l'occasion que m'ont faite les Dieux
De fuir l'aspect d'un trône où vous blessez mes yeux,
Et de vous épargner cet importun ombrage
Qu'à des rois comme vous peut donner mon visage. 430

OEDIPE.

Le choix d'un si grand prince est bien digne de vous,
Et je l'estime trop pour en être jaloux;
Mais le peuple au milieu des colères célestes
Aime encor de Laïus les adorables restes,
Et ne pourra souffrir qu'on lui vienne arracher 435
Ces gages d'un grand roi qu'il tint jadis si cher.

DIRCÉ.

De l'air dont jusqu'ici ce peuple m'a traitée,
Je dois craindre fort peu de m'en voir regrettée.
S'il eût eu pour son roi quelque ombre d'amitié,
Si mon sexe ou mon âge eût ému sa pitié, 440
Il n'auroit jamais eu cette lâche foiblesse
De livrer en vos mains l'État et sa princesse,
Et me verra toujours éloigner sans regret,
Puisque c'est l'affranchir d'un reproche secret.

OEDIPE.

Quel reproche secret lui fait votre présence? 445
Et quel crime a commis cette reconnoissance

Qui par un sentiment et juste et relevé
L'a consacré lui-même à qui l'a conservé?
Si vous aviez du Sphinx vu le sanglant ravage....
DIRCÉ.
Je puis dire, Seigneur, que j'ai vu davantage : 450
J'ai vu ce peuple ingrat que l'énigme surprit
Vous payer assez bien d'avoir eu de l'esprit.
Il pouvoit toutefois avec quelque justice
Prendre sur lui le prix d'un si rare service;
Mais quoiqu'il ait osé vous payer de mon bien, 455
En vous faisant son roi, vous a-t-il fait le mien?
En se donnant à vous, eut-il droit de me vendre?
OEDIPE.
Ah! c'est trop me forcer, Madame, à vous entendre.
La jalouse fierté qui vous enfle le cœur
Me regarde toujours comme un usurpateur : 460
Vous voulez ignorer cette juste maxime,
Que le dernier besoin peut faire un roi sans crime,
Qu'un peuple sans défense et réduit aux abois....
DIRCÉ.
Le peuple est trop heureux quand il meurt pour ses rois[1].
Mais, Seigneur, la matière est un peu délicate ; 465
Vous pouvez vous flatter, peut-être je me flatte.
Sans rien approfondir, parlons à cœur ouvert.
Vous régnez en ma place, et les Dieux l'ont souffert :
Je dis plus, ils vous ont saisi de ma couronne.
Je n'en murmure point, comme eux je vous la donne ; 470
J'oublierai qu'à moi seule ils devoient la garder;
Mais si vous attentez jusqu'à me commander,
Jusqu'à prendre sur moi quelque pouvoir de maître,

---

1. Dans *Andromède* (acte I, scène II, vers 304 et 305), Corneille a exprimé la même pensée d'une manière un peu différente :

> Heureux sont les sujets, heureuses les provinces
> Dont le sang peut payer pour celui de leurs princes!

Je me souviendrai lors de ce que je dois être,
Et si je ne le suis pour vous faire la loi, 475
Je le serai du moins pour me choisir un roi.
Après cela, Seigneur, je n'ai rien à vous dire :
J'ai fait choix de Thésée, et ce mot doit suffire.

OEDIPE.

Et je veux à mon tour, Madame, à cœur ouvert,
Vous apprendre en deux mots que ce grand choix vous perd,
Qu'il vous remplit le cœur d'une attente frivole,
Qu'au prince Æmon pour vous j'ai donné ma parole,
Que je perdrai le sceptre, ou saurai la tenir.
Puissent, si je la romps, tous les Dieux m'en punir!
Puisse de plus de maux m'accabler leur colère 485
Qu'Apollon n'en prédit jadis pour votre frère!

DIRCÉ.

N'insultez point au sort d'un enfant malheureux,
Et faites des serments qui soient plus généreux.
On ne sait pas toujours ce qu'un serment hasarde ;
Et vous ne voyez pas ce que le ciel vous garde. 490

OEDIPE.

On se hasarde à tout quand un serment est fait.

DIRCÉ.

Ce n'est pas de vous seul que dépend son effet.

OEDIPE.

Je suis roi, je puis tout.

DIRCÉ.

Je puis fort peu de chose ;
Mais enfin de mon cœur moi seule je dispose,
Et jamais sur ce cœur on n'avancera rien 495
Qu'en me donnant un sceptre, ou me rendant le mien.

OEDIPE.

Il est quelques moyens de vous faire dédire.

DIRCÉ.

Il en est de braver le plus injuste empire ;

Et de quoi qu'on menace en de tels différends,
Qui ne craint point la mort ne craint point les tyrans. 500
Ce mot m'est échappé, je n'en fais point d'excuse;
J'en ferai, si le temps m'apprend que je m'abuse.
Rendez-vous cependant maître de tout mon sort;
Mais n'offrez à mon choix que Thésée ou la mort.
OEDIPE.
On pourra vous guérir de cette frénésie. 505
Mais il faut aller voir ce qu'a fait Tirésie :
Nous saurons au retour encor vos volontés.
DIRCÉ.
Allez savoir de lui ce que vous méritez.

SCÈNE II.

DIRCÉ, MÉGARE.

DIRCÉ.
Mégare, que dis-tu de cette violence?
Après s'être emparé des droits de ma naissance, 510
Sa haine opiniâtre à croître mes malheurs
M'ose encore envier ce qui me vient d'ailleurs.
Elle empêche le ciel de m'être enfin propice,
De réparer vers moi ce qu'il eut d'injustice,
Et veut lier les mains au destin adouci 515
Qui m'offre en d'autres lieux ce qu'on me vole ici.
MÉGARE.
Madame, je ne sais ce que je dois vous dire :
La raison vous anime, et l'amour vous inspire;
Mais je crains qu'il n'éclate un peu plus qu'il ne faut,
Et que cette raison ne parle un peu trop haut. 520
Je crains qu'elle n'irrite un peu trop la colère
D'un roi qui jusqu'ici vous a traitée en père,
Et qui vous a rendu tant de preuves d'amour,

ACTE II, SCÈNE II.

Qu'il espère de vous quelque chose à son tour.
DIRCÉ.
S'il a cru m'éblouir par de fausses caresses, 525
J'ai vu sa politique en former les tendresses ;
Et ces amusements de ma captivité
Ne me font rien devoir à qui m'a tout ôté.
MÉGARE.
Vous voyez que d'Æmon il a pris la querelle,
Qu'il l'estime, chérit.
DIRCÉ.
   Politique nouvelle. 530
MÉGARE.
Mais comment pour Thésée en viendrez-vous à bout ?
Il le méprise, hait.
DIRCÉ.
   Politique partout.
Si la flamme d'Æmon en est favorisée,
Ce n'est pas qu'il l'estime, ou méprise Thésée ;
C'est qu'il craint dans son cœur que le droit souverain
(Car enfin il m'est dû) ne tombe en bonne main.
Comme il connoît le mien, sa peur de me voir reine
Dispense à mes amants sa faveur ou sa haine,
Et traiteroit ce prince ainsi que ce héros,
S'il portoit la couronne ou de Sparte ou d'Argos. 540
MÉGARE.
Si vous en jugez bien, que vous êtes à plaindre !
DIRCÉ.
Il fera de l'éclat, il voudra me contraindre ;
Mais quoi qu'il me prépare à souffrir dans sa cour,
Il éteindra ma vie avant que mon amour.
MÉGARE.
Espérons que le ciel vous rendra plus heureuse. 545
Cependant je vous trouve assez peu curieuse :
Tout le peuple, accablé de mortelles douleurs,

Court voir ce que Laïus dira de nos malheurs;
Et vous ne suivez point le Roi chez Tirésie,
Pour savoir ce qu'en juge une ombre si chérie? 550
                    DIRCÉ.
J'ai tant d'autres sujets de me plaindre de lui,
Que je fermois les yeux à ce nouvel ennui.
Il auroit fait trop peu de menacer la fille,
Il faut qu'il soit tyran de toute la famille,
Qu'il porte sa fureur jusqu'aux âmes sans corps, 555
Et trouble insolemment jusqu'aux cendres des morts.
Mais ces mânes sacrés qu'il arrache au silence
Se vengeront sur lui de cette violence;
Et les Dieux des enfers, justement irrités,
Puniront l'attentat de ses impiétés. 560
                    MÉGARE.
Nous ne savons pas bien comme agit l'autre monde;
Il n'est point d'œil perçant dans cette nuit profonde;
Et quand les Dieux vengeurs laissent tomber leur bras,
Il tombe assez souvent sur qui n'y pense pas.
                    DIRCÉ.
Dût leur décret fatal me choisir pour victime, 565
Si j'ai part au courroux, je n'en veux point au crime :
Je veux m'offrir sans tache à leur bras tout-puissant,
Et n'avoir à verser que du sang innocent.

SCÈNE III.

DIRCÉ, NÉRINE, MÉGARE.

NÉRINE.

Ah! Madame, il en faut de la même innocence
Pour apaiser du ciel l'implacable vengeance; 570
Il faut une victime et pure et d'un tel rang,
Que chacun la voudroit racheter de son sang.

ACTE II, SCÈNE III.

DIRCÉ.

Nérine, que dis-tu? seroit-ce bien la Reine?
Le ciel feroit-il choix d'Antigone, ou d'Ismène?
Voudroit-il Étéocle, ou Polynice, ou moi? 575
Car tu me dis assez que ce n'est pas le Roi;
Et si le ciel demande une victime pure,
Appréhender pour lui, c'est lui faire une injure.
Seroit-ce enfin Thésée? Hélas! si c'étoit lui....
Mais nomme, et dis quel sang le ciel veut aujourd'hui. 580

NÉRINE.

L'ombre du grand Laïus, qui lui sert d'interprète,
De honte ou de dépit sur ce nom est muette;
Je n'ose vous nommer ce qu'elle nous a tu;
Mais, préparez, Madame, une haute vertu :
Prêtez à ce récit une âme généreuse, 585
Et vous-même jugez si la chose est douteuse.

DIRCÉ.

Ah! ce sera Thésée, ou la Reine.

NÉRINE.

Écoutez,
Et tâchez d'y trouver quelques obscurités.
Tirésie a longtemps perdu ses sacrifices
Sans trouver ni les Dieux ni les ombres propices; 590
Et celle de Laïus évoqué par son nom[1]
S'obstinoit au silence aussi bien qu'Apollon.
Mais la Reine en la place à peine est arrivée,
Qu'une épaisse vapeur s'est du temple élevée,
D'où cette ombre aussitôt sortant jusqu'en plein jour 595
A surpris tous les yeux du peuple et de la cour.
L'impérieux orgueil de son regard sévère
Sur son visage pâle avoit peint la colère;

---

1. L'évocation de Laïus est imitée de Sénèque : voyez son *OEdipe*, acte III, vers 619 et suivants.

160 OEDIPE.

Tout menaçoit en elle, et des restes de sang
Par un prodige affreux lui dégouttoient du flanc¹. 600
A ce terrible aspect la Reine s'est troublée,
La frayeur a couru dans toute l'assemblée,
Et de vos deux amants j'ai vu les cœurs glacés²
A ces funestes mots que l'ombre a prononcés :
« Un grand crime impuni cause votre misère; 605
Par le sang de ma race il se doit effacer³;
    Mais à moins que de le verser,
    Le ciel ne se peut satisfaire;
Et la fin de vos maux ne se fera point voir
    Que mon sang n'ait fait son devoir. » 610
Ces mots dans tous les cœurs redoublent les alarmes;
L'ombre, qui disparoît, laisse la Reine en larmes,
Thésée au désespoir, Æmon tout hors de lui;
Le Roi même arrivant partage leur ennui;
Et d'une voix commune ils refusent une aide 615
Qui fait trouver le mal plus doux que le remède.

            DIRCÉ.

Peut-être craignent-ils que mon cœur révolté
Ne leur refuse un sang qu'ils n'ont pas mérité;
Mais ma flamme à la mort m'avoit trop résolue,
Pour ne pas y courir quand les Dieux l'ont voulue. 620
Tu m'as fait sans raison concevoir de l'effroi;
Je n'ai point dû trembler, s'ils ne veulent que moi.
Ils m'ouvrent une porte à sortir d'esclavage,
Que tient trop précieuse un généreux courage :
Mourir pour sa patrie est un sort plein d'appas 625

---

1.   . . . . *Fari horreo :*
   Stetit per artus sanguine effuso horridus.
           (Sénèque, *OEdipe*, acte III, vers 623 et 624.)

2. *Var.* Et de nos deux amants j'ai vu les cœurs glacés. (1659)

3. *Var.* Par le sang de ma race il doit être effacé;
    Mais à moins qu'il ne soit versé. (1659)

Pour quiconque à des fers préfère le trépas.
   Admire, peuple ingrat, qui m'as déshéritée,
Quelle vengeance en prend ta princesse irritée,
Et connois dans la fin de tes longs déplaisirs
Ta véritable reine à ses derniers soupirs.   630
Vois comme à tes malheurs je suis toute asservie[1] :
L'un m'a coûté mon trône, et l'autre veut ma vie.
Tu t'es sauvé du Sphinx aux dépens de mon rang;
Sauve-toi de la peste aux dépens de mon sang.
Mais après avoir vu dans la fin de ta peine   635
Que pour toi le trépas semble doux à ta reine,
Fais-toi de son exemple une adorable loi :
Il est encor plus doux de mourir pour son roi.

MÉGARE.

Madame, auroit-on cru que cette ombre d'un père,
D'un roi dont vous tenez la mémoire si chère,   640
Dans votre injuste perte eût pris tant d'intérêt
Qu'elle vînt elle-même en prononcer l'arrêt?

DIRCÉ.

N'appelle point injuste un trépas légitime :
Si j'ai causé sa mort, puis-je vivre sans crime?

NÉRINE.

Vous, Madame?

DIRCÉ.

Oui, Nérine; et tu l'as pu savoir.   645
L'amour qu'il me portoit eut sur lui tel pouvoir,
Qu'il voulut sur mon sort faire parler l'oracle;
Mais comme à ce dessein la Reine mit obstacle,
De peur que cette voix des destins ennemis
Ne fût aussi funeste à la fille qu'au fils,   650
Il se déroba d'elle, ou plutôt prit la fuite,
Sans vouloir que Phorbas et Nicandre pour suite.

---

1. *Var.* Vois comme à tels malheurs je suis toute asservie. (1664 et 68)

Hélas! sur le chemin il fut assassiné.
Ainsi se vit pour moi son destin terminé;
Ainsi j'en fus la cause.

MÉGARE.

Oui, mais trop innocente 655
Pour vous faire un supplice où la raison consente;
Et jamais des tyrans les plus barbares lois....

DIRCÉ.

Mégare, tu sais mal ce que l'on doit aux rois.
Un sang si précieux ne sauroit se répandre
Qu'à l'innocente cause on n'ait droit de s'en prendre; 660
Et de quelque façon que finisse leur sort,
On n'est point innocent quand on cause leur mort.
C'est ce crime impuni qui demande un supplice;
C'est par là que mon père a part au sacrifice;
C'est ainsi qu'un trépas qui me comble d'honneur 665
Assure sa vengeance et fait votre bonheur,
Et que tout l'avenir chérira la mémoire
D'un châtiment si juste où brille tant de gloire.

SCÈNE IV.

THÉSÉE, DIRCÉ, MÉGARE, NÉRINE.

DIRCÉ.

Mais que vois-je? Ah! Seigneur, quels que soient vos en-
Que venez-vous me dire en l'état où je suis? [nuis,

THÉSÉE.

Je viens prendre de vous l'ordre qu'il me faut suivre;
Mourir, s'il faut mourir, et vivre, s'il faut vivre.

DIRCÉ.

Ne perdez point d'efforts à m'arrêter au jour:
Laissez faire l'honneur.

THÉSÉE.
            Laissez agir l'amour.
                    DIRCÉ.
Vivez, Prince; vivez.
                    THÉSÉE.
            Vivez donc, ma princesse.   675
                    DIRCÉ.
Ne me ravalez point jusqu'à cette bassesse[1].
Retarder mon trépas, c'est faire tout périr :
Tout meurt, si je ne meurs.
                    THÉSÉE.
            Laissez-moi donc mourir.
                    DIRCÉ.
Hélas! qu'osez-vous dire?
                    THÉSÉE.
            Hélas! qu'allez-vous faire?
                    DIRCÉ.
Finir les maux publics, obéir à mon père,   680
Sauver tous mes sujets.
                    THÉSÉE.
            Par quelle injuste loi
Faut-il les sauver tous pour ne perdre que moi?
Eux dont le cœur ingrat porte les justes peines
D'un rebelle mépris qu'ils ont fait de vos chaînes[2],
Qui dans les mains d'un autre ont mis tout votre bien!   685
                    DIRCÉ.
Leur devoir violé doit-il rompre le mien?
Les exemples abjets de ces petites âmes
Règlent-ils de leurs rois les glorieuses trames?
Et quel fruit un grand cœur pourroit-il recueillir

---

1. Ce vers se retrouve presque textuellement dans *Sertorius* (acte I, scène III, vers 231) :

   Vous ravaleriez-vous jusques à la bassesse.

2. *Var*. Du rebelle mépris qu'ils ont fait de vos chaînes. (1659-64)

A recevoir du peuple un exemple à faillir ? 690
Non, non : s'il m'en faut un, je ne veux que le vôtre ;
L'amour que j'ai pour vous n'en reçoit aucun autre.
Pour le bonheur public n'avez-vous pas toujours
Prodigué votre sang et hasardé vos jours ?
Quand vous avez défait le Minotaure en Crète, 695
Quand vous avez puni Damaste et Périphète,
Sinnis, Phæa, Sciron[1], que faisiez-vous, Seigneur,
Que chercher à périr pour le commun bonheur ?
Souffrez que pour la gloire une chaleur égale
D'une amante aujourd'hui vous fasse une rivale. 700
Le ciel offre à mon bras par où me signaler :
S'il ne sait pas combattre, il saura m'immoler ;
Et si cette chaleur ne m'a point abusée,
Je deviendrai par là digne du grand Thésée.
Mon sort en ce point seul du vôtre est différent, 705
Que je ne puis sauver mon peuple qu'en mourant,
Et qu'au salut du vôtre un bras si nécessaire
A chaque jour pour lui d'autres combats à faire.

THÉSÉE.

J'en ai fait et beaucoup, et d'assez généreux ;
Mais celui-ci, Madame, est le plus dangereux. 710
J'ai fait trembler partout, et devant vous je tremble.
L'amant et le héros s'accordent mal ensemble ;
Mais enfin après vous tous deux veulent courir :
Le héros ne peut vivre où l'amant doit mourir ;
La fermeté de l'un par l'autre est épuisée ; 715
Et si Dircé n'es plus, il n'est plus de Thésée.

1. Noms des brigands et des monstres que Thésée immola dans son voyage de Trézène à Athènes : *Périphète*, surnommé le *Porte-massue*, sur le territoire d'Épidaure ; *Sinnis* ou le *Ployeur de pins*, dans l'isthme de Corinthe ; la laie *Phæa*, près de Crommyon, sur les frontières de la Corinthie ; le brigand *Sciron*, sur les confins de Mégare ; dans l'Attique, *Damaste*, surnommé *Procruste*, qui allongeait ou accourcissait ses hôtes à la mesure de son lit. Voyez Plutarque, *Vie de Thésée*, chapitres VIII-XI.

DIRCÉ.

Hélas! c'est maintenant, c'est lorsque je vous voi
Que ce même combat est dangereux pour moi.
Ma vertu la plus forte à votre aspect chancelle :
Tout mon cœur applaudit à sa flamme rebelle ; 720
Et l'honneur, qui charmoit ses plus noirs déplaisirs,
N'est plus que le tyran de mes plus chers desirs.
Allez, Prince; et du moins par pitié de ma gloire
Gardez-vous d'achever une indigne victoire ;
Et si jamais l'honneur a su vous animer.... 725

THÉSÉE.

Hélas! à votre aspect je ne sais plus qu'aimer.

DIRCÉ.

Par un pressentiment j'ai déjà su vous dire
Ce que ma mort sur vous se réserve d'empire.
Votre bras de la Grèce est le plus ferme appui[1] :
Vivez pour le public, comme je meurs pour lui. 730

THÉSÉE.

Périsse l'univers, pourvu que Dircé vive!
Périsse le jour même avant qu'elle s'en prive!
Que m'importe la perte ou le salut de tous?
Ai-je rien à sauver, rien à perdre que vous?
Si votre amour, Madame, étoit encor le même, 735
Si vous saviez encore aimer comme on vous aime....

DIRCÉ.

Ah! faites moins d'outrage à ce cœur affligé
Que pressent les douleurs où vous l'avez plongé.
Laissez vivre du peuple un pitoyable reste
Aux dépens d'un moment que m'a laissé la peste, 740
Qui peut-être à vos yeux viendra trancher mes jours,
Si mon sang répandu ne lui tranche le cours.

---

1. Et ce bras du royaume est le plus ferme appui,
dit le comte de Gormas dans *le Cid* (vers 196, tome III, p. 115).

Laissez-moi me flatter de cette triste joie
Que si je ne mourois vous en seriez la proie,
Et que ce sang aimé que répandront mes mains, 745
Sera versé pour vous plus que pour les Thébains.
Des Dieux mal obéis la majesté suprême
Pourroit en ce moment s'en venger sur vous-même ;
Et j'aurois cette honte, en ce funeste sort,
D'avoir prêté mon crime à faire votre mort. 750
THÉSÉE.
Et ce cœur généreux me condamne à la honte
De voir que ma princesse en amour me surmonte,
Et de n'obéir pas à cette aimable loi
De mourir avec vous quand vous mourez pour moi !
Pour moi, comme pour vous, soyez plus magnanime : 755
Voyez mieux qu'il y va même de votre estime,
Que le choix d'un amant si peu digne de vous
Souilleroit cet honneur qui vous semble si doux,
Et que de ma princesse on diroit d'âge en âge
Qu'elle eut de mauvais yeux pour un si grand courage. 760
DIRCÉ.
Mais, Seigneur, je vous sauve en courant au trépas ;
Et mourant avec moi vous ne me sauvez pas.
THÉSÉE.
La gloire de ma mort n'en deviendra pas moindre ;
Si ce n'est vous sauver, ce sera vous rejoindre :
Séparer deux amants, c'est tous deux les punir ; 765
Et dans le tombeau même il est doux de s'unir.
DIRCÉ.
Que vous m'êtes cruel de jeter dans mon âme
Un si honteux désordre avec des traits de flamme !
Adieu, Prince : vivez, je vous l'ordonne ainsi ;
La gloire de ma mort est trop douteuse ici ; 770
Et je hasarde trop une si noble envie
A voir l'unique objet pour qui j'aime la vie.

THÉSÉE.
Vous fuyez, ma princesse, et votre adieu fatal....
DIRCÉ.
Prince, il est temps de fuir quand on se défend mal.
Vivez, encore un coup : c'est moi qui vous l'ordonne. 775
THÉSÉE.
Le véritable amour ne prend loi de personne ;
Et si ce fier honneur s'obstine à nous trahir,
Je renonce, Madame, à vous plus obéir.

FIN DU SECOND ACTE.

ACTE III.

SCÈNE PREMIÈRE.
DIRCÉ.

Impitoyable soif de gloire,
Dont l'aveugle et noble transport 780
Me fait précipiter ma mort
Pour faire vivre ma mémoire,
Arrête pour quelques moments
Les impétueux sentiments
De cette inexorable envie, 785
Et souffre qu'en ce triste et favorable jour,
Avant que te donner ma vie,
Je donne un soupir à l'amour.

Ne crains pas qu'une ardeur si belle
Ose te disputer un cœur 790
Qui de ton illustre rigueur
Est l'esclave le plus fidèle.
Ce regard tremblant et confus,
Qu'attire un bien qu'il n'attend plus,
N'empêche pas qu'il ne se dompte. 795
Il est vrai qu'il murmure, et se dompte à regret;
Mais s'il m'en faut rougir de honte,
Je n'en rougirai qu'en secret.

L'éclat de cette renommée
Qu'assure un si brillant trépas 800
Perd la moitié de ses appas

ACTE III, SCÈNE I.

Quand on aime et qu'on est aimée.
L'honneur, en monarque absolu,
Soutient ce qu'il a résolu
Contre les assauts qu'on te livre. 805
Il est beau de mourir pour en suivre les lois;
Mais il est assez doux de vivre
Quand l'amour a fait un beau choix.

Toi qui faisois toute la joie
Dont sa flamme osoit me flatter, 810
Prince que j'ai peine à quitter,
A quelques honneurs qu'on m'envoie,
Accepte ce foible retour
Que vers toi d'un si juste amour
fait la douloureuse tendresse. 815
Sur les bords de la tombe où tu me vois courir,
Je crains les maux que je te laisse,
Quand je fais gloire de mourir.

J'en fais gloire, mais je me cache
Un comble affreux de déplaisirs; 820
Je fais taire tous mes desirs,
Mon cœur à soi-même s'arrache[1].
Cher Prince, dans un tel aveu,
Si tu peux voir quel est mon feu,
Vois combien il se violente. 825
Je meurs l'esprit content, l'honneur m'en fait la loi;
Mais j'aurois vécu plus contente,
Si j'avois pu vivre pour toi.

---

1. Dans l'édition de 1692 et dans celle de Voltaire (1764):
Mon cœur à moi-même s'arrache.

SCÈNE II.

JOCASTE, DIRCÉ.

DIRCÉ.

Tout est-il prêt, Madame, et votre Tirésie
Attend-il aux autels la victime choisie? 830
JOCASTE.
Non, ma fille; et du moins nous aurons quelques jours
A demander au ciel un plus heureux secours.
On prépare à demain exprès d'autres victimes.
Le peuple ne vaut pas[1] que vous payiez ses crimes :
Il aime mieux périr qu'être ainsi conservé; 835
Et le Roi même, encor que vous l'ayez bravé,
Sensible à vos malheurs autant qu'à ma prière,
Vous offre sur ce point liberté toute entière.
DIRCÉ.
C'est assez vainement qu'il m'offre un si grand bien,
Quand le ciel ne veut pas que je lui doive rien; 840
Et ce n'est pas à lui de mettre des obstacles
Aux ordres souverains que donnent ses oracles.
JOCASTE.
L'oracle n'a rien dit.
DIRCÉ.
Mais mon père a parlé;
L'ordre de nos destins par lui s'est révélé;
Et des morts de son rang les ombres immortelles 845
Servent souvent aux Dieux de truchements fidèles.
JOCASTE.
Laissez la chose en doute, et du moins hésitez
Tant qu'on ait par leur bouche appris leurs volontés.
DIRCÉ.
Exiger qu'avec nous ils s'expliquent eux-mêmes,

---

1. Voltaire a substitué : « ne veut pas, » à : « ne vaut pas. »

C'est trop nous asservir ces majestés suprêmes. 850
JOCASTE.
Ma fille, il est toujours assez tôt de mourir.
DIRCÉ.
Madame, il n'est jamais trop tôt de secourir;
Et pour un mal si grand qui réclame notre aide,
Il n'est point de trop sûr ni de trop prompt remède.
Plus nous le différons, plus ce mal devient grand[1]. 855
J'assassine tous ceux que la peste surprend;
Aucun n'en peut mourir qui ne me laisse un crime :
Je viens d'étouffer seule et Sostrate et Phædime;
Et durant ce refus des remèdes offerts,
La Parque se prévaut des moments que je perds. 860
Hélas! si sa fureur dans ces pertes[2] publiques
Enveloppoit Thésée après ses domestiques!
Si nos retardements.....
JOCASTE.
    Vivez pour lui, Dircé :
Ne lui dérobez point un cœur si bien placé.
Avec tant de courage ayez quelque tendresse; 865
Agissez en amante aussi bien qu'en princesse.
Vous avez liberté toute entière en ces lieux :
Le Roi n'y prend pas garde, et je ferme les yeux.
C'est vous en dire assez : l'amour est un doux maître;
Et quand son choix est beau, son ardeur doit paroître[3].
DIRCÉ.
Je n'ose demander si de pareils avis
Portent des sentiments que vous ayez suivis.
Votre second hymen put avoir d'autres causes;
Mais j'oserai vous dire, à bien juger des choses,

 1. Dans l'édition de 1692, que Voltaire (1764) a suivie :
  Plus nous le différons, plus le mal devient grand.
 2. L'édition de 1692 donne *pestes*, au lieu de *pertes*. Voltaire a conservé *pertes*.
 3. *Var.* Et quand son choix est beau, son ardeur peut paroître. (1659)

Que pour avoir reçu la vie en votre flanc, 875
J'y dois avoir sucé[1] fort peu de votre sang.
Celui du grand Laïus, dont je m'y suis formée,
Trouve bien qu'il est doux d'aimer et d'être aimée;
Mais il ne peut trouver qu'on soit digne du jour
Quand aux soins de sa gloire on préfère l'amour. 880
Je sais sur les grands cœurs ce qu'il se fait d'empire :
J'avoue, et hautement, que le mien en soupire;
Mais quoi qu'un si beau choix puisse avoir de douceurs,
Je garde un autre exemple aux princesses mes sœurs.
JOCASTE.
Je souffre tout de vous en l'état où vous êtes. 885
Si vous ne savez pas même ce que vous faites,
Le chagrin inquiet du trouble où je vous vois
Vous peut faire oublier que vous parlez à moi;
Mais quittez ces dehors d'une vertu sévère,
Et souvenez-vous mieux que je suis votre mère. 890
DIRCÉ.
Ce chagrin inquiet, pour se justifier,
N'a qu'à prendre chez vous l'exemple d'oublier.
Quand vous mîtes le sceptre en une autre famille,
Vous souvint-il assez que j'étois votre fille?
JOCASTE.
Vous n'étiez qu'un enfant.
DIRCÉ.
     J'avois déjà des yeux, 895
Et sentois dans mon cœur le sang de mes aïeux;
C'étoit ce même sang dont vous m'avez fait naître
Qui s'indignoit dès lors qu'on lui donnât un maître,
Et que vers soi Laïus aime mieux rappeler
Que de voir qu'à vos yeux on l'ose ravaler. 900
Il oppose ma mort à l'indigne hyménée

---

1. L'orthographe de ce mot est *succé* dans toutes les éditions anciennes, y compris celle de 1692.

Où par raison d'État il me voit destinée;
Il la fait glorieuse, et je meurs plus pour moi
Que pour ces malheureux qui se sont fait un roi.
Le ciel en ma faveur prend ce cher interprète, 905
Pour m'épargner l'affront de vivre encor sujette;
Et s'il a quelque foudre, il saura le garder
Pour qui m'a fait des lois où j'ai dû commander.

JOCASTE.

Souffrez qu'à ses éclairs votre orgueil se dissipe :
Ce foudre vous menace un peu plus tôt qu'Œdipe; 910
Et le Roi n'a pas lieu d'en redouter les coups,
Quand parmi tout son peuple ils n'ont choisi que vous.

DIRCÉ.

Madame, il se peut faire encor qu'il me prévienne :
S'il sait ma destinée, il ignore la sienne;
Le ciel pourra venger ses ordres retardés. 915
Craignez ce changement que vous lui demandez.
Souvent on l'entend mal quand on le croit entendre :
L'oracle le plus clair se fait le moins comprendre.
Moi-même je le dis sans comprendre pourquoi;
Et ce discours en l'air m'échappe malgré moi. 920
Pardonnez cependant à cette humeur hautaine :
Je veux parler en fille, et je m'explique en reine.
Vous qui l'êtes encor, vous savez ce que c'est,
Et jusqu'où nous emporte un si haut intérêt.
Si je n'en ai le rang, j'en garde la teinture. 925
Le trône a d'autres droits que ceux de la nature.
J'en parle trop peut-être alors qu'il faut mourir.
Hâtons-nous d'empêcher ce peuple de périr;
Et sans considérer quel fut vers moi son crime,
Puisque le ciel le veut, donnons-lui sa victime. 930

JOCASTE.

Demain ce juste ciel pourra s'expliquer mieux[1].

1. *Var.* Demain le juste ciel pourra s'expliquer mieux. (1659)

Cependant vous laissez bien du trouble en ces lieux;
Et si votre vertu pouvoit croire mes larmes,
Vous nous épargneriez cent mortelles alarmes.
DIRCÉ.
Dussent avec vos pleurs tous vos Thébains s'unir,   935
Ce que n'a pu l'amour, rien ne doit l'obtenir.

SCÈNE III.

ŒDIPE, JOCASTE, DIRCÉ.

DIRCÉ.
A quel propos, Seigneur, voulez-vous qu'on diffère,
Qu'on dédaigne un remède à tous si salutaire?
Chaque instant que je vis vous enlève un sujet,
Et l'État s'affoiblit par l'affront qu'on me fait.   940
Cette ombre de pitié n'est qu'un comble d'envie :
Vous m'avez envié le bonheur de ma vie;
Et je vous vois par là jaloux de tout mon sort,
Jusques à m'envier la gloire de ma mort.
OEDIPE.
Qu'on perd de temps, Madame, alors qu'on vous fait grâce !
DIRCÉ.
Le ciel m'en a trop fait pour souffrir qu'on m'en fasse.
JOCASTE.
Faut-il voir votre esprit obstinément aigri,
Quand ce qu'on fait pour vous doit l'avoir attendri?
DIRCÉ.
Faut-il voir son envie à mes vœux opposée,
Quand il ne s'agit plus d'Æmon ni de Thésée?   950
OEDIPE.
Il s'agit de répandre un sang si précieux,
Qu'il faut un second ordre et plus exprès des Dieux.

ACTE III, SCÈNE III.

DIRCÉ.
Doutez-vous qu'à mourir je ne sois toute prête,
Quand les Dieux par mon père ont demandé ma tête?
OEDIPE.
Je vous connois, Madame, et je n'ai point douté 955
De cet illustre excès de générosité;
Mais la chose après tout n'est pas encor si claire,
Que cet ordre nouveau ne nous soit nécessaire.
DIRCÉ.
Quoi? mon père tantôt parloit obscurément?
OEDIPE.
Je n'en ai rien connu que depuis un moment. 960
C'est un autre que vous peut-être qu'il menace.
DIRCÉ.
Si l'on ne m'a trompée, il n'en veut qu'à sa race.
OEDIPE.
Je sais qu'on vous a fait un fidèle rapport;
Mais vous pourriez mourir et perdre votre mort;
Et la Reine sans doute étoit bien inspirée, 965
Alors que par ses pleurs elle l'a différée.
JOCASTE.
Je ne reçois qu'en trouble un si confus espoir.
OEDIPE.
Ce trouble augmentera peut-être avant ce soir.
JOCASTE.
Vous avancez des mots que je ne puis comprendre.
OEDIPE.
Vous vous plaindrez fort peu de ne les point entendre:
Nous devons bientôt voir le mystère éclairci.
 Madame, cependant vous êtes libre ici;
La Reine vous l'a dit, on vous a dû le dire;
Et si vous m'entendez, ce mot doit vous suffire.
DIRCÉ.
Quelque secret motif qui vous aye excité 975

OEDIPE.

A ce tardif excès de générosité,
Je n'emporterai point de Thèbes dans Athènes
La colère des Dieux et l'amas de leurs haines,
Qui pour premier objet pourroient choisir l'époux
Pour qui j'aurois osé mériter leur courroux. 980
Vous leur faites demain offrir un sacrifice?

OEDIPE.

J'en espère pour vous un destin plus propice.

DIRCÉ.

J'y trouverai ma place et ferai mon devoir.
Quant au reste, Seigneur, je n'en veux rien savoir :
J'y prends si peu de part, que sans m'en mettre en peine,
Je vous laisse expliquer votre énigme à la Reine.
Mon cœur doit être las d'avoir tant combattu,
Et fuit un piége adroit qu'on tend à sa vertu.

SCÈNE IV.

JOCASTE, ŒDIPE, suite[1].

OEDIPE.

Madame, quand des Dieux la réponse funeste,
De peur d'un parricide et de peur d'un inceste, 990
Sur le mont Cythéron fit exposer ce fils
Pour qui tant de forfaits avoient été prédits,
Sûtes-vous faire choix d'un ministre fidèle?

JOCASTE.

Aucun pour le feu Roi n'a montré plus de zèle,
Et quand par des voleurs il fut assassiné, 995

---

1. Ici le poëte revient enfin à l'antique fable d'OEdipe, et l'on peut, pour le sujet de l'entretien et la situation, plutôt que pour les détails, rapprocher cette scène du commencement du IVᵉ acte de l'*OEdipe* de Sénèque, et des deux dialogues entre OEdipe et Jocaste dans l'*OEdipe roi* de Sophocle (vers 717 et suivants, 824 et suivants).

ACTE III, SCÈNE IV.

Ce digne favori l'avoit accompagné.
Par lui seul on a su cette noire aventure;
On le trouva percé d'une large blessure,
Si baigné dans son sang, et si près de mourir,
Qu'il fallut une année et plus pour l'en guérir. 1000

OEDIPE.

Est-il mort?

JOCASTE.

    Non, Seigneur : la perte de son maître
Fut cause qu'en la cour il cessa de paroître;
Mais il respire encore, assez vieil et cassé;
Et Mégare, sa fille, est auprès de Dircé.

OEDIPE.

Où fait-il sa demeure?

JOCASTE.

    Au pied de cette roche 1005
Que de ces tristes murs nous voyons la plus proche.

OEDIPE.

Tâchez de lui parler.

JOCASTE.

    J'y vais tout de ce pas.
Qu'on me prépare un char pour aller chez Phorbas[1].
Son dégoût de la cour pourroit sur un message
S'excuser par caprice et prétexter son âge. 1010
Dans une heure au plus tard je saurai vous revoir.
Mais que dois-je lui dire, et qu'en faut-il savoir?

---

1. « En vérité, dit d'Aubignac, cela n'étoit pas fort nécessaire à nous dire, et M. Corneille a une grande peur que les spectateurs ne crussent que cette reine iroit à pied de la ville de Thèbes sur cette montagne. A quoi bon se charger de ces superfluités inutiles, sans grâce et vicieuses, et qui pour cela font rire tout le théâtre, comme il est arrivé en cet endroit, autant de fois qu'on a joué la pièce? » (*Troisième dissertation. Recueil....* publié par Granet, tome II, p. 51.) — L'édition de 1692 a ainsi modifié ce vers :

  Quoique reine, il est bon d'aller trouver Phorbas.

OEDIPE.

Un bruit court depuis peu qu'il vous a mal servie,
Que ce fils qu'on croit mort est encor plein de vie.
L'oracle de Laïus par là devient douteux, 1015
Et tout ce qu'il a dit peut s'étendre sur deux.

JOCASTE.

Seigneur, ou sur ce bruit je suis fort abusée,
Ou ce n'est qu'un effet de l'amour de Thésé :
Pour sauver ce qu'il aime et vous embarrasser,
Jusques à votre oreille il l'aura fait passer; 1020
Mais Phorbas aisément convaincra d'imposture
Quiconque ose à sa foi faire une telle injure.

OEDIPE.

L'innocence de l'âge aura pu l'émouvoir.

JOCASTE.

Je l'ai toujours connu ferme dans son devoir;
Mais si déjà ce bruit vous met en jalousie, 1025
Vous pouvez consulter le devin Tirésie[1],
Publier sa réponse, et traiter d'imposteur
De cette illusion le téméraire auteur.

OEDIPE.

Je viens de le quitter, et de là vient ce trouble
Qu'en mon cœur alarmé chaque moment redouble. 1030

1. « Quelle différence entre ce froid récit de la consultation, et les terribles prédictions que fait Tirésie dans Sophocle ! Pourquoi n'a-t-on pu faire paraître ce Tirésie sur le théâtre de Paris? J'ose croire que si on avait eu du temps de Corneille un théâtre tel que nous l'avons depuis trois ans, grâce à la générosité éclairée de M. le comte de Lauraguais*, le grand Corneille n'eût pas hésité à produire Tirésie sur la scène, à imiter le dialogue admirable de Sophocle. » (*Voltaire*, 1764.)

* On trouve dans les *Mémoires de Henri-Louis Lekain*, publiés par son fils aîné, un *Mémoire qui tend à prouver la nécessité de supprimer les banquettes de dessus le théâtre de la Comédie françoise*. Ce mémoire, daté du 20 janvier 1759, était destiné à faire ressortir l'utilité du plan présenté par l'architecte Desbœufs. A la fin on lit en note : « Le plan fut approuvé par le Roi dans le courant de février ; et M. le comte de Lauraguais, qui se chargea de toute la dépense, fit dans cette occasion ce que le ministère public auroit dû faire. »

« Ce prince, m'a-t-il dit, respire en votre cour :
Vous pourrez le connoître avant la fin du jour;
Mais il pourra vous perdre en se faisant connoître.
Puisse-t-il ignorer quel sang lui donne l'être! »
Voilà ce qu'il m'a dit d'un ton si plein d'effroi,   1035
Qu'il l'a fait rejaillir[1] jusqu'en l'âme d'un roi.
Ce fils, qui devoit être inceste et parricide,
Doit avoir un cœur lâche, un courage perfide;
Et par un sentiment facile à deviner,
Il ne se cache ici que pour m'assassiner :   1040
C'est par là qu'il aspire à devenir monarque,
Et vous le connoîtrez bientôt à cette marque.
 Quoi qu'il en soit, Madame, allez trouver Phorbas :
Tirez-en, s'il se peut, les clartés qu'on n'a pas.
Tâchez en même temps de voir aussi Thésée :   1045
Dites-lui qu'il peut faire une conquête aisée,
Qu'il ose pour Dircé, que je n'en verrai rien.
J'admire un changement si confus que le mien :
Tantôt dans leur hymen je croyois voir ma perte,
J'allois pour l'empêcher jusqu'à la force ouverte;   1050
Et sans savoir pourquoi, je voudrois que tous deux
Fussent, loin de ma vue, au comble de leurs vœux,
Que les emportements d'une ardeur mutuelle
M'eussent débarrassé de son amant et d'elle.
Bien que de leur vertu rien ne me soit suspect,   1055
Je ne sais quelle horreur me trouble à leur aspect;
Ma raison la repousse, et ne m'en peut défendre;
Moi-même en cet état je ne puis me comprendre;
Et l'énigme du Sphinx fut moins obscur[2] pour moi
Que le fond de mon cœur ne l'est dans cet effroi :   1060
Plus je le considère, et plus je m'en irrite.

1. Toutes les éditions, y compris celle de 1692, donnent *rejallir*. Voyez tome IV, p. 433, note 2.
2. Sur le genre du mot *énigme*, voyez le *Lexique*.

Mais ce prince paroît, souffrez que je l'évite;
Et si vous vous sentez l'esprit moins interdit,
Agissez avec lui comme je vous ai dit.

SCÈNE V.

JOCASTE, THÉSÉE.

JOCASTE.

Prince, que faites-vous? quelle pitié craintive, 1065
Quel faux respect des Dieux tient votre flamme oisive?
Avez-vous oublié comme il faut secourir?

THÉSÉE.

Dircé n'est plus, Madame, en état de périr:
Le ciel vous rend un fils, et ce n'est qu'à ce prince
Qu'est dû le triste honneur de sauver sa province. 1070

JOCASTE.

C'est trop vous assurer sur l'éclat d'un faux bruit.

THÉSÉE.

C'est une vérité dont je suis mieux instruit.

JOCASTE.

Vous le connoissez donc?

THÉSÉE.

A l'égal de moi-même.

JOCASTE.

De quand?

THÉSÉE.

De ce moment.

JOCASTE.

Et vous l'aimez?

THÉSÉE.

Je l'aime
Jusqu'à mourir du coup dont il sera percé. 1075

ACTE III, SCÈNE V.

JOCASTE.
Mais cette amitié cède à l'amour de Dircé?
THÉSÉE.
Hélas! cette princesse à mes desirs si chère
En un fidèle amant trouve un malheureux frère,
Qui mourroit de douleur d'avoir changé de sort,
N'étoit le prompt secours d'une plus digne mort, 1080
Et qu'assez tôt connu pour mourir au lieu d'elle
Ce frère malheureux meurt en amant fidèle.
JOCASTE.
Quoi? vous seriez mon fils[1]?
THÉSÉE.
Et celui de Laïus.
JOCASTE.
Qui vous a pu le dire?
THÉSÉE.
Un témoin qui n'est plus.
Phædime, qu'à mes yeux vient de ravir la peste: 1085
Non qu'il m'en ait donné la preuve manifeste;
Mais Phorbas, ce vieillard qui m'exposa jadis,
Répondra mieux que lui de ce que je vous dis,
Et vous éclaircira touchant une aventure
Dont je n'ai pu tirer qu'une lumière obscure. 1090
Ce peu qu'en ont pour moi les soupirs d'un mourant
Du grand droit de régner seroit mauvais garant.
Mais ne permettez pas que le Roi me soupçonne,
Comme si ma naissance ébranloit sa couronne,
Quelque honneur, quelques droits qu'elle ait pu m'acqué-
Je ne viens disputer que celui de mourir.   [rir,
JOCASTE.
Je ne sais si Phorbas avouera votre histoire;
Mais qu'il l'avoue ou non, j'aurai peine à vous croire.

1. *Var.* Quoi? vous êtes mon fils? (1659)

Avec votre mourant Tirésie est d'accord,
A ce que dit le Roi, que mon fils n'est point mort.
C'est déjà quelque chose; et toutefois mon âme
Aime à tenir suspecte une si belle flamme.
Je ne sens point pour vous l'émotion du sang,
Je vous trouve en mon cœur toujours en même rang[1];
J'ai peine à voir un fils où j'ai cru voir un gendre;
La nature avec vous refuse de s'entendre,
Et me dit en secret, sur votre emportement,
Qu'il a bien peu d'un frère, et beaucoup d'un amant;
Qu'un frère a pour des sœurs une ardeur plus remise,
A moins que sous ce titre un amant se déguise,
Et qu'il cherche en mourant la gloire et la douceur
D'arracher à la mort ce qu'il nomme sa sœur.

THÉSÉE.

Que vous connoissez mal ce que peut la nature!
Quand d'un parfait amour elle a pris la teinture,
Et que le désespoir d'un illustre projet
Se joint aux déplaisirs d'en voir périr l'objet,
Il est doux de mourir pour une sœur si chère.
Je l'aimois en amant, je l'aime encore en frère;
C'est sous un autre nom le même empressement :
Je ne l'aime pas moins, mais je l'aime autrement.
L'ardeur sur la vertu fortement établie
Par ces retours du sang ne peut être affoiblie;
Et ce sang qui prêtoit sa tendresse à l'amour
A droit d'en emprunter les forces à son tour.

JOCASTE.

Eh bien! soyez mon fils, puisque vous voulez l'être;
Mais donnez-moi la marque où je le dois connoître.
Vous n'êtes point ce fils, si vous n'êtes méchant :
Le ciel sur sa naissance imprima ce penchant;

1. *Var.* Je vous trouve en mon cœur toujours au même rang. (1659)

J'en vois quelque partie en ce desir inceste ;
Mais pour ne plus douter, vous chargez-vous du reste?
Êtes-vous l'assassin et d'un père et d'un roi?

THÉSÉE.

Ah! Madame, ce mot me fait pâlir d'effroi.

JOCASTE.

C'étoit là de mon fils la noire destinée ;
Sa vie à ces forfaits par le ciel condamnée
N'a pu se dégager de cet astre ennemi,   1135
Ni de son ascendant s'échapper à demi.
Si ce fils vit encore, il a tué son père :
C'en est l'indubitable et le seul caractère ;
Et le ciel, qui prit soin de nous en avertir,
L'a dit trop hautement pour se voir démentir.   1140
Sa mort seule pouvoit le dérober au crime.
  Prince, renoncez donc à toute votre estime :
Dites que vos vertus sont crimes déguisés ;
Recevez tout le sort que vous vous imposez ;
Et pour remplir un nom dont vous êtes avide,   1145
Acceptez ceux d'inceste et de fils parricide.
J'en croirai ces témoins que le ciel m'a prescrits,
Et ne vous puis donner mon aveu qu'à ce prix.

THÉSÉE.

Quoi? la nécessité des vertus et des vices[1]
D'un astre impérieux doit suivre les caprices,   1150
Et Delphes, malgré nous, conduit nos actions[2]
Au plus bizarre effet de ses prédictions?
L'âme est donc toute esclave : une loi souveraine

---

1. « Ce morceau contribua beaucoup au succès de la pièce. Les disputes sur le libre arbitre agitaient alors les esprits. Cette tirade de Thésée, belle par elle-même, acquit un nouveau prix par les querelles du temps, et plus d'un amateur la sait encore par cœur. » (*Voltaire.*)
2. *Var.* Et l'homme sur soi-même a si peu de crédit,
   Qu'il devient scélérat quand Delphes l'a prédit? (1659-63)

Vers le bien ou le mal incessamment l'entraîne;
Et nous ne recevons ni crainte ni desir 1155
De cette liberté qui n'a rien à choisir,
Attachés sans relâche à cet ordre sublime,
Vertueux sans mérite, et vicieux sans crime.
Qu'on massacre les rois, qu'on brise les autels,
C'est la faute des Dieux, et non pas des mortels. 1160
De toute la vertu sur la terre épandue,
Tout le prix à ces dieux, toute la gloire est due;
Ils agissent en nous quand nous pensons agir;
Alors qu'on délibère on ne fait qu'obéir;
Et notre volonté n'aime, hait, cherche, évite, 1165
Que suivant que d'en haut leur bras la précipite.
 D'un tel aveuglement daignez me dispenser.
Le ciel, juste à punir, juste à récompenser,
Pour rendre aux actions leur peine ou leur salaire,
Doit nous offrir son aide, et puis nous laisser faire. 1170
N'enfonçons toutefois ni votre œil ni le mien
Dans ce profond abîme où nous ne voyons rien :
Delphes a pu vous faire une fausse réponse;
L'argent put inspirer la voix qui les prononce;
Cet organe des Dieux put se laisser gagner 1175
A ceux que ma naissance éloignoit de régner;
Et par tous les climats on n'a que trop d'exemples
Qu'il est ainsi qu'ailleurs des méchants dans les temples.
 Du moins puis-je assurer que dans tous mes combats
Je n'ai jamais souffert de seconds que mon bras; 1180
Que je n'ai jamais vu ces lieux de la Phocide
Où fut par des brigands commis ce parricide;
Que la fatalité des plus pressants malheurs
Ne m'auroit pu réduire à suivre des voleurs;
Que j'en ai trop puni pour en croître le nombre.... 1185

JOCASTE.

Mais Laïus a parlé, vous en avez vu l'ombre :

De l'oracle avec elle on voit tant de rapport,
Qu'on ne peut qu'à ce fils en imputer la mort;
Et c'est le dire assez qu'ordonner qu'on efface
Un grand crime impuni par le sang de sa race. 1190
Attendons toutefois ce qu'en dira Phorbas :
Autre que lui n'a vu ce malheureux trépas ;
Et de ce témoin seul dépend la connoissance
Et de ce parricide et de votre naissance.
Si vous êtes coupable, évitez-en les yeux ; 1195
Et de peur d'en rougir, prenez d'autres aïeux.

THÉSÉE.

Je le verrai, Madame, et sans inquiétude.
Ma naissance confuse a quelque incertitude ;
Mais pour ce parricide, il est plus que certain
Que ce ne fut jamais un crime de ma main. 1200

FIN DU TROISIÈME ACTE.

ACTE IV.

SCÈNE PREMIÈRE.
THÉSÉE, DIRCÉ, MÉGARE.

DIRCÉ.

Oui, déjà sur ce bruit l'amour m'avoit flattée :
Mon âme avec plaisir s'étoit inquiétée ;
Et ce jaloux honneur qui ne consentoit pas
Qu'un frère me ravît un glorieux trépas,
Après cette douceur fièrement refusée, 1205
Ne me refusoit point de vivre pour Thésée,
Et laissoit doucement corrompre sa fierté
A l'espoir renaissant de ma perplexité.
Mais si je vois en vous ce déplorable frère,
Quelle faveur du ciel voulez-vous que j'espère, 1210
S'il n'est pas en sa main de m'arrêter au jour
Sans faire soulever et l'honneur et l'amour ?
S'il dédaigne mon sang, il accepte le vôtre ;
Et si quelque miracle épargne l'un et l'autre,
Pourra-t-il détacher de mon sort le plus doux 1215
L'amertume de vivre, et n'être point à vous ?

THÉSÉE.

Le ciel choisit souvent de secrètes conduites
Qu'on ne peut démêler qu'après de longues suites ;
Et de mon sort douteux l'obscur événement
Ne défend pas l'espoir d'un second changement. 1220
Je chéris ce premier qui vous est salutaire.
Je ne puis en amant ce que je puis en frère ;

ACTE IV, SCÈNE I.

J'en garderai le nom tant qu'il faudra mourir ;
Mais si jamais d'ailleurs on peut vous secourir,
Peut-être que le ciel me faisant mieux connoître, 1225
Sitôt que vous vivrez, je cesserai de l'être ;
Car je n'aspire point à calmer son courroux,
Et ne veux ni mourir ni vivre que pour vous.

DIRCÉ.

Cet amour mal éteint sied mal au cœur d'un frère :
Où le sang doit parler, c'est à lui de se taire ; 1230
Et sitôt que sans crime il ne peut plus durer,
Pour ses feux les plus vifs il est temps d'expirer.

THÉSÉE.

Laissez-lui conserver ces ardeurs empressées
Qui vous faisoient l'objet de toutes mes pensées.
J'ai mêmes yeux encore, et vous mêmes appas : 1235
Si mon sort est douteux, mon souhait ne l'est pas.
Mon cœur n'écoute point ce que le sang veut dire :
C'est d'amour qu'il gémit, c'est d'amour qu'il soupire
Et pour pouvoir sans crime en goûter la douceur,
Il se révolte exprès contre le nom de sœur. 1240
De mes plus chers desirs ce partisan sincère
En faveur de l'amant tyrannise le frère,
Et partage à tous deux le digne empressement
De mourir comme frère et vivre comme amant.

DIRCÉ.

O du sang de Laïus preuves trop manifestes ! 1245
Le ciel, vous destinant à des flammes incestes,
A su de votre esprit déraciner l'horreur
Que doit faire à l'amour le sacré nom de sœur ;
Mais si sa flamme y garde une place usurpée,
Dircé dans votre erreur n'est point enveloppée : 1250
Elle se défend mieux de ce trouble intestin,
Et si c'est votre sort, ce n'est pas son destin.
Non qu'enfin sa vertu vous regarde en coupable :

Puisque le ciel vous force, il vous rend excusable ;
Et l'amour pour les sens est un si doux poison, 1255
Qu'on ne peut pas toujours écouter la raison.
Moi-même en qui l'honneur n'accepte aucune grâce,
J'aime en ce douteux sort tout ce qui m'embarrasse,
Je ne sais quoi m'y plaît qui n'ose s'exprimer,
Et ce confus mélange a de quoi me charmer. 1260
Je n'aime plus qu'en sœur, et malgré moi j'espère.
Ah! Prince, s'il se peut, ne soyez point mon frère,
Et laissez-moi mourir avec les sentiments
Que la gloire permet aux illustres amants.

THÉSÉE.

Je vous ai déjà dit, Princesse, que peut-être, 1265
Sitôt que vous vivrez, je cesserai de l'être :
Faut-il que je m'explique ? et toute votre ardeur
Ne peut-elle sans moi lire au fond de mon cœur ?
Puisqu'il est tout à vous, pénétrez-y, Madame :
Vous verrez que sans crime il conserve sa flamme. 1270
Si je suis descendu jusqu'à vous abuser,
Un juste désespoir m'auroit fait plus oser ;
Et l'amour, pour défendre une si chère vie,
Peut faire vanité d'un peu de tromperie.
J'en ai tiré ce fruit, que ce nom décevant 1275
A fait connoître ici que ce prince est vivant.
Phorbas l'a confessé ; Tirésie a lui-même
Appuyé de sa voix cet heureux stratagème :
C'est par lui qu'on a su qu'il respire en ces lieux.
Souffrez donc qu'un moment je trompe encor leurs yeux ;
Et puisque dans ce jour ce frère doit paroître,
Jusqu'à ce qu'on l'ait vu permettez-moi de l'être.

DIRCÉ.

Je pardonne un abus que l'amour a formé,
Et rien ne peut déplaire alors qu'on est aimé.
Mais hasardiez-vous tant sans aucune lumière ? 1285

THÉSÉE.

Mégare m'avoit dit le secret de son père ;
Il m'a valu l'honneur de m'exposer pour tous ;
Mais je n'en abusois que pour mourir pour vous.
Le succès a passé cette triste espérance :
Ma flamme en vos périls ne voit plus d'apparence. 1290
Si l'on peut à l'oracle ajouter quelque foi,
Ce fils a de sa main versé le sang du Roi ;
Et son ombre, en parlant de punir un grand crime,
Dit assez que c'est lui qu'elle veut pour victime.

DIRCÉ.

Prince, quoi qu'il en soit, n'empêchez plus ma mort,
Si par le sacrifice on n'éclaircit mon sort.
La Reine, qui paroît, fait que je me retire :
Sachant ce que je sais, j'aurois peur d'en trop dire ;
Et comme enfin ma gloire a d'autres intérêts,
Vous saurez mieux sans moi ménager vos secrets : 1300
Mais puisque vous voulez que mon esprit revive,
Ne tenez pas longtemps la vérité captive.

SCÈNE II.

JOCASTE, THÉSÉE, NÉRINE.

JOCASTE.

Prince, j'ai vu Phorbas ; et tout ce qu'il m'a dit
A ce que vous croyez peut donner du crédit.
   Un passant inconnu, touché de cette enfance 1305
Dont un astre envieux condamnoit la naissance,
Sur le mont Cythéron reçut de lui mon fils,
Sans qu'il lui demandât son nom ni son pays,
De crainte qu'à son tour il ne conçût l'envie
D'apprendre dans quel sang il conservoit la vie. 1310
Il l'a revu depuis, et presque tous les ans,

Dans le temple d'Élide offrir quelques présents.
Ainsi chacun des deux connoît l'autre au visage,
Sans s'être l'un à l'autre expliqués davantage.
Il a bien su de lui que ce fils conservé 1315
Respire encor le jour dans un rang élevé;
Mais je demande en vain qu'à mes yeux il le montre,
A moins que ce vieillard avec lui se rencontre.

Si Phædime après lui vous eut en son pouvoir,
De cet inconnu même il put vous recevoir, 1320
Et voyant à Trézène une mère affligée
De la perte du fils qu'elle avoit eu d'Ægée,
Vous offrir en sa place, elle vous accepter.
Tout ce qui sur ce point pourroit faire douter,
C'est qu'il vous a souffert dans une flamme inceste, 1325
Et n'a parlé de rien qu'en mourant de la peste.

Mais d'ailleurs Tirésie a dit que dans ce jour
Nous pourrons voir ce prince, et qu'il vit dans la cour[1];
Quelques moments après on vous a vu paroître :
Ainsi vous pouvez l'être, et pouvez ne pas l'être. 1330
Passons outre. A Phorbas ajouteriez-vous foi?
S'il n'a pas vu mon fils, il vit la mort du Roi,
Il connoît l'assassin : voulez-vous qu'il vous voie?

THÉSÉE.

Je le verrai, Madame, et l'attends avec joie,
Sûr, comme je l'ai dit, qu'il n'est point de malheurs[2]
Qui m'eussent pu réduire à suivre des voleurs.

JOCASTE.

Ne vous assurez point sur cette conjecture,
Et souffrez qu'elle cède à la vérité pure.

Honteux qu'un homme seul eût triomphé de trois,
Qu'il en eût tué deux et mis l'autre aux abois, 1340

---

1. *Var.* Nous pourrions voir ce prince, et qu'il vit dans la cour. (1659-63)
2. *Var.* Sûr, comme je l'ai dit, qu'il n'est malheurs si grands
 Qui m'eussent pu réduire à suivre des brigands. (1659)

Phorbas nous supposa ce qu'il nous en fit croire,
Et parla de brigands pour sauver quelque gloire.
Il me vient d'avouer sa foiblesse à genoux.
« D'un bras seul, m'a-t-il dit, partirent tous les coups;
Un bras seul à tous trois nous ferma le passage,   1345
Et d'une seule main ce grand crime est l'ouvrage. »

THÉSÉE.

Le crime n'est pas grand s'il fut seul contre trois;
Mais jamais sans forfait on ne se prend aux rois;
Et fussent-ils cachés sous un habit champêtre,
Leur propre majesté les doit faire connoître.   1350
L'assassin de Laïus est digne du trépas,
Bien que seul contre trois, il ne le connût pas.
Pour moi, je l'avouerai, que jamais ma vaillance
A mon bras contre trois n'a commis ma défense.
L'œil de votre Phorbas aura beau me chercher,   1355
Jamais dans la Phocide on ne m'a vu marcher.
Qu'il vienne : à ses regards sans crainte je m'expose;
Et c'est un imposteur s'il vous dit autre chose.

JOCASTE.

Faites entrer Phorbas. Prince, pensez-y bien.

THÉSÉE.

S'il est homme d'honneur, je n'en dois craindre rien.

JOCASTE.

Vous voudrez, mais trop tard, en éviter la vue.

THÉSÉE.

Qu'il vienne; il tarde trop, cette lenteur me tue;
Et si je le pouvois sans perdre le respect,
Je me plaindrois un peu de me voir trop suspect.

SCÈNE III.

JOCASTE, THÉSÉE, PHORBAS, NÉRINE.

JOCASTE.

Laissez-moi lui parler, et prêtez-nous silence. 1365
Phorbas, envisagez ce prince en ma présence :
Le reconnoissez-vous[1] ?

PHORBAS.

Je crois vous avoir dit
Que je ne l'ai point vu depuis qu'on le perdit,
Madame : un si long temps laisse mal reconnoître
Un prince qui pour lors ne faisoit que de naître ; 1370
Et si je vois en lui l'effet de mon secours,
Je n'y puis voir les traits d'un enfant de deux jours.

JOCASTE.

Je sais, ainsi que vous, que les traits de l'enfance
N'ont avec ceux d'un homme aucune ressemblance ;
Mais comme ce héros, s'il est sorti de moi, 1375
Doit avoir de sa main versé le sang du Roi,
Seize ans n'ont pas changé tellement son visage
Que vous n'en conserviez quelque imparfaite image.

PHORBAS.

Hélas ! j'en garde encor si bien le souvenir,
Que je l'aurai présent durant tout l'avenir. 1380
Si pour connoître un fils il vous faut cette marque,
Ce prince n'est point né de notre grand monarque.
Mais désabusez-vous, et sachez que sa mort
Ne fut jamais d'un fils le parricide effort.

JOCASTE.

Et de qui donc, Phorbas ? Avez-vous connoissance 1385

---

1. *Var.* [Le reconnoissez-vous ?] PHORB. Quoi ? huit lustres après,
Je pourrois d'un enfant reconnoître les traits ?
[JOC. Je sais, ainsi que vous, que les traits de l'enfance.] (1659)

ACTE IV, SCÈNE III.

Du nom du meurtrier? Savez-vous sa naissance?
PHORBAS.
Et de plus sa demeure et son rang. Est-ce assez?
JOCASTE.
Je saurai le punir si vous le connoissez.
Pourrez-vous le convaincre?
PHORBAS.
Et par sa propre bouche.
JOCASTE.
A nos yeux?
PHORBAS.
À vos yeux. Mais peut-être il vous touche;
Peut-être y prendrez-vous un peu trop d'intérêt,
Pour m'en croire aisément quand j'aurai dit qui c'est.
THÉSÉE.
Ne nous déguisez rien, parlez en assurance,
Que le fils de Laïus en hâte la vengeance.
JOCASTE.
Il n'est pas assuré, Prince, que ce soit vous,   1395
Comme il l'est que Laïus fut jadis mon époux;
Et d'ailleurs si le ciel vous choisit pour victime,
Vous me devez laisser à punir ce grand crime.
THÉSÉE.
Avant que de mourir, un fils peut le venger.
PHORBAS.
Si vous l'êtes ou non, je ne le puis juger;   1400
Mais je sais que Thésée est si digne de l'être,
Qu'au seul nom qu'il en prend je l'accepte pour maître.
Seigneur, vengez un père, ou ne soutenez plus
Que nous voyons en vous le vrai sang de Laïus.
JOCASTE.
Phorbas, nommez ce traître, et nous tirez de doute;
Et j'atteste à vos yeux le ciel, qui nous écoute,
Que pour cet assassin il n'est point de tourments

Qui puissent satisfaire à mes ressentiments.
PHORBAS.
Mais si je vous nommois quelque personne chère,
Æmon votre neveu, Créon votre seul frère, 1410
Ou le prince Lycus[1], ou le Roi votre époux,
Me pourriez-vous en croire, ou garder ce courroux?
JOCASTE.
De ceux que vous nommez je sais trop l'innocence.
PHORBAS.
Peut-être qu'un des quatre a fait plus qu'il ne pense;
Et j'ai lieu de juger qu'un trop cuisant ennui.... 1415
JOCASTE.
Voici le Roi qui vient : dites tout devant lui.

SCÈNE IV.

ŒDIPE, JOCASTE, THÉSÉE, PHORBAS, SUITE.

OEDIPE.
Si vous trouvez un fils dans le prince Thésée,
Mon âme en son effroi s'étoit bien abusée :
Il ne choisira point de chemin criminel,
Quand il voudra rentrer au trône paternel, 1420
Madame; et ce sera du moins à force ouverte
Qu'un si vaillant guerrier entreprendra ma perte.
  Mais dessus ce vieillard plus je porte les yeux,
Plus je crois l'avoir vu jadis en d'autres lieux :
Ses rides me font peine à le bien reconnoître. 1425
Ne m'as-tu jamais vu?
PHORBAS.
Seigneur, cela peut être.
OEDIPE.
Il y pourroit avoir entre quinze et vingt ans.

---

1. Voyez ci-dessus, p. 134, note 1.

ACTE IV, SCÈNE IV.

PHORBAS.
J'ai de confus rapports d'environ même temps.
OEDIPE.
Environ ce temps-là fis-tu quelque voyage ?
PHORBAS.
Oui, Seigneur, en Phocide ; et là, dans un passage....
OEDIPE.
Ah ! je te reconnois, ou je suis fort trompé :
C'est un de mes brigands à la mort échappé,
Madame, et vous pouvez lui choisir des supplices ;
S'il n'a tué Laïus, il fut un des complices.
JOCASTE.
C'est un de vos brigands ! Ah ! que me dites-vous ? 1435
OEDIPE.
Je le laissai pour mort, et tout percé de coups.
PHORBAS.
Quoi ? vous m'auriez blessé ? moi, Seigneur ?
OEDIPE.
        Oui, perfide :
Tu fis, pour ton malheur, ma rencontre en Phocide,
Et tu fus un des trois que je sus arrêter
Dans ce passage étroit qu'il fallut disputer ; 1440
Tu marchois le troisième : en faut-il davantage ?
PHORBAS.
Si de mes compagnons vous peigniez le visage,
Je n'aurois rien à dire, et ne pourrois nier.
OEDIPE.
Seize ans, à ton avis, m'ont fait les oublier !
Ne le présume pas : une action si belle 1445
En laisse au fond de l'âme une idée immortelle ;
Et si dans un combat on ne perd point de temps
A bien examiner les traits des combattants,
Après que celui-ci m'eut tout couvert de gloire,
Je sus tout à loisir contempler ma victoire. 1450
Mais tu nieras encore, et n'y connoîtras rien.

PHORBAS.

Je serai convaincu, si vous les peignez bien :
Les deux que je suivis sont connus de la Reine.

OEDIPE.

Madame, jugez donc si sa défense est vaine.
Le premier de ces trois que mon bras sut punir 1455
A peine méritoit un léger souvenir :
Petit de taille, noir, le regard un peu louche,
Le front cicatrisé, la mine assez farouche ;
Mais homme, à dire vrai, de si peu de vertu,
Que dès le premier coup je le vis abattu. 1460
   Le second, je l'avoue, avoit un grand courage,
Bien qu'il parût déjà dans le penchant de l'âge :
Le front assez ouvert, l'œil perçant, le teint frais
(On en peut voir en moi la taille et quelques traits);
Chauve sur le devant, mêlé sur le derrière, 1465
Le port majestueux, et la démarche fière.
Il se défendit bien, et me blessa deux fois ;
Et tout mon cœur s'émut de le voir aux abois.
Vous pâlissez, Madame !

JOCASTE.

             Ah ! Seigneur, puis-je apprendre
Que vous ayez tué Laïus après Nicandre, 1470
Que vous ayez blessé Phorbas de votre main,
Sans en frémir d'horreur, sans en pâlir soudain ?

OEDIPE.

Quoi ? c'est là ce Phorbas qui vit tuer son maître ?

JOCASTE.

Vos yeux, après seize ans, l'ont trop su reconnoître ;
Et ses deux compagnons que vous avez dépeints 1475
De Nicandre et du Roi portent les traits empreints.

OEDIPE.

Mais ce furent brigands, dont le bras[1]....

---

1. *Var.* Mais ce fut des brigands, dont le bras.... (1659)

JOCASTE.

                            C'est un conte
Dont Phorbas au retour voulut cacher sa honte.
Une main seule, hélas! fit ces funestes coups,
Et par votre rapport, ils partirent de vous. 1480

PHORBAS.

J'en fus presque sans vie un peu plus d'une année.
Avant ma guérison on vit votre hyménée.
Je guéris; et mon cœur, en secret mutiné
De connoître quel roi vous nous aviez donné,
S'imposa cet exil dans un séjour champêtre, 1485
Attendant que le ciel me fît un autre maître.

THÉSÉE.

Seigneur, je suis le frère ou l'amant de Dircé;
Et son père ou le mien, de votre main percé....

OEDIPE.

Prince, je vous entends, il faut venger ce père,
Et ma perte à l'État semble être nécessaire, 1490
Puisque de nos malheurs la fin ne se peut voir,
Si le sang de Laïus ne remplit son devoir.
C'est ce que Tirésie avoit voulu me dire.
Mais ce reste du jour souffrez que je respire :
Le plus sévère honneur ne sauroit murmurer 1495
De ce peu de moments que j'ose différer;
Et ce coup surprenant permet à votre haine
De faire cette grâce aux larmes de la Reine.

THÉSÉE.

Nous nous verrons demain, Seigneur, et résoudrons....

OEDIPE.

Quand il en sera temps, Prince, nous répondrons; 1500
Et s'il faut, après tout, qu'un grand crime s'efface
Par le sang que Laïus a transmis à sa race,
Peut-être aurez vous peine à reprendre son rang,
Qu'il ne vous ait coûté quelque peu de ce sang.

THÉSÉE.
Demain chacun de nous fera sa destinée. 1505

SCÈNE V.

ŒDIPE, JOCASTE, suite.

JOCASTE.
Que de maux nous promet cette triste journée!
J'y dois voir ou ma fille ou mon fils s'immoler,
Tout le sang de ce fils de votre main couler,
Ou de la sienne enfin le vôtre se répandre;
Et ce qu'oracle aucun n'a fait encore attendre, 1510
Rien ne m'affranchira de voir sans cesse en vous,
Sans cesse en un mari, l'assassin d'un époux.
Puis-je plaindre à ce mort la lumière ravie,
Sans haïr le vivant, sans détester ma vie?
Puis-je de ce vivant plaindre l'aveugle sort, 1515
Sans détester ma vie et sans trahir le mort?
OEDIPE.
Madame, votre haine est pour moi légitime;
Et cet aveugle sort m'a fait vers vous un crime,
Dont ce prince demain me punira pour vous,
Ou mon bras vengera ce fils et cet époux; 1520
Et m'offrant pour victime à votre inquiétude,
Il vous affranchira de toute ingratitude.
Alors sans balancer vous plaindrez tous les deux,
Vous verrez sans rougir alors vos derniers feux,
Et permettrez sans honte à vos douleurs pressantes 1525
Pour Laïus et pour moi des larmes innocentes.
JOCASTE.
Ah! Seigneur, quelque bras qui puisse vous punir,
Il n'effacera rien dedans mon souvenir:
Je vous verrai toujours, sa couronne à la tête,

De sa place en mon lit faire votre conquête ; 1530
Je me verrai toujours vous placer en son rang,
Et baiser votre main fumante de son sang.
Mon ombre même un jour dans les royaumes sombres
Ne recevra des Dieux pour bourreaux que vos ombres ;
Et sa confusion l'offrant à toutes deux, 1535
Elle aura pour tourments tout ce qui fit mes feux.
　Oracles décevants, qu'osiez-vous me prédire ?
Si sur notre avenir vos dieux ont quelque empire,
Quelle indigne pitié divise leur courroux ?
Ce qu'elle épargne au fils retombe sur l'époux ; 1540
Et comme si leur haine, impuissante ou timide,
N'osoit le faire ensemble inceste et parricide,
Elle partage à deux un sort si peu commun,
Afin de me donner deux coupables pour un.

OEDIPE.

O partage inégal de ce courroux céleste ! 1545
Je suis le parricide, et ce fils est l'inceste.
Mais mon crime est entier, et le sien imparfait ;
Le sien n'est qu'en desirs, et le mien en effet.
Ainsi, quelques raisons qui puissent me défendre,
La veuve de Laïus ne sauroit les entendre ; 1550
Et les plus beaux exploits passent pour trahisons,
Alors qu'il faut du sang, et non pas des raisons.

JOCASTE.

Ah ! je n'en vois que trop qui me déchirent l'âme.
La veuve de Laïus est toujours votre femme,
Et n'oppose que trop, pour vous justifier, 1555
A la moitié du mort celle du meurtrier.
Pour toute autre que moi votre erreur est sans crime,
Toute autre admireroit votre bras magnanime,
Et toute autre, réduite à punir votre erreur,
La puniroit du moins sans trouble et sans horreur. 1560
Mais, hélas ! mon devoir aux deux partis m'attache :

Nul espoir d'aucun d'eux, nul effort ne m'arrache ;
Et je trouve toujours dans mon esprit confus
Et tout ce que je suis et tout ce que je fus.
Je vous dois de l'amour, je vous dois de la haine : 1565
L'un et l'autre me plaît, l'un et l'autre me gêne ;
Et mon cœur, qui doit tout, et ne voit rien permis,
Souffre tout à la fois deux tyrans ennemis.
  La haine auroit l'appui d'un serment qui me lie ;
Mais je le romps exprès pour en être punie ; 1570
Et pour finir des maux qu'on ne peut soulager,
J'aime à donner aux Dieux un parjure à venger.
C'est votre foudre, ô ciel, qu'à mon secours j'appelle :
Œdipe est innocent, je me fais criminelle ;
Par un juste supplice osez me désunir 1575
De la nécessité d'aimer et de punir.

OEDIPE.

Quoi ? vous ne voyez pas que sa fausse justice
Ne sait plus ce que c'est que d'un juste supplice,
Et que par un désordre à confondre nos sens
Son injuste rigueur n'en veut qu'aux innocents ? 1580
Après avoir choisi ma main pour ce grand crime,
C'est le sang de Laïus qu'il choisit pour victime,
Et le bizarre éclat de son discernement
Sépare le forfait d'avec le châtiment.
C'est un sujet nouveau d'une haine implacable, 1585
De voir sur votre sang la peine du coupable ;
Et les Dieux vous en font une éternelle loi,
S'ils punissent en lui ce qu'ils ont fait par moi.
Voyez comme les fils de Jocaste et d'Œdipe
D'une si juste haine ont tous deux le principe : 1590
A voir leurs actions, à voir leur entretien,
L'un n'est que votre sang, l'autre n'est que le mien,
Et leur antipathie inspire à leur colère
Des préludes secrets de ce qu'il vous faut faire.

JOCASTE.
Pourrez-vous me haïr jusqu'à cette rigueur 1595
De souhaiter pour vous même haine en mon cœur?
OEDIPE.
Toujours de vos vertus j'adorerai les charmes,
Pour ne haïr qu'en moi la source de vos larmes.
JOCASTE.
Et je me forcerai toujours à vous blâmer,
Pour ne haïr qu'en moi ce qui vous fit m'aimer. 1600
Mais finissons, de grâce, un discours qui me tue :
L'assassin de Laïus doit me blesser la vue ;
Et malgré ce courroux par sa mort allumé,
Je sens qu'Œdipe enfin sera toujours aimé.
OEDIPE.
Que fera cet amour?
JOCASTE.
Ce qu'il doit à la haine. 1605
OEDIPE.
Qu'osera ce devoir?
JOCASTE.
Croître toujours ma peine.
OEDIPE.
Faudra-t-il pour jamais me bannir de vos yeux?
JOCASTE.
Peut-être que demain nous le saurons des Dieux.

FIN DU QUATRIÈME ACTE.

ACTE V.

SCÈNE PREMIÈRE.

ŒDIPE, DYMAS.

DYMAS.

Seigneur, il est trop vrai que le peuple murmure,
Qu'il rejette sur vous sa funeste aventure, 1610
Et que de tous côtés on n'entend que mutins
Qui vous nomment l'auteur de leurs mauvais destins.
D'un devin suborné les infâmes prestiges
De l'ombre, disent-ils, ont fait tous les prodiges :
L'or mouvoit ce fantôme ; et pour perdre Dircé, 1615
Vos présents lui dictoient ce qu'il a prononcé :
Tant ils conçoivent mal qu'un si grand roi consente
A venger son trépas sur sa race innocente,
Qu'il assure son sceptre, aux dépens de son sang,
A ce bras impuni qui lui perça le flanc, 1620
Et que par cet injuste et cruel sacrifice,
Lui-même de sa mort il se fasse justice!

OEDIPE.

Ils ont quelque raison de tenir pour suspect
Tout ce qui s'est montré tantôt à leur aspect ;
Et je n'ose blâmer cette horreur que leur donne 1625
L'assassin de leur roi qui porte sa couronne.
Moi-même, au fond du cœur, de même horreur frappé,
Je veux fuir le remords de son trône occupé ;
Et je dois cette grâce à l'amour de la Reine,
D'épargner ma présence aux devoirs de sa haine, 1630

Puisque de notre hymen les liens mal tissus
Par ces mêmes devoirs semblent être rompus.
Je vais donc à Corinthe¹ achever mon supplice.
Mais ce n'est pas au peuple à se faire justice :
L'ordre que tient le ciel à lui choisir des rois		1635
Ne lui permet jamais d'examiner son choix ;
Et le devoir aveugle y doit toujours souscrire,
Jusqu'à ce que d'en haut on veuille s'en dédire.
Pour chercher mon repos, je veux bien me bannir ;
Mais s'il me bannissoit, je saurois l'en punir ;		1640
Ou si je succombois sous sa troupe mutine,
Je saurois l'accabler du moins sous ma ruine.

DYMAS.

Seigneur, jusques ici ses plus grands déplaisirs
Pour armes contre vous n'ont pris que des soupirs ;
Et cet abattement que lui cause la peste		1645
Ne souffre à son murmure aucun dessein funeste.
Mais il faut redouter que Thésée et Dircé
N'osent pousser plus loin ce qu'il a commencé.
Phorbas même est à craindre, et pourroit le réduire
Jusqu'à se vouloir mettre en état de vous nuire.		1650

OEDIPE.

Thésée a trop de cœur pour une trahison ;
Et d'ailleurs j'ai promis de lui faire raison.
Pour Dircé, son orgueil dédaignera sans doute
L'appui tumultueux que ton zèle redoute.
Phorbas est plus à craindre, étant moins généreux ;		1655
Mais il nous est aisé de nous assurer d'eux.
Fais-les venir tous trois, que je lise en leur âme
S'il prêteroient la main à quelque sourde trame.
Commence par Phorbas : je saurai démêler
Quels desseins....

1. Voyez plus haut, vers 261, p. 145.

PAGE[1].

Un vieillard demande à vous parler.
Il se dit de Corinthe, et presse.

OEDIPE.

Il vient me faire
Le funeste rapport du trépas de mon père :
Préparons nos soupirs à ce triste récit.
Qu'il entre.... Cependant fais ce que je t'ai dit.

SCÈNE II.

OEDIPE, IPHICRATE, SUITE.

OEDIPE.

Eh bien! Polybe est mort[2]?

IPHICRATE.

Oui, Seigneur.

OEDIPE.

Mais vous-même
Venir me consoler de ce malheur suprême!
Vous qui, chef du conseil, devriez maintenant,
Attendant mon retour, être mon lieutenant!
Vous, à qui tant de soins d'élever mon enfance
Ont acquis justement toute ma confiance! 1670
Ce voyage me trouble autant qu'il me surprend.

IPHICRATE.

Le roi Polybe est mort; ce malheur est bien grand;
Mais comme enfin, Seigneur, il est suivi d'un pire,
Pour l'apprendre de moi faites qu'on se retire.

(OEdipe fait un signe de tête à sa suite, qui l'oblige à se retirer.)

---

1. Voltaire a fait de la fin de cette scène la scène II, ayant pour personnages OEDIPE, DYMAS, UN PAGE.
2. Voyez l'*OEdipe roi* de Sophocle, vers 912 et suivants, et l'*OEdipe* de Sénèque, acte IV, vers 784 et suivants.

ACTE V, SCÈNE II.

OEDIPE.

Ce jour est donc pour moi le grand jour des malheurs,
Puisque vous apportez un comble à mes douleurs.
J'ai tué le feu Roi jadis sans le connoître;
Son fils, qu'on croyoit mort, vient ici de renaître;
Son peuple mutiné me voit avec horreur;
Sa veuve mon épouse en est dans la fureur.   1680
Le chagrin accablant qui me dévore l'âme
Me fait abandonner et peuple, et sceptre, et femme,
Pour remettre à Corinthe un esprit éperdu;
Et par d'autres malheurs je m'y vois attendu!

IPHICRATE.

Seigneur, il faut ici faire tête à l'orage;   1685
Il faut faire ici ferme et montrer du courage.
Le repos à Corinthe en effet seroit doux;
Mais il n'est plus de sceptre à Corinthe pour vous.

OEDIPE.

Quoi? l'on s'est emparé de celui de mon père?

IPHICRATE.

Seigneur, on n'a rien fait que ce qu'on a dû faire;   1690
Et votre amour en moi ne voit plus qu'un banni,
De son amour pour vous trop doucement puni.

OEDIPE.

Quel énigme[1]!

IPHICRATE.

  Apprenez avec quelle justice
Ce roi vous a dû rendre un si mauvais office:
Vous n'étiez point son fils.

OEDIPE.

   Dieux! qu'entends-je?

IPHICRATE.

     A regret
Ses remords en mourant ont rompu le secret.

---

1. Voyez ci-dessus, p. 179, vers 1059.

Il vous gardoit encore une amitié fort tendre ;
Mais le compte qu'aux Dieux la mort force de rendre
A porté dans son cœur un si pressant effroi,
Qu'il a remis Corinthe aux mains de son vrai roi. 1700
OEDIPE.
Je ne suis point son fils! et qui suis-je, Iphicrate?
IPHICRATE.
Un enfant exposé, dont le mérite éclate,
Et de qui par pitié j'ai dérobé les jours
Aux ongles des lions, aux griffes des vautours.
OEDIPE.
Et qui m'a fait passer pour le fils de ce prince? 1705
IPHICRATE.
Le manque d'héritiers ébranloit sa province.
Les trois que lui donna le conjugal amour
Perdirent en naissant la lumière du jour ;
Et la mort du dernier me fit prendre l'audace
De vous offrir au Roi, qui vous mit en sa place. 1710
  Ce que l'on se promit de ce fils supposé
Réunit sous ses lois son État divisé ;
Mais comme cet abus finit avec sa vie,
Sa mort de mon supplice auroit été suivie,
S'il n'eût donné cet ordre à son dernier moment[1], 1715
Qu'un juste et prompt exil fût mon seul châtiment.
OEDIPE.
Ce revers seroit dur pour quelque âme commune ;
Mais je me fis toujours maître de ma fortune ;
Et puisqu'elle a repris l'avantage du sang,
Je ne dois plus qu'à moi tout ce que j'eus de rang. 1720
Mais n'as-tu point appris de qui j'ai reçu l'être?
IPHICRATE.
Seigneur, je ne puis seul vous le faire connoître.

---

1. *Var.* S'il n'avoit ordonné dans son dernier moment. (1659)

ACTE V, SCÈNE II,

Vous fûtes exposé jadis par un Thébain,
Dont la compassion vous remit en ma main,
Et qui, sans m'éclaircir touchant votre naissance, 1725
Me chargea seulement d'éloigner votre enfance.
J'en connois le visage, et l'ai revu souvent,
Sans nous être tous deux expliqués plus avant :
Je lui dis qu'en éclat j'avois mis votre vie,
Et lui cachai toujours mon nom et ma patrie, 1730
De crainte, en les sachant, que son zèle indiscret
Ne vînt mal à propos troubler notre secret.
Mais comme de sa part il connoît mon visage,
Si je le trouve ici, nous saurons davantage.

OEDIPE.

Je serois donc Thébain à ce compte?

IPHICRATE.

Oui, Seigneur. 1735

OEDIPE.

Je ne sais si je dois le tenir à bonheur :
Mon cœur, qui se soulève, en forme un noir augure
Sur l'éclaircissement de ma triste aventure.
Où me reçûtes-vous?

IPHICRATE.

Sur le mont Cythéron.

OEDIPE.

Ah! que vous me frappez par ce funeste nom! 1740
Le temps, le lieu, l'oracle, et l'âge de la Reine,
Tout semble concerté pour me mettre à la gêne.
Dieux! seroit-il possible? Approchez-vous, Phorbas

SCÈNE III.

ŒDIPE, IPHICRATE, PHORBAS[1].

IPHICRATE.

Seigneur, voilà celui qui vous mit en mes bras;
Permettez qu'à vos yeux je montre un peu de joie. 1745
Se peut-il faire, ami, qu'encor je te revoie?

PHORBAS.

Que j'ai lieu de bénir ton retour fortuné!
Qu'as-tu fait de l'enfant que je t'avois donné?
Le généreux Thésée a fait gloire de l'être;
Mais sa preuve est obscure, et tu dois le connoître. 1750
Parle.

IPHICRATE.

Ce n'est point lui, mais il vit en ces lieux.

PHORBAS.

Nomme-le donc, de grâce.

IPHICRATE.

Il est devant tes yeux.

PHORBAS.

Je ne vois que le Roi.

IPHICRATE.

C'est lui-même.

PHORBAS.

Lui-même!

IPHICRATE.

Oui : le secret n'est plus d'une importance extrême;
Tout Corinthe le sait. Nomme-lui ses parents. 1755

PHORBAS.

En fussions-nous tous trois à jamais ignorants!

---

1. Voyez la pièce de Sophocle, vers 1107 et suivants; et celle de Sénèque, acte IV, vers 845 et suivants.

IPHICRATE.

Seigneur, lui seul enfin peut dire qui vous êtes.
ŒDIPE.
Hélas! je le vois trop; et vos craintes secrètes,
Qui vous ont empêchés de vous entr'éclaircir,
Loin de tromper l'oracle, ont fait tout réussir.   1760
   Voyez où m'a plongé votre fausse prudence :
Vous cachiez ma retraite, il cachoit ma naissance;
Vos dangereux secrets, par un commun accord,
M'ont livré tout entier aux rigueurs de mon sort :
Ce sont eux qui m'ont fait l'assassin de mon père; 1765
Ce sont eux qui m'ont fait le mari de ma mère.
D'une indigne pitié le fatal contre-temps
Confond dans mes vertus ces forfaits éclatants :
Elle fait voir en moi, par un mélange infâme,
Le frère de mes fils et le fils de ma femme.   1770
Le ciel l'avoit prédit : vous avez achevé;
Et vous avez tout fait quand vous m'avez sauvé.
PHORBAS.
Oui, Seigneur, j'ai tout fait, sauvant votre personne :
M'en punissent les Dieux si je me le pardonne!

SCÈNE IV.

ŒDIPE, IPHICRATE.

ŒDIPE.
Que n'obéissois-tu, perfide, à mes parents,   1775
Qui se faisoient pour moi d'équitables tyrans?
Que ne lui disois-tu ma naissance et l'oracle,
Afin qu'à mes destins il pût mettre un obstacle?
Car, Iphicrate, en vain j'accuserois ta foi :
Tu fus dans ces destins aveugle comme moi;   1780
Et tu ne m'abusois que pour ceindre ma tête

D'un bandeau dont par là tu faisois ma conquête.
IPHICRATE.
Seigneur, comme Phorbas avoit mal obéi,
Que l'ordre de son roi par là se vit trahi,
Il avoit lieu de craindre, en me disant le reste, 1785
Que son crime par moi devenu manifeste[1]....
OEDIPE.
Cesse de l'excuser. Que m'importe, en effet,
S'il est coupable ou non de tout ce que j'ai fait?
En ai-je moins de trouble, ou moins d'horreur en l'âme?

SCÈNE V.
OEDIPE, DIRCÉ, IPHICRATE.

OEDIPE.
Votre frère est connu; le savez-vous, Madame? 1790
DIRCÉ.
Oui, Seigneur, et Phorbas m'a tout dit en deux mots.
OEDIPE.
Votre amour pour Thésée est dans un plein repos.
Vous n'appréhendez plus que le titre de frère
S'oppose à cette ardeur qui vous étoit si chère:
Cette assurance entière a de quoi vous ravir, 1795
Ou plutôt votre haine a de quoi s'assouvir.
Quand le ciel de mon sort l'auroit faite l'arbitre,
Elle ne m'eût choisi rien de pis que ce titre.
DIRCÉ.
Ah! Seigneur, pour Æmon j'ai su mal obéir;
Mais je n'ai point été jusques à vous haïr. 1800
La fierté de mon cœur, qui me traitoit de reine,
Vous cédoit en ces lieux la couronne sans peine;

---

1. *Var.* Que son crime par moi devenant manifeste.... (1659)

ACTE V, SCÈNE V.

Et cette ambition que me prêtoit l'amour
Ne cherchoit qu'à régner dans un autre séjour.
 Cent fois de mon orgueil l'éclat le plus farouche 1805
Aux termes odieux a refusé ma bouche :
Pour vous nommer tyran il falloit cent efforts ;
Ce mot ne m'a jamais échappé sans remords.
D'un sang respectueux la puissance inconnue
A mes soulèvements mêloit la retenue ; 1810
Et cet usurpateur dont j'abhorrois la loi,
S'il m'eût donné Thésée, eût eu le nom de roi.

OEDIPE.

C'étoit ce même sang dont la pitié secrète
De l'ombre de Laïus me faisoit l'interprète.
Il ne pouvoit souffrir qu'un mot mal entendu 1815
Détournât sur ma sœur un sort qui m'étoit dû,
Et que votre innocence immolée à mon crime
Se fît de nos malheurs l'inutile victime.

DIRCÉ.

Quel crime avez-vous fait que d'être malheureux ?

OEDIPE.

Mon souvenir n'est plein que d'exploits généreux ; 1820
Cependant je me trouve inceste et parricide,
Sans avoir fait un pas que sur les pas d'Alcide,
Ni recherché partout que lois à maintenir,
Que monstres à détruire et méchants à punir.
Aux crimes malgré moi l'ordre du ciel m'attache : 1825
Pour m'y faire tomber à moi-même il me cache[1] ;
Il offre, en m'aveuglant sur ce qu'il a prédit,
Mon père à mon épée, et ma mère à mon lit.
Hélas ! qu'il est bien vrai qu'en vain on s'imagine
Dérober notre vie à ce qu'il nous destine ! 1830
Les soins de l'éviter font courir au-devant,

---

[1] L'édition de 1692 porte, mais par erreur sans aucun doute : « à moi-même il se cache. »

Et l'adresse à le fuir y plonge plus avant.
Mais si les Dieux m'ont fait la vie abominable,
Ils m'en font par pitié la sortie honorable,
Puisqu'enfin leur faveur mêlée à leur courroux 1835
Me condamne à mourir pour le salut de tous,
Et qu'en ce même temps qu'il faudroit que ma vie
Des crimes qu'il m'ont faits¹ traînât l'ignominie,
L'éclat de ces vertus que je ne tiens pas d'eux
Reçoit pour récompense un trépas glorieux. 1840

DIRCÉ.

Ce trépas glorieux comme vous me regarde :
Le juste choix du ciel peut-être me le garde;
Il fit tout votre crime; et le malheur du Roi
Ne vous rend pas, Seigneur, plus coupable que moi.
D'un voyage fatal qui seul causa sa perte 1845
Je fus l'occasion²; elle vous fut offerte :
Votre bras contre trois disputa le chemin;
Mais ce n'étoit qu'un bras qu'empruntoit le destin,
Puisque votre vertu qui servit sa colère
Ne put voir en Laïus ni de roi ni de père. 1850
Ainsi j'espère encor que demain, par son choix,
Le ciel épargnera le plus grand de nos rois.
L'intérêt des Thébains et de votre famille
Tournera son courroux sur l'orgueil d'une fille
Qui n'a rien que l'État doive considérer, 1855
Et qui contre son roi n'a fait que murmurer.

OEDIPE.

Vous voulez que le ciel, pour montrer à la terre
Qu'on peut innocemment mériter le tonnerre,
Me laisse de sa haine étaler en ces lieux
L'exemple le plus noir et le plus odieux! 1860

1. Toutes les anciennes éditions, y compris celle de Thomas Corneille (1692) et celle de Voltaire (1764), portent *fait*, sans accord.
2. Voyez plus haut, acte II, scène III, vers 643 et suivants, p. 161.

Non, non : vous le verrez demain au sacrifice
Par le choix que j'attends couvrir son injustice,
Et par la peine due à son propre forfait,
Désavouer ma main de tout ce qu'elle a fait.

SCÈNE VI.

ŒDIPE, THÉSÉE, DIRCÉ, IPHICRATE.

ŒDIPE.

Est-ce encor votre bras qui doit venger son père ? 1865
Son amant en a-t-il plus de droit que son frère,
Prince ?

THÉSÉE.

Je vous en plains, et ne puis concevoir,
Seigneur....

ŒDIPE.

La vérité ne se fait que trop voir.
Mais nous pourrons demain être tous deux à plaindre,
Si le ciel fait le choix qu'il nous faut tous deux craindre.
S'il me choisit, ma sœur, donnez-lui votre foi :
Je vous en prie en frère, et vous l'ordonne en roi.
Vous, Seigneur, si Dircé garde encor sur votre âme
L'empire que lui fit une si belle flamme,
Prenez soin d'apaiser les discords de mes fils, 1875
Qui par les nœuds du sang vous deviendront unis.
Vous voyez où des Dieux nous a réduits la haine.
Adieu : laissez-moi seul en consoler la Reine ;
Et ne m'enviez pas un secret entretien,
Pour affermir son cœur sur l'exemple du mien. 1880

SCENE VII.

THÉSÉE, DIRCÉ.

DIRCÉ.

Parmi de tels malheurs que sa constance est rare!
Il ne s'emporte point contre un sort si barbare;
La surprenante horreur de cet accablement
Ne coûte à sa grande âme aucun égarement;
Et sa haute vertu, toujours inébranlable,   1885
Le soutient au-dessus de tout ce qui l'accable.

THÉSÉE.

Souvent, avant le coup qui doit nous accabler,
La nuit qui l'enveloppe a de quoi nous troubler :
L'obscur pressentiment d'une injuste disgrâce
Combat avec effroi sa confuse menace;   1890
Mais quand ce coup tombé vient d'épuiser le sort,
Jusqu'à n'en pouvoir craindre un plus barbare effort,
Ce trouble se dissipe, et cette âme innocente,
Qui brave impunément la fortune impuissante,
Regarde avec dédain ce qu'elle a combattu,   1895
Et se rend toute entière à toute sa vertu.

SCÈNE VIII.

THÉSÉE, DIRCÉ, NÉRINE.

NÉRINE.

Madame....

DIRCÉ.

Que veux-tu, Nérine?

NÉRINE.

Hélas! la Reine....

ACTE V, SCÈNE VIII.

DIRCÉ.

Que fait-elle?

NÉRINE.

        Elle est morte; et l'excès de sa peine,
Par un prompt désespoir....

DIRCÉ.

              Jusques où portez-vous,
Impitoyables Dieux, votre injuste courroux!   1900

THÉSÉE.

Quoi? même aux yeux du Roi son désespoir la tue?
Ce monarque n'a pu....

NÉRINE.

         Le Roi ne l'a point vue,
Et quant à son trépas, ses pressantes douleurs
L'ont cru devoir sur l'heure à de si grands malheurs.
Phorbas l'a commencé, sa main a fait le reste.   1905

DIRCÉ.

Quoi? Phorbas....

NÉRINE.

        Oui, Phorbas, par son récit funeste,
Et par son propre exemple, a su l'assassiner.
Ce malheureux vieillard n'a pu se pardonner;
Il s'est jeté d'abord aux genoux de la Reine,
Où, détestant l'effet de sa prudence vaine :   1910
« Si j'ai sauvé ce fils pour être votre époux,
Et voir le Roi son père expirer sous ses coups,
A-t-il dit, la pitié qui me fit le ministre
De tout ce que le ciel eut pour vous de sinistre,
Fait place au désespoir d'avoir si mal servi,   1915
Pour venger sur mon sang votre ordre mal suivi.
L'inceste où malgré vous tous deux je vous abîme
Recevra de ma main sa première victime :
J'en dois le sacrifice à l'innocente erreur
Qui vous rend l'un pour l'autre un objet plein d'horreur. »

Cet arrêt qu'à nos yeux lui-même il se prononce
Est suivi d'un poignard qu'en ses flancs il enfonce[1].
La Reine, à ce malheur si peu prémidité,
Semble le recevoir avec stupidité.
L'excès de sa douleur la fait croire insensible ;   1925
Rien n'échappe au dehors qui la rende visible ;
Et tous ses sentiments, enfermés dans son cœur,
Ramassent en secret leur dernière vigueur.
Nous autres cependant, autour d'elle rangées,
Stupides ainsi qu'elle, ainsi qu'elle affligées,   1930
Nous n'osons rien permettre à nos fiers déplaisirs,
Et nos pleurs par respect attendent ses soupirs.
  Mais enfin tout à coup, sans changer de visage,
Du mort qu'elle contemple elle imite la rage,
Se saisit du poignard, et de sa propre main   1935
A nos yeux comme lui s'en traverse le sein[2].
On diroit que du ciel l'implacable colère
Nous arrête les bras pour lui laisser tout faire.
Elle tombe, elle expire avec ces derniers mots :
« Allez dire à Dircé qu'elle vive en repos,   1940
Que de ces lieux maudits en hâte elle s'exile ;
Athènes a pour elle un glorieux asile,
Si toutefois Thésée est assez généreux
Pour n'avoir point d'horreur d'un sang si malheureux. »

THÉSÉE.

Ah ! ce doute m'outrage ; et si jamais vos charmes....

DIRCÉ.

Seigneur, il n'est saison que de verser des larmes.

---

1. Voltaire s'est rappelé ces vers ; il a dit dans le Xe chant de la *Henriade* :

    Ce discours insensé que sa rage prononce
    Est suivi d'un poignard qu'en son cœur elle enfonce.

2. Voyez l'*OEdipe* de Sénèque, acte V, vers 1040 et 1041. Dans la tragédie de Sophocle le genre de mort est différent : Jocaste s'étrangle de sa propre main : voyez vers 1252 et suivants.

La Reine, en expirant, a donc pris soin de moi!
Mais tu ne me dis point ce qu'elle a dit du Roi?
NÉRINE.
Son âme en s'envolant, jalouse de sa gloire,
Craignoit d'en emporter la honteuse mémoire; 1950
Et n'osant le nommer son fils ni son époux,
Sa dernière tendresse a toute été pour vous.
DIRCÉ.
Et je puis vivre encore après l'avoir perdue!

SCÈNE IX.
THÉSÉE, DIRCÉ, CLÉANTE, DYMAS, NÉRINE.
(Cléante sort d'un côté et Dymas de l'autre, environ quatre vers après Cléante).
CLÉANTE.
La santé dans ces murs tout d'un coup répandue
Fait crier au miracle et bénir hautement 1955
La bonté de nos dieux d'un si prompt changement.
Tous ces mourants, Madame, à qui déjà la peste
Ne laissoit qu'un soupir, qu'un seul moment de reste,
En cet heureux moment rappelés des abois,
Rendent grâces au ciel d'une commune voix; 1960
Et l'on ne comprend point quel remède il applique
A rétablir sitôt l'allégresse publique.
DIRCÉ.
Que m'importe qu'il montre un visage plus doux,
Quand il fait des malheurs qui ne sont que pour nous?
Avez-vous vu le Roi, Dymas?
DYMAS.
                    Hélas, Princesse! 1965
On ne doit qu'à son sang la publique allégresse.
Ce n'est plus que pour lui qu'il faut verser des pleurs :

Ses crimes inconnus avoient fait nos malheurs;
Et sa vertu souillée à peine s'est punie,
Qu'aussitôt de ces lieux la peste s'est bannie. 1970

THÉSÉE.

L'effort de son courage a su nous éblouir :
D'un si grand désespoir il cherchoit à jouir,
Et de sa fermeté n'empruntoit les miracles
Que pour mieux éviter tout sorte¹ d'obstacles.

DIRCÉ.

Il s'est rendu par là maître de tout son sort. 1975
Mais achève, Dymas, le récit de sa mort;
Achève d'accabler une âme désolée.

DYMAS.

Il n'est point mort, Madame; et la sienne, ébranlée
Par les confus remords d'un innocent forfait,
Attend l'ordre des Dieux pour sortir tout à fait. 1980

DIRCÉ.

Que nous disois-tu donc?

DYMAS.

Ce que j'ose encor dire,
Qu'il vit et ne vit plus, qu'il est mort et respire;
Et que son sort douteux, qui seul reste à pleurer,
Des morts et des vivants semble le séparer².

J'étois auprès de lui sans aucunes alarmes³; 1985
Son cœur sembloit calmé, je le voyois sans armes,
Quand soudain, attachant ses deux mains sur ses yeux⁴ :
« Prévenons, a-t-il dit, l'injustice des Dieux;
Commençons à mourir avant qu'ils nous l'ordonnent;

---

1. Les éditions de 1663 et de 1664 portent seules *toutes sortes*, au pluriel.
2. Voyez ci-dessus, p. 144, note 2.
3. Voyez dans l'*OEdipe roi* de Sophocle les vers 1257 et suivants, et dans l'*OEdipe* de Sénèque le récit qui commence le Vᵉ acte, vers 915 et suivants.
4. . . . . *Gemuit, et dirum fremens,*
Manus in ora torsit.
(Sénèque, *OEdipe*, acte V, vers 961 et 962.)

Qu'ainsi que mes forfaits mes supplices étonnent. 1990
Ne voyons plus le ciel après sa cruauté :
Pour nous venger de lui dédaignons sa clarté ;
Refusons-lui nos yeux, et gardons quelque vie
Qui montre encore à tous quelle est sa tyrannie. »
Là, ses yeux arrachés par ses barbares mains 1995
Font distiller un sang qui rend l'âme aux Thébains.
Ce sang si précieux touche à peine la terre,
Que le courroux du ciel ne leur fait plus la guerre ;
Et trois mourants guéris au milieu du palais
De sa part tout d'un coup nous annoncent la paix. 2000
Cléante vous a dit que par toute la ville....

THÉSÉE.

Cessons de nous gêner d'une crainte inutile.
A force de malheurs le ciel fait assez voir
Que le sang de Laïus a rempli son devoir :
Son ombre est satisfaite ; et ce malheureux crime 2005
Ne laisse plus douter du choix de sa victime.

DIRCÉ.

Un autre ordre demain peut nous être donné.
Allons voir cependant ce prince infortuné,
Pleurer auprès de lui notre destin funeste,
Et remettons aux Dieux à disposer du reste. 2010

FIN DU CINQUIÈME ET DERNIER ACTE.

LA TOISON D'OR

TRAGÉDIE

1660

NOTICE.

Dans son chapitre intitulé *Extravagants, visionnaires, fantasques, bizarres*, etc., Tallemant parle en ces termes d'Alexandre de Rieux, marquis de Sourdeac, baron de Neufbourg : Il « ....a épousé.... une des deux héritières de Neufbourg en Normandie, où il demeure; c'est un original. Il se fait courre par ses paysans, comme on court un cerf, et dit que c'est pour faire exercice ; il a de l'inclination aux mécaniques ; il travaille de la main admirablement : il n'y a pas un meilleur serrurier au monde. Il lui a pris une fantaisie de faire jouer chez lui une comédie en musique, et pour cela il a fait faire une salle qui lui coûte au moins dix mille écus. Tout ce qu'il faut pour le théâtre et pour les sièges et les galeries, s'il ne travailloit lui-même, lui reviendroit, dit-on, à plus de deux fois autant. Il avoit pour cela fait faire une pièce par Corneille ; elle s'appelle *les Amours de Médée* ; mais ils n'ont pu convenir de prix. C'est un homme riche et qui n'a point d'enfants. Hors cela, il est assez économe[1]. » M. Paulin Paris dit dans son commentaire que ceci a été écrit vers 1659. C'est sans doute après le 1er décembre, car à cette date l'affaire n'était pas encore rompue, et Thomas Corneille écrivait à l'abbé de Pure : « M. de Sourdeac fait toujours travailler à la machine, et j'espère qu'elle paroîtra à Paris sur la fin de janvier. » Du reste, les difficultés qui survinrent furent bientôt levées : Corneille et M. de Sourdeac tombèrent d'accord, et la pièce fut représentée avec beaucoup d'éclat. « On se souviendra longtemps, dit le rédacteur du *Mercure galant*[2], de la magnificence avec laquelle ce mar-

1. *Historiettes*, tome VII, p. 370. — 2. Mai 1695, p. 222.

quis donna une grande fête dans son château de Neubourg, en réjouissance de l'heureux mariage de Sa Majesté, et de la paix qu'il lui avoit plu donner à ses peuples. La tragédie de *la Toison d'or*, mêlée de musique et de superbes spectacles, fut faite exprès pour cela. Il fit venir au Neubourg les comédiens du Marais, qui l'y représentèrent plusieurs fois, en présence de plus de soixante des plus considérables personnes de la province, qui furent logées dans le château, et régalées pendant plus de huit jours, avec toute la propreté et toute l'abondance imaginable[1]. Cela se fit au commencement de l'hiver de l'année 1660[2], et ensuite M. le marquis de Sourdeac donna aux comédiens toutes les machines et toutes les décorations qui avoient servi à ce grand spectacle, qui attira tout Paris, chacun y ayant couru longtemps en foule[3]. »

Il fallut beaucoup de temps aux acteurs du Marais pour transporter dans leur théâtre les décorations que leur avait données le marquis. Dans la *Muse historique* du 1ᵉʳ janvier 1661, Loret nous tient au courant de ces travaux préparatoires :

> Les comédiens du Marais
> Font un inconcevable apprêt,

1. L'*Histoire du théâtre de l'Académie royale de musique en France*, attribuée à Travenot et publiée à Paris en 1753, paraît exagérer un peu les libéralités de M. de Sourdeac : « Outre ceux qui étoient nécessaires à l'exécution de ce dessein, qui furent entretenus plus de deux mois à Neubourg à ses dépens, il logea et traita plus de cinq cents gentilshommes de la province, pendant plusieurs représentations que la troupe royale du Marais donna de cette pièce. » (P. 24.) M. Philippe de Chennevières a fait de ces représentations une relation détaillée, où la fiction se mêle fort agréablement à la réalité, dans une intéressante nouvelle intitulée *Mᵉˡˡᵉ Guéru*, qui a paru d'abord dans les *Historiettes baguenaudières*, par un *Normand*, 1845, in-8°, et a ensuite été réimprimée dans la *Revue de Rouen*, sous ce titre : *La foire de Guibray au XVIIᵉ siècle et la première représentation de la Toison d'or de Corneille au château du Neubourg en 1660*.

2. Au mois de novembre, selon les frères Parfait. (*Histoire du Théâtre françois*, tome IX, p. 34.)

3. « Un châssis sculpté, doré, dernier vestige de l'essai fait à Neubourg, existait encore il y a peu de temps dans ce noble manoir. » (Castil-Blaze, *l'Académie impériale de musique*, 1855, in-8°, tome I, p. 17.)

> Pour jouer, comme une merveille,
> Le *Jason* de Monsieur Corneille.

Dans le numéro du 19 février suivant, le même journaliste fait ainsi le compte rendu de la première représentation, qui avait eu lieu quelques jours auparavant :

> La conquête de la Toison
> Que fit jadis défunt Jason,
> Pièce infiniment excellente,
> Enfin, dit-on, se représente
> Au Jeu de paume du Marais,
> Avec de grandissimes frais.
>   Cette pièce du grand Corneille,
> Propre pour l'œil et pour l'oreille,
> Est maintenant en vérité
> La merveille de la Cité,
> Par ses scènes toutes divines,
> Par ses surprenantes machines,
> Par ses concerts délicieux,
> Par le brillant aspect des Dieux,
> Par des incidents mémorables,
> Par cent ornements admirables,
> Dont Sourdiac (*sic*), marquis normand,
> Pour rendre le tout plus charmant,
> Et montrer sa magnificence,
> A fait l'excessive dépense,
> Et si splendide, sur ma foi,
> Qu'on diroit qu'elle vient d'un roi.
> J'apprends que ce rare spectacle
> Fait à plusieurs crier miracle,
> Et je crois qu'au sortir de là
> On ne plaindra point pour cela
> Pistole ni demi-pistole,
> Je vous en donne ma parole.
>   O Corneille, charmant auteur,
> Du Parnasse excellent docteur,
> Illustre enfant de Normandie,
> N'ayant pas vu ta comédie,
> Qui portera ton nom bien haut,
> Je n'en parle pas comme il faut :
> C'est de quoi notre simple muse
> Te demande humblement excuse.
> J'espère bien dans peu de jours,

> Suivant le général concours,
> Aller admirer ton ouvrage;
> Mais point du tout je ne m'engage
> A rendre ton los immortel,
> Car c'est toi qui l'as rendu tel.

Cet enthousiasme de Loret ne se dément pas, et il a soin de mentionner chaque reprise de l'ouvrage d'une manière si étendue, que tout en transcrivant ici ceux de ses vers qui renferment d'utiles renseignements, nous supprimerons les louanges banales qu'il donne à Corneille. Le 3 décembre 1661, il écrit :

> Dans l'hôtel des Marais du Temple
> Ce sujet presque sans exemple,
> Intitulé *la Toison d'or*,
> Maintenant se rejoue encor.
>
> . . . .
> Et qui veut voir un beau spectacle
> Et passer le temps à miracle,
> Il ne faut qu'aller là tout droit;
> Les affiches marquent l'endroit,
> L'heure, le prix, et la journée,
> Et c'est toujours l'après-dînée.

Loret n'a garde d'oublier de nous faire, dans son numéro du 14 janvier 1662, le récit de la représentation du 12, à laquelle la cour assistait; et cette fois il insiste sur le plaisir qu'il avait à voir lui-même cette tragédie :

> Jeudi la Majesté Royale
> Fit voir aux reines pour régale
> *La Conquête de la Toison*,
> Pièce admirée avec raison,
> Tant pour la beauté de l'ouvrage,
> Que par le superbe étalage
> De cent spectacles précieux
> Qui sont les délices des yeux.
> Cette comédie excellente,
> Qu'à merveilles on représente,
> Plut fort par ses diversités
> A toutes les trois Majestés;
> Et des vers de Monsieur Corneille,
> Sur cette scène sans pareille,

NOTICE. 227

>Les courtisans plus délicats
>Firent un indicible cas.
>   Pour moi je ne puis qu'en liesse
>Voir cette incomparable pièce:
>J'en ai, pour plaire à mon desir,
>Goûté bien des fois le plaisir.
>Je suis pourtant toujours avide
>De voir cet appareil splendide
>Qui peut les sens extasier :
>Je n'en saurois rassasier ;
>Et quoiqu'au jeu dame Fortune
>Ait tari mon fonds de pécune,
>Certes je prétends bien encor
>Retourner à *la Toison d'or*,
>Dont presque je suis idolâtre,
>Et la voir de l'amphithéâtre.

La *Gazette*[1], qui, à cause de la présence du Roi, parle de cette représentation, fait remarquer que Leurs Majestés étaient « accompagnées d'une grande partie des seigneurs et dames de la cour, qui ne fut jamais si éclatante, ni si pompeuse, notamment depuis que l'on y voit ce beau nombre de chevaliers du Saint-Esprit, que Sa Majesté fit naguère[2]. »

Le 18 février la pièce se jouait encore, car Loret, toujours passionné pour cet ouvrage, s'accusant dans son numéro de ce jour de rester trop enfermé dans son cabinet, s'écrie :

>N'aurois-je pas plutôt raison
>D'aller à droit, d'aller à gauche,
>. . . . .
>   Pour voir l'illustre *Toison d'or*[3]?

« En 1664, dit le *Dictionnaire portatif des théâtres*, on la

1. Année 1662, n° 6, 14 janvier.

2. Cette promotion avait été faite, dit l'*État de la France*, « avec les plus belles cérémonies qui se soient vues pour ce sujet. » On en trouve la description détaillée dans un numéro extraordinaire de la *Gazette*, daté du 6 janvier 1662, et intitulé : *Les cérémonies faites à la réception des chevaliers de l'ordre du Saint-Esprit, le dernier jour de l'année 1661 et les deux suivants, en l'église du grand couvent des Augustins*.

3. Les décorations de *la Toison d'or* étaient, de l'avis de tous les contemporains, les plus belles qu'on eût encore vues. Chapu-

remit au théâtre avec la même réussite. Le 9 juillet 1683, on la reprit avec un prologue de la Chapelle, et il y avoit tout lieu de croire qu'elle auroit encore un grand succès; mais à peine achevoit-on le prologue à la dixième représentation, que les comédiens interrompirent le spectacle, étant informés que la Reine venoit de mourir, et ils firent rendre l'argent à la porte. »

Ce prologue de la Chapelle est imprimé dans un volume intitulé : *La Toison d'or*, tragédie en machines de M. de Corneille l'aisné (Paris, V. Adam, 1683, in-4º). Ce volume, inscrit sous le nº 1646 dans le Catalogue de M. Giraud, et décrit par M. Brunet[1], renferme la description des décorations entreprises sous la conduite du sieur Dufort, qui, l'année précédente, avait exécuté celles d'*Andromède* lors de la reprise de cet ouvrage[2]. La dépense considérable qu'occasionnent les pièces de ce genre empêcha la *Toison d'or*, de reparaître sur le théâtre[3].

Le 27 janvier 1661, Augustin Courbé obtint un privilége qui lui permettait « de faire imprimer, vendre et débiter en tous les lieux de l'obéissance de Sa Majesté, une tragédie, composée par Pierre Corneille, intitulée *la Conqueste de la Toison d'or*, avec les Desseins de ladite pièce. » C'est dans ces *Desseins*, publiés avant la pièce, que ce privilége parut pour la première fois. Ils ne sont autre chose qu'une sorte de programme

zeau dit en parlant des Italiens : « Nous leur sommes redevables de la belle invention des machines et de ces vols hardis qui attirent en foule tout le monde à un spectacle si magnifique. Celles qui ont fait le plus de bruit en France furent les pompeuses machines de *la Toison d'or*, dont un grand seigneur d'une des premières maisons du royaume, plein d'esprit et de générosité, fit seul la belle dépense, pour en régaler dans son château toute la noblesse de la province. Depuis il a bien voulu en gratifier la troupe du Marais, où le Roi suivi de toute la Cour vint voir cette merveilleuse pièce. Tout Paris lui a donné ses admirations, et ce grand *opéra*, qui n'est dû qu'à l'esprit et à la magnificence du seigneur dont j'ai parlé, a servi de modèle pour d'autres qui l'ont suivi. » (*Le Théâtre françois*, p. 52.)

1. *Manuel du libraire*, tome II, col. 285.
2. Voyez tome V, p. 257.
3. Voyez l'*Histoire du Théâtre françois* par les frères Parfait, tome IX, p. 40.

semblable à celui d'*Andromède*[1], et qui, de même que ce dernier, n'avait été réuni, dans aucune des éditions antérieures à la nôtre, aux *Œuvres de Corneille*[2]. On tenait si fort à ce que ce programme fût prêt au moment où l'on représenterait la pièce au théâtre du Marais, que l'Achevé d'imprimer est du 31 janvier 1661, c'est-à-dire postérieur de quatre jours seulement à l'obtention du privilége. On y trouve, dans le prologue, un éloge de Mazarin, en onze vers, qui n'existe que là, et que Corneille a supprimé dès la première édition de la pièce[3]. Ce changement n'est assurément pas le seul que Corneille ait fait à ce prologue en le publiant; en effet, on y lit[4] un passage relatif au mariage du duc d'Orléans avec Henriette d'Angleterre, qui n'a pu être composé qu'après la représentation.

La première édition de la tragédie forme un volume in-12 de 6 feuillets et 105 pages, intitulé : LA TOISON D'OR, TRAGEDIE, representée par la troupe royale du Marests, chez M^r le marquis de Sourdeac, en son chasteau du Neufbourg, pour réjouissance publique du Mariage du Roy, et de la Paix auec l'Espagne, et en suite sur le Theatre Royal du Marests. Imprimée à Rouen, et se vend à Paris chez Augustin Courbé.... et Guillaume de Luyne.... M.DC.LXI. Auec priuilege du Roy.

Le privilége est le même que dans les *Desseins;* l'Achevé d'imprimer est du 10 de mai 1661.

1. Voyez tome V, p. 258 et suivantes. Nous avons vu le mot *Dessein* au singulier dans le titre du programme d'*Andromède;* dans celui de *la Toison d'or*, il est au pluriel.
2. Voyez ci-après, p. 230, et suivantes. — Pour la description bibliographique des *Desseins*, voyez ci-après, p. 230, note 1.
3. Voyez ci-après, p. 232.
4. Voyez p. 264, vers 221-232, et la note 2.

DESSEINS

DE *LA TOISON D'OR*,

TRAGÉDIE.

REPRÉSENTÉE PAR LA TROUPE ROYALE DU MARAIS, CHEZ M^r LE MARQUIS DE SOURDEAC, EN SON CHATEAU DE NEUFBOURG, POUR RÉJOUISSANCE PUBLIQUE DU MARIAGE DU ROI ET DE LA PAIX AVEC L'ESPAGNE, ET ENSUITE SUR LE THÉATRE ROYAL DU MARAIS[1].

PROLOGUE.

.... La France y paroît la première, suivie de la Victoire, qui s'en est rendue inséparable depuis quelques

---

1. Le volume dont nous venons de reproduire le titre dans ces huit lignes se compose de 26 pages et 1 feuillet; il est de format in-4° et porte à l'adresse : « Imprimé à Rouen, et se vend à Paris, chez Augustin Courbé, au Palais, en la gallerie des Merciers, à la Palme, et Guillaume de Luyne, libraire iuré, dans la mesme gallerie, à la iustice. M.DC.LXI, auec priuilege du Roy. » Nous avons donné dans la *Notice* (p. 228 et 229) la date du priviége et de l'Achevé d'imprimer. Le seul exemplaire connu de ce volume est à la Bibliothèque nationale, dans la Poésie, sous le n° Y$^{5969}_{1}$. — En tête des *Desseins* se trouve l'*Argument*, puis, au commencement du prologue et de chacun des actes, la description des décorations, et enfin, à leur place dans l'analyse, les morceaux de chant. Nous n'avons pas cru devoir imprimer ici les parties de l'ouvrage qui auraient fait double emploi dans notre édition, et nous avons procédé comme pour le dessein de la tragédie d'*Andromède*. Voyez tome V, p. 238, note 2.

années[1]. Elle se plaint toutefois à cette déesse de ce que ses faveurs l'accablent, par la licence que se donnent les soldats victorieux, qui se croient tout permis ensuite des avantages qu'ils lui font remporter aux dépens ou au péril de leur sang. La Victoire, convaincue de la justice de ses plaintes par les ruines qui sont devant ses yeux, n'ose s'offenser des vœux qu'elle fait pour la paix; mais elle lui donne à craindre la colère de Mars, dont les ordres l'ont comme attachée à ses côtés depuis tant de temps, et lui montre ce dieu au haut du ciel, où il se fait voir en posture menaçante, un pied en l'air, et l'autre porté sur son étoile.

C'est en cet état qu'il descend à un des côtés du théâtre, qu'il traverse en parlant, et sitôt qu'il a parlé, il remonte au même lieu dont il étoit parti. Ce mouvement extraordinaire, et qui n'a point été vu jusqu'ici sur nos théâtres[2], plaira sans doute aux curieux, qui se souviendront que toutes les machines qu'ils y ont vu faire sortir des dieux du fond du ciel, ne les y ont jamais reportés, mais ont été remontées en haut par un mouvement qu'on peut nommer perpendiculaire, au lieu que celle-ci fait faire un triangle parfait à Mars, en descendant, traversant le théâtre, et remontant au lieu même dont on l'a vu partir.

Avant que de remonter, ce dieu, en colère contre la France, lui fait voir la Paix, qu'elle demande avec tant d'ardeur, prisonnière dans son palais, entre les mains de la Discorde et de l'Envie, qu'il lui a données pour gardes[3]....

Après qu'il est disparu, la Paix, bien que prisonnière,

1. Cette phrase vient après les mots : « par une ville qui n'en est pas mieux traitée; » voyez ci-après, p. 254.
2. Voyez ci-dessus, p. 227, note 3.
3. Voyez p. 258.

console la France sur les menaces qu'il lui a faites, et voici ce qu'elle lui en dit :

En vain à tes soupirs il est inexorable[1]....
. . . .
Quelques autres efforts que pour rompre mes chaînes
L'univers ait vu faire aux plus puissantes mains,
Le succès va montrer qu'après toutes leurs peines,
Des Astres irrités les aspects inhumains
Vouloient pour s'adoucir la pourpre des Romains,
Et ce que leur courroux à tant d'efforts enlève,
    Ton fameux cardinal l'achève.
Vois cette âme intrépide, à qui tu dois l'honneur
D'avoir eu la Victoire en tous lieux pour compagne,
    Avec le grand Démon d'Espagne,
De l'un et l'autre État concerter le bonheur.
Ce dieu même qu'attend ma longue impatience[2]....

Comme elle achève de parler, l'Hyménée se présente, couronné de fleurs, portant en sa main droite un dard semé de lis et de roses, et en la gauche un bouclier, sur lequel est le portrait de la Reine. A la vue de ce portrait, la Discorde et l'Envie trébuchent dans les enfers, et les chaînes qui tenoient la Paix prisonnière lui tombent des mains. Se voyant libre, elle prie ce dieu d'achever ses grâces, et de la faire descendre en terre, où les peuples la souhaitent avec tant de passion. L'Hyménée commande aux Amours, ses ministres, de prêter leurs ailes à l'un et à l'autre pour exécuter ce dessein; et soudain quatre Amours viennent à eux, qui les apportent en terre, et revolent aussitôt au ciel, premièrement de droit fil tous quatre ensemble, et puis en se séparant deux à deux par un mouvement oblique, et se retirant au même lieu d'où ils sont descendus.

1. Voyez p. 258. — Quant aux onze vers qui suivent, ils ne se trouvent que dans les *Desseins* : voyez ci-dessus, p. 229.
2. Voyez p. 260.

Un chœur de musique chante ces vers tandis qu'ils descendent :

Descends, Hymen, et ramène sur terre[1]....

Après qu'on a cessé de chanter, la France fait ses conjouissances à la Paix, qui l'exhorte à n'être pas ingrate vers cette grande princesse, dont les regards favorables sont cause de sa liberté et du bonheur qu'elle en attend. Elle l'invite à lui préparer pour reconnoissance quelques spectacles pompeux par un effort extraordinaire de ce grand art où elle a de si belles lumières. La France s'en excuse d'abord sur son impuissance, qui ne permet pas des spectacles de cette nature au milieu de tant de ruines. Mais cet obstacle est levé tout à l'heure par l'Hyménée, qui présentant le portrait de la Reine aux deux côtés du théâtre, en fait changer les débris en un jardin aussi magnifique que surprenant, qui sert de décoration au premier acte.

ACTE PREMIER.

....[2] Chalciope et Médée sa sœur y paroissent les premières, et s'entretiennent de la défaite de Persès et des Scythes par le secours des Argonautes ; de là tombant sur les devoirs que Jason rend à Médée, et la complaisance qu'elle a pour lui, Chalciope l'avertit qu'il se pré-

1. Voyez p. 261.
2. Après les mots : « qui ne font pas le moindre agrément de ce spectacle ; » voyez ci-après, p. 266.

parc au retour sitôt qu'il aura obtenu du Roi une grâce qu'il lui veut demander ; sur quoi elle lui avoue que cette grâce n'est autre qu'elle-même, et l'aveu du Roi pour son mariage.

Le Roi vient avec le Prince Absyrte son fils, et après avoir exagéré l'importance du service qu'il a reçu de Jason et de ses compagnons, et le besoin qu'il a de leur valeur pour conserver la Toison d'or, dont dépend le destin de son État, il demande à Médée si elle n'a point quelques charmes assez forts pour les arrêter en son royaume. Absyrte, sans donner le temps à sa sœur de répondre, lui propose le mariage de cette princesse avec Jason comme un moyen infaillible de l'empêcher de partir. Le Roi l'approuve, et comme Jason se présente suivi de Zéthès, Calaïs, Orphée, et beaucoup d'autres, le Roi l'ayant enhardi à lui demander une récompense de ses services, dans la croyance qu'il lui demanderoit Médée, dont Absyrte lui avoit dit qu'il étoit amoureux, et s'étant engagé par serment à ne lui refuser rien, il demeure fort surpris, et cette princesse fort confuse, lorsque contre l'attente de l'un et de l'autre, Jason lui demande la Toison d'or. Il fait ses efforts pour lui faire changer de dessein, et n'être pas l'auteur de sa ruine, après l'avoir si bien secouru. Jason ne veut pas que ce qu'en a dit l'ombre de Phryxus mérite aucune foi, et presse si bien le Roi de lui tenir parole et ne violer pas son serment, qu'il le réduit à se retirer en colère, après lui avoir dit qu'il ne peut que lui permettre de se saisir lui-même de la Toison, s'il peut triompher des monstres qui la gardent, et donne ordre à Médée de lui apprendre quels sont les périls où il s'engage.

Médée tâche à lui faire peur des taureaux qu'il lui faut dompter, des gensdarmes qu'il lui faut défaire, et du dragon qu'il lui faut vaincre, et le quitte après lui avoir protesté qu'elle va redoubler leur fureur par la force de ses charmes.

Jason et ses compagnons, confus de voir les difficultés ou plutôt l'impossibilité de réussir en leur dessein, voient descendre Iris sur un arc-en-ciel. Cette vue leur donne espérance que Junon, dont cette nymphe est messagère, ne leur refusera pas son secours dans de si grands périls. Orphée l'en conjure au nom de tous par cet hymne qu'il chante :

> Femme et sœur du maître des Dieux[1]....

Iris les assure ensuite que le secours de Junon et de Pallas ne leur manquera point, et qu'elles vont toutes deux leur confirmer ce qu'elle dit. Sur quoi on voit ces deux déesses chacune dans son char, dont l'un est tiré par des paons et l'autre par des hiboux. Toutes deux leur apprennent que le succès de leur entreprise dépend de l'amour de Médée pour Jason, et qu'ils n'en viendront jamais à bout si elle n'est de leur parti. Junon ajoute que pour l'y réduire elle va descendre en terre, et y prendre le visage et la forme de sa sœur Chalciope; et Pallas, qu'elle va les protéger au ciel contre les dieux du parti contraire; et soudain en même temps on voit Junon descendre, Pallas remonter, et Iris disparoître; et les Argonautes, ayant repris de nouvelles espérances sur ces promesses, se retirent pour aller sacrifier à l'Amour, de qui dépend toute leur fortune.

1. Voyez p. 280.

ACTE SECOND.

La rivière du Phase et le paysage qu'elle traverse en font la décoration. On voit tomber de gros torrents des rochers qui lui servent de rivages, et l'éloignement qui borne la vue présente aux yeux divers coteaux dont cette campagne est enfermée.

Junon, sous le visage et l'habit de Chalciope, tire Jason à part sur les bords de ce fleuve, et après lui avoir appris ce qu'elle a déjà gagné sur l'esprit de Médée à la faveur de ce déguisement, elle lui raconte qu'Hypsipyle, impatiente de le revoir, s'étoit mise sur la mer pour le suivre, et qu'y ayant fait naufrage, Neptune l'avoit reçue dans son palais, et la lui alloit renvoyer pour traverser ses amours avec Médée, et empêcher que son retour en Thessalie, après la conquête de la Toison, ne devînt funeste pour Pélie, son fils. Elle l'exhorte à ne point perdre de temps et à faire tous ses efforts à regagner tout à fait Médée, et emporter la Toison avant l'arrivée de cette amante.

Médée entre, sous prétexte de chercher sa sœur; et quelque ressentiment dont elle soit animée contre Jason, ce prince adroit agit si bien avec l'aide de Junon, qu'il l'adoucit; mais comme elle est prête à se rendre, Absyrte son frère interrompt leurs discours, pour leur faire part du ravissement que lui a donné ce qu'il a vu s'avancer vers eux sur le Phase; et en même temps on voit sortir de ce fleuve le dieu Glauque, avec deux tritons et deux sirènes, qui chantent ces paroles, cependant qu'une grande conque de nacre, semée de branches de coral et de pierres précieuses, portée par quatre dauphins, et soutenue par quatre vents en l'air, vient insensiblement s'arrêter au milieu de cette même rivière.

Voici donc ce que chantent les sirènes :

Telle Vénus sortit du sein de l'onde[1]....

Tandis qu'elles chantent, le devant de cette conque merveilleuse fond dans l'eau, et laisse voir la reine Hypsipyle assise comme dans un trône. Sa première vue frappe le cœur d'Absyrte, et soudain Glauque commande aux vents de s'envoler, aux tritons et aux sirènes de disparoître, au fleuve de retirer une partie de ses eaux pour laisser prendre terre à Hypsipyle, et à Jason de rallumer ses feux pour cette reine de Lemnos, que Neptune lui renvoie comme le seul objet qui soit digne de son amour. Les tritons, le fleuve, les vents et les sirènes obéissent, et Glauque se perd lui-même au fond de l'eau, sitôt qu'il a parlé. Absyrte donne la main à Hypsipyle, pour sortir de cette conque, qui s'abîme aussitôt dans le fleuve; le seul Jason demeure immobile, et pressé par elle de lui parler, il lui avoue qu'il n'a plus d'yeux que pour Médée. Cette princesse ne laisse pas d'en prendre jalousie, et par une nouvelle colère, elle le quitte, comme un volage qui ne mérite pas qu'elle en fasse état. Jason la suit par le conseil de Junon, qui les va rejoindre un moment après, et Absyrte, demeuré seul avec Hypsipyle, lui fait ses premières offres de service, et tâche de lui faire concevoir la grandeur d'un amour qui vient de naître. Elle se défend sur la préoccupation de son cœur pour cet inconstant dont elle se voit abandonnée, et prie ce prince de la conduire au Roi pour lui en faire ses plaintes. Il veut l'en dissuader; mais enfin il obéit, et tous deux ensemble le vont trouver dans son palais.

1. Voyez p. 293.

ACTE TROISIÈME.

....[1] Le Roi entre le premier, suivi de Jason, qui vient de lui demander Médée en mariage, et la Toison pour dot. Ce monarque irrité le renvoie à la reine Hypsipyle, et lui commande d'écouter les plaintes qu'elle lui veut faire de son infidélité.

Hypsipyle, que le Roi laisse avec Jason, le réduit à lui avouer que toute la tendresse de son cœur est pour elle, et qu'il ne s'attache à Médée que par la considération du besoin qu'il en a pour emporter la Toison, sans laquelle ni lui ni aucun de ses compagnons ne peut retourner en Grèce qu'il n'y perde la tête. Médée interrompt leur discours; et sitôt que Jason la voit, il se retire tout confus de ce qu'il vient de dire, et saisi d'une juste appréhension qu'elle ne l'aye écouté.

Ces deux rivales, jalouses l'une de l'autre, commencent un entretien piquant qui se termine en querelle, que Médée fait éclater par un changement de ce palais doré en un palais d'horreur, où tout ce qu'il y a d'épouvantable en la nature sert de Termes[2]....

Quatre[3] monstres ailés et quatre rampants enferment Hypsipyle. Cette reine, demeurée seule parmi tant d'objets épouvantables, et pleine du désespoir où la jette l'infidèle politique de Jason, s'offre à mourir, et presse ces

1. Après les mots : « qui a paru au premier acte; » voyez ci-après, p. 299.
2. Voyez ci-après, p. 299 et 300.
3. Après les mots : « que fait la perspective; » voyez ci-après, p. 300.

monstres de la dévorer; puis tout à coup se remettant en l'esprit que ce seroit se sacrifier à sa rivale, elle leur crie qu'ils n'avancent pas. Cette défense qu'elle leur fait est répétée par une voix cachée qui chante ces paroles :

Monstres, n'avancez pas, une reine l'ordonne[1]....

Les monstres s'arrêtent en même temps, et comme Hypsipyle ne sait à qui attribuer une protection si surprenante, la même voix ajoute :

C'est l'Amour qui fait ce miracle[2]....

Soudain une nuée descend en terre, et s'y séparant en deux ou trois, qui se perdent en divers endroits du théâtre, elle y laisse le prince Absyrte, qui en étoit enveloppé. Ce prince amoureux commande à ces monstres de disparoître, ce qu'ils font aussitôt, les uns en s'envolant, et les autres en fondant sous terre. Après quoi, il donne la main à cette reine effrayée, pour sortir d'un lieu si dangereux pour elle.

ACTE QUATRIÈME.

....[3] Médée y paroît seule, dans une profonde rêverie; Absyrte l'aborde, à qui elle demande compte du succès de leur artifice, et fait par là connoître aux spectateurs que toute cette épouvante du troisième acte n'étoit qu'un

1. Voyez 313. — 2. *Ibidem.*
3. Après les mots : « qu'on passe de la nuit au jour; » voyez ci-après, p. 315.

jeu concerté entre eux, afin qu'Hypsipyle, croyant être obligée de la vie à ce prince, reçût plus favorablement son amour, et ne disputât plus le cœur de Jason à cette princesse. Cet amant lui apprend que son secours inespéré n'a produit en cette reine que des sentiments de reconnoissance, qui ne vont point jusqu'à l'amour, et lui demande un charme assez fort pour emporter son cœur tout à fait. Médée lui avoue que le pouvoir de son art ne s'étend point jusque-là, et après lui avoir promis de le servir, elle le congédie en le priant de lui envoyer sa sœur Chalciope.

Attendant qu'elle vienne, elle s'entretient sur le péril où l'expose l'amour d'un volage, qui pourra ne lui être pas plus fidèle qu'à Hypsipyle. Chalciope, ou plutôt Junon sous son visage, vient l'entretenir, et lui exagère l'obligation qu'elle a à Jason de l'avoir si hautement préférée à Hypsipyle en sa présence même. Elle ajoute que ses dédains ne peuvent servir qu'à le réunir avec cette rivale, et se retire le voyant arriver. Médée lui fait des reproches de tout ce qu'il a dit d'obligeant à Hypsipyle, soit qu'elle l'eût entendu, soit qu'elle l'eût su par le moyen du charme. Jason lui répond qu'elle ne doit pas s'alarmer d'une civilité qu'il n'a pu refuser à la dignité d'une reine qu'il abandonne pour elle, et continue à lui demander la Toison, où sa gloire est attachée, avec le salut de tous ses compagnons. Médée lui réplique qu'elle veut bien prendre soin de sa gloire, et lui donne de quoi vaincre les taureaux et les gensdarmes, à la charge qu'il laissera combattre le dragon aux autres. Jason veut la grâce entière, et Médée le quitte en colère de ce qu'il exige tout d'elle, et ne veut rien laisser en son pouvoir.

Junon le rejoint, étonnée comme lui des menaces avec lesquelles Médée s'en est séparée. Elle se plaint de ce que l'Amour ne lui tient pas ce qu'il lui avoit promis en sa faveur, et lui apprend que les Dieux s'assemblent chez Jupiter pour résoudre le destin de cette journée. Sur quoi, le ciel de Vénus s'ouvre, qui fait voir le palais de cette déesse, où l'Amour paroît seul, et dit à Junon que pour lui tenir parole, il s'en va montrer à cette assemblée des Dieux qu'il est leur maître quand il lui plaît. Il finit en commandant à Jason d'obéir à Médée, et de lui laisser le soin du reste, et s'élance aussitôt en l'air, qu'il traverse, non pas d'un côté du théâtre à l'autre, mais d'un bout à l'autre. Les curieux qui voudront bien considérer ce vol le trouveront assez extraordinaire, et je ne me souviens point d'en avoir vu de cette manière[1]. Après que l'Amour a disparu, Jason reprend courage, et sort avec Junon, pour rejoindre Médée et rendre une soumission entière à ses volontés.

ACTE CINQUIÈME.

La forêt de Mars y fait voir la Toison sur un arbre qui en occupe le milieu. Le dragon ne s'y montre point encore, parce que le charme de Circé, qui l'en a fait gardien, le réserve pour s'opposer aux ravisseurs, et ne veut pas qu'il épouvante ceux qui ne sont amenés là que par la curiosité de voir cette précieuse dépouille. C'est ce qu'Absyrte apprend à Hypsipyle, et reçoit d'elle de nouvelles protestations de reconnoissance pour le service

---

1. Voyez ci-dessus, p. 231, et p. 227, note 3.

qu'il lui a rendu avec un aveu qu'elle ne peut se donner à lui que Jason ne se soit donné à un autre[1] et lui ait montré l'exemple d'un changement irrévocable. Le Roi les aborde, tout épouvanté de la victoire que ce héros vient de remporter sur les taureaux et les gensdarmes, et témoigne peu de confiance au dragon, qui reste seul à vaincre. Il attribue ces effets prodigieux à des charmes qu'Hypsipyle lui a prêtés, et qu'il croit plus savante en ce grand art que Médée, vu la manière toute miraculeuse dont elle a pris terre à Colchos. Cette reine rejette sur sa rivale ce qu'il lui impute, et presse Jason, qu'elle voit venir, d'en avouer la vérité. Jason, sans vouloir éclaircir cette matière, demande au Roi la permission d'achever, et s'avance vers la Toison pour la prendre. Médée paroît aussitôt sur le dragon volant, élevée en l'air à la hauteur d'un homme, et s'étant saisie de cette toison, elle présente le combat à ce héros, qui met bas les armes devant elle, et aime mieux renoncer à sa conquête que de lui déplaire. Après cette déférence, il se retire, et Zéthès et Calaïs, qui l'avoient suivi, entreprennent le combat en sa place, et s'élancent tout d'un temps dans les nuées, pour fondre de là sur le dragon. Médée les brave, et s'élève encore plus haut pour leur épargner la peine de descendre, cependant qu'Orphée les encourage par cet air qu'il chante :

Hâtez-vous, enfants de Borée[2]....

Cette chanson d'Orphée ne fait point paroître les Argonautes ailés, et Médée en prend occasion de le railler de ce que sa voix ne porte point jusqu'à eux, puisqu'elle ne les fait point descendre; mais ces héros se

1. Voyez tome I, p. 228, note 3-α.
2. Voyez p. 342.

montrant sur la fin de sa raillerie, Orphée chante cet autre couplet tandis qu'ils combattent :

> Combattez, race d'Orithye[1]....

L'art des machines n'a rien encore fait voir à la France de plus beau, ni de plus ingénieux que ce combat. Les deux héros ailés fondent sur le dragon, et se relevant aussitôt qu'ils ont tâché de lui donner une atteinte, ils tournent face en même temps, pour revenir à la charge. Médée est au milieu des deux, qui pare leurs coups, et fait tourner le dragon vers l'un et vers l'autre, suivant qu'ils se présentent. Jusqu'ici nous n'avons point vu de vols sur nos théâtres qui n'ayent été tout à fait de bas en haut, ou de haut en bas, comme ceux d'*Andromède;* mais de descendre des nues au milieu de l'air et se relever aussitôt sans prendre terre, joignant ainsi les deux mouvements, et se retourner à la vue des spectateurs, pour recommencer dix fois la même descente, avec la même facilité que la première, je ne puis m'empêcher de dire qu'on n'a rien encore vu de si surprenant, ni qui soit exécuté avec tant de justesse[2].

Le combat se termine par la fuite des Argonautes et la retraite d'Orphée. Le Roi, ravi de voir que Médée l'a si bien servi, lui en fait ses remerciements, et l'invite à descendre pour l'embrasser. Cette princesse s'en excuse, sur ce qu'elle veut aller combattre et vaincre ces ambitieux jusque dans leur navire. Le Roi, voyant qu'elle continue à s'élever toujours plus haut avec la Toison qu'elle emporte, commence à la soupçonner de quelque perfidie, et elle lui avoue que les Dieux de Jason sont plus forts que les siens, et qu'elle le va rejoindre dans son vaisseau, où sa sœur Chalciope l'attend avec ses fils. Sitôt qu'elle

---

1. Voyez p. 242. — 2. Voyez ci-dessus, p. 231 et p. 241.

est disparue, Junon se montre dans son chariot, et après avoir désabusé le Roi touchant Chalciope, dont elle a pris le visage pour mieux porter Médée à ce qu'elle vient de faire, elle remonte au ciel pour en obtenir l'aveu de Jupiter. Le Roi, au désespoir, implore le secours du Soleil son père, dont on voit s'ouvrir le palais lumineux, et ce dieu sortir dans son char tout brillant de lumière. Il s'élève en haut pour demander en faveur de son fils la protection de Jupiter, et un autre ciel s'ouvre au-dessus de lui, où paroît ce maître des Dieux sur son trône, et Junon à son côté. Ces trois théâtres qu'on voit tout d'une vue font un spectacle tout à fait agréable et majestueux[1]....
C'est[2] en cet état que ce maître des Dieux répond à la prière que lui fait le Soleil, et lui dit que l'arrêt du Destin est irrévocable, et qu'Aæte, ayant perdu la Toison, doit perdre aussi son royaume; mais pour l'en consoler, il ordonne à Hypsipyle d'épouser Absyrte, et à ce roi d'aller passer ce temps fatal dans son île de Lemnos. Il ajoute qu'il doit sortir de Médée un Médus qui le rétablira en ses États, et fondera l'empire des Mèdes. Après cet oracle prononcé, le palais de Jupiter se referme, le Soleil va continuer sa course, et le Roi, Absyrte et Hypsipyle se retirent pour aller exécuter les ordres qu'ils ont reçus.

Voilà quelques légères idées de ce que l'on verra dans cette pièce, que je nommerois la plus belle des miennes, si la pompe des vers y répondoit à la dignité du spectacle. L'œil y découvrira des beautés que ma plume n'est pas capable d'exprimer, et la satisfaction qu'en remportera le spectateur l'obligera à m'accuser d'en avoir trop peu dit dans cet avant-goût que je lui donne.

1. Voyez p. 345.
2. Après les mots : « de grandeur et de couleur naturelle; » voyez ci-après, p. 346.

EXAMEN[1].

L'ANTIQUITÉ n'a rien fait passer jusqu'à nous qui soit si généralement connu que le voyage des Argonautes; mais comme les historiens qui en ont voulu démêler la vérité d'avec la fable[2] qui l'enveloppe, ne s'accordent pas en tout, et que les poëtes qui l'ont embelli de leur fictions ne se sont pas assez accordés pour prendre[3] la même route, j'ai cru que pour en faciliter l'intelligence entière, il étoit à propos d'avertir le lecteur de quelques particularités[4] où je me suis attaché, qui peut-être ne sont pas connues de tout le monde. Elles sont pour la plupart tirées de Valérius Flaccus[5], qui en a fait un poëme épique en latin[6], et de qui, entre autres choses, j'ai emprunté la métamorphose de Junon en Chalciope.

Phryxus étoit fils d'Athamas, roi de Thèbes, et de Néphélé, qu'il répudia pour épouser Ino. Cette seconde femme persécuta si bien ce jeune prince, qu'il fut obligé de s'enfuir sur un mouton dont la laine étoit d'or, que

---

1. Cet *Examen*, tel que le donnent les éditions de 1663-1682, est identique, sauf une ou deux légères variantes, avec l'*Argument* de l'édition originale (1661), que nous omettons à cause de cette identité. L'*Argument* placé en tête des *Desseins*, et qui, pour les trois premiers paragraphes, est aussi presque entièrement semblable à l'Examen, a de moins le dernier alinéa.

2. VAR. (Desseins) : démêler la vérité dans la fable.

3. VAR. (édit. de 1661 et de 1663) n'ont pas pris.

4. VAR (Desseins) : j'ai cru que pour faciliter au spectateur l'intelligence entière de ce sujet, il étoit à propos de l'avertir de quelques particularités.

5. *C. Valerii Flacci Setini Balbi Argonauticon libri octo.* C'est au livre VI de ce poëme (vers 477-506) qu'il est parlé de la métamorphose de Junon en Chalciope.

6. Le premier alinéa se termine ici dans les *Desseins*, qui n'ont pas la fin de la phrase.

sa mère lui donna après l'avoir reçu de Mercure. Il le sacrifia à Mars, sitôt qu'il fut abordé à Colchos[1], et lui en appendit la dépouille dans une forêt qui lui étoit consacrée. Aætes, fils du Soleil, et roi de cette province, lui donna pour femme Chalciope, sa fille aînée, dont il eut quatre fils, et mourut quelque temps après. Son ombre apparut ensuite à ce monarque, et lui révéla que le destin de son État dépendoit de cette toison; qu'en même temps qu'il la perdroit, il perdroit aussi son royaume; et qu'il étoit résolu dans le ciel que Médée, sa autre fille, auroit un époux étranger. Cette prédiction fit deux effets. D'un côté, Aætes, pour conserver cette toison, qu'il voyoit si nécessaire à sa propre conservation, voulut en rendre la conquête impossible par le moyen des charmes de Circé sa sœur et de Médée sa fille. Ces deux savantes magiciennes firent en sorte qu'on ne pouvoit s'en rendre maître qu'après avoir dompté deux taureaux dont l'haleine étoit toute de feu, et leur avoir fait labourer le champ de Mars, où ensuite il falloit semer des dents de serpent, dont naissoient aussitôt autant de gensdarmes, qui tous ensemble attaquoient le téméraire qui se harsardoit à une si dangereuse entreprise; et pour dernier péril, il falloit combattre un dragon qui ne dormoit jamais, et qui étoit le plus fidèle et le plus redoutable gardien de ce trésor. D'autre côté, les rois

---

1. Corneille se conforme à la coutume qui s'était introduite dans la langue française de désigner par l'accusatif du mot latin *Colchi, Colchorum* (voyez Valerius Flaccus, livre V, vers 284 et 422) la ville ou le pays (*la Colchide*) où était la Toison d'or et où régnait Ætès*, père de Médée. Thomas Corneille, dans son *Dictionnaire universel géographique et historique*, parle, à l'article Colchide, du « royaume de Colchos, » et nomme *Colchos* la capitale du pays.

* Ce nom est écrit tantôt *Aætes*, tantôt *Aæte*, dans les éditions publiées du vivant de Corneille. Dans le *Dictionnaire* de son frère, que nous venons de citer, on lit, à l'article Colchide : « Aëte. »

voisins, jaloux de la grandeur d'Aætes, s'armèrent pour cette conquête, et entre autres Persès[1], son frère, roi de la Chersonèse Taurique, et fils du Soleil comme lui. Comme il s'appuya du secours des Scythes, Aætes emprunta celui de Styrus, roi d'Albanie, à qui il promit Médée, pour satisfaire à l'ordre qu'il croyoit en avoir reçu du ciel par cette ombre de Phryxus. Ils donnoient bataille, et la victoire penchoit du côté de Persès, lorsque Jason arriva suivi de ses Argonautes, dont la valeur la fit tourner du parti contraire; et en moins d'un mois, ces héros firent emporter tant d'avantages au roi de Colchos sur ses ennemis, qu'ils furent contraints de prendre la fuite et d'abandonner leur camp. C'est ici que commence la pièce; mais avant que d'en venir au détail, il faut dire un mot de Jason, et du dessein qui l'amenoit à Colchos.

Il étoit fils d'Æson, roi de Thessalie, sur qui Pélias, son frère, avoit usurpé ce royaume. Ce tyran[2] étoit fils de Neptune et de Tyro, fille de Salmonée, qui épousa ensuite Crétheus[3], père d'Æson, que je viens de nommer. Cette usurpation, lui donnant la défiance ordinaire à ceux de sa sorte, lui rendit suspect le courage de Jason, son neveu, et légitime héritier de ce royaume. Un oracle qu'il reçut le confirma dans ses soupçons, si bien que pour l'éloigner, ou plutôt pour le perdre, il lui commanda d'aller conquérir la Toison d'or, dans la croyance que ce prince y périroit, et le laisseroit, par sa mort, paisible possesseur de l'État dont il s'étoit emparé. Jason, par le conseil de Pallas, fit bâtir pour ce fameux voyage le navire Argo, où s'embarquèrent avec lui quarante des

1. Voyez le livre III de Valérius Flaccus, vers 492 et suivants.
2. Pélias.
3. Dans l'édition de 1692 : *Chrétus*. La véritable orthographe est *Crétheus*, du grec Κρηθεύς.

plus vaillants de toute la Grèce. Orphée fut du nombre, avec Zéthès[1] et Calaïs, fils du vent Borée et d'Orithye, princesse de Thrace, qui étoient nés avec des ailes, comme leur père, et qui par ce moyen délivrèrent Phinée, en passant, des Harpies[2] qui fondoient sur ses viandes sitôt que sa table étoit servie, et leur donnèrent la chasse par le milieu de l'air. Ces héros, durant leur voyage, reçurent beaucoup de faveurs de Junon et de Pallas, et prirent terre à Lemnos, dont étoit reine Hypsipyle, où ils tardèrent deux ans, pendant lesquels Jason fit l'amour à cette reine, et lui donna parole de l'épouser à son retour : ce qui ne l'empêcha pas de s'attacher auprès de Médée, et de lui faire les mêmes protestations, sitôt qu'il fut arrivé à Colchos, et qu'il eut vu le besoin qu'il en avoit. Ce nouvel amour lui réussit si heureusement, qu'il eut d'elle des charmes pour surmonter tous ces périls, et enlever[3] la Toison d'or, malgré le dragon qui la gardoit, et qu'elle assoupit. Un auteur que cite le mythologiste Noël le Comte, et qu'il appelle Denys le Milésien, dit qu'elle lui porta la Toison jusque dans son navire[4] ; et c'est sur son rapport que je me suis

1. On trouve pour ce nom, dans les anciennes éditions, la double orthographe *Zéthès* et *Zethez*. Toutes, y compris celle de 1692, ont *Zethez* dans la liste des acteurs.
2. Var. (Desseins) : délivrèrent, en passant, Phinée des Harpies. — Dans l'édition de 1692 : « et qui, par ce moyen, ayant vu Phinée en passant, le délivrèrent des Harpies. »
3. Dans l'édition de 1692 : « et pour enlever. »
4. L'érudit connu sous le nom de Natalis Comes s'appelait Noël Conti ; il est né à Milan au commencement du seizième siècle, et est mort vers 1582. Voici le passage de son principal ouvrage auquel Corneille fait allusion : « Dyonisius Milesius scripsit illam aureum vellus « ad navem attulisse, atque una cum Argonautis, ultionem patris de- « vitantem, aufugisse. » *Natalis Comitis Mythologiæ*, lib. VI, cap. VIII.) Quant à Denys de Milet, historien grec, qui vivait au cinquième siècle avant Jésus-Christ, ses ouvrages sont entièrement perdus, et les frag-

autorisé à changer la fin ordinaire de cette fable, pour la rendre plus surprenante et plus merveilleuse. Je l'aurois été assez par la liberté qu'en donne la poésie en de pareilles rencontres; mais j'ai cru en avoir encore plus de droit en marchant sur les pas d'un autre, que si j'avois inventé ce changement.

C'est avec un fondement semblable que j'ai introduit Absyrte en âge d'homme, bien que la commune opinion n'en fasse qu'un enfant, que Médée déchira par morceaux. Ovide et Sénèque le disent[1]; mais Apollonius Rhodius le fait son aîné; et si nous voulons l'en croire, Aætes l'avoit eu d'Astérodie avant qu'il épousât la mère de cette princesse, qu'il nomme Idye, fille de l'Océan[2]. Il dit de plus qu'après la fuite des Argonautes, la vieillesse d'Aætes ne lui permettant pas de les poursuivre, ce prince monta sur mer, et les joignit autour d'une île située à l'embouchure du Danube, et qu'il appelle Peucé[3]. Ce fut là que Médée, se voyant perdue avec tous ces Grecs, qu'elle voyoit trop foibles pour lui résister, feignit de les vouloir trahir; et ayant attiré ce frère trop crédule à conférer avec elle de nuit dans le temple de Diane, elle le fit tomber dans une embuscade de Jason, où il fut tué. Valérius Flaccus dit les mêmes choses d'Absyrte que cet auteur grec[4]; et c'est sur l'autorité de l'un

---

ments que Noël Conti cite sous le nom d'*Argonautiques* sont d'une époque postérieure à celle de l'écrivain à qui ils sont atiribués.

1. Voyez le commencement du livre VII des *Métamorphoses* d'Ovide, la IXe élégie du livre III des *Tristes*, vers 5 et suivants, et le Ve acte de la *Médée* de Sénèque, vers 911 et 912. Au vers 54 du livre VII des *Métamorphoses*, Ovide fait dire à Médée : *Frater adhuc infans*, « mon frère encore enfant. »

2. Voyez le livre Ier du poëme grec d'Apollonius de Rhodes, intitulé *les Argonautiques*, vers 241 et suivants.

3. Voyez *ibidem*, livre IV, vers 303 et suivants.

4. Voyez la fin du VIIIe livre des *Argonautiques* de Valérius

et de l'autre que je me suis enhardi à quitter l'opinion commune, après l'avoir suivie quand j'ai mis Médée sur le théâtre[1]. C'est me contredire moi-même en quelque sorte ; mais Sénèque, dont je l'ai tirée, m'en donne l'exemple, lorsque après avoir fait mourir Jocaste dans l'*Œdipe*, il la fait revivre dans *la Thébaïde*, pour se trouver au milieu de ses deux fils, comme ils sont prêts de commencer le funeste duel où ils s'entre-tuent ; si toutefois ces deux pièces sont véritablement d'un même auteur[2].

Flaccus, que l'auteur a laissé inachevé, et auquel J. B. Pio de Bologne a ajouté une centaine de vers dont il a emprunté le sujet au poëme grec d'Apollonius de Rhodes.

1. Voyez dans notre tome II, p. 332, la scène IV du Ier acte de *Médée*, vers 236.

2. Le dernier membre de phrase : « si toutefois, etc., ». manque dans l'*Argument* de 1661 et dans l'*Examen* de 1663. — Daniel Heinsius attribue l'*OEdipe* au père de Sénèque le philosophe ; quant à *la Thébaïde*, contrairement à l'avis de Juste Lipse, qui admire beaucoup cette tragédie, il la trouve inférieure à toutes celles qui portent le nom de Sénèque, et ne croit pas qu'elle puisse être l'ouvrage ni du père ni du fils.

LISTE DES ÉDITIONS QUI ONT ÉTÉ COLLATIONNÉES
POUR LES VARIANTES DE *LA TOISON D'OR*

ÉDITIONS SÉPARÉES.

Desseins de la Toison d'or[1].
1661 in-12.

RECUEILS.

1663 in-fol.[2] ;   1668 in-12 ;
1664 in-8° :   1682 in-12.

1. Voyez p. 229, note 1, et p. 230, note 1.
2. L'édition de 1660 finit à *OEdipe*.

ACTEURS DU PROLOGUE.

LA FRANCE.   L'HYMÉNÉE.
LA VICTOIRE.   LA DISCORDE.
MARS.   L'ENVIE.
LA PAIX.   Quatre Amours.

ACTEURS DE LA TRAGÉDIE.

JUPITER.
JUNON.
PALLAS.
IRIS.
L'AMOUR.
LE SOLEIL.
AÆTE, roi de Colchos, fils du Soleil.
ABSYRTE, fils d'Aæte.
CHALCIOPE, fille d'Aæte, veuve de Phryxus.
MÉDÉE, fille d'Aæte, amante de Jason.
HYPSIPYLE, reine de Lemnos.
JASON, prince de Thessalie, chef des Argonautes.
PÉLÉE,
IPHITE,   } Argonautes.
ORPHÉE,
ZÉTHÈS,
CALAÏS   } Argonautes ailés, fils de Borée et d'Orithye.
GLAUQUE, dieu marin.
Deux Tritons. — Deux Sirènes. — Quatre Vents.

La scène est à Colchos[1].

1. Voyez ci-dessus, p. 246, note 1.

LA CONQUÊTE
DE LA TOISON D'OR.

TRAGÉDIE

PROLOGUE[1].

DÉCORATION DU PROLOGUE.

L'heureux mariage de Sa Majesté, et la paix qu'il lui a plu donner à ses

[1]. « Notre siècle a inventé une.... espèce de prologue pour les pièces de machines, dit Corneille dans le *Discours du poëme dramatique* (voyez au tome I, p. 46 et 47), qui ne touche point au sujet, et n'est qu'une louange adroite du prince devant qui ces poëmes doivent être représentés, » et il cite comme exemples les prologues d'*Andromède* et de *la Toison d'or*. Voltaire ajoute dans la *Préface* qu'il a placée en tête de cette dernière pièce : « Les prologues d'*Andromède* et de *la Toison d'or*, où Louis XIV était loué, servirent ensuite de modèle à tous les prologues de Quinault, et ce fut une coutume indispensable de faire l'éloge du Roi à la tête de tous les opéras, comme dans les discours à l'Académie française. Il y a de grandes beautés dans le prologue de *la Toison d'or*. Ces vers surtout, que dit la France personnifiée, plurent à tout le monde :

> A vaincre tant de fois mes forces s'affoiblissent :
> L'État est florissant, mais les peuples gémissent ;
> Leurs membres décharnés courbent sous mes hauts faits,
> Et la gloire du trône accable les sujets.

Longtemps après, il arriva, sur la fin du règne de Louis XIV, que cette pièce ayant disparu du théâtre, et n'étant lue tout au plus *peuples*[1], *ayant été les motifs de la réjouissance publique pour laquelle cette tragédie a été préparée, non-seulement il étoit juste qu'ils servissent de sujet au prologue qui la précède, mais il étoit même absolument impossible d'en choisir une plus illustre matière.*

L'ouverture du théâtre fait voir un pays ruiné par les guerres, et terminé dans son enfoncement par une ville qui n'en est pas mieux traitée ; ce qui marque le pitoyable état où la France étoit réduite avant cette faveur du ciel, qu'elle a si longtemps souhaitée, et dont la bonté de son généreux monarque[2] la fait jouir à présent[3].

SCÈNE PREMIÈRE.

LA FRANCE, LA VICTOIRE.

LA FRANCE.

Doux charme des héros, immortelle Victoire,
Ame de leur vaillance, et source de leur gloire,
Vous qu'on fait si volage, et qu'on voit toutefois

que par un petit nombre de gens de lettres, un de nos poëtes[*], dans une tragédie nouvelle, mit ces quatre vers dans la bouche d'un de ses personnages : ils furent défendus par la police. C'est une chose singulière qu'ayant été bien reçus en 1660, ils déplurent trente ans après ; et qu'après avoir été regardés comme la noble expression d'une vérité importante, ils furent pris dans un autre auteur pour un trait de satire. »

1. Un traité de paix avait été conclu, le 7 novembre 1659, entre la France et l'Espagne, par le cardinal Mazarin et don Louis de Haro, dans l'île des Faisans, sur la rivière de Bidassoa. L'un des articles du traité était le mariage de Louis XIV avec l'infante Marie-Thérèse, fille aînée de Philippe IV. Cette princesse épousa le roi de France par procuration, à Fontarabie, le 3 juin 1660, et le mariage fut célébré six jours après, le 9 juin, à Saint-Jean-de-Luz.

2. Var. (édit. de 1661) : de son illustre monarque.

3. Dans l'édition de 1663, pour cette pièce comme pour *Andromède*, toutes les décorations précèdent la liste des acteurs.

[*] Campistron, dans *Tiridate*, acte II, scène II :

    Je sais qu'en triomphant les États s'affoiblissent :
    Le monarque est vainqueur, et les peuples gémissent ;
    Dans le rapide cours de ses vastes projets,
    La gloire dont il brille accable ses sujets.

Si constante à me suivre, et si ferme en ce choix,
Ne vous offensez pas si j'arrose de larmes
Cette illustre union qu'ont avec vous mes armes,
Et si vos faveurs même obstinent mes soupirs
A pousser vers la Paix mes plus ardents desirs.
Vous faites qu'on m'estime aux deux bouts de la terre,
Vous faites qu'on m'y craint; mais il vous faut la guerre;
Et quand je vois quel prix me coûtent vos lauriers,
J'en vois avec chagrin couronner mes guerriers.

LA VICTOIRE.

Je ne me repens point, incomparable France,
De vous avoir suivie avec tant de constance :
Je vous prépare encor mêmes attachements;
Mais j'attendois de vous d'autres remercîments.
Vous lassez-vous de moi qui vous comble de gloire,
De moi qui de vos fils assure la mémoire,
Qui fais marcher partout l'effroi devant leurs pas?

LA FRANCE.

Ah! Victoire, pour fils n'ai-je que des soldats?
La gloire qui les couvre, à moi-même funeste,
Sous mes plus beaux succès fait trembler tout le reste;
Ils ne vont aux combats que pour me protéger,
Et n'en sortent vainqueurs que pour me ravager.
S'ils renversent des murs, s'ils gagnent des batailles,
Ils prennent droit par là de ronger mes entrailles :
Leur retour me punit de mon trop de bonheur,
Et mes bras triomphants me déchirent le cœur.
A vaincre tant de fois mes forces s'affoiblissent :
L'État est florissant, mais les peuples gémissent;
Leurs membres décharnés courbent sous mes hauts faits,
Et la gloire du trône accable les sujets[1].

Voyez autour de moi que de tristes spectacles!

---

1. Voyez ci-dessus, p. 253, note 1.

Voilà ce qu'en mon sein enfantent vos miracles.
  Quelque encens que je doive à cette fermeté 35
Qui vous fait en tous lieux marcher à mon côté,
Je me lasse de voir mes villes désolées,
Mes habitants pillés, mes campagnes brûlées.
Mon roi, que vous rendez le plus puissant des rois,
En goûte moins le fruit de ses propres exploits; 40
Du même œil dont il voit ses plus nobles conquêtes,
Il voit ce qu'il leur faut sacrifier de têtes;
De ce glorieux trône où brille sa vertu,
Il tend sa main auguste à son peuple abattu;
Et comme à tous moments[1] la commune misère 45
Rappelle en son grand cœur les tendresses de père,
Ce cœur se laisse vaincre aux vœux que j'ai formés,
Pour faire respirer ce que vous opprimez.

LA VICTOIRE.

France, j'opprime donc ce que je favorise!
A ce nouveau reproche excusez ma surprise : 50
J'avois cru jusqu'ici qu'à vos seuls ennemis
Ces termes odieux pouvoient être permis,
Qu'eux seuls de ma conduite avoient droit de se plaindre.

LA FRANCE.

Vos dons sont à chérir, mais leur suite est à craindre :
Pour faire deux héros ils font cent malheureux; 55
Et ce dehors brillant que mon nom reçoit d'eux
M'éclaire à voir les maux qu'à ma gloire il attache,
Le sang dont il m'épuise, et les nerfs qu'il m'arrache.

LA VICTOIRE.

Je n'ose condamner de si justes ennuis,
Quand je vois quels malheurs malgré moi je produis; 60
Mais ce dieu dont la main m'a chez vous affermie

---

1. L'édition de 1692 donne ici : « à tout moment; » plus loin (vers 1534), elle a, comme toutes les autres éditions, le pluriel : « à tous moments. »

Vous pardonnera-t-il d'aimer son ennemie?
Le voilà qui paroît, c'est lui-même, c'est Mars,
Qui vous lance du ciel de farouches regards;
Il menace, il descend : apaisez sa colère   65
Par le prompt désaveu d'un souhait téméraire.

(Le ciel s'ouvre et fait voir Mars en posture menaçante, un pied en l'air, et l'autre porté sur son étoile. Il descend ainsi à un des côtés du théâtre, qu'il traverse en parlant; et sitôt qu'il a parlé, il remonte au même lieu dont il est parti[1].)

SCÈNE II.

MARS[2], LA FRANCE, LA VICTOIRE.

MARS.

France ingrate, tu veux la paix!
    Et pour toute reconnoissance
D'avoir en tant de lieux étendu ta puissance,
    Tu murmures de mes bienfaits!   70
Encore un lustre ou deux, et sous tes destinées
J'aurois rangé le sort des têtes couronnées;
Ton État n'auroit eu pour bornes que ton choix;
Et tu devois tenir pour assuré présage,
Voyant toute l'Europe apprendre ton langage,   75
Que toute cette Europe alloit prendre tes lois.
    Tu renonces à cette gloire;
    La Paix a pour toi plus d'appas,
    Et tu dédaignes la Victoire
Que j'ai de ma main propre attachée à tes pas!   80
Vois dans quels fers sous moi la Discorde et l'Envie
    Tiennent cette paix asservie.
La Victoire t'a dit comme on peut m'apaiser;

---

1. *Var. Et remonte aussitôt au même lieu dont il est parti.* (1661-64)
2. MARS, *en l'air.* (1661)

J'en veux bien faire encor ta compagne éternelle ;
    Mais sache que je la rappelle, 85
    Si tu manques d'en bien user.
(Avant que de disparoître, ce dieu, en colère contre la France, lui fait voir la Paix, qu'elle demande avec tant d'ardeur, prisonnière dans son palais, entre les mains de la Discorde et de l'Envie, qu'il lui a données pour gardes. Ce palais a pour colonnes[1] des canons, qui ont pour bases des mortiers, et des boulets pour chapiteaux ; le tout accompagné, pour ornements, de trompettes, de tambours, et autres instruments de guerre entrelacés ensemble et découpés à jour, qui font comme un second rang de colonnes. Le lambris est composé de trophées d'armes, et de tout ce qui peut désigner et embellir la demeure de ce dieu des batailles.)

SCÈNE III.

LA PAIX[2], LA DISCORDE, L'ENVIE, LA FRANCE, LA VICTOIRE.

LA PAIX[3].

En vain à tes soupirs il est inexorable :
Un dieu plus fort que lui me va rejoindre à toi ;
Et tu devras bientôt ce succès adorable
    A cette reine incomparable[4] 90
Dont les soins et l'exemple ont formé ton grand roi.
Ses tendresses de sœur, ses tendresses de mère,
Peuvent tout sur un fils, peuvent tout sur un frère.
Bénis, France, bénis ce pouvoir fortuné ;
Bénis le choix qu'il fait d'une reine comme elle[5] : 95

1. L'orthographe de ce mot est *colomnes* dans toutes les anciennes éditions, y compris celle de 1692.
2. LA PAIX, *prisonnière dans le ciel ;* LA DISCORDE, L'ENVIE, *aussi dans le ciel ;* AL FRANCE ET LA VICTOIRE, *en terre.* (1661)
3. LA PAIX, *prisonnière.* (1661)
4. Anne d'Autriche, sœur de Philippe IV, roi d'Espagne, et mère de Louis XIV, morte en 1666.
5. Marie-Thérèse d'Autriche. Voyez ci-dessus, p. 254, note 1.

Cent rois en sortiront, dont la gloire immortelle
Fera trembler sous toi l'univers étonné,
Et dans tout l'avenir sur leur front couronné
    Portera l'image fidèle
    De celui qu'elle t'a donné. 100

    Ce dieu dont le pouvoir suprême
Étouffe d'un coup d'œil les plus vieux différends,
Ce dieu par qui l'amour plaît à la vertu même,
Et qui borne souvent l'espoir des conquérants,
    Le blond et pompeux Hyménée 105
Prépare en ta faveur l'éclatante journée
    Où sa main doit briser mes fers.
Ces monstres insolents dont je suis prisonnière,
Prisonniers à leur tour au fond de leurs enfers,
Ne pourront mêler d'ombre à sa vive lumière. 110
    A tes cantons les plus déserts
    Je rendrai leur beauté première ;
Et dans les doux torrents d'une allégresse entière
Tu verras s'abîmer tes maux les plus amers.

Tu vois comme déjà ces deux hautes puissances, 115
Que Mars sembloit plonger en d'immortels discords[1],
Ont malgré ses fureurs assemblé sur tes bords
    Les sublimes intelligences
Qui de leurs grands États meuvent les vastes corps[2].
    Les surprenantes harmonies 120
    De ces miraculeux génies
Savent tout balancer, savent tout soutenir.
Leur prudence étoit due à cet illustre ouvrage,
    Et jamais on n'eût pu fournir,
Aux intérêts divers de la Seine et du Tage, 125

---

1. *Var.* Que Mars sembloit plonger en d'éternels discords. (Desscin.)
2. Mazarin, et don Louis de Haro, ministre de Philippe IV depuis l'an 1644.

Ni zèle plus savant en l'art de réunir,
Ni savoir mieux instruit du commun avantage.

Par ces organes seuls ces dignes potentats
    Se font eux-mêmes leurs arbitres;
Aux conquêtes par eux ils donnent d'autres titres, 130
    Et des bornes à leurs États.
Ce dieu même qu'attend ma longue impatience
N'a droit de m'affranchir que par leur conférence :
Sans elle son pouvoir seroit mal reconnu.
Mais enfin je le vois, leur accord me l'envoie. 135
    France, ouvre ton cœur à la joie;
Et vous, monstres, fuyez; ce grand jour est venu.

(L'Hyménée paroît, couronné de fleurs, portant en sa main droite un dard semé de lis et de roses, et en la gauche le portrait de la Reine peint sur son bouclier.)

SCÈNE IV.

L'HYMÉNÉE, LA PAIX, LA DISCORDE, L'ENVIE[1], LA FRANCE, LA VICTOIRE.

LA DISCORDE.

En vain tu le veux croire, orgueilleuse captive :
    Pourrions-nous fuir le secours qui t'arrive?

L'ENVIE.

Pourrions-nous craindre un dieu qui contre nos fureurs
    Ne prend pour armes que des fleurs?

L'HYMÉNÉE.

Oui, monstres, oui, craignez cette main vengeresse;
Mais craignez encor plus cette grande princesse[2]
    Pour qui je viens allumer mon flambeau :

---

1. L'ENVIE, *dans le ciel*.... LA VICTOIRE, *en terre*. (1661)
2. Voyez ci-dessus, p. 258, note 5.

Pourriez-vous soutenir les traits de son visage ? 145
    Fuyez, monstres, à son image ;
Fuyez, et que l'enfer, qui fut votre berceau,
    Vous serve à jamais de tombeau.
Et vous, noirs instruments d'un indigne esclavage,
Tombez, fers odieux, à ce divin aspect, 150
    Et pour lui rendre un prompt hommage,
Anéantissez-vous de honte ou de respect.

(Il présente ce portrait aux yeux de la Discorde et de l'Envie, qui trébuchent aussitôt aux enfers, et ensuite il le présente aux chaînes qui tiennent la Paix prisonnière, lesquelles tombent[1] et se brisent tout à l'heure.)

LA PAIX[2].

Dieux des sacrés plaisirs, vous venez de me rendre
Un bien dont les Dieux même ont lieu d'être jaloux ;
Mais ce n'est pas assez, il est temps de descendre, 155
Et de remplir les vœux qu'en terre on fait pour nous.

L'HYMÉNÉE.

Il en est temps, Déesse, et c'est trop faire attendre
    Les effets d'un espoir si doux.
    Vous donc, mes ministres fidèles,
Venez, Amours, et prêtez-nous vos ailes. 160

(Quatre Amours descendent du ciel, deux de chaque côté, et s'attachent à l'Hyménée et à la Paix pour les apporter en terre.)

LA FRANCE.

Peuple, fais voir ta joie à ces divinités
Qui vont tarir le cours de tes calamités.

CHŒUR DE MUSIQUE.

(L'Hyménée, la Paix, et les quatre Amours descendent cependant qu'il chante[3] :)

Descends, Hymen, et ramène sur terre
    Les délices avec la paix ;

---

1. *Var.* Qui tombent. (1661-64) — 2. LA PAIX, *libre.* (1661)
3. Thomas Corneille, selon sa coutume, et Voltaire après lui donnent « pendant qu'il chante. »

Descends, objet divin de nos plus doux souhaits, 165
Et par tes feux éteins ceux de la guerre.

(Après que l'Hyménée et la Paix sont descendus, les quatres Amours remontent au ciel, premièrement de droit fil tous quatre ensemble, et puis se séparant deux à deux[1] et croisant leur vol, en sorte que ceux qui sont au côté droit se retirent à gauche dans les nues, et ceux qui sont au gauche[2] se perdent dans celles du côté droit.)

SCÈNE V.

L'HYMÉNÉE, LA PAIX, LA FRANCE, LA VICTOIRE.

LA FRANCE, à la Paix.

Adorable souhait des peuples gémissants,
Féconde sûreté des travaux innocents,
Infatigable appui du pouvoir légitime,
Qui dissipez le trouble et détruisez le crime, 170
Protectrice des arts, mère des beaux loisirs,
Est-ce une illusion qui flatte mes desirs?
Puis-je en croire mes yeux, et dans chaque province
De votre heureux retour faire bénir mon prince?

LA PAIX.

France, aprends que lui-même il aime à le devoir 175
A ces yeux dont tu vois le souverain pouvoir.
Par un effort d'amour réponds à leurs miracles;
Fais éclater ta joie en de pompeux spectacles:
Ton théâtre a souvent d'assez riches couleurs
Pour n'avoir pas besoin d'emprunter rien ailleurs. 180
Ose donc, et fais voir que ta reconnoissance....

LA FRANCE.

De grâce, voyez mieux quelle est mon impuissance.

1. *Var. Et puis se séparant deux à deux.* (1664)
2. *Var. A gauche.* (1661-64)

Est-il effort humain qui jamais ait tiré
Des spectacles pompeux d'un sein si déchiré?
Il faudroit que vos soins par le cours des années.... 185
L'HYMÉNÉE.
Ces traits divins n'ont pas de forces si bornées.
Mes roses et mes lis par eux en un moment
A ces lieux désolés vont servir d'ornement.
Promets, et tu verras l'effet de ma parole.
LA FRANCE.
J'entreprendrai beaucoup; mais ce qui m'en console 190
C'est que sous votre aveu....
L'HYMÉNÉE.
              Va, n'appréhende rien:
Nous serons à l'envi nous-mêmes ton soutien.
Porte sur ton théâtre une chaleur si belle,
Que des plus heureux temps l'éclat s'y renouvelle :
Nous en partagerons la gloire et le souci. 195
LA VICTOIRE.
Cependant la Victoire est inutile ici :
Puisque la paix y règne, il faut qu'elle s'exile.
LA PAIX.
Non, Victoire : avec moi tu n'es pas inutile.
Si la France en repos n'a plus où t'employer,
Du moins à ses amis elle peut t'envoyer. 200
D'ailleurs mon plus grand calme aime l'inquiétude
Des combats de prudence, et des combats d'étude;
Il ouvre un champ plus large à ces guerres d'esprits;
Tous les peuples sans cesse en disputent le prix;
Et comme il fait monter à la plus haute gloire, 205
Il est bon que la France ait toujours la Victoire.
Fais-lui donc cette grâce, et prends part comme nous
A ce qu'auront d'heureux des spectacles si doux.
LA VICTOIRE.
J'y consens, et m'arrête aux rives de la Seine,

Pour rendre un long hommage à l'une et l'autre reine,
Pour y prendre à jamais les ordres de son roi.
Puissé-je en obtenir, pour mon premier emploi,
Ceux d'aller jusqu'aux bouts de ce vaste hémisphère
Arborer les drapeaux de son généreux frère[1],
D'aller d'un si grand prince, en mille et mille lieux,   215
Égaler le grand nom au nom de ses aïeux,
Le conduire au delà de leurs fameuses traces,
Faire un appui de Mars du favori des Grâces,
Et sous d'autres climats couronner ses hauts faits
Des lauriers qu'en ceux-ci lui dérobe la Paix !   220

L'HYMÉNÉE.

Tu vas voir davantage, et les Dieux, qui m'ordonnent
Qu'attendant tes lauriers mes myrtes le couronnent,
Lui vont donner un prix de toute autre valeur
Que ceux que tu promets avec tant de chaleur.
Cette illustre conquête a pour lui plus de charmes   225
Que celles que tu veux assurer à ses armes ;
Et son œil, éclairé par mon sacré flambeau,
Ne voit point de trophée ou si noble ou si beau.
Ainsi, France, à l'envi l'Espagne et l'Angleterre[2]
Aiment à t'enrichir quand tu finis la guerre   230
Et la paix, qui succède à ses tristes efforts,
Te livre par ma main leurs plus rares trésors.

LA PAIX.

Allons sans plus tarder mettre ordre à tes spectacles ;
Et pour les commencer par de nouveaux miracles,
Toi que rend tout-puissant ce chef-d'œuvre des cieux,

---

1. Philippe, frère de Louis XIV, né en 1640, qui avait pris le titre de duc d'Orléans à la mort de Gaston son oncle (2 février 1660).

2. Ces vers doivent avoir été composés au moment de l'impression. Corneille y fait évidemment allusion au mariage du duc d'Orléans avec Henriette d'Angleterre, sœur de Charles II, lequel avait été rétabli sur le trône en 1660. Ce mariage est du 31 mars 1661, et, comme nous l'avons dit, l'Achevé d'imprimer de la première édition de *la Toison d'or* est du 10 mai de la même année.

Hymen, fais-lui changer la face de ces lieux.
L'HYMÉNÉE, seul.
Naissez à cet aspect, fontaines, fleurs, bocages;
Chassez de ces débris les funestes images,
Et formez des jardins tels qu'avec quatre mots
Le grand art de Médée en fit naître à Colchos. 240
(Tout le théâtre se change en un jardin magnifique à la vue du portrait de la Reine, que l'Hyménée lui présente.)

FIN DU PROLOGUE.

ACTE I.

DÉCORATION DU PREMIER ACTE.

Ce grand jardin, qui en fait la scène, est composé de trois rangs de cyprès, à côté desquels on voit alternativement en chaque châssis des statues de marbre blanc à l'antique, qui versent de gros jets d'eau dans de grands bassins, soutenus par des Tritons, qui leur servent de piédestal, ou trois vases qui portent, l'un des orangers, et les deux autres diverses fleurs en confusion, chantournées[1] et découpées à jour. Les ornements de ces vases et de ces bassins sont rehaussés d'or, et ces statues portent sur leurs têtes des corbeilles d'or treillissées et remplies de pareilles fleurs. Le théâtre est fermé par une grande arcade de verdure, ornée de festons de fleurs avec une grande corbeille d'or sur le milieu, qui en est remplie comme les autres. Quatre autres arcades qui la suivent composent avec elle un berceau qui laisse voir plus loin un autre jardin de cyprès, entremêlés avec quantité[2] d'autres statues à l'antique; et la perspective du fond borne la vue par un parterre encore plus éloigné, au milieu duquel s'élève une fontaine avec divers autres jets d'eau, qui ne font pas le moindre agrément de ce spectacle.

SCÈNE PREMIÈRE.

CHALCIOPE, MÉDÉE.

MÉDÉE.

Parmi ces grands sujets d'allégresse publique,
Vous portez sur le front un air mélancolique :
Votre humeur paroît sombre; et vous semblez, ma sœur,
Murmurer en secret contre notre bonheur.

---

1. Ce mot est écrit *champtournées* dans toutes les éditions publiées du vivant de Corneille, dans celle de 1692, et même encore dans celle de Voltaire (1764).
2. Var. (Dessein et édit. de 1661-1664): mêlés de quantité.

La veuve de Phryxus et la fille d'Aæte 245
Plaint-elle de Persès la honte et la défaite?
Vous faut-il consoler de ces illustres coups
Qui partent d'un héros parent de votre époux?
Et le vaillant Jason pourroit-il vous déplaire
Alors que dans son trône il rétablit mon père? 250

CHALCIOPE.

Vous m'offensez, ma sœur : celles de notre rang
Ne savent point trahir leur pays[1] ni leur sang;
Et j'ai vu les combats de Persès et d'Aæte
Toujours avec des yeux de fille et de sujette.
Si mon front porte empreints quelques troubles secrets,
Sachez que je n'en ai que pour vos intérêts.
J'aime autant que je dois cette haute victoire:
Je veux bien que Jason en ait toute la gloire;
Mais à tout dire enfin, je crains que ce vainqueur
N'en étende les droits jusque sur votre cœur. 260
   Je sais que sa brigade, à peine descendue,
Rétablit à nos yeux la bataille perdue,
Que Persès triomphoit, que Styrus étoit mort,
Styrus que pour époux vous envoyoit le sort[2],
Jason de tant de maux borna soudain la course : 265
Il en dompta la force, il en tarit la source;
Mais avouez aussi qu'un héros si charmant
Vous console bientôt de la mort d'un amant.
L'éclat qu'a répandu le bonheur de ses armes
A vos yeux éblouis ne permet plus de larmes : 270
Il sait les détourner des horreurs d'un cercueil;
Et la peur d'être ingrate étouffe votre deuil.
   Non que je blâme en vous quelques soins de lui plaire,
Tant que la guerre ici l'a rendu nécessaire;

---

1. Par une faute singulière, l'édition de 1682 donne : « les pays, » pour : « leur pays. »
2. Voyez ci-dessus l'*Examen*, p. 247.

Mais je ne voudrois pas que cet empressement 275
D'un soin étudié fît un attachement;
Car enfin, aujourd'hui que la guerre est finie,
Votre facilité se trouveroit punie;
Et son départ subit ne vous laisseroit plus
Qu'un cœur embarrassé de soucis surperflus. 280

MÉDÉE.

La remontrance est douce, obligeante, civile;
Mais à parler sans feinte elle est fort inutile :
Si je n'ai point d'amour, je n'y prends point de part;
Et si j'aime Jason, l'avis vient un peu tard.
Quoi qu'il en soit, ma sœur, nommeriez-vous un crime
Un vertueux amour qui suivroit tant d'estime?
Alors que ses hauts faits lui gagnent tous les cœurs,
Faut-il que ses soupirs excitent mes rigueurs,
Que contre ses exploits moi seule je m'irrite,
Et fonde mes dédains sur son trop de mérite? 290
Mais s'il m'en doit bientôt coûter un repentir,
D'où pouvez-vous savoir qu'il soit prêt à partir?

CHALCIOPE.

Je le sais de mes fils, qu'une ardeur de jeunesse
Emporte malgré moi jusqu'à le suivre en Grèce,
Pour voir en ces beaux lieux la source de leur sang, 295
Et de Phryxus leur père y reprendre le rang.
Déjà tous ces héros au départ se disposent :
Ils ont peine à souffrir que leurs bras se reposent;
Comme la gloire à tous fait leur plus cher souci,
N'ayant plus à combattre, ils n'en ont plus ici : 300
Ils brûlent d'en chercher dessus quelque autre rive,
Tant leur valeur rougit sitôt qu'elle est oisive.
Jason veut seulement une grâce du Roi.

MÉDÉE.

Cette grâce, ma sœur, n'est sans doute que moi.
Ce n'est plus avec vous qu'il faut que je déguise. 305

Du chef de ces héros j'asservis la franchise ;
De tout ce qu'il a fait de grand, de glorieux,
Il rend un plein hommage au pouvoir de mes yeux.
Il a vaincu Persès, il a servi mon père,
Il a sauvé l'État, sans chercher qu'à me plaire. 310
Vous l'avez vu peut-être, et vos yeux sont témoins
De combien chaque jour il y donne de soins,
Avec combien d'ardeur....

CHALCIOPE.

      Oui, je l'ai vu moi-même,
Que pour plaire à vos yeux il prend un soin extrême ;
Mais je n'ai pas moins vu combien il vous est doux 315
De vous montrer sensible aux soins qu'il prend pour vous.
Je vous vois chaque jour avec inquiétude
Chercher ou sa présence ou quelque solitude,
Et dans ces grands jardins sans cesse repasser
Le souvenir des traits qui vous ont su blesser. 320
En un mot, vous l'aimez, et ce que j'appréhende....

MÉDÉE.

Je suis prête à l'aimer, si le Roi le commande ;
Mais jusque-là, ma sœur, je ne fais que souffrir
Les soupirs et les vœux qu'il prend soin de m'offrir.

CHALCIOPE.

Quittez ce faux devoir dont l'ombre vous amuse. 325
Vous irez plus avant si le Roi le refuse ;
Et quoi que votre erreur vous fasse présumer,
Vous obéirez mal s'il vous défend d'aimer.
Je sais.... Mais le voici, que le Prince accompagne.

SCÈNE II.

AÆTE, ABSYRTE, CHALCIOPE, MÉDÉE.

AÆTE.

Enfin nos ennemis nous cèdent la campagne, 330
Et des Scythes défaits le camp abandonné
Nous est de leur déroute un gage fortuné,
Un fidèle témoin d'une victoire entière;
Mais comme la fortune est souvent journalière,
Il en faut redouter de funestes retours, 335
Ou se mettre en état de triompher toujours.

Vous savez de quel poids et de quelle importance
De ce peu d'étrangers s'est fait voir l'assistance.
Quarante, qui l'eût cru? quarante à leur abord
D'une armée abattue ont relevé le sort, 340
Du côté des vaincus rappelé la victoire,
Et fait d'un jour fatal un jour brillant de gloire.

Depuis cet heureux jour que n'ont point fait leurs bras?
Leur chef nous a paru le démon des combats;
Et trois fois sa valeur, d'un noble effet suivie, 345
Au péril de son sang a dégagé ma vie.
Que ne lui dois-je point? et que ne dois-je à tous?
Ah! si nous les pouvions arrêter parmi nous,
Que ma couronne alors se verroit assurée!
Qu'il faudroit craindre peu pour la toison dorée, 350
Ce trésor où les Dieux attachent nos destins,
Et que veulent ravir tant de jaloux voisins!

N'y peux-tu rien, Médée, et n'as-tu point de charmes
Qui fixent en ces lieux le bonheur de leurs armes?
N'est-il herbes, parfums, ni chants mystérieux, 355
Qui puissent nous unir ces bras victorieux?

ABSYRTE.

Seigneur, il est en vous d'avoir cet avantage :

ACTE I, SCÈNE II.

Le charme qu'il y faut est tout sur son visage.
Jason l'aime, et je crois que l'offre de son cœur
N'en seroit pas reçue avec trop de rigueur. 360
Un favorable aveu pour ce digne hyménée
Rendroit ici sa course heureusement bornée;
Son exemple auroit force, et feroit qu'à l'envi
Tous voudroient imiter le chef qu'ils ont suivi.
Tous sauroient comme lui, pour faire une maîtresse,
Perdre le souvenir des beautés de leur Grèce;
Et tous ainsi que lui permettroient à l'amour
D'obstiner des héros à grossir votre cour.

AÆTE.

Le refus d'un tel heur auroit trop d'injustice.
Puis-je d'un moindre prix payer un tel service? 370
Le ciel, qui veut pour elle un époux étranger,
Sous un plus digne joug ne sauroit l'engager.
Oui, j'y consens, Absyrte, et tiendrai même à grâce
Que du roi d'Albanie il remplisse la place,
Que la mort de Styrus permette à votre sœur 375
L'incomparable choix d'un si grand successeur.
Ma fille, si jamais les droits de la naissance....

CHALCIOPE.

Seigneur, je vous réponds de son obéissance;
Mais je ne réponds pas que vous trouviez les Grecs
Dans la même pensée et les mêmes respects. 380
    Je les connois un peu, veuve d'un de leurs princes:
Ils ont aversion pour toutes nos provinces;
Et leur pays natal leur imprime un amour
Qui partout les rappelle et presse leur retour.
Ainsi n'espérez pas qu'il soit des hyménées 385
Qui puissent à la vôtre unir leurs destinées.
Ils les accepteront, si leur sort rigoureux
A fait de leur patrie un lieu mal sûr pour eux;
Mais le péril passé, leur soudaine retraite

Vous fera bientôt voir que rien ne les arrête, 390
Et qu'il n'est point de nœud qui les puisse obliger
A vivre sous les lois d'un monarque étranger.
 Bien que Phryxus m'aimât avec quelque tendresse,
Je l'ai vu mille fois soupirer pour sa Grèce,
Et quelque illustre rang qu'il tînt dans vos États, 395
S'il eût eu l'accès libre en ces heureux climats,
Malgré ces beaux dehors d'une ardeur empressée,
Il m'eût fallu l'y suivre, ou m'en voir délaissée.
Il semble après sa mort qu'il revive en ses fils;
Comme ils ont même sang, ils ont mêmes esprits: 400
La Grèce en leur idée est un séjour céleste,
Un lieu seul digne d'eux. Par là jugez du reste.

AÆTE.

Faites-les-moi venir : que de leur propre voix
J'apprenne les raisons de cet injuste choix.
Et quant à ces guerriers que nos Dieux tutélaires 405
Au salut de l'État rendent si nécessaires,
Si pour les obliger à vivre mes sujets
Il n'est point dans ma cour d'assez dignes objets,
Si ce nom sur leur front jette tant d'infamie
Que leur gloire en devienne implacable ennemie, 410
Subornons[1] cette gloire, et voyons dès demain
Ce que pourra sur eux le nom de souverain.
Le trône a ses liens ainsi que l'hyménée,
Et quand ce double nœud tient une âme enchaînée,
Quand l'ambition marche au secours de l'amour, 415
Elle étouffe aisément tous ces soins du retour.
Elle triomphera de cette idolâtrie
Que tous ces grands guerriers gardent pour leur patrie.
Leur Grèce a des climats et plus doux et meilleurs;
Mais commander ici vaut bien servir ailleurs. 420

---

1. *Subornons*, séduisons. Voyez le *Lexique*.

Partageons avec eux l'éclat d'une couronne
Que la bonté du ciel par leurs mains nous redonne :
D'un bien qu'ils ont sauvé je leur dois quelque part;
Je le perdois sans eux, sans eux il court hasard;
Et c'est toujours prudence, en un péril funeste,   425
D'offrir une moitié pour conserver le reste.
ABSYRTE.
Vous les connoissez mal : ils sont trop généreux
Pour vous rendre à ce prix le besoin qu'on a d'eux.
Après ce grand secours, ce seroit pour salaire
Prendre une part du vol qu'on tâchoit à vous faire,   430
Vous piller un peu moins sous couleur d'amitié,
Et vous laisser enfin ce reste par pitié.
C'est là, Seigneur, c'est là cette haute infamie
Dont vous verriez leur gloire implacable ennemie.
Le trône a des splendeurs dont les yeux éblouis   435
Peuvent réduire une âme à l'oubli du pays;
Mais aussi la Scythie, ouverte à nos conquêtes,
Offre assez de matière à couronner leurs têtes.
Qu'ils règnent, mais par nous, et sur nos ennemis :
C'est là qu'il faut trouver un sceptre à nos amis;   440
Et lors d'un sacré nœud l'inviolable étreinte
Tirera notre appui d'où partoit notre crainte;
Et l'hymen unira par des liens plus doux
Des rois sauvés par eux à des rois faits par nous.
AÆTE.
Vous regardez trop tôt comme votre héritage   445
Un trône dont en vain vous craignez le partage.
J'ai d'autres yeux, Absyrte, et vois un peu plus loin.
Je veux bien réserver ce remède au besoin,
Ne faire point cette offre à moins que nécessaire;
Mais s'il y faut venir, rien ne m'en peut distraire.   450
Les voici : parlons-leur; et pour les arrêter,
Ne leur refusons rien qu'ils daignent souhaiter.

SCÈNE III.

AÆTE, ABSYRTE, MÉDÉE, JASON, PÉLÉE, IPHITE, ORPHÉE, Argonautes.

AÆTE.

Guerriers par qui mon sort devient digne d'envie,
Héros à qui je dois et le sceptre et la vie,
Après tant de bienfaits et d'un si haut éclat, 455
Voulez-vous me laisser la honte d'être ingrat?
Je ne vous fais point d'offre; et dans ces lieux sauvages
Je ne découvre rien digne de vos courages :
Mais si dans mes États, mais si dans mon palais
Quelque chose avoit pu mériter vos souhaits, 460
Le choix qu'en auroit fait cette valeur extrême
Lui donneroit un prix qu'il n'a pas de lui-même;
Et je croirois devoir à ce précieux choix
L'heur de vous rendre un peu de ce que je vous dois.

JASON.

Si nos bras, animés par vos destins propices, 465
Vous ont rendu, Seigneur, quelques foibles services,
Et s'il en est encore, après un sort si doux,
Que vos commandements puissent vouloir de nous,
Vous avez en vos mains un trop digne salaire,
Et pour ce qu'on a fait et pour ce qu'on peut faire; 470
Et s'il nous est permis de vous le demander....

AÆTE.

Attendez tout d'un roi qui veut tout accorder :
J'en jure le dieu Mars, et le Soleil mon père;
Et me puisse à vos yeux accabler leur colère,
Si mes serments pour vous n'ont de si prompts effets,
Que vos vœux dès ce jour se verront satisfaits!

JASON.

Seigneur, j'ose vous dire, après cette promesse,

Que vous voyez la fleur des princes de la Grèce,
Qui vous demandent tous d'une commune voix
Un trésor qui jadis fut celui de ses rois : 480
La toison d'or, Seigneur, que Phryxus, votre gendre,
Phryxus, notre parent....
AÆTE.
Ah! que viens-je d'entendre!
MÉDÉE.
Ah! perfide.
JASON.
A ce mot vous paroissez surpris!
Notre peu de secours se met à trop haut prix;
Mais enfin, je l'avoue, un si précieux gage 485
Est l'unique motif de tout notre voyage.
Telle est la dure loi que nous font nos tyrans,
Que lui seul nous peut rendre au sein de nos parents;
Et telle est leur rigueur, que, dans cette conquête
Le retour au pays nous coûteroit la tête. 490
AÆTE.
Ah! si vous ne pouvez y rentrer autrement,
Dure, dure à jamais votre bannissement!
  Princes[1] tel est mon sort, que la toison ravie
Me doit coûter le sceptre, et peut-être la vie.
De sa perte dépend celle de tout l'État; 495
En former un desir, c'est faire un attentat;
Et si jusqu'à l'effet vous pouvez le réduire,
Vous ne m'avez sauvé[2] que pour mieux me détruire.
JASON.
Qui vous l'a dit, Seigneur? quel tyrannique effroi
Fait cette illusion aux destins d'un grand roi? 500
AÆTE.
Votre Phryxus lui-même a servi d'interprète

1. Il y a *Prince*, au singulier, dans l'édition de Voltaire. (1764)
2. Dans l'édition de 1692 : « Vous ne m'aurez sauvé. »

A ces ordres des Dieux dont l'effet m'inquiète :
Son ombre en mots exprès nous les a fait savoir.

JASON.

A des fantômes vains donnez moins de pouvoir.
Une ombre est toujours ombre, et des nuits éternelles
Il ne sort point de jours qui ne soient infidèles.
Ce n'est point à l'enfer à disposer des rois,
Et les ordres du ciel n'empruntent point sa voix.
Mais vos bontés par là cherchent à faire grâce
Au trop d'ambition dont vous voyez l'audace ; 510
Et c'est pour colorer un trop juste refus
Que vous faites parler cette ombre de Phryxus.

AÆTE.

Quoi ? de mon noir destin la triste certitude
Ne seroit qu'un prétexte à mon ingratitude ?
Et quand je vous dois tout, je voudrois essayer 515
Un mauvais artifice à ne vous rien payer ?
Quoi que vous en croyiez, quoi que vous puissiez dire,
Pour vous désabuser partageons mon empire.
Cette offre peut-elle être un refus coloré,
Et répond-elle mal à ce que j'ai juré ? 520

JASON.

D'autres l'accepteroient avec pleine allégresse ;
Mais elle n'ouvre pas les chemins de la Grèce ;
Et ces héros, sortis ou des Dieux ou des rois,
Ne sont pas mes sujets pour vivre sous mes lois.
C'est à l'heur du retour que leur courage aspire, 525
Et non pas à l'honneur de me faire un empire.

AÆTE.

Rien ne peut donc changer ce rigoureux desir ?

JASON.

Seigneur, nous n'avons pas le pouvoir de choisir.
Ce n'est que perdre temps qu'en parler davantage ;
Et vous savez à quoi le serment vous engage. 530

AÆTE.

Téméraire serment qui me fait une loi
Dangereuse pour vous, ou funeste pour moi!
   La toison est à vous si vous pouvez la prendre,
Car ce n'est pas de moi qu'il vous la faut attendre.
Comme votre Phryxus l'a consacrée à Mars,   535
Ce dieu même lui fait d'effroyables remparts,
Contre qui tout l'effort de la valeur humaine
Ne peut être suivi que d'une mort certaine :
Il faut pour l'emporter quelque chose au-dessus
J'ouvrirai la carrière, et ne puis rien de plus :   540
Il y va de ma vie ou de mon diadème;
Mais je tremble pour vous autant que pour moi-même.
Je croirais faire un crime à vous le déguiser;
Il est en votre choix d'en bien ou mal user.
Ma parole est donnée, il faut que je la tienne;   545
Mais votre perte est sûre à moins que de la mienne.
Adieu: pensez-y bien. Toi, ma fille, dis-lui
A quels affreux périls il se livre aujourd'hui.

SCÈNE IV.

MÉDÉE, JASON, Argonautes.

MÉDÉE.

Ces périls sont légers.

JASON.

          Ah! divine princesse!

MÉDÉE.

Il n'y faut que du cœur, des forces, de l'adresse.   550
Vous en avez Jason; mais peut-être, après tout,
Ce que vous en avez n'en viendra pas à bout.

JASON.

Madame, si jamais....

MÉDÉE.
Ne dis rien, téméraire.
Tu ne savois que trop quel choix pouvoit me plaire.
Celui de la toison m'a fait voir tes mépris : 555
Tu la veux, tu l'auras; mais apprends à quel prix.
　Pour voir cette dépouille au dieu Mars consacrée,
A tous dans sa forêt il permet libre entrée;
Mais pour la conquérir qui s'ose hasarder
Trouve un affreux dragon commis à la garder. 560
Rien n'échappe à sa vue, et le sommeil sans force
Fait avec sa paupière un éternel divorce.
Le combat contre lui ne te sera permis
Qu'après deux fiers taureaux par ta valeur soumis;
Leurs yeux sont tout de flamme, et leur brûlante haleine[1]
D'un long embrasement couvre toute la plaine.
　Va leur faire souffrir le joug et l'aiguillon,
Ouvrir du champ de Mars le funeste sillon :
C'est ce qu'il te faut faire, et dans ce champ horrible
Jeter une semence encore plus terrible, 570
Qui soudain produira des escadrons armés
Contre la même main qui les aura semés.
Tous, sitôt qu'ils naîtront, en voudront à ta vie :
Je vais moi-même à tous redoubler leur furie.
Juge par là, Jason, de la gloire où tu cours, 575
Et cherche où tu pourras des bras et du secours.

SCÈNE V.

JASON, PÉLÉE, IPHITE, ORPHÉE, Argonautes.

JASON.
Amis, voilà l'effet de votre impatience.

1. *Var.* Leurs yeux sont tous de flamme, et leur brûlante haleine. (1661 et 63)

Si j'avois eu sur vous un peu plus de croyance,
L'amour m'auroit livré ce précieux dépôt,
Et vous l'avez perdu pour le vouloir trop tôt. 580
PÉLÉE.
L'amour vous est bien doux, et votre espoir tranquille,
Qui vous fit consumer deux ans chez Hypsipyle,
En consumeroit quatre avec plus de raison
A cajoler Médée et gagner la toison.
Après que nos exploits l'ont si bien méritée, 585
Un mot seul, un souhait dût l'avoir emportée;
Mais puisqu'on la refuse au service rendu,
Il faut avoir de force un bien qui nous est dû.
JASON.
De Médée en courroux dissipez donc les charmes;
Combattez ce dragon, ces taureaux, ces gensdarmes[1].
IPHITE.
Les Dieux nous ont sauvés de mille autres dangers,
Et sont les mêmes dieux en ces bords étrangers.
Pallas nous a conduits, et Junon de nos têtes
A parmi tant de mers écarté les tempêtes.
Ces grands secours unis auront leur plein effet, 595
Et ne laisseront point leur ouvrage imparfait.
  Voyez si je m'abuse, amis, quand je l'espère :
Regardez de Junon briller la messagère;
Iris nous vient du ciel dire ses volontés.
En attendant son ordre, adorons ses bontés. 600
Prends ton luth, cher Orphée, et montre à la Déesse
Combien ce doux espoir charme notre tristesse.

---

1. Telle est l'orthographe du mot dans les anciennes éditions, y compris celle de 1692. Il est imprimé de même dans les *Desseins* et dans l'*Examen*; voyez plus haut, p. 234 et p. 246.

SCÈNE VI.

IRIS est sur l'arc-en-ciel[1]; JUNON et PALLAS, chacune dans son char; JASON, ORPHÉE, Argonautes[2].

ORPHÉE chante.

Femme et sœur du maître des Dieux,
De qui le seul regard fait nos destins propices,
Nous as-tu jusqu'ici guidés sous tes auspices, 605
    Pour nous voir périr en ces lieux?
Contre des bras mortels tout ce qu'ont pu nos armes,
    Nous l'avons fait dans les combats:
    Contre les monstres et les charmes
C'est à toi maintenant de nous prêter ton bras. 610

IRIS.

    Princes, ne perdez pas courage;
    Les deux mêmes divinités
Qui vous ont garantis sur les flots irrités
Prennent votre défense en ce climat sauvage.

(Ici Junon et Pallas se montrent dans leurs chars.)

Les voici toutes deux, qui de leur propre voix[3] 615
    Vous apprendront sous quelles lois
Le destin vous promet cette illustre conquête;
    Elles sauront vous la faciliter:
Écoutez leurs conseils, et tenez l'âme prête
    A les exécuter. 620

JUNON.

Tous vos bras et toutes vos armes

---

1. *Var.* IRIS, *sur l'arc-en-ciel.* (1661)
2. Le mot ARGONAUTES est omis dans les éditions de 1663 et de 1664; celle de 1661 y supplée par un *etc.*
3. L'édition de Voltaire (1764) donne : « de leurs propres voix, » au pluriel.

ACTE I, SCÈNE VI.

Ne peuvent rien contre les charmes
Que Médée en fureur verse sur la toison :
L'amour seul aujourd'hui peut faire ce miracle ;
Et dragon ni taureaux ne vous feront obstacle,   625
Pourvu qu'elle s'apaise en faveur de Jason.
Prête à descendre en terre afin de l'y réduire,
J'ai pris et le visage et l'habit de sa sœur.
Rien ne vous peut servir si vous n'avez son cœur ;
Et si vous le gagnez, rien ne vous[1] sauroit nuire   630

PALLAS.

Pour vous secourir en ces lieux,
Junon change de forme et va descendre en terre ;
Et pour vous protéger Pallas remonte aux cieux,
  Où Mars et quelques autres dieux
Vont presser contre vous le maître du tonnerre.   635
Le soleil, de son fils embrassant l'intérêt,
  Voudra faire changer l'arrêt
Qui vous laisse espérer la toison demandée ;
Mais quoi qu'il puisse faire, assurez-vous qu'enfin
  L'amour fera votre destin,   640
Et vous donnera tout, s'il vous donne Médée.

(Ici, tout d'un temps, Iris disparoît, Pallas remonte au ciel, et Junon descend en terre, en traversant toutes deux le théâtre, et faisant croiser leurs chars.)

JASON.

Eh bien ! si mes conseils....

PÉLÉE.

N'en parlons plus, Jason :
Cet oracle l'emporte, et vous aviez raison.
Aimez, le ciel l'ordonne, et c'est l'unique voie

---

1. Toutes les éditions publiées du vivant de Corneille portent ici *nous*. Nous n'avons pas hésité à y substituer, d'après l'impression de 1692, *vous*, qui est évidemment la bonne leçon.

Qu'après tant de travaux il ouvre à notre joie. 645
N'y perdons point de temps, et sans plus de séjour
Allons sacrifier au tout-puissant Amour.

FIN DU PREMIER ACTE.

ACTE II.

DÉCORATION DU SECOND ACTE.

La rivière du Phase et le paysage qu'elle traverse succèdent à ce grand jardin, qui disparoît tout d'un coup. On voit tomber de gros torrents des rochers qui servent de rivage à ce fleuve; et l'éloignement qui borne la vue présente aux yeux divers coteaux dont cette campagne est fermée[1].

SCÈNE PREMIÈRE.

JASON, JUNON, sous le visage de Chalciope.

JUNON.

Nous pouvons à l'écart, sur ces rives du Phase,
Parler en sûreté du feu qui vous embrase.
Souvent votre Médée y vient prendre le frais,   650
Et pour y mieux rêver s'échappe du palais.
Il faut venir à bout de cette humeur altière :
De sa sœur tout exprès j'ai pris l'image entière,
Mon visage a même air, ma voix a même ton ;
Vous m'en voyez la taille, et l'habit, et le nom ;   655
Et je la cache à tous sous un épais nuage,
De peur que son abord ne trouble mon ouvrage.
Sous ces déguisements j'ai déjà rétabli
Presque en toute sa force un amour affoibli.
L'horreur de vos périls, que redoublent les charmes,
Dans cette âme inquiète excite mille alarmes :

---

1. Var. (édit. de 1661-1668) : dont cette campagne est enfermée.

Elle blâme déjà son trop d'emportement.
C'est à vous d'achever un si doux changement.
Un soupir poussé juste, en suite d'une excuse,
Perce un cœur bien avant quand lui-même il s'accuse,
Et qu'un secret retour le force à ressentir
De sa fureur trop prompte un tendre repentir.

JASON.

Déesse, quels encens¹....

JUNON.

Traitez-moi de princesse,
Jason, et laissez là l'encens et la Déesse.
Quand vous serez en Grèce il y faudra penser ; 670
Mais ici vos devoirs s'en doivent dispenser :
Par ce respect suprême ils m'y feroient connaître.
Laissez-y-moi passer pour ce que je feins d'être,
Jusqu'à ce que le cœur de Médée adouci....

JASON.

Madame, puisqu'il faut ne vous nommer qu'ainsi, 675
Vos ordres me seront des lois inviolables :
J'aurai pour les remplir des soins infatigables ;
Et mon amour plus fort....

JUNON.

Je sais que vous aimez,
Que Médée a des traits dont vos sens sont charmés.
Mais cette passion est-elle en vous si forte 680
Qu'à tous autres objets elle ferme la porte?
Ne souffre-t-elle plus l'image du passé?
Le portrait d'Hypsipyle est-il tout effacé?

JASON.

Ah !

JUNON.

Vous en soupirez !

---

1. *Quels encens*, au pluriel, est la leçon de toutes les anciennes éditions, y compris celle de Thomas Corneille (1692) et de Voltaire (1764).

ACTE II, SCÈNE I.

JASON.
                    Un reste de tendresse
M'échappe encore au nom d'une belle princesse ;
Mais comme assez souvent la distance des lieux
Affoiblit dans le cœur ce qu'elle cache aux yeux,
Les charmes de Médée ont aisément la gloire
D'abattre dans le mien l'effet de sa mémoire.

JUNON.
Peut-être elle n'est pas si loin que vous pensez.
Ses vœux de vous attendre enfin se sont lassés,
Et n'ont pu résister à cette impatience
Dont tous les vrais amants ont trop d'expérience.
L'ardeur de vous revoir l'a hasardée aux flots ;
Elle a pris après vous la route de Colchos ;
Et moi, pour empêcher que sa flamme importune
Ne rompît sur ces bords toute votre fortune,
J'ai soulevé les vents, qui brisant son vaisseau,
Dans les flots mutinés ont ouvert son tombeau.

JASON.
Hélas !

JUNON.
        N'en craignez point une funeste issue :
Dans son propre palais Neptune l'a reçue.
Comme il craint pour Pélie, à qui votre retour
Doit coûter la couronne, et peut-être le jour,
Il va tâcher d'y mettre un obstacle par elle,
Et vous la renvoira, plus pompeuse et plus belle,
Rattacher votre cœur à des liens si doux,
Ou du moins exciter des sentiments jaloux
Qui vous rendent Médée à tel point inflexible,
Que le pouvoir du charme en demeure invincible,
Et que vous périssiez en le voulant forcer,
Ou qu'à votre conquête il faille renoncer.
Dès son premier abord une soudaine flamme

D'Absyrte à ses beautés livrera toute l'âme;
L'Amour me l'a promis : vous l'en verrez charmé[1];
Mais vous serez sans doute encor le plus aimé.   715
Il faut donc prévenir ce dieu qui l'a sauvée,
Emporter la toison avant son arrivée.
Votre amante paroît : agissez en amant
Qui veut en effet vaincre, et vaincre promptement.

SCÈNE II.
JASON, JUNON, MÉDÉE.

MÉDÉE.

Que faites-vous, ma sœur, avec ce téméraire?   720
Quand son orgueil m'outrage, a-t-il de quoi vous plaire?
Et vous a-t-il réduite à lui servir d'appui,
Vous qui parliez tantôt, et si haut, contre lui?

JUNON.

Je suis toujours sincère; et dans l'idolâtrie
Qu'en tous ces héros grecs je vois pour leur patrie,   725
Si votre cœur étoit encore à se donner,
Je ferois mes efforts à vous en détourner :
Je vous dirois encor ce que j'ai su vous dire;
Mais l'amour sur tous deux a déjà trop d'empire :
Il vous aime, et je vois qu'avec les mêmes traits....   730

MÉDÉE.

Que dites-vous, ma sœur? il ne m'aima jamais.
A quelque complaisance il a pu se contraindre;
Mais s'il feignit d'aimer, il a cessé de feindre,
Et me l'a bien fait voir en demandant au Roi,
En ma présence même, un autre prix que moi.   735

JUNON.

Ne condamnons personne avant que de l'entendre.

---

1. *Var.* L'amour me l'a promis : il en sera charmé. (1661 et 63)

Savez-vous les raisons dont il se peut défendre?
Il m'en a dit quelqu'une, et je ne puis nier,
Non pas qu'elle suffise à le justifier,
Il est trop criminel, mais que du moins son crime 740
N'est pas du tout si noir qu'il l'est dans votre estime;
Et si vous la saviez, peut-être à votre tour
Vous trouveriez moins lieu d'accuser son amour.

MÉDÉE.

Quoi? ce lâche tantôt ne m'a pas regardée;
Il n'a montré qu'orgueil, que mépris pour Médée, 745
Et je pourrois encor l'entendre discourir!

JASON.

Le discours siéroit mal à qui cherche à mourir.
J'ai mérité la mort si j'ai pu vous déplaire;
Mais cessez contre moi d'armer votre colère :
Vos taureaux, vos dragons sont ici superflus; 750
Dites-moi seulement que vous ne m'aimez plus :
Ces deux mots suffiront[1] pour réduire en poussière....

MÉDÉE.

Va, quand il me plaira, j'en sais bien la manière;
Et si ma bouche encor n'en fulmine l'arrêt,
Rends grâces à ma sœur qui prend ton intérêt. 755
Par quel art, par quel charme as-tu pu la séduire,
Elle qui ne cherchoit tantôt qu'à te détruire?
D'où vient que mon cœur même à demi révolté
Semble vouloir s'entendre avec ta lâcheté,
Et de tes actions favorable interprète, 760
Ne te peint à mes yeux que tel qu'il te souhaite?
Par quelle illusion lui fais-tu cette loi?
Serois-tu dans mon art plus grand maître que moi?
Tu mets dans tous mes sens le trouble et le divorce :

---

1. L'édition de 1692 donne, mais c'est sans doute une faute, *serviront*, au lieu de *suffiront*.

Je veux ne t'aimer plus, et n'en ai pas la force. 765
Achève d'éblouir un si juste courroux,
Qu'offusquent malgré moi des sentiments trop doux;
Car enfin, et ma sœur l'a bien pu reconnoître,
Tout violent qu'il est, l'amour seul l'a fait naître;
Il va jusqu'à la haine, et toutefois, hélas! 770
Je te haïrois peu, si je ne t'aimois pas.
Mais parle, et si tu peux, montre quelque innocence.

JASON.

Je renonce, Madame, à toute autre défense.
Si vous m'aimez encore, et si l'amour en vous
Fait naître cette haine, anime ce courroux, 775
Puisque de tous les deux sa flamme est triomphante,
Le courroux est propice et la haine obligeante.
Oui, puisque cet amour vous parle encor pour moi,
Il ne vous permet pas de douter de ma foi;
Et pour vous faire voir mon innocence entière, 780
Il éclaire vos yeux de toute sa lumière :
De ses rayons divins le vif discernement
Du chef de ces héros sépare votre amant.

Ces princes, qui pour vous ont exposé leur vie,
Sans qui votre province alloit être asservie, 785
Eux qui de vos destins rompant le cours fatal,
Tous mes égaux qu'ils sont, m'ont fait leur général;
Eux qui de leurs exploits, eux qui de leur victoire
Ont répandu sur moi la plus brillante gloire;
Eux tous ont par ma voix demandé la toison : 790
C'étoient eux qui parloient, ce n'étoit pas Jason.
Il ne vouloit que vous; mais pouvoit-il dédire
Ces guerriers dont le bras a sauvé votre empire,
Et par une bassesse indigne de son rang,
Demander pour lui seul tout le prix de leur sang? 795
Pouvois-je les trahir, moi qui de leurs suffrages
De ce rang où je suis tiens tous les avantages?

ACTE II, SCÈNE II.

Pouvois-je avec honneur à ce qu'il a d'éclat
Joindre le nom de lâche et le titre d'ingrat?
Auriez-vous pu m'aimer couvert de cette honte?   800

JUNON.

Ma sœur, dites le vrai, n'étiez-vous point trop prompte?
Qu'a-t-il fait qu'un cœur noble et vraiment généreux....

MÉDÉE.

Ma sœur, je le voulois seulement amoureux.
En qui sauroit aimer seroit-ce donc un crime,
Pour montrer plus d'amour, de perdre un peu d'estime?
Et malgré les douceurs d'un espoir si charmant,
Faut-il que le héros fasse taire l'amant?
Quel que soit ce devoir, ou ce noble caprice,
Tu me devois, Jason, en faire un sacrifice.
Peut-être j'aurois pu t'en entendre blâmer,   810
Mais non pas t'en haïr, non pas t'en moins aimer.
Tout oblige en amour, quand l'amour en est cause.

JUNON.

Voyez à quoi pour vous cet amour la dispose.
N'abusez point, Jason, des bontés de ma sœur,
Qui semble se résoudre à vous rendre son cœur;   815
Et laissez à vos Grecs, au péril de leur vie,
Chercher cette toison si chère à leur envie.

JASON.

Quoi? les abandonner en ce pas dangereux!

MÉDÉE.

N'as-tu point assez fait d'avoir parlé pour eux?

JASON.

Je suis leur chef, Madame; et pour cette conquête   820
Mon honneur me condamne à marcher à leur tête:
J'y dois périr comme eux, s'il leur faut y périr;
Et bientôt à leur tête on m'y verroit courir,
Si j'aimois assez mal pour essayer mes armes
A forcer des périls qu'ont préparés vos charmes,   825

Et si le moindre espoir de vaincre malgré vous
N'étoit un attentat contre votre courroux.
Oui, ce que nos destins m'ordonnent que j'obtienne,
Je le veux de vos mains, et non pas de la mienne.
Si ce trésor par vous ne m'est point accordé, 830
Mon bras me punira d'avoir trop demandé ;
Et mon sang à vos yeux, sur ce triste rivage,
De vos justes refus étalera l'ouvrage.
Vous m'en verrez, Madame, accepter la rigueur,
Votre nom en la bouche et votre image au cœur, 835
Et mon dernier soupir, par un pur sacrifice,
Sauver toute ma gloire et vous rendre justice.
Quel heur de pouvoir dire en terminant mon sort :
« Un respect amoureux a seul causé ma mort ! »
Quel heur de voir ma mort charger la renommée 840
De tout ce digne excès dont vous êtes aimée,
Et dans tout l'avenir....

MÉDÉE.
　　　　　Va, ne me dis plus rien ;
Je ferai mon devoir, comme tu fais le tien.
L'honneur doit m'être cher, si la gloire t'est chère :
Je ne trahirai point mon pays et mon père ; 845
Le destin de l'État dépend de la toison,
Et je commence enfin à connoître Jason.

　Ces paniques terreurs pour ta gloire flétrie
Nous déguisent en vain l'amour de ta patrie ;
L'impatiente ardeur d'en voir le doux climat 850
Sous ces fausses couleurs ne fait que trop d'éclat ;
Mais s'il faut la toison pour t'en ouvrir l'entrée,
Va traîner ton exil de contrée en contrée ;
Et ne présume pas, pour te voir trop aimé,
Abuser en tyran de mon cœur enflammé. 855
Puisque le tien s'obstine à braver ma colère,
Que tu me fais des lois, à moi qui t'en dois faire,

Je reprends cette foi que tu crains d'accepter,
Et préviens un ingrat qui cherche à me quitter.
JASON.
Moi, vous quitter, Madame! ah! que c'est mal connoître
Le pouvoir du beau feu que vos yeux ont fait naître!
Que nos héros en Grèce emportent leur butin,
Jason auprès de vous attache son destin.
Donnez-leur la toison qu'ils ont presque achetée;
Ou si leur sang versé l'a trop peu méritée, 865
Joignez-y tout le mien, et laissez-moi l'honneur
De leur voir de ma main tenir tout leur bonheur.
Que si le souvenir de vous avoir servie
Me réserve pour vous quelque reste de vie,
Soit qu'il faille à Colchos borner notre séjour, 870
Soit qu'il vous plaise ailleurs éprouver mon amour,
Sous les climats brûlants, sous les zones glacées,
Les routes me plairont que vous m'aurez tracées :
J'y baiserai partout les marques de vos pas.
Point pour moi de patrie où vous ne serez pas; 875
Point pour moi....
MÉDÉE.
Quoi? Jason, tu pourrois pour Médée
Étouffer de ta Grèce et l'amour et l'idée?
JASON.
Je le pourrai, Madame, et de plus....

SCÈNE III.
ABSYRTE, JUNON, JASON, MÉDÉE.
ABSYRTE.
Ah! mes sœurs,
Quel miracle nouveau va ravir tous nos cœurs!
Sur ce fleuve mes yeux ont vu de cette roche 880

Comme un trône flottant qui de nos bords s'approche.
Quatre monstres marins courbent sous ce fardeau;
Quatre nains emplumés le soutiennent sur l'eau;
Et découpant les airs par un battement d'ailes,
Lui servent de rameurs et de guides fidèles. 885
Sur cet amas brillant de nacre et de coral[1],
Qui sillonne les flots de ce mouvant cristal,
L'opale étincelante à la perle mêlée
Renvoie un jour pompeux vers la voûte étoilée.
Les nymphes de la mer, les tritons, tout autour, 890
Semblent au dieu caché faire à l'envi leur cour;
Et sur ces flots heureux, qui tressaillent de joie,
Par mille bonds divers ils lui tracent la voie.
Voyez du fond des eaux s'élever à nos yeux,
Par un commun accord, ces moites demi-dieux[2]. 895
Puissent-ils sur ces bords arrêter ce miracle!
Admirez avec moi ce merveilleux spectacle.
Le voilà qui les suit. Voyez-le s'avancer.

JASON, à Junon.

Ah! Madame.

JUNON.

Voyez sans vous embarrasser.

(Ici l'on voit sortir du milieu du Phase le dieu Glauque avec deux tritons et deux sirènes qui chantent, cependant qu'une[3] grande conque de nacre, semée de branches de coral et de pierres précieuses, portée par quatre dauphins, et soutenue par quatre vents en l'air, vient insensiblement s'arrêter au milieu de ce même fleuve. Tandis qu'elles chantent, le devant de cette conque merveilleuse fond dans l'eau, et laisse voir la reine Hypsipyle assise comme dans un trône[4]; et soudain

---

1. *Coral,* corail : voyez le *Lexique,* et ci-dessus les *Desseins,* p. 236.
2. Toutes les éditions anciennes, y compris celle de 1692, donnent ici *Demidieux,* en un seul mot, sans trait d'union; plus loin, au vers 1205, avec un trait d'union, *Demi-dieux.*
3. Dans l'édition de 1692 il y a, comme plus haut, *pendant que,* pour *cependant que.*
4. Thomas Corneille (1692) et Voltaire (1674) donnent : « comme dans son trône. »

Glauque commande aux vents de s'envoler, aux tritons et aux sirènes de disparoître, et au fleuve de retirer une partie de ses eaux pour laisser prendre terre à Hypsipyle. Les tritons, le fleuve, les vents et les sirènes obéissent, et Glauque se perd lui-même au fond de l'eau, sitôt qu'il a parlé; en suite de quoi Absyrte donne la main à Hypsipyle pour sortir de cette conque, qui s'abîme aussitôt dans le fleuve.)

SCÈNE IV.

ABSYRTE, JUNON, MÉDÉE, JASON, GLAUQUE, Sirènes, Tritons, HYPSIPYLE.

CHANT DES SIRÈNES[1].

Telle Vénus sortit du sein de l'onde, 900
Pour faire régner dans le monde
Les Jeux et les Plaisirs, les Grâces et l'Amour;
Telle tous les matins l'Aurore
Sur le sein émaillé de Flore
Verse la rosée et le jour. 905
Objet divin, qui vas de ce rivage
Bannir ce qu'il y a de sauvage,
Pour y faire régner les grâces et l'Amour,
Telle et plus adorable encore
Que n'est Vénus, que n'est l'Aurore, 910
Tu vas y faire un nouveau jour.

ABSYRTE.

Quelle beauté, mes sœurs, dans ce trône enfermée,
De son premier coup d'œil a mon âme charmée?
Quel cœur pourroit tenir contre de tels appas?

HYPSIPYLE.

Juste ciel, il me voit, et ne s'avance pas! 915

1. Au lieu de CHANT DES SIRÈNES, on lit dans l'édition de 1663 (en tenant compte de la correction marquée dans l'*Errata* de cette édition) : SIRÈNES, et à la marge : *Elles chantent*.

GLAUQUE.

Allez, tritons, allez, sirènes;
Allez, vents, et rompez vos chaînes;
    Neptune est satisfait,
Et l'ordre qu'il vous donne a son entier effet.
Jason, vois les bontés de ce même Neptune,　　920
    Qui pour achever ta fortune,
A sauvé du naufrage, et renvoie à tes vœux
La princesse qui seule est digne de ta flamme.
    A son aspect rallume tous tes feux;
Et pour répondre aux siens, rends-lui toute ton âme.
    Et toi, qui jusques à Colchos
Dois à tant de beautés un assuré passage,
Fleuve, pour un moment retire un peu tes flots,
    Et laisse approcher ton rivage.

ABSYRTE[1].

Princesse, en qui du ciel les merveilleux efforts　　930
Se sont plu[2] d'animer ses plus rares trésors,
Souffrez qu'au nom du Roi dont je tiens la naissance,
Je vous offre en ces lieux une entière puissance :
Régnez dans ses États, régnez dans son palais;
Et pour premier hommage à vos divins attraits....　　935

HYPSIPYLE.

Faites moins d'honneur, Prince, à mon peu de mérite :
Je ne cherche en ces lieux qu'un ingrat qui m'évite.
    Au lieu de m'aborder, Jason, vous pâlissez!
Dites-moi pour le moins si vous me connoissez.

JASON.

Je sais bien qu'à Lemnos vous étiez Hypsipyle;　　940
Mais ici....

---

1. Dans l'édition de Voltaire (1764) : ABSYRTE, à *Hypsipyle*.
1. Toutes les éditions anciennes, sans en excepter celles de Thomas Corneille et de Voltaire, donnent le pluriel du participe : « se sont plus. »

HYPSIPYLE.
Qui vous rend de la sorte immobile?
Ne suis-je plus la même arrivant à Colchos?
JASON.
Oui; mais je n'y suis pas le même qu'à Lemnos.
HYPSIPYLE.
Dieux! que viens-je d'ouïr?
JASON.
J'ai d'autres yeux, Madame:
Voyez cette princesse, elle a toute mon âme;   945
Et pour vous épargner les discours superflus,
Ici je ne connois et ne vois rien de plus.
HYPSIPYLE.
O faveurs de Neptune, où m'avez-vous conduite?
Et s'il commence ainsi, quelle sera la suite?
MÉDÉE.
Non, non, Madame, non, je ne veux rien d'autrui: 950
Reprenez votre amant, je vous laisse avec lui[1].
Ne m'offre plus un cœur dont une autre[2] est maîtresse,
Volage, et reçois mieux cette grande princesse.
Adieu: des yeux si beaux valent bien la toison.
JASON, à Junon.
Ah! Madame, voyez qu'avec peu de raison....   955
JUNON.
Suivez sans perdre temps, je saurai vous rejoindre.
Madame, on vous trahit; mais votre heur n'est pas moin-
Mon frère, qui s'apprête à vous conduire au Roi, [dre.
N'a pas moins de mérite, et tiendra mieux sa foi.
Si je le connois bien, vous avez qui vous venge;   960
Et si vous m'en croyez, vous gagnerez au change.
Je vous laisse en résoudre, et prends quelques moments
Pour rétablir le calme entre ces deux amants.

1. Entre ce vers et le suivant, on lit dans l'édition de Voltaire : *à Jason*.
2. L'édition de 1632 porte seule *un autre*, pour *une autre*.

SCÈNE V.

ABSYRTE, HYPSIPYLE.

ABSYRTE.

Madame, si j'osois, dans le trouble où vous êtes,
Montrer à vos beaux yeux des peines plus secrètes, 965
Si j'osois faire voir à ces divins tyrans
Ce qu'ont déjà soumis de si doux conquérants,
Je mettrois à vos pieds le trône et la couronne
Où le ciel me destine et que le sang me donne.
Mais puisque vos douleurs font taire mes desirs, 970
Ne vous offensez pas du moins de mes soupirs;
Et tant que le respect m'imposera silence,
Expliquez-vous pour eux toute leur violence.

HYPSIPYLE.

Prince, que voulez-vous d'un cœur préoccupé
Sur qui domine encor l'ingrat qui l'a trompé? 975
Si c'est à mon amour une peine cruelle
Où je cherche un amant de voir un infidèle,
C'est un nouveau supplice à mes tristes appas
De faire une conquête où je n'en cherche pas.
Non que je vous méprise, et que votre personne 980
N'eût de quoi me toucher plus que votre couronne :
Le ciel me donne un sceptre en des climats plus doux,
Et de tous vos États je ne voudrois que vous.
Mais ne vous flattez point sur ces marques d'estime
Qu'en mon cœur, tel qu'il est, votre présence imprime :
Quand l'univers entier vous connoîtroit pour roi,
Que pourrois-je pour vous, si je ne suis à moi?

ABSYRTE.

Vous y serez, Madame, et pourrez toute chose :
Le change de Jason déjà vous y dispose;

ACTE II, SCÈNE V.

Et pour peu qu'il soutienne encor cette rigueur, 990
Le dépit, malgré vous, vous rendra votre cœur.
D'un si volage amant que pourriez-vous attendre?

HYPSIPYLE.

L'inconstance me l'ôte, elle peut me le rendre.

ABSYRTE.

Quoi? vous pourriez l'aimer, s'il rentroit sous vos lois
En devenant perfide une seconde fois? 995

HYPSIPYLE.

Prince, vous savez mal combien charme un courage
Le plus frivole espoir de reprendre un volage,
De le voir malgré lui dans nos fers retombé,
Échapper à l'objet qui nous l'a dérobé,
Et sur une rivale et confuse et trompée 1000
Ressaisir avec gloire une place usurpée.
Si le ciel en courroux m'en refuse l'honneur,
Du moins je servirai d'obstacle à son bonheur.
Cependant éteignez une flamme inutile :
Aimez en d'autres lieux, et plaignez Hypsipyle; 1005
Et s'il vous reste encor quelque bonté pour moi,
Aidez contre un ingrat ma plainte auprès du Roi.

ABSYRTE.

Votre plainte, Madame, auroit pour toute issue
Un nouveau déplaisir de la voir mal reçue.
Le Roi le veut pour gendre, et ma sœur pour époux.

HYPSIPYLE.

Il me rendra justice, un roi la doit à tous;
Et qui la sacrifie aux tendresses de père
Est d'un pouvoir si saint mauvais dépositaire.

ABSYRTE.

A quelle rude épreuve engagez-vous ma foi,
De me forcer d'agir contre ma sœur et moi! 1015
Mais n'importe, le temps et quelque heureux service

Pourront à mon amour vous rendre plus propice.
Tandis souvenez-vous que jusqu'à se trahir
Ce prince malheureux cherche à vous obéir.

FIN DU SECOND ACTE.

ACTE III.

DÉCORATION DU TROISIÈME ACTE.

Nos théâtres n'ont encore rien fait paroître de si brillant que le palais du roi Aæte, qui sert de décoration à cet acte. On y voit de chaque côté deux rangs de colonnes de jaspe torses, et environnées de pampres d'or à grands feuillages, chantournées, et découpées à jour, au milieu desquelles sont des statues d'or à l'antique, de grandeur naturelle. Les frises, les festons, les corniches et les chapiteaux sont pareillement d'or, et portent pour finissements des vases de porcelaine d'où sortent de gros bouquets de fleurs aussi au naturel[1]. Les bases et les piédestaux sont enrichis de basses-tailles[2], où sont peintes diverses fables de l'antiquité. Un grand portique doré, soutenu par quatre autres colonnes dans le même ordre, fait la face du théâtre, et est suivi de cinq ou six autres de même manière, qui forment, par le moyen de ces colonnes, comme cinq galeries, où la vue s'enfonçant, découvre ce même jardin de cyprès qui a paru au premier acte.

IIe DÉCORATION DU TROISIÈME ACTE[3].

Ce palais doré se change en un palais d'horreur, sitôt que Médée a donné un coup de baguette. Tout ce qu'il y a d'épouvantable

---

1. Var. (Dessein et édit. de 1661-1664) : de gros bouquets de fleurs au naturel.
2. *Basses-tailles*, bas-reliefs.
3. Dans les éditions de 1661 et de 1663, et aussi dans l'édition de 1692 et dans celle de Voltaire, la description de cette seconde décoration du troisième acte a été transportée plus loin, après le vers 1337, où les éditions de 1664-1682 en répètent les premiers mots. Dans l'édition de 1663, un *erratum* signale comme un oubli l'absence de cette seconde décoration en tête de l'acte. Malgré le déplacement de cette description, quelques exemplaires de 1692 portent au bas de la première décoration, qui tient toute une page, la réclame : IIe DÉCORATION.

en la nature y sert de Termes. L'éléphant, le rhinocérot[1], le lion, l'once, les tigres, les léopards, les panthères, les dragons, les serpents, tous avec leurs antipathies à leurs pieds, y lancent des regards menaçants. Une grotte obscure borne la vue, au travers de laquelle l'œil ne laisse pas de découvrir un éloignement merveilleux que fait la perspective. Quatre monstres ailés et quatre rampants enferment Hypsipyle, et semblent prêts à la dévorer.

SCÈNE PREMIÈRE.

AÆTE, JASON.

AÆTE.

Je vous devois assez pour vous donner Médée,   1020
Jason; et si tantôt vous l'aviez demandée,
Si vous m'aviez parlé comme vous me parlez,
Vous auriez obtenu le bien que vous voulez.
Mais en est-il saison au jour d'une conquête
Qui doit faire tomber mon trône ou votre tête?   1025
Et vous puis-je accepter pour gendre, et vous chérir,
S'il vous faut dans une heure ou me perdre ou périr?
Prétendre à la toison par l'hymen de ma fille,
C'est pour m'assassiner s'unir à ma famille;
Et si vous abusez de ce que j'ai promis,   1030
Vous êtes le plus grand de tous mes ennemis.
Je ne m'en puis dédire, et le serment me lie.
Mais si tant de périls vous laissent quelque vie,
Après avoir perdu ce roi que vous bravez,
Allez porter vos vœux à qui vous les devez :   1035
Hypsipyle vous aime, elle est reine, elle est belle;
Fuyez notre vengeance, et régnez avec elle.

JASON.

Quoi? parler de vengeance, et d'un œil de courroux
Voir l'immuable ardeur de m'attacher à vous!

---

1. Cette orthographe, conforme au radical grec de ce mot, est celle de toutes les éditions anciennes, y compris celle de 1692.

ACTE III, SCÈNE I.

Vous présumer perdu sur la foi d'un scrupule 1040
Qu'embrasse aveuglément votre âme trop crédule,
Comme si sur la peau d'un chétif animal
Le ciel avoit écrit tout votre sort fatal !
Ce que l'ombre a prédit, si vous daignez l'entendre,
Ne met aucun obstacle aux prières d'un gendre. 1045
Me donner la Princesse, et pour dot la toison,
Ce n'est que l'assurer dedans votre maison,
Puisque par les doux nœuds de ce bonheur suprême
Je deviendrai soudain une part de vous-même,
Et que ce même bras qui vous a pu sauver 1050
Sera toujours armé pour vous la conserver.

AETE.

Vous prenez un peu tard une mauvaise adresse :
Nos esprits sont plus lourds que ceux de votre Grèce ;
Mais j'ai d'assez bons yeux, dans un si juste effroi,
Pour démêler sans peine un gendre d'avec moi. 1055
Je sais que l'union d'un époux à ma fille
De mon sang et du sien forme une autre famille,
Et que si de moi-même elle fait quelque part,
Cette part de moi-même a ses destins à part.
Ce que l'ombre a prédit se fait assez entendre. 1060
Cessez de vous forcer à devenir mon gendre ;
Ce seroit un honneur qui ne vous plairoit pas,
Puisque la toison seule a pour vous des appas,
Et que si mon malheur vous l'avoit accordée,
Vous n'auriez jamais fait aucuns vœux pour Médée.

JASON.

C'est faire trop d'outrage à mon cœur enflammé.
Dès l'abord je la vis, dès l'abord je l'aimai ;
Et mon amour n'est pas un amour politique
Que le besoin colore, et que la crainte explique.
Mais n'ayant que moi-même à vous parler pour moi,
Je n'osois espérer d'être écouté d'un roi,

Ni que sur ma parole il me crût de naissance
A porter mes desirs jusqu'à son alliance.
Maintenant qu'une reine a fait voir que mon sang
N'est pas fort au-dessous de cet illustre rang, 1075
Qu'un refus de son sceptre après votre victoire
Montre qu'on peut m'aimer sans hasarder sa gloire,
J'ose, un peu moins timide, offrir, avec ma foi,
Ce que veut une reine à la fille d'un roi.

AÆTE.

Et cette même reine est un exemple illustre 1080
Qui met tous vos hauts faits en leur plus digne lustre.
L'état où la réduit votre fidélité
Nous instruit hautement de cette vérité,
Que ma fille avec vous seroit fort assurée
Sur les gages douteux d'une foi parjurée. 1085
Ce trône refusé, dont vous faites le vain,
Nous doit donner à tous horreur de votre main.
Il ne faut pas ainsi se jouer des couronnes :
On doit toujours respect au sceptre, à nos personnes.
Mépriser cette reine en présence d'un roi, 1090
C'est manquer de prudence aussi bien que de foi.
Le ciel nous unit tous en ce grand caractère :
Je ne puis être roi sans être aussi son frère ;
Et si vous étiez né mon sujet ou mon fils,
J'aurois déjà puni l'orgueil d'un tel mépris ; 1095
Mais l'unique pouvoir que sur vous je puis prendre,
C'est de vous ordonner de la voir, de l'entendre.
La voilà : pensez bien que tel est votre sort,
Que vous n'avez qu'un choix, Hypsipyle ou la mort ;
Car à vous en parler avec pleine franchise, 1100
Ma perte dépend bien de la toison conquise ;
Mais je ne dois pas craindre en ces périls nouveaux
Que votre vie échappe aux feux de nos taureaux.

SCÈNE II.

AÆTE, HYPSIPYLE, JASON.

AÆTE.

Madame, j'ai parlé; mais toutes mes paroles
Ne sont auprès de lui que des discours frivoles. 1105
C'est à vous d'essayer ce que pourront vos yeux :
Comme ils ont plus de force, ils réussiront mieux.
Arrachez-lui du sein cette funeste envie
Qui dans ce même jour lui va coûter la vie.
Je vous devrai beaucoup, si vous touchez son cœur 1110
Jusques à le sauver de sa propre fureur :
Devant ce que je dois au secours de ses armes,
Rompre son mauvais sort, c'est épargner nos larmes.

SCÈNE III.

HYPSIPYLE, JASON.

HYPSIPYLE.

Eh bien! Jason, la mort a-t-elle de tels biens
Qu'elle soit plus aimable à vos yeux que les miens? 1115
Et sa douceur pour vous seroit-elle moins pure
Si vous n'y joigniez l'heur de mourir en parjure?
Oui, ce glorieux titre est si doux à porter,
Que de tout votre sang il le faut acheter.
Le mépris qui succède à l'amitié passée 1120
D'une seule douleur m'auroit trop peu blessée :
Pour mieux punir ce cœur d'avoir su vous chérir,
Il faut vous voir ensemble et changer et périr;
Il faut que le tourment d'être trop tôt vengée
Se mêle aux déplaisirs de me voir outragée; 1125
Que l'amour, au dépit ne cédant qu'à moitié,

Sitôt qu'il est banni, rentre par la pitié;
Et que ce même feu, que je devrois éteindre,
M'oblige à vous haïr, et me force à vous plaindre.
 Je ne t'empêche pas, volage, de changer;   1130
Mais du moins, en changeant, laisse-moi me venger.
C'est être trop cruel, c'est trop croître l'offense
Que m'ôter à la fois ton cœur et ma vengeance.
Le supplice où tu cours la va trop tôt finir.
Ce n'est pas me venger, ce n'est que te punir;   1135
Et toute sa rigueur n'a rien qui me soulage,
S'il n'est de mon souhait et le choix et l'ouvrage.
 Hélas! si tu pouvois le laisser à mon choix,
Ton supplice, il seroit de rentrer sous mes lois,
De m'attacher à toi d'une chaîne plus forte,   1140
Et de prendre en ta main le sceptre que je porte.
Tu n'as qu'à dire un mot, ton crime est effacé :
J'ai déjà, si tu veux, oublié le passé.
Mais qu'inutilement je me montre si bonne
Quand tu cours à la mort de peur qu'on te pardonne!
Quoi? tu ne réponds rien, et mes plaintes en l'air
N'ont rien d'assez puissant pour te faire parler?

JASON.

Que voulez-vous, Madame, ici que je vous die?
Je ne connois que trop quelle est ma perfidie;
Et l'état où je suis ne sauroit consentir   1150
Que j'en fasse une excuse, ou montre un repentir :
Après ce que j'ai fait, après ce qui se passe,
Tout ce que je dirois auroit mauvaise grâce.
Laissez dans le silence un coupable obstiné,
Qui se plaît dans son crime, et n'en est point gêné. 1155

HYPSIPYLE.

Parle toutefois, parle, et non plus pour me plaire,
Mais pour rendre la force à ma juste colère;
Parle, pour m'arracher ces tendres sentiments

Que l'amour enracine au cœur des vrais amants ;
Repasse mes bontés et tes ingratitudes ; 1160
Joins-y, si tu le peux, des coups encor plus rudes :
Ce sera m'obliger, ce sera m'obéir.
Je te devrai beaucoup, si je te puis haïr,
Et si de tes forfaits la peinture étendue
Ne laisse plus flotter ma haine suspendue. 1165

JASON.

Que dirai-je, après tout, que ce que vous savez?
Madame, rendez-vous ce que vous vous devez.
Il n'est pas glorieux pour une grande reine
De montrer de l'amour, et de voir de la haine ;
Et le sexe et le rang se doivent souvenir 1170
Qu'il leur sied bien d'attendre, et non de prévenir ;
Et que c'est profaner la dignité suprême
Que de lui laisser dire : « On me trahit, et j'aime. »

HYPSIPYLE.

Je le puis dire, ingrat, sans blesser mon devoir :
C'est mon époux en toi que le ciel me fait voir, 1175
Du moins si la parole est reçue et donnée
A des nœuds assez forts pour faire un hyménée.

Ressouviens-t'en, volage, et des chastes douceurs
Qu'un mutuel amour répandit dans nos cœurs.
Je te laissai partir afin que ta conquête 1180
Remît sous mon empire une plus digne tête,
Et qu'une reine eût droit d'honorer de son choix
Un héros que son bras eût fait égal aux rois.
J'attendois ton retour pour pouvoir avec gloire
Récompenser ta flamme et payer ta victoire ; 1185
Et quand jusques ici je t'apporte ma foi,
Je trouve en arrivant que tu n'es plus à moi!
Hélas! je ne craignois que tes beautés de Grèce ;
Et je vois qu'une Scythe a rompu ta promesse,
Et qu'un climat barbare a des traits assez doux 1190

Pour m'avoir de mes bras enlevé mon époux !
Mais, dis-moi, ta Médée est-elle si parfaite ?
Ce que cherche Jason vaut-il ce qu'il rejette ?
Malgré ton cœur changé, j'en fais juges tes yeux.
Tu soupires en vain, il faut t'expliquer mieux : 1195
Ce soupir échappé me dit bien quelque chose ;
Toute autre l'entendroit ; mais sans toi je ne l'ose.
Parle donc et sans feinte : où porte-t-il ta foi ?
Va-t-il vers ma rivale, ou revient-il vers moi[1] ?

JASON.

Osez autant qu'une autre ; entendez-le, Madame, 1200
Ce soupir qui vers vous pousse toute mon âme[2] ;
Et concevez par là jusqu'où vont mes malheurs,
De soupirer pour vous, et de prétendre ailleurs.
Il me faut la toison : il y va de la vie
De tous ces demi-dieux que brûle même envie ; 1205
Il y va de ma gloire, et j'ai beau soupirer,
Sous cette tyrannie il me faut expirer.
J'en perds tout mon bonheur, j'en perds toute ma joie ;
Mais pour sortir d'ici je n'ai que cette voie ;
Et le même intérêt qui vous fit consentir, 1210
Malgré tout votre amour, à me laisser partir,
Le même me dérobe ici votre couronne.
Pour faire ma conquête, il faut que je me donne,
Que pour l'objet aimé j'affecte des mépris,
Que je m'offre en esclave, et me vende à ce prix : 1215
Voilà ce que mon cœur vous dit quand il soupire.
Ne me condamnez plus, Madame, à le redire :
Si vous m'aimez encor, de pareils entretiens
Peuvent aigrir vos maux et redoublent les miens ;

---

1. *Var.* Va-t-il vers ma rivale, ou revient-il à moi? (1661)
2. *Var.* Ce soupir que vers vous pousse toute mon âme (*a*). (1661)

(*a*) Comparez à ce vers le vers 1641, où toutes les éditions portent *qui*.

Et cet aveu d'un crime où le destin m'attache 1220
Grossit l'indignité des remords que je cache.
Pour me les épargner, vous voyez qu'en ces lieux
Je fuis votre présence, et j'évite vos yeux.
L'amour vous montre aux miens toujours charmante et
Chaque moment allume une flamme nouvelle; [belle;
Mais ce qui de mon cœur fait les plus chers desirs,
De mon change forcé fait tous les déplaisirs;
Et dans l'affreux supplice où me tient votre vue,
Chaque coup d'œil me perce, et chaque instant me tue.
Vos bontés n'ont pour moi que des traits rigoureux :
Plus je me vois aimé, plus je suis malheureux;
Plus vous me faites voir d'amour et de mérite,
Plus vous haussez le prix des trésors que je quitte;
Et l'excès de ma perte allume une fureur
Qui me donne moi-même à moi-même en horreur. 1235
Laissez-moi m'affranchir de la secrète rage
D'être en dépit de moi déloyal et volage;
Et puisqu'ici le ciel vous offre un autre époux
D'un rang pareil au vôtre, et plus digne de vous,
Ne vous obstinez point à gêner une vie 1240
Que de tant de malheurs vous voyez poursuivie.
Oubliez un ingrat qui jusques au trépas,
Tout ingrat qu'il paroît, ne vous oubliera pas :
Apprenez à quitter un lâche qui vous quitte.

HYPSIPYLE.

Tu te confesses lâche, et veux que je t'imite; 1245
Et quand tu fais effort pour te justifier,
Tu veux que je t'oublie, et ne peux m'oublier!
Je vois ton artifice et ce que tu médites;
Tu veux me conserver alors que tu me quittes;
Et par les attentats d'un flatteur entretien 1250
Me dérober ton cœur, et retenir le mien :
Tu veux que je te perde, et que je te regrette,

Que j'approuve en pleurant la perte que j'ai faite,
Que je t'estime et t'aime avec ta lâcheté,
Et me prenne de tout à la fatalité. 1255
   Le ciel l'ordonne ainsi : ton change est légitime ;
Ton innocence est sûre au milieu de ton crime ;
Et quand tes trahisons pressent leur noir effet,
Ta gloire, ton devoir, ton destin a tout fait.
   Reprends, reprends, Jason, tes premières rudesses :
Leur coup m'est bien plus doux que tes fausses tendresses ;
Tes remords impuissants aigrissent mes douleurs :
Ne me rends point ton cœur, quand tu te vends ailleurs.
D'un cœur qu'on ne voit pas l'offre est lâche et barbare,
Quand de tout ce qu'on voit un autre objet s'empare ;
Et c'est faire un hommage et ridicule et vain
De présenter le cœur et retirer la main.

JASON.

L'un et l'autre est à vous, si....

HYPSIPYLE.

                       N'achève pas, traître ;
Ce que tu veux cacher se feroit trop paroître :
Un véritable amour ne parle point ainsi. 1270

JASON.

Trouvez donc les moyens de nous tirer d'ici.
La toison emportée, il agira, Madame,
Ce veritable amour qui vous donne mon âme ;
Sinon.... Mais Dieux ! que vois-je ? O ciel ! je suis perdu,
Si j'ai tant de malheur qu'elle m'aye entendu. 1275

SCÈNE IV.

MÉDÉE, HYPSIPYLE.

MÉDÉE.

Vous l'avez vu, Madame, êtes-vous satisfaite ?

ACTE III, SCÈNE IV.

HYPSIPYLE.
Vous en pouvez juger par sa prompte retraite.
MÉDÉE.
Elle marque le trouble où son cœur est réduit;
Mais j'ignore, après tout, s'il vous quitte ou me fuit.
HYPSIPYLE.
Vous pouvez donc, Madame, ignorer quelque chose?
MÉDÉE.
Je sais que, s'il me fuit, vous en êtes la cause.
HYPSIPYLE.
Moi, je n'en sais pas tant; mai j'avoue entre nous
Que s'il faut qu'il me quitte, il a besoin de vous.
MÉDÉE.
Ce que vous en pensez me donne peu d'alarmes.
HYPSIPYLE.
Je n'ai que des attraits, et vous avez des charmes. 1285
MÉDÉE.
C'est beaucoup en amour que de savoir charmer[1].
HYPSIPYLE.
Et c'est beaucoup aussi que de se faire aimer.
MÉDÉE.
Si vous en avez l'art, j'ai celui d'y contraindre.
HYPSIPYLE.
A faute d'être aimée, on peut se faire craindre.
MÉDÉE.
Il vous aima jadis?

---

1. Voltaire, dans sa Préface de *la Toison d'or*, après avoir cité les vers du deuxième chant de l'*Art poétique*, où Boileau reproche à la tragédie d'avoir fait des pointes « ses plus chères délices, » ajoute : « Il y a.... quelques jeux de mots dans Corneille, mais ils sont rares. Le plus remarquable est celui d'Hypsipyle, qui, dans la IVe scène du IIIe acte, dit à Médée, sa rivale, en faisant allusion à sa magie :

Je n'ai que des attraits, et vous avez des charmes.

Médée lui répond :

C'est beaucoup en amour que de savoir charmer. »

HYPSIPYLE.

    Peut-être il m'aime encor,   1290
Moins que vous toutefois, ou que la toison d'or.

MÉDÉE.

Du moins, quand je voudrai flatter son espérance,
Il saura de nous deux faire la différence.

HYPSIPYLE.

J'en vois la différence assez grande à Colchos;
Mais elle seroit autre et plus grande à Lemnos. 1295
Les lieux aident au choix; et peut-être qu'en Grèce
Quelque troisième objet surprendroit sa tendresse.

MÉDÉE.

J'appréhende assez peu qu'il me manque de foi.

HYPSIPYLE.

Vous êtes plus adroite et plus belle que moi :
Tant qu'il aura des yeux vous n'avez rien à craindre.

MÉDÉE.

J'allume peu de feux qu'un autre[1] puisse éteindre;
Et puisqu'il me promet un cœur ferme et constant...

HYPSIPYLE.

Autrefois à Lemnos il m'en promit autant.

MÉDÉE.

D'un amant qui s'en va de quoi sert la parole?

HYPSIPYLE.

A montrer qu'on vous peut voler ce qu'on me vole. 1305
Ces beaux feux qu'en mon île il n'osoit démentir....

MÉDÉE.

Eurent un peu de tort de le laisser partir.

HYPSIPYLE.

Comme vous en aurez, si jamais ce volage
Porte à quelque autre objet ce qu'il vous rend d'hommage.

---

1. Telle est la leçon des éditions de 1664-1682. Les deux premières (1661 et 1663) donnent, ainsi que celles de Thomas Corneille (1692) et de Voltaire (1764) : « une autre. »

MÉDÉE.
Les captifs mal gardés ont droit de nous quitter.   1310
HYPSIPYLE.
J'avois quelque mérite, et n'ai pu l'arrêter.
MÉDÉE.
J'en ai peu, mais enfin s'il fait plus que le vôtre ?
HYPSIPYLE.
Vous avez lieu de croire en valoir bien un autre[1] ;
Mais prenez moins d'appui sur un cœur usurpé :
Il peut vous échapper, puisqu'il m'est échappé.   1315
MÉDÉE.
Votre esprit n'est rempli que de mauvais augures.
HYPSIPYLE.
On peut sur le passé former ses conjectures.
MÉDÉE.
Le passé mal conduit n'est qu'un miroir trompeur,
Où l'œil bien éclairé ne fonde espoir ni peur.
HYPSIPYLE.
Si j'ai conçu pour vous des craintes mal fondées....   1320
MÉDÉE.
Laissons faire Jason, et gardons nos idées.
HYPSIPYLE.
Avec sincérité je dois vous avouer
Que j'ai quelque sujet encor de m'en louer.
MÉDÉE.
Avec sincérité je dois aussi vous dire
Qu'assez malaisément on sort de mon empire,   1325
Et que quand jusqu'à moi j'ai permis d'aspirer,
On ne s'abaisse plus à vous considérer.
Profitez des avis que ma pitié vous donne.

---

1. *Var.* Vous aurez lieu de croire en valoir bien une autre (*a*). (1661)
Var. Vous aurez lieu de croire en valoir bien un autre. (1663-68)

(*a*) Cette leçon a été reproduite dans l'édition de 1692 et dans celle de Voltaire (1764).

HYPSIPYLE.
A vous dire le vrai, cette hauteur m'étonne.
Je suis reine, Madame, et les fronts couronnés.... 1330
MÉDÉE.
Et moi je suis Médée, et vous m'importunez.
HYPSIPYLE.
Cet indigne mépris que de mon rang vous faites....
MÉDÉE.
Connoissez-moi, Madame, et voyez où vous êtes.
Si Jason pour vos yeux ose encor soupirer,
Il peut chercher des bras à vous en retirer. 1335
Adieu : souvenez-vous, au lieu de vous en plaindre,
Qu'à faute d'être aimée, on peut se faire craindre.

(Ce palais doré se change en un palais d'horreur, sitôt que Médée a dit le premier de ces cinq derniers vers[1].)

SCÈNE V.

HYPSIPYLE.

Que vois-je? où suis-je? ô Dieux! quels abîmes ouverts
Exhalent jusqu'à moi les vapeurs des enfers!
Que d'yeux étincelants sous d'horribles paupières 1340
Mêlent au jour qui fuit d'effroyables lumières!
O toi, qui crois par là te faire redouter,
Si tu l'as espéré, cesse de t'en flatter.
Tu perds de ton grand art la force ou l'imposture,
A t'armer contre moi de toute la nature. 1345
L'amour au désespoir ne peut craindre la mort :
Dans un pareil naufrage elle ouvre un heureux port.

---

1. Les éditions antérieures à 1664 et celles qui sont postérieures à 1682 continuent : « et qu'elle a donné un coup de baguette..., etc., » en transportant ici la description de la « deuxième décoration du troisième acte. » Voyez ci-dessus, p. 299, et la note 3.

Hâtez, monstres, hâtez votre approche fatale.
Mais immoler ainsi ma vie à ma rivale!
Cette honte est pour moi pire que le trépas.   1350
Je ne veux plus mourir; monstres, n'avancez pas.
UNE VOIX, derrière le théâtre.
Monstres, n'avancez pas, une reine l'ordonne;
Respectez ses appas;
Suivez les lois qu'elle vous donne :
Monstres, n'avancez pas.   1355
(Les monstres s'arrêtent sitôt que cette voix chante.)
HYPSIPYLE.
Quel favorable écho, pendant que je soupire,
Répète mes frayeurs avec un tel empire?
Et d'où vient que frappés par ces divins accents,
Ces monstres tout à coup deviennent impuissants?
LA VOIX.
C'est l'amour qui fait ce miracle,   1360
Et veut plus faire en ta faveur.
N'y mets donc point d'obstacle :
Aime qui t'aime, et donne cœur pour cœur.
HYPSIPYLE.
Quel prodige nouveau! cet amas de nuages
Vient-il dessus ma tête éclater en orages?   1365
Vous qui nous gouvernez, Dieux, quel est votre but?
M'annoncez-vous par là ma perte ou mon salut?
Le nuage descend, il s'arrête, il s'entr'ouvre;
Et je vois.... Mais, ô Dieux, qu'est-ce que j'y découvre?
Seroit-ce bien le Prince?
(Un nuage descend jusqu'à terre, et s'y séparant en deux moitiés, qui se perdent chacune de son côté, il laisse sur le théâtre le prince Absyrte.)

SCÈNE VI.

ABSYRTE, HYPSIPYLE.

ABSYRTE.

Oui, Madame, c'est lui 1370
Dont l'amour vous apporte un ferme et sûr appui :
Le même qui pour vous courant à son supplice,
Contre un ingrat trop cher a demandé justice,
Le même vient encor dissiper votre peur.
J'ai parlé contre moi, j'agis contre ma sœur ; 1375
Et sitôt que je vois quelque espoir de vous plaire,
Je ne me connois plus, je cesse d'être frère.
Monstres, disparoissez ; fuyez de ces beaux yeux
Que vous avez en vain obsédés en ces lieux.

(Tous les monstres s'envolent ou fondent sous terre, et Absyrte continue.)

Et vous, divin objet, n'en ayez plus d'alarmes. 1380
Pour détruire le reste, il faudroit d'autres charmes.
Contre ceux qu'on pressoit de vous faire périr,
Je n'avois que les airs par où vous secourir ;
Et d'un art tout-puissant les forces inconnues
Ne me laissoient ouvert que le milieu des nues ; 1385
Mais le mien, quoique moindre, a pleine autorité
De nous faire sortir d'un séjour enchanté.
Allons, Madame.

HYPSIPYLE.

Allons, prince trop magnanime,
Prince digne en effet de toute mon estime.

ABSYRTE.

N'aurez-vous rien de plus pour des vœux si constants ?
Et ne pourrai-je....

HYPSIPYLE.

Allons, et laissez faire au temps.

FIN DU TROISIÈME ACTE.

ACTE IV.

DÉCORATION DU QUATRIÈME ACTE.

Ce théâtre horrible fait place a un plus agréable : c'est le désert où Médée a de coutume[1] de se retirer pour faire ses enchantements. Il est tout de rochers qui laissent sortir de leurs fentes quelques filaments d'herbes rampantes et quelques arbres moitié verts et moitié secs : ces rochers sont d'une pierre blanche et luisante, de sorte que comme l'autre théâtre étoit fort chargé d'ombres, le changement subit de l'un à l'autre fait qu'il semble qu'on passe de la nuit au jour.

SCÈNE PREMIÈRE.

ABSYRTE, MÉDÉE.

MÉDÉE.

Qui donne cette audace à votre inquiétude,
Prince, de me troubler jusqu'en ma solitude?
Avez-vous oublié que dans ces tristes lieux
Je ne souffre que moi, les ombres et les Dieux, 1395
Et qu'étant par mon art consacrés au silence,
Aucun ne peut sans crime y mêler sa présence?

ABSYRTE.

De vos bontés, ma sœur, c'est sans doute abuser;
Mais l'ardeur d'un amant a droit de tout oser.
C'est elle qui m'amène en ces lieux solitaires, 1400
Où votre art fait agir ses plus secrets mystères,
Vous demander un charme à détacher un cœur,
A dérober une âme à son premier vainqueur.

---

1. Voltaire a supprimé *de* devant *coutume*.

MÉDÉE.

Hélas! cet art, mon frère, impuissant sur les âmes,
Ne sait que c'est d'éteindre ou d'allumer des flammes
Et s'il a sur le reste un absolu pouvoir,
Loin de charmer les cœurs, il n'y sauroit rien voir.
Mais n'avancez-vous rien sur celui d'Hypsipyle?
Son péril, son effroi, vous est-il inutile?
Après ce stragème entre nous concerté, 1410
Elle vous croit devoir et vie et liberté;
Et son ingratitude au dernier point éclate,
Si d'une ombre d'espoir cet effroi ne vous flatte.

ABSYRTE.

Elle croit qu'en votre art aussi savant que vous,
Je prends plaisir pour elle à rabattre vos coups; 1415
Et sans rien soupçonner de tout notre artifice,
Elle doit tout, dit-elle, à ce rare service;
Mais à moins toutefois que de perdre l'espoir,
Du côté de l'amour rien ne peut l'émouvoir.

MÉDÉE.

L'espoir qu'elle conserve aura peu de durée, 1420
Puisque Jason en veut à la toison dorée,
Et qu'à la conquérir faire le moindre effort,
C'est se livrer soi-même et courir à la mort.
Oui, mon frère, prenez un esprit plus tranquille,
Si la mort d'un rival vous assure Hypsipyle; 1425
Et croyez....

ABSYRTE.

Ah! ma sœur, ce seroit me trahir
Que de perdre Jason sans le faire haïr.
L'âme de cette reine, à la douleur ouverte,
A toute la famille imputeroit sa perte,
Et m'envelopperoit dans le juste courroux 1430
Qu'elle auroit pour le Roi, qu'elle prendroit pour vous.
Faites donc qu'il vous aime, afin qu'on le haïsse;

Qu'on regarde sa mort comme un digne supplice.
Non que je la souhaite : il s'est vu trop aimé
Pour n'en présumer pas votre esprit alarmé ; 1435
Je ne veux pas non plus chercher jusqu'en votre âme
Les sentiments qu'y laisse une si belle flamme :
Arrêtez seulement ce héros sous vos lois,
Et disposez sans moi du reste, à votre choix.
S'il doit mourir, qu'il meure en amant infidèle ; 1440
S'il doit vivre, qu'il vive en esclave rebelle,
Et qu'on n'aye aucun lieu, dans l'un ni l'autre sort,
Ni de l'aimer vivant, ni de le plaindre mort.
C'est ce que je demande à cette amitié pure
Qu'avec le jour pour moi vous donna la nature. 1445

MÉDÉE.

Puis-je m'en faire aimer sans l'aimer à mon tour,
Et pour un cœur sans foi me souffrir de l'amour?
Puis-je l'aimer, mon frère, au moment qu'il n'aspire
Qu'à ce trésor fatal dont dépend votre empire?
Ou si par nos taureaux il se fait déchirer, 1450
Voulez-vous que je l'aime, afin de le pleurer?

ABSYRTE.

Aimez, ou n'aimez pas, il suffit qu'il vous aime ;
Et quant à ces périls pour notre diadème,
Je ne suis pas de ceux dont le crédule esprit
S'attache avec scrupule à ce qu'on leur prédit. 1455
Je sais qu'on n'entend point de telles prophéties
Qu'après que par l'effet elles sont éclaircies ;
Et que quoi qu'il en soit, le sceptre de Lemnos
A de quoi réparer la perte de Colchos.
Ces climats désolés où même la nature 1460
Ne tient que de votre art ce qu'elle a de verdure,
Où nos plus beaux jardins n'ont ni roses ni lis
Dont par votre savoir ils ne soient embellis,
Sont-ils à comparer à ces charmantes îles

Où nos maux trouveroient de glorieux asiles ? 1465
Tomber à bas d'un trône est un sort rigoureux ;
Mais quitter l'un pour l'autre est un échange heureux.

MÉDÉE.

Un amant tel que vous, pour gagner ce qu'il aime,
Changeroit sans remords d'air et de diadème....
Comme j'ai d'autres yeux, j'ai d'autres sentiments, 1470
Et ne me règle pas sur vos attachements.

Envoyez-moi ma sœur, que je puisse avec elle
Pourvoir au doux succès d'une flamme si belle.
Ménagez cependant un si cher intérêt :
Faites effort à plaire autant comme on vous plaît. 1475
Pour Jason, je saurai de sorte m'y conduire,
Que soit qu'il vive ou meure, il ne pourra vous nuire.
Allez sans perdre temps, et laissez-moi rêver
Aux beaux commencements que je veux achever.

SCÈNE II.

MÉDÉE.

Tranquille et vaste solitude, 1480
Qu'à votre calme heureux j'ose en vain recourir !
Et que la rêverie est mal propre à guérir
D'une peine qui plaît la flatteuse habitude !
J'en viens soupirer seule au pied de vos rochers ;
Et j'y porte avec moi dans mes vœux les plus chers 1485
    Mes ennemis les plus à craindre :
Plus je crois les dompter, plus je leur obéis ;
Ma flamme s'en redouble ; et plus je veux l'éteindre,
    Plus moi-même je m'y trahis.

    C'est en vain que toute alarmée 1490

J'envisage à quels maux expose[1] un inconstant :
L'amour tremble à regret dans mon esprit flottant ;
Et timide à l'aimer, je meurs d'en être aimée.
Ainsi j'adore et crains son manquement de foi ;
Je m'offre et me refuse à ce que je prévoi :   1495
    Son change me plaît et m'étonne.
Dans l'espoir le plus doux j'ai tout à soupçonner ;
Et bien que tout mon cœur obstinément se donne,
    Ma raison n'ose me donner.

    Silence, raison importune ;   1500
Est-il temps de parler quand mon cœur s'est donné ?
Du bien que tu lui veux ce lâche est si gêné,
Que ton meilleur avis lui tient lieu d'infortune.
Ce que tu mets d'obstacle à ses désirs mutins
Anime leur révolte et le livre aux destins,   1505
    Contre qui tu prends sa défense :
Ton effort odieux ne sert qu'à les hâter ;
Et ton cruel secours lui porte par avance
    Tous les maux qu'il doit redouter.

    Parle toutefois pour sa gloire ;   1510
Donne encor quelques lois à qui te fait la loi :
Tyrannise un tyran qui triomphe de toi,
Et par un faux trophée usurpe sa victoire.
S'il est vrai que l'amour te vole tout mon cœur,
Exile de mes yeux cet insolent vainqueur,   1515
    Dérobe-lui tout mon visage ;
Et si mon âme cède à mes feux trop ardents[2],

---

1. Tel est le texte de toutes les éditions publiées du vivant de Corneille. Thomas Corneille (1692) a mis : « s'expose ; » et Voltaire (1764) : « j'expose. »

2. *Var.* Et si mon âme cède à des feux trop ardents. (1661-64) Voltaire a adopté cette variante.

Sauve tout le dehors du honteux esclavage
Qui t'enlève tout le dedans¹.

SCÈNE III.

JUNON, MÉDÉE.

MÉDÉE.

L'avez-vous vu, ma sœur, cet amant infidèle ? 1520
Que répond-il aux pleurs d'une reine si belle?
Souffre-t-il par pitié qu'ils en fassent un roi?
A-t-il encor le front de vous parler de moi?
Croit-il qu'un tel exemple ait su si peu m'instruire,
Qu'il lui laisse encor lieu de me pouvoir séduire? 1525

JUNON.

Modérez ces chaleurs de votre esprit jaloux :
Prenez des sentiments plus justes et plus doux ;
Et sans vous emporter souffrez que je vous die....

MÉDÉE.

Qu'il pense m'acquérir par cette perfidie?
Et que ce qu'il fait voir de tendresse et d'amour, 1530
Si j'ose l'accepter, m'en garde une à mon tour?
Un volage, ma sœur, a beau faire et beau dire,
On peut toujours douter pour qui son cœur soupire :
Sa flamme à tous moments peut prendre un autre cours,
Et qui change une fois peut changer tous les jours. 1535
Vous, qui vous préparez à prendre sa défense,
Savez-vous, après tout, s'il m'aime ou s'il m'offense?
Lisez-vous dans son cœur pour voir ce qui s'y fait,
Et si j'ai de ces feux l'apparence ou l'effet²?

---

1. Voyez, au sujet de cette dernière strophe, la fin de la *Préface* que Voltaire a placée en tête de *la Toison d'or*.
2. *Var.* Et si j'ai de ses feux l'apparence ou l'effet? (1661) Voltaire a adopté cette variante.

ACTE IV, SCÈNE III.

JUNON.

Quoi? vous vous offensez d'Hypsipyle quittée ! 1540
D'Hypsipyle pour vous à vos yeux maltraitée !
Vous, son plus cher objet! vous de qui hautement
En sa présence même il s'est nommé l'amant!
C'est mal vous acquitter de la reconnoissance
Qu'une autre croiroit due à cette préférence. 1545
Voyez mieux qu'un héros si grand, si renommé,
Auroit peu fait pour vous, s'il n'avoit rien aimé.

En ces tristes climats qui n'ont que vous d'aimable,
Où rien ne s'offre aux yeux qui vous soit comparable,
Un cœur qu'un autre objet ne peut vous disputer 1550
Vous porte peu de gloire à se laisser dompter.
Mais Hypsipyle est belle, et joint au diadème
Un amour assez fort pour mériter qu'on l'aime[1];
Et quand, malgré son trône, et malgré sa beauté,
Et malgré son amour, vous l'avez emporté, 1555
Que ne devez-vous point à l'illustre victoire
Dont ce choix obligeant vous assure la gloire?
Peut-il de vos attraits faire mieux voir le prix,
Que par le don d'un cœur qu'Hypsipyle avoit pris?
Pouvez-vous sans chagrin refuser un hommage 1560
Qu'une autre lui demande avec tant d'avantage?
Pouvez-vous d'un tel don faire si peu d'état,
Sans vouloir être ingrate, et l'être avec éclat?
Si c'est votre dessein, en faisant la cruelle,
D'obliger ce héros à retourner vers elle, 1565
Vous en pourrez avoir un succès assez prompt;
Sinon....

MÉDÉE.

Plutôt la mort qu'un si honteux affront.
Je ne souffrirai point qu'Hypsipyle me brave,

---

1. *Var.* Un amour assez fort pour mériter qu'il l'aime. (1661)

Et m'enlève ce cœur que j'ai vu mon esclave.
Je voudrois avec vous en vain le déguiser ; 1570
Quand je l'ai vu pour moi tantôt la mépriser,
Qu'à ses yeux, sans nous mettre un moment en balance,
Il m'a si hautement donné la préférence,
J'ai senti des transports que mon esprit discret
Par un soudain adieu n'a cachés qu'à regret. 1575
Je ne croirai jamais qu'il soit douceur égale
A celle de se voir immoler sa rivale,
Qu'il soit pareille joie ; et je mourrois, ma sœur,
S'il falloit qu'à son tour elle eût même douceur.

JUNON.

Quoi ? pour vous cette honte est un malheur extrême ?
Ah ! vous l'aimez encor.

MÉDÉE.

Non ; mais je veux qu'il m'aime.
Je veux, pour éviter un si mortel ennui,
Le conserver à moi, sans me donner à lui,
L'arrêter sous mes lois, jusqu'à ce qu'Hypsipyle
Lui rende de son cœur la conquête inutile, 1585
Et que le prince Absyrte, ayant reçu sa foi,
L'ait mise hors d'état de triompher de moi.
Lors, par un juste exil punissant l'infidèle,
Je n'aurai plus de peur qu'il me traite comme elle ;
Et je saurai sur lui nous venger toutes deux, 1590
Sitôt qu'il n'aura plus à qui porter ses vœux.

JUNON.

Vous vous promettez plus que vous ne voudrez faire,
Et vous n'en croirez pas toute cette colère[1].

MÉDÉE.

Je ferai plus encor que je ne me promets,
Si vous pouvez, ma sœur, quitter ses intérêts. 1595

---

1. *Var.* Et vous ne croirez pas toute cette colère. (1661-64)

ACTE IV, SCÈNE III.

JUNON.

Quelques¹ chers qu'ils me soient, je veux bien m'y con-[traindre,
Et pour mieux vous ôter tout sujet de me craindre,
Le voilà qui paroît, je vous laisse avec lui.
Vous me rappellerez, s'il a besoin d'appui.

SCÈNE IV.

JASON, MÉDÉE.

MÉDÉE.

Êtes-vous prêt, Jason, d'entrer dans la carrière ? 1600
Faut-il du champ de Mars vous ouvrir la barrière,
Vous donner nos taureaux pour tracer des sillons
D'où naîtront contre vous de soudains bataillons?
Pour dompter ces taureaux et vaincre ces gensdarmes,
Avez-vous d'Hypsipyle emprunté quelques charmes?
Je ne demande point quel est votre souci;
Mais si vous la cherchez, elle n'est pas ici;
Et tandis qu'en ces lieux vous perdez votre peine,
Mon frère vous pourroit enlever cette reine.
Jason, prenez-y garde, il faut moins s'éloigner 1610
D'un objet qu'un rival s'efforce de gagner,
Et prêter un peu moins les faveurs de l'absence
A ce qui peut entre eux naître d'intelligence.
Mais j'ai tort, je l'avoue, et je raisonne mal :
Vous êtes trop aimé pour craindre un tel rival; 1615
Vous n'avez qu'à paroître, et sans autre artifice,
Un coup d'œil détruira ce qu'il rend de service.

JASON.

Qu'un si cruel reproche à mon cœur seroit doux
S'il avoit pu partir d'un sentiment jaloux,

1. Voyez tome I, p. 205, note 3.

Et si par cette injuste et douteuse colère 1620
Je pouvois m'assurer de ne vous pas déplaire!
Sans raison toutefois j'ose m'en defier;
Il ne me faut que vous pour me justifier.
Vous avez trop bien vu l'effet de vos mérites
Pour garder un soupçon de ce que vous me dites; 1625
Et du change nouveau que vous me supposez
Vous me défendez mieux que vous ne m'accusez.
 Si vous avez pour moi vu l'amour d'Hypsipyle,
Vous n'avez pas moins vu sa constance inutile :
Que ses plus doux attraits, pour qui j'avois brûlé, 1630
N'ont rien que mon amour ne vous aye immolé;
Que toute sa beauté rehausse votre gloire,
Et que son sceptre même enfle votre victoire :
Ce sont des vérités que vous vous dites mieux,
Et j'ai tort de parler où vous avez des yeux. 1635
MÉDÉE.
Oui, j'ai des yeux, ingrat, meilleurs que tu ne penses,
Et vois jusqu'en ton cœur tes fausses préférences.
 Hypsipyle à ma vue a reçu des mépris;
Mais quand je n'y suis plus, qu'est-ce que tu lui dis?
Explique, explique encor ce soupir tout de flamme 1640
Qui vers ce cher objet poussoit toute ton âme[1],
Et fais-moi concevoir jusqu'où vont tes malheurs
De soupirer pour elle et de prétendre ailleurs.
Redis-moi les raisons dont tu l'as apaisée,
Dont jusqu'à me braver tu l'as autorisée : 1645
Qu'il te faut la toison pour revoir tes parents,
Qu'à ce prix je te plais, qu'à ce prix tu te vends.
Je tenois cher le don d'une amour si parfaite;
Mais puisque tu te vends, va chercher qui t'achète,
Perfide, et porte ailleurs cette vénale foi 1650

---

1. Voyez plus haut, p. 306, vers 1201.

Qu'obtiendroit ma rivale à même prix que moi.
Il est, il est encor des âmes toutes prêtes
A recevoir mes lois et grossir mes conquêtes ;
Il est encor des rois dont je fais le desir ;
Et si parmi tes Grecs il me plaît de choisir, 1655
Il en est d'attachés à ma seule personne,
Qui n'ont jamais su l'art d'être à qui plus leur donne,
Qui trop contents d'un cœur dont tu fais peu de cas,
Méritent la toison qu'ils ne demandent pas,
Et que pour toi mon âme, hélas! trop enflammée, 1660
Auroit pu te donner, si tu m'avois aimée.

JASON.

Ah! si le pur amour peut mériter ce don,
A qui peut-il, Madame, être dû qu'à Jason?
Ce refus surprenant que vous m'avez vu faire,
D'une vénale ardeur n'est pas le caractère. 1665
Le trône qu'à vos yeux j'ai traité de mépris
En seroit pour tout autre un assez digne prix ;
Et rejeter pour vous l'offre d'un diadème,
Si ce n'est vous aimer, j'ignore comme on aime.
  Je ne me défends point d'une civilité 1670
Que du bandeau royal vouloit la majesté.
Abandonnant pour vous une reine si belle,
J'ai poussé par pitié quelques soupirs vers elle :
J'ai voulu qu'elle eût lieu de se dire en secret
Que je change par force et la quitte à regret ; 1675
Que satisfaite ainsi de mon propre mérite,
Elle se consolât de tout ce qui l'irrite ;
Et que l'appas flatteur de cette illusion
La vengeât un moment de sa confusion.
  Mais quel crime ont commis ces compliments frivoles?
Des paroles enfin ne sont que des paroles ;
Et quiconque possède un cœur comme le mien
Doit se mettre au-dessus d'un pareil entretien

Je n'examine point, après votre menace,
Quelle foule d'amants brigue chez vous ma place. 1685
Cent rois, si vous voulez, vous consacrent leurs vœux;
Je le crois; mais aussi je suis roi si je veux;
Et je n'avance rien touchant le diadème
Dont il faille chercher de témoins que vous-même.
Si par le choix d'un roi vous pouvez me punir, 1690
Je puis vous imiter, je puis vous prévenir;
Et si je me bannis par là de ma patrie,
Un exil couronné peut faire aimer la vie.
Mille autres en ma place, au lieu de s'alarmer....

MÉDÉE.

Eh bien! je t'aimerai, s'il ne faut que t'aimer: 1695
Malgré tous ces héros, malgré tous ces monarques,
Qui m'ont de leur amour donné d'illustres marques,
Malgré tout ce qu'ils ont et de cœur et de foi,
Je te préfère à tous, si tu ne veux que moi.
Fais voir, en renonçant à ta chère patrie, 1700
Qu'un exil avec moi peut faire aimer la vie,
Ose prendre à ce prix le nom de mon époux.

JASON.

Oui, Madame, à ce prix tout exil m'est trop doux;
Mais je veux être aimé, je veux pouvoir le croire;
Et vous ne m'aimez pas, si vous n'aimez ma gloire. 1705
L'ordre de mon destin l'attache à la toison:
C'est d'elle que dépend tout l'honneur de Jason.
  Ah! si le ciel l'eût mise au pouvoir d'Hypsipyle,
Que j'en aurois trouvé la conquête facile!
Ma passion pour vous a beau l'abandonner, 1710
Elle m'offre encor tout ce qu'elle peut donner;
Malgré mon inconstance, elle aime sans réserve.

MÉDÉE.

Et moi, je n'aime point, à moins que je te serve?
Cherche un autre prétexte à lui rendre ta foi;

J'aurai soin de ta gloire aussi bien que de toi. 1715
Si ce noble intérêt te donne tant d'alarmes,
Tiens, voilà de quoi vaincre et taureaux et gensdarmes;
Laisse à tes compagnons combattre le dragon :
Ils veulent comme toi leur part à la toison;
Et comme ainsi qu'à toi la gloire leur est chère, 1720
Ils ne sont pas ici pour te regarder faire.
Zéthès et Calaïs, ces héros emplumés,
Qu'aux routes des oiseaux leur naissance a formés,
Y préparent déjà leurs ailes enhardies
D'avoir pour coup d'essai triomphé des Harpies; 1725
Orphée avec ses chants se promet le bonheur
D'assoupir....

JASON.

Ah! Madame, ils auront tout l'honneur,
Ou du moins j'aurai part moi-même à leur défaite,
Si je laisse comme eux la conquête imparfaite :
Il me la faut entière; et je veux vous devoir.... 1730

MÉDÉE.

Va, laisse quelque chose, ingrat, en mon pouvoir;
J'en ai déjà trop fait pour une âme infidèle.
Adieu. Je vois ma sœur : délibère avec elle;
Et songe qu'après tout ce cœur que je te rends,
S'il accepte un vainqueur, ne veut point de tyrans; 1735
Que s'il aime ses fers, il hait tout esclavage;
Qu'on perd souvent l'acquis à vouloir d'avantage;
Qu'il faut subir la loi de qui peut obliger;
Et que qui veut un don ne doit pas l'exiger.
Je ne te dis plus rien : va rejoindre Hypsipyle, 1740
Va reprendre auprès d'elle un destin plus tranquille;
Ou si tu peux, volage, encor la dédaigner,
Choisis en d'autres lieux qui te fasse régner.
Je n'ai pour t'acheter sceptres ni diadèmes;
Mais telle que je suis, crains-moi, si tu ne m'aimes. 1745

SCENE V.

JUNON, JASON, L'AMOUR.

(L'Amour est dans le ciel de Vénus[1].)

JUNON.

A bien examiner l'éclat de ce grand bruit,
Hypsipyle vous sert plus qu'elle ne vous nuit.
Ce n'est pas qu'après tout ce courroux ne m'étonne :
Médée à sa fureur un peu trop s'abandonne.
L'Amour tient assez mal ce qu'il m'avoit promis, 1750
Et peut-être avez-vous trop de dieux ennemis.
Tous veulent à l'envi faire la destinée
Dont se doit signaler cette grande journée :
Tous se sont assemblés exprès chez Jupiter,
Pour en résoudre l'ordre, ou pour le contester; 1755
Et je vous plains, si ceux qui daignoient vous défendre
Au plus nombreux parti sont forcés de se rendre.
Le ciel s'ouvre, et pourra nous donner quelque jour :
C'est celui de Vénus, j'y vois encor l'Amour;
Et puisqu'il n'en est pas, toute cette assemblée 1760
Par sa rébellion pourra se voir troublée.
Il veut parler à nous : écoutez quel appui
Le trouble où je vous vois peut espérer de lui.

(Le ciel s'ouvre, et fait vior le palais de Vénus, composé de Termes à face humaine et revêtus de gaze d'or, qui lui servent de colonnes; le lambris n'en n'est pas moins riche. L'Amour y paroît seul; et sitôt qu'il a parlé, il s'élance en l'air, et traverse le théâtre en volant, non pas d'un côté à l'autre, comme se font les vols ordinaires, mais d'un bout à l'autre, en tirant vers les spectateurs; ce qui n'a point encore été pratiqué en France de cette manière[2].)

L'AMOUR.

Cessez de m'accuser, soupçonneuse déesse;

---

1. *Var.* JUNON, JASON, L'AMOUR *dans le ciel.* (1661)
2. Voyez ci-dessus, p. 231 et 241.

ACTE IV, SCÈNE V.

    Je sais tenir promesse : 1765
C'est en vain que les Dieux s'assemblent chez leur roi ;
    Je vais bien leur faire connoître
Que je suis, quand je veux, leur véritable maître,
Et que de ce grand jour le destin est à moi.
Toi, si tu sais aimer, ne crains rien de funeste ; 1770
Obéis à Médée, et j'aurai soin du reste.

JUNON.

Ces favorables mots vous ont rendu le cœur.

JASON.

Mon espoir abattu reprend d'eux sa vigueur.
Allons, Déesse, allons, et sûrs de l'entreprise,
Reportons à Médée une âme plus soumise. 1775

JUNON.

Allons, je veux encor seconder vos projets,
Sans remonter au ciel qu'après leurs pleins effets.

FIN DU QUATRIÈME ACTE.

ACTE V.

DÉCORATION DU CINQUIÈME ACTE.

Ce dernier spectacle présente à la vue une forêt épaisse, composée de divers arbres entrelacés ensemble, et si touffus, qu'il est aisé de juger que le respect qu'on porte au dieu Mars, à qui elle est consacrée, fait qu'on n'ose en couper aucunes branches, ni même brosser[1] au travers : les trophées d'armes appendus au haut de la plupart de ces arbres marquent encore plus particulièrement qu'elle appartient à ce dieu. La toison d'or est sur le plus élevé, qu'on voit seul de son rang au milieu de cette forêt; et la perspective du fond fait paroître en éloignement la rivière du Phase, avec le navire Argo, qui semble n'attendre plus que Jason et sa conquête pour partir.

SCÈNE PREMIÈRE.

ABSYRTE, HYPSIPYLE.

ABSYRTE.

Voilà ce prix fameux où votre ingrat aspire,
Ce gage où les destins attachent notre empire,
Cette toison enfin, dont Mars est si jaloux : 1780
Chacun impunément la peut voir comme nous;
Ce monstrueux dragon, dont les fureurs la gardent,
Semble exprès se cacher aux yeux qui la regardent;
Il laisse agir sans crainte un curieux desir,
Et ne fond que sur ceux qui s'en veulent saisir. 1785
Lors, d'un cri qui suffit à punir tout leur crime,

---

1. *Brosser* signifie « courir à travers les bois et les pays de bruyères et de brossailles. » (*Dictionnaire universel....* par Furetière, 1690.) — Voyez tome I, p. 310, note 1, le seizième vers de la variante.

Sous leur pied téméraire il ouvre un noir abîme,
A moins qu'on n'ait déjà mis au joug nos taureaux,
Et fait mordre la terre aux escadrons nouveaux
Que des dents d'un serpent la semence animée   1790
Doit opposer sur l'heure à qui l'aura semée :
Sa voix perdant alors cet effroyable éclat,
Contre les ravisseurs le réduit au combat.
   Telles furent les lois que Circé par ses charmes
Sut faire à ce dragon, aux taureaux, aux gensdarmes.
Circé, sœur de mon père, et fille du Soleil,
Circé, de qui ma sœur tient cet art sans pareil
Dont tantôt à vous perdre eût abusé sa rage,
Si ce peu que du ciel j'en eus pour mon partage,
Et que je vous consacre aussi bien que mes jours,   1800
Par le milieu des airs n'eût porté du secours.

HYPSIPYLE.

Je n'oublierai jamais que sa jalouse envie
Se fût sans vos bontés sacrifié ma vie ;
Et pour dire encor plus, ce penser m'est si doux,
Que si j'étois à moi, je voudrois être à vous.   1805
Mais un reste d'amour retient dans l'impuissance
Ces sentiments d'estime et de reconnoissance.
J'ai peine, je l'avoue, à me le pardonner ;
Mais enfin je dois tout, et n'ai rien à donner.
Ce qu'à vos yeux surpris Jason m'a fait d'outrage   1810
N'a pas encor rompu cette foi qui m'engage ;
Et malgré les mépris qu'il en montre aujourd'hui,
Tant qu'il peut être à moi, je suis encore à lui.
Mon espoir chancelant dans mon âme inquiète
Ne veut pas lui prêter l'exemple qu'il souhaite,   1815
Ni que cet infidèle ait de quoi se vanter
Qu'il ne se donne ailleurs qu'afin de m'imiter.
Pour changer avec gloire il faut qu'il me prévienne,
Que sa foi violée ait dégagé la mienne,

Et que l'hymen ait joint au mépris qu'il en fait 1820
D'un entier changement l'irrévocable effet.
Alors par son parjure à moi-même rendue,
Mes sentiments d'estime auront plus d'étendue;
Et dans la liberté de faire un second choix,
Je saurai mieux penser à ce que je vous dois. 1825

ABSYRTE.

Je ne sais si ma sœur voudra prendre assurance
Sur des serments trompeurs que rompt son inconstance;
Mais je suis sûr qu'à moins qu'elle rompe son sort,
Ce que feroit l'hymen vous l'aurez par sa mort.
Il combat nos taureaux, et telle est leur furie, 1830
Qu'il faut qu'il y périsse, ou lui doive la vie.

HYPSIPYLE.

Il combat vos taureaux! Ah! que me dites-vous?

ABSYRTE.

Qu'il n'en peut plus sortir que mort, ou son époux.

HYPSIPYLE.

Ah! Prince, votre sœur peut croire encor qu'il m'aime,
Et sur ce faux soupçon se venger elle-même. 1835
Pour bien rompre le coup d'un malheur si pressant,
Peut-être que son art n'est pas assez puissant :
De grâce en ma faveur joignez-y tout le vôtre;
Et si....

ABSYRTE.

Quoi? vous voulez qu'il vive pour un autre[1]?

HYPSIPYLE.

Oui, qu'il vive, et laissons tout le reste au hasard. 1840

ABSYRTE.

Ah! Reine, en votre cœur il garde trop de part;
Et s'il faut vous parler avec une âme ouverte,

---

1. Tel est le texte de toutes les éditions, si l'on en excepte celle de 1661, dont la leçon : « une autre, » a été adoptée par Thomas Corneille et par Voltaire. Voyez ci-dessus, p. 310, note 1.

Vous montrez trop d'amour pour empêcher sa perte.
Votre rivale et moi nous en sommes d'accord :
A moins que vous m'aimiez, votre Jason est mort. 1845
Ma sœur n'a pas pour vous un sentiment si tendre,
Qu'elle aime à le sauver afin de vous le rendre;
Et je ne suis pas homme à servir mon rival,
Quand vous rendez pour moi mon secours si fatal.
Je ne le vois que trop, pour prix de mes services 1850
Vous destinez mon âme à de nouveaux supplices.
C'est m'immoler à lui que de le secourir;
Et lui sauver le jour, c'est me faire périr.
Puisqu'il faut qu'un des deux cesse aujourd'hui de vivre,
Je vais hâter sa perte, où lui-même il se livre : 1855
Je veux bien qu'on l'impute à mon dépit jaloux;
Mais vous, qui m'y forcez, ne l'imputez qu'à vous.

HYPSIPYLE.

Ce reste d'intérêt que je prends en sa vie
Donne trop d'aigreur, Prince, à votre jalousie.
Ce qu'on a bien aimé, l'on ne peut le haïr[1] 1860
Jusqu'à le vouloir perdre, ou jusqu'à le trahir.
Ce vif ressentiment qu'excite l'inconstance
N'emporte pas toujours jusques à la vengeance;
Et quand même on la cherche, il arrive souvent
Qu'on plaint mort un ingrat qu'on détestoit vivant. 1865
 Quand je me défendois sur la foi qui m'engage,
Je voulois à vos feux épargner cet ombrage;
Mais puisque le péril a fait parler l'amour,
Je veux bien qu'il éclate et se montre en plein jour.
Oui, j'aime encor Jason, et l'aimerai sans doute 1870
Jusqu'à l'hymen fatal que ma flamme redoute.
Je regarde son cœur encor comme mon bien.
Et donnerois encor tout mon sang pour le sien.

1. *Var.* Ce qu'on a bien aimé, l'on ne le peut haïr. (1661-63)

Vous m'aimez, et j'en suis assez persuadée
Pour me donner à vous, s'il se donne à Médée ; 1875
Mais si par jalousie ou par raison d'État,
Vous le laissez tous deux périr dans ce combat,
N'attendez rien de moi que ce qu'ose la rage
Quand elle est une fois maîtresse d'un courage,
Que les pleines fureurs d'un désespoir d'amour. 1880
Vous me faites trembler, tremblez à votre tour :
Prenez soin de sa vie, ou perdez cette reine ;
Et si je crains sa mort, craignez aussi ma haine.

SCÈNE II.

AÆTE, ABSYRTE, HYPSIPYLE.

AÆTE.

Ah ! Madame, est-ce là cette fidélité
Que vous gardez aux droits de l'hospitalité ? 1885
Quand pour vous je m'oppose aux destins de ma fille,
A l'espoir de mon fils, aux vœux de ma famille,
Quand je presse un héros de vous rendre sa foi,
Vous prêtez à son bras des charmes contre moi ;
De sa témérité vous vous faites complice 1890
Pour renverser un trône où je vous fais justice :
Comme si c'étoit peu de posséder Jason,
Si pour don nuptial il n'avoit la toison ;
Et que sa foi vous fût indignement offerte,
A moins que son destin éclatât par ma perte ! 1895

HYPSIPYLE.

Je ne sais pas, Seigneur, à quel point vous réduit
Cette témérité de l'ingrat qui me fuit ;
Mais je sais que mon cœur ne joint à son envie
Qu'un timide souhait en faveur de sa vie ;
Et que si je savois ce grand art de charmer, 1900

Je ne m'en servirois que pour m'en faire aimer.
AÆTE.
Ah! je n'ai que trop cru vos plaintes ajustées
A des illusions entre vous concertées;
Et les dehors trompeurs d'un dédain préparé
N'ont que trop ébloui mon œil mal éclairé. 1905
Oui, trop d'ardeur pour vous, et trop peu de lumière
M'ont conduit en aveugle à ma ruine entière.
Ce pompeux appareil que soutenoient les vents,
Ces tritons tout autour rangés comme suivants,
Montroient bien qu'en ces lieux vous n'étiez abordée
Que par un art plus fort que celui de Médée.
D'un naufrage affecté l'histoire sans raison
Déguisoit le secours amené pour Jason;
Et vos pleurs ne sembloient m'en demander vengeance
Que pour mieux faire place à votre intelligence. 1915
HYPSIPYLE.
Que ne sont vos soupçons autant de vérités,
Et que ne puis-je ici ce que vous m'imputez!
ABSYRTE.
Qu'a fait Jason, Seigneur, et quel mal vous menace,
Quand nous voyons encor la toison en sa place?
AÆTE.
Nos taureaux sont domptés, nos gendarmes défaits, 1920
Absyrte : après cela crains les derniers effets.
ABSYRTE.
Quoi? son bras....
AÆTE.
Oui, son bras, secondé par ses charmes,
A dompté nos taureaux et défait nos gensdarmes :
Juge si le dragon pourra faire plus qu'eux!
Ils ont poussé d'abord de gros torrents de feux; 1925
Ils l'ont enveloppé d'une épaisse fumée,
Dont sur toute la plaine une nuit s'est formée;

Mais après ce nuage en l'air évaporé,
On les a vus au joug et le champ labouré :
Lui, sans aucun effroi, comme maître paisible,   1930
Jetoit dans les sillons cette semence horrible,
D'où s'élève aussitôt un escadron armé,
Par qui de tous côtés il se trouve enfermé.
Tous n'en veulent qu'à lui ; mais son âme plus fière
Ne daigne contre eux tous s'armer que de poussière.
A peine il la répand, qu'une commune erreur
D'eux tous, l'un contre l'autre, anime la fureur;
Ils s'entr'immolent tous au commun adversaire :
Tous pensent le percer, quand ils percent leur frère ;
Leur sang partout regorge, et Jason au milieu   1940
Reçoit ce sacrifice en posture d'un dieu;
Et la terre, en courroux de n'avoir pu lui nuire,
Rengloutit l'escadron qu'elle vient de produire[1].

On va bientôt, Madame, achever à vos yeux

1. On peut comparer à ce court récit les narrations semblables qui sont au VIIe livre des *Argonautiques* de Valérius Flaccus, au VIIe livre aussi des *Métamorphoses* d'Ovide, dans la XIIe épître de ses *Héroïdes*, et au IIIe acte de la *Médée* de Sénèque. On verra que Corneille s'est inspiré de ces poëtes plutôt qu'il ne les a imités, et qu'il a rendu librement à sa manière les circonstances qu'il leur a empruntées. Celui dont il se rapproche le plus est Valérius Flaccus, chez qui nous lisons par exemple :

Uterque
Taurus.... immani proflavit turbine flammas
Arduus, atque atro volvens incendia fluctu
(vers 570-572);

Bis fulmineis se flatibus infert,
Obnubitque virum
(vers 583 et 584);

Ille velut campos Libyes ac pinguia Nili
Fertilis arva secet, plena sic semina dextra
Spargere gaudet agris, oneratque novalia bello
(vers 607-609);

Armarique phalanx totisque insurgere campis
(vers 613);

et cette fin du récit :

Atque hausit subito sua funera tellus
(vers 643).

Ce qu'ébauche par là votre abord en ces lieux. 1945
Soit Jason, soit Orphée, ou les fils de Borée,
Ou par eux ou par lui ma perte est assurée;
Et l'on va faire hommage à votre heureux secours
Du destin de mon sceptre et de mes tristes jours.

HYPSIPYLE.

Connoissez mieux, Seigneur, la main qui vous offense;
Et lorsque je perds tout, laissez-moi l'innocence.
L'ingrat qui me trahit est secouru d'ailleurs.
Ce n'est que de chez vous que partent vos malheurs,
Chez vous en est la source; et Médée elle-même
Rompt son art par son art, pour plaire à ce qu'elle aime.

ABSYRTE.

Ne l'en accusez point, elle hait trop Jason.
De sa haine, Seigneur, vous savez la raison :
La toison préférée aigrit trop son courage
Pour craindre qu'il en tienne un si grand avantage;
Et si contre son art ce prince a réussi, 1660
C'est qu'on le sait en Grèce autant ou plus qu'ici.

AÆTE.

Ah! que tu connois mal jusqu'à quelle manie
D'un amour déréglé passe la tyrannie!
Il n'est rang, ni pays, ni père, ni pudeur,
Qu'épargne de ses feux l'impérieuse ardeur. 1965
Jason plut à Médée, et peut encor lui plaire;
Peut-être es-tu toi-même ennemi de ton père,
Et consens que ta sœur, par ce présent fatal,
S'assure d'un amant qui seroit ton rival.
Tout mon sang révolté trahit mon espérance : 1970
Je trouve ma ruine où fut mon assurance;
Le destin ne me perd que par l'ordre des miens,
Et mon trône est brisé par ses propres soutiens.

ABSYRTE.

Quoi? Seigneur, vous croiriez qu'une action si noire....

AÆTE.

Je sais ce qu'il faut craindre, et non ce qu'il faut croire.
Dans cette obscurité tout me devient suspect :
L'amour aux droits du sang garde peu de respect.
Ce même amour d'ailleurs peut forcer cette reine
A répondre à nos soins par des effets de haine ;
Et Jason peut avoir lui-même en ce grand art 1980
Des secrets dont le ciel ne nous fit point de part.
　Ainsi, dans les rigueurs de mon sort déplorable,
Tout peut être innocent, tout peut être coupable :
Je ne cherche qu'en vain à qui les imputer ;
Et ne discernant rien, j'ai tout à redouter. 1985

HYPSIPYLE.

La vérité, Seigneur, se va faire connoître :
A travers ces rameaux je vois venir mon traître.

SCÈNE III.

AÆTE, ABSYRTE, HYPSIPYLE, JASON, ORPHÉE, ZÉTHÈS, CALAÏS.

HYPSIPYLE.

Parlez, parlez, Jason ; dites sans feinte au Roi
Qui vous seconde ici de Médée ou de moi :
Dites, est-ce elle ou moi qui contre lui conspire ? 1990
Est-ce pour elle ou moi que votre cœur soupire ?

JASON.

La demande est, Madame, un peu hors de saison :
Je vous y répondrai quand j'aurai la toison.
　Seigneur, sans différer permettez que j'achève ;
La gloire où je prétends ne souffre point de trêve : 1995
Elle veut que du ciel je presse le secours,
Et ce qu'il m'en promet ne descend pas toujours.

AÆTE.

Hâtez à votre gré ce secours de descendre;
Mais encore une fois gardez de vous méprendre.

JASON.

Par ce qu'ont vu vos yeux jugez ce que je puis : 2000
Tout me paroît facile en l'état où je suis;
Et si la force enfin répond mal au courage,
Il en est parmi nous qui peuvent davantage.
Souffrez donc que l'ardeur dont je me sens brûler....

SCÈNE IV.

AÆTE, ABSYRTE, HYPSIPYLE, MÉDÉE, JASON, ORPHÉE, ZÉTHÈS, CALAÏS.

MÉDÉE, sur le dragon, élevée en l'air à la hauteur d'un homme.

Arrête, déloyal, et laisse-moi parler : 2005
Que je rende un plein lustre à ma gloire ternie
Par l'outrageux éclat que fait la calomnie.
  Qui vous l'a dit, Madame, et sur quoi fondez-vous
Ces dignes visions de votre esprit jaloux?
Si Jason entre nous met quelque différence 2010
Qui flatte malgré moi sa crédule espérance,
Faut-il sur votre exemple aussitôt présumer
Qu'on n'en peut être aimée et ne le pas aimer[1]?
Connoissez mieux Médée, et croyez-la trop vaine
Pour vouloir d'un captif marqué d'une autre chaîne.
Je ne puis empêcher qu'il vous manque de foi,
Mais je vaux bien un cœur qui n'ait aimé que moi;
Et j'aurai soutenu des revers bien funestes

---

1. Tel est le texte des éditions publiées du vivant de Corneille et de celle de 1692. Dans la première de Voltaire (1764) il s'est glissé une faute, qui a passé de là dans les impressions modernes, et qui dénature entièrement la pensée : « Qu'on en peut être aimée, etc. »

Avant que je me daigne enrichir de vos restes.
HYPSIPYLE.
Puissiez-vous conserver ces nobles sentiments ! 2020
MÉDÉE.
N'en croyez plus, Seigneur, que les événements.
Ce ne sont plus ici ces taureaux, ces gensdarmes
Contre qui son audace a pu trouver des charmes :
Ce n'est point le dragon dont il est menacé ;
C'est Médée elle-même, et tout l'art de Circé. 2025
  Fidèle gardien des destins de ton maître,
Arbre, que tout exprès mon charme avoit fait naître,
Tu nous défendrois mal contre ceux de Jason ;
Retourne en ton néant, et rends-moi la toison.
(Elle prend la toison en sa main, et la met sur le col du dragon. L'arbre où elle étoit suspendue disparoît, et se retire derrière le théâtre, après quoi Médée continue en parlant à Jason.)
Ce n'est qu'avec le jour qu'elle peut m'être ôtée. 2030
Viens donc, viens, téméraire, elle est à ta portée ;
Viens teindre de mon sang cet or qui t'est si cher,
Qu'à travers tant de mers on te force à chercher.
Approche, il n'est plus temps que l'amour te retienne :
Viens m'arracher la vie, ou m'apporter la tienne ; 2035
Et sans perdre un moment en de vains entretiens,
Voyons qui peut le plus de tes dieux ou des miens.
AÆTE.
A ce digne courroux je reconnois ma fille :
C'est mon sang[1] dans ses yeux, c'est son aïeul qui brille[2] ;
C'est le Soleil mon père. Avancez donc, Jason, 2040

1. Dans ce passage, Aæte nous rappelle un instant don Diègue :
Je reconnois mon sang à ce noble courroux.
(*Le Cid*, acte I, scène v, vers 264.)

2. Nous avons ponctué ce vers comme il l'est dans toutes les anciennes impressions, y compris la première de Voltaire (1764). Dans l'édition de Letèvre, il est coupé ainsi :
C'est mon sang : dans ses yeux, c'est son aïeul qui brille.

Et sur cette ennemie emportez la toison.
JASON.
Seigneur, contre ses yeux qui voudroit se défendre?
Il ne faut point combattre où l'on aime à se rendre.
  Oui, Madame, à vos pieds je mets les armes bas,
J'en fais un prompt hommage à vos divins appas, 2045
Et renonce avec joie à ma plus haute gloire.
S'il faut par ce combat acheter la victoire,
Je l'abandonne, Orphée, aux charmes de ta voix,
Qui traîne les rochers, qui fait marcher les bois :
Assoupis le dragon, enchante la Princesse. 2050
Et vous, héros ailés[1], ménagez votre adresse :
Si pour cette conquête il vous reste du cœur,
Tournez sur le dragon toute votre vigueur.
Je vais dans le navire attendre une défaite,
Qui vous fera bientôt imiter ma retraite. 2055
ZÉTHÈS.
Montrez plus d'espérance, et souvenez-vous mieux
Que nous avons dompté des monstres à vos yeux.

SCÈNE V.
AÆTE, ABSYRTE, HYPSIPYLE, MÉDÉE, ZÉTHÈS, CALAÏS, ORPHÉE.
CALAÏS.
Élevons-nous, mon frère, au-dessus des nuages :
Du sang dont nous sortons prenons les avantages;
Surtout obéissons aux ordres de Jason : 2060
Respectons la Princesse, et donnons au dragon.

(Ici Zéthès et Calaïs s'élèvent au plus haut des nuages en croisant leur vol.)

---

1. Zéthès et Calaïs.

MÉDÉE, en s'élevant aussi.

Donnez où vous pourrez; ce vain respect m'outrage :
Du sang dont vous sortez prenez tout l'avantage.
Je vais voler moi-même au-devant de vos coups,
Et n'avois que Jason à craindre parmi vous. 2065
 Et toi, de qui la voix inspire l'âme aux arbres,
Enchaîne les lions, et déplace les marbres,
D'un pouvoir si divin fais un meilleur emploi :
N'en détruis point la force à l'essayer sur moi.
Mais je n'en parle ainsi que de peur que ses charmes
Ne prêtent un miracle à l'effort de leurs armes.
Ne m'en crois pas, Orphée, et prends l'occasion
De partager leur gloire ou leur confusion.

ORPHÉE chante.

 Hâtez-vous, enfants de Borée,
  Demi-dieux, hâtez-vous, 2075
 Et faites voir qu'en tous lieux, contre tous,
 A vos exploits la victoire assurée
  Suit l'effort de vos moindres coups.

MÉDÉE, voyant qu'aucun des deux ne descend pour la combattre.

Vos demi-dieux, Orphée, ont peine à vous entendre :
Ils ont volé si haut qu'ils n'en peuvent descendre; 2080
De ce nuage épais sachez les dégager,
Et pratiquez mieux l'art de les encourager.

ORPHÉE.

(Il chante ce second couplet, cependant que Zéthès et Calaïs fondent l'un après l'autre sur le dragon, et le combattent au milieu de l'air. Ils se relèvent aussitôt qu'ils ont tâché de lui donner une atteinte, et tournent face en même temps pour revenir à la charge. Médée est au milieu des deux, qui pare leurs coups, et fait tourner le dragon vers l'un et vers l'autre, suivant qu'ils se présentent.)

 Combattez, race d'Orithye,
  Demi-dieux, combattez,
 Et faites voir que vos bras indomptés 2085
 Se font partout une heureuse sortie

Des périls les plus redoutés.
ZÉTHÈS.

Fuyons, sans plus tarder, la vapeur infernale
Que ce dragon affreux de son gosier exhale :
La valeur ne peut rien contre un air empesté.   2090
Fais comme nous, Orphée, et fuis de ton côté.
(Zéthès, Calaïs et Orphée s'enfuient[1].)
MÉDÉE.

Allez, vaillants guerriers, envoyez-moi Pélée,
Mopse, Iphite, Échion, Eurydamas, Oilée[2],
Et tout ce reste enfin pour qui votre Jason
Avec tant de chaleur demandoit la toison.   2095
Aucun d'eux ne paroît! ces âmes intrépides
Règlent sur mes vaincus leurs démarches timides;
Et malgré leur ardeur pour un exploit si beau,
Leur effroi les renferme au fond de leur vaisseau.
Ne laissons pas ainsi la victoire imparfaite :   2100
Par le milieu des airs, courons à leur défaite;
Et nous-mêmes portons à leur témérité
Jusque dans ce vaisseau ce qu'elle a mérité.
(Médée s'élève encore plus haut sur le dragon.)
AÆTE.

Que fais-tu? la toison ainsi que toi s'envole!
Ah! perfide, est-ce ainsi que tu me tiens parole,   2105
Toi qui me permettois, même aux yeux de Jason,
Qu'on t'ôteroit le jour avant que la toison?
MÉDÉE, en s'envolant.

Encor tout de nouveau je vous en fais promesse,
Et vais vous la garder au milieu de la Grèce.

---

1. *Var. Zéthès et Calaïs et Orphée s'enfuient.* (1661)
2. Pélée père d'Achille, Mopse le poëte, Iphite le Phocéen, Échion fils de Mercure, Eurydamas le Thessalien, Oïlée père d'Ajax. Tous ces Argonautes sont dans Valérius Flaccus, à l'exception d'Eurydamas, mentionné par Apollonius et dans les *Argonautiques* qui portent le nom d'Orphée.

Du pays et du sang l'amour rompt les liens, 2110
Et les dieux de Jason sont plus forts que les miens.
Ma sœur avec ses fils m'attend dans le navire;
Je la suis, et ne fais que ce qu'elle m'inspire;
De toutes deux Madame ici vous tiendra lieu.
Consolez-vous, Seigneur, et pour jamais adieu. 2115
(Elle s'envole avec la toison¹.)

SCÈNE VI.

AÆTE, ABSYRTE, HYPSIPYLE, JUNON.

AÆTE.

Ah! Madame; ah! mon fils; ah! sort inexorable.
Est-il sur terre un père, un roi plus déplorable?
Mes filles toutes deux contre moi se ranger!
Toutes deux à ma perte à l'envi s'engager!
JUNON, dans son char.
On vous abuse, Aæte; et Médée elle-même, 2120
Dans l'amour qui la force à suivre ce qu'elle aime,
S'abuse comme vous.
Chalciope n'a point de part en cet ouvrage :
Dans un coin du jardin, sous un épais nuage,
Je l'enveloppe encor d'un sommeil assez doux, 2125
Cependant qu'en sa place ayant pris son visage,
Dans l'esprit de sa sœur j'ai porté les grands coups[2]
Qui donnent à Jason ce dernier avantage.
Junon a tout fait seule; et je remonte aux cieux
Presser le souverain des Dieux 2130
D'approuver ce qu'il m'a plu faire.
Mettez votre esprit en repos;

---

1. *Var. Elle s'envole avec la toison, et disparoît.* (1661)
2. Dans l'édition de 1692 : « de grands coups. »

ACTE V, SCÈNE VI.

Si le destin vous est contraire
Lemnos peut réparer la perte de Colchos.
(Junon remonte au ciel dans ce même char.)

AÆTE.

Qu'ai-je fait, que le ciel contre moi s'intéresse   2135
Jusqu'à faire descendre en terre une déesse?

ABSYRTE.

La désavouerez-vous, Madame, et votre cœur
Dédira-t-il sa voix qui parle en ma faveur?

AÆTE.

Absyrte, il n'est plus temps de parler de ta flamme.
Qu'as-tu pour mériter quelque part en son âme?   2140
Et que lui peut offrir ton ridicule espoir,
Qu'un sceptre qui m'échappe, un trône prêt à choir?
Ne songeons qu'à punir le traître et sa complice.
Nous aurons dieux pour dieux à nous faire justice;
Et déjà le Soleil, pour nous prêter secours,   2145
Fait ouvrir son palais, et détourne son cours.

(Le ciel s'ouvre, et fait paroître le palais du Soleil, où l'ont le voit[1] dans son char tout brillant de lumière s'avancer vers les spectateurs, et sortant de ce palais, s'élever en haut pour parler à Jupiter, dont le palais s'ouvre aussi quelques moments après. Ce maître des Dieux y paroît sur son trône, avec Junon à son côté. Ces trois théâtres, qu'on voit tout à la fois, font un spectacle tout à fait agréable et majestueux. La sombre verdure de la forêt épaisse, qui occupe le premier, relève d'autant plus la clarté des deux autres, par l'opposition de ses ombres. Le palais du Soleil, qui fait le second, a ses colonnes toutes d'oripeau[2], et son lambris doré, avec divers grands feuillages à l'arabesque. Le rejaillissement[3] des lumières qui portent sur ces dorures produit un jour merveilleux, qu'augmente celui qui sort du trône de Jupiter, qui n'a pas moins d'ornements. Ses marches[4]

---

1. Dans Voltaire (1764) : « où on le voit. »
2. *Var.* Toutes de clincant. (Dessein.)
3. Toutes les éditions anciennes, y compris celle de 1692, donnent *rejallissement*. Voyez tome IV, p. 433, note 2. Dans l'impression de 1682, on lit, mais c'est sans doute une faute : *rejalisement*.
4. *Var. Les marches.* (Dessein.)

ont aux deux bouts et au milieu des aigles d'or, entre lesquelles[1] on voit peintes en basse-taille[2] toutes les amours de ce dieu. Les deux côtés font voir chacun un rang de piliers enrichis de diverses pierres précieuses, environnées chacune d'un cercle ou d'un carré d'or. Au haut de ces piliers sont d'autres grands aigles d'or qui soutiennent de leur bec le plat fond[3] de ce palais, composé de riches étoffes de diverses couleurs, qui font comme autant de courtines, dont les aigles laissent pendre les bouts en forme d'écharpes[4]. Jupiter a un autre grand aigle[5] à ses pieds, qui porte son foudre; et Junon est à sa gauche, avec un paon aussi à ses pieds, de grandeur et de couleur naturelle[6].)

SCÈNE VII.

LE SOLEIL, JUPITER, JUNON, AÆTE, HYPSIPYLE, ABSYRTE.

AÆTE.

Ame de l'univers, auteur de ma naissance,
Dont nous voyons partout éclater la puissance,
Souffriras-tu qu'un roi qui tient de toi le jour
Soit lâchement trahi par un indigne amour? 2150
A ces Grecs vagabonds refuse ta lumière,
De leurs climats chéris détourne ta carrière,
N'éclaire point leur fuite après qu'ils m'ont détruit[7],
Et répands sur leur route une éternelle nuit.
Fais plus, montre-toi père; et pour venger ta race, 2155
Donne-moi tes chevaux à conduire en ta place;

1. Toutes les éditions anciennes, sans en excepter celles de Thomas Corneille et de Voltaire (1764), font ici *aigles* du féminin, et, quelques lignes plus loin, deux fois du masculin.
2. Voyez plus haut, p. 299, note 2.
3. Les éditions publiées du vivant de Corneille ont toutes *plat fond*, en deux mots; celles de 1692 et de Voltaire (1764), *platfond*, en un seul.
4. Thomas Corneille et Voltaire donnent *écharpe*, au singulier.
5. *Var. Jupiter, assis en son trône, a un autre grand aigle.* (Dessein.)
6. Toutes nos éditions, même celles de 1692 et de 1764, ont ainsi *naturelle*, au singulier.
7. *Var.* N'éclaire pas leur fuite après qu'ils m'ont détruit. (1661 et 63)

ACTE V, SCÈNE VII.

Prête-moi de tes feux l'éclat étincelant,
Que j'embrase leur Grèce avec ton char brûlant;
Que d'un de tes rayons lançant sur eux le foudre,
Je les réduise en cendre, et leur butin en poudre; 2160
Et que par mon courroux leurs pays désolé
Ait horreur à jamais du bras qui m'a volé.
　Je vois que tu m'entends, et ce coup d'œil m'annonce
Que ta bonté m'apprête une heureuse réponse.
Parle donc, et fais voir aux destins ennemis　　2165
De quelle ardeur tu prends les intérêts d'un fils.

LE SOLEIL.

Je plains ton infortune, et ne puis davantage :
Un noir destin s'oppose à tes justes desseins,
Et depuis Phaéton, ce brillant attelage
　　Ne peut passer en d'autres mains :　　2170
Sous un ordre éternel qui gouverne ma route,
Je dispense en esclave et les nuits et les jours.
　　Mais enfin ton père t'écoute,
Et joint ses vœux aux tiens pour un plus fort secours.

(Ici s'ouvre le ciel de Jupiter, et le Soleil continue en lui adressant sa parole.)

　　Maître absolu des destinées,　　2175
Change leurs dures lois en faveur de mon sang,
　　Et laisse-lui garder son rang
　　Parmi les têtes couronnées.
　　C'est toi qui règles les États,
　　C'est toi qui départs les couronnes;　　2180
Et quand le sort jaloux met un monarque à bas,
Il détruit ton ouvrage, et fait des attentats
　　Qui dérobent ce que tu donnes.

JUNON.

Je ne mets point d'obstacle à de si justes vœux;
　　Mais laissez ma puissance entière;　　2185
Et si l'ordre du sort se rompt à sa prière,

D'un hymen que j'ai fait ne rompez pas les nœuds.
Comme je ne veux point détruire son Aæte,
  Ne détruisez pas mes héros :
Assurez à ses jours gloire, sceptre, repos ;   2190
  Assurez-lui tous les biens qu'il souhaite ;
Mais de la même main assurez à Jason
  Médée et la toison.

JUPITER.

Des arrêts du destin l'ordre est invariable,
Rien ne sauroit le rompre en faveur de ton fils,   2195
  Soleil ; et ce trésor surpris
Lui rend de ses États la perte inévitable.
  Mais la même légèreté
  Qui donne Jason à Médée
Servira de supplice à l'infidélité   2200
Où pour lui contre un père elle s'est hasardée.
Persès dans la Scythie arme un bras souverain ;
Sitôt qu'il paroîtra, quittez ces lieux, Aæte,
  Et par une prompte retraite,
Épargnez tout le sang qui couleroit en vain.   2205
  De Lemnos faites votre asile ;
  Le ciel veut qu'Hypsipyle
Réponde aux vœux d'Absyrte, et qu'un sceptre dotal
Adoucisse le cours d'un peu de temps fatal.
  Car enfin de votre perfide   2210
Doit sortir un Médus qui vous doit rétablir ;
A rentrer dans Colchos il sera votre guide ;
Et mille grands exploits qui doivent l'ennoblir,
Feront de tous vos maux les assurés remèdes,
Et donneront naissance à l'empire des Mèdes.   2215

(Le palais de Jupiter et celui du Soleil se referment.)

LE SOLEIL.

Ne vous permettez plus d'inutiles soupirs,
Puisque le ciel répare et venge votre perte,

Et qu'une autre couronne offerte
Ne peut plus vous souffrir de justes déplaisirs.
Adieu. J'ai trop longtemps détourné ma carrière, 2220
Et trop perdu pour vous en ces lieux de moments
    Qui devoient ailleurs ma lumière.
        Allez, heureux amants,
Pour qui Jupiter montre une faveur entière ;
Hâtez-vous d'obéir à ses commandements. 2225
        (Il disparoît en baissant, comme pour fondre dans la mer.)
                HYPSIPYLE.
J'obéis avec joie à tout ce qu'il m'ordonne :
Un prince si bien né vaut mieux qu'une couronne.
Sitôt que je le vis, il en eut mon aveu,
Et ma foi pour Jason nuisoit seule à son feu ;
Mais à présent, Seigneur, cette foi dégagée.... 2230
                AETE.
Ah ! Madame, ma perte est déjà trop vengée,
Et vous faites trop voir comme un cœur généreux
Se plaît à relever un destin malheureux.
    Allons ensemble, allons sous de si doux auspices
Préparer à demain de pompeux sacrifices, 2235
Et par nos vœux unis répondre au doux espoir
Que daigne un Dieu si grand nous faire concevoir.

FIN DU CINQUIÈME ET DERNIER ACTE.

SERTORIUS

TRAGÉDIE

1662

NOTICE.

Le 3 novembre 1661, Corneille, qui fondait à juste titre de grandes espérances sur son *Sertorius*, écrivait à l'abbé de Pure : Je vous prie « de ne vous contenter pas du bruit que les comédiens font de mes deux actes, mais d'en juger vous-même et m'en mander votre sentiment, tandis qu'il y a encore lieu à la correction. J'ai prié Mlle des Œillets, qui en est saisie, de vous les montrer quand vous voudrez; et cependant je veux bien vous prévenir un peu en ma faveur, et vous dire que si le reste suit du même air, je ne crois pas avoir rien écrit de mieux.... J'espère dans trois ou quatre jours avoir achevé le troisième acte. »

Nous manquons après cela de renseignements jusqu'à la première représentation de la pièce, que le compte rendu suivant, extrait de la *Muse historique* du 4 mars 1662, a déterminé les frères Parfait[1] à fixer au 25 février.

> Depuis huit jours les beaux esprits
> Ne s'entretiennent dans Paris
> Que de la dernière merveille
> Qu'a produite le grand Corneille,
> Qui selon le commun récit,
> A plus de beautés que son *Cid*,
> A plus de forces et de grâces
> Que *Pompée* et que les *Horaces*,
> A plus de charmes que n'en a
> Son inimitable *Cinna*,
> Que l'*Œdipe*, ni *Rodogune*
> Dont la gloire est si peu commune,

---

[1] *Histoire du Théâtre françois*, tome IX, p. 96.

Ni mêmement qu'*Héraclius :*
Savoir le grand *Sertorius*
Qu'au Marais du Temple l'on joue.
. . . .
Les comédiens du Marais,
Poussés de leur propre intérêt,
Et qui dans des choses pareilles
Ne font leur métier qu'à merveilles,
S'efforcent à si bien jouer
Qu'on ne les en peut trop louer;
Et pour ne pas paroître chiches,
On leur voit des habits si riches,
Si brillants de loin et de près,
Et pour le sujet faits exprès,
Que chaque spectateur proteste
Qu'on ne peut rien voir de plus leste.

Loret se montre en général très-favorable à Corneille; mais il n'a exagéré en rien le succès de cette pièce, qui fut fort applaudie et fort admirée. La foule ne s'attachait qu'à l'intérêt de certaines situations; mais des amateurs plus éclairés étaient frappés de l'exactitude avec laquelle Corneille traitait les matières qui semblaient devoir lui être le moins connues. « M. de Turenne, dit l'auteur du *Parnasse françois*[1], s'étant un jour trouvé à une représentation de *Sertorius*, il s'écria à deux ou trois endroits de la pièce : « Où donc Corneille a-t-il appris l'art de la guerre? » — « Ce conte est ridicule, objecte Voltaire[2]; Corneille eût très-mal fait d'entrer dans les détails de cet art. » Sans aucun doute; mais ce qui est remarquable et ce qui frappait Turenne, c'est la justesse des expressions, c'est l'adresse avec laquelle Corneille sait substituer à la vague phraséologie des poëtes tragiques de son temps les termes propres à chaque profession. Jamais il n'y a manqué, et dans notre *Lexique* nous aurons plus d'une fois à insister sur ce point.

Jusqu'ici nous avons rapporté les renseignements que nous possédons sur *Sertorius* en nous contentant de les classer suivant leurs dates; mais avant d'aller plus loin nous devons faire

1. Titon du Tillet, article CORNEILLE.
2. Remarque sur le vers 800.

remarquer une difficulté qui nous a tout d'abord arrêté, et que nous avons vainement cherché à résoudre. Les comédiens dont Corneille parle dans sa lettre sont, suivant toute apparence, ceux de l'hôtel de Bourgogne, puisque c'est à cette troupe qu'appartenait Mlle des Œillets; et pourtant, d'après le témoignage de Loret, c'est au théâtre du Marais que l'ouvrage a été représenté pour la première fois. On pourrait à la vérité chercher à expliquer cette contradiction en supposant que Mlle des Œillets a fait pendant quelque temps partie du théâtre du Marais, ou que Corneille a retiré sa pièce à la troupe qui devait d'abord la jouer, pour la faire représenter à l'hôtel de Bourgogne ; mais un passage d'une autre lettre de notre poëte à l'abbé de Pure, datée du 25 avril, et par conséquent postérieure de deux mois à la représentation de *Sertorius*, ne permet pas d'adopter une telle supposition. En effet, Corneille, expliquant pourquoi il ne pourra de sitôt donner une pièce aux comédiens du Marais, s'exprime ainsi : « Outre que je serai bien aise d'avoir quelquefois mon tour à l'Hôtel.... et que je ne puis manquer d'amitié à la reine Viriate, à qui j'ai tant d'obligation, le déménagement que je prépare pour me transporter à Paris me donne tant d'affaires, que je ne sais si j'aurai assez de liberté d'esprit pour mettre quelque chose cette année sur le théâtre. » Certes ce passage prouve bien que *Sertorius* avait été joué à l'hôtel de Bourgogne, et il semble indiquer que cette reine Viriate, envers qui Corneille se reconnaît si obligé, n'est autre que Mlle des Œillets. Comment concilier ce témoignage de notre auteur avec la relation si explicite de Loret ? J'avoue que je l'ignore, car prétendre que la pièce a été représentée en même temps à deux théâtres, serait peut-être bien hasardé : non-seulement les historiens de la scène française ne laissent rien entrevoir de semblable, mais le passage où les frères Parfait racontent comment Molière mit cette pièce au théâtre prouve qu'ils pensaient que jusqu'alors elle n'avait été réprésentée qu'au Marais : « L'usage observé de tout temps entre tous les comédiens françois étoit d'en entreprendre point de jouer, au préjudice d'une troupe, les pièces dont elle étoit en possession, et qu'elle avoit mises au théâtre à ses frais particuliers, pour en retirer les premiers avantages, jusqu'à ce qu'elle fût rendue publique par l'impression. *Ser-*

torius ayant été imprimé sur la fin de l'année 1662, Molière le fit représenter sur son théâtre au mois d'avril de l'année suivante[1]. »

En octobre 1663, Molière, dans la première scène de l'*Impromptu de Versailles*, qui nous a été si souvent utile et que nous citons ici pour la dernière fois, parodie le jeu de Hauteroche, comédien de l'hôtel de Bourgogne, au moment où il dit ces vers du rôle de Pompée dans *Sertorius*[2] :

> L'inimitié qui règne entre nos deux partis
> N'y rend pas de l'honneur, etc. ;

mais rien dans le dialogue n'indique la nature des défauts qu'il lui reproche. Ce personnage est un de ceux que Baron, le célèbre élève de Molière, remplit plus tard avec distinction[3].

Les beaux rôles de cette pièce fournirent aux grands artistes du dix-huitième siècle de nombreuses occasions de faire admirer leurs brillantes qualités. A la reprise de 1758, Granval se fit applaudir dans le rôle de Sertorius[4]; et celui de Viriate, après avoir été le triomphe de Mlle Clairon, fut encore joué avec succès par Mme Vestris[5].

L'édition originale de *Sertorius* forme un volume in-12, dont voici la description bibliographique : SERTORIVS, TRAGEDIE. *Imprimé à Rouen, et se vend à Paris, chez Augustin Courbé et Guillaume de Luyne*, M.DC.LXII, 6 feuillets et 82 pages. Le privilége est du 16 mai, l'Achevé d'imprimer du 8 juillet 1662.

Sertorius fut critiqué de la manière la plus injuste par d'Aubignac, dans une *Dissertation* dont nous aurons à parler un peu plus longuement à propos de *Sophonisbe*, car c'est à l'occasion de cette dernière pièce qu'elle fut publiée. De Visé répondit aux invectives de d'Aubignac par d'autres invectives ; et ce n'est qu'à grand'peine que nous avons recueilli dans cette indigeste polémique deux ou trois renseignements de quelque intérêt que nous avons placés dans les notes qui accompagnent notre texte.

1. *Histoire du Théâtre françois*, tome IX, p. 105.
2. Acte III, scène 1, vers 759 et suivants.
3. Lemazurier, *Galerie historique*, tome I, p. 86.
4. *Ibidem*, tome I, p. 272.
5. *Ibidem*, tome I, p. 350.

AU LECTEUR[1].

Ne cherchez point dans cette tragédie les agréments qui sont en possession de faire réussir au théâtre les poëmes de cette nature : vous n'y trouverez ni tendresses d'amour, ni emportements de passions[2], ni descriptions pompeuses, ni narrations pathétiques. Je puis dire toute-

1. Le titre « AU LECTEUR » n'est que dans l'édition de 1662. — A partir de *Sertorius*, Corneille n'a plus composé d'examens. Voyez au tome I la fin de la note 1 de la p. 137. Dans l'avant-dernière phrase de cette note, il faut substituer *Sertorius* à *Othon*. Ce qui nous a induit en erreur, c'est que Thomas Corneille, qui a compris *Sertorius* et *Sophonisbe* dans le tome IV de l'édition de 1692, a donné le titre d'*Examens* aux avertissements de ces deux pièces; c'est seulement à partir du tome V, qui commence par *Othon*, qu'il a placé, au lieu d'examens à la fin des pièces, des avertissements, avec le titre de *Préfaces* ou d'avis *Au lecteur*, en tête de chacune*; mais dans les recueils de 1668 et de 1682, où le tome IV° et dernier commence par *Sertorius*, c'est dès cette pièce que les avis *Au lecteur* remplacent les examens en tête du volume, avec le titre courant de PRÉFACES. Ces avis manquent dans le recueil de 1666, qui complète, comme supplément, celui de 1664. Le tome IV de 1668 donne après la feuille de titre l'explication que voici :
LE LIBRAIRE AU LECTEUR. « Je n'ai pu tirer de l'auteur pour ce quatrième volume un discours pareil à ceux qu'il a mis au devant des trois qui l'ont précédé, ni sa critique sur les pièces qui le composent; mais il m'a promis l'un et l'autre quand ce volume sera complet et qu'il en aura huit comme les précédents**. En attendant l'effet de cette promesse, je vous donne ici les *Préfaces* dont il a accompagné chacune de celles-ci, quand il les a fait imprimer. »
2. VAR. (édit. de 1662 et de 1668) : ni emportements de passion.

* *Tite et Bérénice* n'a ni *préface* ni avis *Au lecteur*, mais est seulement précédé de deux extraits latins. Les avertissements des deux pièces suivantes (*Pulchérie* et *Suréna*) ne sont pas, dans l'impression de 1682, au commencement du volume, mais, comme dans celle de 1692, en tête de chacune de ces tragédies.
** Le dernier volume de 1682 contient les huit pièces annoncées, mais Corneille n'a pas pour cela tenu sa promesse; il n'y a mis ni discours ni examens, non plus que dans celui de 1668, qui finit à *Attila* et ne se compose par conséquent que de cinq tragédies.

fois qu'elle n'a point déplu, et que la dignité des noms illustres, la grandeur de leurs intérêts, et la nouveauté de quelques caractères, ont suppléé au manque de ces grâces. Le sujet est simple, et du nombre de ces événements connus, où il ne nous est pas permis de rien changer, qu'autant que la nécessité indispensable de les réduire dans la règle nous force d'en resserrer les temps et les lieux. Comme il ne m'a fourni aucunes femmes, j'ai été obligé de recourir à l'invention pour en introduire deux, assez compatibles l'une et l'autre avec les vérités historiques à qui je me suis attaché[1]. L'une a vécu de ce temps-là; c'est la première femme de Pompée, qu'il répudia pour entrer dans l'alliance de Sylla par le mariage d'Émilie, fille de sa femme. Ce divorce est constant par le rapport de tous ceux qui ont écrit la vie de Pompée, mais aucun d'eux ne nous apprend ce que devint cette malheureuse, qu'ils appellent tous Antistie, à la réserve d'un Espagnol, évêque de Gironne, qui lui donne le nom d'Aristie[2], que j'ai préféré, comme plus doux à l'oreille.

1. Dans l'édition de 1692 : « auxquelles je me suis attaché. »
2. Voyez Plutarque dans la *Vie de Pompée*, chapitres IV et IX, et dans la *Vie de Sylla*, chapitre XXXIII. Pompée répudia la première de ses cinq femmes*, Antistia (c'est là son vrai nom), quatre ans après l'avoir épousée. — Au sujet des deux noms *Antistie* et *Aristie*, Corneille s'exprime ainsi dans la lettre à l'abbé de Pure, que nous avons citée plus haut (voyez la *Notice*, p. 353) : « Je vous ai déjà parlé de l'une qui étoit femme de Pompée. Sylla le força de la répudier pour épouser Emilia, fille de sa femme et d'Émilius Scaurus, son premier mari. Plutarque et Appian la nomment Antistie, fille du préteur Antistius. Un évêque espagnol, nommé Joannes Gerundensis, la nomme Aristie, et son père Aristius**. Je ne doute pas qu'il ne se

* Au tome IV, dans la note 1 de la p. 61, on a imprimé par erreur : « sa seconde femme (*il faut lire :* sa quatrième femme), Julie, fille de César. »
** On lit dans l'ouvrage intitulé *Joannis episcopi Gerundensis Paralipomenon Hispaniæ libri decem*, et dédié à Ferdinand et à Isabelle (*Fernando et Elisabæ*) de Castille : « Aristiam, Aristii filiam, accepit

AU LECTEUR.

Leur silence m'ayant laissé liberté entière de lui faire un refuge, j'ai cru ne lui en pouvoir choisir un avec plus de vraisemblance que chez les ennemis de ceux qui l'avoient outragée : cette retraite en a d'autant plus, qu'elle produit un effet véritable par les lettres des principaux de Rome que je lui fais porter à Sertorius, et que Perpenna remit entre les mains de Pompée, qui en usa comme je le marque. L'autre femme est une pure idée de mon esprit, mais qui ne laisse pas d'avoir aussi quelque fondement dans l'histoire. Elle nous apprend que les Lusitaniens appelèrent Sertorius d'Afrique pour être leur chef contre le parti de Sylla; mais elle ne nous dit point s'ils étoient en république, ou sous une monarchie. Il n'y a donc rien qui répugne à leur donner une reine; et je ne la pouvois faire sortir d'un sang plus considérable que celui de Viriatus[1], dont je lui fais porter le nom, le plus grand homme que l'Espagne ait opposé aux Romains, et le dernier qui leur a fait tête dans ces provinces avant Sertorius. Il n'étoit pas roi en effet, mais il en avoit toute l'autorité; et les préteurs et consuls que Rome envoya pour le[2] combattre, et qu'il défit souvent, l'estimèrent assez pour faire des traités de paix avec lui, comme avec un souverain et juste ennemi. Sa mort arriva soixante et huit ans avant celle que je traite[3]; de sorte

méprenne; mais à cause que le mot est plus doux, je m'en suis servi, et vous en demande votre avis et celui de vos savants amis. Aristie a plus de douceur, mais il sent plus le roman; Antistie est plus dur aux oreilles, mais il sent plus l'histoire et a plus de majesté. »

1. Dans l'édition de 1692 : « que de celui de Viriatus. »
2. Au lieu de *le*, l'édition de 1682 donne seule *les*, qui est évidemment une faute d'impression.
3. La mort de Viriate (*Viriathe*) est de l'an 140 avant Jésus-Christ; celle de Sertorius de l'an 72.

uxorem. » (*Rerum hispanicarum scriptores.... ex bibliotheca Roberti Beli*, 1579, tome I, p. 98.)

qu'il auroit pu être aïeul ou bisaïeul de cette reine que je fais parler ici.

Il fut défait par le consul Q. Servilius[1], et non par Brutus, comme je l'ai fait dire à cette princesse, sur la foi de cet évêque espagnol que je viens de citer, et qui m'a jeté dans l'erreur après lui. Elle est aisée à corriger par le changement d'un mot dans ce vers unique qui en parle, et qu'il faut rétablir ainsi :

Et de Servilius l'astre prédominant[2].

Je sais bien que Sylla, dont je parle tant dans ce poëme, étoit mort[3] six ans avant Sertorius; mais à le prendre à la rigueur, il est permis de presser les temps pour faire l'unité de jour; et pourvu qu'il n'y aye point d'impossibilité formelle, je puis faire arriver en six jours, voire en six heures, ce qui s'est passé en six ans. Cela posé, rien n'empêche que Sylla ne meure avant Sertorius, sans rien détruire de ce que je dis ici, puisqu'il a pu mourir depuis qu'Arcas est parti de Rome pour apporter la nouvelle de la démission de sa dictature[4] : ce qu'il fait en même temps que Sertorius est assassiné. Je dis de plus que bien que nous devions être assez scrupuleux observateurs de l'ordre des temps, néanmoins, pourvu que ceux que nous faisons parler se soient connus, et ayent eu ensemble

1. Quintus Servilius Cæpio, qui fut consul avec Lælius, l'an 140 avant Jésus-Christ.
2. Ce vers est ainsi conçu dans l'édition de 1662 :

Et du consul Brutus l'astre prédominant
(acte II, scène I, vers 439);

et malgré l'indication si précise de Corneille dans cette préface, l'impression de 1668 est la seule de toutes les éditions publiées de son vivant où l'on ait introduit le changement qu'il marque ici. Les recueils de 1666, 1682, et même celui de 1692, ont conservé la leçon fautive. Voltaire a adopté la bonne : « Et de Servilius, etc. »
3. L'an 78 avant Jésus-Christ.—4. Voyez ci-après, acte V, scène II.

quelques intérêts à démêler, nous ne sommes pas obligés
à nous attacher si précisément à la durée de leur vie.
Sylla étoit mort quand Sertorius fut tué, mais il pouvoit
vivre encore sans miracle; et l'auditeur, qui communément n'a qu'une teinture superficielle de l'histoire, s'offense rarement d'une pareille prolongation qui ne sort
point de la vraisemblance. Je ne voudrois pas toutefois
faire une règle générale de cette licence, sans y mettre
quelque distinction. La mort de Sylla n'apporta aucun
changement aux affaires de Sertorius en Espagne, et lui
fut de si peu d'importance, qu'il est malaisé, en lisant la
vie de ce héros chez Plutarque, de remarquer lequel des
deux est mort le premier, si l'on n'en est instruit d'ailleurs. Autre chose est de celles qui renversent les États,
détruisent les partis, et donnent une autre face aux affaires, comme a été celle de Pompée, qui feroit révolter tout l'auditoire contre un auteur, s'il avoit l'impu-
dence de la remettre après celle de César. D'ailleurs, il
falloit colorer et excuser en quelque sorte la guerre que
Pompée et les autres chefs romains continuoient contre
Sertorius; car il est assez malaisé de comprendre pourquoi l'on s'y osbtinoit, après que la république sembloit
être rétablie par la démission volontaire et la mort de son
tyran. Sans doute que son esprit de souveraineté, qu'il
avoit fait revivre dans Rome, n'y étoit pas mort avec lui,
et que Pompée et beaucoup d'autres, aspirant dans l'âme
à prendre sa place, craignoient que Sertorius ne leur y
fût un puissant obstacle, ou par l'amour qu'il avoit toujours pour sa patrie, ou par la grandeur de sa réputation et le mérite de ses actions, qui lui eussent fait
donner la préférence, si ce grand ébranlement de la
république l'eût mise en état de ne se pouvoir passer de
maître. Pour ne pas déshonorer Pompée par cette jalousie secrète de son ambition, qui semoit dès lors ce qu'on

a vu depuis éclater si hautement, et qui peut-être étoit le véritable motif de cette guerre, je me suis persuadé qu'il étoit plus à propos de faire vivre Sylla, afin d'en attribuer l'injustice à la violence de sa domination. Cela m'a servi de plus à arrêter l'effet de ce puissant amour que je lui fais conserver pour son[1] Aristie, avec qui il n'eût pu se défendre de renouer, s'il n'eût eu rien à craindre du côté de Sylla, dont le nom odieux, mais illustre, donne un grand poids aux raisonnements de la politique, qui fait l'âme de toute cette tragédie[2].

Le même Pompée semble s'écarter un peu de la prudence d'un général d'armée, lorsque, sur la foi de Sertorius, il vient conférer avec lui dans une ville dont ce chef[3] du parti contraire est maître absolu; mais c'est une confiance de généreux à généreux, et de Romain à Romain, qui lui donne quelque droit de ne craindre aucune supercherie de la part d'un si grand homme. Ce n'est pas que je ne veuille bien accorder aux critiques qu'il n'a pas assez pourvu à sa propre sûreté; mais il m'étoit impossible de garder l'unité de lieu sans lui faire faire cette échappée, qu'il faut imputer à l'incommodité de la règle, plus qu'à moi, qui l'ai bien vue. Si vous ne voulez la par-

1. Thomas Corneille, dans l'édition de 1692, a omis *son*, et donne : « pour Aristie. »
2. Voici ce que Corneille dit à ce sujet dans sa lettre à l'abbé de Pure que nous avons déjà citée deux fois (p. 353, et p. 358, note 2) : « J'ai plus besoin de grâce pour Sylla qui mourut et se démit de sa puissance avant la mort de Sertorius; mais sa vie est d'un tel ornement à mon ouvrage pour justifier les armes de Sertorius, que je ne puis m'empêcher de la ressusciter. Mon auteur moderne, Joannes Gerundensis, le fait vivre après Sertorius*; mais il se trompe aussi bien qu'au nom d'Aristie. Je ne demande point votre avis sur ce dernier point; car quand ce seroit une faute, je me la pardonne. »
3. Dans l'édition de 1692 : « le chef. »

* Voyez les pages 102 et 103 du Recueil cité plus haut (p. 358, note **).

donner à l'impatience qu'il avoit de voir sa femme, dont je le fais encore si passionné, et à la peur qu'elle ne prît un autre mari, faute de savoir ses intentions pour elle, vous la pardonnerez au plaisir qu'on a pris à cette conférence, que quelques-uns des premiers dans la cour et pour la naissance et pour l'esprit ont estimée[1] autant qu'une pièce entière. Vous n'en serez pas désavoué par Aristote, qui souffre qu'on mette quelquefois des choses sans raison sur le théâtre[2], quand il y a apparence qu'elles seront bien reçues, et qu'on a lieu d'espérer que les avantages que le poëme en tirera[3] pourront mériter cette grâce.

LISTE DES ÉDITIONS QUI ONT ÉTÉ COLLATIONNÉES POUR LES VARIANTES DE *SERTORIUS*.

ÉDITION SÉPARÉE.

1662 in-12.

RECUEILS.

1666 in-8°[4]; | 1662 in-12.
1668 in-12;

1. Toutes les éditions anciennes, sans en excepter celles de Thomas Corneille (1692) et de Voltaire (1764), donnent *estimé*, sans accord, comme s'il y avait : « ont estimé *être* autant, *valoir* autant qu'une pièce entière. »

2. Nous ne trouvons rien dans la *Poétique* qui réponde bien exactement à ce qui est dit en cet endroit. Corneille a-t-il peut-être en vue la fin du chapitre XXIV, où la pensée d'Aristote a, sinon un rapport bien frappant, au moins quelque analogie avec l'idée exprimée ici ? Le passage du chapitre XV que nous avons cité plus haut, p. 127, note 3, a un sens différent et beaucoup plus restreint.

3. Thomas Corneille et Voltaire (1764) ont remplacé « en tirera » par « en retirera. »

4. Les recueils de 1663 in-fol. et de 1664 in-8° finissent à *la Toison d'or;* celui de 1666 a été publié comme supplément à ce dernier. Il contient *Sertorius*, *Sophonisbe* et *Othon*.

ACTEURS.

SERTORIUS, général du parti de Marius en Espagne.
PERPENNA, lieutenant de Sertorius.
AUFIDE[1], tribun de l'armée de Sertorius.
POMPEE, général du parti de Sylla.
ARISTIE, femme de Pompée.
VIRIATE, reine de Lusitanie, à présent Portugal.
THAMIRE, dame d'honneur de Viriate.
CELSUS, tribun du parti de Pompée.
ARCAS, affranchi d'Aristius, frère d'Aristie.

La scène est à Nertobrige, ville d'Aragon, conquise par Sertorius, à présent Catalayud[2].

1. Outre *Sertorius*, *Perpenna* et *Pompée*, Corneille a emprunté à l'histoire le nom d'*Aufide* (*Aufidius*), qui est mentionné par Plutarque, au chapitre XXVI de la *Vie de Sertorius*, parmi les complices de Perpenna. Nous avons vu plus haut (p. 358 et note 2) que le vrai nom de la première femme de Pompée était *Antistie*. Pour *Viriate*, voyez ci-dessus, p. 359.

2. Ce nom est imprimé ainsi dans toutes les éditions anciennes, y compris celle de Thomas Corneille (1692) et de Voltaire (1764). Cette faute était, à ce qu'il paraît, assez commune, car, dans son *Grand Dictionnaire géographique* (1726), Bruzen de la Martinière dit à l'article CALATAIUD : « C'est ainsi qu'il faut écrire, et non pas comme font quelques-uns qui en transposant les lettres disent *Catalaiud*. » Nous ne savons d'après quelle autorité Corneille a identifié Calatayud avec Nertobrige; on pense communément que Calatayud (à quatorze lieues de Saragosse) répond à la *Bilbilis* des anciens, ou du moins se trouve à un mille des ruines de cette antique cité; et c'est, selon les uns *Almuña*, selon d'autres *Ricla*, qui occupe l'emplacement de Nertobrige. — De Visé répond aux objections faites par d'Aubignac au sujet du lieu de la scène : « A cause que tous les personnages de cette tragédie ont de grands intérêts, vous ne voulez pas qu'elle se puisse toute passer dans un même lieu; et néanmoins il est vrai qu'elle s'y peut passer, et se passe en effet toute entière dans le cabinet de Viriate; et je vous apprends, si vous ne le savez pas, que ce que l'on appelle cabinets chez les grands, sont des antichambres, où plusieurs personnes se peuvent, en divers endroits, entretenir ensemble de leurs affaires les plus secrètes. » (*Défense du* Sertorius *de M. de Corneille*, dans le *Recueil de dissertations....* publié par l'abbé Granet, tome I, p. 332.)

SERTORIUS.
TRAGÉDIE.

ACTE I.

SCÈNE PREMIÈRE.
PERPENNA, AUFIDE.

PERPENNA.
D'où me vient ce désordre, Aufide, et que veut dire
Que mon cœur sur mes vœux garde si peu d'empire?
L'horreur que malgré moi me fait la trahison
Contre tout mon espoir révolte ma raison ;
Et de cette grandeur sur le crime fondée, 5
Dont jusqu'à ce moment m'a trop flatté l'idée,
L'image toute affreuse, au point d'exécuter,
Ne trouve plus en moi de bras à lui prêter.
En vain l'ambition qui presse mon courage,
D'un faux brillant d'honneur pare son noir ouvrage ; 10
En vain pour me soumettre à ses lâches efforts,
Mon âme a secoué le joug de cent remords :
Cette âme, d'avec soi tout à coup divisée,
Reprend de ces remords la chaîne mal brisée ;
Et de Sertorius le surprenant bonheur 15
Arrête une main prête à lui percer le cœur.
AUFIDE.
Quel honteux contre-temps de vertu délicate

S'oppose au beau succès de l'espoir qui vous flatte?
Et depuis quand, Seigneur, la soif du premier rang
Craint-elle de répandre un peu de mauvais sang ? 20
Avez-vous oublié cette grande maxime,
Que la guerre civile est le règne du crime ;
Et qu'aux lieux où le crime a plein droit de régner,
L'innocence timide est seule à dédaigner?
L'honneur et la vertu sont des noms ridicules : 25
Marius ni Carbon n'eurent point de scrupules;
Jamais Sylla, jamais....

PERPENNA.
Sylla ni Marius
N'ont jamais épargné le sang de leurs vaincus :
Tour à tour la victoire, autour d'eux en furie,
A poussé leur courroux jusqu'à la barbarie ; 30
Tour à tour le carnage et les proscriptions
Ont sacrifié Rome à leurs dissensions ;
Mais leurs sanglants discords qui nous donnent des maîtres
Ont fait des meurtriers, et n'ont point fait de traîtres :
Leurs plus vastes fureurs jamais n'ont consenti 35
Qu'aucun versât le sang de son propre parti ;
Et dans l'un ni dans l'autre aucun n'a pris l'audace
D'assassiner son chef pour monter en sa place.

AUFIDE.
Vous y renoncez donc, et n'êtes plus jaloux
De suivre les drapeaux d'un chef moindre que vous? 40
Ah! s'il faut obéir, ne faisons plus la guerre :
Prenons le même joug qu'a pris toute la terre.
Pourquoi tant de périls? pourquoi tant de combats?
Si nous voulons servir, Sylla nous tend les bras[1].
C'est mal vivre en Romain que prendre loi d'un homme ;
Mais, tyran pour tyran, il vaut mieux vivre à Rome.

1. Voyez Plutarque, *Vie de Sertorius*, chapitre xxv.

PERPENNA.

Vois mieux ce que tu dis quand tu parles ainsi.
Du moins la liberté respire encore ici :
De notre république à Rome anéantie,
On y voit refleurir la plus noble partie ;   50
Et cet asile ouvert aux illustres proscrits,
Réunit du sénat le précieux débris[1].
Par lui Sertorius gouverne ces provinces,
Leur impose tribut, fait des lois à leurs princes,
Maintient de nos Romains le reste indépendant ;   55
Mais comme tout parti demande un commandant,
Ce bonheur imprévu qui partout l'accompagne,
Ce nom qu'il s'est acquis chez les peuples d'Espagne....

AUFIDE.

Ah! c'est ce nom acquis avec trop de bonheur
Qui rompt votre fortune et vous ravit l'honneur[2] :   60
Vous n'en sauriez douter, pour peu qu'il vous souvienne
Du jour que votre armée alla joindre la sienne[3],
Lors....

PERPENNA.

N'envenime point le cuisant souvenir
Que le commandement devoit m'appartenir.
Je le passois en nombre aussi bien qu'en noblesse ;   65
Il succomboit sans moi sous sa propre foiblesse :
Mais sitôt qu'il parut, je vis en moins de rien
Tout mon camp déserté pour repeupler le sien ;
Je vis par mes soldats mes aigles arrachées
Pour se ranger sous lui voler vers ses tranchées ;   70
Et pour en colorer l'emportement honteux,
Je les suivis de rage, et m'y rangeai comme eux.
L'impérieuse aigreur de l'âpre jalousie

1. Voyez ci-après, p. 401, note 1.
2. *Var.* Qui rompt votre fortune et nous ravit l'honneur. (1662)
3. Voyez Plutarque, *Vie de Sertorius*, chapitre xv.

Dont en secret dès lors mon âme fut saisie
Grossit de jour en jour sous une passion 75
Qui tyrannise encor plus que l'ambition :
J'adore Viriate; et cette grande reine,
Des Lusitaniens l'illustre souveraine,
Pourroit par son hymen me rendre sur les siens
Ce pouvoir absolu qu'il m'ôte sur les miens. 80
Mais elle-même, hélas! de ce grand nom charmée,
S'attache au bruit heureux que fait sa renommée;
Cependant qu'insensible à ce qu'elle a d'appas
Il me dérobe un cœur qu'il ne demande pas.
De son astre opposé telle est la violence, 85
Qu'il me vole partout même sans qu'il y pense,
Et que toutes les fois qu'il m'enlève mon bien,
Son nom fait tout pour lui sans qu'il en sache rien.
  Je sais qu'il peut aimer et nous cacher sa flamme,
Mais je veux sur ce point lui découvrir mon âme; 90
Et s'il peut me céder ce trône où je prétends,
J'immolerai ma haine à mes desirs contents;
Et je n'envierai plus le rang dont il s'empare,
S'il m'en assure autant chez ce peuple barbare,
Qui formé par nos soins, instruit de notre main, 95
Sous notre discipline est devenu romain.

AUFIDE.

Lorsqu'on fait des projets d'une telle importance,
Les intérêts d'amour entrent-ils en balance?
Et si ces intérêts vous sont enfin si doux,
Viriate, lui mort, n'est-elle pas à vous? 100

PERPENNA.

Oui; mais de cette mort la suite m'embarrasse.
Aurai-je sa fortune aussi bien que sa place?
Ceux dont il a gagné la croyance et l'appui
Prendront-ils même joie à m'obéir qu'à lui?
Et pour venger sa trame indignement coupée, 105

ACTE I, SCÈNE I.

N'arboreront-ils point l'étendard de Pompée?
AUFIDE.
C'est trop craindre, et trop tard : c'est dans votre festin[1]
Que ce soir par votre ordre on tranche son destin.
La trêve a dispersé l'armée à la campagne,
Et vous en commandez ce qui nous accompagne.
L'occasion nous rit dans un si grand dessein;
Mais tel bras n'est à nous que jusques à demain :
Si vous rompez le coup, prévenez les indices[2];
Perdez Sertorius ou perdez vos complices.
Craignez ce qu'il faut craindre : il en est parmi nous
Qui pourroient bien avoir même remords que vous[3];
Et si vous différez.... Mais le tyran arrive.
Tâchez d'en obtenir l'objet qui vous captive;
Et je prierai les dieux que dans cet entretien
Vous ayez assez d'heur pour n'en obtenir rien.

SCÈNE II.
SERTORIUS, PERPENNA.

SERTORIUS.
Apprenez un dessein qui me vient de surprendre.
Dans deux heures Pompée en ce lieu se doit rendre :
Il veut sur nos débats conférer avec moi,
Et pour toute assurance il ne prend que ma foi.
PERPENNA.
La parole suffit entre les grands courages;
D'un homme tel que vous la foi vaut cent otages :

---

1. *Var.* C'est trop craindre, et trop tard : ce soir, dans le festin,
Vous avez donné l'heure à trancher son destin. (1662 et 66)
2. Voyez Plutarque, *Vie de Sertorius*, chapitre XXVI.
3. *Var.* Qui pourroient bien avoir mêmes remords que vous. (1662)
— Voltaire a adopté cette leçon; il donne *mêmes* au pluriel.

Je n'en suis point surpris ; mais ce qui me surprend,
C'est de voir que Pompée ait pris le nom de Grand[1],
Pour faire encore au vôtre entière déférence,
Sans vouloir de lieu neutre à cette conférence.   130
C'est avoir beaucoup fait que d'avoir jusque-là
Fait descendre l'orgueil des héros de Sylla.

SERTORIUS.

S'il est plus fort que nous, ce n'est plus en Espagne,
Où nous forçons les siens de quitter la campagne,
Et de se retrancher dans l'empire douteux   135
Que lui souffre à regret une province ou deux,
Qu'à sa fortune lasse il craint que je n'enlève,
Sitôt que le printemps aura fini la trêve.

C'est l'heureuse union de vos drapeaux aux miens
Qui fait ces beaux succès qu'à toute heure j'obtiens ;   140
C'est à vous que je dois ce que j'ai de puissance :
Attendez tout aussi de ma reconnoissance.
Je reviens à Pompée, et pense deviner
Quels motifs jusqu'ici peuvent nous l'amener.

Comme il trouve avec nous peu de gloire à prétendre,
Et qu'au lieu d'attaquer il a peine à défendre,
Il voudroit qu'un accord avantageux ou non
L'affranchît d'un emploi qui ternit ce grand nom ;
Et chatouillé d'ailleurs par l'espoir qui le flatte,
De faire avec plus d'heur la guerre à Mithridate,   150
Il brûle d'être à Rome, afin d'en recevoir
Du maître qu'il s'y donne et l'ordre et le pouvoir.

PERPENNA.

J'aurois cru qu'Aristie ici réfugiée,

---

1. Ce fut Sylla qui le premier salua Pompée du nom de *Magnus* (grand) ; mais Pompée ne le prit officiellement qu'à partir de la guerre contre Sertorius : voyez Plutarque, *Vie de Pompée*, chapitre XIII, et *Vie de Sertorius*, chapitre XVIII. Au reste, le surnom de *Magnus*, qu'adoptèrent les Pompeii, appartenait aussi à d'autres familles romaines, aux Fonteii, aux Postumii, etc.

Que forcé par ce maître il a répudiée¹,
Par un reste d'amour l'attirât en ces lieux   155
Sous une autre couleur lui faire ses adieux;
Car de son cher tyran l'injustice fut telle,
Qu'il ne lui permît pas de prendre congé d'elle.

SERTORIUS.

Cela peut être encor : ils s'aimoient chèrement²;
Mais il pourroit ici trouver du changement.   160
L'affront pique à tel point le grand cœur d'Aristie,
Que sa première flamme en haine convertie,
Elle cherche bien moins un asile chez nous
Que la gloire d'y prendre un plus illustre époux.
C'est ainsi qu'elle parle, et m'offre l'assistance   165
De ce que Rome encore a de gens d'importance,
Dont les uns ses parents, les autres ses amis,
Si je veux l'épouser, ont pour moi tout promis.
Leurs lettres en font foi, qu'elle me vient de rendre.
Voyez avec loisir ce que j'en dois attendre :   170
Je veux bien m'en remettre à votre sentiment.

PERPENNA.

Pourriez-vous bien, Seigneur, balancer un moment,
A moins d'une secrète et forte antipathie
Qui vous montre un supplice en l'hymen d'Aristie?
Voyant ce que pour dot Rome lui veut donner,   175
Vous n'avez aucun lieu de rien examiner.

SERTORIUS.

Il faut donc, Perpenna, vous faire confidence
Et de ce que je crains, et de ce que je pense.
J'aime ailleurs. A mon âge il sied si mal d'aimer,
Que je le cache même à qui m'a su charmer;   180

1. Voyez plus haut, p. 358, note 2
2. Pauline dit dans *Polyeucte*, en parlant de Sévère (acte I, scène IV, vers 323) :

   Cela pourroit bien être : il m'aimoit chèrement.

Mais tel que je puis être, on m'aime, ou pour mieux
La reine Viriate à mon hymen aspire :   [dire,
Elle veut que ce choix de son ambition
De son peuple avec nous commence l'union,
Et qu'ensuite à l'envi mille autres hyménées   185
De nos deux nations l'une à l'autre enchaînées
Mêlent si bien le sang et l'intérêt commun,
Qu'ils réduisent bientôt les deux peuples en un.
C'est ce qu'elle prétend pour digne récompense
De nous avoir servis avec cette constance   190
Qui n'épargne ni biens ni sang de ses sujets
Pour affermir ici nos généreux projets :
Non qu'elle me l'ai dit, ou quelque autre pour elle ;
Mais j'en vois chaque jour quelque marque fidèle ;
Et comme ce dessein n'est plus pour moi douteux,   195
Je ne puis l'ignorer qu'autant que je le veux.

   Je crains donc de l'aigrir si j'épouse Aristie,
Et que de ses sujets la meilleure partie,
Pour venger ce mépris et servir son courroux,
Ne tourne obstinément ses armes contre nous.   200
Auprès d'un tel malheur, pour nous irréparable,
Ce qu'on promet pour l'autre est peu considérable ;
Et sous un faux espoir de nous mieux établir,
Ce renfort accepté pourroit nous affoiblir.

   Voilà ce qui retient mon esprit en balance.   205
Je n'ai pour Aristie aucune répugnance ;
Et la Reine à tel point n'asservit pas mon cœur,
Qu'il ne fasse encor tout pour le commun bonheur,

PERPENNA.

Cette crainte, Seigneur, dont votre âme est gênée,
Ne doit pas d'un moment retarder l'hyménée.   210
Viriate, il est vrai, pourra s'en émouvoir ;
Mais que sert la colère où manque le pouvoir ?
Malgré sa jalousie et ses vaines menaces,

N'êtes-vous pas toujours le maître de ses places?
Les siens, dont vous craignez le vif ressentiment,   215
Ont-ils dans votre armée aucun commandement?
Des plus nobles d'entre eux et des plus grands courages
N'avez-vous pas les fils dans Osca[1] pour otages?
Tous leurs chefs sont Romains; et leurs propres soldats
Dispersés dans nos rangs ont fait tant de combats,   220
Que la vieille amitié qui les attache aux nôtres
Leur fait aimer nos lois et n'en vouloir point d'autres.
Pourquoi donc tant les craindre, et pourquoi refuser...?

SERTORIUS.

Vous-même, Perpenna, pourquoi tant déguiser?
Je vois ce qu'on m'a dit : vous aimez Viriate;   225
Et votre amour caché dans vos raisons éclate.
Mais les raisonnements sont ici superflus;
Dites que vous l'aimez, et je ne l'aime plus.
Parlez : je vous dois tant, que ma reconnoissance
Ne peut être sans honte un moment en balance.   230

PERPENNA.

L'aveu que vous voulez à mon cœur est si doux,
Que j'ose....

SERTORIUS.

   C'est assez : je parlerai pour vous.

PERPENNA.

Ah! Seigneur, c'en est trop; et....

SERTORIUS.

      Point de repartie :
Tous mes vœux sont déjà du côté d'Aristie;
Et je l'épouserai, pourvu qu'en même jour   235
La Reine se résolve à payer votre amour;

---

1. Ville de l'Espagne tarraconaise, aujourd'hui *Husca*, dans l'Aragon. Voyez Plutarque, *Vie de Sertorius*, chapitre XIV. Il paraît bien probable que Sertorius fut tué à Osca, plutôt qu'à Nertobridge, où Corneille place la scène de sa pièce et du meurtre.

Car quoi que vous disiez, je dois craindre sa haine,
Et fuirois à ce prix cette illustre Romaine.
La voici : laissez-moi ménager son esprit;
Et voyez cependant de quel air on m'écrit. 240

SCÈNE III.

SERTORIUS, ARISTIE.

ARISTIE.

Ne vous offensez pas si dans mon infortune
Ma foiblesse me force à vous être importune :
Non pas pour mon hymen : les suites d'un tel choix
Méritent qu'on y pense un peu plus d'une fois;
Mais vous pouvez, Seigneur, joindre à mes espérances 245
Contre un péril nouveau nouvelles assurances.
J'apprends qu'un infidèle, autrefois mon époux,
Vient jusque dans ces murs conférer avec vous.
L'ordre de son tyran et sa flamme inquiète
Me pourront envier l'honneur de ma retraite : 250
L'un en prévoit la suite, et l'autre en craint l'éclat;
Et tous les deux contre elle ont leurs raisons d'État[1].
Je vous demande donc sûreté tout entière
Contre la violence et contre la prière,
Si par l'une ou par l'autre il veut se ressaisir 255
De ce qu'il ne peut voir ailleurs sans déplaisir.

SERTORIUS.

Il en a lieu, Madame : un si rare mérite
Semble croître de prix quand par force on le quitte;
Mais vous avez ici sûreté contre tous,
Pourvu que vous puissiez en trouver contre vous, 2
Et que contre un ingrat dont l'amour fut si tendre,

---

1. *Var.* Et tous les deux contre elle ont leur raison d'État. (1662 et 66)

Lorsqu'il vous parlera, vous sachiez vous défendre.
On a peine à haïr ce qu'on a bien aimé,
Et le feu mal éteint est bientôt rallumé.

ARISTIE.

L'ingrat, par son divorce en faveur d'Émilie, 265
M'a livrée aux mépris¹ de toute l'Italie.
Vous savez à quel point mon courage est blessé;
Mais s'il se dédisoit d'un outrage forcé,
S'il chassoit Émilie et me rendoit ma place,
J'aurois peine, Seigneur, à lui refuser grâce; 270
Et tant que je serai maîtresse de ma foi,
Je me dois toute à lui, s'il revient tout à moi.

SERTORIUS.

En vain donc je me flatte; en vain j'ose, Madame,
Promettre à mon esprit quelque part en votre âme:
Pompée en est encor l'unique souverain. 275
Tous vos ressentiments n'offrent que votre main;
Et quand par ses refus j'aurai droit d'y prétendre,
Le cœur, toujours à lui, ne voudra pas se rendre.

ARISTIE.

Qu'importe de mon cœur, si je sais mon devoir,
Et si mon hyménée enfle votre pouvoir? 280
Vous ravaleriez-vous jusques à la bassesse²
D'exiger de ce cœur des marques de tendresse,
Et de les préférer à ce qu'il fait d'effort
Pour braver mon tyran et relever mon sort?
Laissons, Seigneur, laissons pour les petites âmes 285
Ce commerce rampant de soupirs et de flammes;
Et ne nous unissons que pour mieux soutenir
La liberté que Rome est prête à voir finir.

1. Voltaire a mis le singulier : « au mépris. »
2. On lit dans *OEdipe* (acte II, scène IV, vers 676) :

   Ne me ravalez point jusqu'à cette bassesse.

Unissons ma vengeance à votre politique,
Pour sauver des abois toute la République : 290
L'hymen seul peut unir des intérêts si grands.
Je sais que c'est beaucoup que ce que je prétends;
Mais dans ce dur exil que mon tyran m'impose,
Le rebut de Pompée est encor quelque chose ;
Et j'ai des sentiments trop nobles ou trop vains 295
Pour le porter ailleurs qu'au plus grand des Romains.
SERTORIUS.
Ce nom ne m'est pas dû, je suis....
ARISTIE.
Ce que vous faites
Montre à tout l'univers, Seigneur, ce que vous êtes;
Mais quand même ce nom sembleroit trop pour vous,
Du moins mon infidèle est d'un rang au-dessous : 300
Il sert dans son parti, vous commandez au vôtre;
Vous êtes chef de l'un, et lui sujet dans l'autre[1];
Et son divorce enfin, qui m'arrache sa foi,
L'y laisse par Sylla plus opprimé que moi,
Si votre hymen m'élève à la grandeur sublime, 305
Tandis qu'en l'esclavage un autre hymen l'abîme.

Mais, Seigneur, je m'emporte, et l'excès d'un tel heur
Me fait vous en parler avec trop de chaleur.
Tout mon bien est encor dedans l'incertitude :
Je n'en conçois l'espoir qu'avec inquiétude; 310
Et je craindrai toujours d'avoir trop prétendu,
Tant que de cet espoir vous m'ayez répondu.
Vous me pouvez d'un mot assurer ou confondre.
SERTORIUS.
Mais, Madame, après tout, que puis-je vous répondre?
De quoi vous assurer, si vous-même parlez 315
Sans être sûre encor de ce que vous voulez?

---

1. *Var.* Vous êtes chef de l'un, il est sujet dans l'autre. (1666)

De votre illustre hymen je sais les avantages;
J'adore les grands noms que j'en ai pour otages,
Et vois que leur secours, nous rehaussant le bras,
Auroit bientôt jeté la tyrannie à bas;   320
Mais cette attente aussi pourroit se voir trompée
Dans l'offre d'une main qui se garde à Pompée,
Et qui n'étale ici la grandeur d'un tel bien
Que pour me tout promettre et ne me donner rien.

ARISTIE.

Si vous vouliez ma main par choix de ma personne,   325
Je vous dirois, Seigneur : « Prenez, je vous la donne;
Quoi que veuille Pompée, il le voudra trop tard. »
Mais comme en cet hymen l'amour n'a point de part,
Qu'il n'est qu'un pur effet de noble politique,
Souffrez que je vous die[1], afin que je m'explique,   330
Que quand j'aurois pour dot un million de bras,
Je vous donne encor plus en ne l'achevant pas.
  Si je réduis Pompée à chasser Émilie,
Peut-il, Sylla régnant, regarder l'Italie?
Ira-t-il se livrer à son juste courroux?   335
Non, non : si je le gagne, il faut qu'il vienne à vous.
Ainsi par mon hymen vous avez assurance[2]
Que mille vrais Romains prendront votre défense;
Mais si j'en romps l'accord pour lui rendre mes vœux,
Vous aurez ces Romains et Pompée avec eux;   340
Vous aurez ses amis par ce nouveau divorce;
Vous aurez du tyran la principale force,
Son armée, ou du moins ses plus braves soldats,
Qui de leur général voudront suivre les pas;
Vous marcherez vers Rome à communes enseignes.   345
Il sera temps alors, Sylla, que tu me craignes.

---

1. Thomas Corneille (1692) et Voltaire (1764) ont remplacé *die* par *dise*.
2. *Var.* Ainsi par mon hymen vous aurez assurance. (1662)

Tremble, et crois voir bientôt trébucher ta fierté,
Si je puis t'enlever ce que tu m'as ôté.
Pour faire de Pompée un gendre de ta femme¹,
Tu l'as fait un parjure, un méchant, un infâme ; 350
Mais s'il me laisse encor quelques droits sur son cœur,
Il reprendra sa foi, sa vertu, son honneur :
Pour rentrer dans mes fers il brisera tes chaînes,
Et nous t'accablerons sous² nos communes haines.
J'abuse trop, Seigneur, d'un précieux loisir ; 355
Voilà vos intérêts : c'est à vous de choisir.
Si votre amour trop prompt veut borner sa conquête,
Je vous le dis encor, ma main est toute prête.
Je vous laisse y penser : surtout souvenez-vous
Que ma gloire en ces lieux me demande un époux ; 360
Qu'elle ne peut souffrir que ma fuite m'y range
En captive de guerre, au péril d'un échange,
Qu'elle veut un grand homme à recevoir ma foi,
Qu'après vous et Pompée il n'en est point pour moi,
Et que....

SERTORIUS.
Vous le verrez, et saurez sa pensée. 365
ARISTIE.
Adieu, Seigneur : j'y suis la plus intéressée,
Et j'y vais préparer mon reste de pouvoir.
SERTORIUS.
Moi, je vais donner ordre à le bien recevoir³.

Dieux, souffrez qu'à mon tour avec vous je m'explique.
Que c'est un sort cruel d'aimer par politique ! 370
Et que ses intérêts sont d'étranges malheurs,
S'ils font donner la main quand le cœur est ailleurs !

1. Voyez plus haut, p. 358.
2. L'édition de 1682, par erreur évidemment, donne *sur*, au lieu de *sous*.
3. Entre ce vers et le suivant, Voltaire a placé l'indication : *Seul*.

FIN DU PREMIER ACTE.

ACTE II.

SCÈNE PREMIÈRE.
VIRIATE, THAMIRE.

VIRIATE.
Thamire, il faut parler, l'occasion nous presse :
Rome jusqu'en ces murs m'envoie une maîtresse ;
Et l'exil d'Aristie, enveloppé d'ennuis, 375
Est prêt à l'emporter sur tout ce que je suis.
En vain de mes regards l'ingénieux langage
Pour découvrir mon cœur a tout mis en usage ;
En vain par le mépris des vœux de tous nos rois
J'ai cru faire éclater l'orgueil d'un autre choix : 380
Le seul pour qui je tâche à le rendre visible,
Ou n'ose en rien connoître, ou demeure insensible,
Et laisse à ma pudeur des sentiments confus,
Que l'amour-propre obstine à douter du refus.
Épargne-m'en la honte, et prends soin de lui dire, 385
A ce héros si cher.... Tu le connois, Thamire ;
Car d'où pourroit mon trône attendre un ferme appui ?
Et pour qui mépriser tous nos rois, que pour lui ?
Sertorius, lui seul digne de Viriate,
Mérite que pour lui tout mon amour éclate. 390
Fais-lui, fais-lui savoir le glorieux dessein
De m'affermir au trône en lui donnant la main :
Dis-lui.... Mais j'aurois tort d'instruire ton adresse,
Moi qui connois ton zèle à servir ta princesse.

THAMIRE.

Madame, en ce héros tout est illustre et grand ; 395
Mais à parler sans fard, votre amour me surprend.
Il est assez nouveau qu'un homme de son âge
Ait des charmes si forts pour un jeune courage,
Et que d'un front ridé les replis jaunissants
Trouvent l'heureux secret de captiver les sens. 400

VIRIATE.

Ce ne sont pas les sens que mon amour consulte :
Il hait des passions l'impétueux tumulte ;
Et son feu, que j'attache aux soins de ma grandeur,
Dédaigne tout mélange avec leur folle ardeur.
J'aime en Sertorius ce grand art de la guerre 405
Qui soutient un banni contre toute la terre ;
J'aime en lui ces cheveux tous couverts de lauriers,
Ce front qui fait trembler les plus braves guerriers,
Ce bras qui semble avoir la victoire en partage.
L'amour de la vertu n'a jamais d'yeux pour l'âge : 410
Le mérite a toujours des charmes éclatants ;
Et quiconque peut tout est aimable en tout temps.

THAMIRE.

Mais, Madame, nos rois, dont l'amour vous irrite,
N'ont-ils tous ni vertu, ni pouvoir, ni mérite ?
Et dans votre parti se peut-il qu'aucun d'eux 415
N'ait signalé son nom par des exploits fameux ?
Celui des Turdétans, celui des Celtibères[1],
Soutiendroient-ils si mal le sceptre de vos pères ?

VIRIATE.

Contre des rois comme eux j'aimerois leur soutien ;
Mais contre des Romains tout leur pouvoir n'est rien.
Rome seule aujourd'hui peut résister à Rome :
Il faut pour la braver qu'elle nous prête un homme,

---

1. Les Turdétans sont un peuple de la Bétique ; les Celtibères, un peuple de l'Espagne tarraconaise.

Et que son propre sang en faveur de ces lieux
Balance les destins et partage les Dieux.
Depuis qu'elle a daigné protéger nos provinces,   425
Et de son amitié faire honneur à leurs princes,
Sous un si haut appui nos rois humiliés
N'ont été que sujets sous le nom d'alliés;
Et ce qu'ils ont osé contre leur servitude
N'en a rendu le joug que plus fort et plus rude.   430
 Qu'a fait Mandonius, qu'a fait Indibilis,
Qu'y plonger plus avant leurs trônes avilis,
Et voir leur fier amas de puissance et de gloire
Brisé contre l'écueil d'une seule victoire[1]?
 Le grand Viriatus[2], de qui je tiens le jour,   435
D'un sort plus favorable eut un pareil retour.
Il défit trois préteurs, il gagna dix batailles,
Il repoussa l'assaut de plus de cent murailles,
Et de Servilius l'astre prédominant[3]
Dissipa tout d'un coup ce bonheur étonnant.   440
Ce grand roi fut défait, il en perdit la vie,
Et laissoit sa couronne à jamais asservie,
Si pour briser les fers de son peuple captif,
Rome n'eût envoyé ce noble fugitif.
 Depuis que son courage à nos destins préside,   445
Un bonheur si constant de nos armes décide,
Que deux lustres de guerre assurent nos climats
Contre ces souverains de tant de potentats,
Et leur laissent à peine, au bout de dix années[4],
Pour se couvrir de nous, l'ombre des Pyrénées.   450

 1. Indibilis, prince des Ilergètes, en Espagne, et son frère Mandonius, furent tour à tour alliés et ennemis des Scipions. Indibilis, dans une dernière révolte, fut tué les armes à la main l'an 205 avant Jésus-Christ.
 2. Voyez l'avis *Au lecteur*, p. 359.
 3. *Var.* Et du consul Brutus l'astre prédominant. (1662, 66 et 82)
— Voyez *ibidem*, p. 360, note 2.
 4. *Var.* Et leur laissent à peine, au bout des dix années. (1662)

Nos rois, sans ce héros, l'un de l'autre jaloux,
Du plus heureux sans cesse auroient rompu les coups;
Jamais ils n'auroient pu choisir entre eux un maître.
THAMIRE.
Mais consentiront-ils qu'un Romain puisse l'être?
VIRIATE.
Il n'en prend pas le titre, et les traite d'égal; 455
Mais, Thamire, après tout, il est leur général :
Ils combattent sous lui, sous son ordre ils s'unissent;
Et tous ces rois de nom en effet obéissent,
Tandis que de leur rang l'inutile fierté
S'applaudit d'une vaine et fausse égalité. 460
THAMIRE.
Je n'ose vous rien dire après cet avantage,
Et voudrois comme vous faire grâce à son âge;
Mais enfin ce héros, sujet au cours des ans,
A trop longtemps vaincu pour vaincre encor longtemps,
Et sa mort....
VIRIATE.
Jouissons, en dépit de l'envie, 465
Des restes glorieux de son illustre vie :
Sa mort me laissera pour ma protection
La splendeur de son ombre et l'éclat de son nom.
Sur ces deux grands appuis ma couronne affermie
Ne redoutera point de puissance ennemie : 470
Ils feront plus pour moi que ne feroient cent rois.
Mais nous en parlerons encor quelque autre fois :
Je l'aperçois qui vient.

SCÈNE II.

SERTORIUS, VIRIATE, THAMIRE.

SERTORIUS.

Que direz-vous, Madame,
Du dessein téméraire où s'échappe mon âme?
N'est-ce point oublier ce qu'on vous doit d'honneur, 475
Que demander à voir le fond de votre cœur?

VIRIATE.

Il est si peu fermé, que chacun y peut lire,
Seigneur, peut-être plus que je ne puis vous dire :
Pour voir ce qui s'y passe, il ne faut que des yeux.

SERTORIUS.

J'ai besoin toutefois qu'il s'explique un peu mieux. 480
Tous vos rois à l'envi briguent votre hyménée,
Et comme vos bontés font notre destinée,
Par ces mêmes bontés j'ose vous conjurer,
En faisant ce grand choix, de nous considérer.
Si vous prenez un prince inconstant, infidèle, 485
Ou qui pour le parti n'ait pas assez de zèle,
Jugez en quel état nous nous verrons réduits,
Si je pourrai longtemps encor ce que je puis,
Si mon bras....

VIRIATE.

Vous formez des craintes que j'admire.
J'ai mis tous mes États si bien sous votre empire, 490
Que quand il me plaira faire choix d'un époux,
Quelque projet qu'il fasse, il dépendra de vous.
Mais pour vous mieux ôter cette frivole crainte,
Choisissez-le vous-même, et parlez-moi sans feinte :
Pour qui de tous ces rois êtes-vous sans soupçon? 495
A qui d'eux pouvez-vous confier ce grand nom?

SERTORIUS.

Je voudrois faire un choix qui pût aussi vous plaire;
Mais à ce froid accueil que je vous vois leur faire,
Il semble que pour tous sans aucun intérêt....

VIRIATE.

C'est peut-être, Seigneur, qu'aucun d'eux ne me plaît,
Et que de leur haut rang la pompe la plus vaine
S'efface au seul aspect de la grandeur romaine.

SERTORIUS.

Si donc je vous offrois pour époux un Romain...?

VIRIATE.

Pourrois-je refuser un don de votre main?

SERTORIUS.

J'ose après cet aveu vous faire offre d'un homme   505
Digne d'être avoué de l'ancienne Rome.
Il en a la naissance, il en a le grand cœur,
Il est couvert de gloire, il est plein de valeur;
De toute votre Espagne il a gagné l'estime,
Libéral, intrépide, affable, magnanime,   510
Enfin c'est Perpenna sur qui vous emportez....

VIRIATE.

J'attendois votre nom après ces qualités[1] :
Les éloges brillants que vous daignez y joindre[2]
Ne me permettoient pas d'espérer rien de moindre;
Mais certes le détour est un peu surprenant.   515
Vous donnez une reine à votre lieutenant!
Si vos Romains ainsi choisissent des maîtresses,
A vos derniers tribuns il faudra des princesses.

---

1. « A ce vers le parterre éclate, et sans plus rien considérer on s'écrie partout que cette pièce est admirable. On devoit néanmoins se contenter de dire : « Voilà un bel endroit. » (D'aubignac, *Seconde dissertation.... en forme de remarques sur* Sertorius. *Recueil....* publié par Granet, tome I, p. 263.)

2. *Var.* Les éloges brillants que vous daignez y joindre. (1666)

SERTORIUS.

Madame....

VIRIATE.

　　　Parlons net sur ce choix d'un époux.
Êtes-vous trop pour moi? suis-je trop peu pour vous?
C'est m'offrir, et ce mot peut blesser les oreilles;
Mais un pareil amour sied bien à mes pareilles;
Et je veux bien, Seigneur, qu'on sache désormais
Que j'ai d'assez bons yeux pour voir ce que je fais.
Je le dis donc tout haut, afin que l'on m'entende :　525
Je veux bien un Romain, mais je veux qu'il commande;
Et ne trouverois pas vos rois à dédaigner[1],
N'étoit qu'ils savent mieux obéir que régner.
Mais si de leur puissance ils vous laissent l'arbitre,
Leur foiblesse du moins en conserve le titre :　　530
Ainsi ce noble orgueil qui vous préfère à tous
En préfère le moindre à tout autre qu'à vous;
Car enfin, pour remplir l'honneur de ma naissance,
Il me faudroit un roi de titre et de puissance;
Mais comme il n'en est plus, je pense m'en devoir[2]　535
Ou le pouvoir sans nom, ou le nom sans pouvoir.

SERTORIUS.

J'adore ce grand cœur qui rend ce qu'il doit rendre
Aux illustres aïeux dont on vous voit descendre.
A de moindres pensers son orgueil abaissé
Ne soutiendroit pas bien ce qu'ils vous ont laissé.　540
Mais puisque pour remplir la dignité royale
Votre haute naissance en demande une égale,
Perpenna parmi nous est le seul dont le sang
Ne mêleroit point d'ombre à la splendeur du rang :
Il descend de nos rois et de ceux d'Étrurie[3].　　545

---

1. *Var.* Et ne trouverois pas nos rois à dédaigner. (1662-68)
2. *Var.* Et comme il n'en est plus, je pense m'en devoir. (1662 et 66)
3. Plutarque dit au chapitre xv de la *Vie de Sertorius* que Perpenna était

Pour moi, qu'un sang moins noble a transmis à la vie,
Je n'ose m'éblouir d'un peu de nom fameux
Jusqu'à déshonorer le trône par mes vœux.
Cessez de m'estimer jusqu'à lui faire injure ;
Je ne veux que le nom de votre créature : 550
Un si glorieux titre a de quoi me ravir ;
Il m'a fait triompher en voulant vous servir ;
Et malgré tout le peu que le ciel m'a fait naître....

VIRIATE.

Si vous prenez ce titre, agissez moins en maître,
Ou m'apprenez du moins, Seigneur, par quelle loi 555
Vous n'osez m'accepter, et disposez de moi.
Accordez le respect que mon trône vous donne
Avec cet attentat sur ma propre personne.
Voir toute mon estime, et n'en pas mieux user,
C'en est un qu'aucun art ne sauroit déguiser. 560
Ne m'honorez donc plus jusqu'à me faire injure :
Puisque vous le voulez, soyez ma créature ;
Et me laissant en reine ordonner de vos vœux,
Portez-les jusqu'à moi, parce que je le veux.

Pour votre Perpenna, que sa haute naissance 565
N'affranchit point encor de votre obéissance,
Fût-il du sang des Dieux aussi bien que des rois,
Ne lui promettez plus la gloire de mon choix.
Rome n'attache point le grade¹ à la noblesse.
Votre grand Marius naquit dans la bassesse ; 570
Et c'est pourtant le seul que le peuple romain
Ait jusques à sept fois choisi pour souverain².
Ainsi pour estimer chacun à sa manière,

---

fier de sa noblesse et de sa richesse. Valère-Maxime, livre III, chapitre IV, 7, nous apprend qu'il n'était pas d'origine romaine ; et d'après la forme même de son nom (*Perpenna* ou *Perperna*), il paraît assez probable, comme le dit ici Corneille, que sa famille était originaire d'Étrurie.

1. Les éditions de 1666, de 1668 et de 1682 portent *la grade*, pour *le grade*.
2. Marius fut sept fois consul.

ACTE II, SCÈNE II.

Au sang d'un Espagnol je ferois grâce entière;
Mais parmi vos Romains je prends peu garde au sang,
Quand j'y vois la vertu prendre le plus haut rang.
Vous, si vous haïssez comme eux le nom de reine,
Regardez-moi, Seigneur, comme dame romaine :
Le droit de bourgeoisie à nos peuples donné
Ne perd rien de son prix sur un front couronné. 580
Sous ce titre adoptif, étant ce que vous êtes,
Je pense bien valoir une de mes sujettes;
Et si quelque Romaine a causé vos refus,
Je suis tout ce qu'elle est, et reine encor de plus.
Peut-être la pitié d'une illustre misère.... 585

SERTORIUS.

Je vous entends, Madame, et pour ne vous rien taire,
J'avouerai qu'Aristie....

VIRIATE.

Elle nous a tout dit :
Je sais ce qu'elle espère et ce qu'on vous écrit.
Sans y perdre de temps, ouvrez votre pensée.

SERTORIUS.

Au seul bien de la cause elle est intéressée; 590
Mais puisque pour ôter l'Espagne à nos tyrans,
Nous prenons, vous et moi, des chemins différents,
De grâce, examinez le commun avantage,
Et jugez ce que doit un généreux courage.
Je trahirois, Madame, et vous et vos États, 595
De voir un tel secours, et ne l'accepter pas;
Mais ce même secours deviendroit notre perte
S'il nous ôtoit la main que vous m'avez offerte,
Et qu'un destin jaloux de nos communs desseins
Jetât ce grand dépôt en de mauvaises mains. 600
Je tiens Sylla perdu, si vous laissez unie
A ce puissant renfort votre Lusitanie.
Mais vous pouvez enfin dépendre d'un époux,

Et le seul Perpenna peut m'assurer de vous.
Voyez ce qu'il a fait : je lui dois tant, Madame, 605
Qu'une juste prière en faveur de sa flamme....

VIRIATE.

Si vous lui devez tant, ne me devez-vous rien?
Et lui faut-il payer vos dettes de mon bien?
Après que ma couronne a garanti vos têtes,
Ne mérité-je point de part en vos conquêtes? 610
Ne vous ai-je servi que pour servir toujours,
Et m'assurer des fers par mon propre secours?
Ne vous y trompez pas : si Perpenna m'épouse,
Du pouvoir souverain je deviendrai jalouse,
Et le rendrai moi-même assez entreprenant 615
Pour ne vous pas laisser un roi pour lieutenant.
Je vous avouerai plus : à qui que je me donne,
Je voudrai hautement soutenir ma couronne ;
Et c'est ce qui me force à vous considérer,
De peur de perdre tout, s'il nous faut séparer. 620
Je ne vois que vous seul qui des mers aux montagnes
Sous un même étendard puisse unir nos Espagnes[1] ;
Mais ce que je propose en est le seul moyen ;
Et quoi qu'ait fait pour vous ce cher concitoyen,
S'il vous a secouru contre la tyrannie, 625
Il en est bien payé d'avoir sauvé sa vie.
Les malheurs du parti l'accabloient à tel point,
Qu'il se voyoit perdu, s'il ne vous eût pas joint ;
Et même, si j'en veux croire la renommée,
Ses troupes, malgré lui, grossirent votre armée. 630
Rome offre un grand secours, du moins on vous l'écrit ;
Mais s'armât-elle toute en faveur d'un proscrit,
Quand nous sommes aux bords d'une pleine victoire,
Quel besoin avons-nous d'en partager la gloire?

1. *Var.* Sous un même étendard puisse unir les Espagnes. (1662 et 66)

Encore une campagne, et nos seuls escadrons 635
Aux aigles de Sylla font repasser les monts.
Et ces derniers venus auront droit de nous dire
Qu'ils auront en ces lieux établi notre empire!
Soyons d'un tel honneur l'un et l'autre jaloux;
Et quand nous pouvons tout, ne devons rien qu'à nous....

SERTORIUS.

L'espoir le mieux fondé n'a jamais trop de forces;
Le plus heureux destin surprend par les divorces[1] :
Du trop de confiance il aime à se venger;
Et dans ce grand dessein rien n'est à négliger.
Devons-nous exposer à tant d'incertitude 645
L'esclavage de Rome et notre servitude,
De peur de partager avec d'autres Romains
Un honneur où le ciel veut peut-être leurs mains?
Notre gloire, il est vrai, deviendra sans seconde,
Si nous faisons sans eux la liberté du monde; 650
Mais si quelque malheur suit tant d'heureux combats,
Quels reproches cruels ne nous ferons-nous pas!
D'ailleurs, considérez que Perpenna vous aime,
Qu'il est ou qu'il se croit digne du diadème,
Qu'il peut ici beaucoup, qu'il s'est vu de tout temps 655
Qu'en gouvernant le mieux on fait des mécontents,
Que piqué du mépris, il osera peut-être....

VIRIATE.

Tranchez le mot, Seigneur : je vous ai fait mon maître.
Et je dois obéir malgré mon sentiment;
C'est à quoi se réduit tout ce raisonnement. 660
 Faites, faites entrer ce héros d'importance,
Que je fasse un essai de mon obéissance;
Et si vous le craignez, craignez autant du moins
Un long et vain regret d'avoir prêté vos soins.

1. *Var.* Le plus heureux destin surprend par ses divorces. (1662)

SERTORIUS.
Madame, croiriez-vous....
VIRIATE.
Ce mot vous doit suffire. 665
J'entends ce qu'on me dit, et ce qu'on me veut dire.
Allez, faites-lui place, et ne présumez pas....
SERTORIUS.
Je parle pour un autre, et toutefois, hélas!
Si vous saviez....
VIRIATE.
Seigneur, que faut-il que je sache?
Et quel est le secret que ce soupir me cache? 670
SERTORIUS.
Ce soupir redoublé....
VIRIATE.
N'achevez point; allez :
Je vous obéirai plus que vous ne voulez.

SCÈNE III.

VIRIATE, THAMIRE.

THAMIRE.
Sa dureté m'étonne, et je ne puis, Madame....
VIRIATE.
L'apparence t'abuse : il m'aime au fond de l'âme.
THAMIRE.
Quoi? quand pour un rival il s'obstine au refus.... 675
VIRIATE.
Il veut que je l'amuse, et ne veut rien de plus.
THAMIRE.
Vous avez des clartés que mon insuffisance....
VIRIATE.
Parlons à ce rival : le voilà qui s'avance.

SCÈNE IV.

VIRIATE, PERPENNA, AUFIDE, THAMIRE.

VIRIATE.

Vous m'aimez, Perpenna; Sertorius le dit :
Je crois sur sa parole, et lui dois tout crédit. 680
Je sais donc votre amour; mais tirez-moi de peine :
Par où prétendez-vous mériter une reine?
A quel titre lui plaire, et par quel charme un jour
Obliger sa couronne à payer votre amour?

PERPENNA.

Par de sincères vœux, par d'assidus services, 685
Par de profonds respects, par d'humbles sacrifices;
Et si quelques effets peuvent justifier....

VIRIATE.

Eh bien! qu'êtes-vous prêt de lui sacrifier?

PERPENNA.

Tous mes soins, tout mon sang, mon courage, ma vie.

VIRIATE.

Pourriez-vous la servir dans une jalousie? 690

PERPENNA.

Ah! Madame....

VIRIATE.

A ce mot en vain le cœur vous bat :
Elle n'est pas d'amour, elle n'est que d'État.
J'ai de l'ambition, et mon orgueil de reine
Ne peut voir sans chagrin une autre souveraine,
Qui sur mon propre trône à mes yeux s'élevant, 695
Jusque dans mes États prenne le pas devant[1].
Sertorius y règne, et dans tout notre empire

---

1. Dans toutes les éditions anciennes, y compris celle de 1692, les deux derniers mots de ce vers sont joints par un trait d'union, comme une sorte de composé : « le pas-devant. » Plus loin, au vers 1700, la première édition seule a le trait d'union ; les autres donnent, comme nous, « le pas devant. »

Il dispense des lois où j'ai voulu souscrire :
Je ne m'en repens point, il en a bien usé ;
Je rends grâces au ciel qui l'a favorisé. 700
Mais pour vous dire enfin de quoi je suis jalouse,
Quel rang puis-je garder auprès de son épouse ?
Aristie y prétend, et l'offre qu'elle fait,
Ou que l'on fait pour elle, en assure l'effet.
Délivrez nos climats de cette vagabonde, 705
Qui vient par son exil troubler un autre monde ;
Et forcez-la sans bruit d'honorer d'autres lieux
De cet illustre objet qui me blesse les yeux.
Assez d'autres États lui prêteront asile.

PERPENNA.

Quoi que vous m'ordonniez, tout me sera facile ; 710
Mais quand Sertorius ne l'épousera pas,
Un autre hymen vous met dans le même embarras,
Et qu'importe, après tout, d'une autre ou d'Aristie,
Si....

VIRIATE.

Rompons, Perpenna, rompons cette partie ;
Donnons ordre au présent ; et quant à l'avenir, 715
Suivant l'occasion nous saurons y fournir.
Le temps est un grand maître, il règle bien des choses.
Enfin je suis jalouse, et vous en dis les causes.
Voulez-vous me servir ?

PERPENNA.

Si je le veux ? j'y cours,
Madame, et meurs déjà d'y consacrer mes jours. 720
Mais pourrai-je espérer que ce foible service
Attirera sur moi quelque regard propice,
Que le cœur attendri fera suivre ?...

VIRIATE.

Arrêtez !
Vous porteriez trop loin des veux précipités.

Sans doute un tel service aura droit de me plaire; 725
Mais laissez-moi, de grâce, arbitre du salaire :
Je ne suis point ingrate, et sais ce que je dois;
Et c'est vous dire assez pour la première fois.
Adieu.

SCÈNE V.

PERPENNA, AUFIDE.

AUFIDE.

Vous le voyez, Seigeur, comme on vous joue.
Tout son cœur est ailleurs; Sertorius l'avoue, 730
Et fait auprès de vous l'officieux rival,
Cependant que la Reine[1]....

PERPENNA.

Ah! n'en juge point mal.
A lui rendre service elle m'ouvre une voie
Que tout mon cœur embrasse avec excès de joie.

AUFIDE.

Vous ne voyez donc pas que son esprit jaloux 735
Ne cherche à se servir de vous que contre vous,
Et que rompant le cours d'une flamme nouvelle,
Vous forcez ce rival à retourner vers elle?

PERPENNA.

N'importe, servons-la, méritons son amour :
La force et la vengeance agiront à leur tour. 740
Hasardons quelques jours sur l'espoir qui nous flatte,
Dussions-nous pour tout fruit ne faire qu'une ingrate.

AUFIDE.

Mais, Seigneur....

PERPENNA.

Épargnons les discours superflus,

1. Cet hémistiche est remplacé par le suivant dans l'édition de 1692 :
   Tandis que Viriate....

Songeons à la servir, et ne contestons plus :
Cet unique souci tient mon âme occupée.
Cependant de nos murs on découvre Pompée;
Tu sais qu'on me l'a dit : allons le recevoir,
Puisque Sertorius m'impose ce devoir.

FIN DU SECOND ACTE.

ACTE III.

SCÈNE PREMIÈRE[1].

SERTORIUS, POMPÉE, suite.

SERTORIUS.

Seigneur, qui des mortels eût jamais osé croire
Que la trêve à tel point dût rehausser ma gloire ; 750
Qu'un nom à qui la guerre a fait trop applaudir
Dans l'ombre de la paix trouvât à s'agrandir?
Certes, je doute encor si ma vue est trompée,
Alors que dans ces murs je vois le grand Pompée ;
Et quand il lui plaira, je saurai quel bonheur 755
Comble Sertorius d'un tel excès d'honneur.

POMPÉE.

Deux raisons ; mais, Seigneur, faites qu'on se retire,
Afin qu'en liberté je puisse vous les dire[2].
L'inimitié qui règne entre nos deux partis

1. Corneille s'effrayait un peu de l'étendue de cette belle scène ; il dit dans la lettre à l'abbé de Pure que nous avons citée plusieurs fois (voyez p. 353, et p. 358, note 2) : « J'espère dans trois ou quatre jours avoir achevé le troisième acte. J'y fais un entretien de Pompée avec Sertorius que les deux premiers préparent assez, mais je ne sais si on en pourra souffrir la longueur. Il est de deux cent cinquante-deux vers. Il me semble que deux hommes tels qu'eux, généraux de deux armées ennemies, ne peuvent achever en deux mots une conférence si attendue durant une trêve. On a souffert Cinna et Maxime, qui en ont consumé davantage à consulter avec Auguste. Les vers de ceux-ci me semblent bien aussi forts et plus pointilleux, ce qui aide souvent au théâtre, où les picoteries soutiennent et réveillent l'attention de l'auditeur. » Malgré ses appréhensions, Corneille n'a retranché que huit vers de cet entretien, qui, dans l'édition originale, n'en a plus que deux cent quarante-quatre.

2. Voltaire coupe ici la scène, et fait commencer au vers suivant la scène II, avec ces mots en tête : SERTORIUS ET POMPÉE, *assis*.

N'y rend pas de l'honneur tous les droits amortis. 760
Comme le vrai mérite a ses prérogatives,
Qui prennent le dessus des haines les plus vives,
L'estime et le respect sont de justes tributs
Qu'aux plus fiers ennemis arrachent les vertus;
Et c'est ce que vient rendre à la haute vaillance, 765
Dont je ne fais ici que trop d'expérience,
L'ardeur de voir de près un si fameux héros,
Sans lui voir en la main piques ni javelots,
Et le front désarmé de ce regard terrible
Qui dans nos escadrons guide un bras invincible. 770
Je suis jeune et guerrier, et tant de fois vainqueur,
Que mon trop de fortune a pu m'enfler le cœur;
Mais (et ce franc aveu sied bien aux grands courages)
J'apprends plus contre vous par mes désavantages,
Que les plus beaux succès qu'ailleurs j'aye emportés, 775
Ne m'ont encore appris par mes prospérités.
Je vois ce qu'il faut faire, à voir ce que vous faites :
Les siéges, les assauts, les savantes retraites,
Bien camper, bien choisir à chacun son emploi,
Votre exemple est partout une étude pour moi. 780
Ah! si je vous pouvois rendre à la République.
Que je croirois lui faire un présent magnifique!
Et que j'irois, Seigneur, à Rome avec plaisir,
Puisque la trêve enfin m'en donne le loisir,
Si j'y pouvois porter quelque foible espérance 785
D'y conclure un accord d'une telle importance!
Près de l'heureux Sylla ne puis-je rien pour vous?
Et près de vous, Seigneur, ne puis-je rien pour tous?

SERTORIUS.

Vous me pourriez sans doute épargner quelque peine,
Si vous vouliez avoir l'âme toute romaine[1]; 790

---

1. Ce vers, par une erreur d'impression, manque dans l'édition de 1682.

Mais avant que d'entrer en ces difficultés,
Souffrez que je réponde à vos civilités.
　　Vous ne me donnez rien par cette haute estime
Que vous n'ayez déjà dans le degré sublime.
La victoire attachée à vos premiers exploits,　　795
Un triomphe avant l'âge où le souffrent nos lois,
Avant la dignité qui permet d'y prétendre[1],
Font trop voir quels respects l'univers vous doit rendre.
Si dans l'occasion je ménage un peu mieux
L'assiette du pays et la faveur des lieux,　　800
Si mon expérience en prend quelque avantage,
Le grand art de la guerre attend quelquefois l'âge,
Le temps y fait beaucoup; et de mes actions
S'il vous a plu tirer quelques instructions,
Mes exemples un jour ayant fait place aux vôtres,　　805
Ce que je vous apprends, vous l'apprendrez à d'autres;
Et ceux qu'aura ma mort saisis de mon emploi,
S'instruiront contre vous, comme vous contre moi.
　　Quand à l'heureux Sylla, je n'ai rien à vous dire.
Je vous ai montré l'art d'affoiblir son empire;　　810
Et si je puis jamais y joindre des leçons
Dignes de vous apprendre à repasser les monts,
Je suivrai d'assez près votre illustre retraite
Pour traiter avec lui sans besoin d'interprète,
Et sur les bords du Tibre, une pique à la main[2],　　815
Lui demander raison pour le peuple romain.

POMPÉE.

De si hautes leçons, Seigneur, sont difficiles,
Et pourroient vous donner quelques soins inutiles,

---

1. Pompée avait triomphé n'étant encore que simple chevalier, et « avant que la barbe luy fust venuë. » Voyez Plutarque, *Vie de Sertorius*, chapitre XVIII, traduction d'Amyot.
2. « On se servait encore de piques en France lorsqu'on représenta *Sertorius*, et cette expression était plus noble qu'aujourd'hui. » (*Voltaire*.)

Si vous faisiez dessein de me les expliquer
Jusqu'à m'avoir appris à les bien pratiquer.   820
SERTORIUS.
Aussi me pourriez-vous épargner quelque peine,
Si vous vouliez avoir l'âme toute romaine :
Je vous l'ai déjà dit.
POMPÉE.
                    Ce discours rebattu,
Lasseroit une austère et farouche vertu.
Pour moi, qui vous honore assez pour me contraindre
A fuir obstinément tout sujet de m'en plaindre,
Je ne veux rien comprendre en ses obscurités[1].
SERTORIUS.
Je sais qu'on n'aime point de telles vérités ;
Mais, Seigneur, étant seuls, je parle avec franchise :
Bannissant les témoins, vous me l'avez permise ;   830
Et je garde avec vous la même liberté
Que si votre Sylla n'avoit jamais été.
  Est-ce être tout Romain qu'être chef d'une guerre
Qui veut tenir aux fers les maîtres de la terre ?
Ce nom, sans vous et lui, nous seroit encor dû :   835
C'est par lui, c'est par vous que nous l'avons perdu.
C'est vous qui sous le joug traînez des cœurs si braves :
Ils étoient plus que rois, ils sont moindres qu'esclaves ;
Et la gloire qui suit vos plus nobles travaux
Ne fait qu'approfondir l'abîme de leurs maux :   840
Leur misère est le fruit de votre illustre peine ;
Et vous pensez avoir l'âme toute romaine !
Vous avez hérité ce nom de vos aïeux ;
Mais s'il vous étoit cher, vous le rempliriez mieux[2].

---

1. Tel est le texte de toutes les éditions antérieures à 1692. Thomas Corneille (1692) et Voltaire (1764) ont substitué *ces* à *ses*.
2. « Si vous aviez lu la vie de Sertorius, vous auriez connu que celui qui le fait revivre sur la scène soutient son caractère d'une façon bien ingénieuse et bien délicate. Ce héros, dans l'histoire, fait des leçons à Pompée, et le traite

ACTE III, SCÈNE I.

POMPÉE.

Je crois le bien remplir quand tout mon cœur s'applique
Aux soins de rétablir un jour la République;
Mais vous jugez, Seigneur, de l'âme par le bras;
Et souvent l'un paroît ce que l'autre n'est pas.
 Lorsque deux factions divisent un empire,
Chacun suit au hasard la meilleure ou la pire, 850
Suivant l'occasion ou la nécessité
Qui l'emporte vers l'un ou vers l'autre côté.
Le plus juste parti, difficile à connoître,
Nous laisse en liberté de nous choisir un maître;
Mais quand ce choix est fait, on ne s'en dédit plus. 855
J'ai servi sous Sylla du temps de Marius,
Et servirai sous lui tant qu'un destin funeste
De nos divisions soutiendra quelque reste.
Comme je ne vois pas dans le fond de son cœur,
J'ignore quels projets peut former son bonheur[1] : 860
S'il les pousse trop loin, moi-même je l'en blâme;
Je lui prête mon bras sans engager mon âme;
Je m'abandonne au cours de sa félicité,
Tandis que tous mes vœux sont pour la liberté;
Et c'est ce qui me force à garder une place 865
Qu'usurperoient sans moi l'injustice et l'audace,
Afin que, Sylla mort, ce dangereux pouvoir
Ne tombe qu'en des mains qui sachent leur devoir.
Enfin je sais mon but, et vous savez le vôtre.

SERTORIUS.

Mais cependant, Seigneur, vous servez comme un autre;

---

de petit garçon, dit qu'il le renvoyera à Rome à coups de verges. (*Voyez la
Vie de Sertorius par Plutarque, chapitre* XIX.) M. de Corneille, qui a voulu
adoucir cet endroit et conserver néanmoins la fierté de Sertorius, dans les
compliments qu'il lui fait faire à Pompée, lui fait mêler des leçons parmi
ses civilités. » (*Défense du Sertorius.... par Dauneau de Visé. Recueil...*
publié par l'abbé Granet, tome I, p. 341.)

1. On sait que Sylla attribuait ses succès, sa grandeur, à sa fortune, et
qu'il prit lui-même le surnom de *Felix* (l'Heureux).

Et nous, qui jugeons tout sur la foi de nos yeux,
Et laissons le dedans à pénétrer aux Dieux,
Nous craignons votre exemple, et doutons si dans Rome
Il n'instruit point le peuple à prendre loi d'un homme ;
Et si votre valeur, sous le pouvoir d'autrui, 875
Ne sème point pour vous lorsqu'elle agit pour lui.

 Comme je vous estime, il m'est aisé de croire
Que de la liberté vous feriez votre gloire,
Que votre âme en secret lui donne tous ses vœux ;
Mais si je m'en rapporte aux esprits soupçonneux, 880
Vous aidez aux Romains à faire essai d'un maître[1],
Sous ce flatteur espoir qu'un jour vous pourrez l'être.
La main qui les opprime, et que vous soutenez,
Les accoutume au joug que vous leur destinez ;
Et doutant s'ils voudront se faire à l'esclavage, 885
Aux périls de Sylla vous tâtez leur courage.

POMPÉE.

Le temps détrompera ceux qui parlent ainsi ;
Mais justifiera-t-il ce que l'on voit ici?
Permettez qu'à mon tour je parle avec franchise ;
Votre exemple à la fois m'instruit et m'autorise : 890
Je juge, comme vous, sur la foi de mes yeux,
Et laisse le dedans à pénétrer aux Dieux.

 Ne vit-on pas ici sous les ordres d'un homme?
N'y commandez-vous pas comme Sylla dans Rome?
Du nom de dictateur, du nom de général, 895
Qu'importe, si des deux le pouvoir est égal?
Les titres différents ne font rien à la chose :
Vous imposez des lois ainsi qu'il en impose ;
Et s'il est périlleux de s'en faire haïr,
Il ne seroit pas sûr de vous désobéir[2]. 900

1. Dans l'édition de 1692 : « à faire choix d'un maître. »
2. *Var.* Il ne feroit pas sûr de vous désobéir. (1662 et 68)

Pour moi, si quelque jour je suis ce que vous êtes,
J'en userai peut-être alors comme vous faites :
Jusque-là....

SERTORIUS.

Vous pourriez en douter jusque-là,
Et me faire un peu moins ressembler à Sylla.
Si je commande ici, le sénat me l'ordonne   905
Mes ordres n'ont encore assassiné personne.
Je n'ai pour ennemis que ceux du bien commun;
Je leur fais bonne guerre, et n'en proscris pas un.
C'est un asile ouvert que mon pouvoir suprême;
Et si l'on m'obéit, ce n'est qu'autant qu'on m'aime. 910

POMPÉE.

Et votre empire en est d'autant plus dangereux,
Qu'il rend de vos vertus les peuples amoureux,
Qu'en assujettissant vous avez l'art de plaire,
Qu'on croit n'être en vos fers qu'esclave volontaire,
Et que la liberté trouvera peu de jour   915
A détruire un pouvoir que fait régner l'amour.
    Ainsi parlent, Seigneur, les âmes soupçonneuses;
Mais n'examinons point ces questions fâcheuses,
Ni si c'est un sénat qu'un amas de bannis
Que cet asile ouvert sous vous a réunis[1].   920
Une seconde fois, n'est-il aucune voie
Par où je puisse à Rome emporter quelque joie?
Elle seroit extrême à trouver les moyens
De rendre un si grand homme à ses concitoyens.
Il est doux de revoir les murs de la patrie :   925

---

1. « Il (*Sertorius*) appelloit les bannis qui s'estoyent sauuez de Rome et retirez deuers luy, senateurs, et les tenant riere soy*, les nommoit le senat, et en faisoit les vns questeurs, les autres prætreurs, ordonnant toutes choses selon les coustumes et à la guise de son païs. » (Plutarque, *Vie de Sertorius*, chapitre XXII, traduction d'Amyot.)

* Derrière soi, à sa suite.

C'est elle par ma voix, Seigneur, qui vous en prie ;
C'est Rome....

SERTORIUS.

Le séjour de votre potentat,
Qui n'a que ses fureurs pour maximes d'État?
Je n'appelle plus Rome un enclos de murailles[1]
Que ses proscriptions comblent de funérailles :   930
Ces murs, dont le destin fut autrefois si beau,
N'en sont que la prison, ou plutôt le tombeau ;
Mais pour revivre ailleurs dans sa première force[2],
Avec les faux Romains elle a fait plein divorce ;
Et comme autour de moi j'ai tous ces vrais appuis,   935
Rome n'est plus dans Rome, elle est toute où je suis.

Parlons pourtant d'accord. Je ne sais qu'une voie
Qui puisse avec honneur nous donner cette joie.
Unissons-nous ensemble, et le tyran est bas :
Rome à ce grand dessein ouvrira tous ses bras.   940
Ainsi nous ferons voir l'amour de la patrie,
Pour qui vont les grands cœurs jusqu'à l'idolâtrie ;
Et nous épargnerons ces flots de sang romain
Que versent tous les ans votre bras et ma main.

POMPÉE.

Ce projet, qui pour vous est tout brillant de gloire,   945
N'auroit-il rien pour moi d'une action trop noire?

---

1. On lit dans la *Dissertation sur les caractères de Corneille et de Racine contre le sentiment de la Bruyère*, par M. Tafignon (*Recueil....* publié par Granet, tome I, p. 83) : « Revenons aux héros de l'ancienne Rome. Corneille, pour les mieux peindre, avoit, si l'on peut le dire, fondu dans sa tête les plus belles pensées des historiens qui en ont parlé le plus noblement. J'ose hasarder cette conjecture que les paroles magnifiques qu'il met dans la bouche de Sertorius, touchant son parti, étoient une trace de l'impression que lui avoit laissée un beau trait de Tacite touchant le sénat : « Quid? vos pulcherrimam hanc « urbem, domibus et tectis et congestu lapidum stare creditis? muta ista et « inanima intercidere ac reparari promiscue possunt : æternitas rerum.... in- « columitate senatus firmatur. » (*Histoires*, livre I, chapitre LXXXIV.)

2. *Var.* Mais pour revivre ailleurs dans sa plus vive force. (1666).

Moi qui commande ailleurs, puis-je servir sous vous?

SERTORIUS.

Du droit de commander je ne suis point jaloux;
Je ne l'ai qu'en dépôt, et je vous l'abandonne,
Non jusqu'à vous servir de ma seule personne : 950
Je prétends un peu plus; mais dans cette union
De votre lieutenant m'envieriez-vous le nom?

POMPÉE.

De pareils lieutenants n'ont des chefs qu'en idée :
Leur nom retient pour eux l'autorité cédée;
Ils n'en quittent que l'ombre; et l'on ne sait que c'est
De suivre ou d'obéir que suivant qu'il leur plaît[1].
Je sais une autre voie, et plus noble et plus sûre.
Sylla, si vous voulez, quitte sa dictature;
Et déjà de lui-même il s'en seroit démis,
S'il voyoit qu'en ces lieux il n'eût plus d'ennemis[2]. 960
Mettez les armes bas, je réponds de l'issue :
J'en donne ma parole après l'avoir reçue.
Si vous êtes Romain, prenez l'occasion.

SERTORIUS.

Je ne m'éblouis point de cette illusion.
Je connois le tyran, j'en vois le stratagème : 965
Quoi qu'il semble promettre, il est toujours lui-même.
Vous qu'à sa défiance il a sacrifié,
Jusques à vous forcer d'être son allié....

POMPÉE.

Hélas! ce mot me tue, et je le dis sans feinte,
C'est l'unique sujet qu'il m'a donné de plainte. 970
J'aimois mon Aristie, il m'en vient d'arracher;
Mon cœur frémit encore à me le reprocher;
Vers tant de biens perdus sans cesse il me rappelle;

---

1. *Var.* On lit *qui leur plaît,* pour *qu'il leur plaît,* dans l'édition de 1666.
2. Dans l'édition de 1692 :
    S'il voyoit qu'en ces lieux il n'eût point d'ennemis.

Et je vous rends, Seigneur, mille grâces pour elle,
A vous, à ce grand cœur dont la compassion 975
Daigne ici l'honorer de sa protection.

SERTORIUS.

Protéger hautement les vertus malheureuses,
C'est le moindre devoir des âmes généreuses :
Aussi fais-je encor plus, je lui donne un époux.

POMPÉE.

Un époux! Dieux! qu'entends-je? Et qui, Seigneur?

SERTORIUS.

          Moi.

POMPÉE.

            Vous!
Seigneur, toute son âme est à moi dès l'enfance :
N'imitez point Sylla par cette violence ;
Mes maux sont assez grands, sans y joindre celui
De voir tout ce que j'aime entre les bras d'autrui.

SERTORIUS.

Tout est encore à vous[1]. Venez, venez, Madame, 985
Faire voir quel pouvoir j'usurpe sur votre âme,
Et montrer, s'il se peut, à tout le genre humain
La force qu'on vous fait pour me donner la main.

POMPÉE.

C'est elle-même, ô ciel!

SERTORIUS.

      Je vous laisse avec elle,
Et sais que tout son cœur vous est encor fidèle. 990
Reprenez votre bien, ou ne vous plaignez plus
Si j'ose m'enrichir, Seigneur, de vos refus.

---

1. Voltaire coupe encore ici la scène, et de ce qui suit, à partir de : « Venez, venez, Madame, » jusqu'au vers 992, il fait la scène III, ayant pour personnages : ARISTIE, SERTORIUS, POMPÉE.

SCÈNE II.

POMPÉE, ARISTIE.

POMPÉE.

Me dit-on vrai, Madame, et seroit-il possible....

ARISTIE.

Oui, Seigneur, il est vrai que j'ai le cœur sensible :
Suivant qu'on m'aime ou hait, j'aime ou hais à mon tour,
Et ma gloire soutient ma haine et mon amour.
Mais si de mon amour elle est la souveraine,
Elle n'est pas toujours maîtresse de ma haine ;
Je ne la suis pas même, et je hais quelquefois
Et moins que je ne veux et moins que je ne dois. 1000

POMPÉE.

Cette haine a pour moi toute son étendue,
Madame, et la pitié ne l'a point suspendue ;
La générosité n'a pu la modérer.

ARISTIE.

Vous ne voyez donc pas qu'elle a peine à durer?
Mon feu, qui n'est éteint que parce qu'il doit l'être, 1005
Cherche en dépit de moi le vôtre pour renaître ;
Et je sens qu'à vos yeux mon courroux chancelant
Trébuche, perd sa force, et meurt en vous parlant.
M'aimeriez-vous encor, Seigneur?

POMPÉE.

Si je vous aime!
Demandez si je vis, ou si je suis moi-même : 1010
Votre amour est ma vie, et ma vie est à vous.

ARISTIE.

Sortez de mon esprit, ressentiments jaloux ;
Noirs enfants du dépit, ennemis de ma gloire,
Tristes ressentiments, je ne veux plus vous croire.
Quoi qu'on m'ait fait d'outrage, il ne m'en souvient plus.

Plus de nouvel hymen, plus de Sertorius;
Je suis au grand Pompée; et puisqu'il m'aime encore,
Puisqu'il me rend son cœur, de nouveau je l'adore :
Plus de Sertorius. Mais, Seigneur, répondez;
Faites parler ce cœur qu'enfin vous me rendez.   1020
Plus de Sertorius. Hélas! quoi que je die,
Vous ne me dites point, Seigneur : « Plus d'Émilie. »
Rentrez dans mon esprit, jaloux ressentiments,
Fiers enfants de l'honneur, nobles emportements;
C'est vous que je veux croire; et Pompée infidèle 1025
Ne sauroit plus souffrir que ma haine chancelle :
Il l'affermit pour moi. Venez, Sertorius;
Il me rend toute à vous[1] par ce muet refus.
Donnons ce grand témoin à ce grand hyménée;
Son âme, toute ailleurs, n'en sera point gênée :   1030
Il le verra sans peine, et cette dureté
Passera chez Sylla pour magnanimité.

POMPÉE.

Ce qu'il vous fait d'injure également m'outrage;
Mais enfin je vous aime, et ne puis davantage.
Vous, si jamais ma flamme eut pour vous quelque appas,
Plaignez-vous, haïssez, mais ne vous donnez pas :
Demeurez en état d'être toujours ma femme,
Gardez jusqu'au tombeau l'empire de mon âme.
Sylla n'a que son temps, il est vieil et cassé :
Son règne passera, s'il n'est déjà passé;   1040
Ce grand pouvoir lui pèse, il s'apprête à le rendre;
Comme à Sertorius, je veux bien vous l'apprendre.
Ne vous jetez donc point, Madame, en d'autres bras;
Plaignez-vous, haïssez, mais ne vous donnez pas.
Si vous voulez ma main, n'engagez point la vôtre. 1045

1. Dans l'édition de 1682 et dans celle de 1692 : « Il me rend tout à vous. »

ARISTIE.

Mais quoi? n'êtes-vous pas entre les bras d'un autre[1]?

POMPÉE.

Non : puisqu'il vous en faut confier[2] le secret,
Émilie à Sylla n'obéit qu'à regret.
Des bras d'un autre époux ce tyran qui l'arrache
Ne rompt point dans son cœur le saint nœud qui l'attache :
Elle porte en ses flancs un fruit de cet amour,
Que bientôt chez moi-même elle va mettre au jour;
Et dans ce triste état, sa main qu'il m'a donnée
N'a fait que l'éblouir par un feint hyménée,
Tandis que toute entière à son cher Glabrion, 1055
Elle paroît ma femme, et n'en a que le nom[3].

ARISTIE.

Et ce nom seul est tout pour celles de ma sorte :
Rendez-le-moi, Seigneur, ce grand nom qu'elle porte.
J'aimai votre tendresse et vos empressements;
Mais je suis au-dessus de ces attachements; 1060
Et tout me sera doux, si ma trame coupée
Me rend à mes aïeux[4] en femme de Pompée,
Et que sur mon tombeau ce grand titre gravé
Montre à tout l'avenir que je l'ai conservé.
J'en fais toute ma gloire et toutes mes délices; 1065
Un moment de sa perte a pour moi des supplices.
Vengez-moi de Sylla, qui me l'ôte aujourd'hui,

---

1. Tel est le texte des éditions publiées du vivant de l'auteur. Voyez tome I, p. 228, note 3-a. Thomas Corneille et Voltaire après lui donnent : « d'une autre. »

2. L'édition de 1682 porte seule *confirmer*, pour *confier*.

3. « Voulant, comment que ce fust, s'allier de Pompeius Magnus, il (*Sylla*) luy commanda de repudier la femme qu'il auoit espousee, et osta à Magnus (*Manius*) Glabrio Æmylia fille d'Æmylius Scaurus et de Metella sa femme, et la luy feit espouser, toute grosse qu'elle estoit de son premier mary; mais elle mourut en trauail d'enfant au logis de Pompeius. » (Plutarque, *Vie de Sylla*, chapitre XXXIII, traduction d'Amyot.)

4. On lit dans l'édition de 1666 : « Me rend *en* mes ayeux. »

Ou souffrez qu'on me venge et de vous et de lui ;
Qu'un autre hymen me rende un titre qui l'égale ;
Qu'il me relève autant que Sylla me ravale : 1070
Non que je puisse aimer aucun autre que vous ;
Mais pour venger ma gloire il me faut un époux :
Il m'en faut un illustre, et dont la renommée....[1]

POMPÉE.

Ah! ne vous lassez point d'aimer et d'être aimée.
Peut-être touchons-nous au moment désiré 1075
Qui saura réunir ce qu'on a séparé.
Ayez plus de courage et moins d'impatience :
Souffrez que Sylla meure, ou quitte sa puissance....

ARISTIE.

J'attendrai de sa mort ou de son repentir
Qu'à me rendre l'honneur vous daigniez consentir ? 1080
Et je verrai toujours votre cœur plein de glace,
Mon tyran impuni, ma rivale en ma place,
Jusqu'à ce qu'il renonce au pouvoir absolu,
Après l'avoir gardé tant qu'il l'aura voulu ?

POMPÉE.

Mais tant qu'il pourra tout, que pourrai-je, Madame ?

ARISTIE.

Suivre en tous lieux, Seigneur, l'exil de votre femme,
La ramener chez vous avec vos légions,
Et rendre un heureux calme à nos divisions.
Que ne pourrez-vous point en tête d'une armée,
Partout, hors de l'Espagne, à vaincre accoutumée ? 1090
Et quand Sertorius sera joint avec vous,
Que pourra le tyran ? qu'osera son courroux ?

POMPÉE.

Ce n'est pas s'affranchir qu'un moment le paroître,
Ni secouer le joug que de changer de maître.

---

[1] L'édition de 1682 porte, probablement par erreur : « et pour la renommée.... »

ACTE III, SCÈNE II.

Sertorius pour vous est un illustre appui; 1095
Mais en faire le mien, c'est me ranger sous lui;
Joindre nos étendards, c'est grossir son empire.
Perpenna, qui l'a joint, saura que vous en dire.
Je sers; mais jusqu'ici l'ordre vient de si loin,
Qu'avant qu'on le reçoive il n'en est plus besoin; 1100
Et ce peu que j'y rends de vaine déférence,
Jaloux du vrai pouvoir, ne sert qu'en apparence.
Je crois n'avoir plus même à servir qu'un moment;
Et quand Sylla prépare un si doux changement,
Pouvez-vous m'ordonner de me bannir de Rome, 1105
Pour la remettre au joug sous les lois d'un autre homme;
Moi qui ne suis jaloux de mon autorité
Que pour lui rendre un jour toute sa liberté?
Non, non : si vous m'aimez comme j'aime à le croire,
Vous saurez accorder votre amour et ma gloire, 1110
Céder avec prudence au temps prêt à changer,
Et ne me perdre pas au lieu de vous venger.

ARISTIE.

Si vous m'avez aimée, et qu'il vous en souvienne,
Vous mettrez votre gloire à me rendre la mienne;
Mais il est temps qu'un mot termine ces débats. 1115
Me voulez-vous, Seigneur? ne me voulez-vous pas?
Parlez : que votre choix règle ma destinée.
Suis-je encore à l'époux à qui l'on m'a donnée?
Suis-je à Sertorius? C'est assez consulté:
Rendez-moi mes liens, ou pleine liberté.... 1120

POMPÉE.

Je le vois bien, Madame, il faut rompre la trêve,
Pour briser en vainqueur cet hymen, s'il s'achève;
Et vous savez si peu l'art de vous secourir,
Que pour vous en instruire, il faut vous conquérir.

ARISTIE.

Sertorius sait vaincre et garder ses conquêtes. 1125

POMPÉE.

La vôtre, à la garder, coûtera bien des têtes[1].
Comme elle fermera la porte à tout accord,
Rien ne la peut jamais assurer que ma mort[2].
Oui, j'en jure les Dieux, s'il faut qu'il vous obtienne,
Rien ne peut empêcher sa perte que la mienne ; 1130
Et peut-être tous deux, l'un par l'autre percés,
Nous vous ferons connoître à quoi vous nous forcez.

ARISTIE.

Je ne suis pas, Seigneur, d'une telle importance.
D'autres soins éteindront cette ardeur de vengeance ;
Ceux de vous agrandir vous porteront ailleurs, 1135
Où vous pourrez trouver quelques destins meilleurs ;
Ceux de servir Sylla, d'aimer son Émilie,
D'imprimer du respect à toute l'Italie,
De rendre à votre Rome un jour sa liberté,
Sauront tourner vos pas de quelque autre côté. 1140
Surtout ce privilége acquis aux grandes âmes,
De changer à leur gré de maris et de femmes,
Mérite qu'on l'étale aux bouts de l'univers,
Pour en donner l'exemple à cent climats divers.

POMPÉE.

Ah! c'en est trop, Madame, et de nouveau je jure....

ARISTIE.

Seigneur, les vérités font-elles quelque injure?

POMPÉE.

Vous oubliez trop tôt que je suis votre époux.

---

1. « La vôtre, etc., est un vers de *Nicomède**, qui est bien plus à sa place dans *Nicomède* qu'ici, parce qu'il sied mieux à Nicomède de braver son frère, qu'a Pompée de braver sa femme. » (*Voltaire.*)

2. *Var.* Rien ne l'en peut jamais assurer que ma mort. (1662-68)

* Nicomède dit à Attale (acte I, scène II, vers 139) :

Le place, à l'emporter, coûteroit bien des têtes.

ARISTIE.
Ah! si ce nom vous plaît, je suis encore à vous :
Voilà ma main, Seigneur.
POMPÉE.
           Gardez-la-moi, Madame.
ARISTIE.
Tandis que vous avez à Rome une autre femme? 1150
Que par un autre hymen vous me déshonorez?
Me punissent les Dieux que vous avez jurés,
Si, passé ce moment, et hors de votre vue,
Je vous garde une foi que vous avez rompue!
POMPÉE.
Qu'allez-vous faire? hélas!
ARISTIE.
         Ce que vous m'enseignez. 1155
POMPÉE.
Éteindre un tel amour!
ARISTIE.
         Vous-même l'éteignez.
POMPÉE.
La victoire aura droit de le faire renaître.
ARISTIE.
Si ma haine est trop foible, elle la fera croître.
POMPÉE.
Pourrez-vous me haïr?
ARISTIE.
         J'en fais tous mes souhaits.
POMPÉE.
Adieu donc pour deux jours.
ARISTIE.
         Adieu pour tout jamais.

FIN DU TROISIÈME ACTE.

ACTE IV.

SCÈNE PREMIÈRE.

SERTORIUS, THAMIRE.

SERTORIUS.
Pourrai-je voir la Reine?
THAMIRE.
Attendant qu'elle vienne,
Elle m'a commandé que je vous entretienne,
Et veut demeurer seule encor quelques moments.
SERTORIUS.
Ne m'apprendrez-vous point où vont ses sentiments,
Ce que doit Perpenna concevoir d'espérance? 1165
THAMIRE.
Elle ne m'en fait pas beaucoup de confidence;
Mais j'ose présumer qu'offert de votre main
Il aura peu de peine à fléchir son dédain :
Vous pouvez tout sur elle.
SERTORIUS.
Ah! j'y puis peu de chose,
Si jusqu'à l'accepter mon malheur la dispose; 1170
Ou pour en parler mieux, j'y puis trop, et trop peu.
THAMIRE.
Elle croit fort vous plaire en secondant son feu.
SERTORIUS.
Me plaire?
THAMIRE.
Oui; mais, Seigneur, d'où vient cette surprise?

ACTE IV, SCÈNE I.

Et de quoi s'inquiète un cœur qui la méprise?

SERTORIUS.

N'appelez point mépris un violent respect 1175
Que sur mes plus doux vœux fait régner son aspect.

THAMIRE.

Il est peu de respects qui ressemblent au vôtre,
S'il ne sait que trouver des raisons pour un autre;
Et je préférerois un peu d'emportement
Aux plus humbles devoirs d'un tel accablement. 1180

SERTORIUS.

Il n'en est rien parti capable de me nuire,
Qu'un soupir échappé ne dût soudain détruire;
Mais la Reine, sensible à de nouveaux desirs,
Entendoit mes raisons, et non pas mes soupirs.

THAMIRE.

Seigneur, quand un Romain, quand un héros soupire,
Nous n'entendons pas bien ce qu'un soupir veut dire;
Et je vous servirois de meilleur truchement,
Si vous vous expliquiez un peu plus clairement.
Je sais qu'en ce climat, que vous nommez barbare,
L'amour, par un soupir quelquefois se déclare; 1190
Mais la gloire, qui fait toutes vos passions,
Vous met trop au-dessus de ces impresssions :
De tels desirs trop bas pour les grands cœurs de Rome....

SERTORIUS.

Ah! pour être Romain, je n'en suis pas moins homme[1] :

---

1. Ce vers a évidemment donné lieu à celui de Tartuffe, qui dit à Elmire (acte III, scène III) :

  Ah! pour être dévôt, je n'en suis pas moins homme.

On l'a contesté; on a cité ce passage d'un conte de Boccace* : *Come che io sia abbate, io son uomo come gli altri.* Que notre grand comique se soit rappelé ces mots de Boccace, cela est possible; mais il est difficile de croire que le vers de Corneille ne fût pas présent aussi à sa pensée; ce vers devait être remarqué, il devait produire un grand effet au théâtre, et ce n'est sans

* *Décaméron*, huitième nouvelle de la troisième journée.

J'aime, et peut-être plus qu'on n'a jamais aimé ; 1195
Malgré mon âge et moi, mon cœur s'est enflammé.
J'ai cru pouvoir me vaincre, et toute mon adresse
Dans mes plus grands efforts m'a fait voir ma foiblesse.
Ceux de la politique et ceux de l'amitié
M'ont mis en un état à me faire pitié. 1200
Le souvenir m'en tue, et ma vie incertaine
Dépend d'un peu d'espoir que j'attends de la Reine,
Si toutefois....

THAMIRE.

Seigneur, elle a de la bonté ;
Mais je vois son esprit fortement irrité ;
Et si vous m'ordonnez de vous parler sans feindre, 1205
Vous pouvez espérer, mais vous avez à craindre.
N'y perdez point de temps, et ne négligez rien ;
C'est peut-être un dessein mal ferme que le sien.
La voici. Profitez des avis qu'on vous donne,
Et gardez bien surtout qu'elle ne m'en soupçonne. 1210

SCÈNE II.

SERTORIUS, VIRIATE, THAMIRE.

VIRIATE.

On m'a dit qu'Aristie a manqué son projet,
Et que Pompée échappe à cet illustre objet.
Seroit-il vrai, Seigneur ?

SERTORIUS.

Il est trop vrai, Madame ;
Mais bien qu'il l'abandonne, il l'adore dans l'âme,
Et rompra, m'a-t-il dit, la trêve dès demain, 1215
S'il voit qu'elle s'apprête à me donner la main.

doute point par un pur hasard que Molière l'a répété à cinq ans de distance.

VIRIATE.
Vous vous alarmez peu d'une telle menace?
SERTORIUS.
Ce n'est pas en effet ce qui plus m'embarrasse.
Mais vous, pour Perpenna qu'avez-vous résolu?
VIRIATE.
D'obéir sans remise au pouvoir absolu; 1220
Et si d'une offre en l'air votre âme encor frappée
Veut bien s'embarrasser du rebut de Pompée,
Il ne tiendra qu'à vous que dès demain tous deux
De l'un et l'autre hymen nous n'assurions les nœuds,
Dût se rompre la trêve, et dût la jalousie 1225
Jusqu'au dernier éclat pousser sa frénésie.
SERTORIUS.
Vous pourrez dès demain.....
VIRIATE.
Dès ce même moment.
Ce n'est pas obéir qu'obéir lentement;
Et quand l'obéissance a de l'exactitude,
Elle voit que sa gloire est dans la promptitude. 1230
SERTORIUS.
Mes prières pouvoient souffrir quelques refus.
VIRIATE.
Je les prendrai toujours pour ordres absolus :
Qui peut ce qui lui plaît commande alors qu'il prie.
D'ailleurs Perpenna m'aime avec idolâtrie;
Tant d'amour, tant de rois d'où son sang est venu[1] 1235
Le pouvoir souverain dont il est soutenu,
Valent bien tous[2] ensemble un trône imaginaire
Qui ne peut subsister que par l'heur de vous plaire.

1. Voyez, plus haut, p. 385, note 3.
2. L'édition de 1666 donne seule *tout*, invariable.

SERTORIUS.

Je n'ai donc qu'à mourir en faveur de ce choix.
J'en ai reçu la loi de votre propre voix ; 1240
C'est un ordre absolu qu'il est temps que j'entende.
Pour aimer un Romain, vous voulez qu'il commande ;
Et comme Perpenna ne le peut sans ma mort,
Pour remplir votre trône il lui faut tout mon sort.
Lui donner votre main, c'est m'ordonner, Madame,
De lui céder ma place au camp et dans votre âme.
Il est, il est trop juste, après un tel bonheur,
Qu'il l'ait dans notre armée, ainsi qu'en votre cœur :
J'obéis sans murmure, et veux bien que ma vie....

VIRIATE.

Avant que par cet ordre elle vous soit ravie, 1250
Puis-je me plaindre à vous d'un retour inégal[1]
Qui tient[2] moins d'un ami qu'il ne fait d'un rival ?
Vous trouvez ma faveur et trop prompte et trop pleine !
L'hymen où je m'apprête est pour vous une gêne !
Vous m'en parlez enfin comme si vous m'aimiez ! 1255

SERTORIUS.

Souffrez, après ce mot, que je meure à vos pieds.
J'y veux bien immoler tout mon bonheur au vôtre ;
Mais je ne vous puis voir entre les bras d'un autre.
Et c'est assez vous dire à quelle extrémité
Me réduit mon amour, que j'ai mal écouté[3]. 1260
   Bien qu'un si digne objet le rendît excusable,
J'ai cru honteux d'aimer quand on n'est plus aimable :
J'ai voulu m'en défendre à voir mes cheveux gris,
Et me suis répondu longtemps de vos mépris ;
Mais j'ai vu dans votre âme ensuite une autre idée, 1265

---

1. *Inégal* paraît être employé ici dans le sens du latin *iniquus*, « inique, injuste. »
2. L'édition de 1666 porte *tint*, pour *tient*.
3. *Var.* Me réduit un amour que j'ai mal écouté. (1662-63)

Sur qui mon espérance aussitôt s'est fondée ;
Et je me suis promis bien plus qu'à tous vos rois,
Quand j'ai vu que l'amour n'en feroit point le choix.
J'allois me déclarer sans l'offre d'Aristie :
Non que ma passion s'en soit vue alentie ; 1270
Mais je n'ai point douté qu'il ne fût d'un grand cœur
De tout sacrifier pour le commun bonheur.
L'amour de Perpenna s'est joint à ces pensées ;
Vous avez vu le reste, et mes raisons forcées.
Je m'étois figuré que de tels déplaisirs 1275
Pourroient ne me coûter que deux ou trois soupirs ;
Et pour m'en consoler¹ j'envisageois l'estime²
Et d'ami généreux et de chef magnanime ;
Mais près d'un coup fatal, je sens par mes ennuis³
Que je me promettois bien plus que je ne puis. 1280
Je me rends donc, Madame ; ordonnez de ma vie :
Encor tout de nouveau je vous la sacrifie.
Aimez-vous Perpenna ?

VIRIATE.

Je sais vous obéir,
Mais je ne sais que c'est d'aimer ni de haïr ;
Et la part que tantôt vous aviez dans mon âme 1285
Fut un don de ma gloire⁴, et non pas de ma flamme.
Je n'en ai point pour lui, je n'en eus point pour vous :
Je ne veux point d'amant, mais je veux un époux ;
Mais je veux un héros, qui par son hyménée
Sache élever si haut le trône où je suis née, 1290
Qu'il puisse de l'Espagne être l'heureux soutien,
Et laisser de vrais rois de mon sang et du sien.

---

1. Dans l'édition de 1692, et dans celle de Voltaire, on lit : « Et pour me consoler. »
2. *Estime*, réputation.
3. *Var.* Mais près du coup fatal, je sens par mes ennuis. (1662)
4. *Ma gloire*, ma fierté.

Je le trouvois en vous, n'eût été la bassesse
Qui pour ce cher rival contre moi s'intéresse,
Et dont, quand je vous mets au-dessus de cent rois, 1295
Une répudiée a mérité le choix.
　Je l'oublierai pourtant, et veux vous faire grâce.
M'aimez-vous?

SERTORIUS.
　　　　　　Oserois-je en prendre encor l'audace?

VIRIATE.
Prenez-la, j'y consens, Seigneur; et dès demain,
Au lieu de Perpenna, donnez-moi votre main. 1300

SERTORIUS.
Que se tiendroit heureux un amour moins sincère
Qui n'auroit autre but que de se satisfaire,
Et qui se rempliroit de sa félicité
Sans prendre aucun souci de votre dignité!
Mais quand vous oubliez ce que j'ai pu vous dire, 1305
Puis-je oublier les soins d'agrandir votre empire;
Que votre grand projet est celui de régner?

VIRIATE.
Seigneur, vous faire grâce, est-ce m'en éloigner?

SERTORIUS.
Ah! Madame, est-il temps que cette grâce éclate?

VIRIATE.
C'est cet éclat, Seigneur, que cherche Viriate. 1310

SERTORIUS.
Nous perdons tout, Madame, à le précipiter :
L'amour de Perpenna le fera révolter.
Souffrez qu'un peu de temps doucement le ménage,
Qu'auprès d'un autre objet un autre amour l'engage.
Des amis d'Aristie assurons le secours 1315
A force de promettre, en différant toujours.
Détruire tout l'espoir qui les tient en haleine,
C'est les perdre, c'est mettre un jaloux hors de peine,

ACTE IV, SCÈNE II.

Dont l'esprit ébranlé ne se doit pas guérir
De cette impression qui peut nous l'acquérir[1]. 1320
Pourrions-nous venger Rome après de telles pertes?
Pourrions-nous l'affranchir des misères souffertes?
Et de ses intérêts un si haut abandon....

VIRIATE.

Et que m'importe à moi si Rome souffre ou non?
Quand j'aurai de ses maux effacé l'infamie, 1325
J'en obtiendrai pour fruit le nom de son amie!
Je vous verrai consul m'en apporter les lois,
Et m'abaisser vous-même au rang des autres rois!
Si vous m'aimez, Seigneur, nos mers et nos montagnes
Doivent borner vos vœux[2], ainsi que nos Espagnes: 1330
Nous pouvons nous y faire un assez beau destin,
Sans chercher d'autre gloire au pied de l'Aventin.
Affranchissons le Tage, et laissons faire au Tibre.
La liberté n'est rien quand tout le monde est libre;
Mais il est beau de l'être, et voir tout l'univers 1335
Soupirer sous le joug et gémir dans les fers;
Il est beau d'étaler cette prérogative
Aux yeux du Rhône esclave et de Rome captive;
Et de voir envier aux peuples abattus
Ce respect que le sort garde pour les vertus. 1340
Quant au grand Perpenna, s'il est si redoutable,
Remettez-moi le soin de le rendre traitable:
Je sais l'art d'empêcher les grands cœurs de faillir.

SERTORIUS.

Mais quel fruit pensez-vous en pouvoir recueillir?
Je le sais comme vous, et vois quelles tempêtes 1345
Cet ordre surprenant formera sur nos têtes.
Ne cherchons point, Madame, à faire des mutins,

---

1. Dans les éditions de Thomas Corneille et de Voltaire : « qui doit nous l'acquérir. »
2. Voltaire a substitué *nos vœux* à *vos vœux*.

Et ne nous brouillons point avec nos bons destins.
Rome nous donnera sans eux assez de peine,
Avant que de souscrire à l'hymen d'une reine ; 1350
Et nous n'en fléchirons jamais la dureté,
A moins qu'elle nous doive et gloire et liberté.

VIRIATE.

Je vous avouerai plus, Seigneur : loin d'y souscrire,
Elle en prendra pour vous une haine où j'aspire,
Un courroux implacable, un orgueil endurci ; 1355
Et c'est par où je veux vous arrêter ici.
Qu'ai-je à faire dans Rome? et pourquoi, je vous prie....

SERTORIUS.

Mais nos Romains, Madame, aiment tous leur patrie ;
Et de tous leurs travaux l'unique et doux espoir,
C'est de vaincre bientôt assez pour la revoir. 1360

VIRIATE.

Pour les enchaîner tous sur les rives du Tage,
Nous n'avons qu'à laisser Rome dans l'esclavage :
Ils aimeront à vivre et sous vous et sous moi,
Tant qu'ils n'auront qu'un choix d'un tyran ou d'un roi.

SERTORIUS.

Ils ont pour l'un et l'autre une pareille haine, 1365
Et n'obéiront point au mari d'une reine.

VIRIATE.

Qu'ils aillent donc chercher des climats à leur choix,
Où le gouvernement n'ait ni tyrans ni rois.
Nos Espagnols, formés à votre art militaire,
Achèveront sans eux ce qui nous reste à faire. 1370
 La perte de Sylla n'est pas ce que je veux ;
Rome attire encor moins la fierté de mes vœux :
L'hymen où je prétends ne peut trouver d'amorces
Au milieu d'une ville où règnent les divorces,
Et du haut de mon trône on ne voit point d'attraits 1375
Où l'on n'est roi qu'un an, pour n'être rien après.

Enfin pour achever, j'ai fait pour vous plus qu'elle :
Elle vous a banni, j'ai pris votre querelle ;
Je conserve des jours qu'elle veut vous ravir.
Prenez le diadème, et laissez-la servir. 1380
Il est beau de tenter des choses inouïes,
Dût-on voir par l'effet ses volontés trahies.
Pour moi, d'un grand Romain je veux faire un grand roi ;
Vous, s'il y faut périr, périssez avec moi :
C'est gloire de se perdre en servant ce qu'on aime. 1385

SERTORIUS.

Mais porter dès l'abord les choses à l'extrême,
Madame, et sans besoin faire des mécontents !
Soyons heureux plus tard pour l'être plus longtemps.
Une victoire ou deux jointes à quelque adresse....

VIRIATE.

Vous savez que l'amour n'est pas ce qui me presse, 1390
Seigneur ; mais après tout, il faut le confesser,
Tant de précaution commence à me lasser.
Je suis reine ; et qui sait porter une couronne,
Quand il a prononcé, n'aime point qu'on raisonne.
Je vais penser à moi, vous penserez à vous. 1395

SERTORIUS.

Ah ! si vous écoutez cet injuste courroux....

VIRIATE.

Je n'en ai point, Seigneur ; mais mon inquiétude
Ne veut plus dans mon sort aucune incertitude :
Vous me direz demain où je dois l'arrêter.
Cependant je vous laisse avec qui consulter. 1400

SCENE III.

SERTORIUS, PERPENNA, AUFIDE.

PERPENNA, à Aufide.
Dieux! qui peut faire ainsi disparoître la Reine?
AUFIDE, à Perpenna.
Lui-même a quelque chose en l'âme qui le gêne,
Seigneur; et notre abord le rend tout interdit.
SERTORIUS.
De Pompée en ces lieux savez-vous ce qu'on dit?
L'avez-vous mis fort loin au delà de la porte? 1405
PERPENNA.
Comme assez près des murs il avoit son escorte,
Je me suis dispensé de le mettre plus loin.
Mais de votre secours, Seigneur, j'ai grand besoin.
Tout son visage montre une fierté si haute....
SERTORIUS.
Nous n'avons rien conclu, mais ce n'est pas ma faute;
Et vous savez....
PERPENNA.
Je sais qu'en de pareils débats....
SERTORIUS
Je n'ai point cru devoir mettre les armes bas :
Il n'est pas encor temps.
PERPENNA.
Continuez, de grâce;
Il n'est pas encor temps que l'amitié se lasse.
SERTORIUS.
Votre intérêt m'arrête autant comme le mien : 1415
Si je m'en trouvois mal, vous ne seriez pas bien.
PERPENNA.
De vrai, sans votre appui je serois fort à plaindre;
Mais je ne vois pour vous aucun sujet de craindre.

ACTE IV, SCÈNE III.

SERTORIUS.

Je serois le premier dont on seroit jaloux;
Mais ensuite le sort pourroit tomber sur vous.　1420
Le tyran après moi vous craint plus qu'aucun autre,
Et ma tête abattue ébranleroit la vôtre.
Nous ferons bien tous deux d'attendre plus d'un an.

PERPENNA.

Que parlez-vous, Seigneur, de tête et de tyran?

SERTORIUS.

Je parle de Sylla, vous le devez connoître.　1425

PERPENNA.

Et je parlois des feux que la Reine a fait naître.

SERTORIUS.

Nos esprits étoient donc également distraits.
Tout le mien s'attachoit aux périls de la paix;
Et je vous demandois quel bruit fait par la ville
De Pompée et de moi l'entretien inutile[1].　1430
Vous le saurez, Aufide?

AUFIDE.

A ne rien déguiser,
Seigneur, ceux de sa suite en ont su mal user;
J'en crains parmi le peuple un insolent murmure.
Ils ont dit que Sylla quitte sa dictature,
Que vous seul refusez les douceurs de la paix,　1435
Et voulez une guerre à ne finir jamais.
Déjà de nos soldats l'âme préoccupée
Montre un peu trop de joie à parler de Pompée,
Et si l'erreur s'épand jusqu'en nos garnisons,
Elle y pourra semer de dangereux poisons.　1440

SERTORIUS.

Nous en romprons le coup avant qu'elle grossisse,

---

1. Voltaire, en deux endroits, veut confirmer par ce vers son jugement sur l'entretien de Sertorius et de Pompée, qui, dit-il, « n'a rien produit dans la pièce. » Voyez ses remarques sur les vers 749 et 1430.

Et ferons par nos soins avorter l'artifice.
D'autres plus grands périls le ciel m'a garanti.

PERPENNA.

Ne ferions-nous point mieux d'accepter le parti,
Seigneur? Trouvez-vous l'offre ou honteuse ou mal sûre?

SERTORIUS.

Sylla peut en effet quitter sa dictature;
Mais il peut faire aussi des consuls à son choix,
De qui la pourpre esclave agira sous ses lois;
Et quand nous n'en craindrons aucuns ordres sinistres,
Nous périrons par ceux de ses lâches ministres. 1450
Croyez-moi, pour des gens comme vous deux et moi,
Rien n'est si dangereux que trop de bonne foi.
Sylla par politique a pris cette mesure
De montrer aux soldats l'impunité fort sûre :
Mais pour Cinna, Carbon, le jeune Marius, 1455
Il a voulu leur tête, et les a tous perdus[1].
Pour moi, que tout mon camp sur ce bruit m'abandonne,
Qu'il ne reste pour moi que ma seule personne,
Je me perdrai plutôt dans quelque affreux climat,
Qu'aller, tant qu'il vivra, briguer le consulat. 1560
Vous....

PERPENNA.

Ce n'est pas, Seigneur, ce qui me tient en peine.
Exclu du consulat par l'hymen d'une reine,
Du moins si vos bontés m'obtiennent ce bonheur,
Je n'attends plus de Rome aucun degré d'honneur;
Et banni pour jamais dans la Lusitanie, 1465
J'y crois en sûreté les restes de ma vie.

---

[1] Carbon, vaincu par Pompée, fut mis à mort par son ordre, l'an 82 avant Jésus-Christ; et la même année, le fils de Marius, dit le jeune Marius, battu par Sylla, se tua de désespoir. Deux ans auparavant, Cinna avait péri dans une sédition de son armée.

ACTE IV, SCÈNE III. 425

SERTORIUS.

Oui; mais je ne vois pas encor de sûreté
A ce que vous et moi nous avions concerté.
Vous savez que la Reine est d'une humeur si fière....
Mais peut-être le temps la rendra moins altière. 1470
Adieu : dispensez-moi de parler là-dessus.

PERPENNA.

Parlez, Seigneur : mes vœux sont-ils si mal reçus?
Est-ce en vain que je l'aime, en vain que je soupire?

SERTORIUS.

Sa retraite a plus dit que je ne puis vous dire.

PERPENNA.

Elle m'a dit beaucoup; mais, Seigneur, achevez, 1475
Et ne me cachez point ce que vous en savez.
Ne m'auriez-vous rempli que d'un espoir frivole?

SERTORIUS.

Non, je vous l'ai cédée, et vous tiendrai parole.
Je l'aime, et vous la donne encor malgré mon feu;
Mais je crains que ce don n'ait jamais son aveu, 1480
Qu'il n'attire sur nous d'impitoyables haines.
Que vous dirai-je enfin? L'Espagne a d'autres reines;
Et vous pourriez vous faire un destin bien plus doux,
Si vous faisiez pour moi ce que je fais pour vous.
Celle des Vacéens, celle des Ilergètes[1], 1485
Rendroient vos volontés bien plus tôt satisfaites;
La Reine avec chaleur sauroit vous y servir.

PERPENNA.

Vous me l'avez promise, et me l'allez ravir!

SERTORIUS.

Que sert que je promette et que je vous la donne,
Quand son ambition l'attache à ma personne? 1490

1. Les Vacéens (*Vaccéens*) et les Ilergètes étaient deux peuples de l'Espagne tarraconaise.

Vous savez les raisons de cet attachement,
Je vous en ai tantôt parlé confidemment;
Je vous en fais encor la même confidence.
Faites à votre amour un peu de violence;
J'ai triomphé du mien : j'y suis encor tout prêt ; 1495
Mais s'il faut du parti ménager l'intérêt,
Faut-il pousser à bout une reine obstinée,
Qui veut faire à son choix toute sa destinée,
Et de qui le secours, depuis plus de dix ans,
Nous a mieux soutenus que tous nos partisans? 1500

PERPENNA.

La trouvez-vous, Seigneur, en état de vous nuire?

SERTORIUS.

Non, elle ne peut pas tout à fait nous détruire;
Mais si vous m'enchaînez à ce que j'ai promis,
Dès demain, elle traite avec nos ennemis.
Leur camp n'est que trop proche; ici chacun murmure :
Jugez ce qu'il faut craindre en cette conjoncture.
Voyez quel prompt remède on y peut apporter,
Et quel fruit nous aurons de la violenter.

PERPENNA.

C'est à moi de me vaincre, et la raison l'ordonne;
Mais d'un si grand dessein tout mon cœur qui frissonne....

SERTORIUS.

Ne vous contraignez point : dût m'en coûter le jour,
Je tiendrai ma promesse en dépit de l'amour.

PERPENNA.

Si vos promesses n'ont l'aveu de Viriate....

SERTORIUS.

Je ne puis de sa part rien dire qui vous flatte.

PERPENNA.

Je dois donc me contraindre, et j'y suis résolu. 1515
Oui, sur tous mes desirs je me rends absolu :
J'en veux, à votre exemple, être aujourd'hui le maître;

Et malgré cet amour que j'ai laissé trop croître,
Vous direz à la Reine....
                    SERTORIUS.
                        Eh bien! je lui dirai?
            PERPENNA.
Rien, Seigneur, rien encor; demain j'y penserai.   1520
Toutefois la colère où s'emporte son âme
Pourroit dès cette nuit commencer quelque trame.
Vous lui direz, Seigneur, tout ce que vous voudrez;
Et je suivrai l'avis que pour moi vous prendrez.
                SERTORIUS.
Je vous admire et plains.
                PERPENNA.
                        Que j'ai l'âme accablée!   1525
                SERTORIUS.
Je partage les maux dont je la vois comblée.
Adieu : j'entre un moment pour calmer son chagrin,
Et me rendrai chez vous à l'heure du festin.

SCÈNE IV.

PERPENNA, AUFIDE.

        AUFIDE.
Ce maître si chéri fait pour vous des merveilles :
Votre flamme en reçoit des faveurs sans pareilles!   1530
Son nom seul, malgré lui, vous avoit tout volé,
Et la Reine se rend sitôt qu'il a parlé.
Quels services faut-il que votre espoir hasarde,
Afin de mériter l'amour qu'elle vous garde?
Et dans quel temps, Seigneur, purgerez-vous ces lieux
De cet illustre objet qui lui blesse les yeux?
Elle n'est point ingrate; et les lois qu'elle impose,
Pour se faire obéir, promettent peu de chose;

Mais on n'a qu'à laisser le salaire à son choix,
Et courir sans scrupule exécuter ses lois[1]. 1540
Vous ne me dites rien? Apprenez-moi, de grâce,
Comment vous résolvez que le festin se passe?
Dissimulerez-vous ce manquement de foi?
Et voulez-vous....

PERPENNA.
Allons en résoudre chez moi.

1. *Var.* Et courir sans scrupule exécuter ces lois. (1662-68)

FIN DU QUATRIÈME ACTE.

ACTE V.

SCÈNE PREMIERE.
ARISTIE, VIRIATE.

ARISTIE.

Oui, Madame, j'en suis comme vous ennemie. 1545
Vous aimez les grandeurs, et je hais l'infamie.
Je cherche à me venger, vous à vous établir;
Mais vous pourrez me perdre, et moi vous affoiblir,
Si le cœur mieux ouvert ne met d'intelligence
Votre établissement avecque ma vengeance. 1550

  On m'a volé Pompée; et moi pour le braver,
Cet ingrat que sa foi n'ose me conserver,
Je cherche un autre époux qui le passe, ou l'égale;
Mais je n'ai pas dessein d'être votre rivale,
Et n'ai point dû prévoir, ni que vers un Romain 1555
Une reine jamais daignât pencher sa main,
Ni qu'un héros, dont l'âme a paru si romaine,
Démentît ce grand nom par l'hymen d'une reine.
J'ai cru dans sa naissance et votre dignité
Pareille aversion et contraire fierté. 1560
Cependant on me dit qu'il consent l'hyménée,
Et qu'en vain il s'oppose au choix de la journée,
Puisque si dès demain il n'a tout son éclat,
Vous allez du parti séparer votre État.

  Comme je n'ai pour but que d'en grossir les forces, 1565
J'aurois grand déplaisir d'y causer des divorces,
Et de servir Sylla mieux que tous ses amis,

Quand je lui veux partout faire des ennemis.
Parlez donc : quelque espoir que vous m'ayez vu prendre,
Si vous y prétendez, je cesse d'y prétendre. 1570
Un reste d'autre espoir, et plus juste et plus doux,
Saura voir sans chagrin Sertorius à vous.
Mon cœur veut à toute heure immoler à Pompée
Tous les ressentiments de ma place usurpée ;
Et comme son amour eut peine à me trahir, 1575
J'ai voulu me venger, et n'ai pu le haïr.
Ne me déguisez rien, non plus que je déguise.

VIRIATE.

Viriate à son tour vous doit même franchise,
Madame ; et d'ailleurs même on vous en a trop dit,
Pour vous dissimuler ce que j'ai dans l'esprit. 1580
  J'ai fait venir exprès Sertorius d'Afrique
Pour sauver mes États d'un pouvoir tyrannique[1] ;
Et mes voisins domptés m'apprenoient que sans lui
Nos rois contre Sylla n'étoient qu'un vain appui.
Avec un seul vaisseau ce grand héros prit terre ; 1585
Avec mes sujets seuls il commença la guerre :
Je mis entre ses mains mes places et mes ports,
Et je lui confiai mon sceptre et mes trésors.
Dès l'abord il sut vaincre, et j'ai vu la victoire
Enfler de jour en jour sa puissance et sa gloire. 1590
Nos rois, lassés du joug, et vos persécutés
Avec tant de chaleur l'ont joint de tous côtés,
Qu'enfin il a poussé nos armes fortunées
Jusques à vous réduire au pied des Pyrénées.
Mais après l'avoir mis au point où je le voi, 1595
Je ne puis voir que lui qui soit digne de moi ;
Et regardant sa gloire ainsi que mon ouvrage,

---

1. « Sertorius se partit d'Afrique à la semonce des Lusitaniens, qui le choisirent pour leur capitaine general, auec plein pouuoir et authorité souueraine. » (Plutarque, *Vie de Sertorius*, chapitre XI, traduction d'Amyot.)

Je périrai plutôt qu'une autre la partage.
Mes sujets valent bien que j'aime à leur donner
Des monarques d'un sang qui sache gouverner, 1600
Qui sache faire tête à vos tyrans du monde,
Et rendre notre Espagne en lauriers si féconde,
Qu'on voie un jour le Pô redouter ses efforts,
Et le Tibre lui-même en trembler pour ses bords.
ARISTIE.
Votre dessein est grand; mais à quoi qu'il aspire..... 1605
VIRIATE.
Il m'a dit les raisons que vous me voulez dire.
Je sais qu'il seroit bon de taire et différer
Ce glorieux hymen qu'il me fait espérer:
Mais la paix qu'aujourd'hui l'on offre à ce grand homme
Ouvre trop les chemins et les portes de Rome. 1610
Je vois que s'il y rentre il est perdu pour moi,
Et je l'en veux bannir par le don de ma foi.
Si je hasarde trop de m'être déclarée,
J'aime mieux ce péril que ma perte assurée;
Et si tous vos proscrits osent s'en désunir, 1615
Nos bons destins sans eux pourront nous soutenir.
Mes peuples aguerris sous votre discipline
N'auront jamais au cœur de Rome qui domine;
Et ce sont des Romains dont l'unique souci
Est de combattre, vaincre, et triompher ici. 1620
Tant qu'ils verront marcher ce héros à leur tête,
Ils iront sans frayeur de conquête en conquête.
Un exemple si grand dignement soutenu
Saura.... Mais que nous veut ce Romain inconnu?

SCÈNE II.

ARISTIE, VIRIATE, ARCAS.

ARISTIE.

Madame, c'est Arcas, l'affranchi de mon frère ; 1625
Sa venue en ces lieux cache quelque mystère.
Parle, Arcas, et dis-nous....

ARCAS.

Ces lettres mieux que moi
Vous diront un succès qu'à peine encor je croi.

ARISTIE lit.

Chère sœur, pour ta joie il est temps que tu saches
Que nos maux et les tiens vont finir en effet. 1630
Sylla marche en public sans faisceaux et sans haches,
Prêt à rendre raison de tout ce qu'il a fait.

Il s'est en plein sénat démis de sa puissance ;
Et si vers toi Pompée a le moindre penchant,
Le ciel vient de briser sa nouvelle alliance, 1635
Et la triste Émilie est morte en accouchant.

Sylla même consent, pour calmer tant de haines,
Qu'un feu qui fut si beau rentre en sa dignité,
Et que l'hymen te rende à tes premières chaînes,
En même temps qu'à Rome il rend sa liberté. 1640

QUINTUS ARISTIUS.

Le ciel s'est donc lassé de m'être impitoyable !
Ce bonheur, comme à toi, me paroît incroyable.
Cours au camp de Pompée, et dis-lui, cher Arcas....

ARCAS.

Il a cette nouvelle, et revient sur ses pas.
De la part de Sylla chargé de lui remettre 1645
Sur ce grand changement une pareille lettre,
A deux milles d'ici j'ai su le rencontrer.

ARISTIE.
Quel amour, quelle joie a-t-il daigné montrer ?
Que dit-il ? que fait-il ?
ARCAS.
Par votre expérience
Vous pouvez bien juger de son impatience ; 1650
Mais rappelé vers vous par un transport d'amour
Qui ne lui permet pas d'achever son retour,
L'ordre que pour son camp ce grand effet demande
L'arrête à le donner, attendant qu'il s'y rende.
Il me suivra de près, et m'a fait avancer 1655
Pour vous dire un miracle où vous n'osiez penser.
ARISTIE.
Vous avez lieu d'en prendre une allégresse égale.
Madame, vous voilà sans crainte et sans rivale.
VIRIATE.
Je n'en ai plus en vous, et je n'en puis douter ;
Mais il m'en reste une autre et plus à redouter : 1660
Rome, que ce héros aime plus que lui-même,
Et qu'il préféreroit sans doute au diadème,
Si contre cet amour....

SCÈNE III.

VIRIATE, ARISTIE, THAMIRE, ARCAS.

THAMIRE.
Ah ! Madame.
VIRIATE.
Qu'as-tu,
Thamire ? et d'où te vient ce visage abattu ?
Que nous disent tes pleurs ?
THAMIRE.
Que vous êtes perdue, 1665
Que cet illustre bras qui vous a défendue....

VIRIATE.

Sertorius?

THAMIRE.

Hélas! ce grand Sertorius....

VIRIATE.

N'achèveras-tu point?

THAMIRE.

Madame, il ne vit plus.

VIRIATE.

Il ne vit plus? ô ciel! Qui te l'a dit, Thamire?

THAMIRE.

Ses assassins font gloire eux-mêmes de le dire. 1670
Ces tigres, dont la rage, au milieu du festin,
Par l'ordre d'un perfide a tranché son destin,
Tous couverts de son sang, courent parmi la ville
Émouvoir les soldats et le peuple imbécile;
Et Perpenna par eux proclamé général 1675
Ne vous fait que trop voir d'où part ce coup fatal.

VIRIATE.

Il m'en fait voir ensemble et l'auteur et la cause.
Par cet assassinat, c'est de moi qu'on dispose :
C'est mon trône, c'est moi qu'on prétend conquérir,
Et c'est mon juste choix qui seul l'a fait périr. 1680
Madame, après sa perte, et parmi ces alarmes,
N'attendez point de moi de soupirs ni de larmes[1] ;
Ce sont amusements que dédaigne aisément
Le prompt et noble orgueil d'un vif ressentiment :
Qui pleure l'affoiblit, qui soupire l'exhale. 1685
Il faut plus de fierté dans une âme royale ;
Et ma douleur, soumise aux soins de le venger....

---

1. « Il semble que l'auteur, refroidi lui-même dans cette scène, fait répéter à Viriate le même vers et les mêmes choses que dit Cornélie en tenant l'urne de Pompée, à cela près que les vers de Cornélie sont très-touchants et que ceux de Viriate languissent. » (*Voltaire.*) — Voyez au tome IV, *Pompée*, acte V, scène 1, vers 1461 et suivants.

ACTE V, SCÈNE III.

ARISTIE.

Mais vous vous aveuglez au milieu du danger :
Songez à fuir, Madame.

THAMIRE.

Il n'est plus temps : Aufide,
Des portes du palais saisi pour ce perfide,   1690
En fait votre prison, et lui répond de vous.
Il vient; dissimulez un si juste courroux;
Et jusqu'à ce qu'un temps plus favorable arrive,
Daignez vous souvenir que vous êtes captive.

VIRIATE.

Je sais ce que je suis, et le serai toujours,   1695
N'eussé-je que le ciel et moi pour mon secours.

SCÈNE IV.

PERPENNA, ARISTIE, VIRIATE, THAMIRE, ARCAS.

PERPENNA[1].

Sertorius est mort; cessez d'être jalouse,
Madame, du haut rang qu'auroit pris son épouse,
Et n'appréhendez plus, comme de son vivant,
Qu'en vos propres États elle ait le pas devant[2].   1700
Si l'espoir d'Aristie[3] a fait ombrage au vôtre,
Je puis vous assurer et d'elle et de tout autre,
Et que ce coup heureux saura vous maintenir
Et contre le présent et contre l'avenir.
C'étoit un grand guerrier, mais dont le sang ni l'âge
Ne pouvoient avec vous faire un digne assemblage;

---

1. Dans l'édition de Voltaire (1764) : « PERPENNA, à *Viriate*. »
2. Voyez ci-dessus, p. 391, note 1.
3. La première édition donne : « Et l'espoir d'Aristie, » ce qui est évidemment une faute.

Et malgré ces défauts, ce qui vous en plaisoit,
C'étoit sa dignité, qui vous tyrannisoit.
Le nom de général vous le rendoit aimable ;
A vos rois, à moi-même il étoit préférable ; 1710
Vous vous éblouissiez du titre et de l'emploi ;
Et je viens vous offrir et l'un et l'autre en moi,
Avec des qualités où votre âme hautaine
Trouvera mieux de quoi mériter une reine.
Un Romain qui commande et sort du sang des rois 1715
(Je laisse l'âge à part) peut espérer son choix,
Surtout quand d'un affront son amour l'a vengée,
Et que d'un choix abjet[1] son bras l'a dégagée.
ARISTIE.
Après t'être immolé chez toi ton général,
Toi, que faisoit trembler l'ombre d'un tel rival, 1720
Lâche, tu viens ici braver encor des femmes,
Vanter insolemment tes détestables flammes,
T'emparer d'une reine en son propre palais,
Et demander sa main pour prix de tes forfaits !
Crains les Dieux, scélérat ; crains les Dieux, ou Pompée ;
Crains leur haine, ou son bras, leur foudre, ou son épée ;
Et quelque noir orgueil qui te puisse aveugler,
Apprends qu'il m'aime encore, et commence à trembler.
Tu le verras, méchant, plus tôt que tu ne penses :
Attends, attends de lui tes dignes récompenses. 1730
PERPENNA.
S'il en croit votre ardeur, je suis sûr du trépas ;
Mais peut-être, Madame, il ne l'en croira pas ;
Et quand il me verra commander une armée,
Contre lui tant de fois à vaincre accoutumée,
Il se rendra facile à conclure une paix 1735
Qui faisoit dès tantôt ses plus ardents souhaits.

1. Voyez tome I, p. 169, note 1.

ACTE V, SCÈNE IV.

J'ai même entre mes mains un assez bon otage,
Pour faire mes traités avec quelque avantage.
Cependant vous pourriez, pour votre heur et le mien,
Ne parler pas si haut à qui ne vous dit rien.   1740
Ces menaces en l'air vous donnent trop de peine.
Après ce que j'ai fait, laissez faire la Reine ;
Et sans blâmer des vœux qui ne vont point à vous,
Songez à regagner le cœur de votre époux.

VIRIATE.

Oui, Madame, en effet c'est à moi de répondre,   1745
Et mon silence ingrat a droit de me confondre.
Ce généreux exploit, ces nobles sentiments
Méritent de ma part de hauts remercîments :
Les différer encor, c'est lui faire injustice.
  Il m'a rendu sans doute un signalé service ;   1750
Mais il n'en sait encor la grandeur qu'à demi :
Le grand Sertorius fut son parfait ami.
Apprenez-le, Seigneur (car je me persuade
Que nous devons ce titre à votre nouveau grade[1] ;
Et pour le peu de temps qu'il pourra vous durer,   1755
Il me coûtera peu de vous le déférer) :
Sachez donc que pour vous il osa me déplaire,
Ce héros ; qu'il osa mériter ma colère ;
Que malgré son amour, que malgré mon courroux[2],
Il a fait tous efforts pour me donner à vous ;   1760
Et qu'à moins qu'il vous plût lui rendre sa parole,
Tout mon dessein n'étoit qu'une atteinte[3] frivole ;

---

1. Dans l'édition de 1662 : « à notre nouveau grade, » mais c'est certainement encore une faute.
2. Les éditions de 1682 et de 1692, que Voltaire a suivies, portent, par erreur, *son courroux*, pour *mon courroux*. Au vers suivant, Thomas Corneille (1692) et Voltaire (1764) ont changé « tous efforts » en « ses efforts. »
3. *Atteinte* est le texte de 1682, de 1692, de Voltaire dans sa première édition (1764), aussi bien que dans la seconde (1774). L'impression originale (1662) et celle de 1668 donnent *attente*. Il nous semble que les deux leçons peuvent se défendre.

Qu'il s'obstinoit pour vous au refus de ma main.

ARISTIE.

Et tu peux lui plonger un poignard dans le sein !
Et ton bras....

VIRIATE.

Permettez, Madame, que j'estime 1765
La grandeur de l'amour par la grandeur du crime.
 Chez lui-même, à sa table, au milieu d'un festin,
D'un si parfait ami devenir l'assassin,
Et de son général se faire un sacrifice,
Lorsque son amitié lui rend un tel service ; 1770
Renoncer à la gloire, accepter pour jamais
L'infamie et l'horreur qui suit les grands forfaits ;
Jusqu'en mon cabinet porter sa violence,
Pour obtenir ma main m'y tenir sans défense :
Tout cela d'autant plus fait voir ce que je doi 1775
A cet excès d'amour qu'il daigne avoir pour moi ;
Tout cela montre une âme au dernier point charmée.
Il seroit moins coupable à m'avoir moins aimée ;
Et comme je n'ai point les sentiments ingrats,
Je lui veux conseiller de ne m'épouser pas. 1780
Ce seroit en son lit mettre son ennemie,
Pour être à tous moments maîtresse de sa vie ;
Et je me résoudrois à cet excès d'honneur,
Pour mieux choisir la place à lui percer le cœur[1].
 Seigneur, voilà l'effet de ma reconnoissance. 1785

---

1. « Rodelinde dit dans *Pertharite* (acte III, scène III, vers 998 et 1000) :

Pour mieux choisir la place à te percer le cœur*
. . . .
A ces conditions prends ma main, si tu l'oses. »

(*Voltaire.*)

* Dans *Pertharite* (voyez ci-dessus, p. 62), le texte de ce vers et du précédent est :

Pour avoir l'accès libre à pousser ma fureur,
Et mieux choisir la place à te percer le cœur.

Du reste, ma personne est en votre puissance :
Vous êtes maître ici ; commandez, disposez,
Et recevez enfin ma main, si vous l'osez.

PERPENNA.

Moi! si je l'oserai? Vos conseils magnanimes
Pouvoient perdre moins d'art à m'étaler mes crimes :
J'en connois mieux que vous toute l'énormité,
Et pour la bien connoître ils m'ont assez coûté.
On ne s'attache point, sans un remords bien rude,
A tant de perfidie et tant d'ingratitude :
Pour vous je l'ai dompté, pour vous je l'ai détruit ; 1795
J'en ai l'ignominie, et j'en aurai le fruit.
Menacez mes forfaits et proscrivez ma tête :
De ces mêmes forfaits vous serez la conquête ;
Et n'eût tout mon bonheur que deux jours à durer,
Vous n'avez dès demain qu'à vous y préparer. 1800
J'accepte votre haine, et l'ai bien méritée ;
J'en ai prévu la suite, et j'en sais la portée.
Mon triomphe....

SCÈNE V.

PERPENNA, ARISTIE, VIRIATE, AUFIDE, ARCAS, THAMIRE.

AUFIDE.

Seigneur, Pompée est arrivé,
Nos soldats mutinés, le peuple soulevé.
La porte s'est ouverte à son nom, à son ombre. 1805
Nous n'avons point d'amis qui ne cèdent au nombre :
Antoine et Manlius[1], déchirés par morceaux,

---

1. Corneille a emprunté à Plutarque les noms d'*Antoine* et de *Manlius*, aussi bien que celui d'*Aufide* (ci-dessus, p. 364, note 1). Ce fut Antoine qui porta le premier coup à Sertorius. Voyez la *Vie de Sertorius*, chapitre XXVI.

Tous morts et tous sanglants ont encor des bourreaux.
On cherche avec chaleur le reste des complices,
Que lui-même il destine à de pareils supplices, 1810
Je défendois mon poste : il l'a soudain forcé,
Et de sa propre main vous me voyez percé;
Maître absolu de tout, il change ici la garde.
Pensez à vous, je meurs[1]; la suite vous regarde,

ARISTIE.

Pour quelle heure, Seigneur, faut-il se préparer 1815
A ce rare bonheur qu'il vient vous assurer?
Avez-vous en vos mains un assez bon otage
Pour faire vos traités avec grand avantage?

PERPENNA.

C'est prendre en ma faveur un peu trop de souci,
Madame; et j'ai de quoi le satisfaire ici. 1820

SCÈNE VI.

POMPÉE, PERPENNA, VIRIATE, ARISTIE, CELSUS, ARCAS, THAMIRE.

PERPENNA.

Seigneur, vous aurez su ce que je viens de faire.
Je vous ai de la paix immolé l'adversaire,
L'amant de votre femme, et ce rival fameux
Qui s'opposoit partout au succès de vos vœux.
Je vous rends Aristie, et finis cette crainte 1825
Dont votre âme tantôt se montroit trop atteinte;
Et je vous affranchis de ce jaloux ennui
Qui ne pouvoit la voir entre les bras d'autrui.
   Je fais plus : je vous livre une fière ennemie,

---

[1]. Plutarque, tout à la fin de son dernier chapitre, raconte que, de tous les complices de Perpenna, Aufidias fut le seul qui échappa. Il « vieillit en vne meschante bourgade de Barbares, pauure, miserable, et hay de tout le monde. »

ACTE V, SCÈNE VI.

Avec tout son orgueil et sa Lusitanie; 1830
Je vous en ai fait maître, et de tous ces Romains
Que déjà leur bonheur a remis en vos mains.
Comme en un grand dessein, et qui veut promptitude,
On ne s'explique pas avec la multitude,
Je n'ai point cru, Seigneur, devoir apprendre à tous 1835
Celui d'aller demain me rendre auprès de vous;
Mais j'en porte sur moi d'assurés témoignages.
Ces lettres de ma foi vous seront de bons gages;
Et vous reconnoîtrez, par leurs perfides traits,
Combien Rome pour vous a d'ennemis secrets, 1840
Qui tous, pour Aristie enflammés de vengeance,
Avec Sertorius étoient d'intelligence.
Lisez....

(Il lui donne les lettres qu'Aristie avoit apportées de Rome
à Sertorius.)

ARISTIE.
Quoi? scélérat! quoi? lâche! oses-tu bien....
PERPENNA.
Madame, il est ici votre maître et le mien;
Il faut en sa présence un peu de modestie, 1845
Et si je vous oblige à quelque repartie,
La faire sans aigreur, sans outrages mêlés,
Et ne point oublier devant qui vous parlez.
Vous voyez là, Seigneur, deux illustres rivales,
Que cette perte anime à des haines égales. 1850
Jusques au dernier point elles m'ont outragé;
Mais puisque je vous vois, je suis assez vengé[1].
Je vous regarde aussi comme un dieu tutélaire;
Et ne puis.... Mais, ô Dieux! Seigneur, qu'allez-vous faire?
POMPÉE, après avoir brûlé les lettres sans les lire[2].
Montrer d'un tel secret ce que je veux savoir. 1855

1. *Var.* Mais puisque je vous vois, j'en suis assez vengé. (1662)
2. « En la scène sixième, M. Corneille nous apprend de son chef et par

Si vous m'aviez connu, vous l'auriez su prévoir.
  Rome en deux factions trop longtemps partagée
N'y sera point pour moi de nouveau replongée ;
Et quand Sylla lui rend sa gloire et son bonheur,
Je n'y remettrai point le carnage et l'horreur[1]. 1860
Oyez, Celsus.

(Il lui parle à l'oreille).

  Surtout empêchez qu'il ne nomme
Aucun des ennemis qu'elle m'a faits à Rome.
Vous, suivez ce tribun : j'ai quelques intérêts

(A Perpenna.)

Qui demandent ici des entretiens secrets.

PERPENNA.

Seigneur, se pourroit-il qu'après un tel service.... 1865

POMPÉE.

J'en connois l'importance, et lui rendrai justice.
Allez.

entreligne, dans l'impression de sa pièce, que Pompée brûle des lettres d'Aristie, au moins il semble que ce soit d'elle, que Perpenna lui venoit de mettre entre les mains ; mais il veut qu'on l'en croie sur sa parole, car il ne paroît point qu'il y eût du feu dans le cabinet de Viriate. » (*Seconde dissertation....* par l'abbé d'Aubignac. *Recueil....* publié par l'abbé Granet, tome I, p. 275.) — « Cette action de brûler des lettres est belle dans l'histoire (voyez la note suivante), et fait un mauvais effet dans une tragédie. On apporte une bougie, autrefois on apportait une chandelle. » (*Voltaire*, 2⁰ édition, 1774.)

1. « Pour cuider sauuer sa vie, s'estant saisi des papiers de Sertorius, il (*Perpenna*) fit offre à Pompeius de luy bailler entre ses mains les lettres missiues de plusieurs des principaux senateurs de Rome, escrites de leurs propres mains, par lesquelles ilz mandoient à Sertorius qu'il menast son armée en Italie, et qu'il y trouueroit beaucoup de gens qui desiroient sa venuë, et ne demandoient autre chose que la mutation du gouuernement. Là ne fit point Pompeius vn acte de ieune homme, ains d'vn ecrueau meur, rassis et bien composé, deliurant par ce moyen la ville de Rome de grande peur et du danger de grandes nouuelletez ; car il amassa ces lettres et papiers de Sertorius en vn monceau, et les brusla toutes sans en lire vne seule, ne permettre qu'autre en leust. Dauantage fit incontinent mourir Perpenna pour doute qu'il n'en nommast quelques vns, craignant que s'il en nommoit, cela ne fust derechef occasion de nouueaux troubles et nouuelles seditions. » (Plutarque, *Vie de Sertorius*, chapitre XXVII, traduction d'Amyot.)

ACTE V, SCÈNE VI.

PERPENNA.
Mais cependant leur haine....
POMPÉE.
C'est assez.
Je suis maître; je parle; allez, obéissez.

SCENE VII.

POMPÉE, VIRIATE, ARISTIE, THAMIRE, ARCAS.

POMPÉE.
Ne vous offensez pas d'ouïr parler en maître,
Grande reine; ce n'est que pour punir un traître. 1870
   Criminel envers vous d'avoir trop écouté
L'insolence où montoit sa noire lâcheté,
J'ai cru devoir sur lui prendre ce haut empire,
Pour me justifier avant que vous rien dire;
Mais je n'abuse point d'un si facile accès 1875
Et je n'ai jamais su dérober mes succès.
   Quelque appui que son crime aujourd'hui vous enlève,
Je vous offre la paix, et ne romps point la trêve;
Et ceux de nos Romains qui sont auprès de vous
Peuvent y demeurer sans craindre mon courroux. 1880
   Si de quelque péril je vous ai garantie,
Je ne veux pour tout prix enlever qu'Aristie,
A qui devant vos yeux, enfin maître de moi,
Je rapporte avec joie et ma main et ma foi.
Je ne dis rien du cœur, il tint toujours pour elle. 1885

ARISTIE.
Le mien savoit vous rendre une ardeur mutuelle;
Et pour mieux recevoir ce don renouvelé,
Il oubliera, Seigneur, qu'on me l'avoit volé.

VIRIATE.

Moi, j'accepte la paix que vous m'avez offerte;
C'est tout ce que je puis, Seigneur, après ma perte :
Elle est irréparable; et comme je ne voi
Ni chefs dignes de vous, ni rois dignes de moi,
Je renonce à la guerre ainsi qu'à l'hyménée;
Mais j'aime encor l'honneur du trône où je suis née.
D'une juste amitié je sais garder les lois, 1895
Et ne sais point régner comme règnent nos rois.
S'il faut que sous votre ordre ainsi qu'eux je domine,
Je m'ensevelirai sous ma propre ruine;
Mais si je puis régner sans honte et sans époux,
Je ne veux d'héritiers que votre Rome, ou vous. 1900
Vous choisirez, Seigneur; ou si votre alliance
Ne peut voir mes États sous ma seule puissance,
Vous n'avez qu'à garder cette place en vos mains,
Et je m'y tiens déjà captive des Romains.

POMPÉE.

Madame, vous avez l'âme trop généreuse 1905
Pour n'en pas obtenir une paix glorieuse,
Et l'on verra chez eux mon pouvoir abattu,
Ou j'y ferai toujours honorer la vertu.

SCÈNE VIII.

POMPÉE, ARISTIE, VIRIATE, CELSUS,
ARCAS, THAMIRE.

POMPÉE.

En est-ce fait, Celsus?

CELSUS.

Oui, Seigneur : le perfide
A vu plus de cent bras punir son parricide; 1910

Et livré par votre ordre à ce peuple irrité,
Sans rien dire....

POMPÉE.

Il suffit : Rome est en sûreté ;
Et ceux qu'à me haïr j'avois trop su contraindre,
N'y craignant rien de moi, n'y donnent rien à craindre[1].
Vous, Madame, agréez pour notre grand héros 1915
Que ses mânes vengés goûtent un plein repos.
Allons donner votre ordre à des pompes funèbres,
A l'égal de son nom illustres et célèbres,
Et dresser un tombeau, témoin de son malheur,
Qui le soit de sa gloire et de notre douleur.

1. Voltaire (1764) a placé entre ce vers et le suivant l'indication : *A Viriate*.

FIN DU CINQUIÈME ET DERNIER ACTE.

SOPHONISBE

TRAGÉDIE.

1663

NOTICE.

Sophonisbe fut l'héroïne de la première tragédie italienne que Jean Georges Trissino, dit le Trissin, fit jouer à Vicence vers 1514. Le succès de cette œuvre engagea plusieurs de nos auteurs dramatiques à traiter à leur tour le même sujet[1], mais aucun ne réussit aussi bien que Mairet, dont l'ouvrage, antérieur de plusieurs années au *Cid*, a toujours été considéré comme la première pièce régulière qui ait été écrite en France. « Ce fut M. Chapelain, lit-on dans le *Segraisiana*[2], qui fut cause que l'on commença à observer la règle de vingt-quatre heures dans les pièces de théâtre; et parce qu'il falloit premièrement le faire agréer aux comédiens, qui imposoient alors la loi aux auteurs, sachant que M. le comte de Fiesque, qui avoit infiniment de l'esprit, avoit du crédit auprès d'eux, il le pria de leur en parler, comme il fit. Il communiqua la chose à M. Mairet, qui fit la *Sophonisbe*, qui est la première pièce où cette règle est observée. »

Jusqu'au succès du *Cid*, Mairet fut l'ami de Corneille; mais il devint alors un de ses plus fougueux adversaires, et ce ne fut que sur un ordre formel de Richelieu qu'il cessa de répandre dans le public d'insolents libelles contre le nouvel ouvrage[3]. Plus tard un rapprochement eut lieu et les inimitiés s'apaisèrent; mais lorsque Corneille entreprit de traiter à son tour le sujet de *Sophonisbe*, Mairet en conçut un chagrin que les

---

1. Pour l'histoire des diverses *Sophonisbes*, voyez ci-après l'*Appendice* II, p. 553 et suivantes.
2. Édition de la Haye, 1722, p. 144.
3. Voyez tome III, p. 41-43.

bons procédés de Corneille[1] ne purent calmer. « Ah! vraiment, écrit à ce sujet un contemporain, j'oubliois de vous dire que le pauvre Mairet est malade, et que l'on dit que c'est le dépit qu'il a de ce qu'on a refait sa *Sophonisbe*, qui lui cause cette maladie; celui qui l'a entrepris devoit bien attendre qu'il fût mort, pour ne pas donner à des enfants, en présence d'un père âgé de quatre-vingt-quinze ans, la mort qu'il a prétendu leur donner; je crois toutefois qu'ils n'en auront que la peur[2]. » Il faudrait se garder du reste de prendre à la lettre les quatre-vingt-quinze ans dont il est question ici ; si le poëte était déjà fort passé de mode, l'homme n'était pas pour cela très-âgé : il n'était l'aîné de Corneille que de deux ans, et n'avait par conséquent que soixante et un ans lors de la représentation de la nouvelle *Sophonisbe*.

Cette représentation eut lieu au mois de janvier 1663, comme nous l'apprend Loret, qui en rend compte en ces termes dans sa *Muse historique* du 20 de ce mois :

> Cette pièce de conséquence,
> Qu'avec extrême impatience
> On attendoit de jour en jour
> Dans tout Paris et dans la cour,
> Pièce qui peut être appelée
> *Sophonisbe* renouvelée,
> Maintenant se joue à l'Hôtel (*de Bourgogne*[3]),
> Avec applaudissement tel,
> Et si grand concours de personnes,
> De hautes dames, de mignonnes,
> D'esprit beaux en perfection,
> Et de gens de condition,
> Que de longtemps pièce nouvelle
> Ne reçut tant d'éloges qu'elle.
>   Je ne m'embarrasserai point
>   A déduire de point en point
> Ses plus importantes matières
> Ni ses plus brillantes lumières.
> Pour dignement les concevoir,

---

1. Voyez ci-après l'avis *Au lecteur*, p. 460 et suivantes.
2. Donneau de Visé, *Nouvelles nouvelles*, 3ᵉ partie, p. 166.
3. Ces deux mots sont imprimés en petit texte au bout du vers.

Il faut les ouïr et les voir.
Je veux pourtant dans notre histoire
Prouver son mérite et sa gloire
Par un invincible argument;
Car en disant tant seulement
Que cette pièce nompareille
Est l'ouvrage du grand Corneille,
C'est pousser la louange à bout,
Et qui dit Corneille dit tout.

Quelques jours après on lisait dans la *Gazette*[1] : « Le 27, Leurs Majestés eurent dans l'appartement de la Reine la représentation de la *Sophonisbe* du sieur Corneille par la troupe royale, Monsieur et Madame s'y étant trouvés avec toute la cour. »

Nous sommes obligé d'avouer que tout le monde ne parle pas avec autant d'enthousiasme que Loret de l'effet produit par cette pièce : « Durant tout ce spectacle, dit l'abbé d'Aubignac[2], le théâtre n'éclata que quatre ou cinq fois au plus. » Mais de Visé lui répond[3] : « Vous devriez faire connoître de quoi vous vous entendez parler, et si c'est des vers ou du sujet; car pour me servir de vos termes, il est constant que les vers en sont si forts et si beaux, qu'ils font éclater plus de cent fois; c'est-à-dire, pour m'expliquer en termes plus clairs, qu'ils obligent les spectateurs à donner de visibles marques de leur admiration. » Un autre défenseur de Corneille, sans contester les assertions de d'Aubignac, donne du fait qu'il avance une explication des plus naïves : « Les spectateurs, dit-il, sont sans cesse dans l'admiration et sentent une joie intérieure qui les retient dans un profond silence[4]. »

Une critique de *Sophonisbe*, sur laquelle nous aurons à revenir tout à l'heure[5], a le rare mérite de nous nommer tous les acteurs qui ont joué d'original dans cette tragédie, et de nous faire connaître leur genre de talent. « Je vais vous dire un mot

---

1. 3 février 1663, n° 15, p. 119.
2. *Recueil de dissertations....* publié par Granet, tome I, p. 135.
3. *Ibidem*, p. 160 et 161.
4. *Ibidem*, p. 196.
5. Voyez p. 456.

de chaque personnage, et commencer par celui de Sophonisbe. Je crois vous devoir dire, avant que de passer outre, que ce rôle, qui est le plus considérable de la pièce, est joué par Mlle des Œillets[1], qui est une des premières actrices du monde, et qui soutient bien la haute réputation qu'elle s'est acquise depuis longtemps. Je ne lui donne point d'éloges, parce que je ne lui en pourrois assez donner; je me contenterai seulement de dire qu'elle joue divinement ce rôle et au delà de tout ce que l'on se peut imaginer; que M. de Corneille lui en doit être obligé, et que quand vous n'iriez voir cette pièce que pour voir jouer cette inimitable comédienne, vous en sortiriez le plus satisfait du monde.... » Le rôle de Syphax, ajoute l'auteur de cette critique, « est joué par M. de Montfleury[2], qui fait beaucoup paroître tout ce qu'il dit, qui joue avec jugement, qui pousse tout à fait bien les grandes passions, et qui ne manque jamais de faire remarquer tous les beaux endroits de ses rôles.... Je passe à celui d'Erixe, que représente Mlle de Beauchâteau[3]. Sa réputation est assez établie, et je ne puis rien dire à son avantage que tout le monde ne sache. Je vous entretiendrois de son esprit, si je ne craignois de sortir de mon sujet, et si je n'appréhendois que la quantité de choses que j'aurois à vous en raconter ne me fît demeurer trop longtemps sur une si riche et si vaste matière.... Après l'inutile rôle d'Erixe, voyons si celui de Massinisse, qui est plus nécessaire à la pièce, y apporte quelques beautés. Oui; mais elles ne viennent pas de l'auteur, mais de celui qui le représente, puisque c'est M. de Floridor[4], qui a un air si dégagé, et qui joue de si bonne grâce que les personnes d'esprit ne se peuvent lasser de dire qu'il joue en honnête homme. Il paroît véritablement ce qu'il représente, dans toutes les pièces qu'il joue. Tous les auditeurs souhaiteroient de le voir sans cesse, et sa démarche, son air et ses actions ont quelque chose de si naturel, qu'il n'est pas nécessaire qu'il parle pour attirer l'admiration de tout le monde. Pour lui donner enfin beaucoup

---

1. Voyez ci-dessus la Notice de *Sertorius*, p. 353 et 355.
2. Voyez tome III, p. 13, note 1.
3. Voyez tome III, p. 15, note 2.
4. Voyez tome II, p. 427, notes 2 et 3, et tome IV, p. 126.

de louanges, il suffit de le nommer, puisque son nom porte avec soi tous les éloges que l'on lui pourroit donner. Je puis dire hardiment toutes ces choses, sans craindre de donner de la jalousie à ceux qui sont de la même profession : il y a longtemps qu'il est au-dessus de l'envie et que tout le monde avoue que c'est le plus grand comédien du monde et un des plus galants hommes et de la plus agréable conversation.... Le dernier rôle considérable dont je vous parlerai, et dont je ne vous entretiendrai pas longtemps, est celui de Lélius, que joue M. de la Fleur, qui peut passer pour un grand comédien, et qui s'est fait admirer de tout le monde dans *Commode* et dans *Stilicon*[1]. »

Notre critique ne pousse pas plus avant sa revue des acteurs de *Sophonisbe* : « Je ne parlerai point, dit-il, des suivantes, et de plusieurs autres personnages de peu de conséquence.... » Mais il ne donne pas à entendre que ces rôles aient été mal remplis. On pourrait le conclure, ce semble, de ce qu'en a dit d'Aubignac, s'il était possible d'ajouter quelque foi aux remarques d'un observateur aussi partial. Voici du reste de quelle manière ce dernier s'exprime à ce sujet : « Les femmes qui jouent ces rôles sont ordinairement de mauvaises actrices, qui déplaisent aussitôt qu'elles ouvrent la bouche : de sorte que soit par le peu d'intérêt qu'elles ont au théâtre, par la froideur de leurs sentiments, ou par le dégoût de leur récit, on ne les écoute point ; c'est le temps que les spectateurs prennent pour s'entretenir de ce qui s'est passé, ou pour manger leurs confitures.... » Mais Donneau de Visé, devenu un peu tardivement le défenseur de Corneille, ne laisse pas ces objections sans réponse : « Vous ne vous contentez pas, dit-il, de condamner celles que vous nommez suivantes[2], votre critique s'attache encore aux personnes qui les représentent, et vous en faites un portrait aussi désavantageux qu'il est peu ressemblant ; mais quand elles seroient de mé-

1. Ce sont deux tragédies de Thomas Corneille, représentées la première en 1658, la seconde en 1660.
2. Les deux suivantes, Herminie et Barcée, ont le titre de *dames d'honneur*, même dans la première édition. Voyez ci-dessus, p. 134, note 2.

chantes actrices, quand elles ne seroient point belles, et que ce que vous dites seroit aussi véritable qu'il se trouve faux dans la pièce que vous reprenez, dites-moi, je vous prie, à quoi sert cette remarque[1] ? »

Nous avons vu Corneille déclarer que la prison où il avait placé Ægée dans sa *Médée* produisait un effet désagréable, et qu'il est préférable de donner aux principaux acteurs, lorsque la situation l'exige, « des gardes qui les suivent, et n'affoiblissent ni le spectacle ni l'action, comme dans *Polyeucte* et dans *Héraclius*[2]. » Mais dans *Sophonisbe* il a fait paraître Syphax enchaîné, et un de ses critiques le lui a reproché en ces termes : « Je ne dirai rien de ses chaînes, on sait assez qu'elles pèsent présentement à tous ceux qui les voient, et que l'on ne peut plus les souffrir, si ce n'est aux tragédies de collége[3]. » Lélius dit toutefois :

Détachez-lui ces fers, il suffit qu'on le garde[4];

mais il ne le dit que lorsque Syphax a porté ces fers pendant trois scènes; encore peut-être cet ordre de Lélius n'est-il qu'une concession, car dans cet ouvrage, comme dans plusieurs autres[5], des changements ont eu lieu entre la première représentation et l'impression. En effet, l'auteur des *Nouvelles nouvelles* dit en parlant du personnage de Lélius : « Il ne paroît dans cette pièce que pour dire à Massinisse qu'il se doit divertir avec Sophonisbe, et non la prendre pour femme. Il veut autoriser ce qu'il avance par des menteries, en disant que les Dieux n'ont jamais eu de femmes, en quoi il s'abuse grossièrement. On dit qu'il a retranché quelque chose de cet endroit, ce qui fait voir que plusieurs l'ont condamné aussi bien que moi[6]. » Dans l'édition de 1663 et dans les suivantes, Lélius parle bien encore des Dieux à Massinisse, qui lui en a parlé le premier (voyez acte IV, scène III);

---

1. *Recueil de dissertations....* publié par Granet, tome I, p. 171.
2. Voyez tome II, p. 337.
3. *Recueil de dissertations....* publié par Granet, tome I, p. 124.
4. Acte IV, scène II, vers 1146.
5. Voyez tome III, p. 18, et ci-dessus, p. 229.
6. *Recueil de dissertations....* publié par Granet, tome I, p. 128.

mais il ne lui dit pas, ce qui avait choqué le critique, que les Dieux n'ont jamais eu de femmes.

Pour ces changements antérieurs à l'impression, la déclaration de l'abbé d'Aubignac est encore plus formelle; il dit à la fin de la deuxième édition de sa critique[1] : « Voilà ce que l'on pouvoit dire de *Sophonisbe*, selon ce qu'elle étoit dans les premières représentations, et quiconque approuvera les changements qu'elle a soufferts dans l'impression, autorisera le jugement que j'en ai fait. Je n'envie point à ceux qui la liront sans l'avoir vue le plaisir de n'y pas rencontrer les fautes que j'ai condamnées; et j'estime M. Corneille d'avoir fait, en la mettant sous la presse, ce qu'il devoit faire auparavant que de la mettre sur le théâtre[2]. »

D'Aubignac, il est vrai, est un témoin que les admirateurs de notre poëte seraient bien fondés à récuser; mais, tout en reconnaissant que le partial critique exagère sans doute l'importance des modifications, nous pensons que très-probablement Corneille en a fait au moins quelques-unes. Le soin qu'il a mis à corriger les diverses éditions de ses œuvres suffirait pour nous convaincre qu'avant l'impression de ses pièces il devait profiter des observations utiles que la représentation lui suggérait, quand même la confidence qu'il a faite sur ce point à ses lecteurs dans l'examen de *Nicomède*[3] ne dissiperait pas tous les doutes à ce sujet.

L'édition originale de *Sophonisbe* forme un volume in-12, de 6 feuillets et 76 pages, intitulé : SOPHONISBE, TRAGEDIE. Par P. Corneille. *Imprimée à Rouen. Et se vend à Paris, chez Guillaume de Luyne, Libraire Iuré, au Palais....* M.DC.LXIII. Auec priuilege du Roy.

Le privilége, donné à Paris le 4 mars 1663, est commun à *Sophonisbe* et à *Persée et Démétrius*, tragédie de Thomas Corneille, représentée à la fin de 1662. L'Achevé d'imprimer est du 10 avril 1663.

Dans cette même année 1663, Montfleury, fils de l'acteur qui ouait Syphax dans *Sophonisbe*, plaçait dans son *Impromptu de*

1. Voyez ci-après. p. 459.
2. *Recueil de dissertations....* publié par Granet, tome I, p. 153
3. Voyez tome V, p. 508 et 509.

l'*hôtel de Condé* une scène[1] entre un marquis et une libraire du Palais, où il était question de la nouvelle pièce de Corneille[2] :

ALIS.
Monsieur, n'aurai-je point l'honneur de vous rien vendre?
LE MARQUIS.
Oui, mais je veux avoir de ces pièces du temps.
ALIS.
Voilà la *Sophonisbe*.
LE MARQUIS.
Avez-vous du bon sens?
ALIS.
Si j'en ai? Je le crois : c'est de Monsieur Corneille,
C'est du siècle présent l'honneur et la merveille;
Et les œuvres, Monsieur, d'un homme si vanté,
Le feront adorer de la postérité.
Nous n'avons point d'auteurs dont la veine pareille....
LE MARQUIS.
Eh! Madame, l'on sait ce que c'est que Corneille.

Les écrits qui parurent à l'occasion de *Sophonisbe* sont assez nombreux. On trouve d'abord dans la troisième partie des *Nouvelles nouvelles*, de Donneau de Visé, publiées à Paris, chez Gabriel Quinet, en 1663, un long examen de la pièce de Corneille, examen qui a été réimprimé par Granet dans son *Recueil* (tome I, p. 118), sous le titre de *Critique de la* Sophonisbe. C'est cette critique qui nous a fourni la plus grande partie des détails que nous avons donnés sur les acteurs qui ont joué la pièce d'original. La déclaration qui la termine et que l'auteur place dans la bouche d'un jeune homme nommé Straton, prouve que Donneau de Visé n'était animé d'aucun mauvais sentiment contre Corneille et qu'il ne songeait à autre chose qu'à attirer un peu sur lui-même l'attention du public : « L'on ne doit pas croire, dit-il, que la *Sophonisbe* soit méchante, parce que j'ai, ce semble, dit quelque chose à son désavantage. L'on ne parle jamais contre une pièce qu'elle n'ait du mérite, parce que celles qui sont absolument méchantes ne sont pas dignes d'avoir cet honneur, et que ce seroit perdre son temps que de vouloir faire remarquer des fautes dans des choses qui en sont toutes rem-

1. Scène II. — 2. Comparez tome II, p. 8 et 9.

plies et où l'on ne peut rien trouver de beau. Toutes ces choses font voir que ni l'auteur ni les comédiens ne se peuvent plaindre de moi avec justice, et que je n'ai pas cru effleurer seulement la réputation de M. Corneille, en disant librement ce que je pense de sa *Sophonisbe*. Je confesse avec tout le monde qu'il est le prince des poëtes françois, et je n'ai cité *Rodogune* et *Cinna* que pour faire voir que l'on ne peut rien trouver d'achevé que parmi ces ouvrages, qu'il n'y a que lui seul qui se puisse fournir des exemples de pièces parfaites, et qu'il a pris un vol si haut que l'âge l'oblige, malgré lui, de descendre un peu. Je sais qu'il a l'honneur d'avoir introduit la belle comédie en France, d'avoir purgé le théâtre de quantité de choses que l'on y veut faire remonter. Je sais de plus que ses pièces ont eu le glorieux avantage d'avoir formé quantité d'honnêtes gens, qu'elles sont dignes d'être conservées dans les cabinets des princes, des ministres et des rois, qu'elles sont plutôt faites pour instruire que pour divertir, et que, quoique nous en ayons vu depuis un temps de fort brillantes, leur éclat n'a servi qu'à faire découvrir plus de beautés dans celles de ce grand homme, et qu'à les faire voir dans leur jour. Après cet aveu, je ne crois pas passer pour critique, mais peut-être que je ne me pourrai exempter du nom de téméraire. L'on me fera toujours beaucoup d'honneur de me le donner : la témérité appartient aux jeunes gens, et ceux qui n'en ont pas, loin de s'acquérir de l'estime, devroient être blâmés de tout le monde[1]. »

Une seconde critique, intitulée : *Remarques sur la tragédie de* Sophonisbe *de M. Corneille envoyées à Madame la duchesse de R*, par Monsieur L. D.* (l'abbé d'Aubignac)[2], est écrite d'un tout autre style, et la malveillance de l'auteur y perce à chaque ligne, malgré certains ménagements affectés. Sa dissertation lui attira la réponse suivante : *Défense de la* Sophonisbe *de Monsieur de Corneille*[3]. Cet ouvrage est de Donneau de Visé, qui

---

1. *Recueil* de l'abbé Granet, tome I, p. 132 et 133.
2. Réimprimées dans le *Recueil* de Granet, tome I, p. 134 et suivantes.
3. *Paris, Barbin*, 1663. Réimprimée dans le *Recueil* de Granet, tome I, p. 154 et suivantes.

avait, comme on le voit, changé d'opinion un peu vite. Il s'en explique lui-même à la fin de son opuscule, d'une manière qui n'est pas exempte de quelque embarras. « Vous vous étonnerez peut-être de ce qu'ayant parlé contre *Sophonisbe* dans mes *Nouvelles nouvelles*, je viens de prendre son parti ; mais vous devez connoître par là que je sais me rendre à la raison. Je n'avois alors été voir *Sophonisbe* que pour y trouver des défauts, mais l'ayant depuis été voir en disposition de l'admirer, et n'y ayant découvert que des beautés, j'ai cru que je n'aurois pas de gloire à paroître opiniâtre et à soutenir mes erreurs, et que je devois me rendre à la raison, et à mes propres sentiments, qui exigeoient de moi cet aveu en faveur de M. de Corneille, c'est-à-dire du plus fameux auteur françois. »

Dans cette *Défense*, de Visé semble avoir très-nettement pénétré le motif de l'indignation de d'Aubignac, qu'il fait parler de la sorte : « M. de Corneille, dit-il un jour devant des gens dignes de foi, ne me vient pas visiter, ne vient pas consulter ses pièces avec moi, ne vient pas prendre de mes leçons : toutes celles qu'il fera seront critiquées. » D'Aubignac est peint ici comme ce Lysandre dont Uranie, dans *la Critique de l'École des femmes*[1], esquisse le portrait quelques mois après la première représentation de *Sophonisbe :* « Il veut être le premier de son opinion, et qu'on attende par respect son jugement. Toute approbation qui marche avant la sienne est un attentat sur ses lumières, dont il se venge hautement en prenant le contraire parti. Il veut qu'on le consulte sur toutes les affaires d'esprit ; et je suis sûre que si l'auteur lui eût montré sa comédie avant que de la faire voir au public, il l'eût trouvée la plus belle du monde. »

Du reste d'Aubignac lui-même nous laisse deviner assez naïvement ses motifs dans ce passage, que nous avons eu ailleurs l'occasion de citer plus au long[2] : « M. Corneille n'a pas sujet de se plaindre de moi, si j'use de cette liberté publique ; je n'ai point de commerce avec lui, et j'aurois peine à reconnoître son visage, ne l'ayant jamais vu que deux fois. »

Outre la *Défense* de Donneau de Visé, il y eut encore comme

1. Scène v.
2. Voyez tome III, p. 254.

réponse au pamphlet de d'Aubignac une lettre *A Monsieur D. P. P. S. sur les remarques qu'on a faites sur la* Sophonisbe *de Mr de Corneille*[1]. Cette lettre, signée seulement des initiales L. B., est d'une faiblesse que l'auteur paraît avoir sentie et qu'il cherche à se faire pardonner en disant « que du soir au lendemain on ne peut pas faire ce qu'on ferait en quinze jours; » excuse qu'Alceste n'eût pas admise.

Quant à l'abbé d'Aubignac, continuant le cours de ses invectives, et passant successivement en revue les plus récentes pièces de Corneille, il joignit à la seconde édition de ses *Remarques sur Sophonisbe* une critique nouvelle, et publia le tout sous ce titre : *Deux dissertations concernant le poëme dramatique, en forme de Remarques sur deux tragédies de M. Corneille intitulées* Sophonisbe *et* Sertorius. *Envoyées à Madame la duchesse de R**. A Paris, chez Jacques du Brueil, M.DC.LXIII, in-12. Bientôt il fit paraître un autre volume intitulé : *Troisième et quatrième dissertation concernant le poëme dramatique, en forme de Remarques sur la tragedie de M. Corneille intitulée* Œdipe, *et de Response à ses calomnies*. L'Achevé d'imprimer est du 27 juillet 1663. Les trois premières dissertations ont été réimprimées par Granet dans son *Recueil;* nous avons parlé de la troisième et de la seconde dans les notices d'*Œdipe* et de *Sertorius*. Quant à la quatrième, elle est remplie des personnalités les plus grossières et ne traite d'aucun ouvrage en particulier.

Il faut reconnaître que la vogue de la *Sophonisbe* de Corneille ne dura pas. Elle « n'eut, dit Voltaire, qu'un médiocre succès, et la *Sophonisbe* de Mairet continua à être représentée[2]. » L'examen comparatif de ces deux pièces, qui fournissait un piquant sujet de discussion littéraire, fut repris assez fréquemment. Le *Mercure* de mars et d'avril 1708 avait proposé d'indiquer « d'où est venu le mauvais succès de la *So-*

---

1. Sans lieu ni date, in-12. Cette lettre est réimprimée dans le *Recueil* de l'abbé Granet, tome I, p. 195 et suivantes.
2. Remarques en tête de l'acte II de la *Sophonisbe* de Corneille. — A la *Sophonisbe* de Corneille succédèrent d'autres ouvrages sur le même sujet; aucun d'eux ne s'est maintenu au théâtre. Voyez ci-après l'*Appendice* II, p. 564.

phonisbe de Mairet. » Dans le numéro de janvier 1709 on répondit à cette question par une dissertation très-favorable à Corneille, mais trop peu sérieuse. Enfin, en 1801 un *Examen des* Sophonisbes *de Mairet, de Corneille et de Voltaire*, par Clément, paraissait dans le *Tableau annuel de la littérature*. La *Sophonisbe* de Voltaire, dont il s'agit dans cette dernière dissertation, est un remaniement assez malheureux de la *Sophonisbe* de Mairet, comme nous l'expliquerons plus au long dans notre *Appendice*.

AU LECTEUR[1].

CETTE pièce m'a fait connoître qu'il n'y a rien de si pénible que de mettre sur le théâtre un sujet qu'un autre y a déjà fait réussir; mais aussi j'ose dire qu'il n'y a rien de si glorieux quand on s'en acquitte dignement. C'est un double travail d'avoir tout ensemble à éviter les ornements dont s'est saisi celui qui nous a prévenus, et à faire effort pour en trouver d'autres qui puissent tenir leur place. Depuis trente ans que M. Mairet a fait admirer sa *Sophonisbe*[2] sur notre théâtre, elle y dure encore; et il ne faut point de marque plus convaincante de son mérite que cette durée, qu'on peut nommer une ébauche ou plutôt des arrhes de l'immortalité qu'elle assure à son illustre auteur; et certainement il faut avouer qu'elle a des endroits inimitables et qu'il seroit dangereux de retâter après lui. Le démêlé de Scipion avec Massinisse, et les désespoirs[3] de ce prince[4], sont de

1. Cet avertissement n'a le titre : *Au lecteur*, que dans l'édition originale (1663). Voyez ci-dessus, p. 357, note 1.
2. Voyez ci-dessus, la *Notice*, p. 449, et ci-après l'*Appendice* II, p. 557 et suivantes.
3. Thomas Corneille (1692) et Voltaire (1764) donnent « le désespoir, » pour « les désespoirs. »
4. Voyez la *Sophonisbe* de Mairet, acte IV, scène v, et acte V,

ce nombre : il est impossible de penser rien de plus juste, et très-difficile de l'exprimer plus heureusement. L'un et l'autre sont de son invention : je n'y pouvois toucher sans lui faire un larcin ; et si j'avois été d'humeur à me le permettre, le peu d'espérance de l'égaler me l'auroit défendu. J'ai cru plus à propos de respecter sa gloire et ménager la mienne[1], par une scrupuleuse exactitude à m'écarter de sa route, pour ne laisser aucun lieu de dire, ni que je sois demeuré au-dessous de lui, ni que j'aye prétendu m'élever au-dessus, puisqu'on ne peut faire aucune comparaison entre des choses où l'on ne voit aucune concurrence. Si j'ai conservé les circonstances qu'il a changées, et changé celles qu'il a conservées, ça été par le seul dessein de faire autrement, sans ambition de faire mieux. C'est ainsi qu'en usoient nos anciens, qui traitoient d'ordinaire les mêmes sujets. La mort de Clytemnestre en peut servir d'exemple ; nous la voyons encore chez Eschyle, chez Sophocle, et chez Euripide, tuée par son fils Oreste[2] ; mais chacun d'eux a choisi de diverses manières pour arriver à cet événement, qu'aucun[3] des trois n'a voulu changer, quelque cruel et dénaturé qu'il fût ; et c'est sur quoi notre Aristote en a établi le précepte[4]. Cette noble et laborieuse émulation a passé de leur siècle jusqu'au nôtre, au travers de plus de

scènes II et III, VIII et IX. Voyez ci-après, dans la seconde partie de l'*Appendice*, l'analyse de la *Sophonisbe* de Mairet, et particulièrement les p. 562 et 564.

1. Dans les éditions de Thomas Corneille et de Voltaire : « et de ménager la mienne. »

2. Dans *les Choéphores* d'Eschyle, l'*Électre* de Sophocle, et l'*Électre* d'Euripide. — Les deux éditions de 1668 et de 1682 ont étrangement défiguré le nom de ce dernier poète : elles en ont fait *Euripidie*.

3. Les éditions de 1668 et 1682 ne font pas l'élision, et donnent : « que aucun. »

4. Voyez tome I, p. 77 et 78.

deux mille ans qui les séparent. Feu M. Tristan a renouvelé *Mariane*[1] et *Panthée*[2] sur les pas du défunt sieur Hardy. Le grand éclat que M. de Scudéry a donné à sa *Didon* n'a point empêché que M. de Boisrobert n'en ait fait voir une autre trois ou quatre ans après[3], sur une

1. La *Mariane* de Hardy, imprimée en 1625, paraît avoir été jouée dès 1610; celle de Tristan a été représentée avec un grand succès en 1636. Voyez tome I, p. 48 et 49.

2. Corneille aurait pu citer un nombre beaucoup plus grand d'ouvrages sur ce même sujet de Panthée, mais il a voulu se borner à rappeler ceux qui avaient une certaine importance. Les frères Parfait, forcés à plus d'exactitude, parlent de six pièces sous ce titre :

1° *Panthée, tragedie prise du grec de Xenophon, mise en ordre* par Caye Jules de Guersens. A Poitiers, par les Bouchetz, 1571. Dans l'Epître dédicatoire, cet ouvrage est attribué par de Guersens à Mme et à Mlle des Roches.

2° *Panthée*, tragédie d'Alexandre Hardy, jouée en 1604 et imprimée en 1624.

3° *Panthée ou l'Amour conjugal*, tragédie de Guérin de la Dorouvière, avocat d'Angers, représentée en 1608.

4° *Panthée*, tragédie de Claude Billard de Courgenay.

5° *Panthée*, tragédie par M. Tristan, représentée en 1637. Dans l'avis intitulé : *A qui lit*, qui figure en tête de cette pièce, l'auteur reconnaît qu'elle est inférieure à *Mariane*, parce qu'il l'a écrite étant malade. « Elle s'est sentie, ajoute-t-il, du funeste coup dont le théâtre du Marais saigne encore, et prit part en la disgrâce d'un personnage dont elle attendoit un merveilleux ornement. Il est aisé de deviner que c'est de l'accident du célèbre Mondory qu'elle a reçu ce préjudice.... Sans cette espèce d'apoplexie dont il n'est pas encore guéri parfaitement, il auroit fait valoir Araspe aussi bien qu'Hérode*.... »

6° *Panthée*, tragédie de M. d'Urval, représentée en 1638.

3. Suivant les frères Parfait, il y a eu six ans d'intervalle entre ces deux pièces, traitées d'ailleurs, comme le titre de la dernière suffit à l'indiquer, d'une manière fort différente. La *Didon* de Scudéry parait avoir été jouée en 1636; l'auteur de *la Voix publique à M. de Scudéry sur les Observations du Cid* fait allusion au peu de

* Voyez tome I, p. 49, note 2.

AU LECTEUR.

disposition qui lui en avoit été donnée, à ce qu'il disoit, par M. l'abbé d'Aubignac. A peine la *Cléopatre* de M. de Benserade a paru, qu'elle a été suivie du *Marc Antoine* de M. Mairet[1], qui n'est que le même sujet sous un autre titre. Sa *Sophonisbe* même n'a pas été la première qui aye ennobli les théâtres des derniers temps : celle du Tricin[2] l'avoit précédée en Italie, et celle du sieur de Mont-Chrestien en France[3]; et je voudrois que quelqu'un se voulût divertir à retoucher *le Cid*

succès de cet ouvrage. La tragédie de Boisrobert intitulée : *La vraie Didon, ou Didon la chaste*, n'est que de 1642. Avant ces deux pièces, quatre autres avaient déjà été composées sur le même sujet : *Didon se sacrifiant*, tragédie d'Étienne Jodelle en 1552; une tragédie non imprimée de Gabriel le Breton; une autre de Guillaume de la Grange, jouée et imprimée à Lyon en 1582; enfin, en 1603, *Didon se sacrifiant*, de Hardy.

1. Corneille se méprend ici et intervertit l'ordre dans lequel ces deux ouvrages ont paru. Dans l'*Épître* dédicatoire des *Galanteries du duc d'Ossonne*, Mairet, né le 4 janvier 1604, nous dit lui-même qu'il fit son *Marc Antoine* à vingt-six ans, c'est-à-dire en 1630, et il y parle de Benserade comme d'un jeune auteur « de qui l'apprentissage est un demi-chef-d'œuvre » (voyez tome III, p. 74, note 3). Corneille, ou du moins un de ses partisans, blâmant ce ton dégagé, a dit dans l'*Avertissement au Besançonnois Mairet* : « Cette *Cléopatre* a enseveli la vôtre » (voyez tome III, p. 75); ce qui prouve suffisamment que la pièce de Mairet est antérieure. Suivant les Frères Parfait, celle de Benserade est de 1635. Ce sujet avait déjà été traité plusieurs fois avant de l'être par ces deux auteurs. On peut citer la *Cléopatre captive* de Jodelle, jouée en 1552; le *Marc Antoine* de Robert Garnier, en 1568; *Les délicieux amours de Marc Antoine et de Cléopatre* par Beliard, imprimés en 1578; enfin la *Cléopatre* que Nicolas Montreux fit jouer et imprimer à Lyon en 1595.

2. Telle est l'orthographe de toutes les éditions anciennes, y compris celle de 1692. Voltaire donne : « du Trissin. »

3. Antoine Montchrestien, sieur de Vasteville, auteur de tragédies et d'un *Traicté de l'économie politique*, mort en 1621. Voyez le *Malherbe* de M. Lalanne, tome III, p. 556 et suivantes; et sur sa *Sophonisbe*, ci-après l'*Appendice* II, p. 556.

ou *les Horaces*[1], avec autant de retenue pour ma conduite et mes pensées que j'en ai eu pour celles de M. Mairet.

Vous trouverez en cette tragédie les caractères tels que chez Tite Live[2]; vous y verrez Sophonisbe avec le même attachement aux intérêts de son pays, et la même haine pour Rome qu'il lui attribue. Je lui prête un peu d'amour; mais elle règne sur lui, et ne daigne l'écouter qu'autant qu'il peut servir à ces passions dominantes qui règnent sur elle, et à qui elle sacrifie toutes les tendresses de son cœur, Massinisse, Syphax, sa propre vie[3]. Elle en fait son unique bonheur, et en soutient la gloire avec une fierté si noble et si élevée, que Lélius est contraint d'avouer lui-même qu'elle méritoit d'être née Romaine. Elle n'avoit point abandonné Syphax après deux défaites; elle étoit prête de[4] s'ensevelir avec lui sous les ruines de sa capitale, s'il y fût revenu s'enfermer avec elle après la perte d'une troisième bataille; mais elle vouloit qu'il mourût plutôt que d'accepter l'ignominie des fers et du triomphe où le réservoient les Romains; et elle avoit d'autant plus de droit d'attendre de lui cet effort de magnanimité, qu'elle s'étoit résolue à prendre ce parti pour elle, et qu'en Afrique c'étoit la coutume des rois de porter toujours sur eux du poison très-violent, pour s'épargner la honte de tomber vivants entre les

---

1. C'est la première fois que Corneille désigne cette pièce, intitulée *Horace*, par le pluriel *les Horaces*, mais il ne fait en cela que suivre une coutume qui, ce semble, était devenue assez générale. Voyez la lettre de Chapelain citée tome II, p. 255, et le passage de Loret rapporté ci-dessus, p. 353.

2. Voyez ci-après l'*Appendice* I, p. 550-553.

3. Dans les éditions de Thomas Corneille et de Voltaire : « et sa propre vie. »

4. Voltaire a remplacé *de* par *à*.

mains de leurs ennemis[1]. Je ne sais si ceux qui l'ont blâmée de traiter avec trop de hauteur ce malheureux prince après sa disgrâce ont assez conçu la mortelle horreur qu'a dû exciter en cette grande âme la vue de ces fers qu'il lui apporte à partager; mais du moins ceux qui ont eu peine à souffrir qu'elle eût deux maris vivants ne se sont pas souvenus que les lois de Rome vouloient que le mariage se rompît par la captivité[2]. Celles de Carthage nous sont fort peu connues; mais il y a lieu de présumer, par l'exemple même de Sophonisbe, qu'elles étoient encore plus faciles à ces ruptures. Asdrubal, son père, l'avoit mariée à Massinisse avant que d'emmener ce jeune prince en Espagne, où il commandoit les armées de cette république; et néanmoins, durant le séjour qu'ils y firent, les Carthaginois la marièrent de nouveau à Syphax, sans user d'aucune formalité ni envers ce premier mari, ni envers ce père, qui demeura extrêmement surpris et irrité de l'outrage qu'ils avoient fait à sa fille et à son gendre. C'est ainsi que mon auteur appelle Massinisse[3], et c'est là-dessus que je le fais se fonder ici pour se ressaisir de Sophonisbe sans l'autorité des Romains, comme d'une femme qui étoit déjà à lui, et qu'il avoit épousée avant qu'elle fût à Syphax.

On s'est mutiné toutefois contre ces deux maris; et je

---

1. Tite Live, au livre XXX, chapitre XV, nous apprend, à l'occasion de la mort de Sophonisbe, qu'un esclave de Massinisse « avoit sous sa garde le poison tenu en réserve contre les incertitudes de la fortune. » Voyez l'*Appendice* I, p. 552.

2. « Le mariage est rompu par le divorce, la mort, la captivité.... » (*Digeste*, livre XXIV, titre II, 1.)

3. C'est Appien qui raconte, au chapitre X de son *Histoire punique*, qu'Asdrubal « avait choisi Massinissa pour gendre, » et qu'ensuite les Carthaginois avaient marié à Syphax la fiancée de Massinissa, à l'insu de celui-ci et d'Asdrubal, qui étaient tous deux en Espagne.

m'en suis étonné d'autant plus que l'année dernière je ne m'aperçus point qu'on se scandalisât de voir, dans le *Sertorius*, Pompée mari de deux femmes vivantes, dont l'une venoit chercher un second mari aux yeux même de ce premier[1]. Je ne vois aucune apparence d'imputer cette inégalité de sentiments à l'ignorance du siècle, qui ne peut avoir oublié en moins d'un an cette facilité que les anciens avoient donnée aux divorces, dont il étoit si bien instruit alors; mais il y auroit quelque lieu de s'en prendre à ceux qui sachant mieux la *Sophonisbe* de M. Mairet que celle de Tite Live, se sont hâtés de condamner en la mienne tout ce qui n'étoit pas de leur connoissance, et n'ont pu faire cette réflexion, que la mort de Syphax étoit une fiction de M. Mairet, dont je ne pouvois me servir sans faire un pillage sur lui, et comme un attentat sur sa gloire[2]. Sa *Sophonisbe* est à lui: c'est son bien, qu'il ne faut pas lui envier; mais celle de Tive Live est à tout le monde. Le Tricin et Mont-Chres-

[1]. Voyez ci-dessus, *Sertorius*, acte III, scène II, p. 405 et suivantes.
[2]. Donneau de Visé s'exprime ainsi dans les *Nouvelles nouvelles :* « L'on peut dire, si l'on compare la *Sophonisbe* de M. de Mairet avec cette dernière, qu'il a mieux fait que M. de Corneille, d'avoir, par les droits que donne la poésie, fait mourir Syphax, pour n'y pas faire voir Sophonisbe avec deux maris vivants et d'avoir par la même autorité fait mourir Massinisse, qui, après la mort de Sophonisbe, ne peut [vivre ni avec plaisir, ni avec honneur. » (*Recueil* de Granet, tome I, p. 130.) D'Aubignac ne manque pas de répéter cette critique dans ses *Remarques [sur Sophonisbe* (*Recueil* de Granet, tome I, p. 150) : « Mairet avoit bien mieux sauvé cette fâcheuse aventure en faisant mourir Syphax dans la bataille, car par ce moyen il laissoit Sophonisbe libre, en état de se marier quand et de quelle manière il lui plaisoit, et le spectateur ne se mettoit point en peine des secrets de ce mariage. Et voilà comme sur la scène il est plus à propos quelquefois de tuer un homme qui se porte bien dans l'histoire, que de conserver l'histoire contre les règles de la scène. »

AU LECTEUR.

tien, qui l'ont fait revivre avant nous, n'ont assassiné aucun des deux rois : j'ai cru qu'il m'étoit permis de n'être pas plus cruel, et de garder la même fidélité à une histoire assez connue parmi ceux qui ont quelque teinture des livres, pour nous convier à ne la démentir pas[1].

1. La fidélité à l'histoire, l'exactitude dans la peinture des mœurs et des caractères, qui sont un des mérites de Corneille, étaient peut-être ce qui déplaisait le plus à une bonne partie de son public. Dans sa *Dissertation sur l'Alexandre de Racine*, Saint-Évremont attribue à cette cause les critiques qu'a soulevées la *Sophonisbe* de Corneille. « Un des grands défauts de notre nation, dit-il, c'est de ramener tout à elle, jusqu'à nommer étrangers dans leur propre pays ceux qui n'ont pas bien ou son air ou ses manières ; de là vient qu'on nous reproche justement de ne savoir estimer les choses que par le rapport qu'elles ont avec nous ; dont Corneille a fait une injuste et fâcheuse expérience dans sa *Sophonisbe*. Mairet, qui avoit dépeint la sienne infidèle au vieux Syphax et amoureuse du jeune et victorieux Massinisse, plut quasi généralement à tout le monde pour avoir rencontré le goût des dames et le vrai esprit des gens de cour ; mais Corneille, qui fait mieux parler les Grecs que les Grecs, les Romains que les Romains, les Carthaginois que les citoyens de Carthage ne parloient eux-mêmes ; Corneille, qui, presque seul, a le bon goût de l'antiquité, a eu le malheur de ne pas plaire à notre siècle pour être entré dans le génie de ces nations et avoir conservé à la fille d'Asdrubal son véritable caractère. Ainsi, à la honte de nos jugements, celui qui a surpassé tous nos auteurs, et qui s'est peut-être surpassé lui-même à rendre à ces grands noms tout ce qui leur étoit dû, n'a pu nous obliger à lui rendre tout ce que nous lui devions, asservis par la coutume aux choses que nous voyons en usage, et peu disposés par la raison à estimer des qualités et des sentiments qui ne s'accordent pas aux nôtres. »

Il faut voir la lettre que Corneille adressa à l'auteur de cette appréciation pour l'en remercier ; elle contient sur *Sophonisbe* quelques lignes intéressantes.

Les partisans de Corneille adoptèrent presque tous, au sujet de *Sophonisbe*, l'opinion que Saint-Évremont avait si bien développée. Chapuzeau la reproduit ainsi, en l'abrégeant, dans son *Théâtre François* (p. 41 et 42) :

« On veut de l'amour.... La Sophonisbe qui a de la tendresse pour Massinisse jusqu'à la mort a été plus goûtée que celle qui sacrifie cette tendresse à la gloire de sa patrie, quoique le fameux auteur du

J'accorde qu'au lieu d'envoyer du poison à Sophonisbe, Massinisse devoit soulever les troupes qu'il commandoit dans l'armée, s'attaquer à la personne de Scipion, se faire blesser par ses gardes, et tout percé de leurs coups, venir rendre les derniers soupirs aux pieds de cette princesse : c'eût été un amant parfait, mais ce n'eût pas été Massinisse. Que sait-on même si la prudence de Scipion n'avoit point donné de si bons ordres qu'aucun de ces emportements ne fût en son pouvoir? Je le marque assez pour en faire naître quelque pensée en l'esprit de l'auditeur judicieux et désintéressé, dont je laisse l'imagination libre sur cet article. S'il aime les héros fabuleux, il croira que Lélius et Éryxe, entrant dans le camp, y trouveront celui-ci mort de douleur, ou de sa main. Si les vérités lui plaisent davantage, il ne fera aucun doute qu'il ne s'y soit consolé aussi aisément que l'histoire nous en assure[1]. Ce que je fais dire de son désespoir à Mézétule[2] s'accommode avec l'une et l'autre de ces idées; et je n'ai peut-être encore fait rien de plus adroit pour le théâtre, que de tirer le rideau sur des déplaisirs qui devoient être si grands, et eurent si peu de durée.

Quoi qu'il en soit, comme je ne sais que les règles d'Aristote et d'Horace, et ne les sais pas même trop bien, je ne hasarde pas volontiers en dépit d'elles ces agréments surnaturels et miraculeux, qui défigurent quelque-

dernier de ces deux ouvrages (Corneille) l'ait traitée avec toute la science qui lui est particulière, et qui lui a si bien appris à faire parler et les Carthaginois et les Grecs et les Romains, comme ils devoient parler, et mieux qu'ils ne parloient en effet. »

1. Tite Live raconte, au livre XXX, chapitre xv, que Scipion fit venir sur-le-champ Massinisse pour le consoler, et que les honneurs dont il le combla dès le lendemain de la mort de Sophonisbe, calmèrent et adoucirent son cœur (*mollitus regis animus*), et lui donnèrent l'espoir de commander à toute la Numidie.

2. Voyez plus loin, p. 472, note 1, et acte V, scène 11, p. 538 et 539.

AU LECTEUR.

fois nos personnages autant qu'ils les embellissent, et détruisent l'histoire au lieu de la corriger. Ces grands coups de maître passent ma portée; je les laisse à ceux qui en savent plus que moi; et j'aime mieux qu'on me reproche d'avoir fait mes femmes trop héroïnes, par une ignorante et basse affectation de les faire ressembler aux originaux qui en sont venus jusqu'à nous, que de m'entendre louer d'avoir efféminé mes héros par une docte et sublime complaisance au goût de nos délicats[1], qui veulent de l'amour partout, et ne permettent qu'à lui de faire auprès d'eux la bonne ou mauvaise fortune de nos ouvrages.

Éryxe n'a point ici l'avantage de cette ressemblance qui fait la principale perfection des portraits : c'est une reine de ma façon, de qui ce poëme reçoit un grand ornement, et qui pourroit toutefois y passer en quelque sorte pour inutile, n'étoit qu'elle ajoute des motifs vraisemblables aux historiques, et sert tout ensemble d'aiguillon à Sophonisbe pour précipiter son mariage, et de prétexte aux Romains pour n'y point consentir. Les protestations d'amour que semble lui faire Massinisse au commencement de leur premier entretien[2] ne sont qu'un équivoque[3], dont le sens caché regarde cette autre reine. Ce qu'elle y répond fait voir qu'elle s'y méprend la première; et tant d'autres ont voulu s'y méprendre après elle, que je me suis cru obligé de vous en avertir.

1. « C'est de Quinault dont il est ici question. Le jeune Quinault venait de donner successivement *Stratonice* (2 janvier 1660), *Amalasonte* (novembre 1657), (*Agrippa, roi d'Albe,* ou) *le Faux Tibérinus* (1661), *Astrate* (décembre 1664). Cet *Astrate* surtout, joué dans le même temps que *Sophonisbe*, avait attiré tout Paris, tandis que *Sophonisbe* était négligée. » (*Voltaire*, 1764.)
2. Voyez ci-après, acte II, scène II, p. 493 et suivantes.
3. Il y a « un équivoque, » au masculin, dans toutes les éditions anciennes, y compris celle de 1692; Voltaire a mis : « une équivoque. »

Quand je ferai joindre cette tragédie à mes recueils, je pourrai l'examiner plus au long, comme j'ai fait les autres[1]; cependant je vous demande pour sa lecture un peu de cette faveur qui doit toujours pencher du côté de ceux qui travaillent pour le public, avec une attention sincère qui vous empêche d'y voir ce qui n'y est pas, et vous y laisse voir tout ce que j'y fais dire.

1, Corneille, nous l'avons dit, ne tint pas cette promesse de rédiger plus tard un examen de *Sophonisbe*. Le premier recueil où il ait donné cette pièce est le supplément de l'édition de 1664, publié en 1666.

LISTE DES ÉDITIONS QUI ONT ÉTÉ COLLATIONNÉES
POUR LES VARIANTES DE *SOPHONISBE*.

ÉDITION SÉPARÉE.

1663 in-12;

RECUEILS.

1666 in-8°; | 1682 in-12.
1668 in-12;

ACTEURS[1].

SYPHAX, roi de Numidie.
MASSINISSE, autre roi de Numidie.
LÉLIUS, lieutenant de Scipion, consul de Rome.
LÉPIDE, tribun romain.
BOCCHAR, lieutenant de Syphax.
MÉZÉTULLE, lieutenant de Massinisse.
ALBIN, centenier romain.
SOPHONISBE, fille d'Asdrubal, général des Carthaginois, et reine de Numidie.
ÉRYXE, reine de Gétulie.
HERMINIE, dame d'honneur de Sophonisbe.
BARCÉE, dame d'honneur d'Éryxe.
PAGE de Sophonisbe. — GARDES.

La scène est à Cyrthe[2], capitale du royaume de Syphax, dans le palais du Roi.

1 Outre les noms des principaux personnages, *Syphax, Massinisse, Lélius, Sophonisbe**, qui sont historiques et se trouvent dans Tite Live (voyez l'*Appendice* I, p. 550-553), Corneille a emprunté à cet auteur les noms de *Mézétulle* (ou mieux *Mézétule* **) et de *Bocchar*, qui désignent (au livre XXIX, chapitres XXIX et XXX), le premier un noble Numide, issu du sang royal, le second un roi de Mauritanie. *Herminie* appartient au Trissin (voyez l'*Appendice* II, p. 553-555). Quand à *Lépide, Albin, Éryxe* (voyez plus haut, p. 469) et *Barcée*, ce sont des personnages de l'invention de Corneille.

2. Ou plutôt *Cirte*, *Cirta*, à la place où est aujourd'hui *Constantine*. « Cirta, dit Tite Live, livre XXX, chapitre XII, était la capitale du royaume de Syphax. » — L'action se passe en l'an 203 avant Jésus-Christ.

* Dans Appien *Sophonibe*, Σοφονίϐα.
** C'est ainsi que ce nom est écrit dans Tite Live. Toutes les éditions anciennes de *Sophonisbe*, hormis la première, le donnent de même, par une seule *l*, dans l'avis *Au lecteur;* mais dans la pièce toutes ont la double *l*.

SOPHONISBE.
TRAGÉDIE.

ACTE I.

SCÈNE PREMIÈRE.
SOPHONISBE, BOCCHAR, HERMINIE.

BOCCHAR.
Madame, il étoit temps qu'il vous vînt du secours :
Le siége étoit formé, s'il eût tardé deux jours ;
Les travaux commencés alloient à force ouverte
Tracer autour des murs l'ordre de votre perte[1] ;
Et l'orgueil des Romains se promettoit l'éclat   5
D'asservir par leur prise et vous et tout l'État.
Syphax a dissipé, par sa seule présence,
De leur ambition la plus fière espérance.
Ses troupes, se montrant au lever du soleil,
Ont de votre ruine arrêté l'appareil.   10
A peine une heure ou deux elles ont pris haleine,
Qu'il les range en bataille au milieu de la plaine.
L'ennemi fait le même, et l'on voit des deux parts
Nos sillons hérissés de piques et de dards,
Et l'une et l'autre armée étaler même audace,   15

---

1. Voltaire a dit dans le IVe chant de la *Henriade* :
   Il fait tracer leur perte autour de leurs murailles.

Égale ardeur de vaincre, et pareille menace.
L'avantage du nombre est dans notre parti :
Ce grand feu des Romains en paroît ralenti;
Du moins de Lélius la prudence inquiète
Sur le point du combat nous envoie un trompette. 20
On le mène à Syphax, à qui sans différer
De sa part il demande une heure à conférer.
Les otages reçus pour cette conférence,
Au milieu des deux camps l'un et l'autre s'avance;
Et si le ciel répond à nos communs souhaits, 25
Le champ de la bataille enfantera la paix.
 Voilà ce que le Roi m'a chargé de vous dire,
Et que de tout son cœur[1] à la paix il aspire,
Pour ne plus perdre aucun de ces moments si doux
Que la guerre lui vole en l'éloignant de vous. 30

SOPHONISBE.

Le Roi m'honore trop d'une amour si parfaite.
Dites-lui que j'aspire à la paix qu'il souhaite,
Mais que je le conjure, en cet illustre jour,
De penser à sa gloire encor plus qu'à l'amour.

SCÈNE II.

SOPHONISBE, HERMINIE.

HERMINIE.

Madame, ou j'entends mal une telle prière, 35
Ou vos vœux pour la paix n'ont pas votre âme entière;
Vous devez pourtant craindre un vainqueur irrité.

SOPHONISBE.

J'ai fait à Massinisse une infidélité.
Accepté par mon père, et nourri dans Carthage,

---

1. Dans l'édition de 1682 on lit, par erreur évidemment : « tout de son cœur, » pour : « de tout son cœur. »

ACTE I, SCÈNE II.

Tu vis en tous les deux l'amour croître avec l'âge. 40
Il porta dans l'Espagne et mon cœur et ma foi;
Mais durant cette absence on disposa de moi[1].
J'immolai ma tendresse au bien de ma patrie :
Pour lui gagner Syphax, j'eusse immolé ma vie.
Il étoit aux Romains, et je l'en détachai; 45
J'étois à Massinisse, et je m'en arrachai.
J'en eus de la douleur, j'en sentis de la gêne;
Mais je servois Carthage, et m'en revoyois reine;
Car afin que le change eût pour moi quelque appas,
Syphax de Massinisse envahit les États, 50
Et mettoit à mes pieds l'une et l'autre couronne,
Quand l'autre étoit réduit à sa seule personne[2].
Ainsi contre Carthage et contre ma grandeur
Tu me vis n'écouter ni ma foi ni mon cœur.

HERMINIE.

Et vous ne craignez point qu'un amant ne se venge, 55
S'il faut qu'en son pouvoir sa victoire vous range?

SOPHONISBE.

Nous vaincrons, Herminie; et nos destins jaloux
Voudront faire à leur tour quelque chose pour nous;
Mais si de ce héros je tombe en la puissance,
Peut-être aura-t-il peine à suivre sa vengeance, 60
Et que ce même amour qu'il m'a plu de trahir
Ne se trahira pas jusques à me haïr.
Jamais à ce qu'on aime on n'impute d'offense :
Quelque doux souvenir prend toujours sa défense.
L'amant excuse, oublie; et son ressentiment 65
A toujours, malgré lui, quelque chose d'amant.

1. Voyez ci-dessus, p. 465 et la note 3.
2. « Telle avait été la puissance de Syphax, que Massinissa, chassé de son royaume, avait été réduit à semer le bruit de sa mort, et à se cacher pour sauver ses jours, vivant, comme les bêtes, du fruit de ses rapines. » (*Tite Live*, livre XXX, chapitre XIII.)

Je sais qu'il peut s'aigrir, quand il voit qu'on le quitte
Par l'estime qu'on prend pour un autre mérite ;
Mais lorsqu'on lui préfère un prince à cheveux gris,
Ce choix fait sans amour est pour lui sans mépris ; 70
Et l'ordre ambitieux d'un hymen politique
N'a rien que ne pardonne un courage héroïque :
Lui-même il s'en console, et trompe sa douleur
A croire que la main n'a point donné le cœur.
  J'ai donc peu de sujet de craindre Massinisse ; 75
J'en ai peu de vouloir que la guerre finisse ;
J'espère en la victoire, ou du moins en l'appui
Que son reste d'amour me saura faire en lui ;
Mais le reste du mien, plus fort qu'on ne présume,
Trouvera dans la paix une prompte amertume ; 80
Et d'un chagrin secret la sombre et dure loi
M'y fait voir des malheurs qui ne sont que pour moi.

HERMINIE.

J'ai peine à concevoir que le ciel vous envoie
Des sujets de chagrin dans la commune joie,
Et par quel intérêt un tel reste d'amour 85
Vous fera des malheurs en ce bienheureux jour.

SOPHONISBE.

Ce reste ne va point à regretter sa perte[1],
Dont je prendrois encor l'occasion offerte ;
Mais il est assez fort pour devenir jaloux
De celle dont la paix le doit faire l'époux. 90
Éryxe, ma captive, Éryxe, cette reine
Qui des Gétuliens naquit la souveraine,
Eut aussi bien que moi des yeux pour ses vertus,
Et trouva de la gloire à choisir mon refus.
  Ce fut pour empêcher ce fâcheux[2] hyménée 95

---

1. Thomas Corneille (1692) et Voltaire (1764) donnent : « ma perte, » pour : « sa perte. »
2. Dans Voltaire (1764) on lit *fameux*, au lieu de *fâcheux*.

ACTE I, SCÈNE II.

Que Syphax fit la guerre à cette infortunée,
La surprit dans sa ville, et fit en ma faveur
Ce qu'il n'entreprenoit que pour venger sa sœur;
Car tu sais qu'il l'offrit à ce généreux prince,
Et lui voulut pour dot remettre sa province. 100

HERMINIE.

Je comprends encor moins que vous peut importer
A laquelle des deux il daigne s'arrêter.
Ce fut, s'il m'en souvient, votre prière expresse
Qui lui fit par Syphax offrir cette princesse;
Et je ne puis trouver matière à vos douleurs 105
Dans la perte d'un cœur que vous donniez ailleurs.

SOPHONISBE.

Je le donnois[1], ce cœur où ma rivale aspire :
Ce don, s'il l'eût souffert, eût marqué mon empire,
Eût montré qu'un amant si maltraité par moi
Prenoit encor plaisir à recevoir ma loi. 110
Après m'avoir perdue, il auroit fait connoître
Qu'il vouloit m'être encor tout ce qu'il pouvoit m'être,
Se rattacher à moi par les liens du sang,
Et tenir de ma main la splendeur de son rang;
Mais s'il épouse Éryxe, il montre un cœur rebelle 115
Qui me néglige autant qu'il veut brûler pour elle,
Qui brise tous mes fers, et brave hautement
L'éclat de sa disgrâce et de mon changement.

HERMINIE.

Certes, si je l'osois, je nommerois caprice
Ce trouble ingénieux à vous faire un supplice, 120
Et l'obstination des soucis superflus
Dont vous gêne ce cœur quand vous n'en voulez plus.

SOPHONISBE.

Ah! que de notre orgueil tu sais mal la foiblesse,

---

1. L'édition de 1666 porte, par erreur, *connois*, pour *donnois*.

Quand tu veux que son choix n'ait rien qui m'intéresse!
    Des cœurs que la vertu renonce à posséder, 125
La conquête toujours semble douce à garder :
Sa rigueur n'a jamais le dehors si sévère[1],
Que leur perte au dedans ne lui devienne amère ;
Et de quelque façon qu'elle nous fasse agir,
Un esclave échappé nous fait toujours rougir. 130
Qui rejette un beau feu n'aime point qu'on l'éteigne :
On se plaît à régner sur ce que l'on dédaigne ;
Et l'on ne s'applaudit d'un illustre refus
Qu'alors qu'on est aimée après qu'on n'aime plus.
    Je veux donc, s'il se peut, que l'heureux Massinisse
Prenne tout autre hymen pour un affreux supplice,
Qu'il m'adore en secret, qu'aucune nouveauté
N'ose le consoler de ma déloyauté ;
Ne pouvant être à moi, qu'il ne soit à personne,
Ou qu'il souffre du moins que mon seul choix le donne.
Je veux penser encor que j'en puis disposer,
Et c'est de quoi la paix me va désabuser.
Juge si j'aurai lieu d'en être satisfaite,
Et par ce que je crains vois ce que je souhaite.
    Mais Éryxe déjà commence mon malheur, 145
Et me vient par sa joie avancer ma douleur.

SCÈNE III.

SOPHONISBE, ÉRYXE, HERMINIE, BARCÉE.

ÉRYXE.

Madame, une captive oseroit-elle prendre
Quelque part au bonheur que l'on nous vient d'apprendre?

---

1. *Var.* Sa rigueur n'a jamais de dehors si sévère. (1663)

SOPHONISBE.

Le bonheur n'est pas grand, tant qu'il est incertain.

ÉRYXE.

On me dit que le Roi tient la paix en sa main ;
Et je n'ose douter qu'il ne l'ait résolue.

SOPHONISBE.

Pour être proposée, elle n'est pas conclue ;
Et les grands intérêts qu'il y faut ajuster
Demandent plus d'une heure à les bien concerter.

ÉRYXE.

Alors que des deux chefs la volonté conspire....

SOPHONISBE.

Que sert la volonté d'un chef qu'on peut dédire !
Il faut l'aveu de Rome, et que d'autre côté
Le sénat de Carthage accepte le traité.

ÉRYXE.

Lélius le propose ; et l'on ne doit pas croire
Qu'au désaveu de Rome il hasarde sa gloire.
Quant à votre sénat, le Roi n'en dépend point.

SOPHONISBE.

Le Roi n'a pas une âme infidèle à ce point :
Il sait à quoi l'honneur, à quoi sa foi l'engage ;
Et je l'en dédirois, s'il traitoit sans Carthage.

ÉRYXE.

On ne m'avoit pas dit qu'il fallût votre aveu.

SOPHONISBE.

Qu'on vous l'ait dit ou non, il m'importe assez peu.

ÉRYXE.

Je le crois ; mais enfin donnez votre suffrage,
Et je vous répondrai de celui de Carthage[1].

SOPHONISBE.

Avez vous en ces lieux quelque commerce ?

---

1. *Var.* Et je vous répondrai sur celui de Carthage. (1666)

ÉRYXE.

Aucun.

SOPHONISBE.

D'où le savez-vous donc?

ÉRYXE.

D'un peu de sens commun :
On y doit être las de perdre des batailles,
Et d'avoir à trembler pour ses propres murailles.

SOPHONISBE.

Rome nous auroit donc appris l'art de trembler.
Annibal....

ÉRYXE.

Annibal a pensé l'accabler;
Mais ce temps-là n'est plus, et la valeur d'un homme....

SOPHONISBE.

On ne voit point d'ici ce qui se passe à Rome.
En ce même moment peut-être qu'Annibal
Lui fait tout de nouveau craindre un assaut fatal,
Et que c'est pour sortir enfin de ces alarmes
Qu'elle nous fait parler de mettre bas les armes   180

ÉRYXE.

Ce seroit pour Carthage un bonheur signalé;
Mais, Madame, les Dieux vous l'ont-ils révélé?
A moins que de leur voix, l'âme la plus crédule
D'un miracle pareil feroit quelque scrupule.

SOPHONISBE.

Des miracles pareils arrivent quelquefois :   185
J'ai vu Rome en état de tomber sous nos lois;
La guerre est journalière, et sa vicissitude
Laisse tout l'avenir dedans l'incertitude.

ÉRYXE.

Le passé le prépare, et le soldat vainqueur
Porte aux nouveaux combats plus de force et de cœur.

ACTE I, SCÈNE III.

SOPHONISBE.

Et si j en étois crue, on auroit le courage
De ne rien écouter sur ce désavantage,
Et d'attendre un succès hautement emporté
Qui remît notre gloire en plus d'égalité.

ÉRYXE.

On pourroit fort attendre.

SOPHONISBE.

      Et durant cette attente 195
Vous pourriez n'avoir pas l'âme la plus contente.

ÉRYXE.

J'ai déjà grand chagrin de voir que de vos mains
Mon sceptre a su passer en celles des Romains;
Et qu'aujourd'hui, de l'air dont s'y prend Massinisse,
Le vôtre a grand besoin que la paix l'affermisse. 200

SOPHONISBE.

Quand de pareils chagrins voudront paroître au jour,
Si l'honneur vous est cher, cachez tout votre amour;
Et voyez à quel point votre gloire est flétrie
D'aimer un ennemi de sa propre patrie,
Qui sert des étrangers dont par un juste accord 205
Il pouvoit nous aider à repousser l'effort.

ÉRYXE.

Dépouillé par votre ordre, ou par votre artifice,
Il sert vos ennemis pour s'en faire justice;
Mais si de les servir il doit être honteux,
Syphax sert, comme lui, des étrangers comme eux. 210
Si nous les voulions tous bannir de notre Afrique,
Il faudroit commencer par votre république,
Et renvoyer à Tyr, d'où vous êtes sortis,
Ceux par qui nos climats sont presque assujettis.
Nous avons lieu d'avoir pareille jalousie 215
Des peuples de l'Europe et de ceux de l'Asie;

Ou si le temps a pu vous naturaliser[1],
Le même cours du temps les peut favoriser.
J'ose vous dire plus : si le destin s'obstine
A vouloir qu'en ces lieux leur victoire domine, 220
Comme vos Tyriens passent pour Africains,
Au milieu de l'Afrique il naîtra des Romains ;
Et si de ce qu'on voit nous croyons le présage,
Il en pourra bien naître au milieu de Carthage
Pour qui notre amitié n'aura rien de honteux, 225
Et qui sauront passer pour Africains comme eux.

SOPHONISBE.

Vous parlez un peu haut.

ÉRYXE.

Je suis amante et reine.

SOPHONISBE.

Et captive, de plus.

ÉRYXE.

On va briser ma chaîne ;
Et la captivité ne peut abattre un cœur
Qui se voit assuré de celui du vainqueur : 230
Il est tel dans vos fers que sous mon diadème.
N'outragez plus ce prince, il a ma foi, je l'aime ;
J'ai la sienne, et j'en sais soutenir l'intérêt.
Du reste, si la paix vous plaît, ou vous déplaît,
Ce n'est pas mon dessein d'en pénétrer la cause : 235
La bataille et la paix sont pour moi même chose.
L'une ou l'autre aujourd'hui finira mes ennuis ;
Mais l'une vous peut mettre en l'état où je suis.

SOPHONISBE.

Je pardonne au chagrin d'un si long esclavage,

---

1. Thomas Corneille (1692) et après lui Voltaire (1764) donnent ici : « nous naturaliser, » et au vers 221 : « nos Tyriens. » Notre texte est celui de toutes les éditions publiées du vivant de l'auteur, et c'est bien celui que le sens demande.

Qui peut avec raison vous aigrir le courage, 240
Et voudrois vous servir malgré ce grand courroux.
                    ÉRYXE.
Craignez que je ne puisse en dire autant de vous.
Mais le Roi vient : adieu; je n'ai pas l'imprudence
De m'offrir pour troisième à votre conférence;
Et d'ailleurs, s'il vous vient demander votre aveu, 245
Soit qu'il l'obtienne ou non, il importe fort peu.

SCÈNE IV.
SYPHAX, SOPHONISBE, HERMINIE, BOCCHAR.

SOPHONISBE.
Eh bien! Seigneur, la paix, l'avez-vous résolue?
                    SYPHAX.
Vous en êtes encor la maîtresse absolue,
Madame; et je n'ai pris trêve pour un moment,
Qu'afin de tout remettre à votre sentiment. 250
  On m'offre le plein calme, on m'offre de me rendre
Ce que dans mes États la guerre a fait surprendre,
L'amitié des Romains, que pour vous j'ai trahis.
                    SOPHONISBE.
Et que vous offre-t-on, Seigneur, pour mon pays?
                    SYPHAX.
Loin d'exiger de moi que j'y porte mes armes, 255
On me laisse aujourd'hui tout entier à vos charmes :
On demande que neutre en ces dissensions,
Je laisse aller le sort de vos deux nations.
                    SOPHONISBE.
Et ne pourroit-on point vous en faire l'arbitre?
                    SYPHAX.
Le ciel sembloit m'offrir un si glorieux titre, 260
Alors qu'on vit dans Cyrthe entrer d'un pas égal,

D'un côté Scipion, et de l'autre Asdrubal.
Je vis ces deux héros, jaloux de mon suffrage,
Le briguer, l'un pour Rome, et l'autre pour Carthage;
Je les vis à ma table, et sur un même lit[1];   265
Et comme ami commun, j'aurois[2] eu tout crédit.
Votre beauté, Madame, emporta la balance :
De Carthage pour vous j'embrassai l'alliance;
Et comme on ne veut point d'arbitre intéressé,
C'est beaucoup aux vainqueurs d'oublier le passé.   270
En l'état où je suis, deux batailles perdues,
Mes villes, la plupart surprises ou rendues,
Mon royaume d'argent et d'hommes affoibli,
C'est beaucoup de me voir tout d'un coup rétabli.
Je reçois sans combat le prix de la victoire;   275
Je rentre sans péril en ma première gloire;
Et ce qui plus que tout a lieu de m'être doux,
Il m'est permis enfin de vivre auprès de vous.

SOPHONISBE.

Quoi que vous résolviez, c'est à moi d'y souscrire;
J'oserai toutefois m'enhardir à vous dire   280
Qu'avec plus de plaisir je verrois ce traité,
Si j'y voyois pour vous ou gloire ou sûreté.
Mais, Seigneur, m'aimez-vous encor?

SYPHAX.

Si je vous aime?

SOPHONISBE.

Oui, m'aimez-vous encor, Seigneur?

SYPHAX.

Plus que moi-même.

---

1. Scipion et Asdrubal vinrent le même jour réclamer l'alliance et l'amitié de Syphax. Le hasard les ayant réunis sous son toit, il les invita tous deux à s'asseoir à sa table. Scipion et Asdrubal, parce que tel était le désir du roi, se placèrent sur le même lit. *Eodem lecto Scipio atque Asdrubal (quia ita cordi erat regi) accubuerunt.* (*Tite Live*, livre XXVIII, chapitre XVIII.)

2. Les éditions de 1663 et de 1666 donnent *j'avois* (*j'auois*), pour *j'aurois*.

SOPHONISBE.

Si mon amour égal rend vos jours fortunés, 285
Vous souvient-il encor de qui vous le¹ tenez?

SYPHAX.

De vos bontés, Madame.

SOPHONISBE.

Ah! cessez, je vous prie,
De faire en ma faveur outrage à ma patrie.
Un autre avoit le choix de mon père et le mien;
Elle seule pour vous rompit ce doux lien. 290
Je brûlois d'un beau feu, je promis de l'éteindre;
J'ai tenu ma parole, et j'ai su m'y contraindre.
Mais vous ne tenez pas, Seigneur, à vos amis
Ce qu'acceptant leur don vous leur avez promis;
Et pour ne pas user vers vous d'un mot trop rude, 295
Vous montrez pour Carthage un peu d'ingratitude.

Quoi? vous qui lui devez ce bonheur de vos jours,
Vous que mon hyménée engage à son secours,
Vous que votre serment attache à sa défense²,
Vous manquez de parole et de reconnoissance, 300
Et pour remercîment de me voir en vos mains,
Vous la livrez vous-même en celles des Romains³!
Vous brisez le pouvoir dont vous m'avez reçue,
Et je serai le prix d'une amitié rompue,
Moi qui pour en étreindre⁴ à jamais les grands nœuds,
Ai d'un amour si juste éteint les plus beaux feux!

---

1. L'édition de 1692 a changé *le* en *les*.
2. Quand Syphax épousa Sophonisbe, les Carthaginois et lui se lièrent par des engagements réciproques et se promirent, sous la foi du serment, d'avoir les mêmes amis et les mêmes ennemis : *data ultro citroque fide, eosdem amicos inimicosque habituros.* (*Tite Live*, livre XXIX, chapitre XXIII.)
3. Dans les éditions de Thomas Corneille et de Voltaire, il y a *celle*, au singulier : « en celle des Romains. »
4. Les impressions de 1668 et de 1682 ont ici l'une et l'autre la même faute typographique : *éteindre*, pour *étreindre*.

Moi que vous protestez d'aimer plus que vous-même !
Ah ! Seigneur, le dirai-je ? est-ce ainsi que l'on m'aime ?

SYPHAX.

Si vous m'aimiez, Madame, il vous seroit bien doux
De voir comme je veux ne vous devoir qu'à vous : 310
Vous ne vous plairiez pas à montrer dans votre âme
Les restes odieux d'une première flamme,
D'un amour dont l'hymen qu'on a vu nous unir
Devroit avoir éteint jusques au souvenir.
Vantez-moi vos appas, montrez avec courage 315
Ce prix impérieux dont m'achète Carthage ;
Avec tant de hauteur prenez son intérêt,
Qu'il me faille en esclave agir comme il lui plaît ;
Au moindre soin des miens traitez-moi d'infidèle,
Et ne me permettez de régner que sous elle ; 320
Mais épargnez ce comble aux malheurs que je crains,
D'entendre aussi vanter ces beaux feux mal éteints,
Et de vous en voir l'âme encor toute obsédée
En ma présence même en caresser l'idée.

SOPHONISBE.

Je m'en souviens, Seigneur, lorsque vous oubliez 325
Quels vœux mon changement vous a sacrifiés,
Et saurai l'oublier, quand vous ferez justice
A ceux qui vous ont fait un si grand sacrifice.

Au reste, pour ouvrir tout mon cœur avec vous,
Je n'aime point Carthage à l'égal d'un époux ; 330
Mais bien que moins soumise à son destin qu'au vôtre
Je crains également et pour l'un et pour l'autre,
Et ce que je vous suis ne sauroit empêcher
Que le plus malheureux ne me soit le plus cher.

Jouissez de la paix qui vous vient d'être offerte, 335
Tandis que j'irai plaindre et partager sa perte :
J'y mourrai sans regret, si mon dernier moment
Vous laisse en quelque état de régner sûrement ;

Mais Carthage détruite, avec quelle apparence
Oserez-vous garder cette fausse espérance? 340
Rome, qui vous redoute et vous flatte aujourd'hui,
Vous craindra-t-elle encor, vous voyant sans appui,
Elle qui de la paix ne jette les amorces
Que par le seul besoin de séparer vos forces[1],
Et qui dans Massinisse, et voisin, et jaloux, 345
Aura toujours de quoi se brouiller avec vous?
Tous deux vous devront tout. Carthage abandonnée
Vaut pour l'un et pour l'autre une grande journée.
Mais un esprit aigri n'est jamais satisfait
Qu'il n'ait vengé l'injure en dépit du bienfait. 350
Pensez-y : votre armée est la plus forte en nombre;
Les Romains ont tremblé dès qu'ils en ont vu l'ombre;
Utique à l'assiéger retient leur Scipion[2];
Un temps bien pris peut tout : pressez l'occasion.
De ce chef éloigné la valeur peu commune 355
Peut-être à sa personne attache leur fortune;
Il tient auprès de lui la fleur de leurs soldats.
En tout événement Cyrthe vous tend les bras;
Vous tiendrez, et longtemps, dedans cette retraite.
Mon père cependant répare sa défaite; 360
Hannon a de l'Espagne amené du secours;
Annibal vient lui-même ici dans peu de jours[3].
Si tout cela vous semble un léger avantage,
Renvoyez-moi, Seigneur, me perdre avec Carthage :
J'y périrai sans vous; vous régnerez sans moi. 365
Vous préserve le ciel de ce que je prévoi,
Et daigne son courroux, me prenant seul en butte,

1. On lit *vos forces* dans l'édition de 1663, *mes forces* dans celles de 1666 et de 1668, et *nos forces* dans celles de 1682, de 1692 et de Voltaire (1764).
2. Voyez Tite Live, livre XXX, chapitre III.
3. A peu de distance du récit d'où Corneille a tiré sa pièce, Tite Live nous montre Annibal revenu d'Italie en Afrique : voyez livre XXX, chapitres XXVIII et XXIX.

M'exempter par ma mort de pleurer votre chute!
SYPHAX.
A des charmes si forts joindre celui des pleurs!
Soulever contre moi ma gloire et vos douleurs! 370
C'est trop, c'est trop, Madame; il faut vous satisfaire :
Le plus grand des malheurs seroit de vous déplaire,
Et tous mes sentiments veulent bien se trahir
A la douceur de vaincre ou de vous obéir.
La paix eût sur ma tête assuré ma couronne; 375
Il faut la refuser, Sophonisbe l'ordonne :
Il faut servir Carthage, et hasarder l'État.
Mais que deviendrez-vous, si je meurs au combat?
Qui sera votre appui, si le sort des batailles
Vous rend un corps sans vie au pied de nos murailles? 380
SOPHONISBE.
Je vous répondrois bien qu'après votre trépas
Ce que je deviendrai ne vous regarde pas;
Mais j'aime mieux, Seigneur, pour vous tirer de peine,
Vous dire que je sais vivre et mourir en reine.
SYPHAX.
N'en parlons plus, Madame. Adieu : pensez à moi; 385
Et je saurai, pour vous, vaincre ou mourir en roi[1].

---

1. Toute cette scène entre Sophonisbe et Syphax est le développement de ce passage de Tite Live (livre XXX, chapitre VII) : « Syphax faisait les plus actives dispositions pour recommencer la guerre. Sa femme l'avait gagné, non plus seulement comme autrefois, par des caresses, armes déjà si puissantes sur le cœur d'un époux qui l'aimait, mais par les prières et la compassion, le conjurant, les yeux pleins de larmes, de ne pas trahir son père et sa patrie. » *Syphacem.... summa ope... reparantem bellum : quum uxor, non jam, ut ante, blanditiis, satis potentibus ad animum amantis, sed precibus et misericordia valuisset, plena lacrimarum obtestans ne patrem suum patriamque proderet.*

FIN DU PREMIER ACTE.

ACTE II.

SCÈNE PREMIÈRE.

ÉRYXE, BARCÉE.

ÉRYXE.

Quel désordre, Barcée, ou plutôt quel supplice,
M'apprêtoit la victoire à revoir Massinisse!
Et que de mon destin l'obscure trahison
Sur mes souhaits remplis a versé de poison! 390
Syphax est prisonnier; Cyrthe toute éperdue
A ce triste spectacle aussitôt s'est rendue.
Sophonisbe, en dépit de toute sa fierté,
Va gémir à son tour dans la captivité :
Le ciel finit la mienne, et je n'ai plus de chaînes 395
Que celles qu'avec gloire on voit porter aux reines;
Et lorsqu'aux mêmes fers je crois voir mon vainqueur,
Je doute, en le voyant, si j'ai part en son cœur.
　En vain l'impatience à le chercher m'emporte,
En vain de ce palais je cours jusqu'à la porte, 400
Et m'ose figurer, en cet heureux moment,
Sa flamme impatiente et forte également :
Je l'ai vu, mais surpris, mais troublé de ma vue;
Il n'étoit point lui-même alors qu'il m'a reçue,
Et ses yeux égarés marquoient un embarras 405
A faire assez juger qu'il ne me cherchoit pas.
J'ai vanté sa victoire, et je me suis flattée
Jusqu'à m'imaginer que j'étois écoutée;

Mais quand pour me répondre il s'est fait un effort,
Son compliment au mien n'a point eu de rapport ; 410
Et j'ai trop vu par là qu'un si profond silence
Attachoit sa pensée ailleurs qu'à ma présence,
Et que l'emportement d'un entretien secret
Sous un front attentif cachoit l'esprit distrait.

BARCÉE.

Les soins d'un conquérant vous donnent trop d'alarmes.
C'est peu que devant lui Cyrthe ait mis bas les armes,
Qu'elle se soit rendue, et qu'un commun effroi
L'ait fait à tout son peuple accepter pour son roi ;
Il lui faut s'assurer des places et des portes,
Pour en demeurer maître y poster[1] ses cohortes : 420
Ce devoir se préfère aux soucis les plus doux ;
Et s'il en étoit quitte, il seroit tout à vous.

ÉRYXE.

Il me l'a dit lui-même alors qu'il m'a quittée ;
Mais j'ai trop vu d'ailleurs son âme inquiétée ;
Et de quelque couleur que tu couvres ses soins, 425
Sa nouvelle conquête en occupe le moins.
Sophonisbe, en un mot, et captive et pleurante,
L'emporte sur Éryxe et reine et triomphante ;
Et si je m'en rapporte à l'accueil différent,
Sa disgrâce peut plus qu'un sceptre qu'on me rend. 430
Tu l'as pu remarquer. Du moment qu'il l'a vue,
Ses troubles ont cessé, sa joie est revenue :
Ces charmes à Carthage autrefois adorés
Ont soudain réuni ses regards égarés.
Tu l'as vue étonnée, et tout ensemble altière, 435
Lui demander l'honneur d'être sa prisonnière,
Le prier fièrement qu'elle pût en ses mains
Éviter le triomphe et les fers des Romains[2].

1. L'édition de 1692 a changé *poster* en *porter*.
2. Voyez ci-après l'*Appendice* I, p. 550 et 551.

Son orgueil, que ses pleurs sembloient vouloir dédire,
Trouvoit l'art en pleurant d'augmenter son empire ; 440
Et sûre du succès, dont cet art répondoit,
Elle prioit bien moins qu'elle ne commandoit.
Aussi sans balancer il a donné parole
Qu'elle ne seroit point traînée au Capitole,
Qu'il en sauroit trouver un moyen assuré ; 445
En lui tendant la main, sur l'heure il l'a juré,
Et n'eût pas borné là son ardeur renaissante,
Mais il s'est souvenu qu'enfin j'étois présente ;
Et les ordres qu'aux siens il avoit à donner
Ont servi de prétexte à nous abandonner. 450
  Que dis-je ? pour moi seule affectant cette fuite,
Jusqu'au fond du palais des yeux il l'a conduite ;
Et si tu t'en souviens, j'ai toujours soupçonné
Que cet amour jamais[1] ne fut déraciné.
Chez moi, dans Hyarbée[2], où le mien trop facile 455
Prêtoit à sa déroute un favorable asile,
Détrôné, vagabond, et sans appui que moi,
Quand j'ai voulu parler contre ce cœur sans foi,
Et qu'à cette infidèle imputant sa misère,
J'ai cru surprendre un mot de haine ou de colère, 460
Jamais son feu secret n'a manqué de détours
Pour me forcer moi-même à changer de discours ;
Ou si je m'obstinois à le faire répondre,
J'en tirois pour tout fruit de quoi mieux me confondre,
Et je n'en arrachois que de profonds hélas, 465
Et qu'enfin son amour ne la méritoit pas.
Juge, par ces soupirs[3] que produisoit l'absence,

---

1. Dans l'édition de 1692 il y a *jadis*, au lieu de *jamais*.
2. *Hyarbée* (*Iarbée*), capitale de la Gétulie, nom de ville forgé, comme le nom de la reine Éryxe, et tiré apparemment de celui de l'ancien roi de Gétulie *Iarbas*.
3. L'édition de 1692 donnne « ses soupirs, » pour « ces soupirs. »

Ce qu'à leur entrevue a produit la présence.
BARCÉE.
Elle a produit sans doute un effet de pitié,
Où se mêle peut-être une ombre d'amitié. 470
Vous savez qu'un cœur noble et vraiment magnanime,
Quand il bannit l'amour, aime à garder l'estime;
Et que bien qu'offensé par le choix d'un mari,
Il n'insulte jamais à ce qu'il a chéri.
Mais quand bien vous auriez tout lieu de vous en plaindre,
Sophonisbe, après tout, n'est point pour vous à craindre :
Eût-elle tout son cœur, elle l'auroit en vain,
Puisqu'elle est hors d'état de recevoir sa main.
Il vous la doit, Madame.
ÉRYXE.
Il me la doit, Barcée;
Mais que sert une main par le devoir forcée? 480
Et qu'en auroit le don pour moi de précieux,
S'il faut que son esclave ait son cœur à mes yeux?
Je sais bien que des rois la fière destinée
Souffre peu que l'amour règle leur hyménée,
Et que leur union souvent, pour leur malheur, 585
N'est que du sceptre au sceptre, et non du cœur au cœur;
Mais je suis au-dessus de cette erreur commune :
J'aime en lui sa personne autant que sa fortune;
Et je n'en exigeai qu'il reprît ses États
Que de peur que mon peuple en fît trop peu de cas. 490
Des actions des rois ce téméraire arbitre
Dédaigne insolemment ceux qui n'ont que le titre.
Jamais d'un roi sans trône il n'eût souffert la loi,
Et ce mépris peut-être eût passé jusqu'à moi.
Il falloit qu'il lui vît sa couronne à la tête, 495
Et que ma main devînt sa dernière conquête,
Si nous voulions régner avec l'autorité
Que le juste respect doit à la dignité.

J'aime donc Massinisse, et je prétends qu'il m'aime :
Je l'adore, et je veux qu'il m'adore de même ; 500
Et pour moi son hymen seroit un long ennui,
S'il n'étoit tout à moi, comme moi toute à lui.
Ne t'étonne donc point de cette jalousie
Dont, à ce froid abord, mon âme s'est saisie ;
Laisse-la-moi souffrir, sans me la reprocher ; 505
Sers-la, si tu le peux, et m'aide à la cacher.
Pour juste aux yeux de tous qu'en puisse être la cause,
Une femme jalouse à cent mépris s'expose ;
Plus elle fait de bruit, moins on en fait d'état,
Et jamais ses soupçons n'ont qu'un honteux éclat. 510
Je veux donner aux miens une route diverse,
A ces amants suspects laisser libre commerce,
D'un œil indifférent en regarder le cours,
Fuir toute occasion de troubler leur discours[1],
Et d'un hymen douteux éviter le supplice, 515
Tant que je douterai du cœur de Massinisse.
Le voici : nous verrons, par son empressement,
Si je me suis trompée en ce pressentiment.

SCÈNE II.

MASSINISSE, ÉRYXE, BARCÉE, MÉZÉTULLE.

MASSINISSE.

Enfin, maître absolu des murs et de la ville,
Je puis vous rapporter un esprit plus tranquille, 520
Madame, et voir céder en ce reste du jour
Les soins de la victoire aux douceurs de l'amour.

---

1. Tel est le texte de toutes les éditions publiées du vivant de l'auteur Thomas Corneille et Voltaire ont mis le pluriel : « leurs discours. »

Je n'aurois plus de lieu d'aucune inquiétude[1],
N'étoit que je ne puis sortir d'ingratitude,
Et que dans mon bonheur il n'est pas bien en moi   525
De m'acquitter jamais de ce que je vous doi.
  Les forces qu'en mes mains vos bontés ont remises
Vous ont laissée en proie à de lâches surprises,
Et me rendoient ailleurs ce qu'on m'avoit ôté,
Tandis qu'on vous ôtoit et sceptre et liberté.   530
Ma première victoire a fait votre esclavage;
Celle-ci, qui le brise, est encor votre ouvrage;
Mes bons destins par vous ont eu tout leur effet,
Et je suis seulement ce que vous m'avez fait.
Que peut donc tout l'effort de ma reconnoissance,   535
Lorsque je tiens de vous ma gloire et ma puissance?
Et que vous puis-je offrir que votre propre bien,
Quand je vous offrirai votre sceptre et le mien[2]?

ÉRYXE.

Quoi qu'on puisse devoir, aisément on s'acquitte,
Seigneur, quand on se donne avec tant de mérite: 540
C'est un rare présent qu'un véritable roi,
Qu'a rendu sa victoire enfin digne de moi.
Si dans quelques malheurs pour vous je suis tombée,
Nous pourrons en parler un jour dans Hyarbée,
Lorsqu'on nous y verra dans un rang souverain,   545
La couronne à la tête, et le sceptre à la main.
Ici nous ne savons encor ce que nous sommes:
Je tiens tout fort douteux tant qu'il dépend des hommes,
Et n'ose m'assurer que nos amis jaloux[3]
Consentent l'union des deux trônes en nous.   550

---

1. Thomas Corneille (1692) et Voltaire (1764) ont corrigé ainsi ce vers :
  Je n'aurois plus sujet d'aucune inquiétude.

2. Voyez ci-dessus, p. 469 et 470, l'observation que Corneille fait sur ce couplet.

3. Les Romains.

Ce qu'avec leurs héros vous avez de pratique
Vous a dû mieux qu'à moi montrer leur politique.
Je ne vous en dis rien : un souci plus pressant,
Et si je l'ose dire, assez embarrassant,
Où même ainsi que vous la pitié m'intéresse, 555
Vous doit inquiéter touchant votre promesse :
Dérober Sophonisbe au pouvoir des Romains,
C'est un pénible ouvrage, et digne de vos mains ;
Vous devez y penser.

MASSINISSE.

Un peu trop téméraire,
Peut-être ai-je promis plus que je ne puis faire. 560
Les pleurs de Sophonisbe ont surpris ma raison[1].
L'opprobre du triomphe est pour elle un poison ;
Et j'ai cru que le ciel l'avoit assez punie,
Sans la livrer moi-même à tant d'ignominie.
Madame, il est bien dur de voir déshonorer 565
L'autel où tant de fois on s'est plu d'adorer,
Et l'âme ouverte aux biens que le ciel lui renvoie
Ne peut rien refuser dans ce comble de joie.
Mais quoi que ma promesse ait de difficultés,
L'effet en est aisé, si vous y consentez. 570

ÉRYXE.

Si j'y consens ! bien plus, Seigneur, je vous en prie.
Voyez s'il faut agir de force ou d'industrie ;
Et concertez ensemble en toute liberté
Ce que dans votre esprit vous avez projeté.
Elle vous cherche exprès.

1. « L'âme du vainqueur ne s'abandonna pas seulement à la compassion ; il s'éprit d'amour pour sa captive. » *Non in misericordiam modo prolapsus est animus victoris, sed.... amore captivæ victor captus....* (*Tite Live*, livre XXX, chapitre XII.) Voyez ci-après l'*Appendice* I, p. 551.

SCÈNE III.

MASSINISSE, ÉRYXE, SOPHONISBE, BARCÉE, HERMINIE, MÉZÉTULLE[1].

ÉRYXE.

Tout a changé de face, 575
Madame, et les destins vous ont mise en ma place.
Vous me deviez servir malgré tout mon courroux,
Et je fais à présent même chose pour vous :
Je vous l'avois promis, et je vous tiens parole.

SOPHONISBE.

Je vous suis obligée ; et ce qui m'en console, 580
C'est que tout peut changer une seconde fois ;
Et je vous rendrai lors tout ce que je vous dois.

ÉRYXE.

Si le ciel jusque-là vous en laisse incapable,
Vous pourrez quelque temps être ma redevable,
Non tant d'avoir parlé, d'avoir prié pour vous, 585
Comme de vous céder un entretien si doux.
Voyez si c'est vous rendre un fort méchant office
Que vous abandonner le prince Massinisse.

SOPHONISBE.

Ce n'est pas mon dessein de vous le dérober.

ÉRYXE.

Peut-être en ce dessein pourriez-vous succomber ;
Mais, Seigneur, quel qu'il soit, je n'y mets point d'obstacles :
Un héros, comme un dieu, peut faire des miracles ;
Et s'il faut mon aveu pour en venir à bout,

---

1. Les éditeurs modernes ont ajouté avec raison aux noms des personnages celui de Mézétulle, qui figure en tête de la scène précédente et dans la suivante. Ce nom ne se trouve ici dans aucune des éditions anciennes, pas même dans celles de Thomas Corneille (1692) et de Voltaire (1764).

ACTE II, SCÈNE III.

Soyez sûr de nouveau que je consens à tout.
Adieu.

SCÈNE IV[1].

MASSINISSE, SOPHONISBE, HERMINIE, MÉZÉTULLE.

SOPHONISBE.

Pardonnez-vous à cette inquiétude 595
Que fait de mon destin la triste incertitude,
Seigneur? et cet espoir que vous m'avez donné
Vous fera-t-il aimer d'en être importuné?
Je suis Carthaginoise, et d'un sang que vous-même
N'avez que trop jugé digne du diadème : 600
Jugez par là l'excès de ma confusion
A me voir attachée au char de Scipion ;
Et si ce qu'entre nous on vit d'intelligence
Ne vous convaincra point d'une indigne vengeance,
Si vous écoutez plus de vieux ressentiments 605
Que le sacré respect de vos derniers serments.
Je fus ambitieuse, inconstante et parjure[2] :
Plus votre amour fut grand, plus grande en est l'injure ;
Mais plus il a paru, plus il vous fait de lois
Pour défendre l'honneur de votre premier choix ; 610
Et plus l'injure est grande, et d'autant mieux éclate
La générosité de servir une ingrate
Que votre bras lui-même a mise hors d'état
D'en pouvoir dignement reconnoître l'éclat.

MASSINISSE.

Ah! si vous m'en devez quelque reconnoissance, 615
Cessez de vous en faire une fausse impuissance :

1. Pour toute cette scène, voyez ci-après l'*Appendice* I, p. 551.
2. *Var.* Je fus ambitieuse, inconstante, parjure. (1663)

De quelque dur revers que vous sentiez les coups,
Vous pouvez plus pour moi que je ne puis pour vous.
Je dis plus : je ne puis pour vous aucune chose,
A moins qu'à m'y servir ce revers vous dispose.   620
J'ai promis, mais sans vous j'aurai promis en vain ;
J'ai juré, mais l'effet dépend de votre main ;
Autre qu'elle en ces lieux ne peut briser vos chaînes :
En un mot le triomphe est un supplice aux reines ;
La femme du vaincu ne le peut éviter,   625
Mais celle du vainqueur n'a rien à redouter.
De l'une il est aisé que vous deveniez l'autre ;
Votre main par mon sort peut relever le vôtre ;
Mais vous n'avez qu'une heure, ou plutôt qu'un moment,
Pour résoudre votre âme à ce grand changement.   630
Demain Lélius entre, et je ne suis plus[1] maître ;
Et quelque amour en moi que vous voyiez renaître,
Quelques charmes en vous qui puissent me ravir,
Je ne puis que vous plaindre, et non pas vous servir.
C'est vous parler sans doute avec trop de franchise ;   635
Mais le péril....

SOPHONISBE.

De grâce, excusez ma surprise.
Syphax encor vivant, voulez-vous qu'aujourd'hui....

MASSINISSE.

Vous me fûtes promise auparavant qu'à lui ;
Et cette foi donnée et reçue à Carthage,
Quand vous voudrez m'aimer, d'avec lui vous dégage.   640
Si de votre personne il s'est vu possesseur,
Il en fut moins l'époux que l'heureux ravisseur ;
Et sa captivité qui rompt cet hyménée[2]
Laisse votre main libre et la sienne enchaînée.

---

1. L'édition de 1666 donne seule *pas*, au lieu de *plus*.
2. Les impressions de 1666, de 1668 et de 1682 donnent ce mot au fémi-

ACTE II, SCÈNE IV.

Rendez-vous à vous-même; et s'il vous peut venir 645
De notre amour passé quelque doux souvenir,
Si ce doux souvenir peut avoir quelque force....

SOPHONISBE.

Quoi? vous pourriez m'aimer après un tel divorce,
Seigneur, et recevoir de ma légèreté
Ce que vous déroba tant d'infidélité? 650

MASSINISSE.

N'attendez point, Madame, ici que je vous die
Que je ne vous impute aucune perfidie;
Que mon peu de mérite et mon trop de malheur
Ont seuls forcé Carthage à forcer votre cœur;
Que votre changement n'éteignit point ma flamme, 655
Qu'il ne vous ôta point l'empire de mon âme;
Et que si j'ai porté la guerre en vos États,
Vous étiez la conquête où prétendoit mon bras.
Quand le temps est trop cher pour le perdre en paroles,
Toutes ces vérités sont des discours frivoles: 660
Il faut ménager mieux ce moment de pouvoir.
Demain Lélius entre; il le peut dès ce soir:
Avant son arrivée assurez votre empire.
Je vous aime, Madame, et c'est assez vous dire.

Je n'examine point quels sentiments pour moi 665
Me rendront les effets d'une première foi:
Que votre ambition, que votre amour choisisse;
L'opprobre est d'un côté, de l'autre Massinisse.
Il faut aller à Rome ou me donner la main:
Ce grand choix ne se peut différer à demain, 670
Le péril presse autant que mon impatience;
Et quoi que mes succès m'offrent de confiance,
Avec tout mon amour, je ne puis rien pour vous,

---

nin : « cette hyménée; » le masculin, qui est la leçon de la première édition, a été rétabli par Thomas Corneille.

Si demain Rome en moi ne trouve votre époux[1].

SOPHONISBE.

Il faut donc qu'à mon tour je parle avec franchise, 675
Puisqu'un péril si grand ne veut point de remise.

L'hymen que vous m'offrez peut rallumer mes feux,
Et pour briser mes fers rompre tous autres nœuds;
Mais avant qu'il vous rende à votre prisonnière,
Je veux que vous voyiez[2] son âme toute entière, 680
Et ne puissiez un jour vous plaindre avec sujet
De n'avoir pas bien vu ce que vous aurez fait.

Quand j'épousai Syphax, je n'y fus point forcée :
De quelques traits pour vous que l'amour m'eût blessée,
Je vous quittai sans peine, et tous mes vœux trahis 685
Cédèrent avec joie au bien de mon pays.
En un mot, j'ai reçu du ciel pour mon partage
L'aversion de Rome et l'amour de Carthage.
Vous aimez Lélius, vous aimez Scipion,
Vous avez lieu d'aimer toute leur nation; 690
Aimez-la, j'y consens, mais laissez-moi ma haine[3].
Tant que vous serez roi, souffrez que je sois reine,
Avec la liberté d'aimer et de haïr,
Et sans nécessité de craindre ou d'obéir.

Voilà quelle je suis, et quelle je veux être. 695
J'accepte votre hymen, mais pour vivre sans maître,
Et ne quitterois point l'époux que j'avois pris,
Si Rome se pouvoit éviter qu'à ce prix.

---

1. « Massinissa n'écouta que son amour et prit une résolution téméraire. Il ordonna sur-le-champ de faire les préparatifs de son mariage pour le jour même, afin de ne laisser ni à Lélius ni à Scipion le droit de traiter comme captive celle qui serait déjà l'épouse de Massinissa. » *Ab amore temerarium.... mutuatur consilium. Nuptias in eum ipsum diem repente parari jubet, ne quid relinqueret integri aut Laelio, aut ipsi Scipioni, consulendi velut in captivam, quae Massinissae jam nupta foret.* (*Tite Live*, livre XXX, chapitre XII.) Voyez ci-après l'*Appendice* I, p. 551.

2. L'édition de 1682 donne seule, *voyez*, sans *i*.

3. *Var.* Aimez-la, j'y consens, mais laissez-moi la haine. (1666)

ACTE II, SCÈNE IV.

A ces conditions me voulez-vous pour femme?
MASSINISSE.
A ces conditions prenez toute mon âme ; 700
Et s'il vous faut encor quelques nouveaux serments....
SOPHONISBE.
Ne perdez point, Seigneur, ces précieux moments ;
Et puisque sans contrainte il m'est permis de vivre,
Faites tout préparer ; je m'apprête à vous suivre.
MASSINISSE.
J'y vais ; mais de nouveau gardez que Lélius.... 705
SOPHONISBE.
Cessez de vous gêner par des soins superflus ;
J'en connois l'importance, et vous rejoins au temple.

SCÈNE V.

SOPHONISBE, HERMINIE.

SOPHONISBE.
Tu vois, mon bonheur passe et l'espoir et l'exemple ;
Et c'est, pour peu qu'on aime, une extrême douceur
De pouvoir accorder sa gloire avec son cœur ; 710
Mais c'en est une ici bien autre, et sans égale,
D'enlever, et sitôt, ce prince à ma rivale,
De lui faire tomber le triomphe des mains[1],
Et prendre sa conquête aux yeux de ses Romains.
Peut-être avec le temps j'en aurai l'avantage 715
De l'arracher à Rome, et le rendre à Carthage ;
Je m'en réponds déjà sur le don de sa foi :
Il est à mon pays puisqu'il est tout à moi.
A ce nouvel hymen c'est ce qui me convie,
Non l'amour, non la peur de me voir asservie : 720

1. *Var.* De lui faire tomber son triomphe des mains. (1663-68)

L'esclavage aux grands cœurs n'est point à redouter ;
Alors qu'on sait mourir, on sait tout éviter ;
Mais comme enfin la vie est bonne à quelque chose,
Ma patrie elle-même à ce trépas s'oppose,
Et m'en désavoueroit, si j'osois me ravir 725
Les moyens que l'amour m'offre de la servir.
Le bonheur surprenant de cette préférence
M'en donne une assez juste et flatteuse espérance.
Que ne pourrai-je point si, dès qu'il m'a pu voir,
Mes yeux d'une autre reine ont détruit le pouvoir ! 730
Tu l'as vu comme moi, qu'aucun retour vers elle
N'a montré qu'avec peine il lui fût infidèle :
Il ne l'a point nommée, et pas même un soupir
N'en a fait soupçonner le moindre souvenir.

HERMINIE.

Ce sont grandes douceurs que le ciel vous renvoie ; 735
Mais il manque le comble à cet excès de joie,
Dont vous vous sentiriez encor bien mieux saisir,
Si vous voyiez qu'Éryxe en eût du déplaisir.
Elle est indifférente, ou plutôt insensible :
A vous servir contre elle elle fait son possible, 740
Quand vous prenez plaisir à troubler son discours,
Elle en prend à laisser au vôtre un libre cours ;
Et ce héros enfin que votre soin obsède
Semble ne vous offrir que ce qu'elle vous cède.
Je voudrois qu'elle vît un peu plus son malheur, 745
Qu'elle en fît hautement éclater la douleur ;
Que l'espoir inquiet de se voir son épouse
Jetât un plein désordre en son âme jalouse ;
Que son amour pour lui fût sans bonté pour vous.

SOPHONISBE.

Que tu te connois mal en sentiments jaloux ! 750
Alors qu'on l'est si peu qu'on ne pense pas l'être,
On n'y réfléchit point, on laisse tout paroître ;

Mais quand on l'est assez pour s'en apercevoir,
On met tout son possible à n'en laisser rien voir.
   Éryxe, qui connoît et qui hait sa foiblesse, 755
La renferme au dedans, et s'en rend la maîtresse;
Mais cette indifférence où tant d'orgueil se joint
Ne part que d'un dépit jaloux au dernier point;
Et sa fausse bonté se trahit elle-même
Par l'effort qu'elle fait à se montrer extrême : 760
Elle est étudiée, et ne l'est pas assez
Pour échapper entière aux yeux intéressés.
Allons, sans perdre temps, l'empêcher de nous nuire,
Et prévenir l'effet qu'elle pourroit produire.

FIN DU SECOND ACTE.

ACTE III.

SCÈNE PREMIÈRE.
MASSINISSE, MÉZÉTULLE.

MÉZÉTULLE.

Oui, Seigneur, j'ai donné vos ordres à la porte, 765
Que jusques à demain aucun n'entre, ne sorte[1],
A moins que Lélius vous dépêche quelqu'un.
Au reste, votre hymen fait le bonheur commun :
Cette illustre conquête est une autre victoire,
Que prennent les vainqueurs pour un surcroît de gloire,
Et qui fait aux vaincus bannir tout leur effroi,
Voyant régner leur reine avec leur nouveau roi.
Cette union à tous promet des biens solides,
Et réunit sous vous tous les cœurs des Numides.

MASSINISSE.

Mais Éryxe... ?

MÉZÉTULLE.

J'ai mis des gens à l'observer, 775
Et suis allé moi-même après eux la trouver,
De peur qu'un contre-temps de jalouse colère
Allât jusqu'aux autels en troubler le mystère.
D'abord qu'elle a tout su, son visage étonné
Aux troubles du dedans sans doute a trop donné : 780
Du moins à ce grand coup elle a paru surprise ;
Mais un moment après, entièrement remise,

---

1. L'édition de 1692 et Voltaire d'après elle ont changé *ne* en *ni*.

Elle a voulu sourire, et m'a dit froidement :
« Le Roi n'use pas mal de mon consentement;
Allez, et dites-lui que pour reconnoissance.... »   785
Mais, Seigneur, devers vous elle-même s'avance,
Et vous expliquera mieux que je n'aurois fait
Ce qu'elle ne m'a pas expliqué tout à fait.

MASSINISSE.

Cependant cours au temple, et presse un peu la Reine
D'y terminer des vœux dont la longueur me gêne;   790
Et dis-lui que c'est trop importuner les Dieux,
En un temps où sa vue est si chère à mes yeux.

SCÈNE II.
MASSINISSE, ÉRYXE, BARCÉE.

ÉRYXE.

Comme avec vous, Seigneur, je ne sus jamais feindre,
Souffrez pour un moment que j'ose ici m'en plaindre[1],
Non d'un amour éteint, ni d'un espoir déçu,   795
L'un fut mal allumé, l'autre fut mal conçu;
Mais d'avoir cru mon âme et si foible et si basse,
Qu'elle pût m'imputer votre hymen à disgrâce,
Et d'avoir envié cette joie à mes yeux
D'en être les témoins, aussi bien que les Dieux.   800
Ce plein aveu promis avec tant de franchise
Me préparoit assez à voir tout sans surprise;
Et sûr que vous étiez de mon consentement,
Vous me deviez ma part en cet heureux moment.
J'aurois un peu plus tôt été désabusée;   805
Et près du précipice où j'étois exposée,

---

1. Voltaire (1764) a substitué « me plaindre » à « m'en plaindre, » qui est le texte de toutes les éditions anciennes, y compris celle de 1692.

Il m'eût été, Seigneur, et m'est encor bien doux
D'avoir pu vous connoître avant que d'être à vous.
Aussi n'attendez point de reproche ou d'injure :
Je ne vous nommerai ni lâche, ni parjure. 810
Quel outrage m'a fait votre manque de foi,
De me voler un cœur qui n'étoit pas à moi[1] ?
J'en connois le haut prix, j'en vois tout le mérite ;
Mais jamais un tel vol n'aura rien qui m'irrite,
Et vous vivrez sans trouble en vos contentements, 815
S'ils n'ont à redouter que mes ressentiments.

MASSINISSE.

J'avois assez prévu qu'il vous seroit facile
De garder dans ma perte un esprit si tranquille :
Le peu d'ardeur pour moi que vos desirs ont eu
Doit s'accorder sans peine avec cette vertu. 820
Vous avez feint d'aimer, et permis l'espérance ;
Mais cet amour traînant n'avoit que l'apparence ;
Et quand par votre hymen vous pouviez m'acquérir,
Vous m'avez renvoyé pour vaincre ou pour périr.
J'ai vaincu par votre ordre, et vois avec surprise 825
Que je n'en ai pour fruit qu'une froide remise,
Et quelque espoir douteux d'obtenir votre choix
Quand nous serons chez vous l'un et l'autre en vrais rois.

  Dites-moi donc, Madame, aimiez-vous[2] ma personne
Ou le pompeux éclat d'une double couronne ? 830
Et lorsque vous prêtiez des forces à mon bras,
Étoit-ce pour unir nos mains ou nos États ?
Je vous l'ai déjà dit, que toute ma vaillance
Tient d'un si grand secours sa gloire et sa puissance.
Je saurai m'acquitter de ce qui vous est dû, 835
Et je vous rendrai plus que vous n'avez perdu ;

1. *Var.* De me voler un cœur qui n'étoit point à moi. (1663-68)
2. L'édition de 1666 porte *aimez-vous*, au présent.

Mais comme en mon malheur ce favorable office
En vouloit à mon sceptre, et non à Massinisse,
Vous pouvez sans chagrin, dans mes destins meilleurs,
Voir mon sceptre en vos mains, et Massinisse ailleurs.
Prenez ce sceptre aimé pour l'attacher au vôtre;
Ma main tant refusée est bonne pour une autre;
Et son ambition a de quoi s'arrêter
En celui de Syphax[1] qu'elle vient d'emporter.
  Si vous m'aviez aimé, vous n'euriez pas eu honte 845
D'en montrer une estime et plus haute et plus prompte,
Ni craint de ravaler l'honneur de votre rang
Pour trop considérer le mérite et le sang.
La naissance suffit quand la personne est chère :
Un prince détrôné garde son caractère;   850
Mais à vos yeux charmés par de plus forts appas,
Ce n'est point être roi que de ne régner pas.
Vous en vouliez en moi l'effet comme le titre;
Et quand de votre amour la fortune est l'arbitre,
Le mien, au-dessus d'elle et de tous ses revers,   855
Reconnoît son objet dans les pleurs, dans les fers.
Après m'être fait roi pour plaire à votre envie,
Aux dépens de mon sang, aux périls de ma vie,
Mon sceptre reconquis me met en liberté
De vous laisser un bien que j'ai trop acheté;   860
Et ce seroit trahir les droits du diadème,
Que sur le haut d'un trône être esclave moi-même.
Un roi doit pouvoir tout; et je ne suis pas roi,
S'il ne m'est pas permis[2] de disposer de moi.

ÉRYXE.

Il est beau de trancher du roi comme vous faites; 865
Mais n'a-t-on aucun lieu de douter si vous l'êtes?

1. L'édition de 1682 porte *du Syphax*, pour *de Syphax*.
2. L'édition de 1666 donne *promis*, pour *permis*.

Et n'est-ce point, Seigneur, vous y prendre un peu mal,
Que d'en faire l'épreuve en gendre d'Asdrubal[1] ?
Je sais que les Romains vous rendront la couronne,
Vous en avez parole, et leur parole est bonne : 870
Ils vous nommeront roi ; mais vous devez savoir
Qu'ils sont plus libéraux du nom que du pouvoir ;
Et que sous leur appui ce plein droit de tout faire
N'est que pour qui ne veut que ce qui doit leur plaire.
Vous verrez qu'ils auront pour vous trop d'amitié 875
Pour vous laisser méprendre au choix d'une moitié.
Ils ont pris trop de part en votre destinée
Pour ne pas l'affranchir d'un pareil hyménée ;
Et ne se croiroient pas assez de vos amis,
S'ils n'en désavouoient les Dieux qui l'ont permis. 880

MASSINISSE.

Je m'en dédis, Madame ; et s'il vous est facile
De garder dans ma perte un cœur vraiment tranquille,
Du moins votre grande âme avec tous ses efforts
N'en conserve pas bien les fastueux dehors.
Lorsque vous étouffez l'injure et la menace, 885
Vos illustres froideurs laissent rompre leur glace ;
Et cette fermeté de sentiments contraints
S'échappe adroitement du côté des Romains.
Si tant de retenue a pour vous quelque gêne,
Allez jusqu'en leur camp solliciter leur haine ; 890
Traitez-y mon hymen de lâche et noir forfait ;
N'épargnez point les pleurs pour en rompre l'effet ;
Nommez-y moi cent fois ingrat, parjure, traître :
J'ai mes raisons pour eux, et je les dois connoître.

ÉRYXE.

Je les connois, Seigneur, sans doute moins que vous, 895
Et les connois assez pour craindre leur courroux.

---

1. Voyez ci-dessus, p. 465, et la note 3.

Ce grand titre de roi, que seul je considère,
Étend sur moi l'affront qu'en vous ils vont lui faire;
Et rien ici n'échappe à ma tranquillité
Que par les intérêts de notre dignité :   900
Dans votre peu de foi c'est tout ce qui me blesse.
Vous allez hautement montrer notre foiblesse,
Dévoiler notre honte, et faire voir à tous
Quels fantômes d'État on fait régner en nous.
Oui, vous allez forcer nos peuples de connoître   905
Qu'ils n'ont que le sénat pour véritable maître,
Et que ceux qu'avec pompe ils ont vu couronner
En reçoivent les lois qu'ils semblent leur donner.
C'est là mon déplaisir. Si je n'étois pas reine,
Ce que je perds en vous me feroit peu de peine;   910
Mais je ne puis souffrir qu'un si dangereux choix
Détruise en un moment ce peu qui reste aux rois,
Et qu'en un si grand cœur l'impuissance de l'être
Ait ménagé si mal l'honneur de le paroître,
Mais voici cet objet si charmant à vos yeux,   915
Dont le cher entretien vous divertira mieux.

SCÈNE III.

MASSINISSE, SOPHONISBE, ÉRYXE, MÉZÉTULLE, HERMINIE, BARCÉE.

ÉRYXE.

Une seconde fois tout a changé de face,
Madame, et c'est à moi de vous quitter la place.
Vous n'aviez pas dessein de me le dérober[1]?

SOPHONISBE.

L'occasion qui plaît souvent fait succomber.   920

1. Voyez plus haut, acte II, scène III, vers 575 et suivants.

SOPHONISBE.
Vous puis-je en cet état rendre quelque service?
ÉRYXE.
L'occasion qui plaît semble toujours propice;
Mais ce qui vous et moi nous doit mettre en souci,
C'est que ni vous ni moi ne commandons ici.
SOPHONISBE.
Si vous y commandiez, je pourrois être à plaindre. 925
ÉRYXE.
Peut-être en auriez-vous quelque peu moins à craindre.
Ceux dont avant deux jours nous y prendrons des lois
Regardent d'un autre œil la majesté des rois.
Étant ce que je suis, je redoute un exemple;
Et reine, c'est mon sort en vous que je contemple. 930
SOPHONISBE.
Vous avez du crédit, le Roi n'en manque point;
Et si chez les Romains l'un à l'autre se joint....
ÉRYXE.
Votre félicité sera longtemps parfaite,
S'ils la laissent durer autant que je souhaite.
Seigneur, en cet adieu recevez-en ma foi, 935
Ou me donnez quelqu'un qui réponde de moi.
La gloire de mon rang, qu'en vous deux je respecte,
Ne sauroit consentir que je vous sois suspecte.
Faites-moi donc justice, et ne m'imputez rien
Si le ciel à mes vœux ne s'accorde pas bien. 940

SCÈNE IV.

MASSINISSE, SOPHONISBE, MÉZÉTULLE,
HERMINIE.

MASSINISSE.
Comme elle voit ma perte aisément réparable,
Sa jalousie est foible, et son dépit traitable.

ACTE III, SCÈNE IV.

Aucun ressentiment n'éclate en ses discours.
SOPHONISBE.
Non; mais le fond du cœur n'éclate pas toujours.
   Qui n'est point irritée, ayant trop de quoi l'être, 945
L'est souvent d'autant plus qu'on le voit moins paroître,
Et cachant son dessein pour le mieux assurer,
Cherche à prendre ce temps qu'on perd à murmurer.
Ce grand calme prépare un dangereux orage.
Prévenez les effets de sa secrète rage; 950
Prévenez de Syphax l'emportement jaloux,
Avant qu'il ait aigri vos Romains contre vous;
Et portez dans leur camp la première nouvelle
De ce que vient de faire un amour si fidèle.
Vous n'y hasardez rien, s'ils respectent en vous, 955
Comme nous l'espérons, le nom de mon époux;
Mais je m'attirerois la dernière infamie,
S'ils brisoient malgré vous le saint nœud qui nous lie,
Et qu'ils pussent noircir de quelque indignité
Mon trop de confiance en votre autorité. 960
Si dès qu'ils paroîtront, vous n'êtes plus le maître,
C'est d'eux qu'il faut savoir ce que je vous puis être;
Et puisque Lélius doit entrer dès demain....
MASSINISSE.
Ah! je n'ai pas reçu le cœur avec la main.
Si votre amour....
SOPHONISBE.
         Seigneur, je parle avec franchise. 965
Vous m'avez épousée, et je vous suis acquise :
Voyons si vous pourrez me garder plus d'un jour.
Je me rends au pouvoir, et non pas à l'amour;
Et de quelque façon qu'à présent je vous nomme,
Je ne suis point à vous, s'il faut aller à Rome. 970
MASSINISSE.
A qui donc? à Syphax, Madame?

SOPHONISBE.

SOPHONISBE.
                        D'aujourd'hui,
Puisqu'il porte des fers, je ne suis plus à lui.
En dépit des Romains on voit que je vous aime;
Mais jusqu'à leur aveu je suis toute à moi-même[1];
Et pour obtenir plus que mon cœur et ma foi,   975
Il faut m'obtenir d'eux aussi bien que de moi.
Le nom d'époux suffit pour me tenir parole,
Pour me faire éviter l'aspect du Capitole.
N'exigez rien de plus; perdez quelques moments
Pour mettre en sûreté l'effet de vos serments;   980
Afin que vos lauriers me sauvent du tonnerre,
Allez aux dieux du ciel joindre ceux de la terre.
Mais que nous veut Syphax que ce Romain conduit?

SCÈNE V.

SYPHAX, MASSINISSE, SOPHONISBE, LÉPIDE,
HERMINIE, MÉZÉTULLE, Gardes.

LÉPIDE.
Touché de cet excès du malheur qui le suit,
Madame, par pitié Lélius vous l'envoie,   985
Et donne à ses douleurs ce mélange de joie
Avant qu'on le conduise au camp de Scipion[2].

MASSINISSE.
J'aurai pour ses malheurs même compassion.
Adieu: cet entretien ne veut point ma présence;
J'en attendrai l'issue avec impatience;   990
Et j'ose en espérer quelques plus douces lois
Quand vous aurez[3] mieux vu le destin des deux rois.

1. Les éditions de 1682 et de 1692 donnent : « tout à moi-même. »
2. Voyez ci-après, dans l'*Appendice* I, p. 551, le commencement du chapitre XIII.
3. Les éditions de 1663 et de 1682 portent, par erreur : « Quand vous auriez. »

SOPHONISBE.

Je sais ce que je suis et ce que je dois faire,
Et prends pour seul objet ma gloire à satisfaire.

SCÈNE VI.

SYPHAX, SOPHONISBE, LÉPIDE, HERMINIE,
Gardes.

SYPHAX.

Madame, à cet excès de générosité, 995
Je n'ai presque plus d'yeux pour ma captivité;
Et malgré de mon sort la disgrâce éclatante,
Je suis encore heureux quand je vous vois constante.
  Un rival triomphant veut place en votre cœur,
Et vous osez pour moi dédaigner ce vainqueur! 1000
Vous préférez mes fers à toute sa victoire,
Et savez hautement soutenir votre gloire!
Je ne vous dirai point aussi que vos conseils
M'ont fait choir de ce rang si cher à nos pareils,
Ni que pour les Romains votre haine implacable 1005
A rendu ma déroute à jamais déplorable :
Puisqu'en vain Massinisse attaque votre foi,
Je règne dans votre âme, et c'est assez pour moi.

SOPHONISBE.

Qui vous dit qu'à ses yeux vous y régniez encore?
Que pour vous je dédaigne un vainqueur qui m'adore?
Et quelle indigne loi m'y pourroit obliger,
Lorsque vous m'apportez des fers à partager?

SYPHAX.

Ce soin de votre gloire, et de lui satisfaire....

SOPHONISBE.

Quand vous l'entendrez bien, vous dira le contraire¹.

---

1. Tel est le texte de la première édition et de celle de 1692. Les im-

CORNEILLE. VI   33

Ma gloire est d'éviter les fers que vous portez,   1015
D'éviter le triomphe où vous vous soumettez :
Ma naissance ne voit que cette honte à craindre.
Enfin détrompez-vous, il siéroit mal de feindre :
Je suis à Massinisse, et le peuple en ces lieux
Vient de voir notre hymen à la face des Dieux;   1020
Nous sortons de leur temple.
SYPHAX.
Ah! que m'osez-vous dire?
SOPHONISBE.
Que Rome sur mes jours n'aura jamais d'empire.
J'ai su m'en affranchir par une autre union;
Et vous suivrez sans moi le char de Scipion.
SYPHAX.
Le croirai-je, grands Dieux! et le voudra-t-on croire,
Alors que l'avenir en apprendra l'histoire?
Sophonisbe servie avec tant de respect,
Elle que j'adorai dès le premier aspect,
Qui s'est vue à toute heure et partout obéie,
Insulte lâchement à ma gloire trahie,   1030
Met le comble à mes maux par sa déloyauté,
Et d'un crime si noir fait encor vanité!
SOPHONISBE.
Le crime n'est pas grand d'avoir l'âme assez haute
Pour conserver un rang que le destin vous ôte :
Ce n'est point un honneur qui rebute en deux jours;
Et qui règne un moment aime à régner toujours :
Mais si l'essai du trône en fait durer l'envie
Dans l'âme la plus haute à l'égal de la vie,
Un roi né pour la gloire, et digne de son sort,
A la honte des fers sait préférer la mort;   1040
Et vous m'aviez promis en partant....

pressions de 1666, 1668, 1682, et Voltaire (1764) donnent : « vous direz le contraire. »

ACTE III, SCÈNE VI.

SYPHAX.

Ah! Madame,
Qu'une telle promesse étoit douce à votre âme!
Ma mort faisoit dès lors vos plus ardents souhaits¹.

SOPHONISBE.

Non; mais je vous tiens mieux ce que je vous promets :
Je vis encore en reine, et je mourrai de même.   1045

SYPHAX.

Dites que votre foi tient toute au diadème,
Que les plus saintes lois ne peuvent rien sur vous.

SOPHONISBE.

Ne m'attachez point tant au destin d'un époux,
Seigneur; les lois de Rome et celles de Carthage
Vous diront que l'hymen se rompt par l'esclavage², 1050
Que vos chaînes du nôtre ont brisé le lien,
Et qu'étant dans les fers, vous ne m'êtes plus rien.
Ainsi par les lois même en mon pouvoir remise,
Je me donne au monarque à qui je fus promise,
Et m'acquitte envers lui d'une première foi   1055
Qu'il reçut avant vous de mon père et de moi.
Ainsi mon changement n'a point de perfidie :
J'étois et suis encore au roi de Numidie,
Et laisse à votre sort son flux et son reflux³,
Pour régner malgré lui quand vous ne régnez plus. 1060

SYPHAX.

Ah! s'il est quelques lois qui souffrent qu'on étale
Cet illustre mépris de la foi conjugale,
Cette hauteur, Madame, a d'étranges effets,
Après m'avoir forcé de refuser la paix.

---

1. Il y a ici dans l'édition de 1682 une faute étrange qui a été reproduite par celle de 1692 : « vos pleurs ardents souhaits. »
2. Voyez plus haut, p. 465, note 2.
3. L'orthographe de ces mots dans l'édition originale (1663) est *flux* et *reflux;* dans les suivantes, y compris celle de 1692 : *flus* et *reflus*.

Me les[1] promettiez-vous, alors qu'à ma défaite 1065
Vous montriez dans Cyrthe une sûre retraite,
Et qu'outre le secours de votre général
Vous me vantiez celui d'Hannon et d'Annibal[2]?
Pour vous avoir trop crue, hélas! et trop aimée,
Je me vois sans États, je me vois sans armée; 1070
Et par l'indignité d'un soudain changement,
La cause de ma chute en fait l'accablement.

SOPHONISBE.

Puisque je vous montrois dans Cyrthe une retraite,
Vous deviez vous y rendre après votre défaite :
S'il eût fallu périr sous un fameux débris, 1075
Je l'eusse appris de vous, ou je vous l'eusse appris,
Moi qui, sans m'ébranler du sort de deux batailles[3],
Venois de m'enfermer exprès dans ces murailles,
Prête à souffrir un siége, et soutenir pour vous
Quoi que du ciel injuste eût osé le courroux. 1080
  Pour mettre en sûreté quelques restes de vie,
Vous avez du triomphe accepté l'infamie;
Et ce peuple déçu qui vous tendoit les mains
N'a revu dans son roi qu'un captif des Romains.
Vos fers, en leur faveur plus forts que leurs cohortes,
Ont abattu les cœurs[4], ont fait ouvrir les portes,
Et réduit votre femme à la nécessité
De chercher tous moyens d'en fuir l'indignité,

---

1. L'édition de 1682 porte *le,* pour *les.*
2. Voyez ci-dessus, acte I, scène IV, vers 358 et suivants.
3. On lit : « *des* deux batailles, » dans les éditions de 1666 et de 1668.
4. « Le récit de ce qui s'étoit passé, les menaces, la persuasion, tout fut sans effet (sur les habitants de Cirte), jusqu'au moment où on amena devant eux le roi chargé de chaînes. A ce honteux spectacle, des lamentations s'élevèrent; les uns, dans leur frayeur, désertoient les murs; les autres, avec cet accord soudain de gens qui cherchent à fléchir le vainqueur, se hâtèrent d'ouvrir les portes. » .... *Rex vinctus in conspectum datus est. Tum ad spectaculum tam fœdum comploratio orta; et partim pavore mœnia sunt deserta, partim repentino consensu gratiam apud victorem quærentium patefactæ portæ.* (*Tite Live,* livre XXX, chapitre XII.) Voyez ci-après l'*Appendice* I, p. 550.

Quand vos sujets ont cru que sans devenir traîtres
Ils pouvoient après vous se livrer à vos maîtres. 1090
Votre exemple est ma loi, vous vivez et je vi;
Et si vous fussiez mort, je vous aurois suivi.
Mais si je vis encor, ce n'est pas pour vous suivre :
Je vis pour vous punir de trop aimer à vivre;
Je vis peut-être encor pour quelque autre raison 1095
Qui se justifiera dans une autre saison.
Un Romain nous écoute; et quoi qu'on veuille en croire,
Quand il en sera temps je mourrai pour ma gloire.
 Cependant, bien qu'un autre ait le titre d'époux,
Sauvez-moi des Romains, je suis encore à vous; 1100
Et je croirai régner malgré votre esclavage,
Si vous pouvez m'ouvrir les chemins de Carthage.
Obtenez de vos dieux ce miracle pour moi,
Et je romps avec lui pour vous rendre ma foi.
Je l'aimai; mais ce feu, dont je fus la maîtresse, 1105
Ne met point dans mon cœur de honteuse tendresse :
Toute ma passion est pour ma liberté[1]
Et toute mon horreur pour la captivité.
 Seigneur, après cela je n'ai rien à vous dire :
Par ce nouvel hymen vous voyez où j'aspire; 1110
Vous savez les moyens d'en rompre le lien :
Réglez-vous là-dessus, sans vous plaindre de rien.

1. *Var.* Toute ma passion est pour la liberté (*a*). (1663)

(*a*) Cette leçon, préférable peut-être, a été reproduite par l'édition de 1692 et par Voltaire.

SCENE VII.

SYPHAX, LÉPIDE, Gardes.

SYPHAX.

A-t-on vu sous le ciel plus infâme injustice?
Ma déroute la jette au lit de Massinisse;
Et pour justifier ses lâches trahisons, 1115
Les maux qu'elle a causés lui servent de raisons!

LÉPIDE.

Si c'est avec chagrin que vous souffrez sa perte,
Seigneur, quelque espérance encor vous est offerte:
Si je l'ai bien compris, cet hymen imparfait
N'est encor qu'en parole, et n'a point eu d'effet; 1120
Et comme nos Romains le verront avec peine,
Ils pourront mal répondre aux souhaits de la Reine.
Je vais m'assurer d'elle, et vous dirai de plus
Que j'en viens d'envoyer avis à Lélius:
J'en attends nouvel ordre, et dans peu je l'espère. 1125

SYPHAX.

Quoi? prendre tant de soin d'adoucir ma misère!
Lépide, il n'appartient qu'à de vrais généreux
D'avoir cette pitié des princes malheureux;
Autres que les Romains n'en chercheroient la gloire.

LÉPIDE.

Lélius fera voir ce qu'il vous en faut croire. 1130
   Vous autres, attendant quel est son sentiment,
Allez garder le Roi dans cet appartement.

FIN DU TROISIÈME ACTE.

ACTE IV.

SCÈNE PREMIÈRE.
SYPHAX, LÉPIDE.

LÉPIDE.

Lélius est dans Cyrthe, et s'en est rendu maître :
Bientôt dans ce palais vous le verrez paroître ;
Et si vous espérez que parmi vos malheurs 1135
Sa présence ait de quoi soulager vos douleurs,
Vous n'avez avec moi qu'à l'attendre au passage.

SYPHAX.

Lépide, que dit-il touchant ce mariage?
En rompra-t-il les nœuds? en sera-t-il d'accord?
Fera-t-il mon rival arbitre de mon sort? 1140

LÉPIDE.

Je ne vous réponds point que sur cette matière
Il veuille vous ouvrir son âme toute entière ;
Mais vous pouvez juger que puisqu'il vient ici,
Cet hymen comme à vous lui donne du souci.
Sachez-le de lui-même : il entre, et vous regarde. 1145

SCÈNE II.

LÉLIUS, SYPHAX, LÉPIDE.

LÉLIUS.

Détachez-lui ces fers[1], il suffit qu'on le garde.
Prince, je vous ai vu tantôt comme ennemi,
Et vous vois maintenant comme ancien[2] ami[3].
Le fameux Scipion, de qui vous fûtes l'hôte,
Ne s'offensera point des fers que je vous ôte, 1150
Et feroit encor plus, s'il nous étoit permis
De vous remettre au rang de nos plus chers amis.

SYPHAX.

Ah! ne rejetez point dans ma triste mémoire
Le cuisant souvenir de l'excès de ma gloire ;
Et ne reprochez point à mon cœur désolé, 1155
A force de bontés, ce qu'il a violé.
Je fus l'ami de Rome, et de ce grand courage
Qu'opposent nos destins aux destins de Carthage :
Toutes deux, et ce fut le plus beau de mes jours,
Par leurs plus grands héros briguèrent mon secours[4].

---

1. Thomas Corneille (1692) et Voltaire (1764) ont changé « ces fers » en « ses fers. »

2. Voltaire, afin de ne compter *ancien* que pour un mot de deux syllabes, a ainsi corrigé ce vers dans son édition de 1764 :

Et vous vois maintenant comme un ancien ami.

3. Dans la pièce du Trissin, c'est Scipion qui s'exprime ainsi :

Levateli dattorno le catene,
E menatelo al nostro alloggiamento,
Nè stia come prigion, ma come amico.

— Voyez l'*Appendice* II, p. 555.

4. « Si les deux partis avoient, en immolant des victimes, cherché à obtenir la protection des dieux immortels, tous deux avoient également recherché l'amitié de Syphax. » *Sicut ab diis immortalibus pars utraque hostiis mactandis pacem petisset, ita ab eo utrinque pariter amicitiam petitam.* (*Tite Live*, livre XXX, chapitre XIII.)

J'eus des yeux assez bons pour remplir votre attente ;
Mais que sert un bon choix dans une âme inconstante ?
Et que peuvent les droits de l'hospitalité
Sur un cœur si facile à l'infidélité ?
J'en suis assez puni par un revers si rude, 1165
Seigneur, sans m'accabler de mon ingratitude.
Il suffit des malheurs qu'on voit fondre sur moi,
Sans me convaincre encor d'avoir manqué de foi,
Et me faire avouer que le sort qui m'opprime,
Pour cruel qu'il me soit, rend justice à mon crime[1]. 1170

LÉLIUS.

Je ne vous parle aussi qu'avec cette pitié
Que nous laisse pour vous un reste d'amitié :
Elle n'est pas éteinte, et toutes vos défaites
Ont rempli nos succès d'amertumes secrètes.
Nous ne saurions voir même aujourd'hui qu'à regret
Ce gouffre de[2] malheurs que vous vous êtes fait.
Le ciel m'en est témoin, et vos propres murailles,
Qui nous voyoient enflés du gain de deux batailles,
Ont vu cette amitié porter tous nos souhaits
A regagner la vôtre, et vous rendre la paix. 1180
Par quel motif de haine obstinée à vous nuire
Nous avez-vous forcés vous-même à vous détruire ?
Quel astre, de votre heur et du nôtre jaloux,
Vous a précipité jusqu'à rompre avec nous[3] ?

SYPHAX.

Pourrez-vous pardonner, Seigneur, à ma vieillesse, 1185

---

1. Syphax « avouoit qu'il avoit failli et commis un acte de démence. » *Peccasse quidem sese atque insanisse fatebatur.* (*Tite Live*, livre XXX, chapitre XIII.) Voyez ci-après l'*Appendice* I, p. 552.

2. L'édition de 1682 porte, par erreur : « Ce gouffre *des* malheurs. »

3. « Scipion lui demandoit quels motifs l'avoient déterminé à repousser l'alliance de Rome et même à lui déclarer la guerre sans avoir été provoqué. » *Quid sibi voluisset.... qui non societatem solum abnuisset romanam, sed ultro bellum intulisset.* (*Tite Live*, livre XXX, chapitre XIII.) Voyez ci-après l'*Appendice* I, p. 551 et 552.

Si je vous fais l'aveu de toute sa foiblesse?
   Lorsque je vous aimai, j'étois maître de moi ;
Et tant que je le fus, je vous gardai ma foi ;
Mais dès que Sophonisbe avec son hyménée
S'empara de mon âme et de ma destinée, 1190
Je suivis de ses yeux le pouvoir absolu,
Et n'ai voulu depuis que ce qu'elle a voulu.
   Que c'est un imbécile et sévère esclavage
Que celui d'un époux sur le penchant de l'âge,
Quand sous un front ridé qu'on a droit de haïr 1195
Il croit se faire aimer à force d'obéir !
De ce mourant amour les ardeurs ramassées
Jettent un feu plus vif dans nos veines glacées,
Et pensent racheter l'horreur des cheveux gris
Par le présent d'un cœur au dernier point soumis. 1200
Sophonisbe par là devint ma souveraine,
Régla mes amitiés, disposa de ma haine,
M'anima de sa rage, et versa dans mon sein
De toutes ses fureurs l'implacable dessein.
Sous ces dehors charmants qui paroient son visage, 1205
C'étoit une Alecton[1] que déchaînoit Carthage :
Elle avoit tout mon cœur, Carthage tout le sien ;
Hors de ses intérêts, elle n'écoutoit rien ;
Et malgré cette paix que vous m'avez offerte,
Elle a voulu pour eux me livrer à ma perte. 1210
Vous voyez son ouvrage[2] en ma captivité,
Voyez-en un plus rare en sa déloyauté.
   Vous trouverez, Seigneur, cette même furie
Qui seule m'a perdu pour l'avoir trop chérie ;
Vous la trouverez, dis-je, au lit d'un autre roi, 1215
Qu'elle saura séduire et perdre comme moi.

1. Dans Tite Live, à l'endroit cité dans la note précédente, Syphax nomme
Sophonisbe « furie et fléau, » *furtam pestemque*.
2. On lit *courage*, pour *ouvrage*, dans l'édition de 1682.

Si vous ne le savez, c'est votre Massinisse,
Qui croit par cet hymen se bien faire justice,
Et que l'infâme vol d'une telle moitié
Le venge pleinement de notre inimitié ; 1220
Mais pour peu de pouvoir qu'elle ait sur son courage,
Ce vainqueur avec elle épousera Carthage ;
L'air qu'un si cher objet se plaît à respirer
A des charmes trop forts pour n'y pas attirer :
Dans ce dernier malheur, c'est ce qui me console. 1225
Je lui cède avec joie un poison qu'il me vole[1],
Et ne vois point de don si propre à m'acquitter
De tout ce que ma haine ose lui souhaiter[2].

LÉLIUS.

Je connois Massinisse, et ne vois rien à craindre
D'un amour que lui-même il prendra soin d'éteindre :
Il en sait l'importance ; et quoi qu'il ait osé,
Si l'hymen fut trop prompt, le divorce est aisé.
Sophonisbe envers vous l'ayant mis en usage,
Le recevra de lui sans changer de visage,
Et ne se promet pas de ce nouvel époux 1235
Plus d'amour ou de foi qu'elle n'en eut pour vous.
Vous, puisque cet hymen satisfait votre haine,
De ce qui le suivra ne soyez point en peine,
Et sans en augurer pour nous ni bien ni mal,
Attendez sans souci la perte d'un rival, 1240
Et laissez-nous celui de voir quel avantage
Pourroit avec le temps en recevoir Carthage.

SYPHAX.

Seigneur, s'il est permis de parler aux vaincus,

---

1. Nous lisons un vers à peu près semblable dans l'*Adelaïde du Guesclin* de Voltaire (acte III, scène III) :

    Je lui cède avec joie un poison qu'il m'arrache.

2. Voyez ci-après, dans l'*Appendice* I, p. 552, la fin du chapitre XIII du livre XXX de Tite Live.

Souffrez encore un mot, et je ne parle plus.
    Massinisse de soi pourroit fort peu de chose :   1245
Il n'a qu'un camp volant dont le hasard dispose;
Mais joint à vos Romains, joint aux Carthaginois,
Il met dans la balance un redoutable poids,
Et par ma chute enfin sa fortune enhardie
Va traîner après lui toute la Numidie.   1250
Je le hais fortement, mais non pas à l'égal
Des murs que ma perfide eut pour séjour natal.
Le déplaisir de voir que ma ruine en vienne,
Craint qu'ils ne durent trop, s'il faut qu'il les soutienne.
Puisse-t-il, ce rival, périr, dès aujourd'hui !   1255
Mais puissé-je les voir trébucher avant lui !
    Prévenez donc, Seigneur, l'appui qu'on leur prépare;
Vengez-moi de Carthage avant qu'il se déclare;
Pressez en ma faveur votre propre courroux,
Et gardez jusque-là Massinisse pour vous.   1260
Je n'ai plus rien à dire, et vous en laisse faire.

LÉLIUS.

Nous saurons profiter d'un avis salutaire[1].
Allez m'attendre au camp : je vous suivrai de près,
Je dois ici l'oreille à d'autres intérêts;
Et ceux de Massinisse....

SYPHAX.

Il osera vous dire....   1265

LÉLIUS.

Ce que vous m'avez dit, Seigneur, vous doit suffire.
Encore un coup, allez, sans vous inquiéter;
Ce n'est pas devant vous que je dois l'écouter.

---

1. *Var.* Nous savons profiter d'un avis salutaire. (1663 et 66)

SCÈNE III.

LÉLIUS, MASSINISSE, MÉZÉTULLE.

MASSINISSE.

L'avez-vous commandé, Seigneur, qu'en ma présence
Vos tribuns vers la Reine usent de violence[1] ? 1270
LÉLIUS.
Leur ordre est d'emmener au camp les prisonniers;
Et comme elle et Syphax s'en trouvent les premiers,
Ils ont suivi cet ordre en commençant par elle.
Mais par quel intérêt prenez-vous sa querelle[2] ?
MASSINISSE.
Syphax vous l'aura dit, puisqu'il sort d'avec vous. 1275
Seigneur, elle a reçu son véritable époux;
Et j'ai repris sa foi par force violée
Sur un usurpateur qui me l'avoit volée.
Son père et son amour m'en avoient fait le don.

---

1. « Lélius voulut d'abord arracher Sophonisbe du lit nuptial, pour l'envoyer à Scipion avec Syphax et les autres prisonniers. » (*Tite Live*, livre XXX, chapitre XII.) Voyez l'*Appendice* I, p. 551.

2. Toute l'ordonnance de cette scène est imitée, mais fort librement, du Trissin. Voyez ci-après l'*Appendice* II, p. 554. Les vers qui précèdent sont ceux où Corneille s'est le plus rapproché de son modèle italien; on en jugera par le passage suivant :

MASS. *Non accade mandarvi la Regina.*
LEL. *Perche non deve anch'ella andar con loro?*
MASS. *Perch'ella è donna; e non è cosa honesta,*
Che vada mescolata infra soldati.
LEL. *Sarebbe vano aver questo rispetto*
Andando, come andrà, con suo marito.
. . . .
LEL. *Che ingiuria vi facc'io, facendo quello*
Che si costuma far di gente presa?
MASS. *Costei non si dee porre infra i prigioni*
Per modo alcun, però ch'ella è mia moglie.
LEL. *Com'esser può, ch'è moglie di Siface?*
MASS. *Voi dovete saper come fu prima*
Mia sposa, poi Siface me la tolse;
Hor col vostro favor l'haggio ritolta.

LÉLIUS.

Ce don pour tout effet n'eut qu'un lâche abandon. 1280
Dès que Syphax parut, cet amour sans puissance....

MASSINISSE.

J'étois lors en Espagne, et durant mon absence
Carthage la força d'accepter ce parti[1];
Mais à présent Carthage en a le démenti.
En reprenant mon bien j'ai détruit son ouvrage, 1285
Et vous fais dès ici triompher de Carthage.

LÉLIUS.

Commencer avant nous un triomphe si haut,
Seigneur, c'est la braver un peu plus qu'il ne faut,
Et mettre entre elle et Rome une étrange balance,
Que de confondre ainsi l'une et l'autre alliance, 1290
Notre ami tout ensemble et gendre d'Asdrubal.
Croyez-moi, ces deux noms s'accordent assez mal;
Et quelque grand dessein que puisse être le vôtre,
Vous ne pourrez longtemps conserver l'un et l'autre.
 Ne vous figurez point qu'une telle moitié 1295
Soit jamais compatible avec notre amitié,
Ni que nous attendions que le même artifice
Qui nous ôta Syphax nous vole Massinisse.
Nous aimons nos amis, et même en dépit d'eux
Nous savons les tirer de ces pas dangereux. 1300
Ne nous[2] forcez à rien qui vous puisse déplaire.

MASSINISSE.

Ne m'ordonnez donc rien que je ne puisse faire;
Et montrez cette ardeur de servir vos amis,
A tenir hautement ce qu'on leur a promis.
Du consul et de vous j'ai la parole expresse; 1305
Et ce grand jour a fait que tout obstacle cesse.

---

1. Voyez ci-dessus, p. 465, et note 3.
2. L'édition de 1682 donne, par erreur, ici *vous* pour *nous*, et deux vers plus loin *mes* pour *vos*.

ACTE IV, SCÈNE III.

Tout ce qui m'appartint[1] me doit être rendu.
LÉLIUS.
Et par où cet espoir vous est-il défendu?
MASSINISSE.
Quel ridicule espoir en garderoit mon âme,
Si votre dureté me refuse ma femme?
Est-il rien plus à moi, rien moins à balancer?
Et du reste par là que me faut-il penser[2]?
Puis-je faire aucun fond sur la foi qu'on me donne,
Et traité comme esclave, attendre ma couronne?
LÉLIUS.
Nous en avons ici les ordres du sénat,
Et même de Syphax il y joint tout l'État;
Mais nous n'en avons point touchant cette captive:
Syphax est son époux, il faut qu'elle le suive.
MASSINISSE.
Syphax est son époux! et que suis-je, Seigneur?
LÉLIUS.
Consultez la raison plutôt que votre cœur;
Et voyant mon devoir, souffrez que je le fasse.
MASSINISSE.
Chargez, chargez-moi donc de vos fers en sa place:

---

1. L'édition de 1682 et celles de 1692 et de Voltaire (1764) donnent *appartient*, au lieu de *appartint*.

2. Dans la pièce du Trissin, Massinissa s'exprime ainsi :

> *Ma dico ben ch'essendo vostro amico,*
> *Si com'io son, che non è ben negarmi*
> *La moglie, havendo a me donato un regno;*
> *Che chi concede un beneficio grande*
> *E poi niega un minore, ei non s'accorge*
> *Che la primiera gratia offende, e guasta.*

Du reste, dans le démêlé de Scipion et de Massinisse, il exprime la même idée d'une façon qui se rapproche davantage du tour adopté par Corneille.

> *M'havevate promesso di ridarmi*
> *Tutto quel che Siface m'occupava;*
> *Ma se la moglie non mi sia renduta,*
> *Che più debb' io sperar che mi si renda?*

— Voyez encore ci-après l'*Appendice* II, p. 555.

Au lieu d'un conquérant par vos mains couronné,
Traînez à votre Rome un vainqueur enchaîné.
Je suis à Sophonisbe, et mon amour fidèle   1325
Dédaigne et diadème et liberté sans elle;
Je ne veux ni régner, ni vivre qu'en ses bras :
Non, je ne veux....

LÉLIUS.

Seigneur, ne vous emportez pas.

MASSINISSE.

Résolus à ma perte, hélas! que vous importe
Si ma juste douleur se retient ou s'emporte?   1330
Mes pleurs et mes soupirs vous fléchiront-ils mieux?
Et faut-il à genoux vous parler comme aux Dieux?
Que j'ai mal employé mon sang et mes services,
Quand je les ai prêtés à vos astres propices,
Si j'ai pu tant de fois hâter votre destin,   1335
Sans pouvoir mériter cette part au butin!

LÉLIUS.

Si vous avez, Seigneur, hâté notre fortune,
Je veux bien que la proie entre nous soit commune;
Mais pour la partager, est-ce à vous de choisir?
Est-ce avant notre aveu qu'il vous en faut saisir?   1340

MASSINISSE.

Ah! si vous aviez fait la moindre expérience
De ce qu'un digne amour donne d'impatience,
Vous sauriez.... Mais pourquoi n'en auriez-vous pas fait?
Pour aimer à notre âge en est-on moins parfait?
Les héros des Romains ne sont-ils jamais hommes[1]? 1345
Leur Mars a tant de fois été ce que nous sommes,
Et le maître des Dieux, des rois et des amants,

---

1. Corneille se rappelle ici le fameux vers de son *Sertorius* (acte IV, scène I, vers 1194) :

> Ah! pour être Romain, je n'en suis pas moins homme.

En ma place auroit eu mêmes empressements.
J'aimois, on l'agréoit, j'étois ici le maître;
Vous m'aimiez, ou du moins vous le faisiez paroître.
L'amour en cet état daigne-t-il hésiter,
Faute d'un mot d'aveu dont il n'ose douter?
Voir son bien en sa main et ne le point reprendre,
Seigneur, c'est un respect bien difficile à rendre.
Un roi se souvient-il en des moments si doux   1355
Qu'il a dans votre camp des maîtres parmi vous?
Je l'ai dû toutefois, et je m'en tiens coupable.
Ce crime est-il si grand qu'il soit irréparable?
Et sans considérer mes services passés,
Sans excuser l'amour par qui nos cœurs forcés....   1360

LÉLIUS.

Vous parlez tant d'amour, qu'il faut que je confesse
Que j'ai honte pour vous de voir tant de foiblesse.
N'alléguez point les Dieux : si l'on voit quelquefois
Leur flamme s'emporter en faveur de leur choix,
Ce n'est qu'à leurs pareils à suivre leurs exemples;   1365
Et vous ferez comme eux quand vous aurez des temples :
Comme ils sont dans leur ciel[1] au-dessus du danger,
Ils n'ont là rien à craindre et rien à ménager[2].
   Du reste je sais bien que souvent il arrive
Qu'un vainqueur s'adoucit auprès de sa captive.   1370
Les droits de la victoire ont quelque liberté
Qui ne sauroit déplaire à notre âge indompté;
Mais quand à cette ardeur un monarque défère,
Il s'en fait un plaisir et non pas une affaire;
Il repousse l'amour comme un lâche attentat,   1375
Dès qu'il veut prévaloir sur la raison d'État;
Et son cœur, au-dessus de ces basses amorces,

---

1. L'édition de 1692 a changé *leur ciel* en *le ciel*, et Voltaire a adopté ce changement.
2. Voyez ci-dessus la *Notice*, p. 454.

Laisse à cette raison toujours toutes ses forces.
Quand l'amour avec elle a de quoi s'accorder,
Tout est beau, tout succède, on n'a qu'à demander; 1380
Mais pour peu qu'elle en soit ou doive être alarmée,
Son feu qu'elle dédit doit tourner en fumée.
Je vous en parle en vain : cet amour décevant
Dans votre cœur surpris a passé trop avant ;
Vos feux vous plaisent trop pour les vouloir éteindre ; 1385
Et tout ce que je puis, Seigneur, c'est de vous plaindre.

MASSINISSE.

Me plaindre tout ensemble et me tyranniser !

LÉLIUS.

Vous l'avouerez un jour, c'est vous favoriser.

MASSINISSE.

Quelle faveur, grands Dieux ! qui tient lieu de supplice !

LÉLIUS.

Quand vous serez à vous, vous lui ferez justice. 1390

MASSINISSE.

Ah ! que cette justice est dure à concevoir !

LÉLIUS.

Je la conçois[1] assez pour suivre mon devoir.

SCÈNE IV.

LÉLIUS, MASSINISSE, MÉZÉTULLE, ALBIN.

ALBIN.

Scipion vient, Seigneur, d'arriver dans vos tentes,
Ravi du grand succès qui prévient ses attentes ;
Et ne vous croyant pas maître en si peu de jours, 1395
Il vous venoit lui-même amener du secours,
Tandis que le blocus laissé devant Utique

1. Les éditions de 1682 et de 1692 portent, par erreur, *connois*, pour *conçois*.

Répond de cette place à notre république[1].
Il me donne ordre exprès de vous en avertir.
LÉLIUS[2].
Allez à votre hymen le faire consentir ; 1400
Allez le voir sans moi : je l'en laisse seul juge.
MASSINISSE.
Oui, contre vos rigueurs il sera mon refuge,
Et j'en rapporterai d'autres ordres pour vous.
LÉLIUS.
Je les suivrai, Seigneur, sans en être jaloux.
MASSINISSE.
Mais avant mon retour si l'on saisit la Reine.... 1405
LÉLIUS.
J'en réponds jusque-là, n'en soyez point en peine.
Qu'on la fasse venir. Vous pouvez lui parler,
Pour prendre ses conseils, et pour la consoler[3].
    Gardes, que sans témoins on le laisse avec elle.
Vous, pour dernier avis d'une amitié fidèle, 1410
Perdez fort peu de temps en ce doux entretien,
Et jusques au retour ne vous vantez de rien.

SCÈNE V.

MASSINISSE, SOPHONISBE, MÉZÉTULLE, HERMINIE.

MASSINISSE.
Voyez-la donc, Seigneur, voyez tout son mérite,

---

1. « Il (*Scipion*) laissa quelques troupes (*devant Utique*), pour continuer seulement les apparences d'un siége par terre et par mer, et marcha lui-même contre les ennemis avec l'élite de son armée. » (*Tite Live*, livre XXX, chapitre VIII.)

2. Voltaire (1764) met ici : LÉLIUS, *à Massinisse*.

3. *Var.* Pour prendre ses conseils, ou pour la consoler. (1663-68)

Voyez s'il est aisé qu'un héros.... Il me quitte,
Et d'un premier éclat le barbare alarmé 1415
N'ose exposer son cœur aux yeux qui m'ont charmé.
Il veut être inflexible, et craint de ne plus l'être,
Pour peu qu'il se permît de voir et de connoître.
  Allons, allons, Madame, essayer aujourd'hui
Sur le grand Scipion ce qu'il a craint pour lui. 1420
Il vient d'entrer au camp ; venez-y par vos charmes
Appuyer mes soupirs et secourir mes larmes ;
Et que ces mêmes yeux qui m'ont fait tout oser,
Si j'en suis criminel, servent à m'excuser.
Puissent-ils, et sur l'heure, avoir là tant de force, 1425
Que pour prendre ma place il m'ordonne un divorce,
Qu'il veuille conserver mon bien en me l'ôtant !
J'en mourrai[1] de douleur, mais je mourrai content.
Mon amour, pour vous faire un destin si propice,
Se prépare avec joie à ce grand sacrifice. 1430
Si c'est vous bien servir, l'honneur m'en suffira ;
Et si c'est mal aimer, mon bras m'en punira.

SOPHONISBE.

Le trouble de vos sens, dont vous n'êtes plus maître,
Vous a fait oublier, Seigneur, à me connoître.
  Quoi ? j'irois mendier jusqu'au camp des Romains 1435
La pitié de leur chef qui m'auroit en ses mains ?
J'irois déshonorer, par un honteux hommage,
Le trône où j'ai pris place, et le sang de Carthage ;
Et l'on verroit gémir la fille d'Asdrubal
Aux pieds de l'ennemi pour eux le plus fatal ? 1440
Je ne sais si mes yeux auroient là tant de force,
Qu'en sa faveur sur l'heure il pressât un divorce ;
Mais je ne me vois pas en état d'obéir,
S'il osoit jusque-là cesser de me haïr.

1. On lit : « Je mourrai, » dans l'édition de 1692.

ACTE IV, SCÈNE V.

La vieille antipathie entre Rome et Carthage 1445
N'est pas prête à finir par un tel assemblage.
Ne vous préparez point à rien sacrifier
A l'honneur qu'il auroit de vous justifier.
Pour effet de vos feux et de votre parole,
Je ne veux qu'éviter l'aspect du Capitole; 1450
Que ce soit par l'hymen ou par d'autres moyens,
Que je vive avec vous ou chez nos citoyens[1],
La chose m'est égale, et je vous tiendrai quitte,
Qu'on nous sépare ou non, pourvu que je l'évite.
Mon amour voudroit plus; mais je règne sur lui, 1455
Et n'ai changé d'époux que pour prendre un appui.
   Vous m'avez demandé la faveur de ce titre
Pour soustraire mon sort à son injuste arbitre;
Et puisqu'à m'affranchir il faut que j'aide un roi,
C'est là tout le secours que vous aurez de moi. 1460
Ajoutez-y des pleurs, mêlez-y des bassesses,
Mais laissez-moi, de grâce, ignorer vos foiblesses;
Et si vous souhaitez que l'effet m'en soit doux,
Ne me donnez point lieu d'en rougir après vous.
Je ne vous cèle point que je serois ravie 1465
D'unir à vos destins les restes de ma vie;
Mais si Rome en vous-même ose braver les rois,
S'il faut d'autres secours, laissez-les à mon choix :
J'en trouverai, Seigneur, et j'en sais qui peut-être
N'auront à redouter ni maîtresse ni maître; 1470
Mais mon amour préfère à cette sûreté
Le bien de vous devoir toute ma liberté.

                  MASSINISSE.

Ah! si je vous pouvois offrir même assurance,
Que je serois heureux de cette préférence !

---

1. Dans les éditions de Thomas Corneille (1692) et de Voltaire (1764) : « chez vos citoyens. »

SOPHONISBE.

Syphax et Lélius pourront vous prévenir, 1475
Si vous perdez ici le temps de l'obtenir.
Partez.

MASSINISSE.

M'enviez-vous le seul bien qu'à ma flamme
A souffert jusqu'ici la grandeur de votre âme?
Madame, je vous laisse aux mains de Lélius.
Vous avez pu vous-même entendre ses refus; 1480
Et mon amour ne sait ce qu'il peut se promettre
De celles du consul, où je vais me remettre.
L'un et l'autre est Romain; et peut-être en ce lieu
Ce peu que je vous dis est le dernier adieu.
Je ne vois rien de sûr que cette triste joie; 1485
Ne me l'enviez plus, souffrez que je vous voie;
Souffrez que je vous parle, et vous puisse exprimer
Quelque part des malheurs où l'on peut m'abîmer,
Quelques informes traits de la secrète rage
Que déjà dans mon cœur forme leur sombre image; 1490
Non que je désespère : on m'aime; mais, hélas!
On m'estime, on m'honore, et l'on ne me craint pas.
M'éloigner de vos yeux en cette incertitude,
Pour un cœur tout à vous c'est un tourment bien rude;
Et si j'en ose croire un noir pressentiment, 1495
C'est vous perdre à jamais que vous perdre un moment.
Madame, au nom des Dieux, rassurez mon courage :
Dites que vous m'aimez, j'en pourrai davantage;
J'en deviendrai plus fort auprès de Scipion.
Montrez pour mon bonheur un peu de passion, 1500
Montrez que votre flamme au même bien aspire :
Ne régnez plus sur elle, et laissez-lui me dire....

SOPHONISBE.

Allez, Seigneur, allez; je vous aime en époux,
Et serois à mon tour aussi foible que vous.

ACTE IV, SCÈNE V.

MASSINISSE.

Faites, faites-moi voir cette illustre foiblesse : 1505
Que ses douceurs....

SOPHONISBE.

      Ma gloire en est encor maîtresse.
Adieu. Ce qui m'échappe en faveur de vos feux
Est moins que je ne sens, et plus que je ne veux.

(Elle rentre.)

MÉZÉTULLE.

Douterez-vous encor, Seigneur, qu'elle vous aime?

MASSINISSE.

Mézétulle, il est vrai, son amour est extrême ; 1510
Mais cet extrême amour, au lieu de me flatter,
Ne sauroit me servir qu'à mieux me tourmenter.
Ce qu'elle m'en fait voir redouble ma souffrance.
Reprenons toutefois un moment de constance ;
En faveur de sa flamme espérons jusqu'au bout, 1515
Et pour tout obtenir allons hasarder tout.

FIN DU QUATRIÈME ACTE.

ACTE V.

SCÈNE PREMIÈRE.
SOPHONISBE, HERMINIE.

SOPHONISBE.

Cesse de me flatter d'une espérance vaine :
Auprès de Scipion ce prince perd sa peine.
S'il l'avoit pu toucher, il seroit revenu ;
Et puisqu'il tarde tant, il n'a rien obtenu. 1520

HERMINIE.

Si tant d'amour pour vous s'impute à trop d'audace,
Il faut un peu de temps pour en obtenir grâce :
Moins on la rend facile, et plus elle a de poids.
Scipion s'en fera prier plus d'une fois ;
Et peut-être son âme encore irrésolue.... 1525

SOPHONISBE.

Sur moi, quoi qu'il en soit, je me rends absolue ;
Contre sa dureté j'ai du secours tout prêt,
Et ferai malgré lui moi seule mon arrêt.
 Cependant de mon feu l'importune tendresse
Aussi bien que ma gloire en mon sort s'intéresse, 1530
Veut régner en mon cœur comme[1] ma liberté,
Et n'ose l'avouer de toute sa fierté.
Quelle bassesse d'âme! ô ma gloire! ô Carthage!
Faut-il qu'avec vous deux un homme la partage?

---

1. *Comme* est le texte de toutes les éditions anciennes, y compris celle de 1692; Voltaire (1764) y a substitué *contre*.

Et l'amour de la vie en faveur d'un époux 1535
Doit-il être en ce cœur aussi puissant que vous?
Ce héros a trop fait de m'avoir épousée;
De sa seule pitié s'il m'eût favorisée,
Cette pitié peut-être en ce triste et grand jour
Auroit plus fait pour moi que cet excès d'amour. 1540
Il devoit voir que Rome en juste défiance....

HERMINIE.

Mais vous lui témoigniez pareille impatience;
Et vos feux rallumés montroient de leur côté
Pour ce nouvel hymen égale avidité.

SOPHONISBE.

Ce n'étoit point l'amour qui la rendoit égale : 1545
C'étoit la folle ardeur de braver ma rivale;
J'en faisois mon suprême et mon unique bien.
Tous les cœurs ont leur foible, et c'étoit là le mien.
La présence d'Éryxe aujourd'hui m'a perdue;
Je me serois sans elle un peu mieux défendue; 1550
J'aurois su mieux choisir et les temps et les lieux.
Mais ce vainqueur vers elle eût pu tourner les yeux :
Tout mon orgueil disoit à mon âme jalouse
Qu'une heure de remise en eût fait son épouse,
Et que pour me braver à son tour hautement, 1555
Son feu se fût saisi de ce retardement.
Cet orgueil dure encore, et c'est lui qui l'invite
Par un message exprès à me rendre visite,
Pour reprendre à ses yeux un si cher conquérant,
Ou, s'il me faut mourir, la braver en mourant. 1560
   Mais je vois Mézétulle; en cette conjoncture,
Son retour sans ce prince est d'un mauvais augure.
Raffermis-toi, mon âme, et prends des sentiments
A te mettre au-dessus de tous événements.

SCÈNE II.

SOPHONISBE, MÉZÉTULLE, HERMINIE.

SOPHONISBE.

Quand reviendra le Roi ?
MÉZÉTULLE.
                   Pourrai-je bien vous dire 1565
A quelle extrémité le porte un dur empire ?
Et si je vous le dis, pourrez-vous concevoir
Quel est son déplaisir, quel est son désespoir ?
Scipion ne veut pas même qu'il vous revoie.
SOPHONISBE.
J'ai donc peu de raison d'attendre cette joie ; 1570
Quand son maître a parlé, c'est à lui d'obéir.
Il lui commandera bientôt de me haïr ;
Et dès qu'il recevra cette loi souveraine,
Je ne dois pas douter un moment de sa haine.
MÉZÉTULLE.
Si vous pouviez douter encor de son ardeur, 1575
Si vous n'aviez pas vu jusqu'au fond de son cœur,
Je vous dirois....
SOPHONISBE.
              Que Rome à présent l'intimide ?
MÉZÉTULLE.
Madame, vous savez....
SOPHONISBE.
              Je sais qu'il est Numide.
Toute sa nation est sujette à l'amour[1] ;
Mais cet amour s'allume et s'éteint en un jour : 1580
J'aurois tort de vouloir qu'il en eût davantage.

---

1. Tite Live dit au livre XXX, chapitre XII (voyez l'*Appendice* I, p. 551) : *Ut est genus Numidarum in venerem præceps*; et au livre XXIX, chapitre XXIII : *Et sunt ante omnes Numidæ barbaros effusi in venerem.*

ACTE V, SCÈNE II.

MÉZÉTULLE.
Que peut en cet état le plus ferme courage?
Scipion ou l'obsède ou le fait observer;
Dès demain vers Utique il le veut enlever....
SOPHONISBE.
N'avez-vous de sa part autre chose à me dire? 1585
MÉZÉTULLE.
Par grâce on a souffert qu'il ait pu vous écrire,
Qu'il l'ait fait sans témoins; et par ce peu de mots,
Qu'ont arrosé ses pleurs, qu'ont suivi[1] ses sanglots,
Il vous fera juger....
SOPHONISBE.
Donnez.
MÉZÉTULLE.
Avec sa lettre,
Voilà ce qu'en vos mains j'ai charge de remettre. 1590

BILLET DE MASSINISSE A SOPHONISBE.

SOPHONISBE lit.
Il ne m'est pas permis de vivre votre époux;
Mais enfin je vous tiens parole,
Et vous éviterez l'aspect du Capitole,
Si vous êtes digne de vous.
Ce poison que je vous envoie 1595
En est la seule et triste voie;
Et c'est tout ce que peut un déplorable roi
Pour dégager sa foi[2].

Voilà de son amour une preuve assez ample;
Mais s'il m'aimoit encore, il me devoit l'exemple : 1600
Plus esclave en son camp que je ne suis ici,

Toutes les éditions anciennes, sans en excepter celles de 1692 et de 1764, donnent *arrosé* et *suivi*, au singulier, faisant accorder ces participes avec *peu* et non avec *mots*.

2. Voyez ci-après, dans l'*Appendice* I, p. 552, le chapitre xv du livre XXX de Tite Live.

Il devoit de son sort prendre même souci.
Quel présent nuptial¹ d'un époux à sa femme!
Qu'au jour d'un hyménée il lui marque de flamme!
Reportez, Mézétulle, à votre illustre roi   1605
Un secours dont lui-même a plus besoin que moi :
Il ne manquera pas d'en faire un digne usage,
Dès qu'il aura des yeux à voir son esclavage.
Si tous les rois d'Afrique en sont toujours pourvus
Pour dérober leur gloire aux malheurs imprévus², 1610
Comme eux et comme lui j'en dois être munie;
Et quand il me plaira de sortir de la vie,
De montrer qu'une femme a plus de cœur que lui,
On ne me verra point emprunter rien d'autrui.

SCÈNE III.

SOPHONISBE, ÉRYXE, Page, HERMINIE, BARCÉE, MÉZÉTULLE³.

SOPHONISBE⁴.
Éryxe viendra-t-elle? As-tu vu cette reine?   1615
LE PAGE.
Madame, elle est déjà dans la chambre prochaine,
Surprise d'avoir su que vous la vouliez voir.
Vous la voyez, elle entre.
SOPHONISBE.
        Elle va plus savoir⁵.

---

1. *Accipio, inquit, nuptiale munus.* (*Tite Live*, livre XXX, chapitre XV. Voyez l'*Appendice* I, p. 553.
2. Voyez plus haut, p. 465, note 1.
3. Dans les premières éditions jusqu'à celle de 1692 inclusivement, le nom de Mézétulle a été omis en tête de cette scène, que Voltaire coupe en deux. Chez lui la scène III finit au vers 1618 et a pour personnages : SOPHONISBE, UN PAGE (*sic*), BARCÉE, HERMINIE, MÉZÉTULLE; la scène IV, qui commence au vers 1619, a de moins le PAGE et de plus ÉRYXE.
4. Dans l'édition de Voltaire (1764): SOPHONISBE, *au page*.
5. Les éditions de 1692 et de 1764 ont ajouté après ce vers : « *A Érixe.* »

ACTE V, SCÈNE III.

Si vous avez connu le prince Massinisse....

ÉRYXE.

N'en parlons point[1], Madame; il vous a fait justice. 1620

SOPHONISBE.

Vous n'avez pas connu tout à fait son esprit;
Pour le connoître mieux, lisez ce qu'il m'écrit.

ÉRYXE.

(Elle lit bas.)

Du côté des Romains je ne suis point surprise;
Mais ce qui me surprend, c'est qu'il les autorise,
Qu'il passe plus avant qu'ils ne voudroient aller. 1625

SOPHONISBE.

Que voulez-vous, Madame? il faut s'en consoler[2].
 Allez, et dites-lui que je m'apprête à vivre,
En faveur du triomphe, en dessein de le suivre;
Que puisque son amour ne sait pas mieux agir,
Je m'y réserve exprès pour l'en faire rougir. 1630
Je lui dois cette honte; et Rome, son amie,
En verra sur son front rejaillir[3] l'infamie :
Elle y verra marcher, ce qu'on n'a jamais vu,
La femme du vainqueur à côté du vaincu,
Et mes pas chancelants sous ces pompes cruelles 1635
Couvrir ses plus hauts faits de taches éternelles.
Portez-lui ma réponse; allez.

MÉZÉTULLE.

        Dans ses ennuis....

SOPHONISBE.

C'est trop m'importuner en l'état où je suis.
Ne vous a-t-il chargé de rien dire à la Reine?

---

1. Thomas Corneille et Voltaire ont changé : « N'en parlons point, » en « N'en parlons plus. »
2. Entre ce vers et le suivant Thomas Corneille et Voltaire ajoutent encore : « *A Mézétulle.* »
3. Dans toutes les éditions anciennes, y compris celle de 1692 : *rejallir*.

MÉZÉTULLE.

Non, Madame.

SOPHONISBE.

Allez donc; et sans vous mettre en peine
De ce qu'il me plaira croire ou ne croire pas,
Laissez en mon pouvoir ma vie et mon trépas.

SCÈNE IV.

SOPHONISBE, ÉRYXE, HERMINIE, BARCÉE.

SOPHONISBE.

Une troisième fois mon sort change de face,
Madame, et c'est mon tour de vous quitter la place.
Je ne m'en défends point, et quel que soit le prix 1645
De ce rare trésor que je vous avois pris,
Quelques marques d'amour que ce héros m'envoie,
Ce que j'en eus pour lui vous le rend avec joie.
Vous le conserverez plus dignement que moi.

ÉRYXE.

Madame, pour le moins j'ai su garder ma foi; 1650
Et ce que mon espoir en a reçu d'outrage
N'a pu jusqu'à la plainte emporter mon courage[1].
Aucun de nos Romains sur mes ressentiments....

SOPHONISBE.

Je ne demande point ces éclaircissements,
Et m'en rapporte aux Dieux qui savent toutes choses.
Quand l'effet est certain, il n'importe des causes:
Que ce soit mon malheur, que ce soient nos tyrans,
Que ce soit vous, ou lui, je l'ai pris, je le rends.
Il est vrai que l'état où j'ai su vous le prendre
N'est pas du tout le même où je vais vous le rendre:

---

1. *Var.* N'a pu jusqu'à sa plainte emporter mon courage. (1663 et 66)

Je vous l'ai pris vaillant, généreux, plein d'honneur,
Et je vous le rends lâche, ingrat, empoisonneur;
Je l'ai pris magnanime, et vous le rends perfide;
Je vous le rends sans cœur, et l'ai pris intrépide;
Je l'ai pris le plus grand des princes africains, 1665
Et le rends, pour tout dire, esclave des Romains.

ÉRYXE.

Qui me le rend ainsi n'a pas beaucoup d'envie
Que j'attache à l'aimer le bonheur de ma vie.

SOPHONISBE.

Ce n'est pas là, Madame, où je prends intérêt.
Acceptez, refusez, aimez-le tel qu'il est, 1670
Dédaignez son mérite, estimez sa foiblesse;
De tout votre destin vous êtes la maîtresse :
Je la serai du mien, et j'ai cru vous devoir
Ce mot d'avis sincère avant que d'y pourvoir.
S'il part d'un sentiment qui flatte mal les vôtres, 1675
Lélius, que je vois, vous en peut donner d'autres;
Souffrez que je l'évite, et que dans mon malheur
Je m'ose de sa vue épargner la douleur.

SCÈNE V.

LÉLIUS, ÉRYXE, LÉPIDE, BARCÉE.

LÉLIUS.

Lépide, ma présence est pour elle un supplice.

ÉRYXE.

Vous a-t-on dit, Seigneur ce qu'a fait Massinisse? 1680

LÉLIUS.

J'ai su que pour sortir d'une témérité
Dans une autre plus grande il s'est précipité[1].

---

1. Scipion reprocha à Massinisse « d'avoir réparé une témérité par une autre témérité, et d'avoir rendu l'événement plus triste qu'il n'était néces-

Au bas de l'escalier j'ai trouvé Mézétulle ;
Sur ce qu'a dit la Reine il est un peu crédule ;
Pour braver Massinisse, elle a quelque raison   1685
De refuser de lui le secours du poison ;
Mais ce refus pourroit n'être qu'un stratagème,
Pour faire, malgré nous, son destin elle-même.
   Allez l'en empêcher, Lépide ; et dites-lui
Que le grand Scipion veut lui servir d'appui,   1690
Que Rome en sa faveur voudra lui faire grâce,
Qu'un si prompt désespoir sentiroit l'âme basse,
Que le temps fait souvent plus qu'on ne s'est promis,
Que nous ferons pour elle agir tous nos amis :
Enfin avec douceur tâchez de la réduire   1695
A venir dans le camp, à s'y laisser conduire,
A se rendre à Syphax, qui même en ce moment
L'aime et l'adore encor malgré son changement.
Nous attendrons ici l'effet de votre adresse ;
N'y perdez point de temps.

SCÈNE VI.

LÉLIUS, ÉRYXE, BARCÉE.

LÉLIUS.

          Et vous, grande princesse,
Si des restes d'amour ont surpris un vainqueur,
Quand il devoit au vôtre et son trône et son cœur,
Nous vous en avons fait assez prompte justice,
Pour obtenir de vous que ce trouble finisse,
Et que vous fassiez grâce à ce prince inconstant,   1705
Qui se vouloit trahir lui-même en vous quittant.

saire. » .... *Quod temeritatem temeritate alia luerit, tristioremque rem, quam necesse fuerit, fecerit.* (*Tite Live*, livre XXX, chapitre XV.) Voyez ci-après l'*Appendice* I, p. 553.

ACTE V, SCÈNE VI.

ÉRYXE.
Vous auroit-il prié, Seigneur, de me le dire?
LÉLIUS.
De l'effort qu'il s'est fait il gémit, il soupire;
Et je crois que son cœur, encore outré d'ennui,
Pour retourner à vous n'est pas assez à lui.   1710
Mais si cette bonté qu'eut pour lui votre flamme
Aidoit à sa raison à rentrer dans son âme,
Nous aurions peu de peine à rallumer des feux
Que n'a pas bien éteints cette erreur de ses vœux.
ÉRYXE.
Quand d'une telle erreur vous punissez l'audace, 1715
Il vous sied mal pour lui de me demander grâce :
Non que je la refuse à ce perfide tour;
L'hymen des rois doit être au-dessus de l'amour;
Et je sais qu'en un prince heureux et magnanime
Mille infidélités ne sauroient faire un crime;   1720
Mais si tout inconstant il est digne de moi,
Il a cessé de l'être en cessant d'être roi.
LÉLIUS.
Ne l'est-il plus, Madame? et si la Gétulie
Par votre illustre hymen à son trône s'allie,
Si celui de Syphax s'y joint dès aujourd'hui,   1725
En est-il sur la terre un plus puissant que lui?
ÉRYXE.
Et de quel front, Seigneur, prend-il une couronne,
S'il ne peut disposer de sa propre personne,
S'il lui faut pour aimer attendre votre choix,
Et que jusqu'en son lit vous lui fassiez des lois? 1730
Un sceptre compatible avec un joug si rude
N'a rien à me donner que de la servitude;
Et si votre prudence ose en faire un vrai roi,
Il est à Sophonisbe, et ne peut être à moi.
Jalouse seulement de la grandeur royale,   1735

CORNEILLE. VI   35

Je la regarde en reine, et non pas en rivale ;
Je vois dans son destin le mien enveloppé,
Et du coup qui la perd tout mon cœur est frappé.
Par votre ordre on la quitte ; et cet ami fidèle
Me pourroit, au même ordre, abandonner comme elle.
　Disposez de mon sceptre, il est entre vos mains :
Je veux bien le porter au gré de vos Romains.
Je suis femme ; et mon sexe accablé d'impuissance
Ne reçoit point d'affront par cette dépendance ;
Mais je n'aurai jamais à rougir d'un époux　　　1745
Qu'on voie ainsi que moi ne régner que sous vous.

LÉLIUS.

Détrompez-vous, Madame ; et voyez dans l'Asie
Nos dignes alliés régner sans jalousie,
Avec l'indépendance, avec l'autorité
Qu'exige de leur rang toute la majesté.　　　1750
Regardez Prusias, considérez Attale[1],
Et ce que souffre en eux la dignité royale.
Massinisse avec vous, et toute autre moitié,
Recevra même honneur et pareille amitié.
Mais quant à Sophonisbe, il m'est permis de dire　1755
Qu'elle est Carthaginoise ; et ce mot doit suffire.
　Je dirois qu'à la prendre ainsi sans notre aveu,
Tout notre ami qu'il est, il nous bravoit un peu ;
Mais comme je lui veux conserver notre estime[2],
Autant que je le puis je déguise son crime,　　　1760
Et nomme seulement imprudence d'État
Ce que nous aurions droit de nommer attentat.

---

1. Prusias, roi de Bithynie ; Attale, roi de Pergame.
2. Ce vers et le suivant manquent dans l'édition de 1682 ; il en est de même, un peu plus loin, des vers 1819 et 1820.

SCÈNE VII.

LÉLIUS, ÉRYXE, LÉPIDE, BARCÉE.

LÉLIUS.

Mais Lépide déjà revient de chez la Reine[1].
Qu'avez-vous obtenu de cette âme hautaine ?

LÉPIDE.

Elle avoit trop d'orgueil pour en rien obtenir : 1765
De sa haine pour nous elle a su se punir.

LÉLIUS.

Je l'avois bien prévu, je vous l'ai dit moi-même,
Que ce dessein de vivre étoit un stratagème,
Qu'elle voudroit mourir; mais ne pouviez-vous pas....

LÉPIDE.

Ma présence n'a fait que hâter son trépas. 1770
 A peine elle m'a vu, que d'un regard farouche,
Portant je ne sais quoi de sa main à sa bouche :
« Parlez, m'a-t-elle dit, je suis en sûreté,
Et recevrai votre ordre avec tranquillité. »
Surpris d'un tel discours, je l'ai pourtant flattée : 1775
J'ai dit qu'en grande reine elle seroit traitée,
Que Scipion et vous en prendriez souci ;
Et j'en voyois déjà son regard adouci,
Quand d'un souris amer me coupant la parole :
« Qu'aisément, reprend-elle, une âme se console! 1780
Je sens vers cet espoir tout mon cœur s'échapper;
Mais il est hors d'état de se laisser tromper,
Et d'un poison ami le secourable office
Vient de fermer la porte à tout votre artifice.
 Dites à Scipion qu'il peut dès ce moment 1785
Chercher à son triomphe un plus rare ornement.

---

1. Dans l'édition de 1692 et dans celle de Voltaire (1764), ce vers est le dernier de la scène précédente, au lieu d'être le premier de celle-ci.

Pour voir de deux grands rois la lâcheté punie,
J'ai dû livrer leur femme à cette ignominie :
C'est ce que méritoit leur amour conjugal;
Mais j'en ai dû sauver la fille d'Asdrubal. 1790
Leur bassesse aujourd'hui de tous deux me dégage;
Et n'étant plus qu'à moi, je meurs toute à Carthage,
Digne sang d'un tel père, et digne de régner,
Si la rigueur du sort eût voulu m'épargner! »
   A ces mots, la sueur lui montant au visage, 1795
Les sanglots de sa voix saisissent le passage;
Une morte pâleur s'empare de son front;
Son orgueil s'applaudit d'un remède si prompt :
De sa haine aux abois la fierté se redouble;
Elle meurt à mes yeux, mais elle meurt sans trouble[1],
Et soutient en mourant la pompe d'un courroux
Qui semble moins mourir que triompher de nous[2].

ÉRYXE.

Le dirai-je, Seigneur? je la plains et l'admire :
Une telle fierté méritoit un empire;
Et j'aurois en sa place eu même aversion 1805
De me voir attachée au char de Scipion.
La fortune jalouse et l'amour infidèle
Ne lui laissoient ici que son grand cœur pour elle :
Il a pris le dessus de toutes leurs rigueurs,
Et son dernier soupir fait honte à ses vainqueurs. 1810

LÉLIUS.

Je dirai plus, Madame, en dépit de sa haine,

---

1. « La fierté de son langage ne fut pas démentie par la fermeté avec laquelle elle prit la coupe et la vida sans donner aucun signe d'effroi. » *Non locuta est ferocius, quam acceptum poculum, nullo trepidationis signo dato, impavide hausit.* (*Tite Live*, livre XXX, chapitre xv.) Voyez l'*Appendice* I, p. 553.

2. Dans la pièce de Mairet (acte V, scène v), Sophonisbe mourante triomphe en ces termes :

> Nos vainqueurs sont vaincus, si nous leur témoignons
> Qu'ils nous craignent bien plus que nous ne les craignons.

ACTE V, SCÈNE VII.

Une telle fierté devoit naître romaine[1].
Mais allons consoler un prince généreux,
Que sa seule imprudence a rendu malheureux.
Allons voir Scipion, allons voir Massinisse ;
Souffrez qu'en sa faveur le temps vous adoucisse ;
Et préparez votre âme à le moins dédaigner,
Lorsque vous aurez vu comme il saura régner.

ÉRYXE.

En l'état où je suis, je fais ce qu'on m'ordonne ;
Mais ne disposez point, Seigneur, de ma personne ;
Et si de ce héros les desirs inconstants....

LÉLIUS.

Madame, encore un coup, laissons-en faire au temps[2].

---

1. Dans la *Sophonisbe* de Nicolas de Montreux, Scipion, apprenant la courageuse mort de Sophonisbe, s'écrie :

> J'approuve cette mort en assurance unique
> Et envie l'honneur de la parjure Afrique
> D'avoir jadis nourri un esprit si hautain
> Qui méritoit de naître et de mourir Romain.

2. Le premier hémistiche du dernier vers du *Cid* est :

> Laisse faire le temps....

et il s'agit comme ici d'une union probable, mais la situation est bien différente.

FIN DU CINQUIÈME ET DERNIER ACTE.

APPENDICE.

I

EXTRAIT DE TITE LIVE

(Livre XXX, chap. xii-xv).

XII. Syphax, dum obequitat hostium turmis, si pudore, si periculo suo fugam sistere posset, equo graviter icto, effusus opprimitur capiturque, et vivus, lætum ante omnes Masinissæ præbiturus spectaculum, ad Lælium pertrahitur. Cirta caput regni Syphacis erat : eo se ingens hominum contulit vis. Cædes in eo prælio minor quam victoria fuit, quia equestri tantummodo prælio certatum fuerat : non plus quinque millia occisa, minus dimidium ejus hominum captum est, impetu in castra facto, quo perculsa rege amisso multitudo se contulerat. Masinissa sibi quidem, dicere, nihil esse in præsentia pulchrius, quam victorem, recuperatum tanto post intervallo, patrium invisere regnum : sed tam secundis quam adversis rebus non dari spatium ad cessandum. Si se Lælius cum equitatu vinctoque Syphace Cirtam præcedere sinat, trepida omnia metu se oppressurum : Lælius cum peditibus subsequi modicis itineribus posse. Assentiente Lælio, prægressus Cirtam, evocari ad colloquium principes Cirtensium jubet. Sed apud ignaros regis casus, neque quæ acta essent promendo, nec minis, nec suadendo, ante valuit, quam rex vinctus in conspectum datus est. Tum ad spectaculum tam fœdum comploratio orta ; et partim pavore mœnia sunt deserta, partim repentino consensu gratiam apud victorem quærentium patefactæ portæ. Et Masinissa præsidio circa portas opportunaque mœnium dimisso, ne cui fugæ pateret exitus, ad regiam occupandam citato vadit equo. Intranti vestibulum in ipso limine Sophonisba, uxor Syphacis, filia Asdrubalis Pœni, occurrit ; et quum in medio agmine armatorum Masinissam, insignem quum armis tum cætero habitu

conspexisset, regem esse (id quod erat) rata, genibus advoluta ejus :
« Omnia quidem ut posses in nobis Dii dederunt, virtusque et
felicitas tua. Sed si captivæ apud dominum vitæ necisque suæ
vocem supplicem mittere licet, si genua, si victricem attingere dextram, precor quæsoque per majestatem regiam, in qua paulo ante
nos quoque fuimus, per gentis Numidarum nomen, quod tibi cum
Syphace commune fuit, per hujusce regiæ deos, qui te melioribus
ominibus accipiant, quam Syphacem hinc miserunt, hanc veniam
supplici des, ut ipse, quodcumque fert animus, de captiva statuas,
neque me in cujusquam Romani superbum ac crudele arbitrium
venire sinas. Si nihil aliud quam Syphacis uxor fuissem, tamen Numidæ, atque in eadem mecum Africa geniti, quam alienigenæ et
externi, fidem experiri mallem. Quid Carthaginiensi ab Romano,
quid filiæ Asdrubalis timendum sit vides. Si nulla alia re potes,
morte me ut vindices ab Romanorum arbitrio, oro obtestorque. »
Forma erat insignis et florentissima ætas. Itaque quum modo
dextram amplectens, in id, ne cui Romano traderetur, fidem ex-
posceret, propiusque blanditias oratio esset, quam preces ; non in
misericordiam modo prolapsus est animus victoris, sed (ut est genus
Numidarum in venerem precæps) amore captivæ victor captus, data
dextra, in id quod petebatur obligandæ fidei, in regiam concedit.
Institit deinde reputare secum ipse quemadmodum promissi fidem
præstaret. Quod quum expedire non posset, ab amore temerarium
atque impudens mutuatur consilium. Nuptias in eum ipsum diem
repente parari jubet, ne quid relinqueret integri aut Lælio, aut ipsi
Scipioni, consulendi velut in captivam, quæ Masinissæ jam nupta
foret. Factis nuptiis supervenit Lælius ; et adeo non dissimulavit
improbare sefactum, ut primo etiam cum Syphace et cæteris captivis detractam eam toro geniali mittere ad Scipionem conatus sit. Vic-
tus deinde precibus Masinissæ orantis, ut abritrium, utrius regum
duorum fortunæ accessio Sophonisba esset, ad Scipionem rejice-
ret Misso Syphace et captivis, cæteras urbes Numidiæ, quæ præsi-
diis regiis tenebantur, adjuvante Masinissa, recipit.

XIII. Syphacem in castra adduci quum esset nuntiatum, omnis
velut ad spectaculum triumphi multitudo effusa est. Præcedebat
ipse vinctus ; sequebatur grex nobilium Numidarum. Tum quantum
quisque plurimum posset, magnitudini Syphacis, famæ gentis, vic-
toriam suam augendo, addebat.... His sermonibus circumstantium
celebratus rex, in prætorium ad Scipionem est perductus. Mo-
vit et Scipionem quum fortuna pristina viri præsentis fortunæ col-
lata, tum recordatio hospitii, dextræque datæ, et fœderis publice
ac privatim juncti. Eadem hæc et Syphaci animum dederunt in allo-
quendo victore ; nam quum Scipio, quid sibi voluisset quæreret,

qui non societatem solum abnuisset romanam, sed ultro bellum intulisset, tum ille peccasse quidem sese atque insanisse fatebatur, sed non tum demum, quum arma adversus populum romanum cepisset : exitum sui furoris fuisse, non principium. Tunc se insanisse, tunc hospitia privata et publica fœdera omnia ex animo ejecisse, quum carthaginiensem matronam domum acceperit. Illis nuptialibus facibus regiam conflagrasse suam : illam furiam pestemque omnibus delinimentis animum suum avertisse atque alienasse ; nec conquiesse, donec ipsa manibus suis nefaria sibi arma adversus hospitem atque amicum induerit. Perdito tamen atque afflicto sibi hoc in miseriis solatii esse, quod in omnium hominum inimicissimi sibi domum ac penates eamdem pestem ac furiam transisse videat. Neque prudentiorem, neque constantiorem Masinissam quam Syphacem esse; etiam juventa incautiorem. Certe stultius illum atque intemperantius eam quam se duxisse.

XIV. Hæc non hostili modo odio, sed amoris etiam stimulis, amatam apud æmulum cernens, quum dixisset, non mediocri cura Scipionis animum pepulit.... Hæc secum volutanti Lælius ac Masinissa supervenerunt : quos quum pariter ambo et benigno vultu excepisset, et egregiis laudibus frequenti prætorio celebrasset, abductum in secretum Masinissam sic alloquitur : « Aliqua te existimo, Masinissa, intuentem in me bona, et principio in Hispania ad jungendam mecum amicitiam venisse, et postea in Africa te ipsum, spesque omnes tuas, in fidem meam commisisse. Atqui nulla earum virtus est, propter quas appetendus tibi visus sim, qua ego æque atque temperantia et continentia libidinum gloriatus fuerim. Hanc te quoque ad cæteras tuas eximias virtutes, Masinissa, adjecisse velim.... »

XV. Masinissæ hæc audienti non rubor solum suffusus, sed lacrymæ etiam obortæ; et quum se quidem in potestate futurum imperatoris dixisset, orassetque eum ut, quantum res sineret, fidei suæ temere obstrictæ consuleret, promisisse enim, sese in nullius potestatem eam traditurum, ex prætorio in tabernaculum suum confusus concessit. Ibi, arbitris remotis, quum crebro suspiritu et gemitu, quod facile ab circumstantibus tabernaculum exaudiri posset, aliquantum temporis consumpsisset, ingenti ad postremum edito gemitu, fidum e servis vocat, sub cujus custodia regio more ad incerta fortunæ venenum erat, et mixtum in poculo ferre ad Sophonisbam jubet, ac simul nuntiare Masinissam libenter primam ei fidem præstaturum fuisse, quam vir uxori debuerit ; quoniam arbitrium ejus, qui possint, adimant, secundam fidem præstare, ne viva in potestatem Romanorum veniat. Memor patris imperatoris, patriæque, et duorum regum quibus nupta fuisset, sibi ipsa consuleret.

APPENDICE.

Hunc nuntium ac simul venenum ferens minister quum ad Sophonisbam venisset : « Accipio, inquit, nuptiale munus, neque ingratum, si nihil majus vir uxori præstare potuit. Hoc tamen nuntia, melius me morituram fuisse, si non in funere meo nupsissem. » Non locuta est ferocius, quam acceptum poculum, nullo trepidationis signo dato, impavide hausit. Quod ubi nuntiatum est Scipioni, ne quid æger animi ferox juvenis gravius consuleret, accitum eum extemplo nunc solatur, nunc, quod temeritatem temeritate alia luerit, tristioremque rem, quam necesse fuerit, fecerit, leniter castigat[1].

II

LISTE DES TRAGÉDIES
COMPOSÉES SUR LE SUJET DE *SOPHONISBE*
ET ANALYSES DES PLUS IMPORTANTES D'ENTRE ELLES.

1° La *Sophonisbe* du Trissin.

CETTE pièce, publiée seulement en 1524, a été représentée plus de dix ans auparavant dans la grande salle de l'hôtel de ville de Vicence, aux frais du sénat de cette ville. Louis Riccoboni, qui la trouvait parfaite, la remit au théâtre « sans que personne se soit plaint qu'elle sentît l'antiquité[2]. » L'auteur suit Tite Live d'assez près, en ajoutant à la donnée historique certains développements dont Corneille a presque toujours profité.

Au commencement de l'ouvrage, Sophonisbe entreprend de racon-

---

1. Polybe et Appien ont aussi raconté l'histoire de Syphax, de Massinissa et de Sophonisbe, le premier dans les fragments du livre XIV, le second dans son *Histoire punique* (chapitres x et suivants). En outre Appien, dans son *Histoire espagnole*, mentionne, au chapitre XXXVII (de même qu'au chapitre x de l'*Histoire punique*), une circonstance importante que Corneille lui a empruntée, et que Tite Live avait omise. Voyez ci-dessus, p. 465, note 3. Silius Italicus, dans son poëme *de la Guerre punique*, ne consacre à Sophonisbe que quelques vers assez insignifiants (au livre XVII, vers 71 et suivants).
2. *Histoire du Théâtre italien*, tome II, p. 10.

ter à Herminie, sa confidente, tous ses malheurs un à un[1]; et remontant d'abord résolûment à l'origine même de Carthage, elle rappelle la fondation de la ville, les amours de Didon, les longues guerres contre Rome; puis, arrivant enfin à ce qui la concerne, elle lui parle de son mariage avec Syphax, conclu par l'entremise de Scipion, malgré la promesse que son père avait faite à Massinissa, promesse dont Tite Live ne parle point, mais que le Trissin et, comme nous l'avons dit, Corneille après lui ont empruntée à Appien. Sophonisbe termine son récit en déplorant le combat qui se livre sous les murs de Cirta; elle en redoute l'issue funeste, et un songe qu'elle raconte à Herminie augmente encore ses terreurs; dans l'espoir de s'y soustraire elle rentre pour ordonner un sacrifice, et le chœur, composé de femmes de Cirta (*donne Cirtensi*), se livre alors à de longues réflexions sur l'inconvénient des grandeurs.

Un homme de la maison de Syphax arrive hors d'haleine, demandant où est la Reine; elle survient, et il lui raconte que Cirta est prise et que Syphax est prisonnier. Bientôt les ennemis envahissent le théâtre, Massinissa est à leur tête; Sophonisbe se jette à ses pieds, lui adresse une supplique imitée de Tite Live, et que Corneille a reproduite à son tour; touché de ses larmes, il finit par lui jurer qu'elle ne tombera pas vivante au pouvoir des Romains. Ils entrent ensemble dans le palais, tandis que le chœur déplore les malheurs passés et souhaite des jours plus heureux. Lélius arrive, demande au chœur où est Massinissa, et au moment où il se prépare à l'aller trouver, il rencontre un messager qui le cherche pour lui apprendre que Massinissa a épousé Sophonisbe, à qui il a persuadé qu'il n'y avait pas d'autre moyen de la garantir de l'esclavage. On aperçoit Massinissa qui revient, et Scipion congédie en toute hâte le messager, afin de faire croire à Massinissa qu'il ignore encore tout. Ici a lieu entre Lélius et Massinissa une contestation fort vive, que Tite Live n'a pas indiquée, et dont Corneille a tiré la scène III de son quatrième acte. Nous avons donné en note au bas des pages quelques-uns des vers italiens qu'il a imités; nous nous contentons ici d'y renvoyer[2]. Caton, dont il n'est question ni dans l'histoire à propos de Sophonisbe, ni dans la tragédie de Corneille, survient, et conseille de s'en rapporter à la décision de Scipion. Lélius et Massinissa y consentent, et se retirent; le chœur fait des vœux pour la fille d'Asdrubal.

Scipion entre, suivi des chefs de l'armée et des prisonniers, parmi lesquels se trouve Syphax; ici vient un discours imité de Tite Live, où ce roi attribue tous ses malheurs à Sophonisbe, et se console en

1. *I quali ad un ad un voglio narrarti.*
2. Voyez ci-dessus, p. 525, note 2.

pensant qu'elle causera aussi la perte de Massinissa. Dans la pièce de Corneille, où Scipion ne paraît point, cette scène se passe entre Lélius et Syphax. Après le départ de Syphax, Caton instruit Scipion du mariage de Massinissa, des reproches que lui a faits Lélius, et du parti qu'ils ont pris de s'en rapporter à sa décision.

Massinissa entre ; Scipion vante son courage, les services qu'il a rendus à la République ; puis il fait retirer tout le monde, lui reproche de se laisser entraîner à la volupté, plus dangereuse que les ennemis armés, .ui déclare que Sophonisbe doit être envoyée à Rome, et l'adjure de ne point souiller sa gloire par une désobéissance coupable. Massinissa cède enfin aux remontrances de Scipion. Il demande seulement le temps de réfléchir à la manière dont il pourra tenir la parole qu'il a donnée à son épouse, de ne la point livrer aux Romains tant qu'elle serait en vie ; à peine a-t-il quitté le théâtre que le chœur invoque l'amour en faveur de Sophonisbe. Après une scène de remplissage entre le chœur et un serviteur de Sophonisbe, qui ne sait rien de ce qui vient de se passer, une des femmes de la Reine sort, et annonce au chœur que Massinissa lui a envoyé une coupe de poison ; le discours de l'envoyé de Massinissa et la réponse de Sophonisbe qu'elle rapporte sont une traduction élégante, mais fort littérale, des deux petits discours de Tite Live. Ce que le Trissin ajoute d'assez touchant, c'est que Sophonisbe, avant de boire le poison, achève avec tranquillité une offrande à Junon qu'elle avait commencée, pour prier la déesse de bénir sa nouvelle union, et qu'elle termine en la priant pour l'enfant, à peine âgé de deux ans, qu'elle avait eu de Syphax. La fin est des plus froides. Sophonisbe arrive accompagnée de son fils, qu'elle recommande à Herminie ; bientôt elle expire, et on l'emporte. Massinissa survient ; il a réfléchi un peu tardivement qu'il pourrait envoyer de nuit Sophonisbe à Carthage à l'insu de Scipion ; la trouvant morte, il fait ses offres de services à Herminie, qui demande à être reconduite dans sa patrie ; ensuite il donne ses ordres pour les funérailles de la Reine, et le chœur termine la pièce par quelques réflexions sur l'inconstance des choses humaines.

2° La *Sophonisbe* de Mellin de Saint-Gelais, représentée devant Henri II, à Blois, en 1559.

Il suffira de transcrire le titre de cette pièce, qui a été publiée par Gilles Corrozet, comme le prouve l'avis *Au lecteur* qu'il a placé à la page II :

SOPHONISBA.

Tragedie tres excellente, tant pour l'argument que pour le poly langage et graues sentences dont elle est ornée : representée et prononcée deuant le Roy en sa ville de Bloys. *A Paris.... M. V° LIX.*

A la fin de *Sophonisba :* « Sois aduerti, lecteur, qu'en imprimant la presente Tragedie, nous auons esté faictz certains que feu Mellin de Sainct Gellais en a esté le principal Auteur, duquel n'est besoin escrire les louanges. Au reste, que toute la Tragedie est en prose, excepté le chorus ou assemblée de dames, qui parle en vers de plusieurs genres[1].

« Voilà, disent les frères Parfait, la première tragédie en prose; c'est à quoi beaucoup de personnes n'ont pas pensé, pendant la dispute de M. de la Motte et de ses adversaires[2]. »

Cette pièce n'est qu'une simple traduction de la *Sophonisbe* du Trissin; Corneille ne mentionne ni cet ouvrage ni le suivant, il ne les a probablement pas connus, et à coup sûr il ne les a pas eus sous les yeux.

3° La *Sophonisbe* de Claude Mermet, imprimée en 1583.

Claude Mermet, notaire ducal et écrivain de Saint-Rambert en Savoie, vint s'établir à Lyon, où il fit imprimer sa pièce sous ce titre, qui tiendra lieu d'une notice plus étendue :

« *La tragedie de Sophonisbe*, reyne de Numidie, où se verra le desastre qui luy est aduenu, pour auoir esté promise à vn mary, et espousée par vn autre; et comme elle a mieux aimé eslire la mort que de se voir entre les mains de ses ennemis. Traduite d'Italien en François par Claude Mermet. »

4° La *Sophonisbe* d'Antoine de Montchrestien, imprimée en 1596.

Cette pièce est la première de l'auteur. Elle figure dans le recueil de ses principaux ouvrages, sous ce nouveau titre : *La Carthaginoise ou la Liberté.* C'est encore une paraphrase de l'ouvrage du Trissin. Corneille connaissait cette tragédie. C'est la seule qu'il cite comme ayant précédé en France celle de Mairet[3].

5° La *Sophonisbe* de Nicolas de Montreux, imprimée en 1601.

Nicolas de Montreux, né au Mans vers 1560, signait d'ordinaire ses ouvrages du nom d'Olenix de Mont-Sacré, assez ambitieux anagramme qu'il avait choisi. Après s'être fait connaître à Paris,

---

1. *Histoire du Théâtre françois*, tome III, p. 318, note *a*.
2. *Ibidem*, p. 319. — 3. Voyez ci-dessus, p. 463.

vers 1576, par ses romans, il fit jouer plusieurs pièces de théâtre. Sa *Sophonisbe* est, comme toutes les tragédies françaises dont nous avons parlé jusqu'ici, une imitation de celle du Trissin. Corneille n'a pas cité cet ouvrage ; il le connaissait cependant, car il a profité d'un assez beau mouvement qui s'y trouve, et que ne lui avaient fourni ni les auteurs de l'antiquité ni le Trissin [1].

6° La *Sophonisbe* de Mairet, représentée en 1629.

La part que Mairet prit à la critique du *Cid* nous l'a déjà fait connaître, et nous avons même eu occasion de publier un pamphlet en faveur de Corneille, où l'on trouve une critique assez vive de l'ouvrage dont nous avons à parler ici [2]. Mairet, tout en profitant parfois de la pièce du Trissin, avait cru devoir s'éloigner bien davantage de la vérité historique, et n'avait pas hésité à transformer ses personnages en héros de roman. Il s'en explique en ces termes dans son avis *Au lecteur* : « Le sujet de cette tragédie est dans Tite Live, Polybe, et plus au long dans Apian Alexandrin [3]. Il est vrai que j'y ai voulu ajouter pour l'embellissement de la pièce, et que j'ai même changé deux incidents de l'histoire assez considérables, qui sont la mort de Syphax, que j'ai fait mourir à la bataille, afin que le peuple ne trouvât point étrange que Sophonisbe eût deux maris vivants ; et celle de Massinisse, qui vécut jusques à l'extrême vieillesse. »

On doit du reste tenir un fort grand compte des qualités incontestables de cet ouvrage, lorsqu'on songe que son auteur l'a écrit en 1629 [4], c'est-à-dire avant tous les chefs-d'œuvre de notre scène, au moment où Corneille faisait représenter *Mélite*.

En analysant ici avec quelque étendue l'ouvrage de Mairet, nous aurons soin de rapporter un assez grand nombre de vers tirés de cette tragédie, pour donner au lecteur une idée, sinon complète, du moins fidèle et impartiale, du singulier mélange de basse familiarité et de noblesse qu'on y rencontre à chaque instant.

Au lever du rideau, Syphax reproche à Sophonisbe d'avoir écrit à Massinisse, qu'elle avait dû épouser jadis, et dont elle est éprise ;

---

1. Voyez ci-dessus, p. 549, note 1.
2. Voyez tome III, p. 61.
3. Voyez ci-dessus, p. 550-553, et p. 553, note 1.
4. Cette date est établie par le témoignage de Mairet, qui, né le 4 janvier 1604*, nous apprend lui-même qu'il a fait *Sophonisbe* à vingt-cinq ans. Voyez notre tome III, p. 60, note 1.

* *Histoire du Théâtre françois*, tome IV, p. 333.

il ne se montre pas d'ailleurs d'une grande sévérité conjugale, et se contente de dire à sa femme :

> Ne pouvois-tu treuver où prendre tes plaisirs
> Qu'en cherchant l'amitié de ce prince numide ?

La justification de Sophonisbe n'est pas très-satisfaisante pour son époux :

> J'ai cru qu'il seroit bon de m'acquérir de loin
> Un bras qui conservât ma franchise au besoin :
> C'est pourquoi j'écrivois au prince Massinisse,
> Sous une feinte amour couvrant mon artifice ;
> Et pour vous mieux prouver la chose comme elle est,
> Que Votre Majesté regarde, s'il lui plaît,
> Que méprisant la fleur des princes d'Italie,
> Et le grand Scipion, et le sage Lélie,
> J'ai voulu m'assurer de l'assistance d'un
> A qui le nom lybique avec nous fût commun.

Après cette belle défense, Sophonisbe se retire, et est bientôt remplacée par Philon, général de Syphax, qui vient dire à ce prince :

> Sire, l'on n'attend plus que Votre Majesté
> Pour charger Massinisse au combat apprêté.

Mais en ce moment le Roi est peu disposé à combattre, il préfère confier ses chagrins à son général et lui lire la « lettre de Sophonisbe à Massinisse. » Philon, après lui avoir prodigué quelques consolations banales, après lui avoir fait remarquer par exemple

> ....Que c'est aux grandes âmes
> A souffrir de grands maux, et que femmes sont femmes,

ajoute non sans raison :

> Courons remédier d'un courage constant
> Au danger le plus proche et le plus important.

Ils partent enfin pour combattre ; Sophonisbe rentre, suivie de Phénice, sa nourrice et l'une de ses confidentes ; elle se désole en songeant que son billet ayant été intercepté, Massinisse n'a pu connaître ses sentiments ; elle craint surtout qu'il n'aime ailleurs :

> .... Que je souffrirois, si mon amour trompé
> Treuvoit en Massinisse un cœur préoccupé !

s'écrie-t-elle ; quant à Phénice, elle a d'autres inquiétudes : elle redoute avant tout pour elle et pour sa maîtresse le courroux de Syphax; mais Sophonisbe la rassure en lui disant :

> Il a puni ma faute en me la reprochant,
> Et s'il m'eût voulu perdre, il l'eût fait sur-le-champ.
> C'est en quoi mon offense est plus blâmable encore,
> De tromper lâchement un mari qui m'adore;
> Mais un secret destin que je ne puis forcer
> Contre ma volonté m'oblige à l'offenser.

Le style, on le voit, est déjà un peu plus soutenu, un peu moins indigne de la tragédie, et le premier acte se termine assez vivement par ces deux beaux vers :

> .... De peur de prier contre mon propre bien,
> En adorant les Dieux ne leur demandons rien.

Au commencement du second acte, Sophonisbe charge ses deux confidentes, Corisbe et Phénice, de lui donner des nouvelles du combat :

> Rendez-vous au sommet de la plus haute tour,
> D'où l'œil découvre à plein tous les champs d'alentour,
> Et que de temps en temps l'une ou l'autre descende,
> Pour m'assurer toujours des maux que j'appréhende.

Pendant qu'elles sont en haut, Sophonisbe déplore ses malheurs dans un long monologue, et se plaint ainsi du zèle de ceux qui combattent pour elle :

> A quoi tant de combats, si grands et si connus,
> Avec tant de valeur donnés et soutenus,
> Si, bien loin d'obliger, votre courage offense
> Celle dont votre zèle entreprend la défense?
> Puisque son intérêt en amour converti
> Lui fait aimer le chef du contraire parti.

Les deux confidentes reviennent tout effrayées sans pouvoir cependant donner aucune nouvelle positive. Comme « ma sœur Anne, » elles n'ont vu qu'

> .... Un nuage épais de poudre et de fumée.

Mais le messager Caliodore vient annoncer que la bataille est perdue, que c'est en vain que Syphax a fait des prodiges de vaillance, et qu'

> .... En montrant sa valeur infinie,
> Ce prince malheureux a sa trame finie.

Pendant que Caliodore fait ce récit, on entend un grand bruit; il sort pour en avoir la cause, et revient dire à la Reine :

> Massinisse en personne est devant nos remparts.

Sophonisbe veut mourir, mais Phénice lui propose un tout autre parti :

> Pour moi je suis d'avis qu'oubliant le trépas,
> Vous tiriez du secours de vos propres appas.

Elle compte d'ailleurs sur l'ardeur du sang numide :

> .... Il est jeune et d'une nation
> Qui par toute l'Afrique est la plus renommée
> Pour aimer aussitôt et vouloir être aimée[1].

Tout en répondant à sa confidente :

> Ce remède, Phénice, est ridicule et vain,

Sophonisbe se décide à l'essayer, et dit à ses femmes :

> .... Pour vous contenter je me force et veux bien
> Faire une lâcheté qui ne serve de rien.

Au commencement du troisième acte, Massinisse est entouré des soldats romains qui l'ont secondé dans le combat, et qui lui offrent encore leur aide; il les en remercie par ces beaux vers :

> Je ne refuse pas, invincibles Romains,
> Ni ces cœurs généreux, ni ces puissantes mains
> Qui par tout l'univers, quand les causes sont bonnes,
> Otent comme il leur plaît et donnent les couronnes;

et il leur demande ensuite de s'emparer du palais où Sophonisbe s'est retirée.

La scène suivante nous transporte auprès de la Reine, toujours entourée de ses deux confidentes, qui ne l'ont pas encore complétement convaincue, et qui emploient auprès d'elle leurs plus irrésistibles arguments :

> Au reste la douleur ne vous a point éteint
> Ni la clarté des yeux ni la beauté du teint :
> Vos pleurs vous ont lavée, et vous êtes de celles
> Qu'un air triste et dolent rend encore plus belles.
> Vos regards languissants font naître la pitié
> Que l'amour suit parfois et toujours l'amitié,
> N'étant rien de pareil aux effets admirables

---

1. Voyez ci-dessus, p. 538, note 1.

> Que font dans les beaux cœurs des beautés misérables.
> Croyez que Massinisse est un vivant rocher,
> Si vos perfections ne le peuvent toucher.

Caliodore entre et dit à la Reine :

> Madame, Massinisse est dans la grande cour.

Alors elle prononce une invocation intitulée : « Vœu de Sophonisbe à l'Amour. » Elle demande à ce dieu de triompher du cœur de Massinisse, et termine ainsi :

> .... Je te voue un temple magnifique,
> Comme au restaurateur des affaires d'Afrique.

L'entrevue, si préparée et si attendue depuis le commencement de la pièce, arrive enfin. Elle s'ouvre par une « Harangue de Massinisse, » qui promet que Sophonisbe sera traitée « en reine et non pas en captive. » Ensuite vient la « Réponse de Sophonisbe; » elle se montre très-digne et très-réservée dans les vœux qu'elle forme :

> Donnez-moi l'un des deux : ou que jamais le Tibre
> Ne me reçoive esclave, ou que je meure libre.

Non-seulement Massinisse le lui assure, mais, emporté par sa passion, il s'écrie :

> Puisque Syphax n'est plus, il ne tiendra qu'à vous
> D'avoir en Massinisse un légitime époux ;

et immédiatement tout se prépare pour le mariage.

Le quatrième acte commence par un entretien noble et passionné entre Massinisse et Sophonisbe. Celle-ci proclame ainsi en fort beaux termes la pureté de ses sentiments :

> .... J'atteste le ciel que ma foi non commune
> Regarde Massinisse, et non pas sa fortune,
> Et qu'en pareil degré de fortune et d'ennui,
> Ce qu'il a fait pour moi, je l'aurois fait pour lui.

Cette tendre conversation est brusquement interrompue :

> Mais que veut ce soldat couvert à la Romaine ?

dit Massinisse ; et ce vers est bon à noter en passant, car il marque, même pour un personnage tout à fait secondaire, une certaine exactitude de costume assurément bien rare à cette époque. Ce soldat annonce à Massinisse l'arrivée de Scipion, qui le fait demander aussitôt. Massinisse part fort inquiet, mais avant de se séparer de la Reine, il renouvelle en ces termes la promesse qu'il lui a faite :

> Je vous donne ma foi que quoi qu'il en arrive,
> Rome ne verra point Sophonisbe captive.

Scipion consulte Lélie pour savoir si envers Massinisse il doit employer la douceur ou la violence, et malgré les conseils de Lélie, il se décide après quelque hésitation à agir tout de suite avec énergie. Après cette scène, vient ce fameux « démêlé de Scipion avec Massinisse[1], » inspiré par Tite Live, que Corneille mettait au nombre des « endroits inimitables » de la *Sophonisbe* de Mairet, et qu'il eût jugé dangereux de « retâter après lui. » Scipion prend tous les tons dans cette belle scène. Il se montre tour à tour amical, sévère, ironique. Certains passages de cet entretien s'étaient fixés dans toutes les mémoires ; celui-ci entre autres :

> Massinisse en un jour, voit, aime et se marie,
> A-t-on jamais parlé d'une telle furie ?
> Bien plus l'aveuglement de sa raison est tel,
> Qu'il entre dans le lit d'un ennemi mortel,
> D'un Syphax, d'un tyran, de qui l'injuste épée
> A sur son père mort la couronne usurpée.

Mais Massinisse accueille mal ces rigoureux conseils ; les récompenses dont on veut le combler ne l'apaisent nullement :

> .... A quoi tant d'honneurs et de biens superflus
> Si l'on m'ôte celui que j'estime le plus ?

lui fait dire Mairet, se rappelant un passage du Trissin, que Corneille à son tour a imité[2], et que dans sa tragédie Massinisse adresse non à Scipion, qui ne paraît point, mais à Lélie. Effrayé du désespoir et surtout de l'emportement de Massinisse, Scipion se retire en disant à Lélie :

> Tâchez de m'adoucir ce courage insensible.

Mais les efforts de Lélie n'ont aucun succès.

Au commencement du cinquième acte, Massinisse, que rien n'a pu calmer, exhale sa rage impuissante dans un long monologue, où il se prouve à lui-même qu'il est impossible d'échapper à la toute-puissance et au despotisme de Rome. Survient Lélie, qui demande

---

1. Voyez ci-dessus, p. 460.
2. Voyez ci-dessus, acte IV, scène III, vers 1309-1312, p. 527 et note 2.

Sophonisbe pour le triomphe ; il déclare qu'elle ne pourrait y échapper que par la mort, et termine en disant :

> Votre ami lui fait grâce en la laissant mourir.

Tandis que Massinisse se répand en invectives, un messager arrive apportant une

« LETTRE DE SOPHONISBE. »

> Si rien ne peut fléchir la rigueur obstinée
> De ceux que mon courage a fait (*sic*) mes ennemis,
> Plutôt qu'être captive en triomphe menée,
> Donnez-moi le présent que vous m'avez promis.

Massinisse se prépare à porter à Sophonisbe le poison qu'elle lui demande, mais Lélie lui interdit cette triste consolation, et il est contraint de le remettre au messager qui lui a donné la lettre de la Reine. La scène suivante nous montre Sophonisbe et ses deux confidentes attendant le retour du messager envoyé près de Massinisse ; il revient bientôt avec la réponse du prince :

> Jure-lui, m'a-t-il dit, que la main de la Parque
> M'eût poussé le premier dans la fatale barque,
> N'étoit qu'après ma mort nos communs ennemis
> Perdroient le souvenir de ce qu'ils m'ont promis
> Qu'elle s'assure donc qu'un trépas digne d'elle
> Lui prouvera dans peu que je lui suis fidèle.

Cette promesse comble Sophonisbe de joie : elle avale le poison avec calme, et lorsqu'elle commence à en ressentir les premières atteintes, elle dit à ses confidentes :

> Mes filles, aidez-moi, portez-moi sur ma couche,
> Et que je meure au moins dessus le même lit
> Où mon funeste hymen hier au soir s'accomplit.

Lorsqu'elles ont disparu, Scipion entre avec Massinisse et Lélie ; il vante la constance du Roi, lui promet l'appui et les récompenses du sénat, et l'invite à se livrer aux soins qu'exige son nouveau royaume. Bientôt Caliodore vient raconter la mort de la Reine. Massinisse lui dit :

> Voyons donc ce trésor de grâce et de beauté ;
> Mon ami, que sur l'heure il nous soit apporté.

Caliodore répond :

> Si Votre Majesté desire qu'on lui montre
> Ce pitoyable objet, il est ici tout contre :

> La porte de sa chambre est à deux pas d'ici
> Et vous le pourrez voir de l'endroit que voici,
> En levant seulement cette tapisserie.

A la vue du cadavre de Sophonisbe, Massinisse se livre à un tel emportement que Scipion et Lélie le quittent pour ne point l'irriter davantage. La pièce se termine par une scène intitulée : « Plainte de Massinisse sur le corps de Sophonisbe. » Ce morceau est encore de ceux que Corneille a déclarés inimitables[1]. On se convaincra toutefois en lisant l'extrait suivant, qu'il en avait déjà imité une partie dans sa tragédie d'*Horace*[2] :

> Cependant en mourant, ô peuple ambitieux,
> J'appellerai sur toi la colère des cieux.
> Puisses-tu rencontrer, soit en paix, soit en guerre,
> Toute chose contraire, et sur mer, et sur terre !
> Que le Tage et le Pô contre toi rebellés
> Te reprennent les biens que tu leur as volés !
> Que Mars faisant de Rome une seconde Troie,
> Donne aux Carthaginois tes richesses en proie,
> Et que dans peu de temps le dernier des Romains
> En finisse la race avec ses propres mains !

Après cette imprécation, « il tire un poignard caché sous sa robe, et se tue. »

Voilà, je pense, à partir de la *Sophonisbe* de Saint-Gelais, l'énumération complète des pièces de ce nom qui précédèrent en France la tragédie de Corneille. Il n'entre pas dans notre plan de parler avec détail de celles qui la suivirent. Rappelons cependant une *Sophonisbe* de Lagrange Chancel ; elle n'a été jouée que quatre fois, au mois de novembre 1716, et n'a point été imprimée, de sorte que le *Mercure* de janvier 1717 peut seul en donner une idée. Signalons surtout la nouvelle traduction de la *Sophonisbe* de Mairet, imprimée en 1769, sous le nom de Lantin, bien qu'elle soit réellement de Voltaire, et qu'elle ait, à bon droit, pris un rang définitif dans ses œuvres. Cette pièce n'est point demeurée à l'état de simple curiosité littéraire, elle a été représentée en 1764, mais avec un succès fort médiocre ; bien qu'elle ne contienne pas un seul vers de Mairet, elle suit d'assez près le plan que s'était tracé cet auteur. Quant à la *Sophonisbe* de Thomson, jouée en 1729, elle ne touche que fort indirectement à nos études, et nous nous contentons de l'indiquer en terminant aux amateurs de parallèles littéraires.

---

1 Voyez ci-dessus, p. 460. — 2. Voyez tome III, p. 339, vers 1301-1318

OTHON

TRAGEDIE

1664

NOTICE.

Corneille cite les *Histoires* de Tacite comme la source où il a puisé le sujet d'*Othon;* mais peut-être est-ce à la littérature italienne qu'il en a dû la première idée. En effet, en 1652, Ghirardelli, dont notre poëte connaissait fort bien les ouvrages[1], a fait représenter un *Ottone*.

Plusieurs témoignages contemporains nous prouvent que Corneille s'est très-sérieusement appliqué à sa tragédie d'*Othon* : « Quant aux vers, dit-il lui-même dans sa préface[2], on n'en a point vu de moi que j'aye travaillés avec plus de soin. » Il passait pour avoir refait jusqu'à trois fois le cinquième acte, et assurait que cet acte lui avait coûté plus de douze cents vers[3]. Il avait fait longtemps à l'avance, comme c'était sa coutume[4], des lectures de son ouvrage. Tallemant des Réaux nous l'apprend en ces termes dans un morceau curieux à recueillir : « Corneille a lu par tout Paris une pièce qu'il n'a pas encore fait jouer. C'est le couronnement d'Othon. Il n'a pris ce sujet que pour faire continuer les gratifications du Roi en son endroit; car il ne fait préférer Othon à Pison par les conjurés qu'à cause, disent-ils, que Othon gouvernera lui-même et qu'il y a plaisir à travailler sous un prince qui tienne lui-même le timon; d'ailleurs ce dévot y coule quelques vers pour excuser l'amour du Roi. Il va vous mettre sur le

---

1. Voyez tome I, p. 71.
2. Ci-après, p. 571.
3. *Histoire du Théâtre françois*, tome IX, p. 322, note *a*, et notes manuscrites de Tralage à la bibliothèque de l'Arsenal, citées par M. Taschereau, *OEuvres de Corneille*, tome I, p. xxvi.
4. Voyez ci-dessus, tome III, p. 254 et 465.

théâtre toute la politique de Tacite, comme il y a mis toutes les déclamations de Lucain¹. » Dans ce passage Tallemant fait allusion à ce vers :

> Du timon qu'il embrasse il se fait le seul guide,

et au reste du discours de Lacus². Quant au passage où il est tenté de voir une allusion à l'amour de Mlle de la Vallière pour le Roi, c'est celui que Corneille a mis dans la bouche de Plautine et qui commence ainsi :

> Si l'injuste rigueur de notre destinée
> Ne permet plus l'espoir d'un heureux hyménée,
> Il est un autre amour dont les vœux innocents
> S'élèvent au-dessus du commerce des sens³.

La pièce renferme encore une allusion qui a été signalée dans le *Bolæana*⁴ : « Il (Boileau) n'étoit point du tout content de la tragédie d'*Othon*, qui se passoit tout en raisonnements et où il n'y avoit point d'action tragique. Corneille avoit affecté d'y faire parler trois ministres d'État dans le temps où Louis XIV n'en avoit pas moins que Galba, c'est-à-dire MM. le Tellier, Colbert et de Lionne. M. Despréaux ne se cachoit point d'avoir attaqué directement *Othon* dans ces quatre vers de son *Art poétique*⁵ :

> Vos froids raisonnements ne feront qu'attiédir
> Un spectateur toujours paresseux d'applaudir,
> Et qui, des vains efforts de votre rhétorique
> Justement fatigué, s'endort, ou vous critique. »

Les beaux discours politiques que l'on rencontre dans cet ouvrage n'ont pas été jugés si sévèrement par tous les contemporains. « On peut, dit Joly⁶, appliquer à cette tragédie ces

---

1. *Historiettes*, tome VII, p. 253 et 254.
2. Acte II, scène IV, vers 617 et suivants.
3. Acte I, scène IV, vers 309 et suivants.
4. In-12, p. 132 et 134.
5. Chant III, vers 21-24.
6. *Avertissement* de l'édition du *Théâtre de P. Corneille*, de 1738, p. LXIII.

paroles de M. le maréchal de Gramont, grand-père du dernier maréchal de ce nom : « *Corneille* est le bréviaire des rois. »

Cette pièce fut jouée pour la première fois à Fontainebleau le 3 août 1664. Loret l'annonce en ces termes dans sa *Muse historique* du 2 du même mois :

> Ce qu'illec je sus davantage,
> C'est qu'*Othon*, excellent ouvrage,
> Que Corneille plein d'un beau feu
> A produit au jour depuis peu
> De sa plume docte et dorée,
> Devoit, la suivante soirée,
> Ravir et charmer à son tour
> Le légat et toute la cour.
> Je l'appris de son auteur même,
> Et j'eus un déplaisir extrême,
> Qui me fit bien des fois pester,
> De ne pouvoir encor rester
> Pour voir dudit sieur Corneille
> La fraîche et dernière merveille,
> Que je verrai, s'il plait à Dieu,
> Quelque jour en quelqu'autre lieu.

Dans la *Muse historique* du 8 novembre on trouve le compte rendu suivant de la première représentation donnée à Paris :

> A l'hôtel de Bourgogne on joue,
> Depuis un jour ou deux, dit-on,
> Un sujet que l'on nomme *Othon*,
> Sujet romain, sujet sublime,
> Et digne d'éternelle estime;
> Jamais de plus hauts sentiments,
> Ni de plus rares ornements
> Pièce ne fut si bien pourvue,
> Je ne l'ai point encore vue,
> Et je ne suis que le rapport
> Que m'en fit hier maint esprit fort
> Qui dit qu'elle est incomparable
> Et que sa conduite admirable,
> Dans Fontainebleau, l'autre jour,
> Charma tous les grands de la cour.
> Mais d'où lui vient cet avantage,
> Et d'où vient que de cet ouvrage

Tout le monde est adorateur?
C'est que Corneille en est l'auteur,
Cet inimitable génie;
Et que l'illustre compagnie,
Ou troupe royale autrement,
Qui la récite excellemment,
Lui donne toute l'efficace,
Tout l'éclat, et toute la grâce
Qu'on doit prétendre en bonne foi
Des grands comédiens du Roi.

L'édition originale de cette pièce forme un volume in-12 de 2 feuillets, 78 pages, plus un feuillet à la fin. Elle est intitulée : OTHON, tragédie. Par P. Corneille. *A Paris, chez Guillaume de Luyne*, M.DC.LXV. L'Achevé d'imprimer est du 3 février. M. de Salo, qui rend compte de cet ouvrage d'une façon assez ironique dans le *Journal des savants* du 16 février, constate cependant le grand succès qu'il avait obtenu à la représentation : « Il y a, dit-il, peu de personnes curieuses à Paris, qui n'ayent vu jouer cette pièce; aussi n'est-ce que pour les étrangers, et ceux qui sont dans les provinces, qu'on en parle, afin que n'ayant pu la voir représenter, ils ayent au moins le plaisir de la lire, apprenant qu'elle est imprimée. »

AU LECTEUR[1].

Si mes amis ne me trompent, cette pièce égale ou passe la meilleure des miennes. Quantité de suffrages illustres et solides se sont déclarés pour elle; et si j'ose y mêler le mien, je vous dirai que vous y trouverez quelque justesse dans la conduite, et un peu de bon sens dans le raisonnement. Quant aux vers, on n'en a point vu de moi que j'aye travaillés avec plus de soin. Le sujet est tiré de Tacite[2], qui commence ses *Histoires* par celle-ci; et je n'en ai encore mis aucune sur le théâtre à qui j'aye gardé plus de fidélité, et prêté plus d'invention. Les caractères de ceux que j'y fais parler y sont les mêmes que chez cet incomparable auteur, que j'ai traduit tant qu'il m'a été possible. J'ai tâché de faire paroître les vertus de mon héros en tout leur éclat, sans en dissimuler les vices, non plus que lui; et je me suis contenté de les attribuer à une politique de cour, où, quand le souverain se plonge dans les débauches, et que sa faveur n'est qu'à ce prix[3], il y a presse à qui sera de la partie. J'y ai conservé les événements, et pris la liberté de changer la manière dont ils arrivent, pour en jeter tout le crime sur un méchant homme, qu'on soupçonna dès lors d'avoir donné des ordres secrets pour la mort de Vinius, tant leur inimitié étoit forte et déclarée[4]! Othon avoit promis à ce consul d'épouser sa fille, s'il le

1. Ce titre n'est que dans l'édition originale. Voyez ci-dessus, p. 357, note 1.
2. Outre le Ier livre des *Histoires* de Tacite, voyez encore Plutarque et Suétone dans leurs *Vies de Galba* et *d'Othon*.
3. Tel est le texte de l'édition originale; c'est aussi celui de Voltaire. Les impressions de 1666-1682 et celle de 1692 portent : « n'est qu'à prix. »
4. Voyez acte V, scène vi, p. 654, et la note 2.

pouvoit faire choisir à Galba pour successeur; et comme il se vit empereur sans son ministère, il se crut dégagé de cette promesse, et ne l'épousa point. Je n'ai pas voulu aller plus loin que l'histoire; et je puis dire qu'on n'a point encore vu de pièce où il se propose tant de mariages pour n'en conclure aucun. Ce sont intrigues de cabinet qui se détruisent les unes les autres. J'en dirai davantage quand mes libraires joindront celle-ci aux recueils qu'ils ont faits[1] de celles de ma façon qui l'ont précédée[2].

[1]. Toutes les éditions publiées du vivant de Corneille et celle de Voltaire (1764) ont *fait*, sans accord.

[2]. Par malheur Corneille n'a pas donné suite à cette promesse, et, comme nous l'avons dit ci-dessus (p. 357, note 1), à partir de *Sertorius* inclusivement il n'a plus fait d'examens pour ses pièces. C'est pour cela que Thomas Corneille a omis, dans l'édition de 1692, cette dernière phrase de l'avis *Au lecteur*, qu'il intitule *Préface*.

LISTE DES ÉDITIONS QUI ONT ÉTÉ COLLATIONNÉES POUR LES VARIANTES D'*OTHON*.

ÉDITIONS SÉPARÉES.

1665 in-12 ;

RECUEILS.

1666 in-12 ;   1682 in-8° ;
1668 in-12 ;

ACTEURS.

GALBA, empereur de Rome[1].
VINIUS, consul[2].
OTHON, sénateur romain, amant de Plautine[3].
LACUS, préfet du prétoire.
CAMILLE, nièce de Galba[4].
PLAUTINE, fille de Vinius, amante d'Othon[5].
MARTIAN, affranchi de Galba.
ALBIN, ami d'Othon[6].
ALBIANE, sœur d'Albin, et dame d'honneur de Camille.
FLAVIE, amie de Plautine.
ATTICUS[7], }
RUTILE,   } soldats romains.

La scène est à Rome dans le palais impérial.

1. Servius Sulpicius Galba, né quatre ans avant Jésus-Christ, a régné sept mois, pendant les années 68 et 69.

2. Tacite nous a fait connaître en peu de mots la position de Vinius, de Laco (dont Corneille a fait *Lacus*), et de Martian à l'égard de Galba : *Potentia principatus divisa in T. Vinium, consulem, et Cornelium Laconem, prætorii præfectum. Nec minor gratia Icelo, Galbæ liberto, quem annulis donatum, equestri nomine Martianum vocitabant.* (*Histoires*, livre I, chapitre XIII.) Voyez aussi Suétone, *Vie de Galba*, chapitre XIV.

3. Marcus Salvius Othon succéda à Galba, et après un règne de trois mois, il se donna la mort, à l'âge de trente-sept ans, pour échapper aux suites de la victoire remportée sur ses troupes par celles de Vitellius, à Bédriac.

4. Camille, Albiane, Flavie et Rutile sont des personnages d'invention.

5. La fille de Vinius n'est pas nommée par Tacite, qui nous apprend seulement qu'elle était veuve : *quia Vinio vidua filia cælebs Otho, gener ac socer destinabantur* (*Otho et Vinius*). (*Histoires*, livre I, chapitre XIII.)

6 Tacite parle d'un Luceius Albinus qui prit le parti d'Othon après la mort de Galba, mais qui était absent de Rome au moment de cette mort. (*Histoires*, livre II, chapitre LVIII.)

7. Ce soldat figure dans le récit de Tacite (livre I, chapitre XXXV), sous le nom de Julius Atticus.

OTHON.

TRAGÉDIE.

ACTE I.

SCÈNE PREMIÈRE.

OTHON, ALBIN.

ALBIN.

Votre amitié, Seigneur, me rendra téméraire :
J'en abuse, et je sais que je vais vous déplaire,
Que vous condamnerez ma curiosité ;
Mais je croirois vous faire une infidélité,
Si je vous cachois rien de ce que j'entends dire   5
De votre amour nouveau sous ce nouvel empire.
   On s'étonne de voir qu'un homme tel qu'Othon,
Othon, dont les hauts faits soutiennent le grand nom[1],
Daigne d'un Vinius se réduire à la fille,
S'attache à ce consul[2], qui ravage, qui pille,   10
Qui peut tout, je l'avoue, auprès de l'empereur,
Mais dont tout le pouvoir ne sert qu'à faire horreur,
Et détruit, d'autant plus que plus on le voit croître,
Ce que l'on doit d'amour aux vertus de son maître.

---

1. Le père d'Othon avait été consul, son aïeul préteur. Voyez Tacite, *Histoires*, livre II, chapitre L.
2. Vinius fut consul avec Galba, du 1er au 15 janvier de l'an 69 avant Jésus-Christ. Il y eut cette année quinze consuls.

OTHON.

Ceux qu'on voit s'étonner de ce nouvel amour 15
N'ont jamais bien conçu ce que c'est que la cour.
Un homme tel que moi jamais ne s'en détache;
Il n'est point de retraite ou d'ombre qui le cache;
Et si du souverain la faveur n'est pour lui,
Il faut, ou qu'il périsse, ou qu'il prenne un appui. 20
 Quand le monarque agit par sa propre conduite,
Mes pareils sans péril se rangent à sa suite :
Le mérite et le sang nous y font discerner;
Mais quand le potentat se laisse gouverner[1],
Et que de son pouvoir les grands dépositaires 25
N'ont pour raison d'État que leurs propres affaires[2],
Ces lâches ennemis de tous les gens de cœur
Cherchent à nous pousser avec toute rigueur,
A moins que notre adroite et prompte servitude
Nous dérobe aux fureurs de leur inquiétude. 30
 Sitôt que de Galba le sénat eut fait choix,
Dans mon gouvernement j'en établis les lois,
Et je fus le premier qu'on vit au nouveau prince
Donner toute une armée et toute une province[3] :
Ainsi je me comptois de ses premiers suivants. 35
Mais déjà Vinius avoit pris les devants;
Martian l'affranchi, dont tu vois les pillages,
Avoit avec Lacus fermé tous les passages :
On n'approchoit de lui que sous leur bon plaisir.
J'eus donc pour m'y produire un des trois à choisir. 40
Je les voyois tous trois se hâter sous un maître
Qui, chargé d'un long âge, a peu de temps à l'être[4],

---

1. *Var.* Mais quand ce potentat se laisse gouverner. (1665)
2. *Var.* N'ont pour raisons d'État que leurs propres affaires. (1665-68)
3. La Lusitanie, dont Othon était alors gouverneur. Voyez Tacite, *Histoires*, livre I, chapitre XIII, et Plutarque, *Vie de Galba*, chapitre XX.
4. « D'avides esclaves dévoraient à l'envi une fortune soudaine, et se

ACTE I, SCÈNE I.

Et tous trois à l'envi s'empresser ardemment
A qui dévoreroit ce règne d'un moment.
J'eus horreur des appuis qui restoient seuls à prendre, 45
J'espérai quelque temps de m'en pouvoir défendre;
Mais quand Nymphidius, dans Rome assassiné[1],
Fit place au favori qui l'avoit condamné,
Que Lacus, par sa mort, fut préfet du prétoire,
Que pour couronnement d'une action si noire   50
Les mêmes assassins furent encor percer
Varron, Turpilian[2], Capiton, et Macer[3],
Je vis qu'il étoit temps de prendre mes mesures,
Qu'on perdoit de Néron toutes les créatures,
Et que demeuré seul de toute cette cour,   55
A moins d'un protecteur j'aurois bientôt mon tour.
Je choisis Vinius dans cette défiance[4];
Pour plus de sûreté j'en cherchai l'alliance[5].
Les autres n'ont ni sœur ni fille à me donner;
Et d'eux sans ce grand nœud tout est à soupçonner.   60

ALBIN.

Vos vœux furent reçus?

---

hâtaient comme ayant pour maître un vieillard. » *Servorum manus subitis avidæ, et tanquam apud senem festinantes.* (Tacite, *Histoires*, livre I, chapitre VII.)

1. Nymphidius Sabinus, préfet de Rome sous Néron, tenta de se faire proclamer empereur et fut tué par les prétoriens l'an 68 de Jésus-Christ. Voyez Tacite, *Histoires*, livre I, chapitre V, et surtout Plutarque, *Vie de Galba*, chapitre XIV.

2. Les éditions de 1665 et de 1666 portent *Tarquilian*, pour *Turpilian*. Dans Plutarque (*Vie de Galba*, chapitre XV), le nom est *Tertulianus*.

3. Tous ces meurtres, et d'autres encore, sont vivement énumérés chez Tacite, dans le discours qu'Othon adresse aux troupes pour se faire proclamer empereur : *His auspiciis urbem ingressus, quam gloriam ad principatum attulit, nisi occisi Obultronii Sabini et Cornelii Marcelli in Hispania, Betui Chilonis in Gallia, Fonteii Capitonis in Germania, Clodii Macri in Africa, Cingonii (a) in via, Turpiliani in urbe, Nymphidii in castris?* (*Histoires*, livre I, chapitre XXXVII.)

4. *Var* Et choisis Vinius dans cette défiance. (1666)

5. Voyez ci-dessus, p. 574, note 5.

(a) Cingonius Varro.

OTHON.
Oui : déjà l'hyménée
Auroit avec Plautine uni ma destinée,
Si ces rivaux d'État n'en savoient divertir[1]
Un maître qui sans eux n'ose rien consentir.

ALBIN.
Ainsi tout votre amour n'est qu'une politique, 65
Et le cœur ne sent point ce que la bouche explique?

OTHON.
Il ne le sentit pas, Albin, du premier jour;
Mais cette politique est devenue amour :
Tout m'en plaît, tout m'en charme, et mes premiers scru-
Près d'un si cher objet passent pour ridicules.   [pules
Vinius est consul, Vinius est puissant;
Il a de la naissance; et s'il est agissant,
S'il suit des favoris la pente trop commune,
Plautine hait en lui ces soins de sa fortune :
Son cœur est noble et grand.

ALBIN.
Quoi qu'elle ait de vertu, 75
Vous devriez dans l'âme être un peu combattu.
La nièce de Galba pour dot aura l'empire,
Et vaut bien que pour elle à ce prix on soupire :
Son oncle doit bientôt lui choisir un époux.
Le mérite et le sang font un éclat en vous,   80
Qui pour y joindre encor celui du diadième....

OTHON.
Quand mon cœur se pourroit soustraire à ce que j'aime
Et que pour moi Camille auroit tant de bonté
Que je dusse espérer de m'en voir écouté,
Si, comme tu le dis, sa main doit faire un maître,   85
Aucun de nos tyrans n'est encor las de l'être;

---

1. *Divertir*, détourner.

Et ce seroit tous trois les attirer sur moi,
Qu'aspirer sans leur ordre à recevoir sa foi.
Surtout de Vinius le sensible courage
Feroit tout pour me perdre après un tel outrage, 90
Et se vengeroit même à la face des Dieux,
Si j'avois sur Camille osé tourner les yeux.

ALBIN.

Pensez-y toutefois : ma sœur est auprès d'elle ;
Je puis vous y servir ; l'occasion est belle ;
Tout autre amant que vous s'en laisseroit charmer ; 95
Et je vous dirois plus, si vous osiez l'aimer.

OTHON.

Porte à d'autres qu'à moi cette amorce inutile ;
Mon cœur, tout à Plautine, est fermé pour Camille.
La beauté de l'objet, la honte de changer,
Le succès incertain, l'infaillible danger, 100
Tout fait à tes projets d'invincibles obstacles.

ALBIN.

Seigneur, en moins de rien il se fait des miracles :
A ces deux grands rivaux peut-être il seroit doux
D'ôter à Vinius un gendre tel que vous ;
Et si l'un par bonheur à Galba vous propose.... 105
Ce n'est pas qu'après tout j'en sache aucune chose :
Je leur suis trop suspect pour s'en ouvrir[1] à moi ;
Mais si je vous puis dire enfin ce que j'en croi,
Je vous proposerois, si j'étois en leur place.

OTHON.

Aucun d'eux ne fera ce que tu veux qu'il fasse ; 110
Et s'ils peuvent jamais trouver quelque douceur
A faire que Galba choisisse un successeur,
Ils voudront par ce choix[2] se mettre en assurance,

1. L'édition de 1692 a remplacé *s'en ouvrir* par *s'en fier*, et au vers suivant, *ce que j'en croi* par *ce que je croi*.
2. On lit : « *sur ce choix,* » dans l'édition de 1692, et au vers suivant : *n'en proposeroient,* pour *n'en proposeront.*

Et n'en proposeront que de leur dépendance.
Je sais.... Mais Vinius que j'aperçois venir.... 115

SCÈNE II.

VINIUS, OTHON

VINIUS.

Laissez-nous seuls, Albin : je veux l'entretenir[1].
Je crois que vous m'aimez, Seigneur, et que ma fille
Vous fait prendre intérêt en toute la famille[2].
Il en faut une preuve, et non pas seulement
Qui consiste aux devoirs dont s'empresse un amant[3] : 120
Il la faut plus solide, il la faut d'un grand homme,
D'un cœur digne en effet de commander à Rome.
Il faut ne plus l'aimer.

OTHON.
Quoi? pour preuve d'amour....

VINIUS.
Il faut faire encor plus, Seigneur, en ce grand jour :
Il faut aimer ailleurs.

OTHON.
Ah! que m'osez-vous dire? 125

VINIUS.
Je sais qu'à son hymen tout votre cœur aspire;
Mais elle, et vous, et moi, nous allons tous périr;
Et votre change seul nous peut tous secourir.
Vous me devez, Seigneur, peut-être quelque chose:
Sans moi, sans mon crédit qu'à leurs desseins j'oppose,

---

1. Voltaire met ce vers dans la bouche d'Othon et le rattache à la scène précédente, sans considérer qu'Othon dit *tu* et non *vous*, à Albin.
2. Tel est le texte de toutes les éditions publiées du vivant de l'auteur; c'est aussi celui de Voltaire (1764). Thomas Corneille (1692) a remplacé « la famille » par « ma famille. »
3. *Var.* Qui consiste en devoirs dont s'empresse un amant. (1666)

Lacus et Martian vous auroient peu souffert;
Il faut à votre tour rompre un coup qui me perd[1],
Et qui[2], si votre cœur ne s'arrache à Plautine,
Vous enveloppera tous deux en ma ruine.

OTHON.

Dans le plus doux espoir de mes vœux acceptés,   135
M'ordonner que je change! et vous-même!

VINIUS.

         Écoutez.
L'honneur que nous feroit votre illustre hyménée
Des deux que j'ai nommés tient l'âme si gênée,
Que jusqu'ici Galba, qu'ils obsèdent tous deux,
A refusé son ordre à l'effet de nos vœux.   140
L'obstacle qu'ils y font vous peut montrer sans peine
Quelle est pour vous et moi leur envie et leur haine;
Et qu'aujourd'hui, de l'air dont nous nous regardons[3],
Ils nous perdront bientôt si nous ne les perdons.
C'est une vérité qu'on voit trop manifeste;   145
Et sur ce fondement, Seigneur, je passe au reste.

 Galba, vieil et cassé, qui se voit sans enfants,
Croit qu'on méprise en lui la foiblesse des ans,
Et qu'on ne peut aimer à servir sous un maître
Qui n'aura pas loisir de le bien reconnoître.   150
Il voit de toutes parts du tumulte excité :
Le soldat en Syrie est presque révolté;

---

1. Dans l'édition de 1692 : « Rompre ce qui me perd. » Ici encore Voltaire a gardé le vrai texte de Corneille.

2. Par une singulière erreur, toutes les éditions publiées du vivant de Corneille, excepté celle de 1666, donnent *Et que*, pour *Et qui*. Quatre vers plus loin, les impressions de 1668 et de 1682 portent : « que *vous* feroit, » pour « que *nous* feroit. »

3. L'édition de 1692 a changé *dont nous nous regardons* en *que nous nous regardons;* et sept vers plus loin, *Qui n'aura pas loisir* en *Qui n'aura pas le temps*. Voltaire a adopté cette dernière correction. L'édition de 1682 avait aussi ajouté l'article, mais en laissant *loisir*, ce qui fait un vers faux : « Qui n'aura pas le loisir. »

Vitellius avance avec la force unie
Des troupes de la Gaule et de la Germanie ;
Ce qu'il a de vieux corps le souffre avec ennui ; 155
Tous les prétoriens murmurent contre lui.
De leur Nymphidius l'indigne sacrifice
De qui se l'immola leur demande justice :
Il le sait, et prétend par un jeune empereur
Ramener les esprits, et calmer leur fureur. 160
Il espère un pouvoir ferme, plein, et tranquille,
S'il nomme pour César un époux de Camille ;
Mais il balance encor sur ce choix d'un époux,
Et je ne puis, Seigneur, m'assurer que sur vous.
J'ai donc pour ce grand choix vanté votre courage, 165
Et Lacus à Pison a donné son suffrage.
Martian n'a parlé qu'en termes ambigus,
Mais sans doute il ira du côté de Lacus,
Et l'unique remède est de gagner Camille :
Si sa voix est pour nous, la leur est inutile. 170
Nous serons pareil nombre, et dans l'égalité
Galba pour cette nièce aura de la bonté.
Il a remis exprès à tantôt d'en résoudre.
De nos têtes sur eux détournez cette foudre :
Je vous le dis encor, contre ces grands jaloux 175
Je ne me puis, Seigneur, assurer que sur vous.
De votre premier choix quoi que je doive attendre,
Je vous aime encor mieux pour maître que pour gendre ;
Et je ne vois pour nous qu'un naufrage certain,
S'il nous faut recevoir un prince de leur main[1]. 180

---

1. Vinius, Laco (*Lacus*) et Icélus (*Martian*) « s'étaient séparés, pour le choix d'un héritier de l'empire, en deux factions rivales. Vinius agissait pour Othon ; Laco et Icélus d'intelligence le repoussaient plutôt qu'ils n'en soutenaient un autre. » (Tacite, *Histoires*, livre I, chapitre XIII.) « Quelques-uns ont cru, ajoute Tacite au chapitre suivant, que le choix de Pison fut arraché à Galba par Laco. »

OTHON.

Ah! Seigneur, sur ce point c'est trop de confiance;
C'est vous tenir trop sûr de mon obéissance.
Je ne prends plus de lois que de ma passion :
Plautine est l'objet seul de mon ambition;
Et si votre amitié me veut détacher d'elle,   185
La haine de Lacus me seroit moins cruelle.
Que m'importe après tout, si tel est mon malheur,
De mourir par son ordre, ou mourir de douleur?

VINIUS.

Seigneur, un grand courage, à quelque point qu'il aime,
Sait toujours au besoin se posséder soi-même.   190
Poppée avoit pour vous du moins autant d'appas[1];
Et quand on vous l'ôta vous n'en mourûtes pas.

OTHON.

Non, Seigneur; mais Poppée étoit une infidèle,
Qui n'en vouloit qu'au trône, et qui m'aimoit moins qu'elle.
Ce peu qu'elle eut d'amour ne fit du lit d'Othon   195
Qu'un degré pour monter à celui de Néron :
Elle ne m'épousa qu'afin de s'y produire,
D'y ménager sa place au hasard de me nuire :
Aussi j'en fus banni sous un titre d'honneur;
Et pour ne me plus voir on me fit gouverneur[2].   200
Mais j'adore Plautine, et je règne en son âme :
Nous ordonner d'éteindre une si belle flamme,
C'est.... je ne l'ose dire[3]. Il est d'autres Romains,
Seigneur, qui sauront mieux appuyer vos desseins;
Il en est dont le cœur pour Camille soupire,   205
Et qui seront ravis de vous devoir l'empire.

1. Voyez Tacite, *Histoires*, livre I, chapitre XIII:
2. *Mox suspectum in eadem Poppæa, in provinciam Lusitaniam, specie legationis seposuit.* (Tacite, *Histoires*, livre I, chapitre XIII.)
3. *Var.* C'est.... je n'ose le dire. Il est d'autres Romains (*a*). (1665-68)

(*a*) Voltaire a adopté cette variante.

VINIUS.

Je veux que cet espoir à d'autres soit permis,
Mais êtes-vous fort sûr qu'ils soient de nos amis?
Savez-vous mieux que moi s'ils plairont à Camille?

OTHON.

Et croyez-vous pour moi qu'elle soit plus facile? 210
Pour moi, que d'autres vœux....

VINIUS.

A ne vous rien celer,
Sortant d'avec Galba, j'ai voulu lui parler:
J'ai voulu sur ce point pressentir sa pensée;
J'en ai nommé plusieurs pour qui je l'ai pressée.
A leurs noms, un grand froid, un front triste, un œil bas,
M'ont fait voir aussitôt qu'ils ne lui plaisoient pas;
Au vôtre elle a rougi, puis s'est mise à sourire,
Et m'a soudain quitté sans me vouloir rien dire.
C'est à vous, qui savez ce que c'est que d'aimer,
A juger de son cœur ce qu'on doit présumer. 220

OTHON.

Je n'en veux rien juger[1], Seigneur; et sans Plautine
L'amour m'est un poison, le bonheur m'assassine;
Et toutes les douceurs du pouvoir souverain
Me sont d'affreux tourments, s'il m'en coûte sa main.

VINIUS.

De tant de fermeté j'aurois l'âme ravie, 225
Si cet excès d'amour nous assuroit la vie;
Mais il nous faut le trône, ou renoncer au jour;
Et quand nous périrons, que servira l'amour?

OTHON.

A de vaines frayeurs un noir soupçon vous livre:
Pison n'est point cruel et nous laissera vivre. 230

---

1 On lit dans l'édition de 1692 : « Je n'en veux *point* juger

VINIUS.

Il nous laissera vivre, et je vous ai nommé !
Si de nous voir dans Rome il n'est point alarmé,
Nos communs ennemis, qui prendront sa conduite,
En préviendront pour lui la dangereuse suite.
Seigneur, quand pour l'empire on s'est vu désigner,   235
Il faut, quoi qu'il arrive, ou périr ou régner.
Le posthume Agrippa[1] vécut peu sous Tibère ;
Néron n'épargna point le sang de son beau-frère[2] ;
Et Pison vous perdra par la même raison,
Si vous ne vous hâtez de prévenir Pison.   240
Il n'est point de milieu qu'en saine politique....

OTHON.

Et l'amour est la seule où tout mon cœur s'applique.
Rien ne vous a servi, Seigneur, de me nommer :
Vous voulez que je règne, et je ne sais qu'aimer.
Je pourrois savoir plus, si l'astre qui domine   245
Me vouloit faire un jour régner avec Plautine ;
Mais dérober son âme à de si doux appas,
Pour attacher sa vie à ce qu'on n'aime pas !

VINIUS.

Eh bien ! si cet amour a sur vous tant de force,
Régnez : qui fait des lois peut bien faire un divorce.   250
Du trône on considère enfin ses vrais amis,
Et quand vous pourrez tout, tout vous sera permis.

---

1. Fils d'Agrippa et de Julie, fille d'Auguste. Celui-ci l'avait relégué dans l'île de Planasie, où Tibère le fit égorger. « Ce fut, dit Tacite (*Annales*, livre I, chapitre VI), le coup d'essai du monarque. »
2. Britannicus.

SCÈNE III.

VINIUS, OTHON, PLAUTINE.

PLAUTINE.

Non pas, Seigneur, non pas : quoi que le ciel m'envoie,
Je ne veux rien tenir d'une honteuse voie ;
Et cette lâcheté qui me rendroit son cœur, 255
Sentiroit le tyran, et non pas l'empereur.
A votre sûreté, puisque le péril presse,
J'immolerai ma flamme et toute ma tendresse ;
Et je vaincrai l'horreur d'un si cruel devoir
Pour conserver le jour à qui me l'a fait voir ; 260
Mais ce qu'à mes desirs je fais de violence
Fuit les honteux appas d'une indigne espérance ;
Et la vertu qui dompte et bannit mon amour
N'en souffrira jamais qu'un vertueux retour.

OTHON.

Ah! que cette vertu m'apprête un dur supplice, 265
Seigneur! et le moyen que je vous obéisse?
Voyez, et s'il se peut, pour voir tout mon tourment,
Quittez vos yeux de père, et prenez-en d'amant.

VINIUS.

L'estime de mon sang ne m'est pas interdite :
Je lui vois des attraits, je lui vois du mérite ; 270
Je crois qu'elle en a même assez pour engager,
Si quelqu'un nous perdoit, quelque autre à nous venger.
Par là nos ennemis la tiendront redoutable ;
Et sa perte par là devient inévitable.
Je vois de plus, Seigneur, que je n'obtiendrai rien, 275
Tant que votre œil blessé rencontrera le sien,
Que le temps se va perdre en répliques frivoles ;
Et pour les éviter, j'achève en trois paroles :
Si vous manquez le trône, il faut périr tous trois.

Prévenez, attendez cet ordre à votre choix : 280
Je me remets à vous de ce qui vous regarde;
Mais en ma fille et moi ma gloire se hasarde,
De ses jours et des miens je suis maître absolu,
Et j'en disposerai comme j'ai résolu.
Je ne crains point la mort, mais je hais l'infamie 285
D'en recevoir la loi d'une main ennemie;
Et je saurai verser tout mon sang en Romain,
Si le choix que j'attends ne me retient la main.
C'est dans une heure ou deux que Galba se déclare.
Vous savez l'un et l'autre à quoi je me prépare : 290
Résolvez-en ensemble.

SCÈNE IV.

OTHON, PLAUTINE.

OTHON.

Arrêtez donc, Seigneur;
Et s'il faut prévenir ce mortel déshonneur[1],
Recevez-en l'exemple, et jugez si la honte....

PLAUTINE.

Quoi? Seigneur, à mes yeux une fureur si prompte!
Ce noble désespoir, si digne des Romains, 295
Tant qu'ils ont du courage est toujours en leurs mains;
Et pour vous et pour moi, fût-il digne d'un temple,
Il n'est pas encor temps de m'en donner l'exemple.
Il faut vivre, et l'amour nous y doit obliger,
Pour me sauver un père, et pour me protéger. 300
Quand vous voyez ma vie à la vôtre attachée,
Faut-il que malgré moi votre âme effarouchée,

---

1. L'édition de 1692 porte : « *un* mortel déshonneur; » et un peu plus bas, au vers 319 : « que je *dise* à mon tour. » Voltaire a changé aussi *die* en *dise*.

Pour m'ouvrir le tombeau, hâte votre trépas,
Et m'avance un destin où je ne consens pas?
OTHON.
Quand il faut m'arracher tout cet amour de l'âme, 305
Puis-je que dans mon sang en éteindre la flamme?
Puis-je sans le trépas....
PLAUTINE.
　　　　　Et vous ai-je ordonné
D'éteindre tout l'amour que je vous ai donné?
Si l'injuste rigueur de notre destinée
Ne permet plus l'espoir d'un heureux hyménée, 310
Il est un autre amour dont les vœux innocents
S'élèvent au-dessus du commerce des sens[1].
Plus la flamme en est pure et plus elle est durable;
Il rend de son objet le cœur inséparable;
Il a de vrais plaisirs dont ce cœur[2] est charmé, 315
Et n'aspire qu'au bien d'aimer et d'être aimé.
OTHON.
Qu'un tel épurement demande un grand courage!
Qu'il est même aux plus grands d'un difficile usage!
Madame, permettez que je dise à mon tour
Que tout ce que l'honneur peut souffrir à l'amour, 320
Un amant le souhaite, il en veut l'espérance,
Et se croit mal aimé s'il n'en a l'assurance.
PLAUTINE.
Aimez-moi toutefois sans l'attendre de moi,
Et ne m'enviez point l'honneur que j'en reçoi.
Quelle gloire à Plautine, ô ciel, de pouvoir dire 325
Que le choix de son cœur fut digne de l'empire;
Qu'un héros destiné pour maître à l'univers
Voulut borner ses vœux à vivre dans ses fers;
Et qu'à moins que d'un ordre absolu d'elle-même

1. Voyez ci-dessus, p. 568.
2. Voltaire (1764) a substitué « son cœur » à « ce cœur. »

Il auroit renoncé pour elle au diadème ! 330

OTHON.

Ah! qu'il faut aimer peu pour faire son bonheur,
Pour tirer vanité d'un si fatal honneur!
Si vous m'aimiez, Madame, il vous seroit sensible
De voir qu'à d'autres vœux mon cœur fût accessible,
Et la nécessité de le porter ailleurs 335
Vous auroit fait déjà partager mes douleurs.
Mais tout mon désespoir n'a rien qui vous alarme :
Vous pouvez perdre Othon sans verser une larme;
Vous en témoignez joie, et vous-même aspirez
A tout l'excès des maux qui me sont préparés. 340

PLAUTINE.

Que votre aveuglement a pour moi d'injustice !
Pour épargner vos maux j'augmente mon supplice,
Je souffre, et c'est pour vous que j'ose m'imposer
La gêne de souffrir et de le déguiser.
Tout ce que vous sentez, je le sens dans mon âme; 345
J'ai mêmes déplaisirs, comme j'ai même flamme;
J'ai mêmes désespoirs[1]; mais je sais les cacher,
Et paroître insensible afin de moins toucher.
Faites à vos desirs pareille violence,
Retenez-en l'éclat, sauvez-en l'apparence : 350
Au péril qui nous presse immolez le dehors,
Et pour vous faire aimer montrez d'autres transports.
Je ne vous défends point une douleur muette,
Pourvu que votre front[2] n'en soit point l'interprète,

---

1. Voltaire (1764) a mis « même désespoir, » au singulier. Thomas Corneille (1692) l'avait mis sur la voie par une faute typographique; son texte est : « même désespoirs. » Dans l'impression de 1666 il y a une autre faute qui invitait aussi à ce changement du pluriel en singulier :

J'ai mêmes désespoirs, mais je sais le cacher.

2. L'impression de 1665 donne par erreur : « notre front, » pour « votre front. »

Et que de votre cœur vos yeux indépendants 355
Triomphent comme moi des troubles du dedans.
Suivez, passez l'exemple, et portez à Camille
Un visage content, un visage tranquille,
Qui lui laisse accepter ce que vous offrirez,
Et ne démente rien de ce que vous direz. 360
OTHON.
Hélas! Madame, hélas! que pourrai-je lui dire?
PLAUTINE.
Il y va de ma vie, il y va de l'empire;
Réglez-vous là-dessus. Le temps se perd, Seigneur.
Adieu : donnez la main, mais gardez-moi le cœur;
Ou si c'est trop pour moi, donnez et l'un et l'autre, 365
Emportez mon amour et retirez le vôtre;
Mais dans ce triste état si je vous fais pitié,
Conservez-moi toujours l'estime et l'amitié;
Et n'oubliez jamais, quand vous serez le maître,
Que c'est moi qui vous force et qui vous aide à l'être[1]. 370
OTHON, seul[2].
Que ne m'est-il permis d'éviter par ma mort
Les barbares rigueurs d'un si cruel effort!

1. « Je remarque que Plautine conseille ici à Othon précisément la même chose qu'Atalide à Bajazet; mais quelle différence de situation, de sentiments et de style! » (*Voltaire.*) — Voyez *Bajazet*, acte II, scène V.
2. Le mot *seul* manque dans les éditions de 1665 et de 1666.

FIN DU PREMIER ACTE.

ACTE II.

SCENE PREMIÈRE.

PLAUTINE, FLAVIE.

PLAUTINE.
Dis-moi donc, lorsque Othon s'est offert à Camille,
A-t-il paru contraint? a-t-elle été facile?
Son hommage auprès d'elle a-t-il eu plein effet?   375
Comment l'a-t-elle pris, et comment l'a-t-il fait[1]?
FLAVIE.
J'ai tout vu; mais enfin votre humeur curieuse
A vous faire un supplice est trop ingénieuse.
Quelque reste d'amour qui vous parle d'Othon,
Madame, oubliez-en, s'il se peut, jusqu'au nom.   380
Vous vous êtes vaincue en faveur de sa gloire,
Goûtez un plein triomphe après votre victoire :
Le dangereux récit que vous me commandez
Est un nouveau combat où vous vous hasardez.
Votre âme n'en est pas encor si détachée   385
Qu'il puisse aimer ailleurs sans qu'elle en soit touchée.
Prenez moins d'intérêt à l'y voir réussir,
Et fuyez le chagrin de vous en éclaircir.
PLAUTINE.
Je le force moi-même à se montrer volage;

---

1. « Racine a encore pris entièrement cette situation dans sa tragédie de *Bajazet* (acte III, scène 1). Atalide a envoyé son amant à Roxane; elle s'informe en tremblant du succès de cette entrevue, qu'elle a ordonnée elle-même, et qui doit causer sa mort. (*Voltaire.*)

Et regardant son change ainsi que mon ouvrage, 390
J'y prends un intérêt qui n'a rien de jaloux :
Qu'on l'accepte, qu'il règne, et tout m'en sera doux.

FLAVIE.

J'en doute ; et rarement une flamme si forte
Souffre qu'à notre gré ses ardeurs....

PLAUTINE.

Que t'importe?
Laisse-m'en le hasard ; et sans dissimuler, 395
Dis de quelle manière il a su lui parler.

FLAVIE.

N'imputez donc qu'à vous si votre âme inquiète
En ressent malgré moi quelque gêne secrète.
 Othon à la Princesse a fait un compliment,
Plus en homme de cour qu'en véritable amant. 400
Son éloquence accorte, enchaînant avec grâce
L'excuse du silence à celle de l'audace,
En termes trop choisis accusoit le respect
D'avoir tant retardé cet hommage suspect.
Ses gestes concertés, ses regards de mesure 405
N'y laissoient aucun mot aller à l'aventure :
On ne voyoit que pompe en tout ce qu'il peignoit ;
Jusque dans ses soupirs la justesse régnoit,
Et suivoit pas à pas un effort de mémoire
Qu'il étoit plus aisé d'admirer que de croire. 410
 Camille sembloit même assez de cet avis ;
Elle auroit mieux goûté des discours moins suivis :
Je l'ai vu dans ses yeux ; mais cette défiance
Avoit avec son cœur trop peu d'intelligence.
De ses justes soupçons ses souhaits indignés 415
Les ont tout aussitôt détruits ou dédaignés :
Elle a voulu tout croire ; et quelque retenue
Qu'ait su garder l'amour dont elle est prévenue,
On a vu, par ce peu qu'il laissoit échapper,

ACTE II, SCÈNE I.

Qu'elle prenoit plaisir à se laisser tromper ; 420
Et que si quelquefois l'horreur de la contrainte
Forçoit le triste Othon à soupirer sans feinte,
Soudain l'avidité de régner sur son cœur
Imputoit à l'amour ces soupirs de douleur.

PLAUTINE.

Et sa réponse enfin ?

FLAVIE.

Elle a paru civile ; 425
Mais la civilité n'est qu'amour en Camille,
Comme en Othon l'amour n'est que civilité.

PLAUTINE.

Et n'a-t-elle rien dit de sa légèreté,
Rien de la foi qu'il semble avoir si mal gardée ?

FLAVIE.

Elle a su rejeter cette fâcheuse idée, 430
Et n'a pas témoigné qu'elle sût seulement
Qu'on l'eût vu pour vos yeux soupirer un moment.

PLAUTINE.

Mais qu'a-t-elle promis ?

FLAVIE.

Que son devoir fidèle
Suivroit ce que Galba voudroit ordonner d'elle ;
Et de peur d'en trop dire et d'ouvrir trop son cœur, 435
Elle l'a renvoyé soudain vers l'Empereur.
Il lui parle à présent. Qu'en dites-vous, Madame,
Et de cet entretien que souhaite votre âme ?
Voulez-vous qu'on l'accepte ou qu'il n'obtienne rien ?

PLAUTINE.

Moi-même, à dire vrai, je ne le sais pas bien. 440
Comme des deux côtés le coup me sera rude,
J'aimerois à jouir de cette inquiétude,
Et tiendrois à bonheur le reste de mes jours
De n'en sortir jamais et de douter toujours.

FLAVIE.

Mais il faut se résoudre, et vouloir quelque chose. 445
PLAUTINE.
Souffre sans m'alarmer que le ciel en dispose :
Quand son ordre une fois en aura résolu,
Il nous faudra vouloir ce qu'il aura voulu.
Ma raison cependant cède Othon à l'empire :
Il est de mon honneur de ne m'en pas dédire ; 450
Et soit ce grand souhait volontaire ou forcé,
Il est beau d'achever comme on a commencé.
Mais je vois Martian.

SCÈNE II.

MARTIAN, FLAVIE, PLAUTINE.

PLAUTINE.
Que venez-vous m'apprendre?
MARTIAN.
Que de votre seul choix l'empire va dépendre,
Madame.
PLAUTINE.
Quoi? Galba voudroit suivre mon choix ! 455
MARTIAN.
Non ; mais de son conseil nous ne sommes que trois,
Et si pour votre Othon vous voulez mon suffrage,
Je vous le viens offrir avec un humble hommage.
PLAUTINE.
Avec...?
MARTIAN.
Avec des vœux sincères et soumis,
Qui feront encor plus si l'espoir m'est permis. 460
PLAUTINE.
Quels vœux et quel espoir?

ACTE II, SCÈNE II.

MARTIAN.
Cet important service,
Qu'un si profond respect vous offre en sacrifice....

PLAUTINE.
Eh bien! il remplira mes desirs les plus doux;
Mais pour reconnoissance enfin que voulez-vous?

MARTIAN.
La gloire d'être aimé.

PLAUTINE.
De qui?

MARTIAN.
De vous, Madame. 465

PLAUTINE.
De moi-même?

MARTIAN.
De vous : j'ai des yeux, et mon âme....

PLAUTINE.
Votre âme, en me faisant cette civilité,
Devroit l'accompagner de plus de vérité :
On n'a pas grande foi pour tant de déférence,
Lorsqu'on voit que la suite a si peu d'apparence. 470
L'offre sans doute est belle, et bien digne d'un prix,
Mais en le choisissant vous vous êtes mépris :
Si vous me connoissiez, vous feriez mieux paroître....

MARTIAN.
Hélas! mon mal ne vient que de vous trop connoître.
Mais vous-même, après tout, ne vous connoissez pas,
Quand vous croyez si peu l'effet de vos appas.
Si vous daigniez[1] savoir quel est votre mérite,
Vous ne douteriez point de l'amour qu'il excite.
Othon m'en sert de preuve : il n'avoit rien aimé,
Depuis que de Poppée il s'étoit vu charmé ; 480

---

1. L'édition de 1682 porte seule *daignez*, pour *daigniez*.

Bien que d'entre ses bras Néron l'eût enlevée,
L'image dans son cœur s'en étoit conservée ;
La mort même, la mort n'avoit pu l'en chasser :
A vous seule étoit dû l'honneur de l'effacer.
Vous seule d'un coup d'œil emportâtes la gloire 485
D'en faire évanouir la plus douce mémoire,
Et d'avoir su réduire à de[1] nouveaux souhaits
Ce cœur impénétrable aux plus charmants objets ;
Et vous vous étonnez que pour vous je soupire !

PLAUTINE.

Je m'étonne bien plus que vous me l'osiez dire ; 490
Je m'étonne de voir qu'il ne vous souvient plus
Que l'heureux Martian fut l'esclave Icélus[2],
Qu'il a changé de nom sans changer de visage.

MARTIAN.

C'est ce crime du sort qui m'enfle le courage ;
Lorsqu'en dépit de lui je suis ce que je suis, 495
On voit ce que je vaux, voyant ce que je puis.
Un pur hasard sans nous règle notre naissance ;
Mais comme le mérite est en notre puissance,
La honte d'un destin qu'on vit mal assorti[3]
Fait d'autant plus d'honneur quand on en est sorti. 500
Quelque tache en mon sang que laissent mes ancêtres,
Depuis que nos Romains[4] ont accepté des maîtres,
Ces maîtres ont toujours fait choix de mes pareils
Pour les premiers emplois et les secrets conseils :
Ils ont mis en nos mains la fortune publique ; 505
Ils ont soumis la terre à notre politique ;

---

1. L'édition de 1682 a seule *des*, pour *de*. Voyez plus loin le vers 1189 et la note qui s'y rapporte.
2. Voyez ci-dessus, p. 574, note 2.
3. *Var.* La honte d'un destin qu'on voit mal assorti. (1666)
4. L'édition de 1692 a corrigé *nos Romains* en *les Romains;* et un peu plus bas, au vers 509, *enlève* en *élève;* Voltaire a adopté ce dernier changement.

Patrobe, Polyclète, et Narcisse, et Pallas[1],
Ont déposé des rois et donné des États.
On nous enlève au trône au sortir de nos chaînes;
Sous Claude on vit Félix le mari de trois reines[2]; 510
Et quand l'amour en moi vous présente un époux,
Vous me traitez d'esclave, et d'indigne de vous!
Madame, en quelque rang que vous ayez pu naître,
C'est beaucoup que d'avoir l'oreille du grand maître.
Vinius est consul, et Lacus est préfet; 515
Je ne suis l'un ni l'autre, et suis plus en effet;
Et de ces consulats, et de ces préfectures,
Je puis, quand il me plaît, faire des créatures :
Galba m'écoute enfin; et c'est être aujourd'hui,
Quoique sans ces grands noms, le premier d'après lui.

PLAUTINE.

Pardonnez donc, Seigneur, si je me suis méprise:
Mon orgueil dans vos fers n'a rien qui l'autorise.
Je viens de me connoître, et me vois à mon tour
Indigne des honneurs qui suivent votre amour.
Avoir brisé ces fers fait un degré de gloire 525
Au-dessus des consuls, des préfets du prétoire;
Et si de cet amour je n'ose être le prix,
Le respect m'en empêche et non plus le mépris.
On m'avoit dit pourtant que souvent la nature
Gardoit en vos pareils sa première teinture, 530
Que ceux de nos Césars qui les ont écoutés
Ont tous souillé leurs noms par quelques lâchetés,

---

1. Patrobe (*Patrobius*) et Polyclète, affranchis de Néron (voyez Tacite, *Histoires*, livre I, chapitre XLIX, et *Annales*, livre XIV, chapitre XXXIX); Narcisse et Pallas, affranchis de Claude.

2. L'affranchi Antonius Félix, que d'autres nomment Claudius Félix, fut procurateur de Judée sous les empereurs Claude et Néron. Suétone (*Vie de Claude*, chapitre XXVIII) l'appelle *trium reginarum maritum*. Il épousa successivement Drusilla, petite-fille d'Antoine et de Cléopâtre, et une autre Drusilla, fille du roi Hérode Agrippa. Sa troisième femme est inconnue.

Et que pour dérober l'empire à cette honte
L'univers a besoin qu'un vrai héros y monte.
C'est ce qui me faisoit y souhaiter Othon ; 535
Mais à ce que j'apprends ce souhait n'est pas bon.
Laissons-en faire aux Dieux, et faites-vous justice ;
D'un cœur vraiment romain dédaignez le caprice.
Cent reines à l'envi vous prendront pour époux :
Félix en eut bien trois, et valoit moins que vous. 540

MARTIAN.

Madame, encore un coup, souffrez que je vous aime.
Songez que dans ma main j'ai le pouvoir suprême,
Qu'entre Othon et Pison mon suffrage incertain,
Suivant qu'il penchera, va faire un souverain.
Je n'ai fait jusqu'ici qu'empêcher l'hyménée 545
Qui d'Othon avec vous eût joint la destinée :
J'aurois pu hasarder quelque chose de plus ;
Ne m'y contraignez point à force de refus.
Quand vous cédez Othon, me souffrir en sa place,
Peut-être ce sera faire plus d'une grâce ; 550
Car de vous voir à lui ne l'espérez jamais.

SCÈNE III.

PLAUTINE, LACUS, MARTIAN, FLAVIE.

LACUS.

Madame, enfin Galba s'accorde à vos souhaits ;
Et j'ai tant fait sur lui, que dès cette journée,
De vous avec Othon il consent l'hyménée.

PLAUTINE[1].

Qu'en dites-vous, Seigneur ? Pourrez-vous bien souffrir
Cet hymen que Lacus de sa part vient m'offrir ?

---

1. Dans l'édition de Voltaire (1764) : PLAUTINE, *à Martian.*

Le grand maître a parlé, voudrez-vous l'en dédire,
Vous qu'on voit après lui le premier de l'empire?
Dois-je me ravaler jusques à cet époux?
Ou dois-je par votre ordre aspirer jusqu'à vous?   560
LACUS.
Quel énigme¹ est-ce-ci, Madame?
PLAUTINE.
                      Sa grande âme
Me faisoit tout à l'heure un présent de sa flamme;
Il m'assuroit qu'Othon jamais ne m'obtiendroit,
Et disoit à demi qu'un refus nous perdroit.
Vous m'osez cependant assurer du contraire;   565
Et je ne sais pas bien quelle réponse y faire.
Comme en de certains temps il fait bon s'expliquer,
En d'autres il vaut mieux ne s'y point embarquer.
Grands ministres d'État, accordez-vous ensemble,
Et je pourrai vous dire après ce qui m'en semble.   570

SCÈNE IV.

LACUS, MARTIAN.

LACUS.
Vous aimez donc Plautine, et c'est là cette foi
Qui contre Vinius vous attachoit à moi?
MARTIAN.
Si les yeux de Plautine ont pour moi quelque charme,
Y trouvez-vous, Seigneur, quelque sujet d'alarme?
Le moment bienheureux qui m'en feroit l'époux   575
Réuniroit par moi Vinius avec vous.
Par là de nos trois cœurs l'amitié ressaisie,

---

1. Voyez *OEdipe*, vers 1059, ci-dessus, p. 179. — Thomas Corneille et Voltaire ont mis le féminin : « Quelle énigme. » Voltaire a de plus changé *est-ce-ci* en *est ceci*.

En déracineroit et haine et jalousie.
Le pouvoir de tous trois, par tous trois affermi,
Auroit pour nœud commun son gendre en votre ami :
Et quoi que contre vous il osât entreprendre....

LACUS.

Vous seriez mon ami, mais vous seriez son gendre ;
Et c'est un foible appui des intérêts de cour
Qu'une vieille amitié contre un nouvel amour.
Quoi que veuille exiger une femme adorée,   585
La résistance est vaine ou de peu de durée ;
Elle choisit ses temps, et les choisit si bien,
Qu'on se voit hors d'état de lui refuser rien.
Vous-même êtes-vous sûr que ce nœud la retienne
D'ajouter, s'il le faut, votre perte à la mienne ?   590
Apprenez que des cœurs séparés à regret
Trouvent de se rejoindre aisément le secret,
Othon n'a pas pour elle éteint toutes ses flammes[1] ;
Il sait comme aux maris on arrache les femmes ;
Cet art sur son exemple est commun aujourd'hui,   595
Et son maître Néron l'avoit appris de lui.
Après tout, je me trompe, ou près de cette belle....

MARTIAN.

J'espère en Vinius, si je n'espère en elle ;
Et l'offre pour Othon de lui donner ma voix
Soudain en ma faveur emportera son choix.   600

LACUS.

Quoi ? vous nous donneriez vous-même Othon pour maître ?

MARTIAN.

Et quel autre dans Rome est plus digne de l'être ?

LACUS.

Ah ! pour en être digne, il l'est, et plus que tous ;
Mais aussi, pour tout dire, il en sait trop pour nous.

---

1. L'édition de 1682 porte *les flammes*, pour *ses flammes*.

Il sait trop ménager ses vertus et ses vices. 605
Il étoit sous Néron de toutes ses délices;
Et la Lusitanie a vu ce même Othon
Gouverner en César et juger en Caton[1].
Tout favori dans Rome, et tout maître en province,
De lâche courtisan il s'y montra grand prince; 610
Et son âme ployant[2], attendant l'avenir,
Sait faire également sa cour, et la tenir.
Sous un tel souverain nous sommes peu de chose;
Son soin jamais sur nous tout à fait ne repose :
Sa main seule départ ses libéralités; 615
Son choix seul distribue États et dignités.
Du timon qu'il embrasse il se fait le seul guide[3],
Consulte et résout seul, écoute et seul décide,
Et quoique nos emplois puissent faire du bruit[4],
Sitôt qu'il nous veut perdre, un coup d'œil nous détruit. 620
Voyez d'ailleurs Galba, quel pouvoir il nous laisse,
En quel poste sous lui nous a mis sa foiblesse,
Nos ordres règlent tout, nous donnons, retranchons;
Rien n'est exécuté dès que nous l'empêchons :
Comme par un de nous il faut que tout s'obtienne, 625
Nous voyons notre cour plus grosse que la sienne;

---

1. « Le portrait d'Othon est très-beau dans cette scène. Il est permis à un auteur dramatique d'ajouter des traits aux caractères qu'il dépeint et d'aller plus loin que l'histoire. Tacite dit d'Othon : *Pueritiam incuriose, adolescentiam petulanter egerat, gratus Neroni æmulatione luxus.... In provinciam.... specie legationis seposuit.... Comiter administrata provincia* (a). Son enfance fut paresseuse, sa jeunesse débauchée; il plut à Néron en imitant ses vices et son luxe. (*Voltaire.*) »

2. On lit ainsi *ployant*, sans accord, dans les éditions de 1668, de 1682 et de 1692. L'édition originale, que Voltaire a suivie, donne *ployante*.

3. Voyez ci-dessus, p. 567 et 568.

4. Tel est le texte de toutes les anciennes éditions, y compris celle de 1692. Voltaire a ainsi donné ce vers :

Et quoi que nos emplois puissent faire de bruit.

(a) *Histoires*, livre I, chapitre XIII.

Et notre indépendance iroit au dernier point,
Si l'heureux Vinius ne la partageoit point :
Notre unique chagrin est qu'il nous la dispute.
L'âge met cependant Galba près de sa chute ; 630
De peur qu'il nous entraîne, il faut un autre appui ;
Mais il le faut pour nous aussi foible que lui.
Il nous en faut prendre un qui satisfait des titres,
Nous laisse du pouvoir les suprêmes arbitres.
Pison a l'âme simple et l'esprit abattu ; 635
S'il a grande naissance, il a peu de vertu :
Non de cette vertu qui déteste le crime ;
Sa probité sévère est digne qu'on l'estime[1] ;
Elle a tout ce qui fait un grand homme de bien ;
Mais en un souverain c'est peu de chose, ou rien. 640
Il faut de la prudence, il faut de la lumière,
Il faut de la vigueur adroite autant que fière[2],
Qui pénètre, éblouisse, et sème des appas....
Il faut mille vertus enfin qu'il n'aura pas.
Lui-même il nous priera d'avoir soin de l'empire, 645
En saura seulement ce qu'il nous plaira[3] dire :
Plus nous l'y tiendrons bas, plus il nous mettra haut ;
Et c'est là justement le maître qu'il nous faut.

MARTIAN.

Mais, Seigneur, sur le trône élever un tel homme,
C'est mal servir l'État, et faire opprobre à Rome. 650

LACUS.

Et qu'importe à tous deux de Rome et de l'État ?
Qu'importe qu'on leur voie ou plus ou moins d'éclat ?

---

1. « A bien juger Pison, son humeur était sévère ; elle semblait dure à des yeux prévenus. » *Piso.... æstimatione recta severus, deterius interpretantibus tristior habebatur.* (Tacite, *Histoires*, livre I, chapitre XIV.)
2. *Var.* Il faut une vigueur adroite autant que fière. (1665-68).
3. Les éditions de 1666, de 1668 et de 1682 portent : « ce qu'il vous plaira, » pour « ce qu'il nous plaira. »

Faisons nos sûretés, et moquons-nous du reste.
Point, point de bien public¹ s'il nous devient funeste.
De notre grandeur seule ayons des cœurs jaloux;   655
Ne vivons que pour nous, et ne pensons qu'à nous.
Je vous le dis encor : mettre Othon sur nos têtes,
C'est nous livrer tous deux à d'horribles tempêtes.
Si nous l'en voulons croire, il nous devra le tout;
Mais de ce grand projet s'il vient par nous à bout,   660
Vinius en aura lui seul tout l'avantage :
Comme il l'a proposé, ce sera son ouvrage;
Et la mort, ou l'exil, ou les abaissements,
Seront pour vous et moi ses vrais remercîments.

MARTIAN.

Oui, notre sûreté veut que Pison domine :   665
Obtenez-en pour moi qu'il m'assure Plautine;
Je vous promets pour lui mon suffrage à ce prix.
La violence est juste après de tels mépris.
Commençons à jouir par là de son empire,
Et voyons s'il est homme à nous oser dédire.   670

LACUS.

Quoi? votre amour toujours fera son capital
Des attraits de Plautine et du nœud conjugal!
Eh bien! il faudra voir qui sera plus utile
D'en croire.... Mais voici la princesse Camille.

SCÈNE V.

CAMILLE, LACUS, MARTIAN, ALBIANE.

CAMILLE.

Je vous rencontre ensemble ici fort à propos,   675

---

1. Dans l'édition de 1682, par erreur sans doute : « Point, point du bien public. »

Et voulois à tous deux vous dire quatre mots.
　Si j'en crois certain bruit que je ne puis vous taire,
Vous poussez un peu loin l'orgueil du ministère:
On dit que sur mon rang vous étendez sa loi,
Et que vous vous mêlez de disposer de moi.   680

MARTIAN.

Nous, Madame?

CAMILLE.

　　　　Faut-il que je vous obéisse,
Moi, dont Galba prétend faire une impératrice?

LACUS.

L'un et l'autre sait trop quel respect vous est dû.

CAMILLE.

Le crime en est plus grand, si vous l'avez perdu.
Parlez, qu'avez-vous dit à Galba l'un et l'autre?   685

MARTIAN.

Sa pensée a voulu s'assurer sur la nôtre;
Et s'étant proposé le choix d'un successeur,
Pour laisser à l'empire un digne possesseur,
Sur ce don imprévu qu'il fait du diadème,
Vinius a parlé, Lacus a fait de même.   690

CAMILLE.

Et ne savez-vous point, et Vinius, et vous,
Que ce grand successeur doit être mon époux?
Que le don de ma main suit ce don de l'empire?
Galba, par vos conseils, voudroit-il s'en dédire?

LACUS.

Il est toujours le même, et nous avons parlé   695
Suivant ce qu'à tous deux le ciel a révélé:
En ces occasions, lui qui tient les couronnes
Inspire les avis sur le choix des personnes.
Nous avons cru d'ailleurs pouvoir sans attentat
Faire vos intérêts de ceux de tout l'État: 700

Vous ne voudriez pas en avoir de contraires.
CAMILLE.
Vous n'avez, vous ni lui, pensé qu'à vos affaires ;
Et nous offrir Pison, c'est assez témoigner....
LACUS.
Le trouvez-vous, Madame, indigne de régner?
Il a de la vertu, de l'esprit, du courage ; 705
Il a de plus....
CAMILLE.
De plus, il a votre suffrage,
Et c'est assez de quoi mériter mes refus.
Par respect de son sang[1], je ne dis rien de plus.
MARTIAN.
Aimeriez-vous Othon, que Vinius propose,
Othon, dont vous savez que Plautine dispose, 710
Et qui n'aspire ici qu'à lui donner sa foi?
CAMILLE.
Qu'il brûle encor pour elle, ou la quitte pour moi,
Ce n'est pas votre affaire ; et votre exactitude
Se charge en ma faveur de trop d'inquiétude.
LACUS.
Mais l'Empereur consent qu'il l'épouse aujourd'hui ; 715
Et moi-même je viens de l'obtenir pour lui.
CAMILLE.
Vous en a-t-il prié? dites, ou si l'envie....
LACUS.
Un véritable ami n'attend point qu'on le prie.
CAMILLE.
Cette amitié me charme, et je dois avouer
Qu'Othon a jusqu'ici tout lieu de s'en louer, 720

---

1. « Pison, né de M. Crassus et de Scribonie, appartenait à deux familles illustres. » *Piso, M. Crasso et Scribonia genitus, nobilis utrinque.* (Tacite, *Histoires*, livre I, chapitre XIV.)

Que l'heureux contre-temps d'un si rare service....

LACUS.

Madame....

CAMILLE.

Croyez-moi, mettez bas l'artifice.
Ne vous hasardez point à faire un empereur.
Galba connoît l'empire, et je connois mon cœur :
Je sais ce qui m'est propre ; il voit ce qu'il doit faire, 725
Et quel prince à l'État est le plus salutaire.
Si le ciel vous inspire, il aura soin de nous,
Et saura sur ce point nous accorder sans vous.

LACUS.

Si Pison vous déplaît, il en est quelques autres....

CAMILLE.

N'attachez point ici mes intérêts aux vôtres. 730
Vous avez de l'esprit, mais j'ai des yeux perçants :
Je vois qu'il vous est doux d'être les tout-puissants ;
Et je n'empêche point qu'on ne vous continue
Votre toute-puissance au point qu'elle est venue ;
Mais quant à cet époux, vous me ferez plaisir 735
De trouver bon qu'enfin je puisse le choisir.
Je m'aime un peu moi-même, et n'ai pas grande envie
De vous sacrifier le repos de ma vie.

MARTIAN.

Puisqu'il doit avec vous régir tout l'univers....

CAMILLE.

Faut-il vous dire encor que j'ai des yeux ouverts ? 740
Je vois jusqu'en vos cœurs, et m'obstine à me taire ;
Mais je pourrois enfin dévoiler le mystère.

MARTIAN.

Si l'Empereur nous croit.....

CAMILLE.

Sans doute il vous croira ;
Sans doute je prendrai l'époux qu'il m'offrira :

Soit qu'il plaise à mes yeux, soit qu'il me choque en l'âme,
Il sera votre maître, et je serai sa femme ;
Le temps me donnera sur lui quelque pouvoir,
Et vous pourrez alors vous en apercevoir.
Voilà les quatre mots que j'avois à vous dire :
Pensez-y.

SCÈNE VI.

LACUS, MARTIAN.

MARTIAN.

Ce courroux, que Pison nous attire.... 750

LACUS.

Vous vous en alarmez ? Laissons-la discourir,
Et ne nous perdons pas de crainte de périr.

MARTIAN.

Vous voyez quel orgueil contre nous l'intéresse.

LACUS.

Plus elle m'en fait voir, plus je vois sa foiblesse.
Faisons régner Pison ; et malgré ce courroux, 755
Vous verrez qu'elle-même aura besoin de nous.

FIN DU SECOND ACTE

ACTE III.

SCÈNE PREMIÈRE.
CAMILLE, ALBIANE.

CAMILLE.

Ton frère te l'a dit, Albiane?

ALBIANE.

Oui, Madame :
Galba choisit Pison, et vous êtes sa femme,
Ou pour en mieux parler, l'esclave de Lacus,
A moins d'un éclatant et généreux refus.   760

CAMILLE.

Et que devient Othon?

ALBIANE.

Vous allez voir sa tête
De vos trois ennemis affermir la conquête :
Je veux dire assurer votre main à Pison,
Et l'empire aux tyrans qui font régner son nom.
Car comme il n'a pour lui qu'une suite d'ancêtres, 765
Lacus et Martian vont être nos vrais maîtres ;
Et Pison ne sera qu'un idole sacré[1]
Qu'ils tiendront sur l'autel pour répondre à leur gré.
Sa probité stupide autant comme farouche
A prononcer leurs lois asservira sa bouche ;   770
Et le premier arrêt qu'ils lui feront donner

---

1. Au temps de Corneille le genre du mot *idole* était douteux. Voyez le *Lexique*.

ACTE III, SCÈNE I.

Les défera d'Othon, qui les peut détrôner.

CAMILLE.

O Dieux! que je le plains!

ALBIANE.

Il est sans doute à plaindre,
Si vous l'abandonnez à tout ce qu'il doit craindre ;
Mais comme enfin la mort finira son ennui, 775
Je crains fort de vous voir plus à plaindre que lui.

CAMILLE.

L'hymen sur un époux donne quelque puissance.

ALBIANE.

Octavie a péri sur cette confiance.
Son sang qui fume encor vous montre à quel destin
Peut exposer vos jours[1] un nouveau Tigellin[2]. 780
Ce grand choix vous en donne à craindre deux ensemble ;
Et pour moi, plus j'y songe, et plus pour vous je tremble.

CAMILLE.

Quel remède, Albiane?

ALBIANE.

Aimer, et faire voir....

CAMILLE.

Que l'amour est sur moi plus fort que le devoir?

ALBIANE.

Songez moins à Galba qu'à Lacus, qui vous brave, 785
Et qui vous fait encor braver par un esclave.
Songez à vos périls, et peut-être à son tour
Ce devoir passera du côté de l'amour.
Bien que nous devions tout aux puissances suprêmes,
Madame, nous devons quelque chose à nous-mêmes ; 790
Surtout quand nous voyons des ordres dangereux,

---

1. L'édition de 1666 porte *un jour*, pour *vos jours*.
2. Sophonius Tigellinus, favori de Néron. Nous le voyons dans les *Annales* de Tacite (livre XIV, chapitre LX) presser les femmes d'Octavie, que Poppée veut perdre, de calomnier leur maîtresse. Othon, devenu empereur, lui envoya l'ordre de mourir, et il se coupa la gorge.

Sous ces grands souverains, partir d'autres que d'eux.
CAMILLE.
Mais Othon m'aime-t-il ?
ABBIANE.
S'il vous aime ? ah ! Madame.
CAMILLE.
On a cru que Plautine avoit toute son âme.
ALBIANE.
On l'a dû croire aussi, mais on s'est abusé : 795
Autrement Vinius l'auroit-il proposé ?
Auroit-il pu trahir l'espoir d'en faire un gendre ?
CAMILLE.
En feignant de l'aimer que pouvoit-il prétendre ?
ALBIANE.
De s'approcher de vous, et se faire en la cour
Un accès libre et sûr pour un plus digne amour. 800
De Vinius par là gagnant la bienveillance,
Il a su le jeter dans une autre espérance,
Et le flatter d'un rang plus haut et plus certain,
S'il devenoit par vous empereur de sa main.
Vous voyez à ces soins que Vinius s'applique, 805
En même temps qu'Othon auprès de vous s'explique.
CAMILLE.
Mais à se déclarer il a bien attendu.
ALBIANE.
Mon frère jusque-là vous en a répondu.
CAMILLE.
Tandis, tu m'as réduite à faire un peu d'avance,
A consentir qu'Albin combattît son silence, 810
Et même Vinius, dès qu'il me l'a nommé,
A pu voir aisément qu'il pourroit être aimé.
ALBIANE.
C'est la gêne où réduit celles de votre sorte
La scrupuleuse loi du respect qu'on leur porte :

ACTE III, SCÈNE I.

Il arrête les vœux, captive les desirs, 815
Abaisse les regards, étouffe les soupirs,
Dans le milieu du cœur enchaîne la tendresse[1];
Et tel est en aimant le sort d'une princesse,
Que quelque amour qu'elle ait et qu'elle ait pu donner[2],
Il faut qu'elle devine, et force à deviner; 820
Quelque peu qu'on lui die[3], on craint de lui trop dire :
A peine on se hasarde à jurer qu'on l'admire;
Et pour apprivoiser ce respect ennemi,
Il faut qu'en dépit d'elle elle s'offre à demi.
Voyez-vous comme Othon sauroit encor se taire, 825
Si je ne l'avois fait enhardir par mon frère?

CAMILLE.
Tu le crois donc, qu'il m'aime?

ALBIANE.
                      Et qu'il lui seroit doux
Que vous eussiez pour lui l'amour qu'il a pour vous.

CAMILLE.
Hélas! que cet amour croit tôt ce qu'il souhaite!
En vain la raison parle, en vain elle inquiète, 830
En vain la défiance ose ce qu'elle peut,
Il veut croire, et ne croit que parce qu'il le veut.
Pour Plautine ou pour moi je vois du stratagème,
Et m'obstine avec joie à m'aveugler moi-même.
Je plains cette abusée, et c'est moi qui la[4] suis 835

---

1. *Var.* Dans le milieu du cœur enchaîne sa tendresse. (1665 et 66)
2. Ce vers est imprimé ainsi dans l'édition originale (1665) :

    Que quelque amour qu'elle *aye* et qu'elle *ait* pu donner;

comme si l'orthographe de l'auxiliaire à ce temps était *aye* devant une voyelle et *ait* devant une consonne. De nombreux exemples paraissent confirmer cette règle dans les anciennes éditions, mais elles en offrent beaucoup aussi qui les contredisent. Ici, toutes les éditions postérieures à 1665 ont *ait* aux deux endroits.
3. Ici encore Thomas Corneille a changé *die* en *dise*.
4. Voltaire a changé *la* en *le*.

Peut-être, et qui me livre à d'éternels ennuis;
Peut-être, en ce moment qu'il m'est doux de te croire,
De ses vœux à Plautine il assure la gloire:
Peut-être....

SCÈNE II.

CAMILLE, ALBIN, ALBIANE.

ALBIN.

L'Empereur vient ici vous trouver,
Pour vous dire son choix, et le faire approuver. 840
S'il vous déplaît, Madame, il faut de la constance;
Il faut une fidèle et noble résistance;
Il faut....

CAMILLE.

De mon devoir je saurai prendre soin.
Allez chercher Othon pour en être témoin.

SCÈNE III.

GALBA, CAMILLE, ALBIANE.

GALBA.

Quand la mort de mes fils[1] désola ma famille, 845
Ma nièce, mon amour vous prit dès lors pour fille;
Et regardant en vous les restes de mon sang,
Je flattai ma douleur en vous donnant leur rang.
Rome, qui m'a depuis chargé de son empire,
Quand sous le poids de l'âge à peine je respire, 850
A vu ce même amour me le faire accepter,
Moins pour me seoir si haut que pour vous y porter.
Non que si jusque-là Rome pouvoit renaître,

---

1. Suétone (chapitre v) nous apprend que Galba avait perdu deux fils.

ACTE III, SCÈNE III.

Qu'elle fût en état de se passer de maître,
Je ne me crusse digne, en cet heureux moment, 855
De commencer par moi son rétablissement[1] ;
Mais cet empire immense est trop vaste pour elle :
A moins que d'une tête un si grand corps chancelle ;
Et pour le nom des rois son invincible horreur
S'est d'ailleurs si bien faite aux lois d'un empereur, 860
Qu'elle ne peut souffrir, après cette habitude,
Ni pleine liberté, ni pleine servitude[2].
Elle veut donc un maître, et Néron condamné
Fait voir ce qu'elle veut en un front couronné.
Vindex, Rufus[3], ni moi, n'avons causé sa perte ; 865
Ses crimes seuls l'ont faite[4], et le ciel l'a soufferte,
Pour marque aux souverains, qu'ils doivent par l'effet
Répondre dignement au grand choix qu'il en fait.
Jusques à ce grand coup, un honteux esclavage
D'une seule maison nous faisoit l'héritage. 870
Rome n'en a repris, au lieu de liberté,
Qu'un droit de mettre ailleurs la souveraineté ;
Et laisser après moi dans le trône un grand homme,
C'est tout ce qu'aujourd'hui je puis faire pour Rome[5].
Prendre un si noble soin, c'est en prendre de vous : 875

---

1. *Si immensum imperii corpus stare ac librari sine rectore posset, dignus eram a quo respublica inciperet.* (Tacite, *Histoires*, livre I, chapitre XVI, *Discours de Galba à Pison.*)

2. *Imperaturus es hominibus qui nec totam servitutem pati possunt, nec totam libertatem.* (*Ibidem.*)

3. Julius Vindex s'était révolté contre Néron dans les Gaules ; Virginius Rufus, qui commandait en Germanie, avait battu Vindex, mais ses soldats lui avaient offert l'empire à lui-même.

4. *Sit ante oculos Nero, quem longa Cæsarum serie tumentem, non Vindex cum inermi provincia, aut ego cum una legione, sed sua immanitas, sua luxuria cervicibus publicis depulere.* (Tacite, *Histoires*, livre I, chapitre XVI.)

5. *Nunc eo necessitatis jampridem ventum est, ut nec mea senectus conferre plus populo romano possit quam bonum successorem, nec tua plus juventa quam bonum principem. Sub Tiberio et Caio et Claudio, unius familia quasi hereditas fuimus : loco libertatis erit, quod eligi cœpimus.* (*Ibidem.*)

Ce maître qu'il lui faut vous est dû pour époux ;
Et mon zèle s'unit à l'amour paternelle
Pour vous en donner un digne de vous et d'elle.
Jule et le grand Auguste ont choisi dans leur sang,
Ou dans leur alliance, à qui laisser ce rang. 880
Moi, sans considérer aucun nœud domestique,
J'ai fait[1] ce choix comme eux, mais dans la République[2] :
Je l'ai fait de Pison ; c'est le sang de Crassus,
C'est celui de Pompée, il en a les vertus,
Et ces[3] fameux héros dont il suivra la trace 885
Joindront de si grands noms aux grands noms de ma race,
Qu'il n'est point d'hyménée en qui l'égalité
Puisse élever l'empire à plus de dignité.

CAMILLE.

J'ai tâché de répondre à cet amour de père
Par un tendre respect qui chérit et révère, 890
Seigneur ; et je vois mieux encor par ce grand choix,
Et combien vous m'aimez, et combien je vous dois.
Je sais ce qu'est Pison et quelle est sa noblesse ;
Mais si j'ose à vos yeux montrer quelque foiblesse,
Quelque digne qu'il soit et de Rome et de moi, 895
Je tremble à lui promettre et mon cœur et ma foi ;
Et j'avouerai, Seigneur, que pour mon hyménée
Je crois tenir un peu de Rome où je suis née.
Je ne demande point la pleine liberté,
Puisqu'elle en a mis bas l'intrépide fierté ; 900
Mais si vous m'imposez la pleine servitude,
J'y trouverai, comme elle, un joug un peu bien rude.

---

1. Par une singulière erreur, les éditions de 1665, de 1666 et de 1668 portent : *Fut fait;* et l'édition de 1682 : *Eut fait,* pour *J'ai fait.*

2. *Augustus in domo successorem quæsivit; ego in republica.* (Tacite, *Histoires*, livre I, chapitre XV.) Pour les vers suivants, voyez le commencement de ce même chapitre XV.

3. L'édition de 1682, encore par erreur évidemment, donne *ce,* au lieu de *ces.*

Je suis trop ignorante en matière d'État
Pour savoir quel doit être un si grand potentat;
Mais Rome dans ses murs n'a-t-elle qu'un seul homme,
N'a-t-elle que Pison qui soit digne de Rome?
Et dans tous ses États n'en sauroit-on voir deux
Que puissent vos bontés hasarder à mes vœux?
  Néron fit aux vertus une cruelle guerre,
S'il en a dépeuplé les trois parts de la terre,   910
Et si, pour nous donner de dignes empereurs,
Pison seul avec vous échappe à ses fureurs.
Il est d'autres héros dans un si vaste empire;
Il en est qu'après vous on se plairoit d'élire,
Et qui sauroient mêler, sans vous faire rougir,   915
L'art de gagner les cœurs au grand art de régir.
D'une vertu sauvage on craint un dur empire,
Souvent on s'en dégoûte au moment qu'on l'admire;
Et puisque ce grand choix me doit faire un époux,
Il seroit bon qu'il eût quelque chose de doux,   920
Qu'on vît en sa personne également paroître
Les grâces d'un amant et les hauteurs d'un maître,
Et qu'il fût aussi propre à donner de l'amour
Qu'à faire ici trembler sous lui toute sa cour¹.
Souvent un peu d'amour dans les cœurs des monarques²
Accompagne assez bien leurs plus illustres marques.
Ce n'est pas qu'après tout je pense à résister:
J'aime à vous obéir, Seigneur, sans contester.
Pour prix d'un sacrifice où mon cœur se dispose,
Permettez qu'un époux me doive quelque chose.   930
Dans cette servitude où se plaît mon desir,
C'est quelque liberté qu'un ou deux à choisir.
Votre Pison peut-être aura de quoi me plaire,

---

1. *Var.* Qu'à faire ici trembler sous lui toute la cour. (1665 et 66)
2. *Var.* Souvent un peu d'amour dans le cœur des monarques. (1665-68

Quand il ne sera plus un mari nécessaire ;
Et son amour pour moi sera plus assuré, 935
S'il voit à quels rivaux je l'aurai préféré.
GALBA.
Ce long raisonnement dans sa délicatesse
A vos tendres respects mêle beaucoup d'adresse.
Si le refus n'est juste, il est doux et civil.
Parlez donc, et sans feinte, Othon vous plairoit-il ? 940
On me l'a proposé, qu'y trouvez-vous à dire?
CAMILLE.
L'avez-vous cru d'abord indigne de l'empire,
Seigneur?
GALBA.
Non; mais depuis, consultant ma raison,
J'ai trouvé qu'il falloit lui préférer Pison.
Sa vertu, plus solide et toute inébranlable, 945
Nous fera, comme Auguste, un siècle incomparable,
Où l'autre, par Néron dans le vice abîmé,
Ramènera ce luxe[1] où sa main l'a formé[2],
Et tous les attentats de l'infâme licence
Dont il osa souiller la suprême puissance. 950
CAMILLE.
Othon près d'un tel maître a su se ménager,
Jusqu'à ce que le temps ait pu l'en dégager.
Qui sait faire sa cour se fait aux mœurs du prince ;
Mais il fut tout à soi quand il fut en province ;
Et sa haute vertu par d'illustres effets 955
Y dissipa soudain ces vices contrefaits.
Chaque jour a sous vous grossi sa renommée ;
Mais Pison n'eut jamais de charge ni d'armée ;
Et comme il a vécu jusqu'ici sans emploi[3],

1. On lit *le luxe*, et non *ce luxe*, dans l'édition de 1692.
2. Voyez plus haut, vers 606, p. 601, et la note 1.
3. Galba dit à Pison dans le discours plusieurs fois cité (chapitre xv),

ACTE III, SCÈNE III.

On ne sait ce qu'il vaut que sur sa bonne foi. 960
Je veux croire, en faveur des héros de sa race,
Qu'il en a les vertus, qu'il en suivra la trace,
Qu'il en égalera les plus illustres noms ;
Mais j'en croirois bien mieux de grandes actions.
Si dans un long exil il a paru sans vice, 965
La vertu des bannis souvent n'est qu'artifice.
Sans vous avoir servi, vous l'avez ramené ;
Mais l'autre est le premier qui vous ait couronné ;
Dès qu'il vit deux partis, il se rangea du vôtre[1] :
Ainsi l'un vous doit tout, et vous devez à l'autre. 970

GALBA.

Vous prendrez donc le soin de m'acquitter vers lui ;
Et comme pour l'empire il faut un autre appui,
Vous croirez que Pison est plus digne de Rome :
Pour ne plus en douter suffit que je le nomme.

CAMILLE.

Pour Rome et son empire, après vous je le croi ; 975
Mais je doute si l'autre est moins digne de moi.

GALBA.

Doutez-en : un tel doute est bien digne d'une âme
Qui voudroit de Néron revoir le siècle infâme,
Et qui voyant qu'Othon lui ressemble le mieux....

CAMILLE.

Choisissez de vous-même, et je ferme les yeux. 980
Que vos seules bontés de tout mon sort ordonnent :
Je me donne en aveugle à qui qu'elles me donnent.
Mais quand vous consultez Lacus et Martian,
Un époux de leur main me paroît un tyran ;

---

qu'il l'appelle du sein du repos à ce rang suprême qu'il a lui-même obtenu par la guerre.... *Ut principatum.... bello adeptus, quiescenti offeram.* Plus loin, au chapitre XLVIII du livre Ier des *Histoires*, Tacite nous apprend que Pison avait été longtemps exilé : *diu exsul.*

1. Voyez plus haut, p. 576, vers 31 et suivants.

Et si j'ose tout dire en cette conjoncture¹, 985
Je regarde Pison comme leur créature,
Qui régnant par leur ordre et leur prêtant sa voix,
Me forcera moi-même à recevoir leurs lois.
Je ne veux point d'un trône où je sois leur captive,
Où leur pouvoir m'enchaîne, et quoi qu'il en arrive, 990
J'aime mieux un mari qui sache être empereur,
Qu'un mari qui le soit et souffre un gouverneur.

GALBA.

Ce n'est pas mon dessein de contraindre les âmes.
N'en parlons plus : dans Rome il sera d'autres femmes²
A qui Pison en vain n'offrira pas sa foi. 995
Votre main est à vous, mais l'empire est à moi.

SCÈNE IV.

GALBA, OTHON, CAMILLE, ALBIN, ALBIANE.

GALBA.

Othon, est-il bien vrai que vous aimiez Camille?

OTHON.

Cette témérité m'est sans doute inutile;
Mais si j'osois, Seigneur, dans mon sort adouci....

GALBA.

Non, non : si vous l'aimez, elle vous aime aussi. 1000
Son amour près de moi vous rend de tels offices,
Que je vous en fais don pour prix de vos services.
Ainsi, bien qu'à Lacus j'aye accordé pour vous
Qu'aujourd'hui de Plautine on vous verra l'époux³,
L'illustre et digne ardeur d'une flamme si belle 1005
M'en fait révoquer l'ordre, et vous obtient pour elle.

1. L'édition de 1682 porte *conjecture*, pour *conjoncture*.
2. Voyez tome III, p. 162, vers 1058 et note 4.
3. *Var.* Qu'aujourd'hui de Plautine on vous verroit l'époux. (1665-68)

ACTE III, SCÈNE IV.

OTHON.

Vous m'en voyez de joie interdit et confus.
Quand je me prononçois moi-même un prompt refus,
Que j'attendois l'effet d'une juste colère,
Je suis assez heureux pour ne vous pas déplaire ! 1010
Et loin de condamner des vœux trop élevés....

GALBA.

Vous savez mal encor combien vous lui devez :
Son cœur de telle force à votre hymen aspire,
Que pour mieux être à vous, il renonce à l'empire.
Choisissez donc ensemble, à communs sentiments, 1015
Des charges dans ma cour, ou des gouvernements ;
Vous n'avez qu'à parler.

OTHON.

Seigneur, si la Princesse....

GALBA.

Pison n'en voudra pas dédire ma promesse.
Je l'ai nommé César, pour le faire empereur :
Vous savez ses vertus, je réponds de son cœur. 1020
Adieu. Pour observer la forme accoutumée,
Je le vais de ma main présenter à l'armée.
Pour Camille, en faveur de cet heureux lien,
Tenez-vous assuré qu'elle aura tout mon bien :
Je la fais dès ce jour mon unique héritière[1]. 1025

SCÈNE V.

OTHON, CAMILLE, ALBIN, ALBIANE.

CAMILLE.

Vous pouvez voir par là mon âme toute entière,
Seigneur ; et je voudrois en vain la déguiser,

1. *Var.* Je la fais de ce jour mon unique héritière. (1665)

Après ce que pour vous l'amour me fait oser.
Ce que Galba pour moi prend le soin de vous dire....
OTHON.
Quoi donc, Madame? Othon vous coûteroit l'empire?
Il sait mieux ce qu'il vaut, et n'est pas d'un tel prix
Qu'il le faille acheter par ce noble mépris.
Il se doit opposer à cet effort d'estime
Où s'abaisse pour lui ce cœur trop magnanime,
Et par un même effort de magnanimité, 1035
Rendre une âme si haute au trône mérité.
D'un si parfait amour quelles que soient les causes....
CAMILLE.
Je ne sais point, Seigneur, faire valoir les choses :
Et dans ce prompt succès dont nos cœurs sont charmés,
Vous me devez bien moins que vous ne présumez. 1040
Il semble que pour vous je renonce à l'empire,
Et qu'un amour aveugle ait su me le prescrire.
Je vous aime, il est vrai; mais si l'empire est doux,
Je crois m'en assurer quand je me donne à vous.
Tant que vivra Galba, le respect de son âge, 1045
Du moins apparemment, soutiendra son suffrage :
Pison croira régner; mais peut-être qu'un jour
Rome se permettra de choisir à son tour.
A faire un empereur alors quoi qui l'excite,
Qu'elle en veuille la race, ou cherche le mérite, 1050
Notre union aura des voix de tous côtés,
Puisque j'en ai le sang, et vous les qualités.
Sous un nom si fameux qui vous rend préférable,
L'héritier de Galba sera considérable :
On aimera ce titre en un si digne époux, 1055
Et l'empire est à moi, si l'on me voit à vous.
OTHON.
Ah! Madame, quittez cette vaine espérance
De nous voir quelque jour remettre en la balance :

ACTE III, SCÈNE V.

S'il faut que de Pison on accepte la loi,
Rome, tant qu'il vivra, n'aura plus d'yeux pour moi;
Elle a beau murmurer contre un indigne maître,
Elle en souffre, pour lâche ou méchant qu'il puisse être.
Tibère étoit cruel, Caligule brutal,
Claude foible, Néron en forfaits sans égal :
Il se perdit lui-même à force de grands crimes; 1065
Mais le reste a passé pour princes légitimes.
Claude même, ce Claude et sans cœur et sans yeux,
A peine les ouvrit qu'il devint furieux;
Et Narcisse et Pallas, l'ayant mis en furie,
Firent sous son aveu régner la barbarie. 1070
Il régna toutefois, bien qu'il se fît haïr,
Jusqu'à ce que Néron se fâchât d'obéir;
Et ce monstre ennemi de la vertu romaine
N'a succombé que tard sous la commune haine.
Par ce qu'ils ont osé, jugez sur vos refus 1075
Ce qu'osera Pison gouverné par Lacus.
Il aura peine à voir, lui qui pour vous soupire,
Que votre hymen chez moi laisse un droit à l'empire.
Chacun sur ce penchant voudra faire sa cour;
Et le pouvoir suprême enhardit bien l'amour. 1080
Si Néron, qui m'aimoit, osa m'ôter Poppée[1],
Jugez, pour ressaisir votre main usurpée,
Quel scrupule on aura du plus noir attentat
Contre un rival ensemble et d'amour et d'État.
Il n'est point ni d'exil, ni de Lusitanie[2], 1085

---

1. Tacite, dans le portrait déjà cité plus haut, au vers 620 (p. 601, note 1), s'exprime ainsi au sujet de Poppée : *Gratus Neroni, æmulatione luxus; eoque jam Poppæam Sabinam, principale scortum, ut apud conscium libidinum, deposuerat, donec Octaviam uxorem amoliretur : mox suspectum in eadem Poppæa, in provinciam Lusitaniam, specie legationis, seposuit.* (*Histoires,* livre I, chapitre XIII.)

2. *Prægravem se Neroni fuisse; nec Lusitaniam rursus et alterius exsilii honorem exspectandum.* (Tacite, *Histoires,* livre I, chapitre XXI.)

Qui dérobe à Pison le reste de ma vie ;
Et je sais trop la cour pour douter un moment,
Ou des soins de sa haine, ou de l'événement.

CAMILLE.

Et c'est là ce grand cœur qu'on croyoit intrépide !
Le péril, comme un autre, à mes yeux l'intimide ! 1090
Et pour monter au trône, et pour me posséder,
Son espoir le plus beau n'ose rien hasarder !
Il redoute Pison ! Dites-moi donc, de grâce,
Si d'aimer en lieu même[1] on vous a vu l'audace,
Si pour vous et pour lui le trône eut même appas, 1095
Êtes-vous moins rivaux pour ne m'épouser pas ?
A quel droit voulez-vous que cette haine cesse
Pour qui lui disputa ce trône et sa maîtresse,
Et qu'il veuille oublier, se voyant souverain,
Que vous pouvez dans l'âme en garder le dessein ? 1100
Ne vous y trompez plus : il a vu dans cette âme
Et votre ambition et toute votre flamme,
Et peut tout contre vous, à moins que contre lui
Mon hymen chez Galba vous assure un appui.

OTHON.

Eh bien ! il me perdra pour vous avoir aimée ; 1105
Sa haine sara douce à mon âme enflammée ;
Et tout mon sang n'a rien que je veuille épargner,
Si ce n'est que par là que vous pouvez régner.
Permettez cependant à cet amour sincère
De vous redire encor ce qu'il n'ose vous taire : 1110
En l'état qu'est Pison, il vous faut aujourd'hui
Renoncer à l'empire, ou le prendre avec lui.
Avant qu'en décider, pensez-y bien, Madame ;
C'est votre intérêt seul qui fait parler ma flamme.

---

1. *Aimer en lieu même*, aimer en même lieu, aimer la même femme que Pison.

Il est mille douceurs dans un grade si haut 1115
Où peut-être avez-vous moins pensé qu'il ne faut.
Peut-être en un moment serez-vous détrompée ;
Et si j'osois encor vous parler de Poppée,
Je dirois que sans doute elle m'aimoit un peu,
Et qu'un trône alluma bientôt un autre feu. 1120
Le ciel vous a fait l'âme et plus grande et plus belle;
Mais vous êtes princesse, et femme enfin comme elle.
L'horreur de voir une autre au rang qui vous est dû,
Et le juste chagrin d'avoir trop descendu,
Presseront en secret cette âme de se rendre 1125
Même au plus foible espoir de le pouvoir reprendre.
Les yeux ne veulent pas en tout temps se fermer ;
Mais l'empire en tout temps a de quoi les charmer.
L'amour passe, ou languit; et pour fort qu'il puisse être,
De la soif de régner, il n'est pas toujours maître. 1130

CAMILLE.

Je ne sais quel amour je vous ai pu donner,
Seigneur; mais sur l'empire il aime à raisonner :
Je l'y trouve assez fort, et même d'une force
A montrer qu'il connoît tout ce qu'il a d'amorce,
Et qu'à ce qu'il me dit touchant un si grand choix, 1135
Il a daigné penser un peu plus d'une fois.
Je veux croire avec vous qu'il est ferme et sincère,
Qu'il me dit seulement ce qu'il n'ose me taire;
Mais à parler sans feinte....

OTHON.

        Ah! Madame, croyez....

CAMILLE.

Oui, j'en croirai Pison à qui vous m'envoyez ; 1140
Et vous, pour vous donner quelque peu plus[1] de joie,

---

1. Le mot *plus* est omis dans l'édition de 1682, aussi bien que dans celle de 1692.

Vous en croirez Plautine à qui je vous renvoie.
Je n'en suis point jalouse, et le dis sans courroux :
Vous n'aimez que l'empire, et je n'aimois que vous.
N'en appréhendez rien, je suis femme, et princesse, 1145
Sans en avoir pourtant l'orgueil ni la foiblesse;
Et votre aveuglement me fait trop de pitié
Pour l'accabler encor de mon inimité[1].

OTHON.

Que je vois d'appareils, Albin, pour ma ruine!

ALBIN.

Seigneur, tout est perdu, si vous voyez Plautine. 1150

OTHON.

Allons-y toutefois : le trouble où je me voi
Ne peut souffrir d'avis que d'un cœur tout à moi.

---

1. Thomas Corneille (1692) ajoute ici les mots : *Elle sort*. Voltaire (1764) fait de ce qui suit une scène à part, la VIe.

FIN DU TROISIÈME ACTE.

ACTE IV.

SCÈNE PREMIÈRE.
OTHON, PLAUTINE.

PLAUTINE.

Que voulez-vous, Seigneur, qu'enfin je vous conseille?
Je sens un trouble égal d'une douleur pareille;
Et mon cœur tout à vous n'est pas assez à soi   1155
Pour trouver un remède aux maux que je prévoi :
Je ne sais que pleurer, je ne sais que vous plaindre.
Le seul choix de Pison nous donne tout à craindre :
Mon père vous a dit qu'il ne laisse à tous trois
Que l'espoir de mourir ensemble à notre choix;   1160
Et nous craignons de plus une amante irritée
D'une offre en moins d'un jour reçue et rétractée,
D'un hommage où la suite a si peu répondu,
Et d'un trône qu'en vain pour vous elle a perdu.
Pour vous avec ce trône elle étoit adorable,   1165
Pour vous elle y renonce, et n'a plus rien d'aimable.
Où ne portera point un si juste courroux
La honte de se voir sans l'empire et sans vous?
Honte d'autant plus grande et d'autant plus sensible,
Qu'elle s'y promettoit un retour infaillible,   1170
Et que sa main par vous croyoit tôt regagner[1]
Ce que son cœur pour vous paroissoit dédaigner.

---

1. *Var.* Et que sa main par vous croyoit trop regagner. (1665 et 66)

OTHON.

Je n'ai donc qu'à mourir. Je l'ai voulu, Madame,
Quand je l'ai pu sans crime, en faveur de ma flamme ;
Et je le dois vouloir, quand votre arrêt cruel   1175
Pour mourir justement m'a rendu criminel.
Vous m'avez commandé de m'offrir à Camille ;
Grâces à nos malheurs ce crime est inutile.
Je mourrai tout à vous ; et si pour obéir
J'ai paru mal aimer, j'ai semblé vous trahir,   1180
Ma main, par ce même ordre à vos yeux enhardie,
Lavera dans mon sang ma fausse perfidie.
N'enviez pas, Madame, à mon sort inhumain
La gloire de finir du moins en vrai Romain,
Après qu'il vous a plu de me rendre incapable   1185
Des douceurs de mourir en amant véritable.

PLAUTINE.

Bien loin d'en condamner la noble passion,
J'y veux borner ma joie et mon ambition.
Pour de moindres malheurs¹ on renonce à la vie.
Soyez sûr de ma part de l'exemple d'Arrie² :   1190
J'ai la main aussi ferme et le cœur aussi grand,
Et quand il le faudra, je sais comme on s'y prend.
Si vous daigniez, Seigneur, jusque-là vous contraindre,
Peut-être espérerois-je en voyant tout à craindre.
Camille est irritée et se peut apaiser.   1195

OTHON.

Me condamneriez-vous, Madame, à l'épouser ?

PLAUTINE.

Que n'y puis-je moi-même opposer ma défense !

---

1. L'édition de 1682 donne seule : « Pour *des* moindres malheurs. » Voyez plus haut le vers 487 et la note qui s'y rapporte.
2. On sait qu'Arrie, femme de Cécina Pétus, complice de Scribonius qui avait conspiré contre Claude, se frappa d'un poignard, et le tendit ensuite à son mari, en lui disant : « Pétus, cela ne fait point de mal. » Voyez Pline le jeune, livre III, lettre XVI.

ACTE IV, SCÈNE I.

Mais si vos jours enfin n'ont point d'autre assurance,
S'il n'est point d'autre asile....

OTHON.

Ah! courons à la mort;
Ou si pour l'éviter il faut nous faire effort, 1200
Subissons de Lacus toute la tyrannie,
Avant que me soumettre à cette ignominie.
J'en saurai préférer les plus barbares coups
A l'affront de me voir sans l'empire et sans vous,
Aux hontes d'un hymen qui me rendroit infâme, 1205
Puisqu'on fait pour Camille un crime de sa flamme,
Et qu'on lui vole un trône en haine d'une foi
Qu'a voulu son amour ne promettre qu'à moi.
Non que pour moi sans vous ce trône eût aucuns charmes :
Pour vous je le cherchois, mais non pas sans alarmes;
Et si tantôt Galba ne m'eût point dédaigné,
J'aurois porté le sceptre, et vous auriez régné;
Vos seules volontés, mes dignes souveraines,
D'un empire si vaste auroient tenu les rênes.
Vos lois....

PLAUTINE.

C'est donc à moi de vous faire empereur.
Je l'ai pu : les moyens d'abord m'ont fait horreur;
Mais je saurai la vaincre, et me donnant moi-même,
Vous assurer ensemble et vie et diadème,
Et réparer par là le crime d'un orgueil
Qui vous dérobe un trône, et vous ouvre un cercueil.
De Martian pour vous j'aurois eu le suffrage,
Si j'avois pu souffrir son insolent hommage.
Son amour....

OTHON.

Martian se connoîtroit si peu
Que d'oser....

PLAUTINE.
Il n'a pas encore éteint son feu;
Et du choix de Pison quelles que soient les causes, 1225
Je n'ai qu'à dire un mot pour brouiller bien des choses.
OTHON.
Vous vous ravaleriez jusques à l'écouter?
PLAUTINE.
Pour vous j'irai, Seigneur, jusques à l'accepter.
OTHON.
Consultez votre gloire, elle saura vous dire....
PLAUTINE.
Qu'il est de mon devoir de vous rendre l'empire. 1230
OTHON.
Qu'un front encor marqué des fers qu'il a portés....
PLAUTINE.
A droit de me charmer, s'il fait vos sûretés.
OTHON.
En concevez-vous bien toute l'ignominie?
PLAUTINE.
Je n'en puis voir, Seigneur, à vous sauver la vie.
OTHON.
L'épouser à ma vue! et pour comble d'ennui.... 1235
PLAUTINE.
Donnez-vous à Camille, ou je me donne à lui.
OTHON.
Périssons, périssons, Madame, l'un pour l'autre,
Avec toute ma gloire, avec toute la vôtre.
Pour nous faire un trépas dont les Dieux soient jaloux,
Rendez-vous toute à moi, comme moi tout à vous; 1240
Ou si pour conserver en vous tout ce que j'aime,
Mon malheur vous obstine à vous donner vous-même,
Du moins de votre gloire ayez un soin égal,
Et ne me préférez qu'un illustre rival.

J'en mourrai de douleur, mais je mourrois de rage¹, 1245
Si vous me préfériez un reste d'esclavage.

SCÈNE II.

VINIUS, OTHON, PLAUTINE.

OTHON.

Ah! Seigneur, empêchez que Plautine....

VINIUS.

                              Seigneur,
Vous empêcherez tout, si vous avez du cœur.
Malgré de nos destins la rigueur importune,
Le ciel met en vos mains toute notre fortune. 1250

PLAUTINE.

Seigneur, que dites-vous?

VINIUS.

                      Ce que je viens de voir,
Que pour être empereur il n'a qu'à le vouloir.

OTHON.

Ah! Seigneur, plus d'empire, à moins qu'avec Plautine.

VINIUS.

Saisissez-vous d'un trône où le ciel vous destine;
Et pour choisir vous-même avec qui le remplir, 1255
A vos heureux destins aidez à s'accomplir.
   L'armée a vu Pison, mais avec un murmure
Qui sembloit mal goûter ce qu'on vous fait d'injure².
Galba ne l'a produit qu'avec sévérité,
Sans faire aucun espoir de libéralité. 1260
Il pouvoit, sous l'appas³ d'une feinte promesse,

---

1. On lit : « mais *j'en* mourrois de rage, » dans l'édition de 1692 et dans celle de Voltaire (1764).
2. *Var.* Qui sembloit mal goûter ce qu'on nous fait d'injure. (1665 et 66.
3. Voyez tome I, p. 148, note 3.

Jeter dans les soldats un moment d'allégresse[1];
Mais il a mieux aimé hautement protester
Qu'il savoit les choisir, et non les acheter[2].
Ces hautes duretés, à contre-temps poussées,   1265
Ont rappelé l'horreur des cruautés passées,
Lorsque d'Espagne à Rome il sema son chemin
De Romains immolés à son nouveau destin,
Et qu'ayant de leur sang souillé chaque contrée[3],
Par un nouveau carnage il y fit son entrée.   1270
Aussi, durant le temps qu'a harangué Pison,
Ils ont de rang en rang fait courir votre nom.
Quatre des plus zélés sont venus me le dire,
Et m'ont promis pour vous les troupes et l'empire.
Courez donc à la place, où vous les trouverez;   1275
Suivez-les dans leur camp, et vous en assurez :
Un temps bien pris peu tout.

OTHON.
                    Si cet astre contraire
Qui m'a....
            VINIUS.
           Sans discourir faites ce qu'il faut faire;
Un moment de séjour peut tout déconcerter,
Et le moindre soupçon vous va faire arrêter.   1280
            OTHON.
Avant que de partir souffrez que je proteste....

---

1. *Nec ullum orationi aut lenocinium addit, aut pretium. Tribuni tamen, centurionesque, et proximi militum, grata auditu respondent; per cæteros mæstitia ac silentium.... Constat potuisse conciliari animos quantulacumque parci senis liberalitate; nocuit antiquus rigor, et nimia severitas, cui jam pares non sumus.* (Tacite, *Histoires*, livre I, chapitre XVIII.) Ces derniers mots : *nimia severitas, cui jam pares non sumus*, sont traduits par le vers 1265 :

   Ces hautes duretés, à contre-temps poussées.

2. *Accessit Galbæ vox pro republica honesta, ipsi anceps :* « *legi a se militem, non emi.* » (Tacite, *Histoires*, livre I, chapitre v.)

3. Voyez ci-dessus, p. 577, note 3; et pour le vers suivant, Tacite, *Histoires*, livre I, chapitre VI.

####### VINIUS.

Partez; en empereur vous nous direz le reste.

SCÈNE III.

VINIUS, PLAUTINE.

####### VINIUS.

Ce n'est pas tout, ma fille, un bonheur plus certain,
Quoi qu'il puisse arriver, met l'empire en ta main.
####### PLAUTINE.
Flatteriez-vous Othon d'une vaine chimère ?   1285
####### VINIUS.
Non : tout ce que j'ai dit n'est qu'un rapport sincère.
Je crois te voir régner avec ce cher Othon;
Mais n'espère pas moins du côté de Pison :
Galba te donne à lui. Piqué contre Camille,
Dont l'amour a rendu son projet inutile,   1290
Il veut que cet hymen, punissant ses refus,
Réunisse avec moi Martian et Lacus,
Et trompe heureusement les présages sinistres
De la division qu'il voit en ses ministres.
Ainsi des deux côtés on combattra pour toi.   1295
Le plus heureux des chefs t'apportera sa foi.
Sans part à ses périls, tu l'auras à sa gloire,
Et verras à tes pieds l'une ou l'autre victoire.
####### PLAUTINE.
Quoi? mon cœur, par vous-même à ce héros donné,
Pourroit ne l'aimer plus s'il n'est point couronné? 1300
Et s'il faut qu'à Pison son mauvais sort nous livre,
Pour ce même Pison je pourrois vouloir vivre?
####### VINIUS.
Si nos communs souhaits ont un contraire effet,
Tu te peux faire encor l'effort que tu t'es fait;

Et qui vient de donner Othon au diadème, 1305
Pour régner à son tour peut se donner soi-même.

PLAUTINE.

Si pour le couronner j'ai fait un noble effort,
Dois-je en faire un honteux pour jouir de sa mort?
Je me privois de lui sans me vendre à personne,
Et vous voulez, Seigneur, que son trépas me donne,
Que mon cœur, entraîné par la splendeur du rang,
Vole après une main fumante de son sang;
Et que de ses malheurs triomphante et ravie,
Je sois l'infâme prix d'avoir tranché sa vie!
Non, Seigneur : nous aurons même sort aujourd'hui;
Vous me verrez régner ou périr avec lui :
Ce n'est qu'à l'un des deux que tout ce cœur aspire.

VINIUS.

Que tu vois mal encor ce que c'est que l'empire!
Si deux jours seulement tu pouvois l'essayer,
Tu ne croirois jamais le pouvoir trop payer; 1320
Et tu verrois périr mille amants avec joie,
S'il falloit tout leur sang pour t'y faire une voie.
Aime Othon, si tu peux t'en faire un sûr appui;
Mais s'il en est besoin, aime-toi plus que lui,
Et sans t'inquiéter où fondra la tempête 1325
Laisse aux Dieux à leur choix écraser une tête :
Prends le sceptre aux dépens de qui succombera,
Et règne sans scrupule avec qui régnera.

PLAUTINE.

Que votre politique a d'étranges maximes!
Mon amour, s'il l'osoit, y trouveroit des crimes. 1330
Je sais aimer, Seigneur, je sais garder ma foi,
Je sais pour un amant faire ce que je doi,
Je sais à son bonheur m'offrir en sacrifice,
Et je saurai mourir si je vois qu'il périsse;
Mais je ne sais point l'art de forcer ma douleur 1335

ACTE IV, SCÈNE III.

A pouvoir recueillir les fruits de son malheur.
VINIUS.
Tiens pourtant l'âme prête à le mettre en usage ;
Change de sentiments, ou du moins de langage ;
Et pour mettre d'accord ta fortune et ton cœur,
Souhaite pour l'amant, et te garde au vainqueur. 1340
Adieu : je vois entrer la princesse Camille.
Quelque trouble où tu sois, montre une âme tranquille,
Profite de sa faute, et tiens l'œil mieux ouvert
Au vif et doux éclat du trône qu'elle perd.

SCÈNE IV.

CAMILLE, PLAUTINE, ALBIANE.

CAMILLE.
Agréerez-vous, Madame, un fidèle service 1345
Dont je viens faire hommage à mon impératrice ?
PLAUTINE.
Je crois n'avoir pas droit de vous en empêcher ;
Mais ce n'est pas ici qu'il vous la faut chercher.
CAMILLE.
Lorsque Galba vous donne à Pison pour épouse....
PLAUTINE.
Il n'est pas encor temps de vous en voir jalouse. 1350
CAMILLE.
Si j'aimois toutefois ou l'empire ou Pison,
Je pourrois déjà l'être avec quelque raison.
PLAUTINE.
Et si j'aimois, Madame, ou Pison ou l'empire,
J'aurois quelque raison de ne m'en pas dédire ;
Mais votre exemple apprend aux cœurs comme le mien
Qu'un généreux mépris quelquefois leur sied bien.

CAMILLE.

Quoi? l'empire et Pison n'ont rien pour vous d'aimable?

PLAUTINE.

Ce que vous dédaignez, je le tiens méprisable;
Ce qui plaît à vos yeux aux miens semble aussi doux :
Tant je trouve de gloire à me régler sur vous!   1360

CAMILLE.

Donc si j'aimois Othon....

PLAUTINE.

Je l'aimerois de même,
Si ma main avec moi donnoit le diadème.

CAMILLE.

Ne peut-on sans le trône[1] être digne de lui?

PLAUTINE.

Je m'en rapporte à vous, qu'il aime d'aujourd'hui.

CAMILLE.

Vous pouvez mieux qu'une autre[2] en dire des nouvelles,
Et comme vos ardeurs ont été mutuelles,
Votre exemple ne laisse à personne à douter
Qu'à moins de la couronne on peut le mériter.

PLAUTINE.

Mon exemple ne laisse à douter à personne
Qu'il pourra vous quitter à moins de la couronne.   1370

CAMILLE.

Il a trouvé sans elle en vos yeux[3] tant d'appas....

PLAUTINE.

Toutes les passions ne se ressemblent pas.

CAMILLE.

En effet, vous avez un mérite si rare....

---

1. L'édition de 1692 a changé *sans le trône* en *sans un trône*.
2. On lit : « mieux qu'*un* autre, » dans l'édition de 1682. Voyez tome I, p. 228, note 3-a.
3. L'édition de 1682 donne seule : « à vos yeux, » pour « en vos yeux. »

ACTE IV, SCÈNE IV.

PLAUTINE.
Mérite à part, l'amour est quelquefois bizarre;
Selon l'objet divers le goût est différent : 1375
Aux unes on se donne, aux autres on se vend.

CAMILLE.
Qui connoissoit Othon pouvoit à la pareille
M'en donner en amie un avis à l'oreille.

PLAUTINE.
Et qui l'estime assez pour l'élever si haut
Peut, quand il lui plaira, m'apprendre ce qu'il vaut;
Afin que si mes feux ont ordre de renaître....

CAMILLE.
J'en ai fait quelque estime avant que le connoître,
Et vous l'ai renvoyé dès que je l'ai connu.

PLAUTINE.
Qui vient de votre part est toujours bienvenu :
J'accepte le présent, et crois pouvoir sans honte, 1385
L'ayant de votre main, en tenir quelque conte[1].

CAMILLE.
Pour vous rendre son âme il vous est venu voir?

PLAUTINE.
Pour négliger votre ordre il sait trop son devoir.

CAMILLE.
Il vous a tôt quittée, et son ingratitude....

PLAUTINE.
Vous met-elle, Madame, en quelque inquiétude? 1390

CAMILLE.
Non; mais j'aime à savoir comment on m'obéit.

PLAUTINE.
La curiosité quelquefois nous trahit;
Et par un demi-mot que du cœur elle tire,
Souvent elle dit plus qu'elle ne pense dire.

---

1. Voyez tome I, p. 150, note 1.

CAMILLE.
La mienne ne dit pas tout ce que vous pensez.   1395
PLAUTINE.
Sur tout ce que je pense elle s'explique assez.
CAMILLE.
Souvent trop d'intérêt que l'amour force à prendre
Entend plus qu'on ne dit et qu'on ne doit entendre.
Si vous saviez quel est mon plus ardent desir....
PLAUTINE.
D'Othon et de Pison je vous donne à choisir :   1400
Mon peu d'ambition vous rend l'un avec joie ;
Et pour l'autre, s'il faut que je vous le renvoie,
Mon amour, je l'avoue, en pourra murmurer ;
Mais vous savez qu'au vôtre il aime à déférer.
CAMILLE.
Je pourrai me passer de cette déférence.   1405
PLAUTINE.
Sans doute ; et toutefois, si j'en crois l'apparence....
CAMILLE.
Brisons là : ce discours deviendroit ennuyeux.
PLAUTINE.
Martian, que je vois, vous entretiendra mieux.
Agréez ma retraite, et souffrez que j'évite
Un esclave insolent de qui l'amour m'irrite.   1410

SCÈNE V.

CAMILLE, MARTIAN, ALBIANE

CAMILLE.
A ce qu'elle me dit, Martian, vous l'aimez ?
MARTIAN.
Malgré ses fiers mépris mes yeux en sont charmés.
Cependant pour l'empire, il est à vous encore :

ACTE IV, SCÈNE V.

Galba s'est laissé vaincre, et Pison vous adore.
####### CAMILLE.
De votre haut crédit, c'est donc un pur effet ? 1415
####### MARTIAN.
Ne désavouez point ce que mon zèle a fait.
Mes soins de l'Empereur ont fléchi la colère,
Et renvoyé Plautine obéir chez son père.
Notre nouveau César la vouloit épouser ;
Mais j'ai su le résoudre à s'en désabuser ; 1420
Et Galba, que le sang presse pour sa famille,
Permet à Vinius de mettre ailleurs sa fille.
L'un vous rend la couronne, et l'autre tout son cœur.
Voyez mieux quelle en est la gloire et la douceur,
Quelle félicité vous vous étiez ôtée 1425
Par une aversion un peu précipitée ;
Et pour vos intérêts daignez considérer....
####### CAMILLE.
Je vois quelle est ma faute, et puis la réparer ;
Mais je veux, car jamais on ne m'a vue ingrate,
Que ma reconnoissance auparavant éclate, 1430
Et n'accorderai rien qu'on ne vous fasse heureux.
Vous aimez, dites-vous, cet objet rigoureux,
Et Pison dans sa main ne verra point la mienne
Qu'il n'ait réduit Plautine à vous donner la sienne,
Si pourtant le mépris qu'elle fait de vos feux 1435
Ne vous a pu contraindre à former d'autres vœux.
####### MARTIAN.
Ah ! Madame, l'hymen a de si douces chaînes,
Qu'il lui faut peu de temps pour calmer bien des haines ;
Et du moins mon bonheur sauroit avec éclat
Vous venger de Plautine et punir un ingrat. 1440
####### CAMILLE.
Je l'avois préféré, cet ingrat, à l'empire ;
Je l'ai dit, et trop haut pour m'en pouvoir dédire ;

Et l'amour, qui m'apprend le foible des amants,
Unit vos plus doux vœux¹ à mes ressentiments,
Pour me faire ébaucher ma vengeance en Plautine, 1445
Et l'achever bientôt par sa propre ruine.

MARTIAN.

Ah! si vous la voulez, je sais des bras tous prêts²;
Et j'ai tant de chaleur pour tous vos intérêts....

CAMILLE.

Ah! que c'est me donner une sensible joie!
Ces bras que vous m'offrez, faites que je les voie, 1450
Que je leur donne l'ordre et prescrive le temps.
Je veux qu'aux yeux d'Othon vos desirs soient contents,
Que lui-même il ait vu l'hymen de sa maîtresse
Livrer entre vos bras l'objet de sa tendresse,
Qu'il ait ce désespoir avant que de mourir: 1455
Après, à son trépas vous me verrez courir.
Jusque-là gardez-vous de rien faire entreprendre.
Du pouvoir qu'on me rend vous devez tout attendre.
Allez vous préparer à ces heureux moments;
Mais n'exécutez rien sans mes commandements. 1460

SCÈNE VI.

CAMILLE, ALBIANE.

ALBIANE.

Vous voulez perdre Othon! vous le pouvez, Madame!

CAMILLE.

Que tu pénètres mal dans le fond de mon âme!
De son lâche rival voyant le noir projet,
J'ai su par cette adresse en arrêter l'effet,

---

1. On lit : « *mes* plus doux vœux, » dans l'édition de 1692.
2. Thomas Corneille (1692) a mis *tout prêts;* Voltaire (1764) a gardé l'orthographe des anciennes éditions : « tous prêts. »

M'en rendre la maîtresse; et je serai ravie 1465
S'il peut savoir les soins que je prends de sa vie.
Va me chercher ton frère, et fais que de ma part
Il apprenne par lui ce qu'il court de hasard,
A quoi va l'exposer son aveugle conduite,
Et qu'il n'est plus pour lui de salut qu'en la fuite. 1470
C'est tout ce qu'à l'amour peut souffrir mon courroux.

ALBIANE.

Du courroux à l'amour le retour seroit doux.

SCÈNE VII.

CAMILLE, RUTILE, ALBIANE.

RUTILE.

Ah! Madame, apprenez quel malheur nous menace.
Quinze ou vingt révoltés au milieu de la place
Viennent de proclamer Othon pour empereur. 1475

CAMILLE.

Et de leur insolence Othon n'a point d'horreur,
Lui qui sait qu'aussitôt ces tumultes avortent?

RUTILE.

Ils le mènent au camp, ou plutôt ils l'y portent[1]:
Et ce qu'on voit de peuple autour d'eux s'amasser
Frémit de leur audace, et les laisse passer. 1480

CAMILLE.

L'Empereur le sait-il?

RUTILE.

Oui, Madame : il vous mande;
Et pour un prompt remède à ce qu'on appréhende,

---

1. *Per tiberianam domum in Velabrum, inde ad miliarium aureum, sub ædem Saturni, pergit (Otho). Ibi tres et viginti speculatores consalutatum imperatorem, ac paucitate salutantium trepidum, et sellæ festinanter impositum, strictis mucronibus rapiunt.* (Tacite, *Histoires*, livre I, chapitre XXVII.)

Pison de ces mutins va courir sur les pas,
Avec ce qu'on pourra lui trouver de soldats.
               CAMILLE.
Puisque Othon veut périr, consentons qu'il périsse ;   1485
Allons presser Galba pour son juste supplice.
Du courroux à l'amour si le retour est doux,
On repasse aisément de l'amour au courroux[1].

1. L'édition de 1682 donne, par une faute évidente, *en courroux*, pour *au courroux*.

FIN DU QUATRIÈME ACTE.

ACTE V.

SCÈNE PREMIÈRE.
GALBA, CAMILLE, RUTILE, ALBIANE.

GALBA.
Je vous le dis encor, redoutez ma vengeance,
Pour peu que vous soyez de son intelligence. 1490
On ne pardonne point en matière d'État :
Plus on chérit la main, plus on hait l'attentat ;
Et lorsque la fureur va jusqu'au sacrilége,
Le sexe ni le sang n'ont point de privilége.

CAMILLE.
Cet indigne soupçon seroit bientôt détruit, 1495
Si vous voyiez du crime où doit aller le fruit.
Othon, qui pour Plautine au fond du cœur soupire,
Othon, qui me dédaigne à moins que de l'empire,
S'il en fait sa conquête, et vous peut détrôner,
Laquelle de nous deux voudra-t-il couronner ? 1500
Pourrois-je de Pison conspirer la ruine,
Qui m'arrachant du trône y porteroit Plautine ?
Croyez mes intérêts, si vous doutez de moi ;
Et sur de tels garants, assuré de ma foi,
Tournez sur Vinius toute la défiance 1505
Dont veut ternir ma gloire une injuste croyance.

GALBA.
Vinius par son zèle est trop justifié.
Voyez ce qu'en un jour il m'a sacrifié :

Il m'offre Othon pour vous, qu'il souhaitoit pour gendre ;
Je le rends à sa fille, il aime à le reprendre ; 1510
Je la veux pour Pison, mon vouloir est suivi ;
Je vous mets en sa place, et l'en trouve ravi ;
Son ami se révolte, il presse ma colère ;
Il donne à Martian Plautine à ma prière :
Et je soupçonnerois un crime dans les vœux 1515
D'un homme qui s'attache à tout ce que je veux ?

CAMILLE.

Qui veut également tout ce qu'on lui propose,
Dans le secret du cœur souvent veut autre chose ;
Et maître de son âme, il n'a point d'autre foi
Que celle qu'en soi-même il ne donne qu'à soi. 1520

GALBA.

Cet hymen toutefois est l'épreuve dernière
D'une foi toujours pure, inviolable, entière.

CAMILLE.

Vous verrez à l'effet comment elle agira,
Seigneur, et comme enfin Plautine obéira.
Sûr de sa résistance, et se flattant peut-être 1525
De voir bientôt ici son cher Othon le maître,
Dans l'état où pour vous il a mis l'avenir,
Il promet aisément plus qu'il ne veut tenir.

GALBA.

Le devoir désunit l'amitié la plus forte,
Mais l'amour aisément sur ce devoir l'emporte ; 1530
Et son feu, qui jamais ne s'éteint qu'à demi,
Intéresse une amante[1] autrement qu'un ami.
J'aperçois Vinius. Qu'on m'amène sa fille :
J'en punirai le crime en toute la famille,

---

1. Tel est le texte de toutes les éditions publiées du vivant de l'auteur. Thomas Corneille (1692) et Voltaire (1764) ont remplacé « une amante » par « un amant. »

ACTE V, SCÈNE I.

Si jamais je puis voir par où n'en point douter; 1535
Mais aussi jusque-là j'aurois tort d'éclater.

SCÈNE II.

GALBA, CAMILLE, VINIUS, LACUS, ALBIANE.

GALBA.

Je vois d'ailleurs Lacus¹. Eh bien! quelles nouvelles?
Qu'apprenez-vous tous deux du camp de nos rebelles?

VINIUS.

Que ceux de la marine et les Illyriens
Se sont avec chaleur joints aux prétoriens, 1540
Et que des bords du Nil les troupes rappelées
Seules par leurs fureurs ne sont point ébranlées².

LACUS.

Tous ces mutins ne sont que de simples soldats;
Aucun des chefs ne trempe en leurs vains attentats³ :
Ainsi ne craignez rien d'une masse d'armée 1545
Où déjà la discorde est peut-être allumée.
Sitôt qu'on y saura que le peuple à grands cris
Veut que de ces complots⁴ les auteurs soient proscrits,
Que du perfide Othon il demande la tête⁵,
La consternation calmera la tempête; 1550
Et vous n'avez, Seigneur, qu'à vous y faire voir
Pour rendre d'un coup d'œil chacun à son devoir⁶.

---

1. Dans l'édition de 1692 et dans celle de Voltaire (1764) ce premier hémistiche fait encore partie de la scène 1.
2. Voyez Tacite, *Histoires*, livre I, chapitre xxxi.
3. Voyez *ibidem*, chapitres xxvii et xxviii.
4. Les éditions de 1682 et de 1692 portent : « *ses* complots, » pour « *ces* complots. »
5. *Universa jam plebs palatium implebat, mixtis servitiis, et dissono clamore cædem Othonis.... poscentium.* (Tacite, *Histoires*, livre I, chapitre xxxii.)
6. Voyez *ibidem*, chapitre xxxiii.

GALBA.

Irons-nous, Vinius, hâter par ma présence
L'effet d'une si douce et si juste espérance?

VINIUS.

Ne hasardez, Seigneur, que dans l'extrémité, 1555
Le redoutable effet de votre autorité.
Alors qu'il réussit, tout fait jour, tout lui cède;
Mais aussi quand il manque, il n'est plus de remède.
Il faut, pour déployer le souverain pouvoir,
Sûreté toute entière, ou profond désespoir; 1560
Et nous ne sommes pas, Seigneur, à ne rien feindre,
En état d'oser tout, non plus que de tout craindre.
Si l'on court au grand crime avec avidité,
Laissez-en ralentir l'impétuosité :
D'elle-même elle avorte, et la peur des supplices 1565
Arme contre le chef ses[1] plus zélés complices.
Un salutaire avis agit avec lenteur[2].

LACUS.

Un véritable prince agit avec hauteur :
Et je ne conçois point cet avis salutaire,
Quand on couronne Othon, de le regarder faire. 1570
Si l'on court au grand crime avec avidité,
Il en faut réprimer l'impétuosité
Avant que les esprits, qu'un juste effroi balance,
S'y puissent enhardir sur notre nonchalance,
Et prennent le dessus de ces conseils prudents, 1575
Dont on cherche l'effet quand il n'en est plus temps.

VINIUS.

Vous détruirez toujours mes conseils par les vôtres :
Le seul ton de ma voix vous en inspire d'autres;
Et tant que vous aurez ce rare et haut crédit,

---

1. L'impression de 1692 a corrigé *ses* en *les* : « les plus zélés complices. »
2. T. *Vinius manendum intra domum.... censebat;... scelera impetu, bona consilia mora valescere.* (Tacite, *Histoires*, livre I, chapitre XXXII.)

ACTE V, SCÈNE II.

Je n'aurai qu'à parler pour être contredit.   1580
Pison, dont l'heureux choix est votre digne ouvrage,
Ne seroit que Pison s'il eût eu mon suffrage.
Vous n'avez soulevé Martian contre Othon
Que parce que ma bouche a proféré son nom;
Et verriez comme un autre une preuve assez claire   1585
De combien votre avis est le plus salutaire,
Si vous n'aviez fait vœu d'être jusqu'au trépas
L'ennemi des conseils que vous ne donnez pas.

LACUS.

Et vous l'ami d'Othon, c'est tout dire; et peut-être
Qui le vouloit pour gendre et l'a choisi pour maître,
Ne fait encor de vœux[1] qu'en faveur de ce choix,
Pour l'avoir et pour maître et pour gendre à la fois[2].

VINIUS.

J'étois l'ami d'Othon, et le tenois à gloire
Jusqu'à l'indignité d'une action si noire,
Que d'autres nommeront l'effet du désespoir   1595
Où l'a, malgré mes soins, plongé votre pouvoir.
Je l'ai voulu pour gendre, et choisi pour l'empire;
A l'un ni l'autre choix vous n'avez pu souscrire.
Par là de tout l'État le bonheur s'agrandit;
Et vous voyez aussi comme il vous applaudit.   1600

GALBA.

Qu'un prince est malheureux quand de ceux qu'il écoute
Le zèle cherche à prendre une diverse route,
Et que l'attachement qu'ils ont au propre sens
Pousse jusqu'à l'aigreur des conseils différents!
Ne me trompé-je point? et puis-je nommer zèle   1605
Cette haine à tous deux obstinément fidèle,

---

1. Dans l'édition de Voltaire (1764) : « des vœux. »
2. *Repugnantem huic sententiæ Vinium Laco minaciter invasit, stimulante Icelo, privati odii pertinacia, in publicum exitium.* (Tacite, *Histoires*, livre I, chapitre XXXIII.)

Qui peut-être, en dépit des maux qu'elle prévoit,
Seule en mes intérêts se consulte et se croit?
Faites mieux; et croyez, en ce péril extrême,
Vous, que Lacus me sert, vous, que Vinius m'aime :
Ne haïssez qu'Othon, et songez qu'aujourd'hui
Vous n'avez à parler tous deux que contre lui.

VINIUS.

J'ose donc vous redire, en serviteur sincère,
Qu'il fait mauvais pousser tant de gens en colère,
Qu'il faut donner aux bons, pour s'entre-soutenir, 1615
Le temps de se remettre et de se réunir,
Et laisser aux méchants celui de reconnoître
Quelle est l'impiété de se prendre à son maître[1].
Pison peut cependant amuser leur fureur,
De vos ressentiments leur donner la terreur, 1620
Y joindre avec adresse un espoir de clémence
Au moindre repentir d'une telle insolence[2];
Et s'il vous faut enfin aller à son secours,
Ce qu'on veut à présent on le pourra toujours.

LACUS.

J'en doute, et crois parler en serviteur sincère, 1625
Moi qui n'ai point d'amis dans le parti contraire.
  Attendrons-nous, Seigneur, que Pison repoussé
Nous vienne ensevelir sous l'État renversé,
Qu'on descende en la place en bataille rangée,
Qu'on tienne en ce palais votre cour assiégée, 1630
Que jusqu'au Capitole Othon aille à vos yeux
De l'empire usurpé rendre grâces aux Dieux[3],
Et que le front paré de votre diadème,

---

1. *Non eundum ad iratos...; daret malorum pœnitentiæ, daret bonorum consensui spatium.* (Tacite, *Histoires*, livre I, chapitre XXXII.)
2. Voyez le discours de Pison aux soldats, dans les chapitres XXIX et XXX du livre I des *Histoires* de Tacite.
3. *Non exspectandum ut, compositis castris, forum invadat, et prospectante Galba Capitolium adeat.* (Tacite, *Histoires*, livre I, chapitre XXXIII.)

Ce traître trop heureux ordonne de vous-même?
Allons, allons, Seigneur, les armes à la main, 1635
Soutenir le sénat et le peuple romain;
Cherchons aux yeux d'Othon un trépas à leur tête,
Pour lui plus odieux, et pour nous plus honnête[1];
Et par un noble effort allons lui témoigner....

GALBA.

Eh bien! ma nièce, eh bien! est-il doux de régner? 1640
Est-il doux te tenir le timon d'un empire,
Pour en voir les soutiens toujours se contredire?

CAMILLE.

Plus on voit aux avis de contrariétés,
Plus à faire un bon choix on reçoit de clartés.
C'est ce que je dirois si je n'étois suspecte; 1645
Mais je suis à Pison, Seigneur, et vous respecte,
Et ne puis toutefois retenir ces deux mots,
Que si l'on m'avoit crue on seroit en repos.
Plautine qu'on amène aura même pensée:
D'une vive douleur elle paroît blessée.... 1650

SCÈNE III.

GALBA, CAMILLE, VINIUS, LACUS, PLAUTINE, RUTILE, ALBIANE.

PLAUTINE.

Je ne m'en défends point, Madame, Othon est mort;
De quiconque entre ici c'est le commun rapport;
Et son trépas pour vous n'aura pas tant de charmes,
Qu'à vos yeux comme aux miens il n'en coûte des larmes.

GALBA.

Dit-elle vrai, Rutile, ou m'en flatté-je en vain? 1655

---

1. *Intuta quæ indecora; vel, si cadere necesse sit, occurrendum discrimini. Id Othoni invidiosius, et ipsis honestum.* (Tacite, *Histoires*, livre I, chapitre XXXIII.)

RUTILE.

Seigneur, le bruit est grand, et l'auteur incertain.
Tous veulent qu'il soit mort, et c'est la voix publique;
Mais comment et par qui, c'est ce qu'aucun n'explique[1].

GALBA.

Allez, allez, Lacus, vous-même prendre soin
De nous en faire voir un assuré témoin, 1660
Et si de ce grand coup l'auteur se peut connoître....

SCÈNE IV.

GALBA, VINIUS, LACUS, CAMILLE, PLAUTINE,
MARTIAN, ATTICUS, RUTILE, ALBIANE.

MARTIAN.

Qu'on ne le cherche plus, vous le voyez paroître,
Seigneur, c'est par sa main qu'un rebelle puni....

GALBA.

Par celle d'Atticus ce grand trouble a fini[2]!

ATTICUS.

Mon zèle l'a poussée, et les Dieux l'ont conduite; 1665
Et c'est à vous, Seigneur, d'en arrêter la suite,
D'empêcher le désordre, et borner les rigueurs
Où contre des vaincus s'emportent des vainqueurs.

GALBA.

Courons-y. Cependant consolez-vous, Plautine;

---

1. *Vix dum egresso Pisone, occisum in castris Othonem, vagus primum et incertus rumor; mox, ut in magnis mendaciis, interfuisse se quidam, et vidisse affirmabant, credula fama inter gaudentes et incuriosos. Multi arbitrabantur compositum auctumque rumorem, mixtis jam Othonianis, qui ad evocandum Galbam læta falso vulgaverint.* (Tacite, *Histoires*, livre I, chapitre xxxiv.)

2. *Obvius in palatio Julius Atticus, speculator, cruentum gladium ostentans, occisum a se Othonem exclamavit.* (Tacite, *Histoires*, livre I, chapitre xxxv.)

ACTE V, SCÈNE IV.

Ne pensez qu'à l'époux que mon choix vous destine : 1670
Vinius vous le donne, et vous l'accepterez,
Quand vos premiers soupirs seront évaporés.
C'est à vous, Martian, que je la laisse en garde.
Comme c'est votre main que son hymen regarde,
Ménagez son esprit, et ne l'aigrissez pas. 1675
Vous pouvez, Vinius, ne suivre point mes pas ;
Et la vieille amitié, pour peu qu'il vous en reste....

VINIUS.

Ah! c'est une amitié, seigneur, que je déteste.
Mon cœur est tout à vous, et n'a point eu d'amis
Qu'autant qu'on les a vus à vos ordres soumis. 1680

GALBA.

Suivez ; mais gardez-vous de trop de complaisance.

CAMILLE.

L'entretien des amants hait toute autre présence,
Madame ; et je retourne en mon appartement
Rendre grâces aux dieux d'un tel événement.

SCÈNE V.

MARTIAN, PLAUTINE, ATTICUS, Soldats[1].

PLAUTINE.

Allez-y renfermer des pleurs[2] qui vous échappent : 1685
Les désastres d'Othon ainsi que moi vous frappent ;
Et si l'on avoit cru vos souhaits les plus doux,
Ce grand jour le verroit couronner avec vous.
Voilà, voilà le fruit de m'avoir trop aimée ;
Voilà quel est l'effet....

---

1. Le mot Soldats manque en cet endroit dans l'édition de Voltaire (1764). Voyez plus loin la note du vers 1708.
2. On lit : « *les* pleurs, » dans l'édition de 1692 et dans celle de Voltaire (1764).

MARTIAN.
Si votre âme enflammée.... 1690
PLAUTINE.
Vil esclave, est-ce à toi de troubler ma douleur?
Est-ce à toi de vouloir adoucir mon malheur,
A toi, de qui l'amour m'ose en offrir un pire?
MARTIAN.
Il est juste d'abord qu'un si grand cœur soupire;
Mais il est juste aussi de ne pas trop pleurer   1695
Une perte facile et prête à réparer.
Il est temps qu'un sujet à son prince fidèle
Remplisse heureusement la place d'un rebelle :
Un monarque le veut; un père en est d'accord.
Vous devez pour tous deux vous faire un peu d'effort,
Et bannir de ce cœur la honteuse mémoire
D'un amour criminel qui souille votre gloire.
PLAUTINE.
Lâche! tu ne vaux pas que pour te démentir
Je daigne m'abaisser jusqu'à te repartir.
Tais-toi, laisse en repos une âme possédée   1705
D'une plus agréable encor que triste idée :
N'interromps plus mes pleurs.
MARTIAN.
Tournez vers moi les yeux :
Après la mort d'Othon, que pouvez-vous de mieux[1]?
PLAUTINE, cependant que deux soldats entrent et parlent
à Atticus à l'oreille[2].
Quelque insolent espoir qu'ait ta folle arrogance,
Apprends que j'en saurai punir l'extravagance,   1710
Et percer de ma main ou ton cœur ou le mien,
Plutôt que de souffrir cet infâme lien.

---

1. Voltaire fait de ce qui suit la scène VI, avec ces personnages : PLAUTINE, MARTIAN, ATTICUS, DEUX SOLDATS.
2. Dans Voltaire (1764) : *et parlent bas à Atticus.*

ACTE V, SCÈNE V. 651

Connois-toi, si tu peux, ou connois-moi[1].

ATTICUS.

De grâce,
Souffrez....

PLAUTINE.

De me parler tu prends aussi l'audace,
Assassin d'un héros que je verrois sans toi   1715
Donner des lois au monde, et les prendre de moi?
Toi, dont la main sanglante au désespoir me livre?

ATTICUS.

Si vous aimez Othon, Madame, il va revivre;
Et vous verrez longtemps sa vie en sûreté,
S'il ne meurt que des coups dont je me suis vanté.   1720

PLAUTINE.

Othon vivroit encore?

ATTICUS.

Il triomphe, Madame;
Et maître de l'État, comme vous de son âme,
Vous l'allez bientôt voir lui-même à vos genoux
Vous faire offre d'un sort qu'il n'aime que pour vous,
Et dont sa passion dédaigneroit la gloire,   1725
Si vous ne vous faisiez le prix de sa victoire.

L'armée à son mérite enfin a fait raison;
On porte devant lui la tête de Pison[2];
Et Camille tient mal ce qu'elle vient de dire,
Où[3] rend grâces pour vous aux Dieux d'un autre empire,
Et fatigue le ciel par des vœux superflus
En faveur d'un parti qu'il ne regarde plus.

---

1. *Var.* Connois-toi, si tu veux, ou connois-moi. (1665 et 66)
— Dans l'édition de 1665, ce commencement du vers se trouve deux fois, la première fois avec la variante, la seconde fois conforme à notre texte.
2. Voyez Tacite, *Histoires*, livre I, chapitre XLIV. Dans le récit de Tacite, la mort de Galba précède celle de Pison : voyez le chapitre XLI.
3. Les éditions de 1666, de 1663, de 1682 et de 1692 portent *On*, pour *Où*.

MARTIAN.

Exécrable! ainsi donc ta promesse frivole....

ATTICUS.

Qui promet de trahir peut manquer de parole.
Si je n'eusse promis ce lâche assassinat, 1735
Un autre par ton ordre eût commis l'attentat;
Et tout ce que j'ai dit n'étoit qu'un stratagème
Pour livrer en ses mains Lacus et Galba même¹.
Galba n'a rien à craindre : on respecte son nom,
Et ce n'est que sous lui que veut régner Othon. 1740
Quant à Lacus et toi, je vois peu d'apparence
Que vos jours à tous deux soient en même assurance,
Si ce n'est que Madame ait assez de bonté
Pour fléchir un vainqueur justement irrité.

Autour de ce palais nous avions deux cohortes, 1745
Qui déjà pour Othon en ont saisi les portes;
J'y commande, Madame; et mon ordre aujourd'hui
Est de vous obéir, et m'assurer de lui.
Qu'on l'emmène, soldats! il blesse ici la vue.

MARTIAN.

Fut-il jamais disgrâce, ô Dieux! plus imprévue? 1750

PLAUTINE, seule².

Je me trouble, et ne sais par quel pressentiment
Mon cœur n'ose goûter ce bonheur pleinement :
Il semble avec chagrin se livrer à la joie;
Et bien qu'en ses douceurs mon déplaisir se noie,
Je ne passe de l'une à l'autre extrémité 1755
Qu'avec un reste obscur d'esprit inquiété.
Je sens³.... Mais que me veut Flavie épouvantée?

1. *Ad evocandum Galbam.* Voyez ci-dessus, p. 648, note 1.
2. Le mot *seule* manque dans les éditions de 1665 et de 1666. Voltaire fait de ce couplet de Plautine la scène VII. Voyez ci-dessus, p. 650, note 1.
3. L'édition de 1692 a remplacé : « Je sens.... » par « Je suis.... »

SCÈNE VI.
PLAUTINE, FLAVIE.

FLAVIE.
Vous dire que du ciel la colère irritée,
Ou plutôt du destin la jalouse fureur....

PLAUTINE.
Auroient-ils mis Othon aux fers de l'Empereur ? 1760
Et dans ce grand succès la fortune inconstante
Auroit-elle trompé notre plus douce attente?

FLAVIE.
Othon est libre, il règne; et toutefois, hélas!...

PLAUTINE.
Seroit-il si blessé qu'on craignît son trépas?

FLAVIE.
Non, partout à sa vue on a mis bas les armes; 1765
Mais enfin son bonheur vous va coûter des larmes.

PLAUTINE.
Explique, explique donc ce que je dois pleurer.

FLAVIE.
Vous voyez que je tremble à vous le déclarer.

PLAUTINE.
Le mal est-il si grand?

FLAVIE.
D'un balcon, chez mon frère,
J'ai vu.... Que ne peut-on, Madame, vous le taire? 1770
Ou qu'à voir ma douleur n'avez-vous deviné
Que Vinius....

PLAUTINE.
Eh bien?

FLAVIE.
Vient d'être assassiné?

PLAUTINE.

Juste ciel !

FLAVIE.

De Lacus l'inimitié cruelle....

PLAUTINE.

O d'un trouble inconnu présage trop fidèle !
Lacus....

FLAVIE.

C'est de sa main que part ce coup fatal. 1775
Tous deux près de Galba marchoient d'un pas égal,
Lorsque tournant ensemble à la première rue,
Ils découvrent Othon maître de l'avenue.
Cet effroi ne les fait reculer quelques pas
Que pour voir ce palais saisi par vos soldats ; 1780
Et Lacus aussitôt étincelant de rage
De voir qu'Othon partout leur ferme le passage[1],
Lance sur Vinius un furieux regard,
L'approche sans parler, et tirant un poignard[2]....

PLAUTINE.

Le traître ! Hélas ! Flavie, où me vois-je réduite ! 1785

FLAVIE.

Vous m'entendez, Madame ; et je passe à la suite.
Ce lâche sur Galba portant même fureur :
« Mourez, Seigneur, dit-il, mais mourez empereur ;
Et recevez ce coup comme un dernier hommage
Que doit à votre gloire un généreux courage. » 1790

---

1. *Var.* De voir qu'Othon partout lui ferme le passage. (1665-68)
2. Vinius n'a pas été frappé par Lacus (*Laco*). Tacite raconte ainsi sa mort : *Ante ædem divi Julii jacuit, primo ictu in poplitem, mox ab Julio Caro, legionario milite, utrumque latus transverberatus.* (*Histoires*, livre I, chapitre XLII.) Du reste, comme le fait remarquer Corneille (voyez ci-dessus, p. 571, l'avis *Au lecteur*), le même historien prête à Lacus l'intention de faire tuer Vinius : *Agitasse Luco, ignaro Galba, de occidendo T. Vinio dicitur, sive ut pœna ejus animos militum mulceret, seu conscium Othonis credebat, ad postremum vel odio.* (Chapitre XXXIX.)

Galba tombe¹; et ce monstre, enfin s'ouvrant le flanc,
Mêle un sang détestable à leur illustre sang².
En vain le triste Othon, à cet affreux spectacle,
Précipite ses pas pour y mettre un obstacle :
Tout ce que peut l'effort de ce cher conquérant,   1795
C'est de verser des pleurs sur Vinius mourant,
De l'embrasser tout mort. Mais le voilà, Madame,
Qui vous fera mieux voir les troubles de son âme.

SCÈNE VII.

OTHON, PLAUTINE, FLAVIE.

OTHON.

Madame, savez-vous les crimes de Lacus?

PLAUTINE.

J'apprends en ce moment que mon père n'est plus.   1800
Fuyez, Seigneur, fuyez un objet de tristesse;
D'un jour si beau pour vous goûtez mieux l'allégresse.
Vous êtes empereur, épargnez-vous l'ennui
De voir qu'un père....

OTHON.

Hélas! je suis plus mort que lui;
Et si votre bonté ne me rend une vie   1805
Qu'en lui perçant le cœur un traître m'a ravie,
Je ne reviens ici qu'en malheureux amant,
Faire hommage à vos yeux de mon dernier moment.
Mon amour pour vous seule a cherché la victoire;

---

1. Le meurtrier de Galba est resté inconnu, ou plutôt incertain : *De percussore non satis constat : quidam Terentium evocatum, alii Lecanium, crebrior fama tradidit Camurium, quintæ decimæ legionis militem, impresso gladio, jugulum ejus hausisse.* (Tacite, *Histoires*, livre I, chapitre XLI.) — Lacus (*Laco*) ne se tua pas lui-même, mais fut percé par un soldat. Voyez *ibidem*, chapitre XLVI.

2. On lit : « à *cet* illustre sang, » dans l'édition de 1692.

Ce même amour sans vous n'en peut souffrir la gloire,
Et n'accepte le nom de maître des Romains,
Que pour mettre avec moi l'univers en vos mains.
C'est à vous d'ordonner ce qui lui reste à faire.

PLAUTINE.

C'est à moi de gémir, et de pleurer mon père :
Non que je vous impute, en ma vive douleur, 1815
Les crimes de Lacus et de notre malheur;
Mais enfin....

OTHON.

Achevez, s'il se peut, en amante :
Nos feux....

PLAUTINE.

Ne pressez point un trouble qui s'augmente.
Vous voyez mon devoir, et connoissez ma foi :
En ce funeste état répondez-vous pour moi. 1820
Adieu, Seigneur.

OTHON.

De grâce, encore une parole,
Madame.

SCÈNE VIII.

OTHON, ALBIN.

ALBIN.

On vous attend, Seigneur, au Capitole ;
Et le sénat en corps vient exprès d'y monter
Pour jurer sur vos lois aux yeux[2] de Jupiter.

OTHON.   [tine,
J'y cours; mais quelque honneur, Albin, qu'on m'y des-
Comme il n'auroit pour moi rien de doux sans Plautine,

1. Voyez Tacite, *Histoires*, livre I, chapitre XLVII.
2. Les éditions de 1668 et de 1682 portent *aux vœux*, pour *aux yeux*.

ACTE V, SCÈNE VIII.

Souffre¹ du moins que j'aille, en faveur de mon feu,
Prendre pour y courir son ordre ou son aveu,
Afin qu'à mon retour, l'âme un peu plus tranquille,
Je puisse faire effort à consoler Camille,　　　1830
Et lui jurer moi-même, en ce malheureux jour,
Une amitié fidèle au défaut de l'amour.

1. Voltaire a substitué *souffrez* à *souffre*. Voyez plus haut, p. 580, note 1.

FIN DU CINQUIÈME ET DERNIER ACTE.

TABLE DES MATIÈRES

CONTENUES DANS LE SIXIÈME VOLUME.

PERTHARITE, roi des Lombards, tragédie............. 1
    Notice..................................... 3
    Au lecteur.................................. 5
    Extrait d'Antoine du Verdier................ 8
    Extrait d'Erycus Puteanus................... 14
    Examen..................................... 17
    Liste des éditions qui ont été collationnées pour les variantes de *Pertharite*........................ 19
    Pertharite................................. 21

OEDIPE, tragédie..................................... 101
    Notice..................................... 103
    Appendice :
        Extrait du *Grand Dictionnaire des Précieuses*....... 113
    Vers présentés à Monseigneur le procureur général Foucquet, surintendant des finances................... 121
    Au lecteur.................................. 124
    Examen..................................... 128
    Liste des éditions qui ont été collationnées pour les variantes d'*OEdipe*........................... 133
    OEdipe..................................... 135

TABLE DES MATIÈRES.

LA TOISON D'OR, tragédie	221
Notice	223
DESSEINS DE *la Toison d'Or*	230
Examen	245
Liste des éditions qui ont été collationnées pour les variantes de *la Toison d'Or*	251
LA CONQUÊTE DE LA TOISON D'OR	253
SERTORIUS, tragédie	351
Notice	353
Au lecteur	357
Liste des éditions qui ont été collationnées pour les variantes de *Sertorius*	363
SERTORIUS	365
SOPHONISBE, tragédie	447
Notice	449
Au lecteur	460
Liste des éditions qui ont été collationnées pour les variantes de *Sophonisbe*	471
SOPHONISBE	473
APPENDICE :	
I. Extrait de Tite Live	550
II. Liste des tragédies composées sur le sujet de *Sophonisbe*, et analyse des plus importantes d'entre elles.	553
OTHON, tragédie	565
Notice	567
Au lecteur	571
Liste des éditions qui ont été collationnées pour les variantes d'*Othon*	573
OTHON	575

FIN DE LA TABLE DES MATIÈRES.

15131. — Imprimerie A. Lahure, rue de Fleurus, 9, à Paris.

www.ingramcontent.com/pod-product-compliance
Lightning Source LLC
Chambersburg PA
CBHW050319240426
43673CB00042B/1471